»Auge um Auge ...«

Ancient Judaism and Early Christianity

ARBEITEN ZUR GESCHICHTE DES ANTIKEN JUDENTUMS UND DES URCHRISTENTUMS

VOLUME 124

The titles published in this series are listed at *brill.com/ajec*

»Auge um Auge ...«

Eine Rezeptionsgeschichte der biblischen Talionsformel im Antiken Judentum

Von

Jan Raithel

BRILL

Promotionsförderung durch das Ernst Ludwig Ehrlich Studienwerk (2019–2023)

ISSN 1871-6636
ISBN 978-90-04-74761-6
ISBN 978-90-04-74763-0 (PDF)
DOI https://doi.org/10.1163/9789004747630

Library of Congress Control Number: 2026936842

Brill and Koninklijke Brill BV are part of De Gruyter Brill.
www.degruyterbrill.com

Questions about General Product Safety Regulation: productsafety@degruyterbrill.com

Inhaltsverzeichnis

Vorwort

Die vorliegende Monographie stellt eine geringfügig überarbeitete Fassung meiner Dissertation mit demselben Titel dar, die im Sommersemester 2023 an der Universität Münster eingereicht und im Dezember 2023 mit *summa cum laude* verteidigt wurde.

Die ersten Impulse für dieses Forschungsinteresse reichen bereits in die Zeit vor meinem Studium zurück. Während meines Freiwilligen Sozialen Jahrs mit »Aktion Sühnezeichen Friedensdienste« im »Jewish Community Center Manhattan« 2010/2011 wurde mein Interesse am Judentum und an Fragen zum Verhältnis christlicher und jüdischer Bibelauslegung erstmals geweckt. Ich danke Rabbi Carol Levithan, die mich durch ihre interessierten und kritischen Nachfragen herausgefordert hat, mich diesem Themenfeld ernsthaft und respektvoll gegenüber dem Judentum zu nähern. Diese Erfahrungen in New York City haben den Ausschlag gegeben, das Studium der evangelischen Theologie aufzunehmen. Eine weitere Weichenstellung war mein Studienjahr mit »Studium in Israel e.V.« 2015/2016 in Jerusalem: Durch das vertiefte Bibelstudium aus jüdischer Perspektive und die intensive Arbeit mit rabbinischen Texten an der Hebräischen Universität habe ich das nötige Werkzeug für diese Untersuchung erwerben können. Das Begleitprogramm und der Austausch mit Jüdinnen und Juden gaben mir die notwendige Motivation, Fragen der antisemitismuskritischen Bibellektüre und Themen des christlich-jüdischen Verhältnisses weiterzuverfolgen. Für diese Möglichkeit bin ich »Studium in Israel« und besonders unserer Studienleitung, Dr. Melanie Mordhorst-Mayer, dankbar.

Ich danke Prof. Dr. Reinhard Achenbach, der mich im Anschluss an meine Examensarbeit zur Talionsformel in der Hebräischen Bibel und im babylonischen Talmud ermutigt hat, die in der Arbeit aufgezeigten Forschungsdesiderate im Rahmen einer Promotion zu erarbeiten. Die Aufnahme ins Forschungskolloquium Altes Testament der Universität Münster hat meinen exegetischen Blick geweitet und mich tiefer in Themen des biblischen und altorientalischen Rechts eingeführt. Zudem hat Prof. Achenbach die Zweitkorrektur der Arbeit übernommen – Herzlichen Dank dafür!

An dieser Stelle möchte ich mich herzlich bei Prof. Dr. Lutz Doering bedanken, der mich damals unbekannterweise als Promotionsstudent angenommen hat und bereit war, mein bereits ausgereiftes Wunschthema, die Rezeption der Talionsformel im Antiken Judentum, als Dissertationsprojekt zu begleiten. Seine genauen exegetischen Rückfragen, sein scharfer Blick für Details sowie seine unerschöpfliche Kenntnis des Antiken Judentums und halachischer Fragestellungen waren ausschlaggebend für das Gelingen dieser Arbeit. Dankbar bin ich außerdem für die Möglichkeit, Teile der Dissertation im Forschungskolloquium Neues Testament und Antikes Judentum der Universität Münster sowie der New Testament Meetings der Universitäten Aarhus – Oslo – Münster vorzustellen und hilfreiche Rückmeldungen zu erhalten.

Auf diesem Wege möchte ich mich auch für die Promotionsförderung durch das Ernst Ludwig Ehrlich Studienwerk (ELES) bedanken. Die finanzielle Förderung hat meine Promotion möglich gemacht und es war mir eine Freude, in der ideellen Förderung die Gemeinschaft der ELES-*Community* in Berlin und Bayern erleben zu dürfen. Daneben danke ich meinen Freund:innen von BCJ.Bayern und den Mitherausgebern von »Das Neue Testament. Jüdisch erklärt«, Prof. Dr. Wolfgang Kraus, Prof. Dr. Michael Tilly und Dr. Axel Töllner, die mir immer kurzfristig mit Rat, Tat und Literatur zur Seite standen.

Mein Dank gilt auch dem *editorial board* der Reihe »Ancient Judaism and Early Christianity« für die Aufnahme meiner Dissertation und dem Verlag, besonders Laura Morris, Nitzan Shalev und Fem Eggers für die herzliche und konstruktive Begleitung meiner Arbeit bis zur Drucklegung.

Schließlich danke ich meinen Eltern, Ute und Peter Raithel, die mich mit unermüdlichen Korrekturläufen unterstützt haben und mir durch Großelternausflüge die nötigen Freiräume verschafft haben, dieses Projekt zu vollenden. In besonderer Weise danke ich meiner Frau, Dr. Lena Nogossek-Raithel: Als fachlich versierte Gesprächspartnerin hat sie das Entstehen dieser Untersuchung begleitet und durch ihre Leichtigkeit zum Gelingen des Projekts beigetragen. Ihr ist es zu verdanken, dass diese Dissertation neben unserer Familiengründung, dem Vikariat und den ersten beruflichen Stationen fertiggestellt werden konnte.

Dankbar, dass sie meinen Blick von Büchern gelöst und mich immer wieder neu ins (Familien-)Leben zurückgeholt haben, widme ich dieses Buch meinen Kindern, Yael und Adam.

Woringen im Januar 2026

KAPITEL 1

Einleitung

Aufgrund ihrer Kürze, Prägnanz und scheinbaren Simplizität ist die sogenannte Talionsformel – »Auge um Auge, Zahn um Zahn …« – eines der biblischen Zitate, das epochen- und gesellschaftsübergreifend bis in die Gegenwart tief im kulturellen Gedächtnis verankert geblieben ist. Meist wird bei dieser aphoristischen Aktualisierung der Formel nur das Element individueller, außergerichtlicher Rache aufgegriffen.[1] Daneben existiert jedoch auch eine antijüdisch geprägte Rezeption, die in der Hebräischen Bibel und den jüdischen Schriften die Schöpfer- und Trägergruppen einer auf den Gedanken der Vergeltung gegründeten Ethik vermuten. Die Bekanntheit der Formel in westlichen Kulturen ist wohl durch ihre Aufnahme im Matthäusevangelium bedingt: Zur dichotomischen Gegenüberstellung »christlicher« und »jüdischer« Ethik hat die Interpretationsgeschichte dieser »Antithese« in der christlichen Theologie und Kulturgeschichte gewiss nicht wenig beigetragen.[2] Grundlegend für diese Argumentation ist eine vereinfachende Gegenüberstellung: Die Formel im Pentateuch sei ein zentrales ethisch-juristisches Grundprinzip der Hebräischen Bibel und späterer jüdischer Rezeptionen,

1 Dieses gegenwärtige Verständnis der Talionsformel spiegelt sich zum einen in ihrer Verwendung in Film- und Literaturtiteln, die meist eine persönliche Vendetta in Grenzfällen des Justizsystems porträtieren [vgl. z.B. den Tatort »Auge um Auge«, Regie: Meletzky Franziska (Deutschland 2017); »An Eye for an Eye«, Regie: Schlesinger, John (USA 1996)] oder kontrafaktisch Selbstjustiz als Reaktion auf Unrecht problematisieren [vgl. z.B. »An Eye for an Eye«, Regie Ziv, Ilan (Kanada 2016); »Auge um Auge«, Regie: Amigoréna, Santiago (Argentinien/Kanada 2011)]. Zum anderen tritt dieses Phänomen noch deutlicher zutage, wenn Journalist:innen auch einem nicht theologisch geschulten Publikum zutrauen, die Grundzüge eines Berichts aus dem Verweis auf die Talionsformel in der Überschrift zu erschließen. So betitelt u.a. die Süddeutsche Zeitung am 04.04.2018 einen Artikel über den Tarifstreit zwischen den USA und China mit »Auge um Auge, Zoll um Zoll«. Spiegel online fasst am 08.07.2017 einen Bericht über Unterstützer:innen von Donald Trump mit »Auge um Auge, Wort um Wort« zusammen. Die taz verwendet die Talionsformel am 11.02.2016 als Überschrift für eine Meldung über den Konflikt in Korea und die FAZ betitelt am 25.07.2008 einen Bericht über die Söhne Gaddafis mit derselben. Wie diese wenigen Beispiele zeigen, ist der Einsatz der Formel nicht auf eine politische Positionierung beschränkt und wird dabei auf vielfältige Themengebiete übertragen. Vgl. mit einer ähnlichen Einschätzung Wolbert, Auge, 108–111.

2 Vgl. überblickshaft Hoffmann, Antithese, 26–27. Zur Problematik der Interpretationsgeschichte von Mt 5,21–48 als »Antithesen« vgl. unten 6.2.3. Zur Aktualität der Talionsformel in antisemitischen Kontexten vgl. Schwarz-Friesel/Reinharz, Sprache, besonders 140–143.

 | HTTPS://DOI.ORG/10.1163/9789004747630-002

während in der Bergpredigt die Außerkraftsetzung und Überwindung derselben durch die Forderung des Vergeltungsverzichts begegne.[3] Zwar finden sich solche Darstellungen in der gegenwärtigen theologischen Fachliteratur kaum noch[4] und die Talionsformel(n) und ihre antik-jüdische Rezeption werden differenzierter betrachtet, jedoch halten sich auch hier immer noch Spielarten, die in Mt 5,38–42 eine moralische Überlegenheit gegenüber anderen jüdischen Rezeptionen der Formel erblicken.[5]

Gleichzeitig ist im gegenwärtigen theologischen Diskurs festzustellen, dass bestimmte Belege der Formel und ihre Rezeptionen intensiver bearbeitet werden als andere. Die zahlreichen Publikationen zur Talionsformel befassen sich überwiegend mit der Hebräischen Bibel, wobei insbesondere Ex 21,22–25 zu einer Inspiration für eine schier unüberschaubare Menge an Aufsätzen und Deutungsversuchen wurde, während die Rezeptionsvorgänge in Lev 24,10–23 und mehr noch in Dtn 19,15–21 eine deutlich geringere Aufmerksamkeit erfuhren.[6] Außerhalb des ersten Teils der christlichen Bibel befasst sich die Sekundärliteratur schwerpunktmäßig mit dem Neuen Testament und der rabbinischen – besonders der amoräischen – Literatur. Demgegenüber fristen die Belege der Talionsformel in den Schriften vom Toten Meer, bei Philo von

3 Als extremes Beispiel vgl. Dietrich, Jude, 352–353, der der Talionsformel als jüdischem »Kardinalsatz« die – wohlgemerkt negierte – Goldene Regel als »Kern des Christentums« gegenüberstellt.

4 Vgl. aber z.B. Wilmer, Mose, 74: So gibt der promovierte Bischof von Hildesheim in seinem erbaulichen Buch zu, er habe einst »mit voller Härte reagiert, habe alttestamentarisch (sic) Auge um Auge und Zahn um Zahn vergolten«.

5 Zentral ist dabei auf die jüngste Monographie zur Rezeption der Talionsformel zu verweisen, die zwar die Aufnahme der *talio* in die Bergpredigt in den wiedervergeltungskritischen Diskurs des Antiken Judentums einzeichnet und verschiedene Interpretationen der Formel würdigt, jedoch resümiert: »The relationship of Jesus' teaching on the *lex talionis* to the Law, Judaism, himself, his disciples and the early church presents a picture of ethical advancement and continuing applicability in both principle and in specifics. In short, Jesus' ethic surpasses both the ethics of Judaism and goes beyond the teaching of what was contained and required in the OT Law. […] By presenting this ethic for his disciples, Jesus not only builds on the OT Law but supersedes it as his teaching is to become a new standard for the believer to follow« (Davis, Lex, 164–165). Vgl. ausführlicher unten 1.1.

6 Dieser Interessensschwerpunkt lässt sich zwar dadurch erklären, dass es sich vermutlich um den frühesten Beleg der Talionsformel handelt. Dennoch begründet dies nicht die geringe Zahl an Publikationen zu den weiteren Belegstellen und insbesondere zur Wirkung der griechischen Übertragung der Talionsformeln. Vgl. exemplarisch Gurtner, Exodus, 391, der neben einem Hinweis auf Lev 24 und Dtn 19 lediglich das erste Formelelement auf Griechisch zitiert, es als *lex talionis* bezeichnet und als »regulation for murder« charakterisiert. In den zahlreichen Aufsätzen zu Ex 21,22–25 werden zwar oft die abweichenden Protasen im Griechischen besprochen, die Implikationen der griechischen Übersetzung der Formel sowie ihrer Kontexte jedoch kaum bedacht.

Alexandrien und bei Flavius Josephus[7] in den vergangenen Jahrzehnten[8] ihr Dasein in knappen Absätzen oder Fußnotenverweisen.[9]

Zudem begegnen die Adjektive »talionisch« bzw. »talionic«, die vom lateinischen Fachbegriff einer reziproken Strafnorm im Körperverletzungsrecht abgeleitet sind, im aktuellen wissenschaftlichen Diskurs häufig.[10] Ihre Anwendung auf literarische Textphänomene, die inhaltlich und/oder formal eine Form der Reziprozität ausdrücken, insinuiert in narrativen, weisheitlichen, ethischen und eschatologischen Kontexten eine rezeptionsgeschichtliche Abhängigkeit dieser Passagen von den drei Formeln, die seit der christlichen Spätantike als *ius talionis* bezeichnet wurden und heute als Talionsformel bekannt sind. Problematisch daran ist, dass der Talionsformel auf diese Weise eine große Wirkmächtigkeit zugesprochen wird: Spätestens seit ihrer ersten schriftlichen Erwähnung im Bundesbuch wäre sie demnach in einer Vielzahl von literarischen Gattungen und Kontexten (Rechtssätzen; Fluchformeln; Erzählungen; Prophezeiungen; Apokalypsen usw.) rezipiert worden. Infrage steht dabei nicht der Umstand, dass juristische Fachtermini zu theologischen Grundbegriffen werden können. Allerdings liegt im Fall der biblischen Talionsformel – so legt es zumindest diese Untersuchung nahe – eine solche Entwicklung nicht vor.

Eine vollständige Bearbeitung der Rezeptionsgeschichte der Talion(-sformel) im Antiken Judentum, die die genannten Schwerpunktsetzungen ausgleicht, ist im Rahmen einer Dissertation nicht möglich. Die nachfolgende Untersuchung wird deshalb ihren Fokus auf einen Teilbereich legen: Analysiert werden jene Rezeptionsvorgänge der Talionsformel, die außerhalb der Hebräischen Bibel und ihrer Übersetzungen nachvollziehbar auf die drei biblischen Talionsformeln Bezug nehmen. Durch eine genauere Eingrenzung des Rezeptionsgegenstandes soll begründbaren Rezeptionsvorgängen mehr Raum gegeben werden, damit eine Auslegung der Belegstellen im jeweiligen

---

7 Eine Ausnahme bildet hier Avioz, Eye.

8 Demgegenüber ist eine intensivere Beschäftigung mit Philos Interpretation der *talio* in der ersten Hälfte des 20. Jh. festzustellen (vgl. Heinemann, Bildung, 346–383; Belkin, Philo, 89–119; Goodenough, Jurisprudence, 135–142).

9 Dahingehend ist besonders auf Benno Jacobs Monographie zur Talionsformel im Antiken Judentum zu verweisen. Er sieht die – gegenüber seiner Interpretation der *talio* in der Hebräischen Bibel, die mit dem rabbinischen Verständnis der Formel kongruent ist – »Fehldeutung« der *talio* in Mt 5,38–42 durch die griechische Interpretationsgeschichte präfiguriert. Dabei verwendet er jedoch, besonders im Vergleich zu seinen ausführlichen Darlegungen zu den Belegen in der Hebräischen Bibel, auffallend wenig Sorgfalt und philologische Präzision auf die Rezeptionen bei Josephus und Philo (vgl. Jacob, Auge, 77–80).

10 Vgl. unten 1.2.1.

Werkkontext durchgeführt werden kann. Als untersuchter Rezeptionsgegenstand kommt die sogenannte Talionsformel »Leben um Leben, Auge um Auge, …« der Hebräischen Bibel und der griechischen Bibelüberlieferung in den Blick, die mit variierender Zahl von Einzelelementen in den drei Rechtskorpora der Hebräischen Bibel sowie den griechischen Versionen begegnet und anschließend in zahlreichen Texten der antik-jüdischen Tradition rezipiert und interpretiert wird.[11] Im Zentrum der Analyse steht dabei bewusst die feststehende Formulierung der sogenannten Talionsformel: Inhaltlich vergleichbares Material aus den älteren Rechtssammlungen des Alten Orients oder aus Gerichtsreden bzw. anderen Gattungen der griechisch-hellenistischen Umwelt, in dem talionische bzw. spiegelnde Körperstrafen bei Körperverletzungen oder ähnlichen Vergehen in den Apodosen begegnen (oder gerade nicht), wird in die Untersuchung an den entsprechenden Stellen einbezogen, jedoch keiner eigenen Analyse unterzogen. Ziel dieser Studie ist die Darstellung einer Rezeptionsgeschichte der Talionsformel, bei der die theologischen Vorstellungen sowie die halachischen bzw. ethischen Intentionen der Trägergruppen herausgearbeitet und die Dis-/Kontinuitäten ihrer Rezeptionen sichtbar gemacht werden.

1.1 Forschungsübersicht zur Rezeption der Talionsformel

Rezeptionsgeschichtliche Analysen der Talionsformel im untersuchten Zeitraum sind, im Vergleich zur wissenschaftlichen Literatur zur *talio* in der Hebräischen Bibel und Alten Orient,[12] relativ überschaubar. Zwei

---

11 Die nachfolgende Untersuchung schließt die Schriften des Neuen Testaments ein und versteht sie im Rahmen der Vielfalt des Judentums im 1. Jh. u.Z. als Zeugnis antik-jüdischer Literatur. Auch wenn nicht alle einzelnen Bücher des Neuen Testaments im selben Maß jüdische Traditionen und Themen rezipieren, scheint diese Einordnung insofern angemessen, als eine eindeutig nachvollziehbare Rezeption der Talionsformel im NT nur im MtEv vorliegen dürfte, das in besonderer Weise in der literarischen Welt des Antiken Judentums beheimatet ist; vgl. Runesson/Gurtner, Research, 2–13, zur Forschungsgeschichte mit zahlreichen Literaturhinweisen.

12 Vgl. besonders ausführlich Rothkamm, Talio, der die Talion vor dem Hintergrund von Rechtszeugnissen in keilschriftlichen Kodizes mit einigen Seitenblicken auf die griechisch-römische Umwelt im Mittelmeerraum des ersten Jahrtausends analysiert. Auch Jacobs, Body, 68–189, befasst sich im dritten Kapitel ausführlich mit der *talio* der Hebräischen Bibel. Vor dem Hintergrund der keilschriftlichen Zeugnisse legt sie ihren Fokus auf das alttestamentliche Körperbild und fragt besonders nach den Konsequenzen von körperlicher Verstümmelung für Fragen des Eigentumsrechts. Aufgrund ihrer Ausdifferenzierung und Klassifizierung von fünf verschiedenen »talionic processes«

monographische Untersuchungen[13] weisen einen ähnlichen Fokus hinsichtlich der zeitlichen Eingrenzung auf und untersuchen den Weg der Talionsformel innerhalb der Hebräischen Bibel und daran anschließend im Antiken Judentum. In ihren Ergebnissen und Schlussfolgerungen unterscheiden sie sich untereinander allerdings grundlegend.

Benno Jacobs »*Auge um Auge. Eine Untersuchung zum Alten und Neuen Testament*« aus dem Jahr 1929 leistet weit mehr als nur die Bearbeitung der beiden im Titel angedeuteten Teile der christlichen Bibel. Daneben geht er auch auf altorientalische Parallelen ein, bezieht sich auf hellenistisch-jüdische und rabbinische Formen des Umgangs mit der Talionsformel und spricht schließlich auch »talionische Elemente« in anderen Kulturen an – von hellenistischer Literatur über den Islam bis hin zu deutschen Strafrechtsreformen des 18. Jahrhunderts. Der primäre Fokus seiner Ausführungen liegt dabei auf der Interpretation der Talionsformel(n) der Hebräischen Bibel.[14] Diese kontextualisiert er vor dem Hintergrund der altorientalischen Belege der *talio* und verweist darauf, dass die Talion im engeren Sinne nur im Codex Hammurapi (CH) begegnet, während Körperverletzungsdelikte in anderen altorientalischen Rechtsammlungen überwiegend ersatzleistungsrechtlich geahndet werden. In dieser Tradition versteht er auch die biblische Talionsformel als Forderung einer finanziellen Ersatzleistung, was er zudem durch die

---

innerhalb der Hebräischen Bibel (strict, instrumental, reflective, symbolic, military talionic convention, vgl. ebd., 70–73) leitet sie ihre Auslegung der Talionsformeln v.a. von narrativen Erzählungen ab, deren Hintergrund sie als »talionisch« qualifiziert.
Die einzelnen Positionen und Überlegungen zur Talion in der HB und im AO, die in zahlreichen Kommentaren, Aufsätzen und Exkursen geäußert wurden, können in diesem Rahmen nicht referiert werden. Vgl. für einen ersten Überblick und weitere Literatur die Darstellungen zur Talionsformel in der Hebräischen Bibel bei Oeming, Quinque; Schwienhorst-Schönberger, Klischee, und, mit einem Seitenblick auf die *talio* im Alten Orient, Otto, Talion; Jüngling, Auge; Haase, Talion. Mit einem Fokus auf der rabbinischen Rezeption vgl. etwa Greenstein, Auge; Goren, Auge; Teeter, Laws, 149–155, und allgemeiner zum Körperverletzungsrecht in der Mischna: Neusner, Damages. Zum NT vgl. u.a. Rathey, Talion; Broer, Ius, und Cruise, Hyperbole.

13 Daneben ist auf die 2006 erschienene Monographie »Eye for an Eye« von William Ian Miller zu verweisen. Verfasst von einem emeritierten Juraprofessor, liegt damit eine Untersuchung der *talio* auf der Grenze zwischen Rechtstheorie und Kulturwissenschaft vor. Seine »historical and philosophical meditation on paying back and buying back« (Miller, Eye, X) bedenkt die Logik talionischer Strafen von Hammurapi bis Clint Eastwood (ebd., XII). Das kurzweilige Buch kann am ehesten als Kulturgeschichte der Wiedervergeltung in ethischen und juridischen Diskursen sowie in Erzählungen und Poesie verstanden werden. Miller bringt dabei verschiedene Epochen und Kulturen direkt miteinander ins Gespräch, was die Monographie allerdings zu einer komplexen Gesprächspartnerin für eine exegetische Arbeit werden lässt.

14 Vgl. Jacob, Auge, 5–72.

Äquivalenz des akkad. *kima* und dem hebr. תחת unterstreicht.[15] Damit handle es sich bei der biblischen Talionsformel um eine subversive Rezeption der *talio*, die die talionischen Rechtsfolgen Hammurapis ablehnt.[16] Dieses Verständnis der biblischen *talio* arbeitet Jacob einerseits durch die Kontextualisierung der Formel im Bundesbuch und andererseits durch zwölf Beweisgänge heraus, die aber mitunter stark von der späteren rabbinischen Schriftauslegung beeinflusst sind.[17]

Woher stammt aber die Interpretation der Formel als talionische Rechtsfolge? Nach Jacob handelt es sich dabei um ein Missverständnis, bei dem das Vergeltungsprinzip mit der Talionsformel in Verbindung gebracht wurde.[18] In der (Hebräischen) Bibel und im (rabbinischen) Midrasch findet sich diese Kombination seiner Ansicht nach nicht: Dort begegnet »Vergeltung« überwiegend mit Gott als Subjekt, der gutes und schlechtes Handeln des Menschen vergilt.[19] Diese Unterscheidung vom göttlichen und menschlichen Richteramt betonend, verweist Jacob zurecht darauf, dass die Talionsformel im antik-jüdischen Vergeltungsdiskurs üblicherweise nicht rezipiert wird und in den rabbinischen Schriften stattdessen eine der *midda*-Formeln [במדה שאדם מודד.../מדה כנגד מדה] begegnet. Die »jüdisch-hellenistische Apologetik« hingegen habe das Prinzip der Vergeltung – weniger als Strafgrundsatz, sondern eher als Maßstab der Vulgärphilosophie und Volksmoral – mit der Formel in Verbindung gebracht.[20] Spätestens hier wird das apologetische Interesse des Autors offensichtlich, wenn er dieses »hellenistische Missverständnis« nicht nur bei Philo und Josephus[21] vermutet, sondern neben der »sadduzäischen Halacha« auch das Jubiläenbuch[22] zu dieser Kategorie zählt.[23] Das Zitat der Talionsformel bei Matthäus sowie die Bergpredigt überhaupt schließen direkt daran an: Ziel der Polemik in Mt 5 sei nicht »die jüdische Moral der Thora und der Schriftgelehrten, […] sondern die antike heidnische Vulgärmoral.«[24] Er hält es für wahrscheinlich, dass dem Verfasser des MtEv ähnliche vergeltungskritische

15 Vgl. ebd., 55–58.

16 Vgl. ebd., 58; 80–81.

17 Vgl. ebd., 5–25.25–52.

18 Vgl. ebd., 72–73; 90–91.

19 Ausführlich befasst sich Jacob dabei mit der göttlichen Vergeltung in »Bibel und Midrasch« (ebd., 92–120), wobei er den vergeltungskritischen Diskurs der HB und des Antiken Judentums trotz seines apologetischen Interesses nicht ausführlich bespricht; vgl. dazu Zerbe, Non-Retaliation.

20 Vgl. Jacob, Auge, 73–76.

21 Vgl. ebd., 77.

22 Vgl. ebd.: »Griechisch ist auch Buch der Jub. 4,32«.

23 Vgl. ebd., 80, mit Verweis auf die Boethusianer des Scholion$_O$ der Fastenrolle; vgl. 5.1.5.3.2.

24 Ebd., 137.

Sätze vorlagen, wie sie in Lk 6 begegnen, er diese aber durch das Zitat der Talionsformel auf den Punkt bringen wollte, was eine »Verwechslung von Talion mit dem Grundsatz der Vergeltung: Maß für Maß«[25] darstelle.

Für eine Rezeptionsgeschichte der Talionsformel bietet Jacobs Monographie eine anregende Zusammenstellung der wichtigsten Belegstellen, aus denen sich, besonders im Hinblick auf die rabbinische Auslegungstradition, aber auch im Vergleich zu altorientalischen und griechischen Bezeugungen der *talio,* viele Querverbindungen erschließen. Auch die grundlegende Unterscheidung zwischen der Talionsformel und dem Motiv der Vergeltung trägt dazu bei, beim Verfassen einer Rezeptionsgeschichte der Formel zu klareren Ergebnissen zu gelangen. Gleichwohl ist der apologetische Charakter seiner Schrift schwer zu übersehen: Alle Rezeptionsvorgänge, die die Talionsformel anders als die rabbinische Tradition interpretieren, werden als »alttestamentliche Talion«[26] abqualifiziert und pauschal als »hellenistisches Missverständnis« diskreditiert. Die Darstellung von Jacob ist daher forschungsgeschichtlich aufschlussreich und war historisch als Streitschrift wider christliche Verzerrungen notwendig, seine Schlussfolgerungen und Methodik bedürfen aber dringend einer Aktualisierung.

Mit »*Lex Talionis in Early Judaism and the Exhortation of Jesus in Matthew 5.38–42*« legt James F. Davis 2005 ebenfalls eine Monographie vor, die der Rezeption der Talionsformel im Antiken Judentum gewidmet ist. Erklärtes Ziel seiner Arbeit ist, entgegen dem überwiegenden Forschungsschwerpunkt in der Hebräischen Bibel und im Alten Orient, der Rezeption der Talionsformel in antik-jüdischer Literatur, in Mt 5,38–42 sowie in frühchristlichen Zeugnissen mehr Raum zu geben.[27] Die Dissertation ist entsprechend chronologisch aufgebaut und widmet sich nach einem Forschungsüberblick zunächst den primären und sekundären Quellen der Talionsformel in der hebräischen und griechischen Bibelüberlieferung.[28] Bei der anschließenden Darstellung

---

25 Ebd., 141.

26 Vgl. die Überschrift des vierten Kapitels im Inhaltsverzeichnis, in dem er nicht nur hellenistisch-jüdische Rezeptionsvorgänge der Talionsformel anführt, sondern auch den Weg dieser »alttestamentlichen Talion« über die christliche Tradition in die europäische Rechtstradition bis in die Neuzeit nachzeichnet. »Alttestamentlich« dürfte entsprechend als Chiffre für die christliche Bezeichnung der Hebräischen Bibel zu verstehen sein, wodurch er die Differenzierung von Talion und Vergeltung in der biblischen und rabbinischen Tradition (Kap. I, II, V) der Verwechslung dieser beiden Themen im (jüdischen) Hellenismus sowie der christlichen Rezeption (Kap. IV, VI) nicht nur dichotomisch gegenüberstellen, sondern Mt 5,38–42 als wirkungsgeschichtlich entscheidenden Wendepunkt herausstellen kann.

27 Davis, Lex, 3–5.

28 Vgl. ebd., 37–47; 48–53.

der relevanten Texte im Antiken Judentum gibt er diese kategoriale Unterscheidung auf, was zu zwei Unschärfen führt: Zum einen ist nicht ersichtlich, welche Belege er als Rezeption der Talionsformel auf Produktionsebene wertet und welche er als Beispiele benachbarter Diskurse anführt, die für die Interpretation der *talio* relevant sind.[29] Zum anderen zwingt ihn die große Menge an Vergleichstexten zu knappen Paraphrasen seiner Quellen, wobei mitunter weder die Funktion der angeführten Abschnitte im Kontext des jeweiligen Werkes noch deren Implikationen für die Auslegung der Talionsformel angemessen bedacht werden.

Deutlich ausführlicher untersucht Davis Mt 5,38–42: Zu einzelnen Motiven und Traditionen führt er weitere Belege biblischer und nichtbiblischer Provenienz an,[30] bevor er die Verse exegetisch auslegt und seine Ergebnisse schließlich mit weiteren Zeugnissen von Jesu Leben im Neuen Testament und der frühen Kirche korreliert.[31] Die Belege der Talionsformel in der Hebräischen Bibel versteht er grundsätzlich als Begrenzung ausufernder Racheakte und schätzt ihre Funktion, Wiedervergeltung juridisch sanktioniert auf gleichartige Verletzungen bzw. Rechtsreaktionen einzudämmen.[32] Für die Rezeptionsgeschichte der Talionsformel im Antiken Judentum postuliert Davis gleichsam einen »doppelten Ausgang« – in der antik-jüdischen Literatur gegenüber Mt 5,38–42 und der frühchristlichen Rezeption. Für die Zeit des

29 Vgl. ebd., 55–100; eine methodische Reflexion über die Möglichkeit, Rezeptionsvorgänge auf Produktionsebene nachzuweisen bzw. nachvollziehbar zu machen, fehlt. Nach eigener Angabe (vgl. ebd., 55) hätten, neben Stichwörtern [עין, שן/ὀφθαλμός, ὀδούς], »[s]ubject indices, dictionaries and biblical passage references [...] as well as other books and commentaries« zu dieser Zusammenstellung der Belege geführt.

30 Vgl. ebd., 105–136. Der erneute Rückgriff auf Passagen, die hinsichtlich des chronologischen Aufbaus eigentlich in den Kapiteln 3 und 4 anzusiedeln wären, verwundert. Eine zusammenhängende Besprechung von Textfragmenten aus einzelnen Werken (z.B. Ex 22,2 [vgl. ebd., 110] zusammen mit der *talio* des Bundesbuches) wäre möglicherweise fruchtbarer gewesen. Umgekehrt hätte womöglich die Zuordnung von CD 8,5–6 und 1QS 10,17–22 (ebd., 58–59) einen angemesseneren Ort unter der Rubrik »Other examples of Resistance Texts in Early Judaism« (ebd., 110) gefunden, als unter den talionischen Textbeispielen.

31 Vgl. ebd., 137–150; 151–165; hier ist zu fragen, inwiefern die Beschreibungen von Jesu Wirken in den verschiedenen Evangelien bzw. in der Alten Kirche die exegetischen Ergebnisse bestätigen können. Unterstrichen wird diese Anfrage durch einen direkten Vergleich mit Jacobs Kommentaren zum selben Thema. Davis sieht seine Exegese und die Authentizität der Botschaft Jesu in Mt 5,38–42 durch die weiteren (ntl.) Berichte bestätigt. Jacob, Auge, 128, der Mt 5,38–42 nicht als authentisches Jesuswort versteht, hebt hingegen hervor, dass die übrigen Berichte über Jesu Lebenswandel nicht im Einklang mit seiner Lehre in der Bergpredigt stehen.

32 Vgl. Davis, Lex, 166.

Zweiten Tempels betont er, dass eine »wörtliche« Interpretation der Formel bis ins erste Jahrhundert u.Z. aufgrund der Zeugnisse des Jubiläenbuchs, der Auslegungen bei Philo und Josephus sowie der Berichte über R. Eliezers Interpretation der Talionsformeln mindestens ein valider Standpunkt war.[33] Die Interpretation der *talio* als Forderung einer finanziellen Ersatzleistung habe sich erst im zweiten Jh. u.Z. durchsetzen können und war, so urteilt er mit Blick auf bBQ 83b–84a, auch mehrere Jahrhunderte danach noch umstritten.[34] Aus der korrekten Beobachtung, dass diese Rezeptionsvorgänge der Talionsformel aber allesamt im rechtlich-halachischen Diskurs verbleiben, Mt 5,38–42 hingegen die Formel in einen ethischen Diskurs aus Sicht der Geschädigten überführt,[35] folgert er: Die Ethik des (mt) Jesus »surpasses both the ethics of the Jewish populace and leadership and goes beyond of what was contained and required in the OT Law.«[36] Da er gleichzeitig den vergeltungskritischen Diskurs der Hebräischen Bibel sowie des Antiken Judentums würdigt,[37] scheint diese Schlussfolgerung besonders auf dem mehrfach betonten Perspektivwechsel von Mt 5,38–42 gegenüber anderen Rezeptionsvorgängen der Talionsformel zu beruhen. In der Tat ist diese Art der Rezeption der Talionsformel außerhalb halachischer Fragestellungen beinahe ein Alleinstellungsmerkmal von Mt 5,38–42.[38] Jedoch scheint seine Überlegenheitsrhetorik im Lichte des Umgangs mit anderen Rechtssätzen im Antiken Judentum nicht überzeugend.[39]

Einen wichtigen Beitrag zur Rezeptionsgeschichte der Talionsformel hat schließlich Amit Gvaryahu in seinem Aufsatz »Und die beiden sind gleich. Zur Auslegung als Hervorbringung von Werten in der Literatur des Antiken Judentums«[40] aus dem Jahr 2017 geleistet. Am Beispiel der antiken Auslegungsgeschichte der Talionsformel zeigt er, inwiefern die amoräische Interpretation der Talionsformel – »Auge um Auge bedeutet Geld« [עין תחת עין ממון] – keine

33 Vgl. ebd., 98–99.
34 Vgl. ebd., 98; 167.
35 Vgl. ebd., 166–167.
36 Ebd., 167.
37 Vgl. ebd., 50–53; 56–62; 87; 89; 110; 113; 166.
38 Vgl. aber die Überlegungen zu MechSch Bachodesch 48,1 zu Ex 19,2, wo die Formel עין בעין in ähnlicher Funktion wie sonst מדה כנגד מדה in tannaitischer Literatur verwendet wird (vgl. 7.2.1). Vgl. daneben die Verwendung der Talionsformel zusammen mit dem Rechtsfall Ex 21,22–23^{LXX} in Philo, congr. 135–137, in einem nicht rechtlichen Kontext, wobei die Formel selbst keine größere Funktion für die weitere Argumentation hat (vgl. 4.1.1).
39 Vgl. u.a. Jackson, Review, 204, der Konzepte wie *lifnim meschurat ha-din* anführt und Newman, Ethics, der auf die Korrelation von Ethik und Gesetz im Antiken Judentum verweist. Hinsichtlich der Talionsformel könnte eine solche »ethische« Maxime für die Geschädigten zudem konkret auch bei Josephus ausgemacht werden (vgl. 5.1.5.2).
40 Vgl. Gvaryahu, Equal.

Umdeutung der biblischen Talionsformel aufgrund externer, moralischer Werte darstellt, sondern auf früherer Schriftinterpretation gründet.[41] Dabei beruft er sich nicht nur auf die tannaitischen Midraschim, sondern sieht die finanzielle Interpretation bereits bei Josephus (Ant 4,280), Philo (spec. 3,181–183) sowie dem später belegten Diskurs zwischen den »Weisen« und den »Boethusianern« im Scholion$_O$ der Megillat Taʿanit präfiguriert.[42] Diese Auslegungstendenz, die die Gleichheit [שוויון] als Maßstab des richtigen Verständnisses der Talionsformel herausstellt, gründe primär – wenn nicht ausschließlich – auf den Ergebnissen der Schriftauslegung[43] und wurde von den verschiedenen Generationen weiterentwickelt. Diesem grundsätzlichen Befund, wonach keine antik-jüdische Auslegung der Talionsformel vorliegt, die einen starren talionischen Automatismus propagiert, ist zuzustimmen. Dennoch ist anzufragen, inwiefern – besonders bei Philo und Josephus – die Diskussionen tatsächlich rein auf der Schriftauslegung i.S. einer Kombination verschiedener Torapassagen erfolgt ist.[44] Leider bespricht Gvaryahu in diesem Rahmen weder die Belege der Talionsformel in Qumran – obwohl gerade 4Q251 seine These stärken würde – noch geht er auf die Rezeption der Talionsformel im Matthäusevangelium ein.[45]

Diese umfangreicheren Untersuchungen zur Rezeption der Talionsformel regen zur Weiterarbeit an, wobei eine methodische Eingrenzung der zu untersuchenden Primärquellen notwendig ist, die im Folgenden vorgenommen wird.

1.2 »Talion«, »talionisch« und »Talionsformel« – Zur Eingrenzung des Rezeptionsgegenstands

1.2.1 Die Nominalsatzreihe als Talionsformel

Die Bezeichnung der untersuchten Nominalsatzreihe als »Talionsformel« ist selbst Teil ihrer Rezeptionsgeschichte. Grundlage des Fachbegriffs ist

41 Vgl. ebd., 78–79.

42 Vgl. ebd., 79.

43 Vgl. ebd.

44 Vgl. die Andeutungen zu ἰσότης als politisches Prinzip der Güter- und Rechtsverteilung (ebd., 62–63), die womöglich stärker als bei Gvaryahu angenommen an den griechisch-hellenistischen Diskurs anschließen (vgl. unten 4.2.2.2). Auch bei Josephus spricht im näheren Kontext viel dafür, dass der rechtstheoretische Diskurs in Rom einen wesentlichen Einfluss auf seine Auslegung gehabt haben könnte (vgl. unten 5.1.5.3).

45 Vgl. aber ders., Battery, 569–571, zu 4Q251 und ders., Laws, 76–79, zu Mt 5,38–42.

das lat. Nomen *talio*, das vermutlich als Adjektivabstraktum von *talis* aufzufassen ist.[46] Durch diese Bezeichnung wird die biblische Formel ebenso wie ihre antik-jüdische und frühchristliche Rezeption zunächst in den römischen Rechtsdiskurs eingezeichnet. Für die Klärung, was juridisch mit dem Nomen ausgedrückt werden soll, nimmt die Überlieferung des Zwölftafelgesetzes eine bedeutende Rolle ein: Auf der achten Tafel dieser Sammlung von Rechtssätzen, deren Abfassung meist in das 5. Jh. v.u.Z. datiert wird, begegnet als mögliche Rechtsfolge für den Tatbestand »*membrum rup*[*s*]*it*« die Apodosis »*talio esto*«,[47] was als Forderung einer exakt-körperlichen Retribution verstanden werden kann.[48]

Erstmals wird die Bezeichnung dieses Rechtssatzes als »*lex talionis*« in der Überlieferung des Zwölftafelgesetzes in den »Attischen Nächten« des Aulus Gellius im 2. Jh. u.Z. greifbar.[49] Im frühesten uns erhaltenen lateinischen »Wörterbuch«, der Überarbeitung von »De verborum significatu« des Marcus Verrius Flaccus durch Sextus Pompeius Festus – ebenfalls aus dem 2. Jh. u.Z. – findet sich eine Definition von *talio*, die erneut auf den Rechtssatz der Zwölftafeln Bezug nimmt.[50] Letzterer verweist darauf, dass der Autor auf eine Definition des Begriffs verzichtet habe [*neque id quid significet*], da die Bedeutung bekannt sei: Die Talion »gestatte nämlich eine gleiche Strafe« [*permittit enim lex parem vindictam*].[51]

---

46 Vgl., García-Hernández, Lexicalización, 227–228, mit Verweis auf Leumann, Formenlehre, 366, und de Vaan, Dictionary, 605.

47 *Si membrum rupit, ni cum eo pacit, talio esto* (Flach, Zwölftafelgesetz, 52). Es gilt zu beachten, dass die Talion *nur* eintritt, wenn nicht [*ni*] eine *compositio*, also eine anderweitige Einigung, erzielt werden kann. Vgl. zum Hintergrund des Zwölftafelgesetzes sowie ausführlicher zur Forschungsdiskussion, wie die unterschiedlichen Tatbestände aufeinander bezogen werden können, unten 5.1.5.3.3.

48 Vgl. aber Anm. 54.

49 Vgl. Gell.Noct. 20,1,14: »*Nonnulla autem in istis legibus ne consistere quidem, sicuti dixi, visa sunt, velut illa lex talionis, cuius verba, nisi memoria me fallit, haec sunt: ›Si membrum rupit, ni cum e pacto, talio esto‹*«. Im weiteren Verlauf der Diskussion (Gell.Noct. 20,1,15–19) wird die Durchführung einer *talio* infrage gestellt (vgl. dazu unten, 5.1.5.3.3), was umgekehrt den Schluss nahelegt, dass der Rechtssatz der XII-Tafeln sonst als Forderung einer exakt-körperlichen Retribution verstanden wurde.

50 Vgl. Fest.Verb. s.v.: »*Talionis mentionem fieri in XII (8,2) ait Verrius hoc modo: ›Si membrum rup(s)it, ni cum eo pacit, talio esto.‹ Neque id quid significet, indicat, puto quia notum est; permittit enim lex parem vindictam*«.

51 García-Hernández, Lexicalización, 225, vermutet aufgrund von *paris* eine gleich*wertige*, nicht -*artige* Rechtsfolge.

In Übereinstimmung mit diesen Zeugnissen aus dem 2. Jh. u.Z. wird das Nomen *talio*[52] in den gängigen Wörterbüchern als die »gleiche Wiedervergeltung eines empfangenen Schadens am Körper« definiert.[53] Wenngleich etymologisch eingewendet werden kann, dass *talio* im römischen Kontext nicht zwingend eine strikte körperliche Wiedervergeltung bezeichnen muss[54] und rechtshistorisch Belege für die Durchführung fehlen,[55] hat sich diese Begriffsdefinition gehalten. Die Bezeichnung der biblischen Nominalsatzreihe mit diesem juristischen Fachbegriff setzt also dieses Verständnis der *talio* voraus.

Dabei handelt es sich aber nicht um eine moderne Bezeichnung, sondern um eine Verbindung, die bereits in der christlichen Spätantike hergestellt wurde.[56] Bereits Tertullian bezeichnet die biblische Talionsformel [*oculum pro oculo, dentem pro dente*] als Wiedervergeltungsrecht [(*lex*) *talionis*].[57] Augustin von Hippo zeichnet die biblische Formel noch deutlicher in den römischen Kontext ein: Er verweist darauf, dass Cicero die *talio* als eine von acht Strafformen angeführt habe.[58] Diese folge dem Grundsatz, dass »er das zu erleiden habe, was er getan hat, woher jenes Gesetz stammt: Auge um Auge, Zahn um Zahn.«[59] Dass die biblische Nominalsatzreihe schon seit der Spätantike mit dieser juristischen Fachbezeichnung in Berührung kommt,[60] lädt schon

52 Die Etymologie ist unklar; vgl. mit weiteren Literaturhinweisen Völkl, Körperverletzung, 49, Anm. 1. García-Hernández, Lexicalización, hebt die korrelative Funktion zusammen mit *qualis* hervor.

53 Georges, Handwörterbuch, 4661; vgl. zur *talio* in den Zwölftafeln Völkl, Körperverletzung, 49, S. 134–135.

54 Vgl. García-Hernández, Lexicalización.

55 Vgl. Völkl, Körperverletzung, 77, und zur weiteren Diskussion Rothenbusch, Bundesbuch, 281.

56 Vgl. auch 5.1.5 zu Josephus, der die Talionsformel womöglich ebenfalls mit dem römischen Rechtsdiskurs in Verbindung bringen wollte.

57 Vgl. Tert.Marc. 2,18.

58 »*Octo genera poenarum in legibus esse, scribit Tullius, damnum, uincla, uerbera, talionem* [...]« (Aug.civ. 21,11). Der Verweis bezieht sich vermutlich auf Cic.orat. 1,194, wo jedoch gerade die *talio* fehlt. Vgl. zu dieser Tradition mit Verweis auf Mt 5,38–42 auch Isid.orig. 5,27,24, der auch eine *talio* als Vergeltung von guten Taten kennt.

59 Vgl. auch Aug.c.Faust., 19,25, wenn er die biblische *talio* als *poenam talionis* bezeichnet und funktional als Eingrenzung der Privatrache [*non fomes, sed limes furoris est*] mit Mt 5,38–42 in Einklang bringt.

60 Als mögliche Hypothese über den Ursprung dieser Bezeichnung für die biblischen Talionsformel(n) kann auf Lev 24 verwiesen werden: Dort wird die Reziprozität von Tat und Strafe in den lateinischen Übersetzungen des talionischen Verbalsatzes (Lev 24,20) durch die Gegenüberstellung von »*qualis* [...] *talis* « [כן (...) כאשר]ausgedrückt.

begrifflich zum Rechtsvergleich ein, was für die Hebräische Bibel zunächst die altorientalischen Rechtssammlungen betrifft.

1.2.2 Die Talion zwischen der Hebräischen Bibel und dem Alten Orient

Wenngleich die Untersuchung der Vorgeschichte der biblischen Talionsformel sowie die Beziehung der in der Tora und besonders im Bundesbuch überlieferten Rechtssätze zum Keilschriftrecht nicht Teil dieser Untersuchung sein können,[61] hilft die Wahrnehmung dieses Diskurses, den Rezeptionsgegenstand genauer zu fassen. Dies betrifft erstens die Frage, inwiefern Todessanktionen für Tötungsdelikte aufgrund der Übereinstimmung von Tat und Rechtsreaktion grundsätzlich als »talionisch« einzustufen sind. Während dies mitunter pauschal bejaht wird,[62] halten andere diese Korrelation für zufällig.[63] In vielen Fällen lässt sich eine talionische Logik aufgrund der knappen Formulierungen der Rechtsätze kaum nachweisen[64] bzw. erscheinen andere Erklärungsmodelle plausibler, etwa die präventive Funktion des Lebensschutzes,[65] die Schwere des Vergehens[66] oder die Notwendigkeit einer Kapitalstrafe aufgrund der durch die Tötung hervorgerufenen Kontaminierung [»*pollution*«].[67] Gleichzeitig kann bei ausführlicheren Rechtssätzen beobachtet werden, dass der konkrete Tatbestand und die zugehörige Rechtsfolge eng miteinander korreliert werden, sodass eine Einstufung der Kapitalstrafen in den Apodosen als talionisch bzw. eine spiegelnde Strafabsicht einleuchtend scheint.[68] Für die

61 Vgl. dazu ausführlich etwa Rothenbusch, Bundesbuch; Wright, Inventing; Otto, Körperverletzungen; ders., Hammurapi.

62 Vgl. Jacob, Auge, 91; Haase, Talion, 196–197; Hagedorn, Lex, 418.

63 Vgl. Jackson, Problem, 281, Anm. 1; Graupner, Vergeltung, 464–465; zumindest für die altorientalischen Rechtssammlungen auch Barmash, Homicide, 167.

64 So auch Pfeifer, Tötung, 40, zu CU §1; vgl. demgegenüber Haase, Talion, 196.

65 Vgl. Achenbach, Todesrecht, 61–72.

66 Vgl. Barmash, Homicide, 168–169.

67 Die Wirkkraft dieser Kontaminierung scheint in mesopotamischen Kulturen geringer gewesen zu sein als im israelitischen Kontext, wo das Land bzw. die Gesellschaft durch die durch die Tötung hervorgerufene Verunreinigung betroffen war; vgl. ebd., 94–115. Vgl. dazu z.B. die Zusammenstellung kapitalrechtlicher Vergehen in Ex 21,12–17; 22,17–19, aber auch in altorientalischen Rechtsammlungen; vgl. die Übersicht bei Pfeifer, Tötung, 46. Zum griechischen Kontext vgl. z.B. Harris, Family.

68 Vgl. z.B. CH §210; 230. Auch die Sammlung der Mittelassyrischen Gesetze aus dem 12. Jh. v.u.Z. scheint im Rahmen eines Gesetzes zum gewaltinduzierten Abort (A§50) eine talionische Todessanktion zu enthalten: Während der Fötus dem Ersatzleistungsrecht zugeordnet wird, soll die angreifende Person, selbst wenn die Schwangere überlebt, ebenso misshandelt werden, wie sie die Frau misshandelt hat (vgl. zu Übersetzungsvorschlägen der dortigen Textlücke Otto, Rechtsgeschichte, 245, B.). Stirbt sie, muss der Täter

anschließende Untersuchung bedeutet dies zunächst, dass Todessanktionen für Tötungsdelikte nicht automatisch als talionisch aufgefasst werden müssen, weshalb in Fällen, in denen eine Rezeption fraglich erscheint, ohne weitere Indikation keine Rezeption der Talionsformel angenommen wird. Gleichwohl berührt die Formel schon allein durch das *nepheš*-Glied [נפש תחת נפש] sowie die Verbindung zu den Subdiskursen in allen drei Perikopen der (Hebräischen) Bibel die Frage des Umgangs mit verschiedenen Arten der Menschentötung. Entsprechend müssen jene Rezeptionen gewürdigt werden, die gerade den Umgang mit Tötungsdelikten mit einer talionischen Logik in Verbindung bringen.[69]

Zweitens betrifft dies die Unterscheidung von talionischen und spiegelnden Strafen. Während die Talion auf die Wiedervergeltung des empfangenen *Schadens* zielt, richten sich Spiegelstrafen gegen das *ausführende Organ* und wollen auf diese Weise kennzeichnen, welches Vergehens sich die so gebrandmarkte Person schuldig gemacht hat.[70] Ziel der Strafe ist die öffentliche Brandmarkung und somit die Prävention: Ein Kind, das seinen Vater schlägt, riskiert seine Hand; küsst einer eine verheiratete Frau, verliert er seine Unterlippe.[71] Auch wenn sich diese Unterscheidung im gegenwärtigen Diskurs nicht immer etablieren konnte, hilft auch sie bei der genaueren Beschreibung des Rezeptionsgegenstands. Wird auf diese begriffliche Differenzierung verzichtet, muss der Rechtsbegriff als exakte, instrumentale, reflexive, symbolische bzw. militärische »Talion«[72] mitunter eine Vielzahl von Phänomenen erfassen. Dabei stellt sich die Frage, inwiefern der Terminus *talio* für die Fülle an narrativen, theologischen und juridischen Motiven passend ist, oder ob nicht der umfassendere Begriff »Vergeltung« angemessener wäre,[73] wobei die

---

sowohl mit Geld als auch dem Leben bezahlen. Letzteres geschieht auch, wenn die Frau überlebt, aber ihrem Mann noch keinen Sohn geboren hat.

69 Vgl. z.B. Philos rechtstheoretische Überlegungen zum Umgang mit Tötungsdelikten in spec. 3,84–85 (4.1.2.3). Von Bedeutung ist aber auch, dass in den meisten Fällen der Rechtsfall in Ex 21,22–23 samt dem *nepheš*-Glied gesondert von Ex 21,24(–25) sowie Tötungsdelikten als Spezialfall behandelt wird, während der Rest der Formel im Rahmen von Körperverletzungsdelikten begegnet (vgl. 8.1.3).

70 Haase, Talion, 195–196, führt den Begriff »spiegelnde Strafe« auf Heinrich Brunner zurück, vgl. weiter dazu Jüngling, Auge, 4.

71 Vgl. CH 195, MAG 9; weitere Beispiele bei Haase, Talion, 199–201, und van Buylaere, Crime, 27–28.

72 So die Differenzierung bei Jacobs, Body, 170–173.

73 Besonders stellt sich diese Frage mit Blick auf Oeming, Quinque, 57–59, der eine »weisheitliche Tun-Ergehen-Talio« herausarbeitet. Sein Hauptanliegen, die differenzierte Betrachtung der Belegstellen, ist zu begrüßen, jedoch scheint das Verständnis des

Talion gleichzeitig in dieses Themenfeld als Teilbereich einzugliedern ist.[74] Gleichwohl ist bereits im Rahmen der Rezeption der Talionsformel innerhalb der (Hebräischen) Bibel anzuerkennen, dass die *talio* mit einer Reihe von Themen und Motiven verbunden wird, die sich von der oben skizzierten Begriffsdefinition unterscheiden. Zentral ist Dtn 19,15–21, wenn die eigentliche Spiegelstrafe (Dtn 19,19a) durch das abschließende Formelgut mit der Talionsformel in Verbindung gebracht wird. Dieser Umstand muss jedoch nicht zwangsläufig eine »Falschzeugnistalion«[75] konstituieren: Differenzierter kann hier ein Subdiskurs identifiziert werden, in den die deuteronomischen Autoren die Talionsformel des Bundesbuches einzeichnen. Vorteil dieses Zugangs ist die Möglichkeit zur Unterscheidung, inwiefern bei der Rezeption von Dtn 19,15–21 nur die spiegelnde Rechtsfolge oder auch die Talionsformel selbst rezipiert wird, und, welchem Zweck die Formel dabei dient.[76]

Drittens ist nicht davon auszugehen, dass die Verhängung talionischer Rechtsfolgen bei Körperverletzungsdelikten und weiteren Vergehen grundsätzlich eine rechtshistorische Vorstufe gegenüber jenen Rechtssystemen darstellt, die stattdessen eine finanzielle Ersatzleistung vorschreiben. Im Gegenteil, geht man vom engeren Talionsbegriff aus und sieht von Spiegel- und Todesstrafen ab,[77] so begegnen im Körperverletzungsrecht der keilschriftrechtlichen Rechtsammlungen überwiegend ersatzleistungsrechtliche Rechtsfolgen, meist in Form von Tariflisten.[78] Anders im Codex Hammurapi (18. Jh. v.u.Z.): Dort werden Körperverletzungsdelikte unter und an *awīlu*[79] mit einer strikten, kasuistisch formulierten Talion geahndet (§§196–197; 200;

---

weisheitlichen und ethischen Vergeltungsdiskurses als Rezeption der Talion kaum belegbar. Vgl. zum Thema auch ders., Wisdom.

74 Zur Differenzierung von »Vergeltung« und »Talion« vgl. Jacob, Auge, 92; Rosen-Zvi, Measure, 282–283.

75 Vgl. Oeming, Quinque, 54.

76 Vgl. etwa die unterschiedlichen Rezeptionen von Dtn 19,15–21 in mMak 1,6 und tSan 14,17 (7.1.2.1), aber auch die fehlende Rezeption der »Falschzeugnistalion« in Sus$^{LXX/TH}$.

77 Doch selbst wenn man den Talionsbegriff weiter fasst, wie etwa Haase, Talion, 196, der beispielsweise CU (Šulgi/Ur-Namma) §1 [Todessanktion für Mord] und zögernd §3 [Freiheitsberaubung] als talionisch kennzeichnet, dürfte die universale Entwicklungsthese, wonach finanzielle Ersatzleistung einen Schritt weiterentwickelter Rechtsgemeinschaften darstellt, nicht haltbar sein. Dafür ist die Quantität und Qualität des Einsatzes der *talio* in CH gegenüber früheren Rechtssammlungen zu eindeutig. Ähnlich auch Jüngling, Auge, 5–6.

78 Vgl. CU §19–20; CE §§42–47. In der Rechtssammlung Lipit Ištar fehlen Bestimmungen zum Körperverletzungsrecht. Vgl. ausführlicher ebd., 5–8; Rothenbusch, Bundesbuch, 278–280.

79 Klengel, Alltag, 200–201, verweist darauf, dass die Gruppen *awīlu*, *muškēnu* und *wardu* keine »Dreiklassengesellschaft« bildeten, sondern sich ihr rechtlicher Status aufgrund

[210]).[80] Handelt es sich hingegen um Delikte gegen gesellschaftlich weniger hochgeschätzte Gruppen, *muškēnu* oder versklavte Personen, wird der Fall ersatzrechtlich geregelt (§§198–199; 201; 208). Auch der gewaltinduzierte Abort wird mit variablen Geldzahlungen je nach Status der Geschädigten geahndet (§209–214), wobei beim Tod der werdenden Mutter (eines *awīlim*) die Tochter des Täters die stellvertretende (talionische) Todessanktion trifft (§210).[81] Offensichtlich dient die Talion besonders dem Schutz gesellschaftlich höhergestellter Personen[82] bzw. jener Gesellschaftsgruppen, die dem König nahestehen, vielleicht um die Unversehrtheit des Regierungsapparats und Militärs zu gewährleisten.[83] Dieser Befund stellt die universale Entwicklungsthese infrage, wonach antike Kulturen von der Privatrache über die Talion zum Ersatzleistungsrecht übergingen.[84] Für die (nachbiblische) Rezeption der Talionsformel bedeutet dies, dass auch hier keine natürliche Entwicklung zur »Humanisierung« der Auslegung vorliegen muss, sondern bestimmte gesellschaftliche und theologische Ideale zu einer Hochschätzung der Talionsstrafe bzw. Ablehnung derselben führen können.[85]

Schließlich betrifft dies die Frage, in welcher Weise das biblische Recht allgemein bzw. die Talionsformel im Speziellen mit anderen Rechtsammlungen des Alten Orients verwandt ist. Eine völlige Unabhängigkeit des israelitischen Rechts vom Keilschriftrecht ist dabei kaum zu erwägen. Umgekehrt wird aber auch die These einer literarischen Abhängigkeit der israelitischen von altorientalischen Rechtsammlungen überwiegend abgelehnt.[86] In der Darstellung

ihres Verhältnisses zum Palast unterschied. Fest steht, dass den *awīlu* gesetzlich der größte Schutz zukommt.

80 Ausgenommen sind Injuriendelikte wie das Schlagen der Wange, hier folgt eine Geißelung oder finanzielle Entschädigung (§202–203).

81 Und das obwohl unvorsätzliche Körperverletzungen – auch mit Todesfolge – durch finanzielle Ersatzleistung abgegolten werden (§§206–208). Zur stellvertretenden Talion vgl. auch §§115; 230–231.

82 Vgl. Jüngling, Auge, 10.

83 Vgl. Klengel, Hammurapi, 241.

84 Vgl. zur Umkehr dieser Annahme für die Rechtsentwicklung im Keilschriftrecht aufgrund der Funde der Rechtssammlungen Lipit Ištar und Ešnunna Diamond, Eye; Finkelstein, Edict, 98.

85 Bereits in der biblischen Rezeption der Talionsformel ist dies nachzuvollziehen, wenn die deutlichste Befürwortung talionischer Rechtsfolgen im jüngsten Beleg (Lev 24) begegnet, der besonders deutlich theologische Argumente in den Diskurs einführt. In der frühkirchlichen Rezeption sind es besonders apologetische Interessen gegenüber Häresien, die eine Verteidigung der biblischen Talionsformel evozieren; vgl. oben zu Tertullian und Augustin (1.2.1) und Davis, Lex, 162.

86 Vgl. prominent Wright, Inventing, 346: »the Covenant Code drew primarily and directly upon the Laws of Hammurabi for its entire composition«. Kritik an dieser Position üben mit unterschiedlichen Alternativen Wells, Code, und Otto, Hammurapi.

des Rezeptionsgegenstands tendiert diese Arbeit zu einer Zwischenposition: Die redaktionellen Techniken keilschriftrechtlicher Rechtssammlungen sowie die Verarbeitung verbreiteter Beispielfälle (z.B. der extern induzierte Abort oder das stößige Rind) lassen auf eine Rezeption der Schreibertechnik des Keilschriftrechts bei der Verschriftlichung von Teilen der Tora schließen.[87] Für die Untersuchung der Talionsformel im Antiken Judentum spielt die grundlegende Frage der »availability«[88] eine geringere Rolle: In den untersuchten Werken ist ein grundsätzlicher Bezug auf die Hebräische Bibel bzw. den Pentateuch unumstritten. Gleichwohl ist damit auch die Frage verwandt, in welcher Weise sich die zitierenden bzw. paraphrasierenden Rezeptionen auf eine der biblischen Formeln direkt beziehen, eine frühere Rezeptionsstufe aufnehmen oder die Formel ohne direkten Schriftbezug aus der kulturellen Enzyklopädie anführen.[89]

Wie angedeutet, wird die bereits seit der Spätantike greifbare Bezeichnung der Talionsformel für die untersuchte(n) Nominalsatzreihe(n) der (Hebräischen) Bibel im aktuellen wissenschaftlichen Diskurs, besonders durch den Gebrauch des zugehörigen Adjektivs – »talionisch« bzw. »talionic« – deutlich ausgeweitet.[90] Da auf diese Weise viele weitere theologische bzw. geistesgeschichtliche Motive unter die Rubrik »Talion« subsumiert werden, wird so eine außerordentlich prägende Wirkkraft des biblischen Aphorismus suggeriert. Eine umfassende Untersuchung der in diesem Rahmen angeführten Belege ist im Rahmen dieser Studie nicht möglich. Stattdessen soll die Rezeptionsgeschichte der Talionsformel einen Teilbereich beleuchten, dessen Fokus auf den intersubjektiv nachvollziehbaren Rezeptionsvorgängen der Talionsformel im Antiken Judentum liegen, bei denen die Talionsformel entweder direkt zitiert oder erkennbar paraphrasiert wird. Das Ergebnis dieser Untersuchung zeigt, dass – bis auf wenige Ausnahmen[91] – die Talionsformel selbst nur selten außerhalb von juridischen bzw. halachischen Kontexten zitiert wird. Als Forschungsdesiderat bleibt erhalten, das Verhältnis zwischen einzelnen Formen des Vergeltungsdiskurses genauer zu untersuchen, d.h. herauszuarbeiten, inwiefern die *talio* als Teilbereich desselben zu gelten hat[92]

87 Vgl. den Überblick bei Otto, Bundesbuch, 1–9.

88 Vgl. Hays, Echoes, 29–30 und 1.5.

89 Vgl. dazu im Folgenden (1.4) zur Adaption der Kategorien von Hays bei Huizenga.

90 Vgl. oben zu Jacobs und Oeming (1.1) Hier könnte mit der methodischen Frage der Spezifitätskonvergenz/-divergenz (vgl. Hoegen-Rohls, Rezeptionskritik, 9) eine genauere Unterscheidung einzelner Diskurse vorgenommen werden.

91 Die prominenteste Ausnahme stellt Mt 5,38–42 dar, was nur schwer als rechtstheoretischer Diskurs bezeichnet werden kann. Vgl. daneben Philo, congr. 135–138 (4.1.1) und MechSch 48,1 zu Ex 19,1 (7.2.1).

92 Vgl. Jacob, Auge, 91.

und welche Verwandtschaftsverhältnisse sich zwischen den Theologumena des eschatologischen Gottesgerichts, der schicksalhaften Tatsphäre, privaten Vergeltungsakten in narrativen Erzählungen und der Talion(sformel) ergeben.

1.3 Eine Rezeptionsgeschichte der Talionsformel

Ein neuer Zugang gegenüber den vorgestellten Monographien zur Talionsformel besteht bereits, wenn die Darstellung der aktualisierenden Bezugnahmen auf die biblischen Talionsformeln im Antiken Judentum als »Rezeptionsgeschichte« bezeichnet wird. Die damit zusammenhängenden methodischen Implikationen tragen den bisherigen Überlegungen am besten Rechnung und sind anschlussfähig an die Theoriebildung in anderen historisch arbeitenden Geisteswissenschaften.[93]

1.3.1 Eine Motivgeschichte der Talionsformel?

Mit Blick auf das Methodenarsenal der historisch-kritischen Methode wäre alternativ ein *motivgeschichtlicher* Zugang möglich.[94] Die Belege der *talio* würden folglich als »bedeutungsmäßig vorgeprägte, unselbstständige, aber argumentativ bzw. erzählerisch relevante Textteile [verstanden], die im Text vor allem über die durch sie wachgerufenen Assoziationen wirksam werden«.[95] Als bedeutender Gesprächspartner erweist sich dabei die Literaturwissenschaft,

---

93 Vgl. aktuell mit einer ausführliche Theorie- und Methodendiskussion Vorpahl, Leben, 19–65, und Hoegen-Rohls, Rezeptionskritik; in den klassischen Altertumswissenschaften vgl. u.a. Hardwick, Reception, 2–11; de Pourcq, Reception, 219–222, sowie die Beiträge in Martindale/Thomas, Reception. Vgl. ausführlicher zur rezeptionsgeschichtlichen Methode unten 1.3.4.

94 Diesen Weg beschreitet aktuell etwa Lau, Triumphator, der seine Arbeit als motivkritischen Zugang vorstellt. Nach seiner Auskunft will diese Methode »bestimmte Elemente eines ntl. Textes mit seiner antiken Umwelt vernetzen, den Text also im Horizont seiner Entstehungszeit und ihrer Realien lesen. Motivkritik begreift diese Textelemente als geprägte Motive, die mit einer spezifischen Konnotation, die sich aus dem Gebrauch des Motivs in der Umwelt ergibt und die den antiken Erstadressaten eines Textes bekannt war, in den ntl. Text eingearbeitet wurden.« (ebd., 66). Zentral ist dabei die »Identifikation und inhaltliche Charakterisierung eines geprägten Motivs« (ebd.). Es liegt keine zentrale Definition von »Motiv«, etwa in Abgrenzung zu »Stoff«, »Thema« bzw. »Tradition« vor. Bestimmend scheint die inhaltliche Prägung des von ihm bearbeiteten Motivs zu sein.

95 Söding, Schriftauslegung, 177, wobei der Autor als Motive (im NT) Zitate (des AT), Begriffe, Redewendungen und Sprachkonventionen, Formen geprägter bildhafter Rede sowie geprägte Themen, Erzähl- und Gedankenzüge ausweist. Fohrer/Hoffmann, et al., Exegese, 102, sprechen von einem »geprägte[n] Bedeutungssyndrom«.

wobei besonders in den komparativ arbeitenden Fächern der Disziplin eine methodische Auseinandersetzung mit Motiven festzustellen ist. Dort hat sich in den letzten Jahrzehnten »Thematologie« als übergreifender Theoriebegriff etabliert, der die Erforschung von »Motiven«,[96] »Stoffen«[97] und »Themen«[98] umfasst, wobei alle drei Begriffe durch ihren Fokus auf inhaltliche Aspekte verbunden sind.[99]

Motivgeschichtsschreibung würde folglich die Herkunft und den (literarischen) Weg des Motivs »Talion« herausarbeiten, wobei die bleibende Bedeutung innerhalb eines Diskurses mit den akzidentellen Verwendungen desselben in konkreten Texten korreliert würde.[100] Zunächst müsste dabei die *talio* als Motiv angemessen beschrieben werden: Als »kleinste selbstständige Inhaltseinheit« könnte als Grundmoment die Wiedervergeltung bzw. Reziprozität identifiziert werden.

Ein solcher methodischer Zugang liegt offenbar der Monographie von James F. Davis zugrunde, auch wenn das in der Einleitung nicht explizit reflektiert wird. Zwar leitet Davis den Begriff der *talio* zunächst aus dem römischen Zwölftafelgesetz ab und weist auf den juridischen Kontext der Primärquellen aus Ex 21, Dtn 19 und Lev 24 hin,[101] konstatiert allerdings anschließend, die *talio* »could in the minds of many be extended to personal retaliation«.[102] Aus der Fülle an angeführten Sekundärquellen, die zwar die Talionsformel nicht enthalten, aber nach seiner Einschätzung zum antik-jüdischen und frühchristlichen Diskurs der *talio* gezählt werden müssten, kann jedoch gefolgert werden, was er als Motiv der *talio* bearbeitet. Exemplarisch kann auf seine Interpretation von Offb 22,18–19 verwiesen werden:[103] Die Apokalypse des Johannes schließt mit einer Warnung an seine Leser:innen, dem vorliegenden Buch nichts hinzuzufügen oder etwas daraus wegzulassen. Bei Zuwiderhandlung trifft die

96 Ein Motiv kann beschrieben werden als »[k]leinste selbständige Inhalts-Einheit oder tradierbares intertextuelles Element eines literarischen Werks« (Drux, Motiv, 638).

97 Ein »Stoff« ist aufgrund seiner Komplexität vom Motiv abzugrenzen: Er zeichnet sich durch größere festgelegte Strukturmerkmale für die Handlung bzw. Argumentation und die Kombination mehrerer Motive aus, vgl. Dahms, Thema, 125.

98 Ein »Thema« ist offener und übergreifender: Es beschreibt kein inhaltliches Einzelelement, dass eine Erzählung oder Argumentation vorantreibt. Mit Thema wird die Gesamtheit des bearbeiteten Gebiets im Sinne einer »abstrakten Grundidee […] nicht konkrete[r] oder konkretisierbare[r] Situationen und Ereignisse« beschrieben (ebd., 126).

99 Vgl. ebd., 124–125.

100 Vgl. Schnelle, Exegese, 137.

101 Vgl. Davis, Lex, 1–3.

102 Ebd., 3.

103 Vgl. ebd., 159, und Beale, Revelation, 1153, der zwar keine textliche Verbindung expliziert, aber dennoch auf die »›eye for eye‹-nature of biblical jugment« verweist.

Täter:in ein Fluch, der als Anadiplosis ausgedrückt ist: Die Lexeme der untersagten Handlung (ἐπιτίθημι bzw. ἀφαιρέω) werden in der angedrohten Strafe wiederholt. Davis versteht dies als »warning of reciprocal action by God«[104] in enger Korrelation mit der Talion.[105] Hier scheint das Kern*motiv* des *lex talionis* zu liegen, das Davis bearbeitet: Die Reziprozität als Grundsatz der Talion.[106] Zweifelsohne hat die *talio* Anteil an diesem grundlegenden Motiv, jedoch ist Reziprozität auch eine Deutungskategorie der Geschichtsschreibung, im Sinne des Tun-Ergehen-Zusammenhangs Teil der eschatologischen Hoffnung von Individualpsalmen, ethische Kategorie in weisheitlichen Schriften und in weiteren *Themen*felder prominent, deren Zugehörigkeit zum antik-jüdischen Diskurs der *talio* nicht *per se* durch das Motiv der Reziprozität gegeben ist.[107]

Ein ähnlicher Ansatz eines im weitesten Sinne »motivischen« Zugriffs begegnet in Jan Rothkamms Monographie *talio esto* von 2011. Er versteht die *talio* als »un principe de justice (terrestre) qui cherche à réparer la perte encourue par la victime en infligeant à l'agresseur une peine égale«.[108] Dabei sind mehrere Modifikationen des Motivs festzustellen: Es handelt sich um ein (1) irdisches (2) *Rechts*prinzip, dessen (3) Ziel die Sühnung des Schadens ist. Diese wird (4) durch eine gleichwertige Bestrafung des Schädigers erreicht. Diese Begriffsparameter ermöglichen Rothkamm, das Rechtsprinzip der *talio* über Kulturgrenzen hinweg und ohne prinzipielle Annahme einer genealogischen Abhängigkeit im Sinne des Rechtsvergleichs zu beschreiben.

---

104 Davis, Lex, 159.

105 Als exemplarisches Beispiel für die zahlreichen Belegtexte, die eher dem Theologumenon der schicksalhaften Tatsphäre zuzuordnen sind, kann Davis Kommentar des Berichts über das Schicksals des Jason in 2Makk herangezogen werden. Nach seinem militärischen Misserfolg muss der hellenisierende Hohepriester fliehen und verbringt den Rest seiner Tage rast- und heimatlos, bis er schließlich im Exil stirbt. 2Makk 5,9–10 kommentiert dieses Geschehen folgendermaßen: »[9]Er, der viele aus der Heimat in die Fremde vertrieben hatte, ging selbst in der Fremde zugrunde, als er zu Schiff zu den Lakedaimoniern unterwegs war, um dort aufgrund der Verwandtschaft Schutz zu erlangen. [10]Und er, der eine Vielzahl unbeerdigt hingestreckt hatte, blieb selbst unbetrauert und bekam weder irgendeine Trauerfeier noch ein Grab nach Vätersitte« [Übers.: LXX.D]. Davis kommentiert: »While this text also is not the exact talionic formula under discussion, conceptually it does describe an attitude and mindset of a talionic type of justice (ebd., 58).

106 Vgl. in diesem Sinne auch Jackson, Review, 201.

107 Mit den methodischen Testkriterien von Hays (vgl. 1.4) muss hinsichtlich Offb 22,18–19 rückgefragt werden, inwiefern dem Aspekt der »satisfaction« genüge getan wird. Eine schlüssigere Auslegung ergäbe sich, wenn statt der *talio* als verarbeitetes Motiv die Kanon- bzw. Textsicherungsformeln der hebräischen Bibel rezipiert würden. Vgl. unten Kap. 6, Anm. 3.

108 Rothkamm, Talio, 88.

Entsprechend schließt er aus der Untersuchung aus: (a) Finanzielle Ersatzleistungen, (b) Spiegelstrafen, (c) reziproke Strafen, die sich nicht an tatsächlichem Schaden, sondern an der Absicht orientieren (Dtn 19), sowie (d) Todesstrafen für Totschlag/Mord.[109] Diese Definition ist hilfreich, um talionische *Strafen* über Kulturgrenzen hinweg zu beschreiben und zu vergleichen.

Für den Untersuchungsgegenstand dieser Arbeit ist diese Definition bzw. der Motivcluster nur bedingt hilfreich. So wird in Dtn 19,15–21, obwohl die Rechtsfolge des zugrundeliegenden Rechtsfalls keine talionische Rechtsreaktion, sondern eine Spiegelstrafe ist, mit der Talionsformel korreliert. Ebenfalls gilt mit Blick auf Mt 5,38–42, dass die biblische Formel in einen individualethischen Diskurs überführt wird. Deshalb scheint, je nach Eingrenzung des Motivs, ein motivgeschichtlicher Zugang zu offen, wenn er im Reziprozitätsmotiv aufgeht, und andererseits zu eng umsteckt, wenn er auf bestimmte Rechtsfolgen eingegrenzt wird. Vor diesem Hintergrund macht der motivgeschichtliche Zugang gleichzeitig auf einen wichtigen Aspekt aufmerksam: Bei Rezeptionsvorgängen werden nie alle motivischen Aspekte gleichermaßen aktiviert und umgekehrt – jede Rekontextualisierung der *talio* bringt diese in ihrem neuen Kontext, Werkzusammenhang, Œuvre oder durch ihre Kanonisierung mit weiteren Motiven in Berührung.

1.3.2 Eine Wirkungsgeschichte der Talionsformel?

Gegenüber der hier vorgeschlagenen Methode einer Rezeptionsgeschichte begegnet im aktuellen Forschungsdiskurs häufig der Begriff *Wirkungsgeschichte*. Begriffsgeschichtlich bezeichnete Wirkungsgeschichte zunächst keine Methode, sondern beschrieb die epistemologische Grundeinsicht, wonach kein Text ohne seine Wirkungsgeschichte zugänglich ist: Jedes Verständnis eines Textes ist geschichtlich und von einem bestimmten Vorverständnis geprägt.[110] Schon bald wurde aufgrund dieser hermeneutischen

109 Vgl. ebd., XVIII–XXII.

110 Begriffsgeschichtlich geht die Bezeichnung auf die philosophische Hermeneutik Hans-Georg Gadamers zurück. Dort begegnet »Wirkungsgeschichte« nicht zur Beschreibung einer wissenschaftlichen Methode, sondern als hermeneutischer Stolperstein des Verstehens (antiker) Texte und als Reflexion der Geschichtlichkeit individueller Ausleger:innen. Was subjektiv als Vorverständnis eines Textes bzw. Sachverhalts gelten kann, drückt Gadamer objektiv als »Wirkungsgeschichte« aus, die in »Überlieferungen, Sitten und Traditionen […] wirksam [ist]« (Baum, Hermeneutik, 161). Explizit versteht er diese Bewusstwerdung als theoretische Fragestellung und fordert nicht, dass »die Forschung eine solche wirkungsgeschichtliche Fragestellung entwickeln [solle], die

Problematisierung gefordert, zumindest einen Teil dieses oft unreflektierten Einflusses durch die Erarbeitung einer Wirkungsgeschichte eines Textes sichtbar zu machen und durch die aktive Reflexion dem wissenschaftlichen Diskurs preiszugeben.[111] In der Theologie forderte prominent etwa Ulrich Luz im Rahmen seiner Arbeit am EKK-Kommentar zum MtEv die Etablierung einer »wirkungsgeschichtliche[n] Exegese«.[112] Ziel seines Ansatzes ist, die wirkungsgeschichtliche Mächtigkeit eines Textes zu thematisieren und folglich diese unbewusste epistemologische Grundkonstante reflektiert zur Sprache zu bringen. Als Defizit herkömmlicher historisch-kritischer Zugänge erkennt er dabei die Tendenz, bei der Suche nach der ältesten Fassung eines Textes und der Herausstellung des ursprünglichen Textsinns den »garstigen Graben« zwischen der ursprünglichen Kommunikationssituation und der gegenwärtigen Textrezeption unsichtbar zu machen.[113] Eine wirkungsgeschichtliche Exegese mache demgegenüber – um im Bild zu bleiben – die Steigeisen sichtbar, mit denen sich der Text seinen Weg durch den zerklüfteten Krater der Geschichte bis zum gegenwärtigen Verstehen bahnte. Aus dieser Perspektive soll »Wirkungsgeschichte« bei Luz folglich nicht Anhang der historisch-kritischen Exegese eines Textes sein, sondern integraler Bestandteil der exegetischen Arbeit, um einen antiken Text gegenwärtig verständlich zu machen. Der Mehrwert eines solchen Unterfangens leuchtet ein,[114] doch stellt

---

neben die auf das Verständnis des Werkes unmittelbar gerichtete trete« (Gadamer, Wahrheit, 284). Vgl. dazu ausführlich Burnet, Exegesis, 59–64.

111 Vgl. exemplarisch die Arbeiten zur Rezeptionsästhetik von Hans Robert Jauß, einem Schüler Gadamers; vgl. Morgenroth, Literaturtheorie, 84–86.

112 Vgl. Luz, Exegese.

113 Hinter der dritten von ihm formulierten Chance (vgl. ebd., 27–29) steht am deutlichsten der Versuch, die Hermeneutik Gadamers methodisch fruchtbar zu machen: Die Erfahrung der historischen Differenz zwischen einem Text und der Gegenwart wird nicht übersprungen, sondern beschreibbar. Die dabei herausgearbeiteten historischen Auslegungen und die dahinterstehenden soziokulturellen Phänomene sowie die gesellschaftliche Stellung hilft, die Sinnpotentiale eines Textes herauszustellen und gegenwärtige Auslegung zu erleichtern.

114 Als weitere Chancen benennt er (1) das Verstehen eines Textes als Glaubenszeugnis. Luz kontrastiert dabei das »exegetisch falsche« Auslegen der Kirchenväter, Reformatoren etc., das die Texte jedoch zu Glaubenszeugnissen werden lässt, mit den Ergebnissen neuzeitlicher historisch-kritischer Exegesen, die vielleicht den »Textsinn« genauer erfassen und zeitlich eindeutiger zuordnen können, aber die Aussage*absicht* der Texte aus dem Blick verlieren (Vgl. ebd., 23–25). (2) Der eigene Standort gegenüber den Texten kann besser verstanden werden, indem das eigene Vorverständnis im Rahmen der Wirkungsgeschichte eingeordnet und so mit anderen Interpretationstraditionen in den Dialog gebracht werden kann (ebd., 25–27). (4) Das ganzheitliche Verstehen biblischer Texte in christlicher Tradition, d.h. auch in Musik, Kunst, Gebetsbüchern etc., ist gleichzeitig ein Korrektiv, indem andere (christliche) Verständnisse und auf den Texten aufbauenden

sich einerseits die Frage, was der Gegenstand einer wirkungsgeschichtlichen Analyse sein kann, und andererseits, inwiefern die Rolle des bzw. der Prätexte für die vorliegende Untersuchung nicht überbewertet wird.

In seiner »Theologischen Hermeneutik« von 2014 definiert Luz Wirkungsgeschichte als »das Gesamte der Spuren, welche ein Text in seiner Nachgeschichte durch seine Lektüren hinterlassen hat, und zwar in allen Bereichen des Lebens, also z.B. in der Theologie, in der Kunst, in der Politik, im Recht, in der Frömmigkeit, in der Literatur, in der Philosophie usw.«[115] Hier ergibt sich eine erste Schwierigkeit des Ansatzes aufgrund der Universalität des Anspruchs, die der Begriff der *Wirkung* transportiert: Eine »Wirkungsgeschichtsschreibung« müsste demnach, selbst wenn sie geographisch oder zeitlich eingegrenzt ist, jeden Effekt eines Textes identifizieren, erklären und auslegen, um dann dessen »ganze öffentliche Wirkung [darzustellen]«.[116]

Daran anschließend ergibt sich die Anfrage, inwiefern sich die Wirkung[117] eines Textes von anderen Einflüssen, etwa Berichten, Predigten oder Gesprächen darüber, unterscheiden lässt, und ob der Fokus auf den Ausgangstext dem Unterfangen angemessen ist: Indem der wirkungsgeschichtliche Zugang den Fokus auf den (einen) Prätext legt, muss folglich jeder Rezeptionsvorgang als Wirkung desselben beschreibbar werden. Damit ergibt sich eine gewisse Monologizität, die in neueren Lese- und Rezeptionstheorien problematisiert wird.[118] Deutlich wird das Dilemma bei Luz selbst, wenn moralische Wertungen in die Beschreibung der »Wirkung« eines Textes

---

Traditionen wahrgenommen werden (ebd., 29–30). (5) Sachkritische Anfragen an die Texte selbst werden möglich. Wo die Wirkungsgeschichte die Impraktikabilität von ethischen Forderungen oder moralischen Wertungen herausstellt, können die Texte selbst kritisiert werden (ebd., 30–31). (6) Wirkungsgeschichte zeichnet die Ausleger:in selbst in den Strom der Wirkungsgeschichte ein und stellen die Texte als wirkmächtige Treiber der Tradition heraus (ebd., 32).

115 Luz, Hermeneutik, 361. Vgl. auch ders., Exegese, 22, Anm. 8.

116 Vorpahl, Leben, 22. So ist es methodisch überprüfbar unmöglich, soziokulturelle Phänomene, etwa moralische Einstellungen innerhalb einer religiösen Gruppierung, als Auswirkung einzelner Schriftstellen normativer Texte herauszustellen, oder emotionale Reaktionen gegenüber empirischen Phänomenen der Wirklichkeit, etwa Trost in Todesfällen oder Furcht vor der Hölle, von einem (bestimmten) Bibeltext ausgelöst darzustellen. Vgl. dazu und mit weiteren Beispielen die Kritik bei Räisänen, Wirkungsgeschichte, 342.

117 Luz unterscheidet Wirkungs- und Rezeptionsgeschichte aufgrund ihrer Perspektive: Sie konkretisieren sich als zwei Seiten einer Medaille, wobei die erste den Text und die zweite die Leser:innen zum Subjekt macht, vgl. Luz, Hermeneutik, 361. So schon Jauß, vgl. Mayordomo, Wirkungsgeschichte, 55, Anm. 58.

118 Vgl. Kampling, Skizze, 189.

eingehen: So wirken die Texte *selbst* anders als beabsichtigt und es bestehen »mißglückte [...] Verwirklichungen biblischer Texte«.[119]

Diese Problematik kann deutlich bei Jacobs Monographie zur Talionsformel beobachtet werden: Nachdem er mit seinen »zwölf Beweisen« die Aussageabsicht der Talionsformel als Forderung einer finanziellen Ersatzleistung herausgestellt hat,[120] kann er die »alttestamentliche Talion«, zu der auch weitere Rezeptionen des Antiken Judentums zählen,[121] sowie die Talionsformel in der Bergpredigt als »Fehlinterpretationen« und »Missverständnisse« diskreditieren. Schließlich ist ein Kernproblem dieser Fokussierung auf den (einen) Ausgangstext zudem, dass bestimmte Rezeptionen augenscheinlich keine Rezeption eines ursprünglichen Textes darstellen, sondern nur vermittelt begegnen.[122]

1.3.3 Eine Auslegungsgeschichte der Talionsformel?

Einige Kritiker eines wirkungsgeschichtlichen Zugangs plädierten stattdessen für einen auslegungsgeschichtlichen Zugang.[123] Klarer Vorteil dieses Zugangs ist der Perspektivwechsel: Indem bei der Untersuchung des Zusammenspiels zwischen Prä- und Auslegungstext letzterer im Mittelpunkt der Analyse steht, wird dabei einerseits die unbändige Fülle der Wirkungen auf ein nachvollziehbares Maß an Auslegungen beschränkt. Zum anderen entlastet es den Prätext von der großen Aufgabe, selbst (allein) für die Wirkung späterer Auslegungsvorgänge verantwortlich zu sein.

Gleichzeitig scheint der Fokus auf »Auslegungen« einschränkend, selbst wenn er nicht auf Kommentare oder wissenschaftliche Untersuchungen begrenzt ist,[124] sondern »argumentativ geprägte Auslegung der Bibel zu verschiedenen Zeiten«[125] bzw. »die Rezeption eines Textes in sprachlichen Meta-Texten zu diesem Text, wie [in] Kommentaren, Predigten, Dogmatiken

119 Luz, Exegese, 30; vgl. dazu auch Frankemölle, Wirkungsgeschichte, 70.

120 Vgl. Jacob, Auge, 25–52.

121 Vgl. oben 1.1.

122 Hier könnte etwa auf den Lukaskommentar des Ambrosius verwiesen werden, der zu großen Teilen auf Predigten aufbaut. Vgl. dazu Kampling, Skizze, 189. Vgl. weiterführend die Überlegungen bei Hoegen-Rohls, Rezeptionskritik, 264–265.

123 Vgl. Kampling, Skizze, 191; Frankemölle, Wirkungsgeschichte, 88–89.

124 Kampling, Skizze, 188, führt den Begriff auf die katholische Exegese zurück, wo er zunächst das exegetische Vorgehen meint, das sich an der patristischen Textauslegung orientiert.

125 Vgl. Bultmann, Auslegungsgeschichte, 55.

und anderen Büchern«[126] bezeichnet. Auch wenn »Auslegung« im weitesten Sinn alle (schriftlichen) Äußerungen über einen Text bezeichnet, transportiert der Begriff doch eine gewisse Intentionalität. Zählt zu *Auslegung* auch die Rezeption einzelner Motive oder das Anführen von biblischen Versen in philologischen Argumentationen? Konkret stellt sich etwa die Frage, ob das systematisierende Vorgehen zur Entwicklung von halachischen Regelungen, etwa in der Mischna oder in den juridischen Texten Qumrans, als Schrift*auslegung* verstanden werden kann.[127]

1.3.4 Eine Rezeptionsgeschichte der Talionsformel

Entsprechend beschreibt *Rezeptions*geschichte am ehesten das Ziel dieser Arbeit, die intertextuellen Bezüge auf die biblischen Talionsformeln im Antiken Judentum zu erarbeiten und unter verschiedenen Gesichtspunkten miteinander zu vergleichen. Eine vollständige Darstellung der Rezeption eines Textes bzw. Textelements ist jedoch, zumal bei der Rekonstruktion eines historischen Diskurses, nicht möglich. Entsprechend wird in der Rezeptionsforschung häufig zwischen *aktiver* und *passiver* Rezeption unterschieden. Letztere bezeichnet dabei jene Rezeptionsvorgänge eines Textes, die nicht zur Herstellung eines neuen Rezeptionsgegenstandes geführt haben. Hierzu zählen etwa die private Lektüre, öffentliche Lesung oder mündliche Auslegung eines Textes. Indirekt sind wir teilweise über diese passiven Rezeptionsvorgänge informiert[128] und können, etwa aufgrund der Herstellung von spezifischen Medien, Einsichten in die Bedeutung bestimmter Texte für den täglichen Gebrauch erhalten.[129] Zur Talionsformel liegen keine konkreten Belege oder

---

126 Luz, Hermeneutik, 361. Vgl. zur Differenzierung der Auslegungsgeschichte als »defizitärem« Teilaspekt der Wirkungsgeschichte auch ders., Exegese, 29.

127 Vgl. in Bezug auf »Belegzitate« in rabbinischer Literatur Vorpahl, Leben, 21–22, sowie mit Blick auf Texte aus Qumran mit weiterer Literatur Doering, Parallels, 16–17; Metso, Halakhah, 279–280; 296–300. Im Rahmen dieser Studie ist z.B. auf mBQ 8,1 zu verweisen: Eine intertextuelle Beziehung zum Bundesbuch ist nicht zu bestreiten, jedoch scheint weniger eine Auslegung von Ex 21,24–25 zentral zu sein, sondern eine systematische Darstellung des Körperverletzungsrechts. Hintergrund sind aber vermutlich anderweitige *Auslegungen*, wie sie in diesem Fall z.B. in den halachischen Midraschim überliefert werden. Aus diesem Grund kann in mBQ 8,1 eine *Rezeption* der *talio* nachvollzogen werden, aber nur bedingt eine *Auslegung* von Ex 21,24. Vgl. 7.1.1.1.

128 Vgl. etwa die Untersuchungen bei Leipziger, Lesepraktiken.

129 Die moderne Rezeptionsforschung verfügt dabei über einen maßgeblich größere Datensatz, der quantitativ, beispielsweise in der Buchmarktforschung, bzw. qualitativ, durch Umfragen, nutzbar ist. Vgl. dazu Link, Rezeptionsforschung, 98–103. Ein Beispiel der Antike können etwa die Übersetzungen der Hebräischen Bibel sein, die, unter Absehung

sekundäre Berichte über ihre An- bzw. Verwendung vor, die Rückschlüsse auf ihre passive Rezeption zuließen.[130]

Auf der anderen Seite steht die *aktive* Rezeption: Aufgrund eines – bewussten oder unbewussten – Eindrucks des Rezeptionsgegenstandes entsteht eine neue (literarische) Fassung. Dieses Feld ist sehr weit und umfasst letztlich die gesamte textliche und künstlerische Produktion, die mit dem Rezeptionsgegenstand in Verbindung steht. Textlich[131] zählen Handschriften und Texttraditionen ebenso zu diesem Feld wie Vorgänge der redaktionellen und kanonischen Verbindung von Texten sowie Übersetzungen, systematisierende Querverweise (z.B. die mittelalterliche Masora), Erwähnungen in Listen, Wörterbüchern etc. Um diesem Umfang einen Rahmen zu geben, wurde in der literaturwissenschaftlichen Debatte erwogen, innerhalb der aktiven Rezeptionen zwischen *produzierenden* und *reproduzierenden* Vorgängen zu unterscheiden. Reproduktionen können dabei als »Bemühungen um Vermittlung eines primären Rezeptionsgegenstandes« verstanden werden,[132] während Produktion die Umsetzung »von passiver in aktive Rezeption […] d.h. schließlich in eine eigene künstlerische Produktion«[133] bedeutet. Diese Unterscheidung gründet auf einem spezifischen Kunstbegriff und wurde entsprechend auch in literaturwissenschaftlichen Kreisen kritisiert.[134] Fraglich erscheint zudem, welcher Erkenntnisgewinn hinter der kategorialen Unterscheidung re-/produzierender Rezeptionen steht. Angemessener scheint es, beim Verfassen einer Rezeptionsgeschichte stets einzubeziehen, dass Rezeptionserwartungen nach Gattung, Epoche, Autor:in und Werkstück variieren. Gerade in der Antike muss eine unvollständige oder interpretative Rezeption des Rezeptionsgegenstandes in einer Übersetzung die Rezeptions*erwartung* nicht zwangsläufig enttäuschen, sondern ist – wie bei allen aktiven Rezeptionsvorgängen – stets an den sonst vorliegenden gattungs- bzw. autorenspezifischen Eigenheiten zu messen.[135]

---

inhaltlicher Aspekte, das Leseinteresse von griechisch-, lateinisch-, aramäischsprachigen und weiteren Gemeinschaften bezeugen.

130 Hier könnte die die Rezeptionsästhetik bzw. der Reader Response Criticism ansetzen; vgl. dazu kritisch mit Literatur Vorpahl, Leben, 25.

131 Es gibt keine Anhaltspunkte, dass die Talionsformel in der Antike künstlerische Rezeptionen evoziert oder andere Artefakte hervorgebracht hat.

132 Link, Rezeptionsforschung, 89.

133 Ebd., 87.

134 Vgl. Moog-Grünewald, Rezeptionsforschung, 58–61.

135 So würde beispielsweise die gemeinsame Zuordnung der deutlich zu unterscheidenden Übersetzungen von Ex 21,24^{LXX} [ὀφθαλμὸν ἀντὶ ὀφθαλμοῦ] und Ex 21,24^{TPsJ} [דמי עינא חולף עינא] zur Kategorie der reproduzierenden Rezeption keinerlei Erkenntnisgewinn bedeuten. Vielmehr ist in beiden Fällen zunächst zu prüfen, inwiefern

Wenn aber lediglich die *aktiven* Rezeptionsvorgänge als operationalisierbarer Teil der Rezeptionsgeschichte zählen, liegt nahe, darin lediglich einen entsprechend modifizierten wirkungsgeschichtlichen Zugang zu vermuten. Gleichzeitig ist die abweichende Perspektive nicht unerheblich. Die Beschreibung eines Rezeptionsvorgangs fragt nicht primär danach, inwiefern frühere Rezeptionen oder gar der früheste Beleg ausschlaggebend für die Aufnahme des Rezeptionsgegenstandes waren bzw. die Rezeption ermöglichten. Stattdessen stehen andere Fragen im Mittelpunkt: Haben vielleicht frühere Rezeptionsvorgänge den untersuchten Beleg beeinflusst? Welche (formalen und inhaltlichen) früheren Rezeptionsvorgänge werden übernommen, welche verfremdet? Welche Subdiskurse früherer Kontexte haben sich in der Rezeption niedergeschlagen und welche Themen und Motive werden mit dem Rezeptionsgegenstand verbunden? Welchem Zweck dient die Rezeption des Rezeptionsgegenstandes im argumentativen bzw. narrativen Kontext?

Die Ergebnissicherung erfolgt dabei in doppelter Weise: Den Einzeluntersuchungen der Rezeptionsvorgänge der *talio* im chronologisch strukturierten Hauptteil (Kap. 3–7) folgt jeweils eine Darstellung, wie und zu welchem Zweck die *talio* in diesem Text, Werk oder durch den jeweiligen Autor rezipiert wurde. Das abschließende Resümee (Kap. 8) hingegen nimmt den mit dem Rezeptionsgegenstand verbundenen Diskurs in den Blick: Die formalen und inhaltlichen Ergebnisse werden dort gebündelt und geben Auskunft darüber, welchen Einblick uns die erhaltenen Quellen in den antik-jüdischen Diskurs um die Talionsformel ermöglichen.

1.4 Zur Textauswahl

Die indeterminierte Ankündigung *einer* Rezeptionsgeschichte im Titel dieser Studie trägt dem Umstand Rechnung, dass die Konstruktion einer Rezeptionsgeschichte maßgeblich durch die Methode der Textauswahl bestimmt ist. Der zugehörige exegetische Fachdiskurs nimmt mit »Intertextualität« einen Begriff der poststrukturalistischen Literaturwissenschaft der 1960er Jahre auf, der sich, ähnlich wie »Wirkungsgeschichte«, vom phänomenologischen

---

diese unterschiedlichen Übertragungen mit dem restlichen Duktus der Übersetzung harmonieren oder Sonderfälle darstellen. Vorpahl, Leben, 25–27; 58, kritisiert besonders die Klassifizierung von Übersetzungen als reproduzierende Rezeption, zählt aber philologische Belegzitate, enzyklopädische Erwähnungen und Einzelerwähnungen in Aufzählungen oder Listen weiterhin zu dieser Kategorie.

Theoriebegriff[136] zum operationalisierbaren Analyseverfahren zur Beschreibung textlicher Verwandtschaft entwickelte.[137] Dieser Impuls und die Entwicklung eines methodischen Instrumentariums zur Erschließung von intertextuellen Bezügen[138] in der Literaturwissenschaft wurde rasch von der Theologie aufgegriffen.

Einen einflussreichen Vorschlag, dieses Forschungsfeld für die Exegese fruchtbar zu machen, bietet Richard Hays in seiner Monographie *Echoes of Scripture in the Letters of Paul* von 1989.[139] Seine Forschungsfrage, »[...] How did Paul interpret Israel's Scriptures?«,[140] will er mit einer intertextuellen Methodik beantworten: In Abgrenzung zu quellenkritischer Arbeit sieht er die Identifikation von intertextuellen Bezügen lediglich als Startpunkt des Unterfangens und beschreibt den Kern der Arbeit als Sichtbarmachung davon, welche »[...] poetic effects and larger meanings are produced by the

136 In Anschluss an die Prägung des Begriffs durch Julia Kristeva, die wiederum vom Konzept der »Dialogizität« von Texten des russischen Literaturwissenschaftler Michael Bakhtin beeinflusst war, versteht man darunter die Interaktion von Texten mit anderen Texten im weitesten Sinn. Ein Text ist keine eigenständige und abgeschlossene Zusammenstellung von Zeichen, sondern Teil eines unendlichen Intertexts. In anderen Worten: »Jeder Gegenstand, auf den sich ein Text beziehen kann, ist immer schon ein besprochener oder beschriebener, und jedes seiner Strukturelemente, von den Wörtern über zur Syntax bis hin zu bestimmten Textsortenmustern und allgemeinen Texteigenschaften, gehört ihm nicht allein, sondern er teilt sie mit anderen, in mancher Hinsicht mit allen anderen Texten« (Pfister, Konzepte, 12). Vgl. einführend Waldow, Intertextualität; Huizenga, Isaac, 45–49.

137 Mit Renate Lachmann kann zwischen »textontologischen Aspekten« der Intertextualität, die die Teilhabe eines Text am unendlichen intertextuellen Bezugssystem bezeichnen, und »textdeskriptiven« Aspekten unterschieden werden, bei denen die Bezugnahme eines bestimmten Textes auf »fremde« Texte bezeichnet wird. Vgl. dazu und zu weiteren Ansätzen Pfister, Konzepte, 14–18.

138 Ebd., 26–29, schlägt folgende Kriterien zur Beschreibung von Intertextualität vor: (1) Referentialität: Je mehr ein Text einen anderen thematisiert, desto höher ist die Referentialität. (2) Kommunikativität bezeichnet den Grad der Bewusstheit intertextueller Bezüge auf Produktions- und Rezeptionsebene, die durch die Markierungen im Meta-Text herausgestellt werden. (3) Autoreflexivität bezeichnet die Thematisierung von Intertextualität durch die Autor:in. (4) Strukturalität fragt nach der »syntagmatischen Integration der Prätexte in den Text«, d.h. nach dem Grad der strukturellen Übereinstimmung zwischen Prä- und Metatext. (5) Selektivität meint, wie pointiert ein Element des Prätextes übernommen wird, wobei ein Zitat (i.S. der Metalepsis) einen höheren Grad an Intertextualität erschafft als ein umschreibender Rückgriff auf Normen, Konventionen etc. (6) Dialogizität bedeutet, dass eine umdeutende bzw. relativierende Verweisstruktur auf einen Prätext eine höhere Intertextualität hervorruft.

139 Im selben Jahr erschien auch die Aufsatzsammlung *Intertextuality in Biblical Writings*, herausgegeben von Sipke Draisma, die allerdings seltener rezipiert wurde.

140 Hays, Echoes, 589, Anm. 9.

poet's device of echoing predecessors« unter der Einbeziehung der Frage, »in which way that tradition was understood in the poet's time and contemporary historical experience or situation with which the poet links this tradition«.[141]

Um intertextuelle Phänomene intersubjektiv nachvollziehbar zu machen, schlägt Hays sieben Testkriterien vor:[142] (1) Availability fragt danach, ob eine Anspielung von auktorialer Seite grundsätzlich möglich war und von den impliziten Leser:innen auch nachvollzogen werden konnten. (2) *Volume* nimmt in den Blick, wie hoch die Referentialität einer Anspielung einzuschätzen ist: Dazu zählt einerseits die Übernahme von Vokabeln und syntaktischen Strukturen, aber auch, wie originell und prominent der Text bzw. das Textelement im Prätext ist. (3) *Recurrence* orientiert sich an weiteren intertextuellen Verweisen auf denselben Prätext innerhalb eines Werkes bzw. Œuvre einer Autor:in: Spielt der Ausgangstext, das spezielle Kapitel oder sogar dasselbe Textelement an anderer Stelle eine wichtige Rolle, dann könnte auch eine Anspielung mit weniger deutlicher Referentialität intendiert bzw. rezipierbar sein. (4) *Thematic Coherence* versucht darzustellen, inwiefern sich eine vermutete intertextuelle Verbindung in die Argumentation bzw. den narrativen Aufbau eines Textes einfügt. Spielen andere Zitate und Anspielungen eine ähnliche Rolle und sind Ideen oder Bilder des Ausgangstexts von Bedeutung? (5) *Historical Plausibility* fragt, ob die vermutete *Bedeutung* eines intertextuellen Verweises historisch plausibel ist und so auch von Leser:innen dekodiert werden konnte. (6) *History of Interpretation* kann als Prüfkriterium der Auslegungsgeschichte umschrieben werden: Haben frühere Ausleger:innen diese spezielle Intertextualität ebenfalls beobachtet? (7) *Satisfaction* fragt schließlich: Ergibt die Textstelle mehr Sinn, wenn sie als Bezugnahme auf einen anderen Text sowie dessen Kontext verstanden wird?

Die Kritik an Hays' methodischen Vorschlägen konzentriert sich besonders auf zwei Bereiche: Einerseits auf seine »normative« Verwendung des Begriffs der »Metalepsis« der sich an der Theorie des amerikanischen Literaturwissenschaftlers John Hollander orientiert: Dieser bezeichnet damit »the recovery of transumed material«,[143] d.h. die interpretative Leistung von Leser:innen, die nach einer intertextuellen Entdeckung weitere Elemente des Prätexts in den rezipierenden Text eintragen, die nicht ausdrücklich genannt werden. Problematisch daran ist, dass Hays die »Metalepsis« als Automatismus zu verstehen scheint und die Möglichkeit eines isolierten Zitats bzw. der Rezeption

141 Ebd., 18.

142 Vgl. zum Folgenden ebd., 29–32.

143 Hollander, Echo, 115, zitiert in Hays, Echoes, 20.

eines einzelnen Motivs vernachlässigt.[144]Andererseits übersieht Hays, dass ein Zitat auf Rezeptionsebene – sowohl von Autor:innen intendiert als auch auf Seiten der Modelleser:innen – andere Horizonte als die des biblischen Prätextes aktualisieren kann.[145] Aufgrund dieser Feststellungen entwickeln Cornelis de Vos und Leroy Huizenga Methode von Hays' weiter.

Cornelis de Vos erweitert die Testkriterien in seiner 2016 erschienenen Monographie zum Dekalog um drei weitere Aspekte.[146] Unter dem Stichwort der (8) *Sprache* regt er die Frage an, inwiefern eine Übersetzung bzw. eine Anspielung auf eine Textpassage in einer anderen als der Originalsprache deren Bedeutung abwandelt. Oder umgekehrt: Inwiefern verändert sich die von Leser:innen gestiftete Sinnkonstitution eines Textes, wenn er in einer anderen Sprache als der Ausgangssprache rezipiert wird? Die Kategorie der (9) *Form* des rezipierenden Textes überlegt: Auf welche Weise wird ein Text wahrgenommen, dessen eigene Form von der des intertextuell vorausgehenden Textes abweicht? Mit Blick auf die (10) außerbiblische Traditionsbildung stellt de Vos schließlich infrage, ob zentrale Formulierungen sich auf einen uns bekannten Prätext beziehen müssen oder ob vielmehr im Rahmen eines kulturellen Gedächtnisses damit gerechnet werden muss, dass statt einer inter*textuellen* eine inter*mediale* Verbindung vorliegt.

Besonders mit diesem letzten Punkt spricht de Vos eine nicht zu unterschätzende Schwachstelle der Konzeption von Hays an. Wie schon aus dem Titel dessen Buches hervorgeht, versteht dieser seine Arbeit als Sichtbarmachung der Echoes of *Scripture* und räumt damit speziell den schriftlichen Zeugnissen der Schriften Israels ein Primat ein.[147] In seinen Ausführungen zeigt sich mitunter eine starke Verengung der Intertextualität auf eine eingegrenzte Gruppe von Intertexten,[148] wobei sich die Frage ergibt, ob damit nicht doch nur Quellenkritik in neuem Gewand betrieben wird. Gleichzeitig

---

144 Vgl. dazu ausführlich Moberly, Questions, 7–12. Hier könnte erneut auf mBQ 8,1 verwiesen werden: Dort wird auf Ex 21,24^{MT} angespielt, wenngleich der zugrundeliegende Rechtsfall Ex 21,22–25 für die Kategorie des Schadens [נזק] in dieser Mischna irrelevant ist.

145 Vgl. dazu, mit Kritik an Moberly, Huizenga, Isaac, 9–14. Zentral für das bearbeitete Thema ist, dass viele Leser:innen eines Zeitungsartikels mit der Talionsformel in der Überschrift vermutlich weder Dtn 19,15–21 noch Mt 5,38–42 vor Augen haben, sondern die christliche Auslegungsgeschichte der Bergpredigt, antijüdische Ressentiments oder den Nahostkonflikt als intermediale Verbindung aktivieren.

146 Vgl. zum Folgenden: de Vos, Rezeption, 4–5.

147 Ausdrücklich hebt er dabei hervor, dass »[…] Paul repeatedly situates his discourse within the symbolic field created by a single great textual precursor: Israel's Scripture«, auch wenn er damit »in no way seeks to deny or exclude the presence of nonscriptural influences on his discourse« (Hays, Echoes, 15–16).

148 Vgl. auch Huizenga, Isaac, 61.

ist davon auszugehen, dass sogar wörtliche Bibelzitate auf Seiten des Autors, aber auch bei den Modelleser:innen der Antike, zu anderen Assoziationen geführt haben (können).[149]

Dies stellt auch den Hauptkritikpunkt Leroy Huizengas dar, der dieses Phänomen in Anschluss an die Nomenklatur Umberto Ecos als »enzyklopädisches Wissen« beschreibt. In seiner Dissertation »The New Isaac. Tradition and Intertextuality in the Gospel of Matthew« legt er eine Überarbeitung der Testkriterien Richard Hays' vor.[150] Wie de Vos nimmt er wahr, dass die deutliche Fokussierung auf die HB/LXX eine Abwertung und Marginalisierung zeitgenössischer Tradition für die Bewertung intertextueller Bezugnahmen bedeutet. Eine »allusion to an Old Testament text could be an allusion to a radical interpretation thereof« und folglich muss damit gerechnet werden, dass bei einem Rezeptionsvorgang »the entire cultural encyclopedia of early Judaism in all its diversity, within which Old Testament Scripture was interpreted«.[151] Deshalb überarbeitet Huizenga die sieben Textkriterien vor

---

149 Hinsichtlich des Untersuchungsgegenstandes von de Vos bedeutet dies, dass ein Rekurs auf eines oder mehrere der Gebote des Dekalogs nicht zwingend eine direkte Rezeption von Ex 20 oder Dtn 5 darstellt. Es kann damit gerechnet werden, dass eine Vermittlung des Inhalts auch auf anderem Wege als dem textlichen geschehen konnte, vgl. de Vos, Rezeption, 4–5.

150 Eine weitere Kritik betrifft die fehlende Differenzierung zwischen Echo und Anspielung bei Hays: Dieser verwendet die beiden Begriffe beinahe bedeutungsgleich und hebt eine *allusion* hinsichtlich ihrer größeren Deutlichkeit und damit größeren Intentionalität von der Verweisstruktur der schwächeren *echoes* ab. Dagegen schlägt Huizenga vor: *Allusion* sollte die textlichen Kriterien zwischen zwei Texten bezeichnen (wörtliche Übereinstimmung, syntaktische Analogien, etc.), während *echo* die Sinnstiftung der Modelleser:in bezeichnet, die bei der Wahrnehmung der intertextuellen Bezüge geschieht. Vgl. Huizenga, Isaac, 62, mit einem Verweis auf Evans, Echoes, 51, der ebenfalls anmahnt, dass die intertextuelle Methode »must take into account the interpretative context« und sollte deshalb besser auf »echoes of interpreted Scripture, not just for echoes of Scripture itself« hören.

151 Huizenga, Isaac, 61. Diese »Enzyklopädie« kann im Anschluss an die Text- und Lesetheorie Umberto Ecos als Bindeglied des Kommunikationsvorgans zwischen einem spezifischen Text und dessen rezipierenden Subjekten gelten. Eco grenzt dabei die Enzyklopädie von einem Wörterbuch ab, da eine Enzyklopädie in mehreren Punkten darüber hinausgeht: Sie (1) enthält nicht nur (wahres) Wissen, sondern auch Ideologien, Gerüchte, Meinungen etc. und ist nicht nach einer übergreifenden Struktur geordnet, sondern je relational aufeinander bezogen. Aufgrund des Fehlens eines übergreifenden Ordnungsprinzips, beschreibt er die Enzyklopädie (2) als rhizomatisch, also als Wurzelwildwuchs. Dies verwendet er als Gegensatz zum Baum des Porphyrios und den daran angelegten semantischen Beschreibungen einer Top-Down Analyse. Die (persönliche und kulturelle) Enzyklopädie enthält neben lexikalischem Wissen weiter (3) kontextuelle Verbindungen und Instruktionen, was ein Zeichen in einem bestimmten Kontext implizieren kann (oder eben auch nicht). Ausschlaggebend ist, in welchem Kontext und in welcher Syntax ein

dem Hintergrund der Lesetheorien Umberto Ecos:[152] Zwei Beispiele genügen für das Verständnis seines Konzepts: *Volume* nimmt nicht nur den biblischen Prätext in den Blick, sondern fragt nach der Kohärenz einer vermuteten Belegstelle mit Rezeptionsvorgängen in der antik-jüdischen Umwelt. Dazu zählen nicht nur syntaktische und lexikalische Entsprechungen, sondern auch, welche Prominenz die Rezeption des vermuteten Prätextes in der Umwelt des untersuchten Textes hat. *Thematic Coherence* rechnet damit, dass analog zu früheren Rezeptionsvorgängen nur einzelne Motive des Rezeptionsgegenstands rezipiert werden, möglicherweise allerdings zusammen mit anderen Motiven, die traditionell anklingen.

1.5 Zur Anlage und Methodik der Arbeit

In Hinblick auf die Fülle an Rezeptionsvorgängen der Talionsformel im Antiken Judentum, die in der aktuellen wissenschaftlichen Literatur suggeriert und von Davis in seiner Monographie anführt werden, ist eine Einschränkung der Textauswahl unumgänglich. Dies betrifft zunächst den Umgang mit den Talionsformeln in der biblischen Überlieferung.

Wenngleich die wörtlichen Zitate der Talionsformel in der Hebräischen Bibel und daran anschließend in der griechischen Bibeltradition selbst Rezeptionsvorgänge unterschiedlicher Trägergruppen darstellen, kann eine ausführliche Rezeptionsgeschichte – die noch stärker die altorientalischen Intertexte berücksichtigen müsste – in diesem Rahmen nicht geleistet werden. Entsprechend beschränkt sich der Kern dieser Untersuchung auf die Rezeption der Talionsformel *außerhalb* der hebräischen und griechischen Überlieferung des ersten Teils der christlichen Bibel. Gleichwohl erfolgt die Darstellung des Rezeptionsgegenstands (Kap. 2) diachron und gibt dabei einerseits Rechenschaft über das Verständnis des Verfassers hinsichtlich der Rezeption der Talionsformel in der biblischen Überlieferung. Andererseits skizziert dieses Kapitel Rezeptions*möglichkeiten* der Talionsformel: In Verbindung mit welchen Motiven und Themen wird sie rezipiert und welche formalen Aspekte der Formel (Syntax, Lexeme) sind über die drei Perikopen in zwei verschiedenen Sprachen später besonders zu berücksichtigen? Eine wissenschaftlich angemessene Bearbeitung der lateinischen, aramäischen, syrischen und weiteren Bibelübersetzungen bleibt ein Forschungsdesiderat,

---

Element begegnet, um es zu deuten. Vgl. Mersch, Kunstwerk, 55–56; Burckhard, Schriften, 85–87.

152 Vgl. zum Folgenden und den weiteren überarbeiten Testkriterien, die hier nicht referiert werden, Huizenga, Isaac, 63–65.

besonders wenn die Textkritik, das Einbeziehen der jeweiligen Übersetzungstechniken sowie die Prüfung getilgter und neugeschaffener intertextueller Bezüge durchgeführt werden sollen.

Eine zeitliche Eingrenzung nach vorne ergibt sich aus den frühesten Zeugnissen einer außerbiblischen Rezeption der Talionsformel in den Schriftrollen in Qumran (Kap. 3). Im Sinne des »Second Temple Judaism« hätte das ausgehende 1. Jh. u.Z. mit dem zentralen Ereignis der Tempelzerstörung, dem Verfassen der neutestamentlichen Schriften sowie dem Werk des Flavius Josephus als Endpunkt gewählt werden können. Allerdings bliebe auf diese Weise die Rezeption und Interpretation der Talionsformel in den zahlreichen jüdischen Strömungen dieser Zeit unberücksichtigt: Für die Rezeption und Interpretation der Talionsformel(n) durch Sadduzäer, Boethusianer, Pharisäer, Essener und Samaritaner liegen keine Zeugnisse zeitgenössischer Quellen vor. Erst in tannaitischer Literatur gibt es Hinweise auf eine Lehrdifferenz zwischen den »Gelehrten« und den Sadduzäern hinsichtlich des Umgangs mit Verschwörungszeugen unter Rückbezug auf die *talio* und – aufgrund einer noch späteren Quelle – auf eine Kontroverse mit den Boethusianern hinsichtlich der Auslegung der Talionsformel im Körperverletzungsrecht.[153] Die Bearbeitung dieser deutlich späteren Quellen im Dialog mit dem Neuen Testament ist zwar nicht ohne die notwendige Zurückhaltung möglich,[154] da die dort vorliegenden Darstellungen des Körperverletzungsrechts bzw. die Auslegungen der Talionsformel(n) nicht als rabbinisch-pharisäische Position[155] des ersten Jh. und als Gegenüber zum Neuen Testament bzw. den hellenistisch-jüdischen Zeugnissen postuliert werden können.

---

153 Vgl. mMak 1,6//SifDev 190 zu Dtn 19,19 (und die Kommentare in 7.1.2.1 und 7.3.4.3) sowie das Scholion$_O$ zum 10. Tammus der Megillat Taʿanit (vgl. 5.1.5.3.2).

154 Auch wenn die tannaitischen Werke wahrscheinlich auf deutlich ältere mündliche bzw. schriftliche Traditionen zurückgreifen, vgl. u.a. Cohen, Tradition, und Stemberger, Einleitung, 49–51, handelt es sich um Kompositionen aus dem 2–3. Jh. u.Z., die ältere Traditionen überarbeitet und für einen neuen Kontext angepasst haben. Es ist auch nicht unwahrscheinlich, dass durch die Zuschreibung von Aussagen und Positionen an ältere Gruppierungen und Rabbinen Neuartigem die Autorität des Überlieferten zugeschrieben wurde, vgl. ders., Einleitung, 52–53.

155 Zwar gibt es hinsichtlich der extern bezeugten Positionen der Pharisäer Berührungspunkte mit tannaitischen Überzeugungen und diese Gruppe dürfte auch nach 70 u.Z. Einfluss auf die Entstehung des rabbinischen Judentums gehabt haben, jedoch wird eine simple Identifikation der beiden Gruppen inzwischen überwiegend abgelehnt und ist auch hinsichtlich des Selbstverständnisses der Tannaiten aus den vorliegenden Quellen nicht abzuleiten, vgl. Cohen, Significance, 55–56. Vgl. aktuell die minimalistische Darstellung der Kontinuität zwischen Pharisäern und Rabbinen bei Stemberger, Pharisees, 249–253, der besonders herausstellt, dass die häufig angeführten inhaltlichen Berührungspunkte nicht exklusiv pharisäisch einzuschätzen sind.

Dennoch komplettieren sie in gewissem Sinn das Bild der antik-jüdischen Rezeption der Talionsformel(n) und sind für das Verfassen dieser Rezeptionsgeschichte einzubeziehen.[156] Der Untersuchungszeitraum dieser Studie endet jedoch mit den der tannaitischen Epoche zugeordneten Werken, da die Untersuchung der amoräischen Midraschim sowie der beiden Talmudim zur adäquaten Darstellung des Rezeptionsgegenstandes auch die Rezeption der *talio* in der alten Kirche sowie im frühen Mittelalter samt der palästinischen und babylonischen Rechtsentwicklung einbeziehen müsste.

Die Textauswahl orientiert sich an den oben skizzierten Kriterien Hays' mit den genannten Modifikationen. In den meisten Fällen ist eine Rezeption der Talionsformel aufgrund ihrer wörtlichen Anführung unter dem Kriterium der »History of Interpretation« (Hays #7) unumstritten. In Fällen, in denen die Talionsformel paraphrasiert begegnet, wird vor der Besprechung des Belegs in den Unterkapiteln »Kontextualisierung« dargelegt, inwiefern eine Rezeption der Talionsformel auf Produktionsebene wahrscheinlich ist. Diese Argumentationen stützen sich besonders auf die Kriterien 2–3 nach der Systematik Hays'. Eine höhere Referenzialität ergibt sich einerseits durch das verwendete Vokabular, das in der biblischen Überlieferung bzw. früheren Rezeptionsvorgängen mit der Talionsformel in Berührung kam, und andererseits durch Stilfiguren, etwa der Gemination eines Verbums bzw. eines Polyptotons, das den charakteristischen Nominalsatzstil der biblischen Talionsformel nachahmt. Ein Rezeptionsverdacht erhärtet sich daneben, wenn im weiteren Kontext der vermuteten Rezeption ähnliche Themen bzw. Rechtsfälle bearbeitet werden, die in früheren Rezeptionen ebenfalls im weiteren Kontext der Talionsformel begegnet waren.

Ist die Rezeption der *talio* in einem Textabschnitt wahrscheinlich, gilt es diesen in seinem Kontext auszulegen sowie werkimmanent die Funktion des Mikrokontextes in der Argumentation bzw. Narration herauszustellen. Besonderes Augenmerk soll den Motiven und Themen gelten, die mit der *talio* in früheren Rezeptionsvorgängen verbunden wurden. Davon ausgehend wird untersucht, ob jene Themenfelder von einer redaktionellen Trägergruppe bzw. einem Autor anderswo bearbeitet werden und sich möglicherweise auch dort Anspielungen auf die *talio* ausmachen lassen. Die Zwischenfazits der einzelnen Kapitel bündeln die Ergebnisse und stellen die Besonderheit der Rezeption der Talionsformel in einem Werk bzw. bei einem Autor heraus. Sie dienen dabei in diachroner Perspektive der Ergebnissicherung.

Die Ergebnisse dieser Einzelexegesen werden im Anschluss gebündelt und zur besseren Vergleichbarkeit verschiedener Rezeptionsvorgänge im

156 Zum Potential der Bearbeitung (rabbinisch-)tannaitischer Traditionen in neutestamentlicher Wissenschaft vgl. einführend Doering, Belege; Wengst, Nutzen.

Schlusskapitel schematisch dargestellt. Ziel ist dabei die Abbildung des Diskursrahmens, in dem die Talionsformel im Antiken Judentum rezipiert wurde. Das Schema und die Bezeichnungen orientieren sich an den methodischen Vorschlägen Daniel Vorpahls[157] und Christina Hoegen-Rohls.[158] Zunächst stehen formale Aspekte im Vordergrund. Dazu gehört die Gattungskongruenz bzw. -divergenz der Rezeptionsvorgänge.[159] Unter dem Stichwort der Selektivität wird die »Vollständigkeit« der Rezeptionen analysiert bzw. gefragt, welche Textelemente früherer Rezeptionsvorgänge übernommen oder unterdrückt werden. Dies betrifft besonders die Aufspaltung und Reduktion der Talionsformel in Einzelelemente, die bereits in Lev 24 festzustellen ist.[160] Der Aspekt der Quantität und Kontextualität fragt danach, wie häufig und mit welchem Grad an Referentialität eine Rezeption erfolgt ist, wozu auch die Markierung sowie die Stellung innerhalb der Erzählung bzw. der Argumentation zählen.[161]

Bei den inhaltlichen Aspekten gilt das Augenmerk zunächst den Motiven und Themen,[162] mit denen der Rezeptionsgegenstand in Verbindung gebracht wird. Dies betrifft einerseits die (fehlende) Übernahme der konkreten Motive aus der biblischen Überlieferung (extern induzierter Schwangerschaftsabbruch, Falschzeugenrecht, Körperverletzungsdelikte), die Weiterentwicklung dieser Motive bzw. die kreative Verbindung mit neuen Motiven. Anschließend sollen die Funktionen sowie die Verständnismöglichkeiten der Talionsformel selbst im Zentrum stehen und verstehen helfen, welche Interpretationsmöglichkeiten der Formel im antiken Diskurs vorliegen.

Ziel dieser Studie ist die Darstellung einer Rezeptionsgeschichte der biblischen Talionsformeln im Antiken Judentum, ausgehend von den frühesten außerbiblischen Belegen in den Schriftrollen vom Toten Meer bis zu den tannaitischen Zeugnissen. Zweck der Untersuchung ist die Darstellung des zugehörigen antiken-jüdischen Diskurses. Gegenstand der Untersuchungen sind die produktiven Rezeptionsvorgänge, die unter Zuhilfenahme der oben angeführten Kriterien ermittelt wurden.

---

157 Vgl. Vorpahl, Leben, 58–65.

158 Vgl. Hoegen-Rohls, Rezeptionskritik, 8–10.

159 Vgl. ebd., 9 und den Aspekt der »Formativität« bei Vorpahl, Leben, 58–60.

160 Vgl. ebd, 60; in Teilen besteht Übereinstimmung zur »materiellen und substantiellen Substanzkonvergenz/-divergenz« bei Hoegen-Rohls, Rezeptionskritik, 9, wobei sie formale und inhaltliche Aspekte gemeinsam bespricht.

161 Vgl. Vorpahl, Leben, 60, sowie die Kategorie der »Kommunikativität« bei Pfister, Konzepte, 27. Die Kategorie des »Innovationsgrads«, vgl. Vorpahl, Leben, 60, wird in diesem Zusammenhang diskutiert.

162 Die beiden Einzelkategorien (1) und (2) bei ebd., 61–62, können für die vorliegende Arbeit zusammengenommen werden, da der Rezeptionsgegenstand erheblich kleiner ist als das gesamte Buch Jona der Studie von Vorpahl.

KAPITEL 2

Der Rezeptionsgegenstand: Die Talionsformel in der biblischen Überlieferung

2.1 Die Talionsformel in der Hebräischen Bibel

2.1.1 Die Talionsformel im Ersatzleistungsrecht des Bundesbuchs

2.1.1.1 Kontextualisierung

Die wohl älteste und im Kanon der Hebräischen Bibel (HB) erste Erwähnung der Talionsformel begegnet in der Apodosis des Rechtssatzes zur Körperverletzung einer Schwangeren (Ex 21,22–25) im Bundesbuch (BB). Dieser Fall ist Teil einer Reihe kasuistisch formulierter Rechtsfälle (Ex 21,18–22,16), die sich inhaltlich und in ihrer Form von der zugehörigen Rahmung (Ex 21,12–17; 22,17–19) abheben. Innerhalb dieses Mittelteils werden ersatzleistungsrechtliche Rechtsfolgen bevorzugt, in kasuistischer Form Ober- [וכי] und Unterfälle [(ו)אם/אך, אם/או] unterschieden sowie durch Umstandsbeschreibungen und Variationen der Einzelelemente spezifische (Unter-)Fälle voneinander abgegrenzt. Demgegenüber formuliert die Rahmung (Ex 21,12–17; 22,17–19) apodiktisch Todessanktionen,[1] ist durch partizipiale Verbformen strukturiert und verzichtet auf Differenzierungen von Tatumständen sowie Unterfälle.[2]

Aufgrund der unterschiedlichen Schadensobjekte ergibt sich eine Zweiteilung der Rechtssätze in Körperverletzungs- (Ex 21,18–32) und Haftungsrecht (Ex 21,33–22,16).[3] Inhaltlich ist eine alternierende Anordnung festzustellen,

---

1 Vgl. die Rahmung durch die מות יומת Sätze in Ex 21,12.15–17 und verschiedene apodiktische Todessanktionen in Ex 22,17–19 [לא תחיה, מות יומת, יחרם], die als redaktionelle Klammer um das Körperverletzungs- und Haftungsrecht zu verstehen ist, vgl. Otto, Wandel, 32.

2 Entsprechend dürfte es sich bei Ex 21,13–14, die kasuistisch zwischen der Möglichkeit des Asyls am Heiligtum sowie dem Ausschluss desselben entsprechend der Intentionalität der Tat (Ex 21,13: לא צדה; Ex 21,14: יזיד) differenzieren, um einen redaktionellen Zusatz handeln, der zudem die alternierende Abfolge nach öffentlich-gesellschaftlicher (V. 12.16) und familiärer (V. 15.17) Dimension unterbricht; vgl. ausführlich Achenbach, Todesrecht, 61–72.

3 Die inhaltliche Grobgliederung ist *cum grano salis* zu verstehen. In Ex 21,28–29 wird die Tötung durch ein stößiges Rind im Körperverletzungsrecht verhandelt, in Ex 22,1–2a wird der Totschlag eines *in flagranti* gestellten Diebs im Haftungsrecht besprochen und in Ex 21,22 ist das »Schadensobjekt« kein »Mensch«, sondern die Leibesfrucht einer Frau, die zerstört wird.

 | HTTPS://DOI.ORG/10.1163/9789004747630-003

die sich primär an der gesellschaftlichen Stellung orientiert: Körperverletzung unter Freien (Ex 21,18–19.22–25.28–31) und versklavten Personen (Ex 21,20–21.26–27.32), wobei in letzterem Fall beide Gruppierungen in Unterfällen verhandelt werden und der Rechtssatz des stößigen Rinds, aufgrund des tierischen Akteurs, geschickt zum anschließenden Haftungsrecht überleitet.

Die abwechselnde Behandlung von freien und versklavten Personen sowie von Körperverletzungen mit und ohne Todesfolge erinnert an die Struktur von altorientalischen Rechtssammlungen.[4] Zusammen mit den dort breit bezeugten Paradigmen der Körperverletzung einer Schwangeren[5] und des stößigen Rinds[6] ist anzunehmen, dass der Sitz im Leben dieser Kompilation von kasuistischen Rechtsfällen im Rahmen der Schreiberausbildung zu suchen, etwa ins 8. Jh. v.u.Z. zu datieren[7] und früher als die apodiktische Rahmung anzusetzen ist.

2.1.1.2 Die Protasen

Ex 21,22–25[MT8]

22 Und wenn Männer raufen und eine schwangere Frau stoßen und ihr Ungeborenes kommt heraus und kein (tödliches) Unglück geschieht, dann soll er mit einer Geldstrafe bestraft werden, wie der Ehemann der Frau sie ihm auferlegt. Und er soll (sie) vor Schiedsrichtern geben.	וכי ינצו אנשים ונגפו אשה הרה ויצאו ילדיה ולא יהיה אסון ענוש יענש כאשר ישית עליו בעל האשה ונתן בפללים
23 Und wenn ein (tödliches) Unglück geschieht, dann sollst du geben: Leben um Leben.	ואם אסון יהיה ונתתה נפש תחת נפש
24 Auge um Auge. Zahn um Zahn. Hand um Hand. Fuß um Fuß.	עין תחת עין שן תחת שן יד תחת יד רגל תחת רגל
25 Brandwunde um Brandwunde. Wunde um Wunde. Strieme um Strieme.	כויה תחת כויה פצע תחת פצע חבורה תחת חבורה

4 Vgl. Otto, Körperverletzungen, 37–38; 58–59; 69–70; ders., Ešnunna, 177–179.
5 Vgl. zu YOS I 28, UM 55-21-71, §4–6, CH §§209–214 und MAG A §§21.51–52 vgl. ders., Körperverletzungen, 25–117; Rothenbusch, Bundesbuch, 302–307; 316–317.
6 Vgl. dazu klassisch Finkelstein, Ox, 20–47.
7 Vgl. Otto, Hammurapi, 20–21; Barmash, Hammurabi, 257–260.
8 Textgrundlage: Elliger/Rudolph, BHS, 121.

Anlass für den Rechtsfall Ex 21,22–23 ist eine Handgreiflichkeit zwischen zwei Männern [אנשים] im öffentlichen Raum, was als Anschluss an Ex 21,18–19 nach den sklavenrechtlichen Sätzen Ex 21,20–21 verstanden werden kann: Während oben ein Streit [ריב] eskaliert und ein gezielter Schlag [נ.כ.ה.] einen der Beteiligten verletzt, greift die Rauferei [נ.צ.ה.] hier versehentlich auf eine unbeteiligte dritte Person über [נ.ג.ף.], wobei die indeterminierte Rede von »einer schwangeren Frau« [אשה הרה] keinen Rückschluss auf eine besondere Verbindung zu einem der Männer zulässt. Aus der fehlenden Erwähnung eines Tatgegenstands sowie der Verwendung der Wurzel נ.ג.ף. anstelle von נ.כ.ה. kann geschlossen werden, dass die beiden Protagonisten zwar eine Verletzung ihres Gegenübers beabsichtigen, die Versehrung einer dritten Person jedoch nicht intendiert war.[9]

Bevor das BB zwei Unterfälle unterscheidet, beschreibt es die Folge der Gewalteinwirkung in beiden Fällen lakonisch als »Herauskommen ihrer Kinder« [ויצאו ילדיה]. Die Verwendung des Verbums י.צ.א., des Nomens ילד sowie der Pluralformen beider Worte sind gegenüber der sonstigen Bezeichnung von Schwangerschaftskonflikten in der HB unüblich, weshalb im aktuellen Forschungsdiskurs verstärkt die Möglichkeit betont wird, dass der Fokus von Ex 21,22–23^{MT} auf dem Ungeborenen läge[10] und die beiden Unterfälle eine vorzeitige Lebendgeburt und eine Totgeburt unterscheiden würden.[11] Dafür spricht, dass im biblischen Hebräisch spezifische Lexeme zur Beschreibung eines Aborts vorliegen [ש.כ.ל., נ.פ.ל.],[12] die Wurzel י.ל.ד. das Bild eines geborenen Kindes evoziert und י.צ.א. überwiegend Lebendgeburten beschreibt.[13] Die Verwendung von י.צ.א. in diesen Kontexten verbindet der Fokus auf die Widrigkeit der Geburtsvorgänge selbst, wobei die semantische Qualifikation ausschlaggebend ist, ob dabei das Überleben des Kindes gemeint

9 In Ex 21,18.20.26 verwenden die Autoren נ.כ.ה., in Ex 21,28 kommt stattdessen – wohl aufgrund des Rindes als Akteur – נ.ג.ח. zum Einsatz. Demgegenüber könnte נ.ג.ף. als »Stoß« vermutlich der indirekten Gewalteinwirkung Rechnung tragen. Auch wenn die Rede von »Unvorsätzlichkeit« vielleicht nicht angebracht ist, ist doch eine Abstufung der Intentionalität von Ex 21,12–32 zu beobachten, vgl. Schenker, Intentionalität, der hier von »obliquer Absicht« (216) spricht.

10 Zu Ex 21,22–23^{LXX} vgl. 2.2.1.

11 Vgl. neben Jackson und Jacobs (vgl. Anm. 25) besonders Makujina, Semantics, 308–309.

12 Vgl. נ.פ.ל. in Hi 3,18; Koh 6,3; Ps 58,9 sowie ש.כ.ל. in Gen 31,38; Ex 23,26; Lev 26,22; Dtn 32,25; 1Sam 15,33; 2Kön 2,19.21; Jer 15,7; Ez 5,17; Hos 9;14 u.a. Vgl. ausführlicher Philip, Menstruation, 81–88.

13 Vgl. zu Lebend- (Gen 25,25–26; 38,28–30; Jer 1,5; 20,18; Hi 1,21; 10,18; [38,4.29]; Pred 5,14) und Totgeburten (Num 12,12; Dtn 28,57; Hi 3,11; Ps 144,14).

ist.[14] Gleichwohl ist anzumerken, dass besonders die so beschriebenen Geburtsvorgänge einem narrativen bzw. theologischen Zweck dienen, bei denen trotz der Komplikationen, z.B. Mehrlingsschwangerschaften, ein gesundes Kind das Licht der Welt erblickt.[15] Das ist in der Protasis Ex 21,22 nicht festzustellen: Die widrigen Umstände einer Prügelei, das Fehlen einer Hebamme und die Geburt als Folge einer Gewalteinwirkung verweisen eher auf das Gegenteil. Zudem wäre man gezwungen, die Anwendung des Rechtsfalls auf eine weit fortgeschrittene Schwangerschaft einzugrenzen.[16] Auch die Formulierung im Plural bedarf einer Erklärung,[17] wobei einleuchtend scheint, dass die Pluralform die Potentialität des Ungeborenen herausstellen soll, wie auch das verwendete Nomen selbst proleptisch die Geburt eines Nachkommen evoziert.[18]

---

14 Vgl. Makujina, Semantics, 308–310, der jedoch aufgrund der weiteren Elemente der Protasis von einer Früh- (Ex 21,22) und Totgeburt (Ex 21,23) ausgeht. Vgl. auch Grohmann, Miscarriage, 229–231.

15 Vgl. etwa die narrative Prolepse bei der Geburtserzählung der Zwillingsgeburt von Jakob und Esau (Gen 25,24–26) bzw. die theologische Perspektive in Jer 20,18.

16 Jackson, Wisdom-Laws, 219 erwägt dies mit Blick auf 1Sam 4,19 und schließt auch eine Beschränkung des Rechtsfalles auf eine fortgeschrittene Schwangerschaft nicht aus; dies kann allerdings weder allgemein die Wurzel .ה.ר.ה noch das Adjektiv הָרֶה tragen, die beide gerade auch für die Empfängnis oder im Rahmen von Ankündigungen der Schwangerschaft verwendet werden (vgl. u.a. Gen 16,11; Gen 38,24 [כמשלש חדשים!], 2Sam 11,5).

17 Zur Kritik an der Annahme einer Mehrlingsschwangerschaft vgl. Schwienhorst-Schönberger, Bundesbuch, 96, Anm. 97. Schenker, Versöhnung, 42–43, verweist auf die Unterscheidung von bleibenden und heilbaren Versehrungen im BB und nimmt entsprechend als Ausgangslage einen Abort mit anschließender Unfruchtbarkeit an (Unterfall$_{a}$), während Ex 21,23 bleibende physische Verletzungen ahnde. Abzulehnen ist dies zum einen, da sich diese Folge erst viel später zeigen würde und, schwerwiegender, dass er keine weiteren Belege für die Verwendung von .י.צ.א und .י.ל.ד in diesem Zusammenhang vorweisen kann, wo doch die Nomenklatur für (Un-)Fruchtbarkeit [עקרה ש.כ.ל., פ.ר.ה.] deutlich verbreiteter ist, vgl. u.a. Gen 11,30; Ex 23,26; 2Kön 2,16.

18 Es könnte sich entsprechend auch um einen generischen Plural handeln (Joüon/Muraoka, Grammar, §136j.), wodurch mit Schwienhorst-Schönberger, Bundesbuch, 97–98, auch verschieden fortgeschrittene Schwangerschaften eingeschlossen werden sollen. Die Pluralform reagiere auf Fälle, bei denen auch in einem frühen Schwangerschaftsmonat, wenn das »Kind« als solches noch nicht erkennbar ist, sondern nur einzelne Merkmale (daher die Pluralbezeichnung) das werdende menschliche Leben erahnen lassen. Die Verbindung der lexikalischen Form und des Lexems bestätigen also auch in diesen strittigen Fällen die Angemessenheit einer Ersatzleistung. Daran anschließend könnte erwogen werden, ob damit nicht grundsätzlich die Potentialität des Ungeborenen ausgedrückt werden soll, in die Familie hineingeboren zu werden, und somit den entstandenen Verlust verdeutlicht, wodurch das BB über die Perspektive von CH §§209; 211; 213 (*ša li-ib-bi-ša* [Leibesfrucht]) hinausginge.

Die Hoffnung, dass die ambigue Beschreibung יצאו ילדיה durch die Unterscheidung der beiden Unterfälle eindeutig geklärt werden kann, wird durch zwei exegetische Schwierigkeiten enttäuscht. Zum einen ist die Bedeutung des nur selten verwendeten und etymologisch unklaren Nomens אסון umstritten. Die dreifache Verwendung im Kanon der HB (Gen 42,4.38; 44,29)[19] eröffnet ebenso wie die LXX-Tradition[20] und die Verwendung in Jesus Sirach (Sir 31,22; 38,18; 31,9)[21] ein breiteres semantisches Feld von Krankheit und Trauer bis zum Tod hin. אסון könnte entsprechend Verletzungen der Frau bzw. des Kindes beschreiben, was im jetzigen Sachzusammenhang nur schwer auf die konkreten Körperverletzungen in Ex 21,24–25 bezogen werden kann.[22] Einleuchtender scheint, dass mit אסון *hier* der Tod und – spätestens im jetzigen literarischen Kontext – kein »Unglück« im Sinne einer schweren Verletzung im Blick ist.[23]

Zum anderen ist der Referenzpunkt der Unterscheidung nicht eindeutig: Bezieht sich אסון in beiden Fällen auf das Ungeborene oder die werdende Mutter?[24] Die erste Interpretationsmöglichkeit begegnet häufig in Auslegungen, die eine Unterscheidung zwischen Früh- (Ex 21,22) und Totgeburten (Ex 21,23) annehmen,[25] wobei in ersterem Fall eine finanzielle Entschädigungs-

---

19 In der Josephsnovelle wird das Nomen Jakob in den Mund gelegt, der sich um das Ergehen seines jüngsten Sohnes sorgt (Gen 42,4.38; 44,29). Dabei ist es dreimalig das Satzsubjekt und beschreibt Jakobs Furcht, dass seinem jüngsten Sohn Benjamin ein אסון befallen haben könnte (.ק.ר.א/.ק.ר.ה + Suff. 3.sg.m.). Wird in Gen 42,4 und in der indirekten Wiedergabe seiner Furcht durch Juda in Gen 44,29 selbst noch nicht deutlich, ob sich die Sorge des Vaters auf eine schwere Verletzung seines Sprösslings oder dessen Tod bezieht, weist die Parallelisierung vom vermeintlichen Ergehen Josephs in Gen 42,38 deutlicher auf die zweite Möglichkeit [כי אחיו מת והוא לבדו נשאר].

20 Vgl. Gen 42,4; 44,29^LXX^: μαλακία; Gen 44,29^LXX^: μαλακίζομαι.

21 Sir 31,22 ἀρρώστημα; 38,18 θάνατος; Sir 44,9: ἀπώλεια; vgl. Barthélemy/Rickenbacher, Konkordanz, 35.

22 Vgl. Schwienhorst-Schönberger, Bundesbuch, 89–92, wonach eine eindeutige Festlegung nicht möglich ist und es sich wohl nicht (nachweislich) um einen juristischen Fachbegriff handelt.

23 Das entspricht zudem der altorientalischen Tradition, vgl. unten.

24 Da die Protasis von Ex 21,23 nur aus der Aufhebung der Negation von ולא יהיה אסון besteht, ist anzunehmen, dass der Bezugspunkt in beiden Fällen derselbe bleibt.

25 Vgl. exemplarisch für diese Argumentation Jackson, Wisdom-Laws, 209–239. Nach seiner Auslegung handelte es sich bei Ex 21,22–23* um ein gesondert tradiertes »deuteronomistic wisdom law«. Dieses Rechtsbeispiel habe von Dtn 25,11 beeinflusst seinen Weg in das Bundesbuch gefunden. In der ursprünglichen Version von Ex 21,22–23* unterschieden die Unterfälle eine Frühgeburt von einer Fehlgeburt und ahndeten das Vergehen je nach Ausgang der Körperverletzung mit einer finanziellen Strafe im ersten Fall. Die ungewöhnliche Terminologie אסון leitet er vom rechtlich geringeren Status eines ungeborenen Kindes als nicht vollwertiges Rechtssubjekt ab (ebd., 217) sowie der Tatsache, dass das Unglück

leistung und im zweiten Fall eine Todessanktion bzw. Substitution[26] des potenziellen Familienmitglieds verordnet wird. Nähme man allerdings eine Frühgeburt in Ex 21,22 ohne אסון an, stellt sich die grundsätzliche Frage, ob dieser Fall im Rahmen des Körperverletzungsrechts einer Regelung bedürfte: Sowohl bezüglich des Säuglings als auch der werdenden Mutter wären dabei die *Risiken* der frühzeitigen Geburt im Blick,[27] was gegenüber der Korrelation von Entschädigungszahlungen mit den konkreten Heilungskosten bzw. der Erstattung des Arbeitsausfalls in Ex 21,18–19 ungewöhnlich wäre.[28] Ginge man in Unterfall_a also von einer Frühgeburt ohne Komplikationen aus, könnte über die Begründung und die Höhe der finanziellen Ersatzleistung nur spekuliert werden. Ferner ist zu beachten, dass die Regelung einer Frühgeburt einen speziellen Sonderfall in den Rechtssammlungen des Alten Orients darstellen würde. In der Tat ist auch die Darstellung einer gewaltinduzierten Fehlgeburt als *aberatio ictus* im Rahmen einer Schlägerei sonst nicht belegt, stellt aber als situative Rahmung – womöglich als Abschwächung der Intentionalität – eine geringere Abweichung dar als die sonst nicht belegte Thematik von extern induzierten Frühgeburten.

In diesem Zusammenhang ist es am plausibelsten, den im Alten Orient verbreiteten Rechtsfall der Körperverletzung einer Schwangeren wie auch in UM 55–21–71; CH §§209–214 und MAG A §§21.51–52 als Frage nach dem Ergehen der Mutter zu deuten. Nach dieser Auslegung ergibt sich auch eine deutlich alternierende Struktur der Folgen der Körperverletzung in Ex 21,18–32: Die Fälle I. und IV. behandeln Körperverletzung *ohne* Todesfolge, II. und V. *mit* Todesfolge, während Ex 21,22–25 im Zentrum beide möglichen Ausgänge als Unterfälle traktiert.

---

nicht die eigentlich Geschädigte der Tat trifft – in Ex 21,22 die Frau bzw. ihren Mann als Oberhaupt der Familie – sondern das Ungeborene. Grundsätzlich ist allerdings fraglich, inwiefern bei einem gewaltsamen Geburtsvorgang das Überleben des Kindes überhaupt im Blick war, vgl. Sprinkle, Interpretation, 248–250.

26 Vgl. Anm. 46.

27 Jackson, Wisdom-Laws, 218–220, beantwortet diese Frage zwar nicht direkt, verweist aber darauf, dass die Frühgeburt trotz ihres für Mutter und Kind positiven Ausganges »induced by a wrongful act rather than occuring by natural causes« war.

28 Jackson selbst geht davon aus, dass Ex 21,22–23* von diesem Rechtsfall aus entwickelt wurde und die Konkretion der zu leistenden Zahlungen – bzw. laut seiner Auslegung dem praktikableren Stellen einer Arbeitskraft – dem Zweck diente, die Berechnung der Höhe der Zahlung zu verhindern und damit eine Beilegung des Streits ohne eine dritte Instanz zu ermöglichen (vgl. ebd., 181–182).

2.1.1.3 Die Apodosis$_a$

Die Rechtsfolge des ersten Unterfalls wird mit einer *figura etymologica* der Wurzel .ע.נ.ש eingeleitet und somit eine finanzielle Ersatzleistung für den verlorenen Fötus gefordert. Eine solche Praxis ist in den altorientalischen Rechtssammlungen breit bezeugt, wobei sich dort meist tarifliche Listen finden,[29] die mitunter nach dem gesellschaftlichen Rang der Geschädigten unterscheiden.[30] Anders gelagert ist die Regelung im mittelassyrischen Kodex, wo zwei voneinander getrennt stehende Rechtssätze (MAG A §21; 50–52) den durch Gewalt induzierten Abort in der Gesetzessammlung der Tafel A besprechen, die nur Frauen betreffende Gesetze[31] enthält: Zur Ahndung dieser Angriffe werden finanzielle Ersatzleistungen mit Körperstrafen verbunden.[32] Gegenüber diesen

29 Der in sumerischer Sprache verfasste Rechtsfall in UM-55-21-71 §§4.6 verfügt eine Zahlung von einer halben Mine Silber, sofern die werdende Mutter die Tochter eines freien Mannes ist, handelt es sich um eine Sklavin, sind fünf Schekel Silber zu zahlen. Im ebenfalls sumerischsprachigen Fragment YOS I, 28 §§1.2 wird für dasselbe Vergehen ebenfalls eine Geldzahlung festgelegt, wobei zwischen Vorsätzlichkeit (1/3 Mine Silber) und Unvorsätzlichkeit (10 Schekel Silber) differenziert wird; vgl. Otto, Körperverletzungen, 26–28.

30 Die relevanten Rechtssätze im CH bieten insgesamt drei Rechtsfälle zur Körperverletzung einer Schwangeren, die jeweils in zwei Unterfällen (a) den Verlust ihrer Leibesfrucht (*ša libbi-ša uštaditi-ši*) und (b) den darauffolgenden Tod der Frau (*šumma sinništum/amtum imtūt*) traktieren. Analog zur Veränderung der jeweiligen Zugehörigkeit der Frau, variiert auch der verfügte Tarif: Ist sie eine Angehörige der *awīlu*-Klasse, werden zehn Schekel Silber fällig (§209), zählt sie zu den *muškenu* sind es nur fünf Schekel Silber (§ 211) und handelt es sich um eine Sklavin, werden nur zwei Schekel verfügt (§213), vgl. Otto, Körperverletzungen, 51–55.

31 MAG §21 ist an Rechtsätze zu Sexualdelikten angeschlossen (§§12–20; 22–24), während der Kontext von MAG A §§50–52 unterschiedlich gedeutet wird, vgl. Rothenbusch, Bundesbuch, 306. Offenbar soll zwischen öffentlichen und privaten Strafverfahren differenziert werden, vgl. Otto, Rechtsgeschichte, 241–242.

32 So verfügt §21 (a) eine finanzielle Ersatzleistung von 2 Talenten und 30 Minen Zinn, aber darüber hinaus noch (b) eine Prügelstrafe sowie (c) Frondienst. §51 verfügt für eine Körperverletzung einer Schwangeren ohne Todesfolge eine talionische Strafe des Täters, wobei aufgrund eines Textausfalls unklar ist, ob diese sich gegen den Angreifer oder dessen Tochter richtet (vgl. ders., Rechtsgeschichte, 245; Anm. B). Als zweite Rechtsfolge fordert die Apodosis *kīmā ša libbi-ša napšate umalla,* was zu unterschiedlichen Deutungen geführt hat. Einerseits wurde dieser Ausdruck, »ein Leben (akkad. *napištu*) füllen (akkad. *mullū*)«, als Hinweis auf die lebende Substitution des Ungeborenen verstanden (vgl. Jackson, Wisdom-Laws, 231–233; Jacobs, Body, 102–112). Möglich ist aber auch, die Wendung metaphorisch als finanzielle Ersatzleistung zu interpretieren. Auf diese Weise korrespondieren die Strafverfügungen in A§21, worauf Otto, Körperverletzungen, 87–88, anhand des redaktionsgeschichtlichen Wachstums der Sammlung hingewiesen hat. Die Entsprechung der Verben der Protasis (*imḫaṣ*) und der Apodisis (*imhaḫḫuṣu*) in A§21 korrespondiert mit der talionischen Formulierung *kī ša eppušū-šu kīmūša* in A§50 sowie

vergleichbaren Verfügungen verzichtet Ex 21,22–23 auf einen Tarif und fordert stattdessen eine situative Festlegung der Kompensationshöhe. Dabei ist eine gewisse Spannung zwischen der grundsätzlichen Verfügungsgewalt über die Höhe der Kompensation durch den Ehemann der Geschädigten und dem Ausdruck בפלילים festzustellen, der dieses Zugeständnis durch eine dritte Instanz womöglich einschränkt.[33]

2.1.1.4 Die Talionsformel im Bundesbuch

Sollte die Frau jedoch an den Folgen der Gewalteinwirkung versterben [ואם אסון יהיה], tritt Unterfall$_b$ ein. Die zugehörige Apodosis in V.23b beginnt mit einer konsekutiven Perfektform des Verbums נ.ת.ן. in der 2.Pers.sg., gefolgt von der Talionsformel als achtgliedriges Isokolon. Die polyptotische Nennung der indeterminierten Nomina wird im BB jeweils durch die Präposition תחת aufeinander bezogen.

Die Präposition findet, von ihrer ursprünglich lokativen Bedeutung abstrahiert,[34] in einem weiten semantischen Feld Anwendung.[35] Im Rahmen des Körperverletzungs- und Todesrechts sind besonders die austauschende und begründende Funktionen von Bedeutung, wobei die weitere Verwendung

miḫṣe kī miḫṣe – Schläge um Schläge – in A§52. Aufgrund dieser Entsprechung könnte davon ausgegangen werden, dass es sich bei *kīmā ša libbi-ša napšate umalla* ebenfalls um eine Aufnahme von A§52 handelt und eine finanzielle Ersatzleistung gefordert wird, die der Fülle (d.h. dem Wert) des Lebens entspricht (vgl. auch Lafont, Period, 557–558).

33 Gesenius, Handwörterbuch, 1055, legt die Übersetzung »Schiedsrichter/Wächter« nahe. Otto, Körperverletzungen, 120–121, leitet den Begriff von akkad. *pālilu(m)*, »Wächter«, ab. Es wurden verschiedene Versuche unternommen, diese Spannung zu harmonisieren: Mit einer Konjektur zu בנפילים (»für die Fehlgeburt«), mit einem *beth pretii* (Budde, Bemerkungen, 108), durch die Übersetzung »durch Schätzung«, was der LXX sehr nahe kommt (vgl. Speiser, PLL, 303 und ähnlich Houtman, Talion, 387), oder als Hinweis auf die alleinige Verantwortung des Täters, sofern die Pointe des Rechtsfalls in der uneindeutigen Täterschaft besteht (vgl. Westbrook, Lex, 58–61). Die wenigsten Vorannahmen oder textlichen Veränderungen bedarf die Übersetzung »Schiedsrichter«, wobei damit keine institutionelle Instanz angesprochen sein muss. Es handelt sich wohl um Personen, die nicht qua Amt, sondern eher aufgrund ihres Status in einer Gemeinschaft bei solchen Fällen als »Mediatoren« die Adäquatheit der Geldforderung überwachen. Vgl. Rothenbusch, Bundesbuch, 276–277; Jackson, Wisdom-Laws, 227.

34 Vgl. Rodriguez, Prepositions, 220–225.

35 Grundsätzlich beschreibt sie die räumliche Unterordnung einer Sache unter eine andere (Gen 1,7; Ex 17,12 etc.), daneben den Fürsorgebereich einer Person (Ex 21,20), Sukzessionen und Stellvertretungen (Gen 4,25; 36,33–39; Dtn 10,6 etc.) sowie im übertragenen Sinne moralisch-ethische Handlungen (Gen 44,4; 1Sam 24,20; Jer 18,20). Vgl. dazu ausführlicher zwei aktuelle Dissertationen: Hardy, Prepositions, 193–211; Rodriguez, Prepositions, 199–251.

im jetzigen Kontext des BB zwischen beiden Bedeutungen oszilliert. Die größte linguistische Parallele zu Ex 21,23b–24 begegnet in Ex 21,36. Die Rechtsfolge שור תחת השור kann dabei einerseits, durch die polyptotische Formulierung unterstrichen, als gleich*artige* Ersetzung des getöteten Rindes verstanden werden. Gleichwohl kann dies auch begründend gelesen werden. Wegen des Verlustes des (determinierten) Rindes, muss der Besitzer des stößigen Rindes ein neues Tier stellen. Ähnliches gilt für Ex 21,37, wobei zum einen durch das Quadrumplum bzw. Quinquiplum und zum anderen durch die Korrelation unterschiedlicher Signifikate [בקר||שור; שה||צאן] eher die Konnotation einer gleich*wertigen* Korrelation zentral ist, die sich am entstandenen Schaden orientiert.[36] Die begründende Funktion ist besonders in Ex 21,26 nachzuvollziehen: Als angemessene Reaktion auf die Zerstörung eines Auges bzw. Zahnes wird die Freilassung der versklavten Person gefordert. Die Präposition תחת leitet folglich die Nennung des Grundes ein und schafft einen Vergleichspunkt für die Verhältnismäßigkeit der Rechtsreaktion, zielt also nicht unbedingt auf materialiter Gleichartiges. Ex 21,26–27 und Ex 21,37 verbindet dabei, dass der Wortlaut eher an eine Richtschnur für die Entscheidung von Einzelfällen als an fest gefügte Gesetze erinnert.

Auch die gebundene Sprache und die evozierten Bilder unterschiedlicher Verletzungen legen nahe, dass ihre Bedeutung weit über den zugrundeliegenden Rechtsfall hinausgeht. Im Rahmen des Körperverletzungsrechts kann davon ausgegangen werden, dass die Nomina Schadensobjekte bzw. Verletzungen bezeichnen. Die Reihenfolge der Substantive orientiert sich nachvollziehbar an der Schwere des Schadens. Das Nomen נפש in Kopfstellung steht sowohl seiner Grundbedeutung »Kehle« nach als auch im übertragenen Sinn als »Leben« für einen Todesfall und somit den größtmöglichen »Schadensfall«. Ex 21,24 schreitet von Kopf bis Fuß Körperteile ab, die entweder die Eigenschaft besitzen, leicht zerstört werden zu können [עין, שן],[37] oder aufgrund ihrer Exponiertheit häufiger beschädigt werden [יד, רגל]. Es ist möglich, die Nennung der einzelnen Körperteile als Ausdruck einer völligen Zerstörung zu verstehen, auch wenn dies aufgrund der poetischen Kürze und des Fehlens weiterer qualifizierender Adjektive oder Umschreibungen nicht eindeutig belegt werden kann. Ex 21,25 zählt statt Körperteilen eine Reihe von

36 Dies gilt zumindest, wenn der mehrfache Ersatz als Ersatzleistung zu verstehen ist (Graupner, Vergeltung; Jackson, Wisdom-Laws, 297, Anm. 20).

37 Auffällig ist hier das Fehlen der Ohren, könnte doch ein Schlag ähnlich wie beim Auge wichtige Sinne unwiederbringlich beeinträchtigen. Gegen Jacob, Auge, 49, der die Verletzung der Nase, aber auch der Ohren als nicht beeinträchtigend betrachtet. CE §42 hingegen bietet Ohr und Nase als Unterfälle.

Verletzungen auf. Auch wenn die Unterschiede der Signifikate nicht eindeutig zu klären sind, handelt es sich wohl um eine Verbrennungsverletzung [כויה],[38] eine Wunde [פצע][39] und eine Strieme [חבורה],[40] wodurch die Reihenfolge dem Schweregrad der Verletzung entsprechen dürfte.[41] Eine erste Spannung ergibt sich dabei gegenüber dem Rechtsfall: Selbst wenn man אסון als »Unglück« i.S. einer Verletzung verstünde, wirkt die Verbindung zu Körperteilen wie Augen, Beinen oder verbrannter Haut im Rahmen einer gewaltbedingten Schwangerschaftskomplikation zunächst wenig naheliegend. Die zweite Spannung ergibt sich zum weiteren Kontext des Bundesbuches: Mit Ex 21,18–19 liegt bereits eine umfassende Regelung für den Umgang mit Körperverletzungen vor. Ist Ex 21,24 als Ausdruck irreversibler gegenüber vollständig heilbaren Versehrungen in Ex 21,18–19 zu verstehen? Dort ist jedoch weder eine explizite Beschränkung auf behandelbare Verletzungen festzustellen, noch können die Einzelglieder von Ex 21,25 als Sonderfall gegenüber Ex 21,18–19 geltend gemacht werden.

Das *nepheš*-Glied in Ex 21,23b könnte isoliert betrachtet und vor dem Hintergrund der altorientalischen Parallelen des Rechtsfalls Ex 21,22–23b als Todessanktion verstanden werden. Allerdings ist der Ausdruck נ.ת.ן. נפש in der HB sonst nicht als Rechtsfolge in diesem Sinn belegt.[42] Innerhalb des BB begegnet, neben dem häufigerem ש.ל.ם.,[43] die Wurzel נ.ת.ן. sonst im Rahmen von Ersatzleistungsforderungen (Ex 21,19.22.32) und zusammen mit נפש im Rahmen der Auslösung von Todessanktionen durch eine Geldzahlung (Ex 21,30), was eher für eine finanzielle Ersatzleistung spricht. Alternativ wurde unter Bezugnahme auf MAG A50/52 und der dortigen Rechtsfolge *nap-ša-ate u-ma-al-la*[44]

38 Das Nomen כויה als Substantivierung des Qal ist ebenso *hapax legomenon* der HB wie ein finites Verb desselben Stamms. Der smr ersetzt das Nomen durch מכוה, das jedoch ebenfalls nur spärlich auftaucht. Die Substantivierung im Hiphil könnte eine Angleichung an die Aussatztora Lev 13 darstellen: Soll מכוה als Wunde mit »Infektionsrisiko« gedeutet werden, was die Behandlung des Hautausschlags durch mehrmalige siebentägige Quarantäne und anschließende Beschauung der Wunde vermuten lassen? Die Verwendung im Nifal legt als Grundbedeutung der Wurzel »brennen« nahe und wird zweimalig mit einem tatsächlichen Feuer (Jer 43,3: אש) bzw. Kohlen (Spr 6,28: גחל) in Verbindung gebracht.

39 Vgl. Gesenius, Handwörterbuch, 1069.

40 Vgl. ebd., 307.

41 Das legt die Verwendung beider Substantive in Gen 4,23 nahe, die mit dem Erschlagen eines Mannes (Grund: פצע) und eines Kindes (Grund: חבורה) korreliert werden.

42 Eine Ausnahme stellt 2Kön 10,24 [נפשו תחת נפשו] dar, was als Androhung einer Hinrichtung verstanden werden kann. Gleichwohl handelt es sich dabei nicht um eine Rechtsfolge. Vgl. dagegen Jackson, Wisdom-Laws, 232, der auch hier keine Androhung einer Hinrichtung sieht.

43 Vgl. Ex 21,34.36.37; 22,2–6.810–14.

44 Vgl. Jackson, Wisdom-Laws, 231–232; Jacobs, Body, 102–106.

zusammen mit weiteren Versen außerhalb des Körperverletzungsrechts[45] vorgeschlagen, dass es sich um die Forderung einer Lebendsubstitution handle.[46] Da allerdings weder das Stellen einer neuen Ehefrau anstelle der Verstorbenen noch stellvertretende Strafen – aus der Perspektive der Frau – im biblischen Recht belegt sind,[47] ist auch diese Interpretation von Ex 21,23b im Rahmen des BB nicht eindeutig nachzuvollziehen.[48]

Auffällig ist zudem die Verwendung der 2. Pers.sg., die von der üblichen[49] impersonalen Formulierung der Apodosen im Bundesbuch abweicht.[50] Wertet man dies nicht als Hinweis auf eine dtn Entstehung des Rechtssatzes[51] oder direkte Anrede des Täters,[52] liegt ein textpragmatisches Verständnis nahe:

---

45 Jackson, Wisdom-Laws, 232–233, verweist auf 1Kön 20,39 [והיתה נפשך תחת נפשו], 2Kön 10,24 [נפשו תחת נפשו] und Gen 4,25 [שת לי אלהים זרע אחר תחת חבל]. Jacobs, Body, 97–99, bietet zahlreiche weitere Beispiele, wobei bezweifelt werden kann, ob etwa Sukzessionsformulare von Königen (z.B. Gen 36,33) oder die Übernahme eines Gebiets von einem anderen Stamm (Dtn 2,12) die Lesart von Ex 21,23b als Substitutionsforderung untermauern können.

46 Vgl. Jackson, Wisdom-Laws, 231–233, nach dessen Rekonstruktion Ex 21,22–23 ursprünglich zwischen einer Frühgeburt (Ex 21,22) und einer Totgeburt (Ex 21,23) unterschied, wobei im letzteren Fall der Verlust des Ungeborenen durch die Substitution eines Kindes geahndet wird. In der überarbeiteten und im BB kontextualisierten Version des Kasus konzediert er, dass נפש תחת נפש nun als Todessanktion verstanden werden kann (ebd., 238–239).

47 Vgl. aber Houtman, Talion, 392: Da seines Erachtens die Tötung des Täters keine Parität herstellen würde, müsse sich die Sanktion auf dessen Frau beziehen. Als Abhängige ihres Mannes sei sie anderen Prinzipien unterworfen als die freien Israeliten (390–91). Gerade dieses Argument scheint aber mit Blick auf die sklavenrechtliche Regelung Ex 21,26–27 wenig überzeugend, da gerade dort Unfreien ein besonderer Schutz eingeräumt wird. Dass die Androhung der Tötung der fruchtbaren Ehefrau eine wirksamere Prävention darstelle als der Verlust des eigenen Lebens (ebd.), erscheint nicht plausibel. Vgl. die ähnliche Argumentation bei Jacobs, Body, 91–94.

48 Dies., Body, 108–110; 186, folgt Jackson, versteht aber auch Ex 21,23b in seinem jetzigen Kontext als »principle of human substitution« (ebd., 113, vgl. 102; 117, 224). Dennoch leitet sie daraus nicht ab, dass dies der historischen Realität entsprach (117), sondern vielmehr, dass der Angreifer »pays (on the principle of) a life (for a life)« (113).

49 Vgl. noch die Apodosis im (redaktionellen) Ex 21,14b.

50 Sonst ergeht die Rechtsfolge als Imperfekt der Form x-yiqtol (vgl. Ex 21,21.26 u.a.), teilweise als *figura ethymologica* (vgl. Ex 21,19.20 u.a.) oder als konsekutive Perfektform (vgl. Ex 21,30; 22,22 u.a.).

51 Jackson, Wisdom-Laws, 236, erinnert die Formulierung an den direkten Stil des Deuteronomiums, weshalb er eine davon abhängige spätere Bildung des gesamten Rechtsfalls erwägt. Ungeklärt ist allerdings, ob die Verweise auf Gilmer, You, 70–71, als Gegenargument tragfähig sind, schließlich finden sich dort nur wenige Belege aus frühen Schichten der HB.

52 Vgl. Houtman, Bundesbuch, 156; wenn die zweite Person allerdings dadurch bedingt ist, das unklar ist, wer von den streitenden Männern verantwortlich ist, müsste allerdings auch Ex 21,22b [ענוש יענש] in der zweiten Person formuliert sein.

Angesprochen sind Rechtsgelehrte, die diese Rechtssätze im Rahmen ihres Curriculums lernen. Dafür spricht auch, dass – von Ex 21,32 abgesehen – das Verbum נ.ת.ן. im Bundesbuch nur in Apodosen Verwendung findet, bei denen der zu zahlende Betrag in besonderer Weise flexibel an die Tatumstände anzupassen ist.[53]

Auch handelt es sich bei der asyndetischen Nominalsatzreihe um eine auffällige Apodosis, die weder im biblischen noch im altorientalischen Kontext so belegt ist. Daneben sind in Ex 21,23b–25 drei inhaltliche Sprünge zu erkennen, die zwar eine Anlage nach der Schwere der Rechtsfolge erkennen lassen ([talionische] Todessanktion – bleibende Schädigung wichtiger Körperteile – körperliche Versehrungen ohne bleibende Folgeschäden), aber weit über den zugehörigen Rechtsfall hinausweisen. Zusammen mit der deutlichen Absetzung der Talionsformel durch die einleitende zweite Pers.sg. lässt dies den Schluss zu, dass entweder die gesamte Reihe oder zumindest Teile davon an dieser Stelle nicht ursprünglich waren. Da Ex 21,24 jedoch eng mit den folgenden sklavenrechtlichen Bestimmungen [תחת עינו/שנו] verzahnt ist, diese wiederum eng mit der Komposition von Ex 21,18–22,16 verbunden sind, dürfte die Verbindung von Ex 21,22–23a.23b–25[54] auf die Arbeit der Redaktoren des Körperverletzungsrechts im Bundesbuch zurückgehen.

Der konkrete Ursprung der Formel jedoch liegt im Dunkeln, weil körperverletzungsrechtliche Traditionen vor dem Bundesbuch nicht zugänglich sind. Da eine Kenntnis und literarische Rezeption des CH ebenfalls kaum nachzuweisen ist[55] und die These einer universalen Rechtsentwicklung von Ersatzleistungsstrafen zur Talion – oder umgekehrt – ebenfalls nicht haltbar ist,[56] geht diese Arbeit davon aus, dass mit der Talionsformel ein älteres Traditionsgut aus dem vorstaatlichen Israel zitiert wird.[57] Die Formel galt womöglich aufgrund ihrer mnemotechnisch hilfreichen Poetik als Richtschnur für

53 Vgl. Ex 21,19.22.30; vgl. Jacobs, Body, 133.

54 Ex 21,25 ist dabei weniger deutlich mit Ex 21,26–27 verbunden, weshalb er mitunter als nachträgliche Fortschreibung gewertet wird (vgl. Wagner, Rechtssätze, 4–5). Gleichwohl könnten die Verletzungen in Ex 21,25, versteht man die *talio* des Bundesbuches nicht als Forderung einer körperlichen Retribution, auf die Verletzungen in Ex 21,18 bezogen sein.

55 Vgl. Kap. 1, Anm. 86.

56 Vgl. Kap. 1, Anm. 84.

57 Anders Crüsemann, Auge, 411–426, der eine Bildung der Talionsformel im Rahmen des Körperverletzungsrechts des BB annimmt. Vor dem Hintergrund der sozialen Krise des 8. Jh.s. diene die Einführung einer körperlichen Talionsstrafe dazu, die durch ihren Reichtum gesicherte Immunität der Elite streitig zu machen, indem eine finanzielle Ableistung der Gesetzesübertretung nicht mehr möglich sei. Fraglich ist allerdings, ob die Fülle an (finanziellen) Ersatzleistungen, die im Kontext verfügt werden, durch diesen Einschub außer Kraft gesetzt werden könnte. Zwar würde dies mit der Einführung von Talionsstrafen in CH korrespondieren, allerdings wäre statt der weisheitlich anmutenden

Körperverletzungsdelikte, die von der Torgerichtsbarkeit nicht erfasst wurden, d.h. für Verstöße, die an die Grenzen der Entscheidungsmöglichkeiten lokaler Rechtsinstitutionen gingen.[58] Die Ersetzung einer vermutlich anderslautenden Rechtsfolge in Ex 21,23b durch das *nepheš*-Glied, einer Todessanktion oder zumindest einer Strafbestimmung, könnte dem Anschluss der Talionsformel gedient haben.

Entsprechend erfüllt die Talionsformel im Kontext des BB einen dreifachen Zweck: (1) Mit dem *nepheš*-Glied, verstanden als Todessanktion und im direkten Kontext – entgegen Ex 21,24–25 durch Ex 21,18–19 – nicht durch ersatzrechtliche Bestimmungen negiert,[59] kann Ex 21,23 als eindrückliches Votum zum Lebensschutz gelten.[60] Für das Verständnis des *nepheš*-Glieds als Ausdruck einer Todessanktion spricht auch, dass Körperverletzungen mit Todesfolge unter freien Israelit:innen – im Gegensatz zu den sklavenrechtlichen Rechtssätzen (Ex 21,20–21) – noch nicht bedacht wurden. Dass diese Leerstelle durch eine (a) Schwangere als Geschädigte eines (b) indirekten Körperverletzungsdelikts gefüllt wird, kann als pointierter Ausdruck eines besonderen Interesses am Lebensschutz aller (Freien) verstanden werden, was mit dem Anliegen von Ex 21,20–32 korrespondiert, Frauen und Männer hinsichtlich der dortigen Rechtsfolgen gleichzustellen.[61] (2) Wegen der Verwendung des Verbums נ.ת.ן, das bei flexibler Berechnung von Ersatzleistungen zum Einsatz kommt, und besonders mit Blick auf die Auslösungsbestimmung in Ex 21,30 [ונתן פדיון נפשו] ist nicht auszuschließen, dass aufgrund der indirekten Gewalteinwirkung von Ex 21,22 eine grundsätzliche Todessanktion, ähnlich wie Ex 21,30, durch eine *compositio* [כפר] ausgelöst werden konnte. (3) Aufgrund von Ex 21,18–19 ist Ex 21,24–25 im Kontext des Bundesbuches nicht als Forderung einer körperlichen Retribution zu verstehen.[62] Stattdessen ist anzunehmen, dass sie als

---

Kurzform »x תחת x« eine (a) analoge Formulierung in Verbalsätzen (vgl. CH §§196–197) und (b) in Anschluss an Ex 21,18–19 zweckdienlicher gewesen als in Ex 21,22–23.

58 Vgl. Otto, Talion, 129.

59 Eine Einschränkung ist erst mit den redaktionellen asylrechtlichen Bestimmungen (Ex 21,13–14) zu erkennen.

60 Vgl. Otto, Talion, 129; Oeming, Quinque, 52–53.

61 Die stete Benennung von männlichen und weiblichen Personen in Ex 21,20.26.27 [עבד, אמה], Ex 21,28.29 [איש, אשה], Ex 21,31 [בן, בת] und Ex 21,32 [עבד, אמה] spricht gegen die Einschätzung von Jacobs, Body, 93, dass die Frau in Ex 21,22–23 primär als Abhängige eines Mannes in den Blick kommt.

62 Überhaupt begegnet eine Androhung von Körperstrafen in Rechtstexten der HB kaum (Dtn 25,1–3; 25,11–12; vgl. indirekt Num 5,27). Zur körperlichen Bestrafung in narrativen und poetischen Texten vgl. Shemesh, Punishment, 345–350; 353–364. Dies wird besonders gegenüber der häufigeren Androhung von Körperstrafen in altorientalischen Rechtsammlungen deutlich (vgl. die Übersichten bei Jackson, Comparison, 220–224;

Richtschnur auszulegen ist, die im Rahmen des favorisierten Ersatzleistungsrechts bei Körperverletzungsvergehen an die Reziprozität von Rechtsbruch und Rechtsfolge erinnern soll. Grund für das Zitat könnte die Tatsache sein, dass alte Normen auch bei gesellschaftlichem Wandel länger nachwirken:[63] Indem eine traditionelle Rechtsnorm nicht nur negiert, sondern als Mittel des Ersatzleistungsrechts Spiegel der Rechtmäßigkeit abstrakterer Regelungen wird, versucht die Redaktion der Rechtssätze auch der Berufung auf ältere Rechtstradition entgegenzutreten.[64] In jeden Fall begründet nicht nur ihre aphoristische Kürze und poetische Form, sondern das spannungsvolle Verhältnis der Talionsformel zum zugehörigen Rechtsfall ebenso wie ihr Verhältnis zum übrigen Körperverletzungsrecht im BB das große Rezeptionspotential der biblischen *talio*.

2.1.2 Die Talionsformel im deuteronomischen Gesetz: Die Talionsformel und Spiegelstrafen

2.1.2.1 Kontextualisierung

Ihre nächste Rezeption erfuhr die Talionsformel im Rahmen des deuteronomischen Gesetzes. Im weiteren Kontext dieses Kapitels begegnen zwar mit Mord, Totschlag und Asylrecht viele der Themen aus dem Kontext von Ex 21,22–25, die Formel selbst hat jedoch Eingang ins Prozessrecht gefunden. Dort bildet sie den Abschluss der Verfügungen der Mehrzeugenregel (Dtn 19,15) und des Falschzeugenrechts (Dtn 19,16–21).[65] Das asyndetische כי in Dtn 20,1 stellt einen Neueinsatz dar und grenzt die Perikope auch inhaltlich durch die Besprechung des Kriegsrechts ab, wobei ab Dtn 21 der wohl ursprüngliche Faden[66] von Tötungsdelikten anhand des Umgangs mit unaufgeklärten Mordfällen wieder aufgenommen wird. Nach dem sog. Ämtergesetz in Dtn 16–18

Haase, Talion; Neumann, Körperstrafe; Christiansen, Bienen, 43–46), wobei man über die Durchführung von Körperstrafen in beiden Fällen kaum informiert ist, vgl. exemplarisch zu den (spärlichen) babylonischen Quellen Kleber, Gewalt.

63 Vgl. die Überlegungen zur Talion bei Klengel, Alltag, 240–241. Die Funktion der Etablierung der Talion im babylonischen Kontext ist zwar eine andere, der Hintergrund des Nachwirkens traditioneller Rechtsauffassungen bei gesellschaftlichen Umbrüchen dürfte aber vergleichbar sein.

64 Das wäre vielleicht eine Antwort auf die Frage von Oeming, Quinque, 43, weshalb die *talio* überhaupt zitiert werde, stelle sie doch eine »überwundene Phase« der Rechtsgeschichte dar.

65 Otto, Deuteronomium 12,1–23,15.

66 Beim Kriegsrecht aus Dtn 20 handelt es sich vermutlich um einen späteren Zusatz, der die ursprüngliche Verbindung zwischen Dtn 19; 21 unterbricht. Vgl. Achenbach,

wendet sich Dtn 19,1–14 ausführlich den Asylstädten zu, was als Überarbeitung der Institution der Ortsheiligtümer des BB (Ex 21,13–14) zu werten ist, die vor dem Hintergrund der Kultzentralisation notwendig wurde.[67] Die Verhandlung von Dtn 19,16–21 am Zentralgericht unter Beteiligung von Priestern, die Notwendigkeit der Ermittlung der Absicht sowie die Rezeption von Verfügungen aus dem BB verbindet die beiden Abschnitte.

2.1.2.2 Die Verbindung der Mehrzeugenregel mit dem Falschzeugenrecht

Dtn 19,15–21^MT^

15 Es soll nicht ein Zeuge auftreten gegen einen Mann bezüglich jeglicher Schuld und jeglicher Verfehlung – wegen jeglicher Sünde, die er sündigt. Dem Mund zweier Zeugen oder dem Mund dreier Zeugen nach soll eine Rechtssache gelten.	לא יקום עד אחד באיש לכל עון ולכל חטאת בכל חטא אשר יחטא על פי שני עדים או על פי שלשה עדים יקום דבר
16 Wenn ein Zeuge mit unlauterer Absicht gegen einen Mann auftritt, um ihn des Abfalls anzuklagen,	כי יקום עד חמס באיש לענות בו סרה
17 dann sollen sich die zwei Männer, die den Rechtsstreit vor JHWH haben, vor die Priester und die Richter, die in jenen Tagen sein werden, stellen.	ועמדו שני האנשים אשר להם הריב לפני יהוה לפני הכהנים והשפטים אשר יהיו בימים ההם
18 Und die Richter sollen gut untersuchen; und siehe, ein Lügenzeuge ist der Zeuge! (In) Lüge hat er seinen Bruder angeklagt.	ודרשו השפטים היטב והנה עד שקר העד שקר ענה באחיו
19 Dann sollt ihr ihm (so) tun, wie er ersann, seinem Bruder zu tun. Und du sollst das Böse aus deiner Mitte entfernen.	ועשיתם לו כאשר זמם לעשות לאחיו ובערת הרע מקרבך
20 Und die Übrigen sollen es hören und sehen und nicht weiterhin tun wie diese schlechte Sache in deiner Mitte.	והנשארים ישמעו ויראו ולא יספו לעשות עוד כדבר הרע הזה בקרבך
21 Und es soll deinem Auge nicht leidtun: Leben für Leben, Auge für Auge, Zahn für Zahn, Hand für Hand, Fuß für Fuß.	ולא תחוס עינך נפש בנפש עין בעין שן בשן יד ביד רגל ברגל

Rechtsordnung, 216; Otto, Deuteronomium 12,1–23,15, 1574. Zur gemeinsamen Rezeption von Dtn 19,21 und Dtn 20,1 vgl. 7.3.4.5.

67 Vgl. Gertz, Gerichtsorganisation, 156.

Die der Talionsformel zugehörige Perikope Dtn 19,15–21 kann grob in zwei Sinnabschnitte geteilt werden: Die Aufnahme der Mehrzeugenregel aus Dtn 17,6–7 in Dtn 19,15 und die prozessrechtlichen Bestimmungen zum Umgang mit Falschzeugen in Dtn 19,16–21. Die Mehrzeugenregel in Dtn 19 zeichnet sich gegenüber ihrer vorherigen Erwähnung durch einen universelleren Kontext aus: Anders als in Dtn 17,6 bezieht sie sich nicht auf die Durchführung von Kapitalstrafen [יומת המת], sondern legt fest, dass eine Rechtssache [דבר] grundsätzlich nur dann zugelassen ist, wenn sie von zwei bzw. drei[68] Personen bezeugt wird. Diese Allgemeingültigkeit wird durch eine Häufung von Tatbeständen [עון, חטא, חאטת][69] sowie durch die dreimalige, verallgemeinernde Voranstellung von כל unterstrichen.[70] In Dtn 19,16–21 rückt der Fokus von quantitativen Aspekten der Zeugenschaft ab und befasst sich mit qualitativen Kriterien: Ein Gewalt-Zeuge [עד חמס] tritt auf, dessen Zeugnis im Laufe der Untersuchungen (Dtn 19,17–18) als Lügenzeugnis [עד שקר] entlarvt wird, wofür eine Spiegelstrafe angeordnet wird (Dtn 19,19a) und eine Reihe von paränetischen Formeln die Schwere seines Vergehens und die Gefahr für die Rechtsgemeinschaft unterstreichen (Dtn 19,19b–21). Zentral für das Verständnis der Perikope ist, worin die Verbindung zwischen Dtn 19,15 und 19,16–21 besteht. Die Mehrzeugenregel hebt mit einem Prohibitiv an, der die Zeugenschaft eines einzigen Zeugen als nicht rechtskräftig deklariert: »*Ein* Zeuge soll nicht gegen einen Mann aufstehen« [לא יקום עד אחד באיש]. Die Protasis des Beispielfalls Dtn 19,16 knüpft nachvollziehbar an Dtn 19,15a an und formuliert syntaktisch parallel: »Wenn ein (Gewalt-)Zeuge gegen einen Mann auftritt (…)« [(כי) יקום עד (חמס) באיש (לענות בו סרה)]. Entsprechend kann Dtn 19,16–21 als Beispielfall zur Erläuterung von Dtn 19,15 verstanden werden, der gleich mehrere Aspekte

68 Zu verschiedenen Deutungsvorschlägen der Zuordnung der beiden Zahlen vgl. mit Literatur Wells, Testimony, 107–108, was jedoch für die Interpretation der *talio* unerheblich ist.

69 Genauer dürfte die Zusammenstellung von Schuld [עון] und Verfehlung [חטא] mit Sünde [חטאט] der Begründung dienen, dass die Mehrzeugenregel sowohl kultisch-religiöse [חטאט] als auch weitere Vergehen erfasst, die auch schlicht gemeinschaftsschädigend sein können [עון, חטא], vgl. Koch, Art. חטא; Wells, Testimony, 103–104; Pearce, Words, 148–149. Während חטא profan als juristischer Begriff verstanden werden kann (vgl. Knierim, Sünde, 64–67), tragen besonders עון und חטאט die Konnotation der schicksalhaften Tatsphäre ein und korrespondieren insofern mit der Rechtsfolge Dtn 19,19a und der Talionsformel in Dtn 19,21, als sie die Wirkmacht der Tat beschreiben und das zu erwartende Rückfallen derselben auf die Täter:in in Aussicht stellen, was in Dtn 19,16–21 als Aufgabe der Rechtsinstitutionen durch die Entfaltung des prozessrechtlichen Umgangs mit Falschzeugen konkretisiert wird, vgl. Koch, Art. עון, 1160; 1164; Otto, Deuteronomium 12,1–23,15, 1540–1541.

70 Die Streichung von בכל חטא in der Tempelrolle (11QT^a), einigen gr. Minuskeln und der Vg. wird als Vereinfachung des Textes gewertet. Im Sinne der *lectio difficilior* wird sich für den Text der LXX entschieden.

zu bearbeiten scheint: Das Auftreten eines *einzelnen* Zeugen in Dtn 19,16–21, der sich als Falschzeuge erweist, dürfte einerseits der Begründung der grundsätzlichen Geltung der Mehrzeugenregel dienen. Andererseits scheint auch im Blick zu sein, dass unter bestimmten Umständen das Auftreten eines einzelnen Anklägers eine rechtliche Untersuchung notwendig macht, wozu Dtn 19,16–21 das nötige prozessrechtliche Instrumentarium erläutert.[71]

Im Deuteronomium problematisieren weitere Texte den Umstand, dass bestimmte Vergehen mitunter nur von einer Person bezeugt werden können, aber dennoch eine gewichtige Übertretung darstellen und juristisch verfolgt werden müssen: Die Gesetzgebung zur Fremdgötterverehrung in Dtn 17,2–5, die der dortigen Mehrzeugenregel vorangeht, rechnet damit, dass die Tat nicht öffentlich geschieht, sondern einer Mitteilung bedarf [והגד לך], der Gehör geschenkt werden soll [ושמעת], und die Anschuldigungen gründlich untersucht werden sollen [ודרשת היטב]. Noch deutlicher rechnet Dtn 13,7 damit, dass die Anstachelung zur Apostasie durch nahestehende Personen im Verborgenen geschieht [כי יסיתך אחיך (…) בסתר] und fordert auf, dieses Vergehen nicht zuzudecken [ולא תכסה עליו]. Die Nennung eines *einzelnen* Gewaltzeugens in Dtn 19,16, die Aufforderung zur gründlichen richterlichen Untersuchung in Dtn 19,18a [ודרשו השפטים היטב] und die Bestätigung des Verdachts in Dtn 19,18b [והנה] erwecken, in jedem Fall auf Rezeptionsebene,[72] den Verdacht einer inhaltlichen Verbindung zwischen Dtn 13,7–12; 17,2–5 und Dtn 19,16–21.

Diese Vermutung wird durch die Näherbestimmung der Anklage des Gewaltzeugen in Dtn 19,16 – סרה – gestützt. Das Nomen, dessen etymologischen Wurzeln im akkad. *sarāru(m)* mit der Grundbedeutung »falsch/unwahr sein« vermutet werden,[73] wird meist als qualitative Wertung der Anklage verstanden und adverbial wiedergegeben: »[…] der seinen Bruder fälschlich anklagt«.[74] Die weitere Verwendung des Nomens, auch in der Begründung der

71 Vgl. Pearce, Words, 150; Gertz, Gerichtsorganisation, 115–116, der dies aber einer späteren Redaktion zuweist.

72 Während die dtn Verbindung zwischen Dtn 19,16–21 und Dtn 17,2–5 weniger umstritten ist, wird mitunter bereits der Kernbestand von Dtn 13 als (nach-)exilischer Einschub gewertet (vgl. exemplarisch Dion, Suppression; Vejola, Wahrheit). Zur komplexen redaktionellen Entstehung vgl. aktuell Koch, Vertrag, 108–170, der eine nachexilische Entstehung für wahrscheinlich hält, und Otto, Deuteronomium 12,1–23,15, 1201–1272, der an einem vordtr Kern festhält, zu dem auch Dtn 13,7 zählt; zum Vorbild des Motivs der heimlichen Verführung zur Apostasie durch Familienmitglieder in assyrischen Loyalitätseiden vgl. ebd., 12,59–1260.

73 Vgl. von Soden, Handwörterbuch, 1028–1029; Jenni, Falschheit, 209–211; Achenbach, Grundlinien, 72.

74 Vgl. Gertz, Gerichtsorganisation, 105, der darin die Angabe des Mittels des Gewaltzeugens sieht. Wells, Testimony, 145, lehnt einen Bezug zu Dtn 13,2–6; 17,4–7 ab und versteht es als Qualifikation der Anklage als »false or fraudulent«.

Todessanktion in Dtn 13,6 [כי דבר סרה], bezeugt für die biblische Tradition eine enge semantische Verbindung zur Rede über JHWH, wobei angenommen werden kann, dass dabei nicht nur unwahre Rede über den Gott Israels im Blick ist, sondern auch die Gefahr solcher Rede für die Zuhörenden.[75] Da zudem die syntaktische Verbindung durch die Präposition -ל die Nennung der Vergehen in Dtn 19,15a parallelisiert, kann angenommen werden, dass לענות בו סרה nicht die Falschzeugenschaft des Gewaltzeugens vorwegnimmt, sondern das Vergehen bezeichnet, dessen die beklagte Person in Dtn 19,16–21 beschuldigt wird.[76]

Die Näherbestimmung des Zeugen als עד חמס kann zunächst als Aufnahme von Ex 23,1 verstanden werden, wodurch die deuteronomischen Autoren das apodiktische Verbot des Bundesbuchs aufnehmen und als Falschzeugenrecht ausbauen.[77] Trotz des Umstands, dass durch diese negative Charakterisierung des anklagenden Zeugen in Dtn 19,16 bereits die Pointe der Untersuchung zu erahnen ist, sollte der Ausdruck nicht nur schlicht synonym zu עד שקר in Dtn 19,18 als »Falsch-« bzw. »Lügenzeuge« verstanden werden. Die Konstruktusverbindung beschreibt grundlegend einen Zeugen, der mit einer Gewalttat חמס in Verbindung gebracht wird. Naheliegend ist, dass damit seine Absicht zur Gewalttat, d.h. seine Intention zum Missbrauch des Rechtssystems zum Schaden anderer, ausgedrückt werden soll.[78] Dass חמס so eher mit ז.מ.ם. als mit שקר korrespondiert, legt auch die Semantik der Wurzel ח.מ.ס. nahe, die besonders in den Psalmen mit den bösen Absichten der Widersacher in Verbindung gebracht wird.[79] Entsprechend ist der »Gewaltzeuge« der Protasis (noch) kein Lügenzeuge,[80] da die Unwahrheit seiner Aussage erst noch ermittelt werden muss. Er ist allerdings bereits ein Zeuge, dessen (alleiniges) Auftreten den Verdacht erregt, er könnte das Rechtssystem für seine eigenen

75 Dies unterstreicht die Verbindung der Wendung mit dem Handeln von Amtspersonen, der Heilspropheten Hananja (Jer 28,15) und Schemeja (Jer 29,32), und der allgemeine Sachzusammenhang mit prophetischer Rede (Dtn 13). Daneben wird allgemein zur Umkehr von סרה gegenüber JHWH aufgerufen (Jes 1,5; 31,6; 59,13). Aufgrund seiner adverbialen Verwendung wird für Jes 14,6 überzeugend eine andere Etymologie zugrunde gelegt, vgl. Jenni, Falschheit, 203; Gesenius, Handwörterbuch, 902.

76 Vgl. so Ebach, Fremde, 129. Auch Dtn 19,16^{LXX} versteht לענות בו סרה offenbar als Gegenstand der Anklage [καταλέγων αὐτοῦ ἀσέβειαν], vgl. 2.2.2.

77 Vgl. exemplarisch Gertz, Gerichtsorganisation, 105–106.

78 Vgl. Wells, Testimony, 145.

79 Vgl. zur Verbindung von חמס, מזמה und מחשבה Lynch, Violence, 365. Auch Wells, Testimony, 147, nimmt unter Verweis auf den Psalter eine Verbindung zwischen ז.מ.ם. und עד חמס an.

80 Wagner, Profanität, 214 fragt zurecht: »[...] wenn der Fall bereits bis zu dem Erkenntnisstand aufgeklärt ist, daß der Mann eine falsche Aussage gemacht hat, brauchte die Angelegenheit nicht mehr untersucht [werden].«

Ziele missbrauchen. Dies wertet den Zeugen zwar auch prospektiv, stellt aber weniger dessen faktisches Tun als die Außenperspektive ins Zentrum. Der dritte Beleg des Ausdrucks עד חמס in Ps 35,11 beschreibt genau diese Wahrnehmung: Der »Gewaltzeuge« ist der heimlich planende und bedrohlich wirkende Widersacher der Beter:in, der, wie in Ex 23,1, den Schulterschluss mit den Frevlern eingeht.

Dtn 19,15–21 nimmt folglich mehrere Fäden auf. Dtn 19,15 bestätigt, dass im Sinne der dtn Rechtsreform auch den Kult betreffende Übertretungen der Torgerichtsbarkeit zugeordnet werden.[81] In Anschluss an Dtn 17,(2–5.)6–7 wird bestimmt, dass nicht nur für Todessanktionen eine Mindestanzahl von zwei Zeugen notwendig ist, sondern für das Zustandekommen eines Rechtsfalls überhaupt. Zusammen mit Dtn 19,16–21 verbleibt diese zweite Erwähnung der Mehrzeugenregelung aber nicht im Modus einer Abwehr von einzelnen Zeugen. Stattdessen werden die möglicherweise in Dtn 13 und sicherer in Dtn 17 angelegten Spuren zur Anzeige von Fremdgötterverehrung bzw. Apostasie durch Einzelpersonen aufgenommen: Anhand dieses Grenzfalles, der einerseits die rechtlichen Kompetenzen der Torgerichtsbarkeit übersteigt, dessen schwerwiegende Anklage gleichwohl nicht ignoriert werden kann, skizziert Dtn 19,17–19a die Kompetenzen des Zentralgerichts. Nach Dtn 19,16 werden Fälle dorthin verwiesen, in denen (1) nur ein Zeuge die Tat beobachtet hat, der entweder (2a) unter dem Anfangsverdacht des Missbrauchs des Rechtssystems steht [עד חמס] oder (2b) dessen schwere Anklage der Apostasie [סרה] eine Ablehnung der Anklage aus formalen Gründen unmöglich macht. Dtn 19,17–18a ordnet den weiteren Prozessverlauf an, bevor Dtn 19,18b das Ergebnis der Untersuchungen bekanntgibt und Dtn 19,19a die Rechtsfolge verkündet.

2.1.2.3 Die Apodosis in Dtn 19,17–19a

Die zugehörige Apodosis eröffnet mit einer prozessrechtlichen Bestimmung: Die Anweisung, die Prozessparteien haben sich »vor JHWH – vor den Richtern und Priestern« [לפני יהוה לפני הכהנים והשפטים] einzufinden, ist vor dem Hintergrund der dtn Kultzentralisation am ehesten als Hinweis auf das Zentralgericht auszulegen. Das Zusammenwirken von Priestern und Richtern dürfte vor dem altorientalischen Kontext im Sinne eines kultischen Rechtsentscheids durch einen assertorischen Eid zu verstehen sein.[82] Notwendig wird dieser aufgrund

---

81 Vgl. Paganini, Gerichtsorganisation, 110; Otto, Deuteronomium 12,1–23,15, 1540.

82 Vgl. Gertz, Gerichtsorganisation, 108–109; Otto, Deuteronomium 12,1–23,15, 1542–1543; Anders Wells, Testimony, 145–146, der von einer Verhandlung vor dem Zentralheiligtum ausgeht, aber einen kultischen Rechtsentscheid mit Verweis auf die Untersuchung

der oben geschilderten Umstände: Indem Aussage gegen Aussage steht, liegt ein Fall vor, der durch die Torgerichtsbarkeit nicht gelöst werden kann.[83]

Der Gewaltzeuge aus Dtn 19,16 ist nun als Lügenzeuge entlarvt und das Schicksal der angeklagten Person bleibt im Dunkeln. Hätte sich die Anklage erhärtet, wäre dieselbe Rechtsfolge, die auch das lokale Gericht bei einer Mehrzahl an Zeugen hätte fällen können, erfolgt.[84] Die eigentliche Rechtsreaktion für die falsche Anklage verkündet Dtn 19,19a und verhängt eine Art spiegelnde Strafe, indem den Falschzeugen die Sanktion erwartet, die er seinem Prozessgegner zugedacht hat. Diese Form des Umgangs mit Falschzeugnis ist in altorientalischen Rechtstexten breit bezeugt, wobei dort eher das Fehlen von Beweisen im Zentrum steht,[85] während die Anordnung einer Spiegelstrafe in Dtn 19,19a aufgrund des Lexems ז.מ.ם. darauf abzielt, die Absicht des Falschzeugens rechtlich zu belangen.[86]

Nachdem der eigentliche Rechtsfall entschieden und eine allgemeine Rechtsfolge verkündet wurde, verändert sich die juristische Sprache des Textes in einen ethisch-moralisierenden Duktus. Das dabei verwendete Formelgut verbindet die Perikope mit weiteren dtn Gesetzen. Dabei gerät schon sprachlich die gesamte Rechtsgemeinschaft stärker in den Blick,[87] was durch die häufige Verwendung von Suffixen (Dtn 19,18c.19bc.20c.21a) verstärkt wird, die vorher nur als pronominale Rückverweise (Dtn 19,16.17b, daneben Dtn 19,19a) verwendet wurden. Sinneswahrnehmungen [ש.מ.ע.] und Gefühlsregungen [י.ר.א., ח.ו.ס.] werden angesprochen bzw. sollen unterdrückt werden.[88] Die Formeln in

[ד.ר.ש.] ablehnt, die auf rationale Beweisverfahren schließen lasse. Vgl. aber folgende Anm.

83 Zur Gleichzeitigkeit und wechselseitiger Zuordnung von (unbeeideten) Zeugenaussagen und assertorischen Eiden im alten Orient vgl. Otto, Beweiseid, 92–95.

84 Umgekehrt hätte auch das lokale Gericht die Befugnis, Falschzeugen mit einer Mindestanzahl von zwei Zeugen zu entlarven und entsprechend Dtn 19,19a zu bestrafen; vgl. Dtn 17,5–6 und Paganini, Gerichtsorganisation, 111–112.

85 Eine ähnliche spiegelnde Strafe überliefert schon der Codex Šulgi (Ur-Nammu), wenn ein Zeuge den Eid verweigert (§29). Zu dieser Rechtsfolge als Kompensationsleistung vgl. Friedmann, Plotting, 805. Für verschiedene Delikte des Falschzeugnisses werden Geldbußen angeordnet (§13–14; 28). Ein Gerichtsdokument aus dem späten 21. Jh. v.u.Z. zeugt hingegen von einer Todesstrafe für die falsche Anklage wegen Veruntreuung von Tempelgaben, die womöglich einen talionischen Hintergrund haben könnte (vgl. dazu Petschow, Fall). Vgl. zu CL §7; CH §§3–4; MAG §§17–19: Abush, Penalty; Friedmann, Plotting, 805–809 und die Literaturhinweise bei Wells, Testimony, 147, Anm. 50, sowie für neubabylonische Parallelen ebd., 150–152.

86 Vgl. exemplarisch Otto, Deuteronomium 12,1–23,15, 1544.

87 Die falsche Anklage hat nicht nur ein abstraktes Rechtssubjekt (איש, vgl. Dtn 19,16) getroffen, sondern das potenzielle Opfer wird nun zweifach als אח renominalisiert, was der Bruderethik des Dtn zuzurechnen ist (vgl. Jeremias, Theologie, 198).

88 Vgl. Bartor, Law, 154.

Dtn 19,19c–21a zielen ebenso in diese Richtung: Die »Biʿarta-Formel« verknüpft Dtn 19 nicht nur mit unterschiedlichen Kapitalverbrechen[89] im dtn Gesetz, sondern deklariert das Vergehen als Bedrohung für die Gemeinschaft [קרב].[90] Die Einbeziehung der נשארים (Dtn 19,20) nimmt auf literarischer Ebene die gesamte (Leser-)Gemeinschaft in den Blick und dient so der Prävention.[91] Schließlich warnt auch die Formel לא תחוס עינך davor, den Falschzeugen zu verschonen und verbindet die Perikope zusätzlich noch mit Dtn 25,11–12.[92]

2.1.2.4 Die Talionsformel in Dtn 19,16–21

Im Rahmen dieses Formelguts, das auf die Reinhaltung und Stiftung von Gemeinschaft zielt sowie implizit und explizit die Bedeutung von Dtn 19,19a unterstreicht, begegnet auch die Talionsformel. In Dtn 19,21b besteht sie aus fünf asyndetischen Nominalsätzen, die in diesem Fall ohne einleitendes Verbum [נ.ת.ן.] zitiert werden. Rezipiert werden nur die aus Ex 21,23b–24 bekannten Glieder, ohne eine Neubildung (Lev 24,20a) sowie ohne die Verletzungen aus Ex 21,25. Dem dtn Gesetz eigentümlich ist die Formulierung der *talio* mit der Präposition ב-. Dieser Präpositionswechsel kann vielleicht durch das hohe Abstraktionsniveau der verordneten Rechtsfolge sowie ihrer anschließenden Begründung erklärt werden. Eine gleich*artige* Wiedervergeltung ist im Sinne einer strikten Talion nicht möglich, da die verordnete Spiegelstrafe nicht auf einen *tatsächlich* entstandenen Schaden abzielt, sondern sich an der Absicht [ז.מ.ם.] der Falschzeugen orientiert.[93] Der *potenzielle* Schaden besteht aber nicht nur in der Rufschädigung der fälschlich angeklagten Person oder ihrer unrechten Verurteilung, sondern ist, wie Dtn 19,19b–21a nahelegt, in der Bedrohung der zentralen Rechtsinstanz der Zeugen für die gesamte (Rechts-)

89 Dtn 13,6; 17,7.12*; 19,13*, 21,9*, 21,21; 22,21f.24; 24,7.

90 Vgl. zur Begründungsstruktur der Biʿarta-Formel, wonach bestimmte Rechtsbrüche nicht nur die direkt Beteiligten betreffen, sondern die gesamte Rechtsgemeinschaft gefährden und deshalb eine Elimination des Schändlichen notwendig ist, Dietrich, Schuld, 362–372. Ebach, Fremde, 124–144, bespricht ausführlich die abgrenzenden und identitätsstiftenden Momente der Formel.

91 Die vierfache Nennung im dtn Gesetz ist neben der Verbindung zu Todesstrafen auch mit Konfliktsituationen mit familiären (Dtn 13,9; 21,21) oder juristischen (Dtn 17,13; 19,20) Autoritäten verbunden.

92 Vgl. 2.1.2.5.

93 Davis, Lex, 48, spricht dennoch von einer »wörtlichen« Interpretation der Talion, weil er das *nepheš*-Glied als Todessanktion und die übrigen Glieder auf weitere Körperstrafen im dtn Gesetz (Dtn 25,1–3.11–12) bezogen sieht.

Gemeinschaft begründet.[94] Entsprechend drückt der Präpositionswechsel wohl besonders die ausgleichende Funktion von -ב aus, die als *Beth pretii* aus dem Bereich der Ökonomie bzw. des Tauschhandels stammt und entsprechend das höhere Abstraktionsniveau des Rechtsproblems ausdrücken kann, das durch das Falschzeugnis aufgeworfen wurde.[95] So dient die Talionsformel, ähnlich wie das weitere Formelgut in Dtn 19,19b–21a, der Prävention von Gesetzesübertretungen durch Androhung einer Strafe, die den tatsächlichen »Schaden« mitunter übersteigt.

2.1.2.5 (K)eine Talionsformel in Dtn 25,11–12?

Dies lenkt den Blick auf zwei weitere Rechtssätze des dtn Gesetzes, in denen zwar nicht die *talio*, wohl aber zugehörige Bestimmungen aus dem Bundesbuch rezipiert und mit Körperstrafen belegt werden. Während in Dtn 25,1–3 lediglich der Rechtsstreit [ריב] sowie die Erwähnung eines Streits zwischen Männern [אנשים] – nicht Brüdern – an Ex 21,18–19 erinnert, ist die Rezeption der Protasis von Ex 21,22 in Dtn 25,11–12 eindeutiger nachzuvollziehen: Der Vordersatz hebt wortgleich mit einer Rauferei unter Männern an [כי ינצו אנשים], in die eine Frau verstrickt wird. Hier jedoch handelt es sich konkret um die Ehefrau eines der Männer [אשת האחד], die aktiv in das Geschehen eingreift, um ihren Mann vor den Schlägen des anderen zu retten [וקרבה (…) להציל (…) מיד מכהו]. Genauer wird ihr dabei zur Last gelegt, mit ihrer Hand seine Scham [מבושיו] gegriffen zu haben.[96] Wenn Dtn 25,12 zudem mit derselben Formel [לא תחוס עינך] schließt, die zuvor die Talionsformel eingeleitet hat, besteht eine hohe Referentialität zu zwei Belegen der Talionsformel, was die Frage aufwirft, ob und auf welche Weise die Rechtsfolge Dtn 25,12 als Rezeption derselben zu gelten hat.

Die Apodosis in Dtn 25,12 verfügt, nachdem die Frau mit ihrer »Hand« [יד] den Genitalbereich des fremden Mannes gegriffen hat, das Abschlagen ihrer »Handfläche« [כף]. Mitunter wurde erwogen, der zweite Begriff sei ein

94 Vgl. Jacob, Auge, 47, nach dem der Präpositionswechsel dadurch bestimmt ist, dass es sich im Dtn »auf die Qualität der Strafe und die Dringlichkeit« beziehe.

95 Jenni, Beth, 150, ordnet das *Beth pretii* in seiner Systematik unter die Kategorie Realisation ein und bemerkt, diese Funktion »ermöglich[e] zusätzlich die ausgleichende Gegenbewegung, die […] ihm auch die Bezeichnung Beth aequivalentiae […] eigentragen hat«; auch wenn die Präposition -ב, ähnlich wie תחת, ebenfalls kausal die Bezeichnung eines Grundes ausdrücken kann (vgl. ebd., 100–103), wäre zwar aufgrund der Änderung der Präposition nicht notwendig eine Bedeutungsverschiebung anzunehmen, wie Zehnder, Cause, 88, anmerkt. Der veränderten Bezugsrahmen legt aber dennoch nahe, eine solche zu veranschlagen.

96 Vgl. zu dieser Aufnahme von Rechtssätzen aus dem Bundesbuch auch Jacobs, Talion, 271; Otto, Deuteronomium 23,16–34,12, 1823.

Euphemismus für den weiblichen Genitalbereich, wodurch Genital um Genital talionisch vergolten würde.[97] Aber selbst dann wäre, insofern Dtn 25,11b keine bleibende Verletzung am Genital des Mannes betont,[98] die Verstümmelung der Ehefrau [ק.צ.ץ. את כפה] keine strikte Anwendung der Talion: Die Orientierung der *talio* am entstandenen Schaden und ihr Zweck, Parität herzustellen, wäre verfehlt, da durch das Abschlagen [ק.צ.ץ.] der Handfläche bzw. die weibliche Genitalverstümmelung ein größerer Schaden entstünde. Entsprechend verstehen Befürworter:innen eines talionischen Verständnisses von Dtn 25,12 den Vers als Erweiterung der Talion.[99] Alternativ kann angenommen werden, dass die Anspielung auf die Talionsformel durch die Verweisstrukturen auf die *talio* des BB und des dtn Gesetzes dieselbe Funktion hat wie Dtn 19,21b und der Begründung der auf das ausführende Körperteil zielenden Spiegelstrafe dient.[100] So würde sie einsichtig machen, aus welchem Grund in Dtn 25,11–12 eine enge Korrelation von Tat und Strafe vorliegt, obwohl der tatsächliche »Schadensfall« erneut außerhalb des konkreten Vorfalls liegt: Der Griff an die Scham des fremden Mannes schadet weniger ihm, sondern verletzt ein gesellschaftliches Tabu.[101] Auf diese Weise können die dtn Autoren körperliche Strafsanktionen einführen, die über den Schadensausgleichs des Bundesbuchs hinausgehen. Die indirekte Anspielung auf die Talionsformel statt eines direkten Zitats könnte damit begründet werden,[102] dass eine Verwechslung ihrer begründenden Funktion mit einer talionischen Logik vermieden werden

---

97 Vgl. dazu die Darstellung der unterschiedlichen Vorschläge mit berechtigter Kritik bei Jacobs, Talion, 265–269.

98 Häufig wird als Parallele MAG A §8 angeführt, wobei der Fall dort konkret als bleibende Beschädigung des Hodens verstanden werden kann (vgl. Paul, Analogues, 162–163), was in Dtn 25,11 gerade nicht explizit erwähnt wird. Vgl. mit weiteren Beispielen Jacobs, Talion, 271–275.

99 Die Stimmen, die Dtn 25,12 als Talionsstrafe verstehen, nehmen häufig eine Erweiterung ihrer Funktion an, vgl. Dtn 25,12a als »talionic extension or vicarious talionic punishment« (Paul, Analogues, 161), als eine »form of instrumental talion« (Jacobs, Talion, 278) oder als Anspielung auf »the idea of physical retaliation« (Cortez, Law, 444). Gegen ein Verständnis dieser Apodosis als talionisch votieren Jackson, Problem, 281, Anm. 1; Otto, Deuteronomium 23,16–34,12, 1858.

100 Vgl. ders., Deuteronomium 12,1–23,15, 1859.

101 Vgl. Shemesh, Punishment, 350–352.

102 Vgl. auch die Überlegungen zur Relevanz des indirekten Verweises bei Cortez, Law, 444, der jedoch einen Bezug zur Formel selbst und nicht zu ihrer Funktion in Dtn 19,21b im Blick hat.

sollte, die aufgrund der körperlichen Auseinandersetzung gegenüber dem Rechtsverfahren in Dtn 19,16–21 eher gegeben wäre.[103]

2.1.2.6 Die Talionsformel im Deuteronomischen Gesetz

Zentral für das Verständnis der Talionsformel im dtn Gesetz ist die Verbindung der Talionsformel mit Spiegelstrafen, die sich in Dtn 19,16–21 durch ein Zitat explizit und in Dtn 25,11–12 implizit durch eine Anspielung ergibt. Die Funktion der dtn Talionsformel entspricht damit prinzipiell ihrem Zweck in Ex 21,23b–25: In Dtn 19,15–21 wird sie als wörtliches Zitat zur Absicherung des Rechtsverfahrens herangezogen und bedroht, gemeinsam mit den vorher zusätzlich angeführten Formeln, die Korruption des zentralen Gerichtsverfahrens durch Falschzeugnis. Über das übrige Formelgut hinaus unterstreicht sie die Angemessenheit der verfügten Spiegelstrafe, die sich nicht am *tatsächlichen* Schaden des konkreten Vergehens orientiert, sondern am *potenziellen* Schaden für die Rechtsgemeinschaft. Hier scheint auch der Grund für die Anspielung auf die Talionsformel in Dtn 25,11–12 zu suchen zu sein. Auch hier hat sie begründende Funktion, in diesem Fall für die Einführung einer körperlichen Spiegelstrafe für einen Tabubruch, bei dem erneut ein höheres Abstraktionsniveau zwischen Rechtsbruch und Rechtsfolge ohne direkten Bezug auf den entstandenen Schaden vorliegt.

2.1.3 Die Talionsformel in Lev 24: Die Talionsformel als theologisches Korrektiv

2.1.3.1 Kontextualisierung

Die wohl jüngste Rezeption der Talionsformel in der HB begegnet in Lev 24,18b.20a. Durch die narrative Rahmenerzählung (Lev 24,10–13.23) ist die Episode deutlich von ihrem näheren Kontext abzugrenzen. Im weiteren literarischen Umfeld ist als ein bestimmendes inhaltliches Merkmal die sukzessive Besprechung von »(ge)heilig(t)en Zeiten JHWHs« [מועדי יהוה] in größer werdenden Perioden festzustellen,[104] die durch Lev 24 unterbrochen

103 Dafür spricht auch die Variation »Hand« und »Handfläche«, vgl. Otto, Deuteronomium 23,16–34,12, 1858.

104 Vgl. die Besprechung von wöchentlich (Lev 23,1–3), jährlich (Lev 23,4–44), sieben- (Lev 25,1–7) bzw. 49-jährig (Lev 25,8–55) wiederkehrenden Festzeiten bei Ruwe, Heiligkeitsgesetz, 297–298, der auf das Thema Sabbat als zentrales Merkmal der Komposition

wird. Während Lev 24,1–4.5–9 häufig noch dem Heiligkeitsgesetz zugerechnet wird,[105] legen literarkritische Beobachtungen zu Lev 24,1–9.10–23[106] sowie große inhaltliche und formale Ähnlichkeiten von Lev 24,10–23 mit drei weiteren Rechtsnovellen[107] aus dem Numeribuch, die im Rahmen einer knappen Erzählung von (nachsinaitischen) Rechtsoffenbarungen berichten[108] und dort ebenfalls als spätpriesterliche Zusätze gewertet werden,[109] eine spätere Datierung von Lev 24,10–23 nahe.[110] Diese Einschaltung von Rechtssätzen in Form von »narrativer Exegese« könnte zudem als Hinweis gewertet werden, dass die fortgeschrittene Entstehung des Pentateuch eine Fortschreibung bzw. Ergänzung von Gesetzen nicht so einfach zuließ.[111] Zusammen mit der zu beobachtenden Sakralisierung von Rechtsvorschriften des Bundesbuches und der Tatsache, dass die offenbarten Gesetze durch ihre theologische Begründung auch Personen außerhalb der Kultgemeinde betreffen, ist eine Datierung ins 5.–4. Jh. v.u.Z anzunehmen.[112] Vor diesem historischen Hintergrund, im Rahmen des Erstarkens des Jerusalemer Tempels und der

von Lev 23–24,9; 25 hinweist. Weitere formale Merkmale fasst Hutton, Narrative, 146–147, zusammen.

105 Ruwe, Heiligkeitsgesetz, 323, erkennt besonders im Rollenwechsel des Mose vom Übermittler von Rechtsbestimmungen zum Empfänger von Anweisungen einen formalen Bruch, hält aber einen späteren Nachtrag aufgrund von Parallelen im Exodus- und Numeribuch nicht für zwingend. Auch Nihan, Torah, 511, rechnet Lev 24,1–4.5–9 H zu und geht aufgrund von priesterschriftlichen Parallelen davon aus, dass die Abschnitte hier als thematischer (nicht redaktioneller) Nachtrag zu verstehen sind. Hutton, Narrative, 149–150, hingegen hält das gesamte Kapitel Lev 24 aufgrund gemeinsamer literarischer Indizien für nachgetragen; Otto, Exegese, 94, schließt sich an und verweist auf inhaltliche Aspekte. Umgekehrt zählt Grünwaldt, Heiligkeitsgesetz, 300–301, die Gesetzespromulgation (Lev 24,15b–22) zum Grundbestand von H, die übrigen Verse zu einer Erweiterungsschicht (vgl. ebd., 89–97).

106 Vgl. exemplarisch zu terminlogischen Differenzen zu H und Verbindungen zu Num 15,32–36 Cholewinski, Heiligkeitsgesetz, 95–100.

107 Die strukturellen und thematischen Verbindungen zwischen diesen Perikopen wurden bereits in der Antike, etwa in Philo, Mos 2,196 oder TN zu Lev 24,12, beobachtet; für eine ausführliche Untersuchung dieser vier »oracular novels« (Num 15,32–36; Num 9,1–14; Num 27,1–11) vgl. Chavel, Law.

108 Zu strukturellen, terminologischen und inhaltlichen Parallelen vgl. Crüsemann, Tora, 122–124; Fishbane, Interpretation, 98–104; Chavel, Law, bes. 4–8.

109 Vgl. Nihan, Narrative, 211–212; Achenbach, Vollendung, 443–663.

110 Schon Crüsemann, Tora, 121–126, bespricht die Rechtsnovellen (zusammen mit Num 36) unter dem Gesichtspunkt von Toraoffenbarung nach dem Sinai sowie der Rolle des Mose und schlägt eine Datierung in (spät-)persischer Zeit vor (vgl. ebd., 125; 386–387).

111 Vgl. Nihan, Narrative, 238–239, mit Blick auf Lev 10; 24,10–23 und Achenbach, Pentateuchredaktion, 147.

112 Vgl. ausführlicher zu dieser Datierung Nihan, Murder, 235–240.

multikulturellen Gesellschaft der Provinz Yehud, greifen die priesterlichen Autoren Ex 21,22–25 sowie weitere Rechtssätze des Bundesbuches auf und setzen dabei ganz eigene Schwerpunkte in Anknüpfung an das Deuteronomium.[113]

2.1.3.2 Lev 24,10–23 als Rezeption von Ex 21,12–25

Lev 24,10–23^{MT}

10 Und ein Sohn einer Israelitin – er war aber der
Sohn eines ägyptischen Mannes – ging hinaus
unter die Israeliten und der Sohn einer Israelitin
und ein israelitischer Mann rauften im Lager. 11
Und der Sohn der israelitischen Frau benannte
den Namen und redete leichtfertig. Und sie
brachten ihn zu Mose. Und der Name seiner
Mutter war Sch^{e}lomit bat Dibri, dem Stamm Dans
zugehörig. 12 Und sie legten ihn in Gewahrsam,
dass ihnen nach dem Mund JHWHs ausgelegt
würde.

10 ויצא בן אשה ישראלית
והוא בן איש מצרי בתוך
בני ישראל וינצו במחנה
בן הישראלית ואיש
הישראלי 11 ויקב בן האשה
הישראלית את השם ויקלל
ויביאו אתו אל משה ושם
אמו שלמית בת דברי למטה
דן 12 ויניחהו במשמר לפרש
להם על פי יהוה

13 Und JHWH sprach zu Mose: 14 Führe den
leichtfertig Redenden hinaus aus dem Lager und
alle, die (es) gehört haben, sollen ihre Hände auf
ihren Kopf stützen und ihn steinigen die gesamte
Gemeinde.

13 וידבר יהוה אל משה
לאמר 14 הוצא את המקלל
אל מחוץ למחנה וסמכו
כל השמעים את ידיהם על
ראשו ורגמו אתו כל העדה

15 Und zu den Israeliten sprich Folgendes: Ein
jeder, wenn er (über) seinen Gott leichtfertig
redet, er soll seine Sünde tragen. 16 Wer aber den
Namen JHWH (dabei) benennt, soll zum Tod
getötet werden. Mit Steinen soll ihn die gesamte
Gemeinde steinigen. Der Schutzbürger sei wie
Einheimische, wenn er den Namen benennt, soll
er getötet werden.

15 ואל בני ישראל תדבר
לאמר איש איש כי יקלל
אלהיו ונשא חטאו 16 ונקב
שם יהוה מות יומת רגום
ירגמו בו כל העדה כגר
כאזרח בנקבו שם יומת

17 Und wenn jemand jegliche *Menschenseele* (tot)
schlägt, soll er zum Tod getötet werden.

ואיש כי יכה כל נפש אדם
מות יומת

18 Und wer eine *Viehseele* (tot)schlägt, soll er sie
bezahlen: Leben um Leben.

ומכה נפש בהמה ישלמנה
נפש תחת נפש

113 Zur Platzierung erscheint der Vorschlag von Nihan einleuchtend (vgl. ders., Narrative, 221–222), wonach die örtliche Bewegung vom Heiligtum (Lev 24,1–9) zum Land (Lev 25) die Einschaltung dieser Episode (Lev 24,10–23) ermöglichte.

19 Und wenn jemand seinem Genossen einen Makel zufügt, soll man, wie er getan hat, so auch ihm tun:	ואיש כי יתן מום בעמיתו כאשר עשה כן יעשה לו
20a Bruch um Bruch. 20b Auge um Auge. 20c Zahn um Zahn.	שבר תחת שבר עין תחת עין שן תחת שן
20d Wie er einem Menschen einen Makel zugefügt hat, 20e so soll ihm zugefügt werden	כאשר יתן מום באדם כן ינתן בו
21a Und wer Vieh (tot)schlägt, soll es bezahlen.	ומכה בהמה ישלמנה
21b Und wer einen Menschen (tot)schlägt, soll getötet werden.	ומכה אדם יומת
22 Ein Recht sei euch. Für den Schutzbürger wie für den Einheimischen gelte (es). Ja, ich bin JHWH, euer Gott.	משפט אחד יהיה לכם כגר כאזרח יהיה כי אני יהוה אלהיכם
23 Und Mose redete zu den Israeliten und sie brachten den leichtfertig Redenden hinaus aus dem Lager und steinigten ihn – mit Stein. Und die Israeliten taten, wie JHWH Mose befohlen hatte.	וידבר משה אל בני ישראל ויוציאו את המקלל אל מחוץ למחנה וירגמו אתו אבן ובני ישראל עשו כאשר צוה יהוה את משה

Der nähere Kontext des Zitats der Talionsformel zeichnet sich besonders durch seine Verschränkung eines narrativen Rahmens (Lev 24,10–13.23) mit einer Gesetzesproklamation (Lev 24,14–22) aus: Der Vorfall eines gotteslästerlichen Ausrufs im Lager führt zur Einholung eines himmlischen Urteilsspruchs, dessen Ausführung abschließend notiert wird. Die zentrale Gottesrede transzendiert dabei den kontingenten Rechtsfall. Nach der Benennung einer konkreten Hinrichtungsart für die Gotteslästerung (Lev 24,14) erfolgt eine allgemeine Gesetzgebung zur Gotteslästerung (Lev 24,15–16.22) und eine chiastisch angeordnete Gesetzespromulgation zur Tötung von Menschen, von Tieren und Körperverletzungsdelikten (Lev 24,17–21). Diese Zusammenstellung verschiedener Sachthemen und Verbindung unterschiedlicher Gattungen hat zu unterschiedlichen redaktionskritischen Vermutungen geführt.[114] Jedoch deutet besonders der Umstand, dass in allen drei Abschnitten eine Rezeption von Rechtssätzen aus dem Bundesbuch nachvollzogen werden kann, auf eine zusammenhängende Komposition von Lev 24,10–23 aus Rechtssätzen des Bundesbuchs hin.

Neben dem deutlichsten Rückverweis auf Ex 21,23b–25 durch das Zitat der *talio* spricht dafür auch der narrative Ausgangspunkt des Vorfalls im Lager: Beim Handgemenge zwischen zwei Männern, das wie in Ex 21,22 durch נ.צ.ה.

114 Vgl. Ruwe, Heiligkeitsgesetz, 56–57, Hutton, Narrative. Weitere Beispiele bei Nihan, Murder, 213, Anm. 8.

Niphal beschrieben wird,[115] kommt keiner der Kontrahenten selbst zu Schaden. Stattdessen wird eine unbeteiligte schwangere Frau bzw. der Name Gottes getroffen. Die durch מות יומת ausgedrückten Todessanktionen für Tötungsdelikte können als Anknüpfung an Ex 21,12 verstanden werden.[116] Diese Verbindung von körperlicher Aggression gegen Menschen und verbaler Gewalt gegen den Namen Gottes verbinden die Rahmenerzählung und das Gottesorakel. Die parallel formulierten Apodosen für Blasphemie und Tötungsdelikte (Lev 24,16a.18a: מות יומת; 17b.21b: יומת) innerhalb des Gottesorakels sprechen dafür, dass die Gleichsetzung beider Delikte ein zentrales Anliegen von Lev 24,10–13 darstellt.

2.1.3.3 Das zentrale Thema der (kultischen) Gruppenzugehörigkeit

Damit verbunden ist ein weiterer Aspekt, der in beiden Abschnitten benannt wird: Die Frage nach der Gruppenidentität und den Konsequenzen der Zugehörigkeit zur *ingroup*. Dieser Aspekt begegnet im narrativen Rahmen einerseits durch die ausschließliche Charakterisierung der beiden Protagonisten über ihre Zugehörigkeit zu (verschiedenen) Gruppen, aber auch durch die Ausführung der göttlich sanktionierten Hinrichtung durch die Gemeinschaft. Beide Protagonisten der Rahmenhandlung bleiben selbst namenlos, werden aber durch ihre verschiedenen Grade der Zugehörigkeit zum Volk Israel charakterisiert. Der Gegenspieler des Gottesfluchers wird nur im Eingangsvers näher charakterisiert und mit dem Adjektiv ישראלי als »der israelitische Mann«[117] vorgestellt. Verglichen mit dieser Statistenrolle erfährt sein Rivale deutlich mehr Aufmerksamkeit, wobei dessen Identität im Gegensatz dazu nie direkt, sondern ausschließlich über seine Abstammung definiert und als fragmentarisch dargestellt wird: Einerseits wird er dreifach als »Sohn einer israelitischen Frau« vorgestellt und durch Sch^{e}lomit bat Divri mit dem Haus Dan in Verbindung gebracht. Andererseits ist er »Sohn eines ägyptischen Vaters«. Aufgrund dieser Identitätszuschreibungen, deren narrativer Fokus auf seinen israelitischen Wurzeln liegt,[118] handelt es sich bei dem Antagonisten nicht eindeutig um einen »Fremden«, sondern um eine der Gemeinschaft nahestehende Person, die aber aufgrund ihrer indirekten

115 Vgl. zu נ.צ.ה. und der Handgreiflichkeit als juridisches *topos* ders., Narrative, 215–216 mit Verweis auf Démare-Lafont, Femmes, 360–361.

116 Zu weiteren Berührungspunkten zwischen BB und Lev 24,10–23 vgl. Fuad, Ambiguity, 64.

117 Dabei irritiert der Artikel, da es sich um die erste Erwähnung des zweiten Mannes handelt; vgl. die Version des samPent, bei der der Artikel vermutlich aus diesem Grund entfällt. Die *lectio difficilior* stellt hingegen die Lesart des MT (vgl. die LXX-Version) dar.

118 So auch Fuad, Ambiguity, 56.

Zugehörigkeitsbeschreibung über die Eltern sowie über die ägyptischen Wurzeln väterlicherseits von einem gewissen Zwielicht umgeben ist. Der Name seiner Mutter, die Charakterisierung als Halbdanite und die Darstellung als Halbägypter kann hier nicht in der Tiefe verfolgt werden, könnten aber bereits implizit das Vergehen des Gottesfluchs[119] vorbereiten und als Problematisierung unklarer Zugehörigkeitsstrukturen gewertet werden.

In eine ähnliche Richtung weist auch die Formel כגר כאזרח als Abschluss der Rechtssätze zu Gotteslästerung und Körperverletzung. Das Nomen אזרח steht hier für die eindeutige Zugehörigkeit zur (Kult-)Gemeinschaft der Israeliten. Seine biblische Verwendung, die mit nur einer Ausnahme[120] immer als Komplementärbegriff zu גר begegnet, ist im Rahmen der Erzählung klar zuzuordnen: Es steht für den »israelitischen Mann« bzw. die Gemeinde, die עדה. Demgegenüber bezeichnet גר den rechtlichen Status von Personen, die die Trägergruppen von Rechtssätzen nicht als integrale Mitglieder ihrer geschlossenen Gemeinschaft wahrnehmen, ihnen jedoch einen festen Platz in ihrer Gesellschaft einräumen und sie dementsprechend auch als Rechtssubjekt bedenken müssen.[121] Das genaue Signifikat des Nomens unterlag jedoch einem Wandel: Im BB beschränkt sich der legislative Blick auf den גר v.a. auf seine soziale Situation: Er wird der Gruppe der *personae miserae* zugerechnet und tritt als eigenständige Rechtsperson neben der Witwe und dem Armen in solchen Rechtssätzen in Erscheinung (Ex 22,20; 23,9[.12]), die diesen Personengruppen einen besonderen Schutz zusprechen.[122] Diese Schutzfunktion wird im dtn Gesetz weiter ausgearbeitet und in die Gesetzgebung integriert: Dabei sind weiterhin soziale Fragen im Blick, aber deutlicher als im BB wird die Rechtssicherheit der גרים thematisiert und zusätzlich gerät die kultische Teilhabe bei Erntefesten in den Fokus. In H wird die Sorge um die soziale Versorgung und Rechtssicherheit nur noch selten erwähnt. Im Gegenteil: Die גרים treten als finanziell unabhängige Personen auf. Aus diesem Grund besteht auch die Notwendigkeit, ihre Beziehung gegenüber der israelitischen Kultgemeinschaft

119 Möglicherweise handelt es sich bei der Erwähnung des Stammes Dan um eine intertextuelle Anspielung auf Ri 18 und das Thema der Idolatrie. Zu weiteren Implikationen vgl. Hieke, Levitikus, 961–962.

120 Vgl. Lev 23,42. Dies könnte damit zusammenhängen, dass das Sukkotfest, in H als Erinnerungsfeier an den Exodus aus Ägypten entworfen, ein Identitätsmarker der »autochthonen« Israeliten ist und dementsprechend nur diese als Teilnehmende vor Augen hat. Zur analogen Funktion von Pesach und Sukkot vgl. Nihan, Resident Alien, 120, Anm. 36, der darauf verweist, dass in Dtn 16,1–8 ebenfalls keine *personae miserae* und kein גר erwähnt wird, beim Erntefest Sukkot in Dtn 16,13–16 jedoch schon.

121 In anderen Worten ist in der biblischen Überlieferung jemand »גר *before the law*; to be more precise, before the *Israelite* law« (Ramírez Kidd, Alterity, 16).

122 Vgl. dazu und zur rahmenden Funktion dieser Sätze Achenbach, gêr, 30.

zu regeln. Eine völlige Integration hinsichtlich ihrer Teilhabe ist dabei nicht im Blick, nichtsdestotrotz sind sie als Bewohner des Landes ebenso wie die Israeliten dafür verantwortlich, das Land und den Tempel vor Verunreinigung zu schützen. Entsprechend können die Konnotationen des rechtlichen Fachbegriffs גר in H eng mit der oben skizzierten narrativen Beschreibung des Halbägypter bzw. -daniten korreliert werden. Die gesellschaftlichen Veränderungen und die Anwesenheit vermögender und einflussreicher Personen in persischer Zeit bilden dabei den Hintergrund von Lev 24,10–23: Die durch Exogamie und Zuwanderung gestellten Fragen unklarer Zugehörigkeitsverhältnisse spiegeln sich in der liminalen Beschreibung des Antagonisten[123] ebenso wie in der spätpriesterlichen Verwendung des *terminus technicus* גר. Die szenische Einführung berührt die Frage der (kultischen) Verantwortung von integrierten Nichtisraeliten, die Formel כגר כאזרח fordert die Gültigkeit der Tora auch für diese Gruppe und die Notwendigkeit eines Gottesorakels spiegelt die Dringlichkeit und Unsicherheit bezüglich dieser Rechtsfragen. Auch die ambivalente Terminologie des Fluchgeschehens und die Differenzierung bei der allgemeinen Gesetzgebung zwischen dem Gottesfluch [איש איש כי יקלל אלהיו, Lev 24,15b] und dem Fluch des Gottesnamens [ונקב שם יהוה, Lev 24,16a] kann gut vor dem Hintergrund dieser multikulturellen Gesellschaft verstanden werden.

Verantwortlich für den Vollzug dieser Gesetzgebung ist »Gemeinde« [עדה], die Gruppe der Israeliten [בני ישראל]: Sie werden – durch Mose vermittelt – vom Gottesorakel angesprochen und von JHWH beauftragt, die Steinigung des Gottesfluchers durchzuführen (Lev 24,16), was sie auch tun (Lev 24,23). Diese Einbeziehung der ganzen Gemeinschaft kann im Rahmen der Rezeptionsgeschichte als inhaltliche Verbindung zu Dtn 19,19b–21 gewertet werden, wo ebenfalls die Bedrohung der Rechtsgemeinschaft besonders betont wird.[124]

2.1.3.4 Die Aktualisierung von Rechtssätzen aus dem Bundesbuch

Der parallele Abschluss des Blasphemiegesetzes und der Rechtssätze aus anderen Rechtsbereichen mit der כגר כאזח-Formel sowie die oben bereits

---

123 Vgl. Hutton, Narrative, 158.

124 Ähnlich wie in Lev 24,10–23 die Gemeinde für die Steinigung verantwortlich ist, wendet sich auch Dtn 19,19b–21 direkt an die Rechtsgemeinschaft. In Lev 24,10–23 wird die Gemeinde ebenfalls in Form derjenigen einbezogen, die den Fluch gehört haben [כל השמעים], und dadurch, dass die Steinigung durch die Israeliten durchgeführt wird (vgl. Dtn 17,7). Ferner ist auch in Dtn 19,16–21 zentral, dass eine Rechtssache nicht zu entscheiden ist: Während dort prozessrechtliche Bestimmungen Abhilfe schaffen, ist hier eine »göttliche Gesetzesoffenbarung« Lösung des Problems.

erwähnten parallelen Formulierungen der Todessanktionen legen nahe, dass den Autoren von Lev 24,10–23 besonders an der Verbindung zwischen Gotteslästerung und weiteren Rechtssätzen gelegen war. Nach der Verhandlung der Gotteslästerung[125] stellen sie deshalb in einem chiastischen Schema[126] Tötungsdelikte (Lev 24,17.21b), die Tötung von Nutztieren (Lev 24,18.21a) sowie Körperverletzungsdelikte zusammen und verordnen unterschiedliche Rechtsfolgen: Todesstrafe, Kompensation und talionische Wiedervergeltung. Bevor die Talionsformel im Zentrum des Chiasmus genauer in den Blick genommen wird, gilt es, der Bedeutung der rahmenden Elemente auf die Spur zu kommen.

Die Zuordnung von Tötungsdelikten zum Kapitalrecht stellt keine entscheidende inhaltliche Neuprägung von Ex 21,12 dar, wobei der apodiktische Absolutheitsanspruch und das Fehlen von Differenzierungen einerseits der Form geschuldet sind, andererseits aber auch als eine kategoriale Aussage gelesen werden können. Letzteres wird durch den wenig belegten Ausdruck נפש אדם unterstrichen,[127] wobei besonders die intertextuelle Verbindung[128] zu Gen 9,1–7 aufgrund von thematischen und lexikalischen Analogien naheliegt: Inhaltlich wird hier wie dort unter Verwendung des Begriffs von נפש (ה)אדם nicht nur die Bedeutung der Tötung von Menschen verhandelt, sondern auch von der Tötung von Tieren unterschieden, wobei das Substantiv נפש auch dort in Bezug auf Tiere (Gen 9,4) verwendet wird.[129] In Gen 9,6b wird mithilfe eines Chiasmus [שפך דם האדם באדם דמו ישפך] die Tötung von Menschen ohne differenzierten Blick auf Tatumstände verhandelt. Die begründende Funktion der Gottesebenbildlichkeit des Menschen in Gen 9,6b könnte auch den hermeneutischen Schlüssel zu Lev 24,17.21b darstellen: Das Interesse der Rechtssätze liegt nicht auf einem ausdifferenzierten Rechtssystem, sondern ist als theologisches Argument zu verstehen: Die Tötung eines אדם stellt in jedem Fall einen Angriff auf das Wesen dar, das im Ebenbild Gottes geschaffen wurde, was als Sakrileg in jedem Fall dem Kapitalrecht zugeordnet werden muss.[130] Hier spiegelt sich die spätpriesterliche Tendenz zur Sakralisierung des

125 Die auffällige Nomenklatur und die daraus erwachsenden Fragen können in diesem Rahmen nicht weiterverfolgt werden. Vgl. dazu die Diskussionen bei Hutton, Case, 536–537; Fuad, Ambiguity, 52–54.

126 Auch wenn darüber hinaus weitere Analogien in konzentrischem Schema zu erkennen sind, wird die Zuordnung immer künstlicher, je weiter man sich von der *talio* als Zentrum entfernt. Vgl. den Versuch von Willis, Blasphemy, 69–71, und die ausführliche Kritik und Literatur bei Nihan, Murder, 222, Anm. 38.

127 Vgl. Num 9,6f.; 19,11; 31,35.40.46. Daneben Ez 27,13, 1Chr 5,22.

128 Die Problematik, ob Gen 9,1–7 einer P^G zuzuordnen oder sekundär ist, spielt für die folgenden Überlegungen keine Rolle. Vgl. Schellenberg, Mensch, 36–37.

129 Die konkrete Verbindung (ו)נפש בהמת findet sich, allerdings in anderem Kontext, noch in Spr 12,10.

130 Vgl. Nihan, Murder, 233.

Rechts wider, bei der auch zuvor »profane« Rechtssätze und Bestimmungen neu interpretiert und so die Heiligkeit Gottes und seines Volkes in den Alltag überführt werden.[131]

2.1.3.5 Die Talionsformel in Lev 24,18–20

In Lev 24,18b.20a wird die Talionsformel – wie im BB – mit der Präposition תחת gebildet und auf vier Teilglieder verkürzt. Die Autoren spalten das *nepheš*-Glied von der Nominalsatzreihe ab und ordnen es einem neuen Tatbestand zu. Als Rechtsfolge für die Tötung von Nutztieren fordert Lev 24,18b.21a eindeutig eine finanzielle Restitution bzw. gleichwertige Substitution, was die zweimalige Verwendung der Wurzel ש.ל.ם. zusammen mit *Nun energicum* und einem auf בהמה bezogenen Suffix unterstreicht. Die Verwendung des *nepheš*-Glieds in Verbindung mit Nutztieren sowie die explizite Verwendung eines Fachbegriffs aus dem Ersatzleistungsrecht stellt eine deutlich Neuausrichtung gegenüber Ex 21,23b und Dtn 19,21b dar. Naheliegend ist dabei, die seltene Konstruktusverbindung נפש בהמה ebenfalls vor dem Hintergrund von Gen 9,1–7 zu deuten und eine ähnliche Funktion des Intertextes wie in Lev 24,17.21b anzunehmen, nämlich eine neue Begründung übernommener Rechtsfolgen. Mit Blick auf die postdiluvianische Neuordnung des Verhältnisses von Menschen, Flora und Fauna in Gen 9,1–4 könnte für die Autoren die Beschränkung der menschlichen Verfügungsgewalt über Tiere auf die Nahrungsmittelgewinnung ausschlaggebend sein.[132] Ähnlich wie in Lev 24,17.21b nicht nur die Tötung eines Menschen, sondern dessen Gottesebenbildlichkeit die Rechtsfolge begründet, ist in Lev 24,18.21a nicht nur nicht der Verlust des Besitzers zentral für Kompensation des Tieres, sondern das Auslöschen eines Tierlebens [נפש בהמה], das nicht der Nahrungsmittelgewinnung dient.

Das zweite Zitat der Talionsformel erfährt eine deutlich ausführlichere Bearbeitung als das *nepheš*-Glied: Die drei Nominalsätze in Lev 24,20a werden durch mehrere Verbalsätze gerahmt, die entsprechend dem Aufbau des Chiasmus in Lang- (Lev 24,19) und Kurzform (Lev 24,20b) erscheinen. Die parallelen Protasen über das Hinzufügen eines מום bestätigen die kontextuelle Verwurzelung der zitierten Glieder der *talio* des BB im Körperverletzungsrecht, schaffen aber neben Ex 21,24 einen weiteren Referenzpunkt: Dieses Substantiv begegnet im Pentateuch fast ausschließlich in kultischem Kontext und

131 Vgl. zur Sakralisierung des Rechts Achenbach, Reading, 28–30.

132 Vgl. zu dieser Interpretation von Gen 9,4 Neumann-Gorsolke, Herrschen, 262–264, mit weiterer Literatur.

bezeichnet physische Versehrungen,[133] wobei sowohl Opfertiere[134] als auch das Kultpersonal von der Forderung nach körperlicher Makellosigkeit betroffen sind.[135] Auch das neue Glied der Formel selbst deutet in diese Richtung. Das vorangestellte und weder in Dtn 19 noch in Ex 21 belegte Nomen »Bruch« [שבר] könnte schon aus inhaltlichen Gründen als Zusammenfassung der in Lev 24 fehlendenden Körperteile »Hand« und »Fuß« verstanden werden.[136] Im unmittelbaren Kontext unterstreichen die Konstruktusverbindungen שבר רגל או שבר יד in Lev 21,19 diese Lesart, wobei erneut die Konnotation körperlicher Kultuntauglichkeit aufgerufen wird. Dass jedoch die Sorge um die Kultfähigkeit der Geschädigten das primäre Anliegen von Lev 24,19–20 ist, kann bezweifelt werden.[137] Aufgrund der universellen Anlage von Lev 24,17–22 steht dahinter vermutlich das theologische Argument der Gottesebenbildlichkeit des Menschen: Ähnlich wie körperliche Versehrungen Priester und Opfertiere vom Kult ausschließen, verletzen Körperverletzungsdelikte den Menschen als Ebenbild Gottes.[138]

Die Rahmung dieses Zitats der Talionsformel stellt eine verbale Reformulierung der *talio* dar. Dies legt die Wiederaufnahme von ע.ש.ה. bzw. נ.ת.ן. aus den Protasen (Lev 24,19b.20bα) in den zugehörigen Apodosen nahe. Folglich ist aber auch die Präposition תחת in Lev 24,20a (als Retribution) anders als in Lev 24,18 (als Kompensation) zu verstehen. Womöglich haben die Autoren der Perikope diese Unschärfe in Kauf genommen, um die Differenzen zwischen dem Vergießen von Menschen- und Tierblut – trotz der gleichen Formulierung der einzelnen Glieder der Talionsformel – zu korrelieren.

2.1.3.6 Die Funktion der Talionsformel in Lev 24,10–23

Die Rezeption der Talionsformel in Lev 24,10–23 dient besonders theologischen Interessen und stellt einen Zusatz zum Heiligkeitsgesetz dar. Der zeitgeschichtliche Hintergrund des perserzeitlichen Erstarkens von Nicht-Israeliten im Land und die unklaren Zugehörigkeitsverhältnissen erklären den besonderen Fokus: Dieser liegt einerseits auf der Regelung von rechtlicher Verantwortung

133 Dtn 32,5 bildet eine Ausnahme, wenn das Lexem im übertragenen Sinne ethische Verfehlungen bezeichnet.

134 Vgl. Lev 22,20f.25; Num 19,2; Dtn 15,21; 17,1.

135 Vgl. Lev 21,17–23.

136 Vgl. auch die Verwendung des zugrundliegenden Verbs ש.ב.ר. in Bezug auf Körperteile: Ps 3,8 [שן]; Hi 29,17 [מתעלות] Ez 30,21.22.24; Ps 10,15; 37,17; Hi 31,22; 38,15 [זרוע]; Ex 12 46; Num 9,12; Jes 38,13; Ps 34,21; Klgl 3,4 [עצם]; Prov 25,15 [גרם]; Ex 22,9.13 [בהמה]; 1Sam 4,18 [מפרקת].

137 Vgl. aber Otto, Geschichte, 127.

138 Vgl. Nihan, Murder, 234.

aller Bewohner des Landes und andererseits auf der theologischen Begründung verschiedener Rechtssätze. Mehrere Elemente des Rahmenteils sowie der Gesetzespromulgation im Gottesorakel lassen dabei eine Rezeption verschiedener Rechtssätze aus dem Bundesbuch erahnen. Zum einen wird die kultische Verantwortung jener Personen thematisiert, die nicht zur Kultgemeinschaft gerechnet werden: Auch sie dürfen die Reinheit des Kults nicht gefährden, weshalb sie am Beispiel der gotteslästerlichen Rede gegen JHWH mit der Todesstrafe bedroht werden. Dieser Aspekt der Multikulturalität führt auch dazu, dass andererseits die Begründung von Gesetzen aus dem Bundesbuch neu akzentuiert werden muss: Die Tötung von Menschen sowie das Auslöschen von Tieren wird durch intertextuelle Verweise auf Gen 9,1–7 durch die Gottesebenbildlichkeit bzw. die Beschränkung der Verfügungsgewalt des Menschen über Tiere zum Zweck der Nahrungsbeschaffung begründet. In diesem Zusammenhang versteht Lev 24,18 das *nepheš*-Glied als Ausdruck einer finanziellen Ersatzleistung und als (theologische) Begründung der Kompensation des Sachwerts. Das Zitat der ersten beiden Glieder der Talionsformel aus Ex 21,24 wird davon abgesetzt und von Verbalsätzen gerahmt, die eine körperlich-talionische Retribution befürworten und der hermeneutische Schlüssel des Verständnisses von Lev 24,20a sind. Hintergrund dieser Forderung dürfte ebenfalls die Gottesebenbildlichkeit nach Gen 9,6 sein, die zusammen mit dem neugebildeten Glied »Bruch um Bruch« Ex 21,24c–d zusammenfasst und mit den kultischen Bestimmungen des Tempelkults korreliert.

Auch die Lästerung JHWHs durch eine Person, die nicht zur Kultgemeinschaft gehört, ist als Angriff auf die Integrität des Namens Gottes zu werten. Zwischenmenschliche Aggression und sogar Gewalt gegen Tiere betrifft nicht nur die Beteiligten, sondern berührt die göttliche Ordnung und bedroht die Reinheit des Landes. Ob dahinter eine historische Forderung einer radikalen Rechtsreform steht, ist schwer zu beurteilen. Deutlich wird vor allem die theologische Verklammerung von Blasphemie, schwerer Körperverletzung und Tötung als Sakrileg, die aufgrund der Universalität der Gottesebenbildlichkeit für alle Bewohner des Landes gilt.

2.2 Die Talionsformel in der Septuaginta

Ihre nächste nachvollziehbare aktive Rezeption erfuhren die Talionsformeln in Form der Übersetzung des Pentateuch ins Griechische. In der Forschung wurde bisher – besonders für Dtn 19,15–21^{LXX} und Lev 24,10–24^{LXX} – noch kaum bedacht, welche Implikationen die griechischen Fassungen für das Verständnis der Formel und ihrer Perikopen haben. In erster Linie betrifft dies das Entstehen neuer semantischer Konnotationen durch die eingesetzten

Begrifflichkeiten sowie die damit einhergehende Übernahme, Eliminierung oder Neugestaltung von intertextuellen Verweisen innerhalb der einzelnen griechischen Buchfassungen und womöglich auch darüber hinaus. Zudem liegen kaum ausführlichere Studien zur Frage vor, welche Rückschlüsse sich aus dem hier zur Übersetzung verwendeten Vokabular auf das konkrete Verständnis der Perikopen im Alexandria des dritten Jh. v.u.Z. ziehen lassen, d.h. welche Bezüge zu den griechischen Rechtstraditionen, dem demotischen oder dem alexandrinischen Recht auszumachen sind. Die Kehrseite, die Frage nach Spuren einer vom MT abweichenden Vorlage in den griechischen Textversionen wurde für die fraglichen Perikopen ebenfalls nicht genauer untersucht.

Der Fokus dieser Arbeit auf der außerbiblischen Rezeption der Talionsformel(n) im Antiken Judentum lässt nicht zu, dieses Forschungsdesiderat im Rahmen dieser Untersuchung zu schließen. Entsprechend konzentrieren sich die folgenden Ausführungen zu den Talionsformeln in der griechischen Bibelüberlieferung auf die Perikopen selbst und erwähnen Textbeobachtungen, die eine Verschränkung mit dem weiteren Kontext der einzelnen Bücher oder lebensweltlichen Bezügen nahelegen, nur am Rande.

2.2.1 Die Talionsformel im Bundesbuch^{LXX}

Ex 21,22–25^{LXX}[139]

22 Wenn aber *zwei* Männer raufen und eine schwangere Frau stoßen und dabei ihr *noch nicht ebenbildliches* Kind abgeht, so soll er mit einer Geldstrafe bestraft werden; was der Mann der Frau (ihm) auferlegt, soll er nach rechtlicher Festlegung geben.	ἐὰν δὲ μάχωνται δύο ἄνδρες καὶ πατάξωσιν γυναῖκα ἐν γαστρὶ ἔχουσαν, καὶ ἐξέλθῃ τὸ παιδίον αὐτῆς μὴ ἐξεικονισμένον, ἐπιζήμιον ζημιωθήσεται· καθότι ἂν ἐπιβάλῃ ὁ ἀνὴρ τῆς γυναικός, δώσει μετὰ ἀξιώματος·
23 Wenn *es aber ausgebildet ist*, so *soll er* Leben für Leben geben.	ἐὰν δὲ ἐξεικονισμένον ἦν, δώσει ψυχὴν ἀντὶ ψυχῆς,
24 Auge für Auge, Zahn für Zahn, Hand für Hand, Fuß für Fuß.	ὀφθαλμὸν ἀντὶ ὀφθαλμοῦ, ὀδόντα ἀντὶ ὀδόντος, χεῖρα ἀντὶ χειρός, πόδα ἀντὶ ποδός,
25 Brandmal für Brandmal, Wunde für Wunde, Strieme für Strieme.	κατάκαυμα ἀντὶ κατακαύματος, τραῦμα ἀντὶ τραύματος, μώλωπα ἀντὶ μώλωπος.

139 Textgrundlage: Wevers, Exodus^{LXX}, 253–254; Übersetzung: Kraus/Karrer, LXX.D, 77.

Die grundsätzliche Lozierung der Perikope in der LXX entspricht ihrer Stellung im MT. Die Struktur der Rechtssätze ist allerdings weniger deutlich zu erkennen, da die Unterscheidung zwischen Haupt- [כי] und Unterfällen [אם(ו)/אך/או] durchweg mit ἐάν δέ übersetzt wurde. Zudem ging die Strukturierung der Rechtsfälle nach dem Ausgang der Körperverletzungsdelikte verloren, da Ex 21,22–25^LXX nun eindeutig nur das Überleben und nicht den Tod der werdenden Mutter im Blick hat.[140] Kleinere Veränderungen, wie etwa Spezifikation der Zweizahl der raufenden Männer [δύο ἄνδρες],[141] die Vereindeutigung von בפללים zu μετὰ ἀξιώματος sowie die Veränderung des Plurals ילדיה zum Singular παιδίον, haben kaum Einfluss auf das Verständnis der Talionsformel.

Anders ist die Übersetzung[142] von אסון einzuschätzen, die Ex 21,23b–25^LXX gegenüber dem oben vertretenen Verständnis von Ex 21,21–23^MT in einen neuen Bezugsrahmen stellt. War hinsichtlich des masoretischen Texts sowohl die Bedeutung als auch der Bezugspunkt des Substantivs in der Forschung umstritten, ist letztere Unsicherheit in der gr. Version unmissverständlich ausgedrückt: Das Part.Perf. μὴ ἐξεικονισμένον im Neutrum ist grammatikalisch auf τὸ παιδίον αὐτῆς und nicht auf die werdende Mutter [γυνή] zu beziehen.[143] In der griechischen Bibeltradition wird אסון nicht konkordant übersetzt[144] und das verwendete Kompositum ἐξεικονίζω ist zudem *hapax legomenon* der LXX. Außerbiblisch finden sich die frühesten Belege ab dem frühen 2. Jh. u.Z. und sind auch dort ohne Bezug auf Ex 21,22–23^LXX äußerst selten,[145] weshalb es sich womöglich um einen Neologismus handelt. Grundsätzlich dürfte das Kompositum, ähnlich wie εἰκάζω, eine »Ähnlichkeit« bzw. »Repräsentation« ausdrücken, was durch den Bezug auf παιδίον als Hinweis die äußere Beschaffenheit des Ungeborenen zu werten ist. Entsprechend wird als Übersetzung für die

---

140 Vgl. aber Anm. 143.

141 Die Verbindung zu Ex 21,18–19^LXX wurde offensichtlich erkannt, da auch dort nun *zwei* Männer streiten [λοιδορέω]. Die Übersetzer des Deuteronomiums hingegen übersetzen in der wortgleichen Einleitung in Dtn 25,11 (überwiegend) mit ἄνθρωποι, geben נ.צ.ה. aber ebenfalls mit μάχομαι wieder.

142 Eine abweichende Vorlage dürfte nicht vorliegen. Dafür sprechen der Neologismus zur Unterscheidung der Unterfälle sowie die o.g. Unklarheiten bezüglich אסון, die eher auf eine interpretative Übersetzung auf Seiten der LXX schließen lassen.

143 Anders Oeming, Quinque, 60, der einen Bezug auf die Verletzung der werdenden Mutter (»völlig umgestaltet«) erwägt, wobei er die neutrale Form des Partizips auf den im gr. Text nicht erwähnten »Schaden« der Mutter zu beziehen scheint.

144 Vgl. oben Anm. 20–22.

145 Vgl. etwa Plut. Virt.Mor. 445c, der berichtet, Plato habe Konflikte in der Seele »bildlich ausgedrückt, d.h. mit einem Gleichnis erklärt [οἷον ὁ Πλάτων ἐξεικονίζει περὶ τὰ τῆς ψυχῆς ὑποζύγια].« Für weitere Belege vgl. Koskenniemi, Right, 52.

passive Form meist eine Variation von »voll ausgebildet sein« vorgeschlagen,[146] was einem Teil des Aussagegehalts Rechnung trägt.

Die Unterscheidung der Rechtsfälle nach Ex 21,22–23^{LXX} hinsichtlich des embryonal-fetalen Entwicklungsstadiums des Ungeborenen kann auf die Lebensfähigkeit des Kindes bezogen, mit der medizinischen und embryogenetischen Forschung der Antike in Verbindung gebracht oder theologisch gedeutet werden. Dass die Lebensfähigkeit entscheidend ist, schlägt Jacob mit Blick auf die hethitische Gesetzessammlung (17.–16. Jh. v.u.Z.) vor, die in Heth.K §17–18 den Beispielsfall des Angriffs auf eine Schwangere hinsichtlich der Reife der Schwangerschaft unterscheidet.[147] Da dort konkret der fünfte und zehnte Monat der Schwangerschaft im Blick ist, scheint die Überlebensfähigkeit angezeigt, wäre der Angriff nicht erfolgt. Allerdings erklärt diese Überlegung zum einen den Neologismus ἐξεικονίζω nicht, zum anderen spricht der große zeitliche und räumliche Abstand gegen einen solchen Einfluss.[148]

Zeitlich, örtlich und sprachlich naheliegender scheint eine Orientierung der Übersetzung an den embryogenetischen Theorien in den Hippokrates zugeschrieben Schriften *De Carnibus* und *De nature pueri*[149] oder in Aristoteles' *De generatione Animalum*, in denen eine embryonale-fetale Entwicklung in mehreren Stadien beschrieben ist.[150] Bezeichnenderweise wird in *de natura pueri* das Ungeborene in dieser letzten Phase als παίδιον bezeichnet.[151] Vor dem Hintergrund der Übersetzung der Septuaginta im 3. Jh. v.u.Z. in Alexandria, wo im selben Jh. sowohl eine Rezeption der biologischen Traktate des Aristoteles[152]

---

146 Vgl. Muraoka, Lexicon, 249, (»to be fully formed«); Perkins, Ex^{LXX}, 66, »(not) fully formed«. Kraus/Karrer, LXX.D, 77, entscheiden sich gegen eine konkordante Übersetzung und können mit »*noch nicht ebenbildliches* (*Kind*)« und »*wenn es aber ausgebildet ist*« den theologischen und medizinischen Aspekt ausdrücken.

147 Vgl. Jacob, Exodus, 666; vgl. auch Oeming, Quinque, 60–61. Eine »Analogie« zwischen MT und Heth.K §17–18 vermutet Weingreen, Concepts, 9.

148 Schließlich dürften auch die Analogien zwischen dem Bundesbuch und der hethitischen Rechtssammlung nicht auf eine literarische Abhängigkeit oder gemeinsame Rechtstradition zurückzuführen sein, sondern auf eine gemeinsame Schultradition im Tafelhaus, vgl. Otto, Aspekte.

149 Vgl. Köckert, Leben, 243, der für beide Schriften Hippokrates als Autor insinuiert. Zweifelnd gegenüber der »Hippokratischen Frage«, inwiefern die *ipsissima vox* des Arztes selbst im Corpus Hippocraticum zu eruieren ist, vgl. van der Eijk, Hippocratic.

150 Vgl. zu einem aristotelischen Hintergrund der Übersetzung auch Bossina, Law, 183–185.

151 Vgl. Köckert, Leben, 243.

152 Vgl. den Verweis auf die biologischen Schriften des Aristoteles bei Aristophanes von Byzanz, dem Bibliothekar der alexandrinischen Bibliothek im späten 3. Jh. v.u.Z., bei Hatzimichali, Reception, 235–236. Zur Verbindung zwischen der LXX-Übersetzung und der alexandrinischen Bibliothek vgl. Honigman, Septuagint, 137–138; Kreuzer, Entstehung, 34–37.

als auch »hippokratischer« Texte nachzuweisen ist,[153] ist eine entsprechend interpretative Übersetzung von Ex 21,22–23^{MT} nicht auszuschließen. Gleichwohl beruhen diese Überlegungen einzig auf der Interpretation des Neologismus ἐξεικονίζω sowie der Bezeichnung παιδίον für das Ungeborene, was schlicht als Übersetzung von ילד(ים) verstanden werden kann,[154] sodass ein Einfluss dieser Theorien wahrscheinlich, aber nicht eindeutig nachzuweisen ist.[155]

Näherliegend ist eine theologische Interpretation des Rechtsfalls: Die Unterscheidung der beiden Unterfälle und damit der unterschiedlichen Rechtsfolgen durch ἐξεικονίζω spielt auf die (fehlende) Bildhaftigkeit des Ungeborenen an. Da das zugehörige Nomen εἰκων in der LXX meist צלם wiedergibt,[156] kann dies als intertextueller Verweis auf das Theologumenon der Gottesebenbildlichkeit verstanden werden.[157] Auf diese Weise könnte ausgedrückt werden, dass ein ausgebildeter Fötus, der einem Menschen ähnelt [ἐξεικονίζω], bereits die Qualität der Gottesebenbildlichkeit gemäß Gen 1,27^{LXX} [κατ᾽ εἰκόνα θεοῦ] besitzt und deshalb unter besonderem Schutz steht. Eine weitere intertextuelle Verbindung ergibt sich zum Verbot des Blutvergießens in Gen 9,6^{LXX}, wo neben der Gottesebenbildlichkeit [ἐν εἰκόνι θεοῦ] auch die Präposition ἀντί, als Übertragung von -ב, prominent begegnet.[158] Damit wird, wohl nur wenige Zeit nach Lev 24,18–21^{MT}, eine weitere intertextuelle Spur zur Gottesebenbildlichkeit gelegt, die – zumindest hinsichtlich der Frage nach dem Schutz vorgeburtlichen Lebens – ebenfalls eine Verschärfung von Ex 21,22–25 darstellt.

Hinsichtlich der zugehörigen Rechtsfolge kann δώσει ψυχὴν ἀντὶ ψυχῆς als Todessanktion verstanden werden, zumal der Ausdruck δίδωμι ψυχήν im Sinne der »Lebenshingabe« belegt ist.[159] Dafür spricht auch, dass in Ex 22,2^{LXX} mit dem Kompositum ἀνταποθνῄσκω in einigen Handschriften eine Reziprozität eingetragen wird, die im hebräischen Ausdruck דמים לו nicht enthalten

153 Die These der Entstehung einer hippokratischen Sammlung durch alexandrinische Philologen ist umstritten, vgl. van der Eijk, Hippocratic, 23–24. Dennoch scheinen die Schriften dort rezipiert worden zu sein, wie etwa Hinweise auf ein hippokratisches Glossar des Bakcheios aus Tanagra (vgl. Hanson, Aphorisms, 49–50) bzw. das Vorliegen einer Biographie von Hippokrates nahelegen, vgl. Manetti, Antiquity, 316.

154 Anders in den Hexapla des Origines, vgl. Köckert, Leben, 240, Anm. 92.

155 Mehr Anhaltspunkte für eine embryologische Interpretation von Ex 21,22–23 bietet erst Philo von Alexandrien (spec. 3,108–109), vgl. unten 4.1.2.

156 Daneben דמות (Gen 5,1); סמל (Dtn 4,16); פסל (Jes 40,19.20); תבונה (Hos 13,2). Bis auf wenige Ausnahmen wurde צלם mit εἰκών wiedergeben, vgl. nur Num 33,52 [εἴδωλον]; 1Kgtm 6,5 [ὁμοίωμα], vgl. ferner Amos 5,26.

157 Vgl. exemplarisch Le Boulluec/Sandevoir, Ex^{LXX}, 219–220; Köckert, Leben, 242–243.

158 Eine Synthese beider Möglichkeiten bietet Bossina, Law, 183–185.

159 Vgl. 1Makk 2,50; Sir 7,20; Jes 53,10.

ist.[160] Gleichzeitig ist die Übersetzung von נ.ת.ן. bemerkenswert. Zunächst könnte die Veränderung der 2.Pers.sg [ונתתה] zur 3.Pers.sg.fut. [δώσει] in Ex 21,23b als Anpassung der Verbform an die übrigen Apodosen von BB^{LXX}[161] und der zweifache Einsatz von δώσει als Texttreue verstanden werden. Allerdings fällt auf, dass נ.ת.ן. in Ex 21,19^{LXX} mit ἀποτίνω übersetzt wird, was BB^{LXX} sonst beinahe[162] konkordant mit ש.ל.ם. wiedergibt und deshalb als Fachbegriff für Entschädigungsleistungen im BB^{LXX} gelten kann.[163] Damit parallelisiert die zweifache Verwendung von δίδωμι das »Geben« μετὰ ἀξιώματος und das »Geben« ψυχὴν ἀντὶ ψυχῆς. Zusammen mit der leicht erhöhten intertextuellen Referentialität (durch das Fehlen von נ.ת.ן. /δίδωμι in Ex 21,19^{LXX}) auf Ex 21,30^{LXX} (das »Geben« des Lösegelds [λύτρον]) könnte hinterfragt werden, ob Ex 21,21–22^{LXX} tatsächlich eine Todessanktion ausdrücken will. Denkbar wäre auch, dass die Parallelisierung ausdrückt, dass in Unterfall$_a$ eine variable Geldleistung aufgrund der Schätzung vor Augen steht, während im zweiten Fall der volle »Preis« eines Lebens zu bezahlen wäre.[164] Dies würde entsprechend der theologischen Interpretation von ἐξεικονισμένον mit der Gottesebenbildlichkeit begründet. Ob dies als Zurückhaltung bei der Übersetzung oder als absichtliche Veränderung zu werten ist, ist nicht auszumachen.

Zur Wiedergabe der Präposition תחת verwenden die Übersetzer ἀντί, was der Übertragung der meisten Belege im BB entspricht.[165] Da damit sowohl eine reziproke Strafe[166] als auch eine Entsprechung des Wertes zweier Dinge ausgedrückt werden kann,[167] hilft auch die Semantik von ἀντί nicht entscheidend, das Verständnis in der LXX genauer einzugrenzen. Die Übertragung von נפש durch ψυχή erfolgt in Ex^{LXX} konkordant und kann, ähnlich wie das hebräische

160 Vgl. Wevers, Exodus^{LXX}, 341–342. Die Übersetzung »Ersatz für den Todesfall leisten« (Kraus/Karrer, LXX.D, 77) vermutet hinter ἀνταποθνήσκω vermutlich die Übertragung der *figura etymologica* שלם ישלם. Die Bildung des Kompositums aus ἀντί und ἀποθνήσκω deutet aber eher auf eine Todessanktion (vgl. Antiph.caed., der den Begriff für eine Todessanktion für Mord verwendet). Wie eine TLG-Suche zeigt, muss sich der knappe Hinweis, ἀποθνήσκω »appartient à la langue judaicaire classique« (Le Boulluec/Sandevoir, Ex^{LXX}, 223) auf die zwei Belege in dieser einen Rede stützen, wonach erst Philo den Begriff von Ex 22,2^{LXX} abhängig wieder aufnimmt.

161 Vgl. Ex 21,19.21.26.27 usw.

162 Vgl. nur Ex 22,16, dort allerdings ebenfalls als Ausdruck einer Entschädigungsleistung: ש.ק.ל.

163 Vgl. Wevers, Exodus^{LXX}, 332.

164 Vgl. auch die Gedanken Philos zu Ex 21,22–23^{LXX} (vgl. 4.1.1.3).

165 Nur in Ex 22,2.14^{LXX} übersetzt ἀντί die Präposition -ב.

166 Vgl. unten 5.1.3.

167 Vgl. Ex 21,26–27^{LXX}.

Ausgangswort, die Lebenskraft bzw. das Leben eines Menschen bezeichnen.[168] Gleichwohl erweckt das gr. Substantiv neue Assoziationen und kann im Anschluss an seine Vorgeschichte in griechischer Philosophie auf Produktions- und Rezeptionsebene neue Konnotationen eintragen,[169] auch wenn hier aufgrund der konkordanten Übersetzung keine expliziten Hinweise im Text auf eine besondere Konnotation vorliegen.

Die Übersetzung der einzelnen Nomina in Ex 21,24^{LXX} mit ὀφθαλμός, ὀδούς, χείρ und ποδός sind unauffällig und dürften weder im Kontext des Exodusbuches noch bei griechischsprachigen Leser:innen vom MT abweichende Assoziationen wecken. Ähnliches gilt für die Übersetzung von כויה mit κατάκαυμα und חבורה mit μώλωψ, die einerseits der in der LXX üblichen Wiedergabe der Nomina entspricht[170] und andererseits ähnliche Verweisstrukturen wie im MT ergibt.[171] Hinsichtlich der Wiedergabe von פצע mit τραῦμα kann ebenfalls eine standardisierte Wiedergabe des Hebräischen vermutet werden,[172] wenngleich es mitunter abweichend mit σύντριμμα übersetzt wird,[173] was auffälligerweise häufig als Übertragung von שבר gewählt wurde.[174] Gleichzeitig ergibt sich auf Rezeptionsebene eine neue Konnotation: Dort begegnet das Substantiv im Rahmen juristischer Fachterminologie als öffentliche Klage wegen absichtlicher schwerer Körperverletzung (τραύμα ἐκ προνοίας).[175] Hier ergibt sich eine neue Rezeptionsmöglichkeit, die aber aufgrund der weiteren

---

168 Vgl. Siegert, Bibel, 260; Weissenrieder/Dolle, Körper, 146–148; 153–161.

169 Vgl. Rösel, Seele, 162–170. Zur Entwicklung des Begriffs in der gr.-röm. Antike vgl. Weissenrieder/Dolle, Körper, 146–153, wobei besonders die Aufteilung der Seele in irrationale und rationale Seelenteile eine große Öffnung des Rezeptionspotentials von Ex 21,22–23 eröffnet, das womöglich von Philo aufgegriffen wurde (vgl. 4.1.2.3).

170 Die Wurzel כ.ו.ה. wird immer mit κατάκ* übersetzt (Lev 13,24–25.28; Jes 43,2; Spr 6,28;) und dient, neben der Übertragung einer sinnverwandten Wurzel (Num 19,6 [ש.ר.ף.]), auch interpretativen Deutungen (Jer 48,34 [ש.מ.ם.]; Hos 7,4 [ש.ב.ת.?]). Ähnliches gilt für חבורה, das, von Spr. 20,30^{LXX} abgesehen, stets mit μώλωψ wiedergegeben wird.

171 So erweckt κατάκαυμα ebenso wie כויה die Konnotation einer Brandwunde und kann andererseits, wie כ.ו.ה., im Rahmen der Aussatztora eine infektiösen Hautveränderung (vgl. Lev 23,24–25.28^{LXX}) bezeichnen (vgl. mit Beispielen Montanari, Dictionary, 1054). Die (wohl von Ex^{LXX} unabhängige) Übersetzung von Gen 4,23 [ὅτι ἄνδρα ἀπέκτεινα εἰς τραῦμα ἐμοὶ καὶ νεανίσκον εἰς μώλωπα ἐμοί] legt eine Abstufung hinsichtlich der Schwere auch für die gr. Nomina nahe. Ebd., 1375; 2138, deutet das selten belegte μώλωψ ebenfalls als leichtere Verletzung (τραῦμα ~ wound, damage; μώλωψ ~ marked by a blow/lash).

172 Vgl. Gen 4,23; Jes 1,6; Spr 27,6.

173 Vgl. Hi 9,17; Spr 20,30; 23,29. Deshalb könnte spekuliert werden, dass der Übersetzer von Lev^{LXX} (zur Frage der unterschiedlichen Übersetzer Pentateuchbücher vgl. aktuell Kim, Authorship, 159–160) in Lev 24,20^{LXX} bei der Übersetzung von שבר mit σύντριμμα Ex 21,25^{MT} im Blick hatte.

174 Vgl. besonders Lev 24,20^{LXX}; daneben Lev 24,19; Jes 15,5; 30,14.26; 51,19; 59,7; 60,18 u.a.

175 Vgl. dazu Phillips, Law, 85–101; Griffith-Williams, Violence, 92–93 [Lit.].

Übersetzungstendenz von פצע kaum auf Produktionsebene postuliert werden kann.

Für die Verbindung von Ex 21,22–23a^{LXX} mit Ex 21,23b–25^{LXX} ergibt sich ein ähnliches Resümee wie zum masoretischen Text: ψυχὴν ἀντὶ ψυχῆς kann als Todessanktion verstanden werden, wobei hier gegenüber Ex 21,22–23^{MT} die intertextuelle Verweisstruktur zur Möglichkeit der Auslösung leicht erhöht ist. Hinsichtlich der griechischen Übersetzung der Präposition mit ἀντί sowie der Einzelglieder ist keine bewusste Veränderung anzunehmen, wobei ψυχή und τραῦμα aufgrund ihrer Semantik neue Rezeptionsmöglichkeiten im philosophisch-medizinischen bzw. strafrechtlichen Diskurs eröffnen. Die größte Veränderung gegenüber dem MT, der Bezug des Rechtsfalls auf die körperliche Entwicklung des Ungeborenen sowie die intertextuelle Verweisstruktur auf das Theologumenon der Gottesebenbildlichkeit, bedeuten im Vergleich zu Ex 21,22–23^{MT} eine neue Wertschätzung von ungeborenem Leben.

2.2.2 Die Talionsformel im deuteronomischen Gesetz^{LXX}

Dtn 19,15–21^{LXX}[176]

15 Es soll kein (einziger) Zeuge Bestand haben gegen einen Menschen bei keinem Unrecht und bei keinem Verstoß *und* bei keiner Verfehlung, die er begangen hat; durch den Mund zweier Zeugen oder durch den Mund dreier Zeugen soll *jede* Sache *festgestellt werden.*	Οὐκ ἐμμενεῖ μάρτυς εἷς κατὰ ἀνθρώπου κατὰ πᾶσαν ἀδικίαν καὶ κατὰ πᾶν ἁμάρτημα καὶ κατὰ πᾶσαν ἁμαρτίαν, ἣν ἂν ἁμάρτῃ· ἐπὶ στόματος δύο μαρτύρων καὶ ἐπὶ στόματος τριῶν μαρτύρων σταθήσεται πᾶν ῥῆμα.
16 Wenn *aber* ein betrügerischer Zeuge wider einen Menschen aufsteht, der ihn einer *Gottlosigkeit* bezichtigt,	ἐὰν δὲ καταστῇ μάρτυς ἄδικος κατὰ ἀνθρώπου καταλέγων αὐτοῦ ἀσέβειαν,
17 dann sollen die beiden Menschen, die den Streit haben, vor den Herrn, *sowohl* vor die Priester als auch vor die Richter treten, die es in jenen Tagen sind,	καὶ στήσονται οἱ δύο ἄνθρωποι, οἷς ἐστιν αὐτοῖς ἡ ἀντιλογία, ἔναντι κυρίου καὶ ἔναντι τῶν ἱερέων καὶ ἔναντι τῶν κριτῶν, οἳ ἐὰν ὦσιν ἐν ταῖς ἡμέραις ἐκείναις,

176 Textgrundlage: Wevers, Deuteronomium^{LXX}, 232–234; Übersetzung: Kraus/Karrer, LXX.D, 198 (angepasst).

18 und die Richter sollen genau Nachforschungen anstellen, und siehe: Ein betrügerischer Zeuge *hat* Unrechtes *bezeugt*, er hat sich seinem Bruder *entgegengestellt*,	καὶ ἐξετάσωσιν οἱ κριταὶ ἀκριβῶς, καὶ ἰδοὺ μάρτυς ἄδικος ἐμαρτύρησεν ἄδικα, ἀντέστη κατὰ τοῦ ἀδελφοῦ αὐτοῦ,
19 dann sollt ihr ihn so behandeln, wie er die Bosheit hatte, seinen Bruder zu behandeln. Und du sollst *den* Bösen aus *eurer* Mitte entfernen.	καὶ ποιήσετε αὐτῷ ὃν τρόπον ἐπονηρεύσατο ποιῆσαι κατὰ τοῦ ἀδελφοῦ αὐτοῦ, καὶ ἐξαρεῖς τὸν πονηρὸν ἐξ ὑμῶν αὐτῶν.
20 Und die Übrigen werden es hören, sich fürchten und nicht fortfahren, etwas wie diese böse Sache unter *euch* zu tun.	καὶ οἱ ἐπίλοιποι ἀκούσαντες φοβηθήσονται καὶ οὐ προσθήσουσιν ἔτι ποιῆσαι κατὰ τὸ ῥῆμα τὸ πονηρὸν τοῦτο ἐν ὑμῖν.
21 Dein Auge soll *ihn* nicht verschonen, Seele um Seele, Auge um Auge, Zahn um Zahn, Hand um Hand, Fuß um Fuß.	οὐ φείσεται ὁ ὀφθαλμός σου ἐπ᾽ αὐτῷ· ψυχὴν ἀντὶ ψυχῆς, ὀφθαλμὸν ἀντὶ ὀφθαλμοῦ, ὀδόντα ἀντὶ ὀδόντος, χεῖρα ἀντὶ χειρός, πόδα ἀντὶ ποδός.

Gegenüber Ex 21,22–25 sind in Dtn 19,15–21^{LXX} nur subtilere Veränderungen wahrzunehmen. Eine womöglich beabsichtigte Nuance besteht hinsichtlich der Frage nach der Glaubwürdigkeit von Zeugen. Während die Übertragung von ק.ו.ם. mit ἵστημι oder Komposita derselben Wurzel in Dtn^{LXX} und darüber hinaus verbreitet ist, ist die Wahl des ersten Verbs für ק.ו.ם. Qal singulär. Gegenüber dem Prohibitiv Dtn 19,15a^{MT}, der einem Zeugen das Auftreten untersagt, wertet οὐκ ἐμμενεῖ dessen Zeugnis als haltlos – es wird der Untersuchung nicht standhalten.[177] Ähnlich kann auch καθίστημι verstanden werden, das mit ῥῆμα als Objekt nicht unbedingt die Validität eines Rechtsfalls, sondern das Standhalten ihres »Wortes« beschreibt.[178] Dafür spricht auch das Auftreten eines μάρτυς ἄδικος: Die Übersetzung von שקר mit ἄδικος im Rahmen der Verkündung der Untersuchungsergebnisse[179] entspricht der sonstigen

177 Vgl. Pearce, Words, 154–155, mit zusätzlichen Verweisen auf die Textzeugen, die offenbar die ungewöhnliche Konstruktion ἐμμένω κατά τινος ebenfalls zu erklären suchten.

178 Vgl. ebd., 154.

179 Das Griechische scheint העד als finite Verbform im Hif'il zu verstehen und übersetzt mit ἐμαρτύρησεν, wobei das Objekt des folgenden Verbalsatzes [שקר] übernommen wurde. Diese Lesart wird von 11Q19 61,9 gestützt [והנה עד שקר העיד שקר]. Größere Implikationen für das Verständnis der Talionsformel ergeben sich nicht.

Übersetzungstendenz,[180] wirkt aber hier wie eine Tautologie, wurde der Zeuge doch bereits in Dtn 19,16^{LXX} als μάρτυς ἄδικος eingeführt.[181] Dies verwundert besonders vor der Übersetzung von Dtn 5,20^{LXX}, wo die Übersetzer neben einem Falschzeugnis [μαρτυρία ψευδῆ] auch den gr. Fachbegriff für das Ablegen von Falschzeugnissen [ψευδομαρτυρέω] verwenden.[182] Vielleicht spielt Dtn 19,16 auch bewusst mit dem Adjektiv, das sowohl Gewalttaten als auch Unrecht im moralischen und forensischen Sinn bezeichnen kann.[183] Hervorgehoben wird häufiger die Verwendung von πονηρεύομαι, was als Wertung gegenüber dem als neutral verstandenen ז.מ.ם. aufgefasst[184] oder gar als juristische Position gewertet wird, wie sie später den Sadduzäern zugeschrieben wird.[185] Wie oben skizziert dürfte allerdings bereits die Semantik von ז.מ.ם. keine wertfreie Planung, sondern ein hinterlistiges Schmieden eines Komplotts beschreiben.[186]

Das Auftreten eines Zeugen κατὰ ἀνθρώπου καταλέγων αὐτοῦ ἀσέβειαν entspricht dem oben skizzierten Verständnis von Dtn 19,16, wobei der intertextuelle Verweis durch die freie Übersetzung von »dich wegzuführen von« [πλανάω] in Dtn 13,6 entfällt.[187] Die grundsätzliche Annahme, dass in Dtn 19,16–21 der Vorwurf einer religiösen Übertretung[188] die Gemeinschaft bedroht,[189] kann also auch für die gr. Version angenommen werden. Die dtn

180 Vgl. Ex 23,7; Lev 5,22.24; 19,12 u.a. neben ψευδής (Ex 20,16; 3Kgt 22,22.23, Jes 28,15 u.a.)

181 Ähnlich übersetzt auch Ex 23,1^{LXX} [μάρτυς ἄδικος] und Ps 34,11^{LXX}. Dort bildet eventuell die Übersetzung von עם רשע mit μετὰ τοῦ ἀδίκου den Hintergrund für die Formulierung. Die Verschwörung mit einem ἀδίκος führt laut Lev 23,1^{LXX} dazu, selbst zu einem μάρτυς ἄδικος zu werden.

182 Vgl. dagegen die Charakterisierung der beiden Ältesten in Sus 61 als ψευδομάρτυρες (Sus^{LXX}) bzw. ψευδομαρτυρήσαντες (SusTH) zusammen mit der folgenden Explikation ihres Fehlverhaltens, die eine deutliche Anspielung auf Dtn 19,19^{LXX} darstellt (SusTH: καὶ ἐποίησαν αὐτοῖς ὃν τρόπον ἐπονηρεύσαντο τῷ πλησίον; Sus^{LXX}: ἐποίησαν αὐτοῖς, καθὼς ἐπονηρεύσαντο κατὰ τῆς ἀδελφῆς).

183 Bons, HTS, bes. 201.

184 Vgl. Wevers, Notes^{Dtn}, 317.

185 Vgl. Tigay, Deuteronomy, 378. Vgl. zu mMak 1,6 unten 7.1.2.1.

186 Vgl. ähnlich zu πονηρεύομαι Boyd-Taylor, Analysis, 41. Entsprechend übersetzt Peters, Dtn^{LXX}, 161, »as he connived«.

187 Vermutlich wird dort eher eine Verknüpfung zu Dtn 4,19; 11,28 hergestellt, vgl. den Hertog/Labahn, et al., Deuteronomion, 564. Die oben beobachtete Verbindung zu Dtn 17 bleibt durch die dortige Übersetzung von ז.י.ד. durch ἀσεβέω in Dtn 17,13 bestehen, wobei daneben auch Dtn 18,19–22^{LXX} durch die Verwendung desselben Lexems näher an Dtn 19,16–21 rückt.

188 Mohrmann, Deuteronomion, 355, schwankt, ob damit der Verfahrensgegenstand oder die Weise der Anklage bezeichnet werden soll, entscheidet sich letztlich aber für die zweite Option: »impiously« (ebd., 113). Vgl. dagegen Kraus/Karrer, LXX.D, 198 (»der ihn einer *Gottlosigkeit* bezichtigt«) und Peters, Dtn^{LXX}, 161, (»alleging impiety against him«).

189 Diese »Ansteckung« von anderen ist auch klassisch mit dem Begriff ἀσέβεια verbunden, vgl. Naiden, ΑΣΕΒΕΙΑ. In den papyrologischen Zeugnissen begegnet ἀσέβεια, neben

»Biʿarta-Formel«, die überwiegend[190] konkordant mit »καὶ ἐξαρεῖς τὸν πονηρὸν ἐξ ὑμῶν αὐτῶν« wiedergegeben wird, verbindet Dtn 19,16–21 auch hier mit Dtn 25,11–12. Dahingehend ist aber zu beobachten, dass die terminologische Differenzierung zwischen יד und כף nicht weiter besteht, sodass durch die doppelte Nennung von χείρ eher eine Talionsstrafe assoziiert werden könnte.[191]

Analog zum masoretischen Text bildet die fünfgliedrige Talionsformel den Abschluss der Perikope und begegnet auch im Griechischen in Form von fünf asyndetischen Nominalsätzen. Die Besonderheit der deuteronomischen Talionsformel, nämlich die Verwendung der Präposition -ב im Gegensatz zur תחת-Version in Ex 21 und Lev 24, fehlt in der griechischen Tradition, die sich immer der Präposition ἀντί bedient. Da die Präposition aber, wie am Bundesbuch ersichtlich, semantisch sowohl finanzielle Ersatzleistungen als auch körperliche Retribution ausdrücken kann, ist dies nicht zwingend als absichtliche Änderung zu werten. Auch die Wiedergabe der übrigen Glieder mit ὀφθαλμός, ὀδούς, χείρ und πούς entsprechen der üblichen Übersetzung der Körperteile in Ex 21, Lev 24 sowie an anderer Stelle. In manchen Handschriften ist eine größere Veränderung festzustellen: Dort wird direkt an die Talionsformel Lev 24,20b^{LXX} beinahe wortgleich angeschlossen.[192] Was damit bezweckt werden sollte, kann nicht mehr nachvollzogen werden, zum Grundbestand dürfte es aber nicht zählen.

Die Funktion der Talionsformel dürfte folglich dem entsprechen, was oben für Dtn 19,15–21^{MT} erwogen wurde: Gegenüber Dtn 19,19a^{LXX} handelt es sich nicht um eine Rechtsfolge, sondern ist im Rahmen des weiteren Formelguts (Dtn 19,19b–21) als Mahnung an die Rechtsgemeinschaft zu verstehen. Die intertextuelle Verbindung zwischen Dtn 19,16–21.25,11–12 bleibt auch im Griechischen bestehen, wodurch die Talionsformel auch hier in beiden Fällen als Begründung des hohen Abstraktionsniveaus der verordneten Spiegelstrafen dient.

---

religiösen Vergehen, besonders im Rahmen des Brechens von Königseiden, vgl. Käppel, Asebieverfahren, 215.

190 Abweichende Übersetzungen finden sich in Dtn 13,6, wo mit ἀφανίζω statt ἐξαίρω der Aspekt der Tötung betont wird, und in Dtn 19,13, wo die Formulierung mit καθαρίζω vermutlich vom Stichwort des Blutes beeinflusst ist (vgl. hingegen Dtn 21,9: σὺ δὲ ἐξαρεῖς τὸ αἷμα τὸ ἀναίτιον; vgl. Wevers, Notes^{Dtn}, 313.

191 Die dortige Einleitung der Protasis mit ἐὰν δὲ μάχωνται ἄνθρωποι kann auch im Griechischen als Rezeption von Ex 21,18–19.22–23^{LXX} verstanden werden und beide Formeln (Dtn 19,21a//25,12b) wurden angepasst. Als Ziel des Griffs wird hier nicht die Scham, sondern ebenfalls euphemistisch ausgedrückt die Hoden [δίδυμοι] angegeben. Die Übersetzung mit ἐπιλαμβάνω dürfte dabei aber ebenfalls keine Verletzung bzw. Unfruchtbarkeit oder Kultunfähigkeit als Folgeschäden im Blick haben.

192 Vgl. Wevers, Notes^{Dtn}, 318; Mohrmann, Deuteronomion, 355–356.

2.2.3 Die Talionsformel im Heiligkeitsgesetz^{LXX}

Lev 24,15–22^{LXX}[193]

15 Und sprich zu den Israeliten *und* sage *zu ihnen*: »Ein Mensch, ein Mensch, wenn er *einen* Gott verflucht, wird er sich *eine* Sünde zuziehen.	καὶ τοῖς υἱοῖς Ισραηλ λάλησον καὶ ἐρεῖς πρὸς αὐτούς Ἄνθρωπος, ὃς ἐὰν καταράσηται θεόν, ἁμαρτίαν λήμψεται·
16 Wer aber den Namen des Herrn *nennt*, soll durch den Tod hingerichtet werden. *Mit Steinen* soll die ganze Versammlung *Israels* ihn steinigen. Ob Hinzugekommener oder Eingeborener – wenn er den Namen *des Herrn nennt*, soll er sterben.	ὀνομάζων δὲ τὸ ὄνομα κυρίου θανάτῳ θανατούσθω· λίθοις λιθοβολείτω αὐτὸν πᾶσα συναγωγὴ Ισραηλ· ἐάν τε προσήλυτος ἐάν τε αὐτόχθων, ἐν τῷ ὀνομάσαι αὐτὸν τὸ ὄνομα κυρίου τελευτάτω.
17 Und ein Mensch, *der einen* lebendigen Menschen schlägt, *sodass er stirbt*, soll durch den Tod hingerichtet werden.	καὶ ἄνθρωπος, ὃς ἂν πατάξῃ ψυχὴν ἀνθρώπου καὶ ἀποθάνῃ, θανάτῳ θανατούσθω.
18 Und wer ein Stück Vieh schlägt, *sodass es stirbt*, soll Ersatz leisten, Leben für Leben.	καὶ ὃς ἂν πατάξῃ κτῆνος καὶ ἀποθάνῃ, ἀποτεισάτω ψυχὴν ἀντὶ ψυχῆς.
19 Und wenn jemand *dem* Nächsten einen Schaden zufügt – so wie er *ihm* getan hat, ebenso soll ihm vergolten werden:	καὶ ἐάν τις δῷ μῶμον τῷ πλησίον, ὡς ἐποίησεν αὐτῷ, ὡσαύτως ἀντιποιηθήσεται αὐτῷ·
20 Zertrümmerung für Zertrümmerung, Auge für Auge, Zahn für Zahn. So wie er dem Menschen einen Schaden zufügt, so soll ihm zugefügt werden.	σύντριμμα ἀντὶ συντρίμματος, ὀφθαλμὸν ἀντὶ ὀφθαλμοῦ, ὀδόντα ἀντὶ ὀδόντος· καθότι ἂν δῷ μῶμον τῷ ἀνθρώπῳ, οὕτως δοθήσεται αὐτῷ.
21 Wer einen Menschen schlägt, *sodass er stirbt*, soll *durch den Tod* hingerichtet werden.	ὃς ἂν πατάξῃ ἄνθρωπον καὶ ἀποθάνῃ, θανάτῳ θανατούσθω·
22 Es soll eine einzige Rechtsprechung geben für den Hinzugekommenen und für das Landeskind, denn ich bin der Herr, euer Gott.«	δικαίωσις μία ἔσται τῷ προσηλύτῳ καὶ τῷ ἐγχωρίῳ, ὅτι ἐγώ εἰμι κύριος ὁ θεὸς ὑμῶν.

193 Textgrundlage: Wevers, Leviticus^{LXX}, 261–265; Übersetzung: Kraus/Karrer, LXX.D, 127.

Besonders die biographischen Details in der Rahmenerzählung von Lev 24,10–23 sowie die Nomenklatur des Gottesfluchs im Lager haben bei späteren Rezeptionsvorgängen Anlass zu interpretativen Einschüben und semantischen Anpassungen gegeben.[194] Letzteres ist auch für die LXX anzunehmen, dürfte aber keinen Einfluss auf das Verständnis der Talionsformel haben, zumal die thematische Verbindung zwischen Blasphemie und Talion bei der späteren Rezeptionsgeschichte offenbar keine Rolle spielte.[195] Lev 24,10–23^{LXX} weicht hinsichtlich des strukturellen Aufbaus und Inhalts nur geringfügig von der hebräischen Fassung ab. Die Unterschiede sind am plausibelsten als Übersetzungsfehler[196] oder harmonisierende[197] bzw. explizierende Anpassungen[198] zu verstehen und deuten eher nicht auf eine theologisch motivierte Veränderung durch die Übersetzer oder eine abweichende Vorlage hin.

Die Anklänge an die hellenistische Verwaltungs- und Rechtssprache Lev 24,10–23^{LXX} färben den Text ein und sind auf Rezeptionsebene von Bedeutung, können aber auf Produktionsebene schlicht durch die Notwendigkeit begründet werden, die hebräischen Begrifflichkeiten ins Griechische zu übertragen.[199] Die Einholung eines πρόσταγμα (Lev 24,12^{LXX}) erinnert an die königliche Gesetzgebung per Dekret[200] bzw. kann als Anordnung

---

194 Vgl. zur veränderten Nomenklatur des Gottesfluchs in der LXX exemplarisch den Exkurs von Rösel in Vahrenhorst, Levitikon, 413–414, und zu Lev 24,10–23^{TN} Milgrom, Leviticus, 2111–2112.

195 Vgl. 8.2.1.

196 So etwa die Auslassung von ומכה בהמה ישלמנה (Lev 24,21a^{MT}). Zwar verändert die gr. Version auch den korrespondierenden Vers (Lev 24,17) und übergeht dort die ungewöhnliche Konstruktusverbindung נפש בהמה, bietet aber grundsätzlich auch den Inhalt von V. 21a. Am ehesten ist diese kürzere Version als Übersetzungsfehler aufgrund des Homoioarkton »ומכה [...] ומכה« zu erklären (vgl. Wevers, Leviticus, 399), die (später) von der hexaplarischen Rezension verbessert wird.

197 So etwa die Hinzufügung des Genitivobjekts κυρίου in Lev 24,16, hinter der keine theologische oder inhaltliche Veränderung zu vermuten ist, zumal eine solche Spezifizierung in Lev 24,11 fehlt.

198 Etwa die Hinzufügung des Nachsatzes καὶ ἀποθάνῃ in Lev 24,17.18.21, die die wörtliche Übersetzung (נ.כ.ה. = schlagen) modifiziert und erst ermöglicht, ohne dabei Unklarheiten aufkommen zu lassen.

199 Vgl. Pfeiffer, Elemente, 232–233, der unterstreicht, dass die papyrologischen Zeugnisse weniger auf einen ptolemäischen, sondern einen gemeinhellenistischen sprachlichen Einfluss schließen lassen.

200 Vgl. de Vos, Rezeption, 19–20; solch königliche Dekrete sind mit unterschiedlicher Frequenz und Reichweite bereits seit dem Alten Reich in Ägypten nachweisbar. Sie betrafen dabei unterschiedliche Themenbereiche von Steuerfragen bis Opfervorschriften, wobei die tatsächliche Reichweite dieser Dekrete umstritten ist, vgl. Lippert, Einführung, 20–21; 38–39; 47–48.

höherer Beamter[201] verstanden werden, was vor dem Hintergrund des universellen Kontextes von Lev 24,10–23 einerseits sowie dem Nebeneinander von demotischem und griechischem Recht andererseits besonders passend scheint.[202] Womöglich spiegelt die nicht konkordante Übersetzung von אזרח – einmal mit dem üblicheren αὐτόχθων (Lev 24,16[LXX]) und einmal mit dem selteneren ἐγχώριος (Lev 24,22[LXX]) – auch dieses Nebeneinander verschiedener Rechtssysteme wider, wenn letzterer Begriff explizit Bezug auf die Landbevölkerung außerhalb Alexandrias und damit auf die ägyptische Bevölkerung Bezug nimmt.[203]Daneben könnte die Übersetzung von .פ.ר.ש mit διακρῖναι αὐτὸν nahelegen, dass in Lev 24,10–23[LXX] der Fokus weniger auf einer Gesetzesauslegung,[204] sondern auf einem göttlichen Rechtsprozess liegt, was

201 Vgl. z.B. Bauschatz, Law, 61–63.

202 In hellenistischer Zeit schienen diese königlichen Dekrete über dem geltenden/lokalen Recht zu stehen, wobei besonders zu Beginn der ptolemäischen Dynastie eine gewisse Zurückhaltung gegenüber dem vorherrschenden Recht festzustellen ist, vgl. Lippert, Einführung, 134. Zum Nebeneinander der Rechtstraditionen und zur Weiterentwicklung der Rechtsprechung im hellenistischen Ägypten vgl. exemplarisch Yiftach-Firanko, Law; ders., *Dikai*.

203 So trägt auch das traditionell ägyptische Recht den Namen »Gesetze des Landes« [νόμοι τῆς χώρας] und wird vom griechischen Koine-Recht [πολιτικοὶ νόμοι] unterschieden, vgl. Lippert, Einführung, 86–87. Vereinzelte Hinweise auf die Verwendung finden sich auch in gr. Papyri aus dem 3.–2. Jhd. v.u.Z., wo ἐγχώριος ägyptische Personen (im Gegensatz zu »Hellenen«) bzw. die Landbevölkerung (im Gegensatz zu den »Städtern«) beschreibt, vgl. Lewis, NOHMATA, 25. Zwar könnte es sich auch um eine stilistische Variation handeln (so Ziegert, Diaspora, 195), bezeichnenderweise begegnet ἐγχώριος jedoch über Buchgrenzen hinweg noch an weiteren Stellen als Übersetzung von אזרח, in denen eine gleiche Rechtsgrundlage [νόμος εἷς] (Num 15,29[LXX]; Ex 12,49[LXX]) für zwei soziokulturell voneinander unterschiedene Bevölkerungsgruppen gefordert wird. Das gilt nicht im selben Maße für die Übersetzung von גר mit προσήλυτος, was der Standardübersetzung entspricht. Die spärlichen außerbiblischen Belege des Substantivs vor dem 1. Jhd. v.u.Z. haben zu zahlreichen Spekulationen geführt, ob der Begriff bereits in der LXX seine spätere theologische Konnotation transportiert und »Gottesfürchtige« aus den Völkern meine (vgl. die forschungsgeschichtliche Übersicht bei Moffitt/Butera, Προσήλυτος, 161–175). Jüngere Untersuchungen des Begriffs sowie neue papyrologische Zeugnisse sprechen allerdings dagegen, vgl. Thiessen, προσήλυτος, 335–341; Moffitt/Butera, Προσήλυτος, 175–178. Gleichwohl eröffnet sich hier eine neue Rezeptionsmöglichkeit späterer Lektüren.

204 Vgl. die beinahe wörtliche Parallele in Num 15,34. Die von den Masoreten als dritte Person AK im Puʿal פֹּרַשׁ vokalisierte Form dürfte dabei ähnlich wie in Lev 24,12 die Unklarheit bzw. rechtliche Unsicherheit bezüglich des Umgangs mit dem Holzsammler am Schabbat ausdrücken. Hier steht mit συνκρίνω eher der auslegende Aspekt im Zentrum: Vgl. Gen 40–41[LXX], wo Josephus die Träume des Mundschenks, Bäckers und Pharaos auslegt [.פ.ת.ר /συνκρίνω] und Dan 5[LXX], wo Daniel es im Gegensatz zu den herbeieilenden Mantikern vermag, dem König die Bedeutung [.פ.ש.ר /σύγκριμα] der wundersamen Schrift an der Wand zu erklären.

von der Verwendung des Verbs in ptolemäischen Appelativschreiben beeinflusst sein könnte.[205]

In der allgemeinen Gesetzespromulgation Lev 24,17–21^{LXX} spezifizieren Lev 24,17.18^{LXX} durch einen Zusatz, dass der gegen einen Menschen bzw. ein Nutztier geführte Schlag [נ.כ.ה. /πατάσσω] einen tödlichen Ausgang hat [καὶ ἀποθάνῃ], was als Absicherung der wörtlichen Übersetzung verstanden werden kann.[206] Auffällig ist, dass die Übertragung der Konstruktusverbindung נפש בהמה in Lev 24,18^{LXX} auf ψυχή verzichtet [κτῆνος],[207] zumal die mit Ex 21,23b und Dtn 19,21b konkordante Übersetzung mit ψυχὴν ἀντὶ ψυχῆς offenbar keine Probleme bereitete, obwohl sich die Formel in diesem Kontext ebenfalls auf Nutztiere bezieht.[208] Deutlich ist, dass das ψυχή-Glied der Formel das (Ab-)Leben eines Lebewesens bezeichnet. Die Übersetzung von ש.ל.ם. mit ἀποτίνω entspricht der Übersetzungstendenz im BB^{LXX} und stellt keine Veränderung gegenüber Lev 24,18^{MT} dar: Gefordert ist eine finanzielle Ersatzleistung. Die oben vermutete Begründungslogik vor dem Hintergrund priesterlicher Theologie ist im Griechischen kaum nachvollziehbar: Einerseits, da durch das Fehlen einer ψυχή κτήνους in Lev 24,18^{LXX} die Anspielung auf Gen 9,4–6^{LXX} verloren geht, andererseits, da die universellere Konnotation von אדם nicht erklingt, insofern Lev^{LXX} nicht zwischen אדם und איש differenziert, sondern beides überwiegend mit ἄνθρωπος wiedergibt.[209]

Der Einsatz der Präposition ἀντί entspricht den Versionen der Talionsformeln in Lev 21^{LXX} und Dtn 19^{LXX}, scheint aber auch die rahmenden Verbalsätze Lev 24,19.21a^{LXX} beeinflusst zu haben, die das Verständnis der Talionsformel

---

205 Vgl. etwa P.Enteux. 72; Text und Übersetzung bei Bauschatz, Law, 105–106: Ein gewisser Hermogenes ruft den Ptolemäerkönig als Garanten der Gerechtigkeit an, damit dieser für Gerechtigkeit in dessen Auseinandersetzung mit einem anderen Dorfbewohner namens Petosiris sorgt. Konkret fordert der Verfasser, der König solle anordnen, dass der ranghöhere *stratēgos* den regional zuständigen *epistatēs* auffordere, den Angeklagten dem *stratēgos* zu übersenden, damit dieser (erneut) geprüft werde (»[…] [δ]ιακριθη[σόμενόν μοι […]«). Vgl. die Verwendung in P.Enteux. 79 und. 83, ebd., 160–162.

206 Vgl. Wevers, Leviticus, 397; Awabdy, Leviticus, 402. Die Auslassung von Lev 24,21a [ומכה בהמה ישלמנה] dürfte einen Übersetzungsfehler aufgrund der Anapher ומכה darstellen, vgl. Wevers, Leviticus, 399.

207 Vgl. dagegen Lev 24,17: נפש בהמה/ψυχή ἀνθρώπου.

208 Über den Grund kann nur spekuliert werden. Vahrenhorst, Levitikon, 415, erwägt, dass diese Verbindung von ψυχή und Tieren von den Übersetzern des Buches Levitikus vermieden wurde. Vgl. allerdings Lev 17,11.14^{LXX}, wo die Verbindung der beiden Lexeme offenbar kein Problem bereitet hat. Vgl. ferner Gen 9,4^{LXX} [κρέας ἐν αἵματι ψυχῆς].

209 Vgl. zu איש Lev 7,8; 13,44; 14,11; 15,16 usw. und zu אדם Lev 1,2; 5,3–4; 5,22; 7,21 usw. Neben ἄνθρωπος begegnen als Übersetzung von איש häufiger noch die ἕκαστος, um alle Individuen einer Gruppe herauszustellen (Lev 7,10; 10,1; 19,3 u.a.) und, zur Unterscheidung von Frauen, ἀνήρ (Lev 13,29; 13,38; 15,2 u.a.).

in H unmissverständlich explizieren. Die Forderung einer reziprok gleichartigen Wiedervergeltung im Falle von Körperverletzungsdelikten drückt die hebräische Fassung dabei durch die doppelte Verwendung der Wurzeln ע.שׂ.ה. bzw. נ.ת.ן. aus. Die Beschreibung der Tat im Qal und der Rechtsreaktion im Niphal ahmt die griechische Version nach, indem hier die Abfolge von aktiven und passiven *genera verbi* die Entsprechung des Tathergangs und der Rechtsfolge unterstreicht. In Lev 24,19 hebt die Verwendung des Kompositums ἀντι-ποιέω[210] zusätzlich die ausgedrückte Reziprozität hervor.[211] Hinsichtlich der Form und Auswahl der Lexeme entspricht die Talionsformel in Lev 24,20a wortgleich Ex 21,24a^{LXX} und Dtn 19,21b^{LXX}. Das nur in Lev 24,20a vorliegende שׁבר-Glied, das im Hebräischen als Zusammenfassung des Hand- und Fußgliedes verstanden wurde, wird in der gr. Fassung mit σύντριμμα wiedergegeben. Dieses Nomen begegnet in Lev^{LXX} ebenfalls nur als Übertragung von שׁבר in Lev 21,19^{LXX}, wodurch sich dieselben intertextuellen Verbindungen wie im MT ergeben.[212]

Für das Verständnis der Talionsformel in Lev 24,10–23^{LXX} liegen entsprechend keine Indizien vor, dass bei der Übersetzung inhaltliche Veränderungen der hebräischen Version vorgenommen wurden. Viele der oben beobachteten intertextuellen Verbindungen bleiben erhalten, wobei die priesterliche Begründungslogik vermutlich ohne die spezifischen Wendungen נפשׁ בהמה und sowie die Semantik von אדם (gegenüber אישׁ) kaum nachvollziehbar ist. Der Einsatz des Kompositums ἀντιποιέομαι verstärkt die Reziprozität der geforderten Talionsstrafe bei Körperverletzung und entspricht damit grundsätzlich dem oben skizzierten Verständnis von Lev 24,19–20^{MT}.

210 Vgl. analog den Einsatz von ἀντεκκόπτω in Dem 24,140 [ἐάν τις ὀφθαλμὸν **ἐκκόψῃ**, **ἀντεκκόψαι** παρασχεῖν τὸν ἑαυτοῦ, καὶ οὐ χρημάτων τιμήσεως οὐδεμιᾶς] bei dessen Beschreibung älterer lokrischer Gesetze. Vgl. dazu, unter Bezugnahme auf Diod. 12.17.4 sowie die talionischen Formulierungen des CH, Rothkamm, Talio, 64–66.

211 Die Übertragung von נ.ת.ן. מום mit δίδωμι μῶμον erweckt erneut auf Produktionsebene keinen Verdacht. Es handelt sich bei μῶμος um die übliche Wiedergabe von מום, was für den gesamten Pentateuch (vgl. Num 19,2; Dtn 15,21; 17,1) und darüber hinaus (vgl. 2Kgt 14,25; Hld 4,7 u.a.) gilt; möglicherweise war der ähnliche Klang ausschlaggebend für die Übersetzung, vgl. Dines, Features, 375. Auf Rezeptionsebene ist das weitere Bedeutungsspektrum zu notieren: Es kann auch nichtkörperliche Ehrverletzungen bezeichnen (vgl. Montanari, Dictionary, s.v., sowie den gleichnamigen Gott in den Fabeln Aesops), was später in Jesus Sirach nachvollzogen werden kann, wo die Verbindung δίδωμι μῶμον genau diesen Vorgang beschreibt (vgl. Sir 11,31; 33,23; 47,20; vgl. aber zu letzterem aber MS B mit נ.ת.ן. מום). Dass dieser Tatbestand des ehrverletzenden Angriffs in Form einer (privaten) Hybrisklage im Alexandria des 3. Jh. v.u.Z. bekannt war, belegen die *Dikaiomata* (vgl. Hirata, Generalklausel, 677–678), auch wenn Lev 24,19.21^{LXX} eher nicht als Anspielung gewertet werden kann.

212 Vgl. oben 2.1.3.5.

KAPITEL 3

Die Talionsformel in den Schriften vom Toten Meer und verwandter Literatur

Die seit 1949 in Qumran und an weiteren Orten im Bereich des Toten Meeres gefundenen Schriftrollen sind für die Geschichte des antiken Judentums und insbesondere für die Erforschung halachischer Diskurse von grundlegender Bedeutung.[1] Die Talionsformel begegnet dabei zwar selten, doch lassen sich aus drei Schriften Rückschlüsse auf ihre Rezeption ziehen. Einzig die Tempelrolle zitiert die *talio* im Rahmen des Falschzeugenrechts, wobei es nur wenig Anhaltspunkte gibt, ein von Dtn 19,21 abweichendes Verständnis anzunehmen (3.1).[2] Auch in 4Q158 und 4Q251 begegnen zwei fragmentarisch überlieferte Rezeptionsvorgänge der *talio*, wobei besonders im sog. »Midrash Mischpatim« eine kreative Exegese zu beobachten ist, bei der die verschiedenen Perikopen der biblischen Talionsformel zur Interpretation miteinander in Beziehung gesetzt werden (3.2). Schließlich ist in Jub 4,31–32 eine narrative Rezeption der Talionsformel in Zusammenhang mit der Schilderung des unnatürlichen Todes Kains greifbar (3.3). Andere in diesem Zusammenhang herangezogene Texte finden keine Berücksichtigung (CD 8,5–6; 1QS 10,17–11,2),[3] da sie zwar retributive Elemente enthalten, jedoch keine Rezeption der *talio* erkennen lassen.[4]

---

1 Vgl. zu dieser Einschätzung Stökl Ben Ezra, Qumran, 3–8. Rechtliche Aspekte in den Schriftrollen vom Toten Meer mit hilfreichen Literaturhinweisen behandelt Doering, Law. Einen umfassenden Forschungsüberblick bietet Jassen, Scripture.

2 Die substanzielle Überarbeitung des dtn Zeugenrechts in CD 9,16–10,3 ist für die Rezeption der Mehrzeugenregel von großer Bedeutung. Da allerdings der Tatbestand des Falschzeugnisses sowie die *talio* fehlen, können keine Rückschlüsse auf den hier untersuchten Rezeptionsgegenstand gezogen werden; vgl. Anm. 27.

3 Besonders die verbreitete Übersetzung von 1QS 10,17–18, »To no man shall I return evil for evil […]« [לוא אשיב לאיש גמול רע (…)] (Wise/Abegg Jr. et al., 1QS, 133), legt eine falsche Spur, da die insinuierte syntaktische Analogie zur Talionsformel im Hebräischen nicht vorliegt, was auch, soweit rekonstruierbar, für die externen Bezeugungen in 4Q258, 10,7 und 4Q260, 4,5 gilt; für eine synoptische Darstellung der Textzeugen vgl. Hempel, Rules, 279. Ihre Übersetzung mit »I shall not repay a person with evil« ist insofern unscharf, als nicht die untersagte Vergeltung als böse qualifiziert wird, sondern das גמול der Übeltäter:in, also das »vergeltungswürdige Tun«. Zur Übersetzung vgl. Zanella, Vergeltungsvorstellungen, 61. Besonders Seybold, Bemerkungen, bestreitet, dass die Wurzel ג.מ.ל. die semantische Konnotation der Vergeltung trage. Vgl. dagegen aber Zanella, Vergeltungsvorstellungen, 54.

4 Naheliegender ist, 1QS 10,17 vor dem Hintergrund der schicksalhaften Tatsphäre und des Diskurses zum Vergeltungsverbot zu verstehen. Dafür spricht die Verwendung der Wurzel ש.ו.ב.,

 | HTTPS://DOI.ORG/10.1163/9789004747630-004

3.1 Die Rezeption der Talionsformel in der Tempelrolle (11Q19 61,6–12)

Abgesehen von Bibelhandschriften ist in den Schriftrollen vom Toten Meer nur ein vollständiges und direktes Zitat der Talionsformel im Rahmen des Falschzeugenrechts der Tempelrolle überliefert (11QT^{a} 61,12). Das durch mehrere Handschriften von unterschiedlichem Umfang aus den Höhlen 4 und 11 belegte Werk[5] gehört zur Gattung der »Rewritten Scripture«.[6] Charakteristisch für die Tempelrolle ist die Stilisierung des Textes als direkte Offenbarung Gottes an Mose, was sich auch in den Rechtssätzen durch eine veränderte Kommunikationssituation niederschlägt.[7] Ziel ist dabei nicht die Ersetzung des Deuteronomiums: Vielmehr beansprucht die Tempelrolle, indem sie die Worte wiederzugeben vorgibt, die Mose bei seinem zweiten Aufenthalt am Sinai von Gott direkt erhalten hat, »als göttliche Auslegung der Sinaitora«[8] den hermeneutischen Schlüssel zur Interpretation der Tora zu liefern. Aufgrund der ältesten vorliegenden Handschrift (4Q524) ist die Tempelrolle spätestens in die zweite Hälfte des 2. Jh. v.u.Z. zu datieren und dürfte vor der Entstehung der Qumrangemeinschaft verfasst worden sein.[9] Vermutlich entstand sie im Umfeld priesterlicher Kreise, möglicherweise innerhalb einer prä-jachadischen Gruppierung sektiererischer Priester.[10]

---

bei der üblicherweise Gott selbst als gerechter Vollstrecker auftritt (vgl. zur Verwendung in der HB und in Qumran ders., Vergeltungsvorstellungen, 58–61). Deshalb gelobt die Beter:in auf die Vollstreckung der Vergeltung zu verzichten und bekennt umgehend: »Denn Du bist der Gott des Gerichts über alles Leben. Und er wird dem Mann/jedem Menschen seine Taten zurückzahlen« [כיא את אל משפט כול חי והואה ישלם לאיש גמולו]. Das anschließende Gelöbnis, Mitmenschen nur mit Gutem zu verfolgen [בטוב ארדפ גבר], erinnert eher an Ps 34,15; 38,21 als an die *talio*. Die Wurzel ג.מ.ל. ist ihrer Grundbedeutung nach neutral zu verstehen und bezeichnet eine Handlung, die zu einer Reaktion führt. Erst der Kontext bzw. qualifizierende Adjektive sind ausschlaggebend, ob diese positiv oder negativ bewertet wird. Daneben verweist etwa Davis, Lex, 58, auf CD 8,5–6, was wohl durch die Verwendung von נ.ק.ם. bedingt ist. Gerade mit Blick auf die Wurzeln נ.ק.ם. und נ.ט.ר. liegt es aber näher, eine Rezeption von Lev 19,18 zu vermuten – also des Verses, der kurz darauf in CD 9,2–8 ausführlicher diskutiert wird, vgl. auch Fraade, Document, 63–64.

5 11Q19 (11QT^{a}), 11Q20 (11QT^{b}) sowie möglicherweise 4Q 524 und 4Q365a; vgl. dazu Stökl Ben Ezra, Qumran, 219–221.

6 Vgl. Doering, Law, 450–451.

7 Hier betrifft dies 11QT^{a} 61,8: JHWH selbst ordnet an, »vor mich« [לפני] zu treten, statt der der Aufforderung der HB/LXX, sich vor JHWH [לפני יהוה/ἔναντι κυρίου] einzufinden.

8 Vgl. überzeugend mit Verweisen auf andere Konzeptionen Otto, Tempelrolle, Zitat: 174.

9 Vgl. Stökl Ben Ezra, Qumran, 221; Pearce, Words, 25.

10 Otto, Tempelrolle, 172, denkt an zadokidische oder aaronidische Dissidenten hasmonäischer Zeit.

Mit 11QT^{a} 51 endet die ausführliche Besprechung tempelbezogener Themen[11] und die Tempelrolle befasst sich nun überwiegend[12] mit Rechtssätzen aus Dtn 16–23. Obwohl sich dieser als »deuteronomic paraphrase« bezeichnete Abschnitt[13] eng am Wortlaut und der Reihenfolge der Gesetze im Deuteronomium orientiert, liegen Veränderungen, Harmonisierungen, Einschübe und neue thematische Zuordnungen verschiedener Gesetze durch Auslassungen vor.[14]

3.1.1 Kontextualisierung

Im Kontext der Rezeption von Dtn 19,15–21 ist eine thematische Neugruppierung zu beobachten. An das Zitat der Talionsformel anschließend folgt zwar in derselben Zeile, durch ein breites Spatium abgegrenzt, die an Dtn 19,15–21 anschließende Kriegsgesetzgebung aus Dtn 20. Nach oben, durch einen Zeilenumbruch getrennt, bietet Folio 61 in den erhaltenen Zeilen 1–5 allerdings die Richtlinien zum Erkennen falscher Prophetie aus Dtn 18,20–22.[15] Entsprechend fehlen die Besprechung der Asylstädte (Dtn 19,1–13) sowie das Verbot, Grenzsteine zu verrücken (Dtn 19,14). Möglich wäre, dass auf diese Weise mehrere Fälle von Kapitaldelikten zusammengestellt werden sollen.[16] Als weiteres Motiv könnten umgekehrt die in den umliegenden Rechtssätzen beschriebenen Handlungen Anlass für die Zusammenstellung sein: Bei (verbotener) Divination, falscher Prophetie und Falschzeugnis handelt es sich um Sprechakte von Einzelpersonen, die nicht der Wahrheit entsprechen.[17]

11 Dabei kann eine Bewegung von innen nach außen nachvollzogen werden (vgl. Schiffman, Architecture): Eingangs steht der Tempel mit seinem Altarbereich im Zentrum (11Q19 3–13) wonach, unterbrochen durch einen (extern bezeugten) Festkalender (13–29), eine Beschreibung der Hofanlagen (30–55) folgt. Vgl. den vorgeschlagenen Aufbau bei Stökl Ben Ezra, Qumran, 220.

12 Unterbrochen wird dieser Abschnitt durch längere Ausführungen zum Königsrecht (11QT 57–59), die an die Rezeption von Dtn 17,14–20 in 11QT^{a} 56,12–21 anschließen. Ab 11QT^{a} 66 ändert sich der Fokus: Von Dtn 23,1 ausgehend werden weitere Vorschriften aus Dtn 27 sowie Lev 18; 20 verarbeitet; vgl. Himmelfarb, Relations, 23–24.

13 Der Umfang dieses Abschnitts ist umstritten; spätestens jedoch ab 11QT^{a} 55 ist die strukturelle Abfolge von Dtn 17–22 nicht zu übersehen. Vgl. die Übersicht bei Schiffman, Paraphrase, 548–549. Zur Forschungsgeschichte dieses Abschnitts und zu Hypothesen über mehrere externe Quellen vgl. Pearce, Words, 27–29.

14 Vgl. zu den gattungstheoretischen Implikationen mit Lit. Fraade, Temple.

15 Yadin, Temple Scroll, 275–276, und Qimron, 11QT, 86, gehen davon aus, dass die fehlenden Zeilen am oberen Ende des Blattes Dtn 18,14a–20a enthalten haben dürften.

16 Vgl. Yadin, Temple Scroll, 277, Anm. 6. Auch Paganini, Tempelrolle, 167, hebt auf den Strafaspekt ab.

17 Vgl. Pearce, Words, 163.

3.1.2 Die Rezeption von Dtn 19,15–21 in 11QT^{a} 60,6–12

11QT^{a} 60,6–12[18]

6 Es soll nicht ein Zeuge auftreten gegen einen Mann bezüglich jeglicher Verfehlung und jeglicher Sünde – wegen jeglicher Sünde, die er sündigt. Dem Mund zweier	לוא יקום עד אחד באיש לכול עוון ולכול חטא אשר יחטא על פי שנים
7 Zeugen oder dem Mund dreier Zeugen nach, soll eine Rechtssache gelten. Wenn ein Gewaltzeuge gegen einen Mann auftritt, um ihn anzuklagen	עדים או על פי שלושה עדים יקום דבר אם יקום עד חמס באיש לענות
8 wegen Abfall, dann sollen die zwei Männer, die einen Rechtsstreit haben, vor mir stehen und vor den levitischen Priestern und vor	בו סרה ועמדו שני האנשים אשר להמה הריב לפני ולפני הכוהנים והלויים ולפני
9 den Richtern, die in jenen Tagen sein werden. Und die Richter sollen untersuchen. Und siehe, es handelt sich um einen Falschzeugen, er hat Lüge bezeugt	השופטים אשר יהיו בימים ההמה ודרשו השופטים והנה עד שקר העיד שקר
10 [und] seinen Bruder angeklagt. Dann sollst du ihm tun, was er ersonnen hatte, seinem Bruder zu tun. Und du sollst das Böse aus deiner Mitte entfernen.	ענה באחיהו ועשיתה לו כאשר זמם לעשות לאחיהו ובערתה הרע מקרבכה
11 Und die Übrigen sollen es hören und sehen und nicht fortfahren wieder zu tun wie diese schlechte Sache in deiner Mitte. Und	והנשארים ישמעו ויראו ולוא יוסיפו עוד לעשות כדבר הזה בקרבכה לוא
12 dein Auge soll kein Mitleid für ihn empfinden: Leben für Leben, Auge für Auge, Zahn für Zahn, Hand für Hand, Fuß für Fuß [vacat] Wenn […]	תחוס עינכה עליו נפש בנפש עין בעין שן בשן יד ביד רגל ברגל

Gegenüber Dtn 19,15–21^{MT} liegen neben orthographischen[19] und lexikalischen bzw. grammatischen Variationen[20] weitere Abweichungen vor, die allerdings

18 Textgrundlage, Qimron, 11QT^{a}, 86.

19 So finden sich die plene-Schreibungen לוא (11QT^{a} 61,6.11[2×]) statt לא, עוון (11QT^{a} 61,6) statt עון, außerdem die Formen des Suffixes der zweiten Person sg. m. קרבכה (11QT^{a} 61,10.11) und עינכה (11QT^{a} 61,10.11) statt עינך/קרבך sowie schließlich der Hiphil יוסיפו (11QT^{a} 61,11) statt יספו.

20 So etwa die lexikalische Variante המה (11QT^{a} 61,8.9) statt הם sowie das Suffix der dritten Person הו (11QT^{a} 61,10 [2×]) statt ו bei vorangehendem י. Die Veränderung des *constructus* שני zum *absolutus* שנים (11QT^{a} 61,6) entspricht Dtn 17,6 sowie 11QT^{a} 64,8. Gleich, ob dahinter die sprachliche Entwicklung des Hebräischen (vgl. Paganini, Tempelrolle, 169)

die Rezeption der Talionsformel nur am Rande berühren. Eingangs wird die Trias עון, חטאת, חטא zu עון, חטא reduziert, was in anderen Texttraditionen ebenfalls beobachtet werden kann,[21] und vermutlich als stilistische Glättung zu verstehen ist, die entweder vom Autor der Rolle selbst oder aus einer abweichenden Vorlage stammt.[22] Ähnlich dürfte auch die Veränderung von ועשתם (Dtn 19,17a) zu ועשיתה (11QT[a] 61,10) der Harmonisierung und Anpassung an das anschließende ובערת (Dtn 19,17b) dienen. Von größerer Bedeutung ist der Anschluss des Falschzeugenrechts (Dtn 19,16–21) an die Mehrzeugenregel (Dtn 19,15) durch אם anstelle des dtn כי. Zwar entspricht dieses Vorgehen dem editorischen Umgang mit Unterfällen der dtn Rechtssätze in der Tempelrolle,[23] möglicherweise wollen die Autoren der Tempelrolle Dtn 19,16–21 aber auch als Unterfall von Dtn 19,15 herausstellen.[24] Damit würde entweder der hypothetische Charakter des »einen« Falschzeugens unterstrichen werden[25] oder die Zeugenschaft eines einzelnen Zeugen in bestimmten Grenzfällen – etwa bei einer Anklage wegen Idolatrie[26] – zugelassen werden.[27]

Bei der Rezeption von Dtn 19,16–21 entspricht der Wegfall des Tetragramms in 11QT[a] 61,8 der literarischen Strategie der Tempelrolle, die Gesetzesoffenbarung direkt JWHW in den Mund zu legen. Durch die Auslassung des Gottesnamens verwandelt sich das Jod der Endung in ein Suffix der ersten Person sg. – לְפָנַי. Wie am syndetischen Anschluss der Priester zu erkennen ist, ändert sich auch die Funktion des Verweises auf JHWH. Bezeichnet dieser im MT den Rechtsstreit näher, geht es also um eine Rechtssache vor JHWH, wird hier am ehesten der Ort der Gerichtsverhandlung präzisiert: Gemäß der Zentralgerichtsbarkeit

oder eine Harmonisierung (vgl. Pearce, Words, 162, die auf die umgekehrte Anpassung von Dtn 17,6 an die Form in Dtn 19,15 im Samaritanus verweist) steht, dürfte in jedem Fall darin keine inhaltliche Veränderung zu sehen sein.

21 Vgl. Vulgata, gr. Hss; Codex Lugdunensis und SamPent.

22 Vgl. Pearce, Words, 161–162. Dagegen versteht Paganini, Tempelrolle, 168–169, die Eliminierung von חטאת als absichtliches Übergehen eines »moralisch belasteten Begriff[s]« zugunsten von חטא als »terminus technicus der juridischen Sprache des Deuteronomiums.«

23 Vgl. Levinson/Zahn, Revelation.

24 Die Variationen in Sam, Peschitta und LXX zeigen hier auch einen kreativen Umgang mit dem im MT unkommentierten Anschluss eines (hypothetischen) Rechtsfalles mit nur einem Zeugen, der direkt auf die Mehrzeugenregel folgt. Der syndetische Anschluss in Sam und Peschitta könnte ebenso wie die LXX-Übersetzung konzessiv (»aber«) zu verstehen sein.

25 Vgl. Paganini, Tempelrolle, 171; 64, Anm. 120.

26 Vgl. Dtn 13,16//TR 54,15 und oben zu Dtn 19,17 (2.1.2.2) sowie Otto, Talion, 122.

27 Vgl. im Prinzip ähnlich, aber mit einem ausführlichen System, CD 9,16–10,3 nach der Lesart von Naeh/Shemesh, Deuteronomy, 294; 302.

haben sich die Streitparteien vor JHWH, wahrscheinlich im Tempel, zu versammeln, wo die Sache verhandelt werden soll.[28]

3.1.3 Die Rezeption der Talionsformel in 11QT^{a}

11QT^{a} überliefert die Talionsformel aus Dtn 19,21b unverändert als Abschluss der Perikope in derselben Reihenfolge wie der MT. Es liegen keine lexikalischen, orthographischen oder syntaktischen Veränderungen vor und auch die dem Dtn eigentümliche Formulierung mit der Präposition -ב übernimmt die Tempelrolle. Lediglich die Einleitung ist leicht verändert: Gegenüber dem MT schließt 11QT^{a} den letzten Vers asyndetisch an[29] und fügt über Dtn 19,21a hinaus ein Objekt des Mitleids ein [לא תחוס עינכה עליו], was eine Harmonisierung mit Dtn 13,13b [ולא תחוס עינך עליו] darstellen könnte[30] und der Vereindeutigung des Gesagten dient.[31]

Die Einsichten in die Rezeptionsgeschichte der *talio* sind in diesem Fall begrenzt. Da der Wortlaut überwiegend gleichbleibt und die Formel gemeinsam mit dem Rechtsfall aus Dtn 19,15–21 rezipiert wird, bleibt ihre Funktion unverändert: Sie unterstreicht die spiegelnde Strafe für Falschzeugnis und hat, wie die vorherigen Sätze, eine pädagogische Funktion. Die Inkorporation des Rechtsfalls in die Tempelrolle bezeugt, dass diese Perikope, im Unterschied zu den Asylstädten in Dtn 19,1–14, als autoritative Offenbarung Gottes am Sinai anzuerkennen ist: Die Verfasser sowie die späteren Tradenten der Qumrangemeinschaft verstanden die Perikope als valide Rezeption von Ex 21,23b–24 und integrierten sie in die vorliegende Rede JHWHs an Mose. Die weiteren Veränderungen betreffen den Rechtsfall und führen weder zu einer funktionalen Veränderung der Talionsformel noch färben sie diese ein.[32]

---

28 Entsprechend ist das darauffolgende *Vav* vermutlich als *Vav-explicativum* zu verstehen und durch die veränderte Funktion des Verweises auf JHWH zu erklären. Die nachfolgende Reihe der Priester und Richter ist erweitert durch die Zwischenschaltung der Leviten (11QT^{a} 61,8). Grammatisch unterscheidet sich die Einführung der Leviten jedoch auch von Dtn 17,9, wo die Priester durch das Adjektiv לוי als »levitische Priester« präzisiert werden. Möglicherweise handelt es sich dennoch um eine Harmonisierung (vgl. Zahn, Levites, 257–263).

29 Vgl. auch Sam, LXX und weitere Texttraditionen.

30 Aufgrund der Nähe der Tempelrolle zum Buch Ezechiel (vgl. Ganzel, Reworking) wäre auch Ez 7,4(.9) ein möglicher Referenzpunkt.

31 Vgl. Yadin, Temple, II, 196, Anm. 12.

32 Vgl. Davis, Lex, 59–60.

3.2 Rezeption der Talionsformel in Qumranfragmenten (4Q 158, frg. 9; 4Q251, frg. 8; 13)

Die Belege der *talio* bzw. zugehöriger Perikopen in den Schriftrollen vom Toten Meer beschränken sich überwiegend auf Bibelhandschriften, die zwar wertvoll für die Textgeschichte und -kritik der biblischen Perikopen sind, darüber hinaus jedoch keine wesentlichen Aussagen zu konkreten Rezeptionsvorgängen ermöglichen. Mehrere kleine Fragmente lassen sich zwar den Perikopen der *talio* zuordnen,[33] eine weiterführende Auswertung für diese Rezeptionsgeschichte ist jedoch aufgrund ihres fragmentarischen Charakters nicht möglich.

3.2.1 Die Rezeption von Ex 21,22–25 in 4Q158

Demgegenüber lässt die Rezeption mehrerer Worte von Ex 21,22–25 in 4Q158 frg. 9 aufgrund der weiteren zugeordneten Textpassagen hoffen, einen tieferen Einblick in die Rezeption der Talionsformel zu gewinnen. Bei der Erstpublikation wurde das Fragment mit dreizehn weiteren als zusammenhängender Text veröffentlicht und erhielt als Titel die Gattungsangabe »Biblical Paraphrase«. Später wurde es, aufgrund der vermuteten, aber heute überwiegend abgelehnten Verwandtschaft zwischen 4Q364–367 und 4Q158, als »Reworked Pentateuch« bezeichnet.[34] Diese Titel spiegeln wider, dass es sich nicht nur um eine biblische Abschrift handelt, sondern exegetische Veränderungen und Zusammenstellungen verschiedener biblischer Textpassagen festzustellen sind.[35] Allerdings fehlen Indizien für solche Eingriffe besonders in den rechtlichen Passagen aus dem Bundesbuch und mitunter wird die Zusammengehörigkeit von 4Q158 bezweifelt,[36] weshalb der Erkenntnisgewinn

33 Vgl. zu Ex 21,22–25: 4Q22 frg. 23 (... אסו]ן̊ ענוש[... בפ]ל̊ילי[ם ...] עין שן [...] כ̊ויה[... פצ]ע ...]). Zu Dtn 19,15–21 vgl. 4Q33 frg. 12a und frg. 13–15; 4Q35, frg. 9; 4Q38 frg. 1. Zu Lev 24,10–23 vgl. 4Q24 frg. 20,2, 22–25; 11Q1. Eine interessante Fährte legt 4Q35 frg. 9, wenn vor dem fragmentarischen Zitat der *talio* nach Dtn 19,21 [Z.2: רגל ברגל] in der vorherigen Zeile *nepheš* abweichend mit Suffix der 3.Pers. [נפשו] zu entziffern ist. Leider können aufgrund der fragmentarischen Überlieferung keine substanziellen Schlüsse gezogen werden.

34 Vgl. Berner, Redaction, 381; Werman, Covenants, 184–185.

35 So werden z.B. auf 4Q158, frg. 1, gemeinsam Gen 32,25–32 und Ex 4,27–28 überliefert. Vgl. Stökl Ben Ezra, Qumran, 208, und ausführlicher zu exegetischen Elementen in 4Q158 Segal, Exegesis; Berner, Redaction.

36 Segal, Exegesis, 61, überlegt, ob aufgrund des juridischen Charakters der Texte auf Veränderungen verzichtet wurde. Dagegen schlägt Werman, Covenants, vor, die Fragmente 1–2; 14 und 3–13 als eigenständige Kompositionen zu bewerten.

von frg. 9 eher gering bleibt. Die fragmentarische Rezeption von Ex 21,22–25 (Z. 4:]וכ[יא ינצו[; Z. 5:] בפליליים[; Z. 6:]ת̊ח̇ת̇[) schließt an Ex 21,15–16.18.20 an, sodass keine besondere Re-Kontextualisierung Aufschluss auf eine kreative Neufassung hinweist. Über die orthographischen Besonderheiten der Plene-Schreibung [כיא] bzw. der Dittographie[37] bei בפליליים offenbart das Fragment nichts Substanzielles.

3.2.2 Die Rezeption der Talionsformel(n) in 4Q251

Deutlich ergiebiger sind Hinweise auf die Rezeption der Talionsformel in zwei Fragmenten der in Höhle 4 in Qumran gefundenen Handschrift in fragmentarischem Zustand (4QHalakha^{a}/4Q251). Die Herausgeber der 1999 erstmals vollständig publizierten Fragmente mit »halachischem« Inhalt datierten die Handschrift aufgrund palaeographischer Untersuchungen in früherodianische Zeit.[38] Formal ist eine stilistische Mischform festzustellen, die teils biblisches Hebräisch imitiert und so an die Tempelrolle erinnert, teils im Stil der Damaskusschrift abstrakte Halachot bietet.[39] In dieser als Text der Jachad-Gruppe gewerteten Komposition[40] stehen Frg. 4–7 Ex 21,18–20a^{MT} sehr nahe, wobei die zwei Wortfetzen in der obersten überlieferten Zeile [...] קדש כי חק [...] nicht auf das Bundesbuch zurückzuführen sind.

Für Fragment 13 legen die Herausgeber keine Rekonstruktion des fehlenden Textes vor: Sie halten zwar Miliks Rekonstruktion der ersten Zeile [ויסף חמי]שית עליו[für hypothetisch, folgen aber dieser thematischen Verbindung.[41] Zur zweiten Zeile kommentieren sie lediglich, בקשה sei als spätbiblisches Hebräisch einzustufen,[42] äußern sich jedoch nicht zu möglichen Bezugspunkten von Z.2–3.[43]

Demgegenüber schlägt Aharon Shemesh eine neue Rekonstruktion von Fragment 13 als »rewritten version« von Ex 21,22–25 vor, die mit den oben erwähnten weiteren Bezügen zum Bundesbuch korrespondiert. Darauf aufbauend

37 Alternativ schlägt Strugnell, Notes, 173–174, vor, es handle sich um eine Nebenform maskulin von פליליה.

38 Vgl. Larson/Lehmann, et al., 4Q251, 27–28; Doering, Schabbat, 216.

39 Vgl. Shemesh/Werman, Halakhah, 118.

40 Vgl. Hogeterp, Scrolls, 130.

41 Larson/Lehmann, et al., 4Q251, 41, halten eine Verbindung zu Lev 27,13.15.19.27.31 für grundsätzlich möglich, ziehen aber Lev 5,24/Num 5,7 bzw. Lev 5,16/22,14 als Referenzpunkt vor.

42 Vgl. ebd., 26.

43 Charlesworth/Rietz, Damaskus, 272, hält den Inhalt von Fragment 13 für unklar, Lange/Weigold, Quotations, 280, erwähnen frg. 13 nicht.

postuliert er eine abweichende Reihenfolge der Fragmente, die zu einer neuen Bezeichnung von 4Q251 führt: »Midrash Mishpatim«.[44] Die fragmentarischen Sätze in Z.1 und 3 von frg. 13 können nach seiner Rekonstruktion eng mit dem biblischen Text korreliert werden.

4Q251, frg. 13–frg.8

frg. 13 (Rekonstruktion SHEMESH)[45]

01 [Wenn ein Mann	] כי יגוף איש
02 eine schwangere Frau stößt und ihr Ungeborenes kommt heraus und es geschieht kein tödliches Unglück,	את אישה הרה ויצאו ילדיה ולא יהיה אסון
1 dann soll er mit einer Geldstrafe bestraft werden, wie i]hr Mann ihm auferlegt[und er soll	ענוש יענש כאשר י]שית עליו איש[ה ונתן
2 ihm geben nach der Beu[rteilung. Denn die Beurteilung ist [eine Schätzung	לו על פי בק]שה. כי הבקשה הי[א פלילים
3 Aber sollte ein tödliches Unglück geschehen, soll er Leben u]m Leben bezahlen[	ואם אסון יהיה נפש תח]ת נפש ילשם[

frg. 8 (Rekonstruktion GVARYAHU)[46]

01 [Und wenn ein Mann seinem Nächsten einen Schaden zufügt,	]ואיש כי יתן מום בעמיתו
02 wie er ihm getan hat, so soll man ihm tun, Auge] um Auge [Zahn um Zahn, wie	כאשר עשה לו כן יעשה לו עין] בעין [שן בשן כאשר
03 er einem Menschen einen Schaden zugefügt hat, so soll man] ihm [zufügen] und er soll geben [sein] Ruhe[geld und er soll ihn vollständig] heilen.	יתן מום באדם כן ינתן ב]ו ונתן שב[תו ורפו]א ירפא
04 [*vacat* – Wenn ein Rind einen Mann stößt oder] eine Frau und sie tötet, dann soll das Rind gesteinigt werden.	]*vacat* כי יגח שור איש או[אישה והומת השור וסקלהו

In Z. 1 liest Shemesh י]שית עליו איש[ה als Teilsatz von Ex 21,22, wobei die biblische Konstruktusverbindung בעל האשה durch ein feminines Suffix [אישה] ersetzt

44 Vgl. zum Folgenden zunächst dessen 2003 auf Hebräisch erschienen Aufsatz (Shemesh, 4Q251) und die spätere englische Version (ders., Midrash).

45 Textgrundlage: Shemesh, 4Q251, 26.

46 Textgrundlage: Gvaryahu, Battery, 570.

wurde.[47] In Z. 3 rekonstruiert er ת[חת] נפש ישלם, was als Rezeption von Ex 21,23b zu verstehen ist, wobei ישלם von der biblischen Vorlage abweicht. Aufgrund dieser Identifikation ordnet Shemesh frg. 13 zwischen frg. 4–7 (~Ex 21,18–20a) und frg. 8 (~Ex 21,26–30) ein.[48] Den »spätbiblischen Ausdruck« בקשה in Z. 2 versteht er folglich als Interpretation von ונתן בפללים,[49] was – ähnlich dem gr. Äquivalent ἀξίομα – eine Untersuchung bzw. Schätzung anzeigt. Entsprechend schlägt Shemesh vor, Z. (1–)2 wie folgt zu rekonstruieren: ונותן לו על פי בק[שׂה. כי הבקשה הי]א פלילים.[50]

Für die Rezeption der Talionsformel bedeutender ist seine Rekonstruktion der dritten Zeile des Fragments: Während in Ex 21,23^{MT} dem *nepheš*-Glied der *talio* die Konsekutivform ונתתה vorangeht, verbindet 4Q251 frg 13 die Apodosis des Rechtsfalls mit einer Imperfektform von ש.ל.ם. Möglicherweise handelt es sich dabei um eine interpretative Neufassung von Ex 21,23b, mit der betont werden soll, dass נ.ת.ן. – wie im näheren Kontext (vgl. Ex 21,19.22.30.32) – auch hier eine finanzielle Kompensation meint. Unterstrichen wird diese Vermutung zudem dadurch, dass eine so enge Verbindung zwischen dem *nepheš*-Glied der *talio* und der Wurzel ש.ל.ם. sonst nur noch in Lev 24,18b [ישלמנה נפש תחת נפש] begegnet, wo sie – zwar in Bezug auf die Tötung von Nutztieren – eine finanzielle Restitution ausdrückt. Möglicherweise wollen die Autoren von 4Q251 auf diese Weise ausdrücken, dass die Auslösung der Kapitalstrafe durch eine finanzielle Ersatzleistung bzw. ein Lösegeld gestattet ist.[51] Auch wenn dies aufgrund des fragmentarischen Charakters nicht eindeutig entschieden werden kann, ist diese Deutung – in Einklang mit dem sonstigen Körperverletzungsrecht des BB – näherliegend.

Eine Rezeption von Ex 21,24–25 fehlt in 4Q251 frg. 13, liegt aber womöglich im anschließenden frg. 8 vor,[52] auf dem in Z. 1 der Ausdruck »בעין« rekonstruiert

47 Ders., 4Q251, 26, verweist zur Plausibilisierung dieser Veränderung auf 4Q251, frg. 16 [ואכל(ה את לחם אישה֯].

48 Vgl. ebd., 27.

49 Zu unterschiedlichen Interpretationsmöglichkeiten des Ausdrucks vgl. oben Kap. 2, Anm. 33.

50 Die Formel »כי [X] הוא [Y]« erinnert an die Auslegungsformeln in den Pescharim und ist ähnlich auch in späteren rabbinischen Schriften belegt; vgl. mit Beispielen Shemesh, 4Q251, 34–35; Doering, Scrolls, 13; 38, Anm. 158.

51 So Shemesh, 4Q251, 30, mit Verweis auf die Position Rabbis in MechJ Nez 8. Gleichzeitig ist diese Schlussfolgerung nicht zwingend: Bei Josephus begegnet am Ende des 1. Jh. u.Z. in Ant 4,278 ebenfalls ein Verb [κατατίθημι] in Verbindung mit dem *nepheš*-Glied, das zwar semantisch Geldgeschäfte bezeichnen kann, aber dennoch eindeutig dem Ausdruck einer Todessanktion dient [καὶ αὐτὸς ἀποθνησκέτω]; vgl. Montanari, Dictionary, 1052; 1086.

52 So zumindest nach der von Shemesh, Midrash, 288–291, vorgeschlagenen und von Qimron, 4Q251, 193, übernommenen neuen Reihenfolge von 4Q251.

werden kann. Überwiegend wird angenommen, dass die Wendung auf Ex 21,26 zu beziehen sei und eine Paraphrase des dortigen Rechtsfalls darstellt,[53] wie die aus Ex 21,28–30 stammenden Satzfragmente in Z. 4–6 aus den anschließenden Rechtssätzen zum stößigen Rind nahelegen. Da jedoch dazwischen, in Z. 2, die leicht veränderte Anweisung zur Erstattung der Heilungskosten und des Arbeitsausfalls begegnen [ו ונתן שבתו ורפוא ירפא], muss bei dieser Rekonstruktion von 4Q251 frg. 8,1–2 angenommen werden, dass die Rechtsfolge der sklavenrechtlichen Verfügungen in Ex 21,26–27 deutlich verändert wurde: Durch die Transposition von Ex 21,19b hätten so nach 4Q251 frg. 8 auch (freigelassene) versklavte Personen Anspruch auf Kompensationszahlungen für den Arbeitsausfall und Heilungskosten.[54]

Alternativ könnten die ersten beiden Zeilen auch als Rezeption von Ex 21,24–25 verstanden werden. Dann ist בעין keine Paraphrase von את עינו aus Ex 21,26,[55] sondern ein Fragment der Talionsformel, die statt der Präposition תחת der Formulierung des Deuteronomiums mit -ב verwendet.[56] Nach dem aktuellen Rekonstruktionsvorschlag von Gvaryahu kann in den Zeilen 01–2 eine adaptierte Version von Lev 24,19–20 ergänzt werden, bei der das erste Glied der Talionsformel im Heiligkeitsgesetz [שבר] fehlt und die Formel nicht Ex 21,23b–25 bzw. Lev 24,19a, sondern Dtn 19,21b entspricht: עין בעין.[57] Nach dieser Rekonstruktion rezipieren die Autoren der Schriftrolle auf kreative Weise alle drei Perikopen der Talionsformel: Die Formel selbst entspricht Dtn 19,21b, zitiert wird die Paraphrase der *talio* aus Lev 24,19.20b und die neue Aussage betrifft Ex 21,24–25 aufgrund ihrer kontextuellen Einbettung. Möglicherweise, so Gvaryahu, soll auf diese Weise eine juridische Lücke des Bundesbuches geschlossen werden: Die Autoren von 4Q251 beziehen Ex 21,18–19 ausschließlich auf leichte, d.h. heilbare Körperverletzungen, sodass schwere und irreversible Körperverletzungen unter Freien ungeregelt bleiben. 4Q251 frg. 8,01–2 füllt diese Leerstelle, indem Lev 24,19–20 – nach seiner Rekonstruktion passend ohne den Bezug auf grundsätzlich heilbare Knochenbrüche [שבר] – der Rechtsfolge von Ex 21,19 zugeordnet und analog eine finanzielle Ersatzleistung angeordnet wird. Folgt man dieser Spur, verfolgen 4Q251 frg. 13,3 und frg. 8,01–3 eine ähnliche exegetische Strategie. Zum

53 Vgl. Larson/Lehmann, et al., 4Q251, 34; Shemesh, Midrash, 296; Qimron, 4Q251, 193.

54 Vgl. ebd.

55 Vgl. Qimron, 4Q251, 193. Statt der Protasis von Ex 21,26 [וכי יכה איש את עין עבדו או את עין אמתו] formuliert 4Q251 nach seiner Rekonstruktion: כי יכה איש את עבדו או את שפחתו בעין או בשן.

56 So vervollständigen Martínez/Tigchelaar, 4Q251, 498, und Gvaryahu, Battery, 570.

57 Vgl. die Darstellung seiner Konstruktion in ders., Battery, 570 und die deutsche Übersetzung oben.

einen greifen die Autoren in beiden Fällen zur Interpretation der Talionsformel des Bundesbuches (Ex 21,23b.24–25) auf die Talionsformel des Heiligkeitsgesetzes (Lev 24,18.19–20) zurück: In frg. 13,3 durch die Übernahme der Verbindung des *nepheš*-Glieds mit dem Lexem .ש.ל.ם und in frg. 8,01–2 durch das Zitat der verbalen Paraphrase der *talio* in Lev 24,19.20b.[58] Zum anderen haben diese intertextuellen Verweise einen ähnlichen Zweck: Sofern durch נפש ישלם lexikalisch und mit Blick auf die funktionale Verwendung der *talio* in Lev 24,18 ausgedrückt werden soll, dass die Todessanktion des *nepheš*-Glieds durch eine finanzielle Ersatzleistung ausgelöst werden kann, erklärt dies die Transposition der Rechtsfolge von Ex 21,19b an diese Stelle. Der Grund für das Zitat der dtn Talionsformel anstelle der Formel aus dem BB oder H liegt womöglich darin, dass der Abstraktionsgrad zwischen der Formel und dem zugrundeliegenden Rechtsfall in Dtn 19,15–21 wesentlich höher ist als in den beiden anderen Perikopen.[59]

Sofern sich die Rekonstruktionen der beiden Perikopen als tragfähig erweisen, liegt mit 4Q251 frg. 13.8 eine frühe Interpretation der Talionsformel des Bundesbuches vor, die – wie später in rabbinischen Texten belegt – die *talio* des Bundesbuches mithilfe von Lev 24,19–20 auslegt.[60] Mit Zitaten von bzw. Anspielungen auf die anderen Verwendungen der Talionsformel interpretieren die Autoren, soweit rekonstruierbar, mit minimalen Eingriffen in den Text die biblische Talionsformel »kanonisch«.

3.3 Das Schicksal des Kain als Rezeption der Talionsformel (Jub 4,31–32; 21,20)

Auch wenn im Jubiläenbuch kein direktes Zitat der Talionsformel begegnet, besteht im Bericht über den Tod Kains samt der zugehörigen juridischen Abstraktion ein berechtigter Rezeptionsverdacht,[61] der durch die Formel *damma ba-dam* in Jub 21,20 zusätzlich gestützt wird.[62] Das Jubiläenbuch,

---

58 Vgl. zu dieser Mischung aus intertextueller Kompilation und Kommentierung in 4Q251 z.B. frg. 18, wenn Ex 21,14 mit Num 35,33–34 und Dtn 21,4 ins Gespräch gebracht und am Ende Teile einer Kommentierung überliefert sind (»jeder, der keine *nepheš* auf sich hat, ist tot (…)« [(…) כל אשר לא נפש עליו מות]). Vgl. Qimron, 4Q251, 192.

59 Dies spiegelt sich vielleicht auch in der Verwendung der Präposition -ב im Sinne eines Beth-Pretii, vgl. Kap. 2, Anm. 95.

60 Vgl. z.B. 7.3.1.3.

61 Vgl. u.a. Finkelstein, Jubilees, 59; Jacob, Auge, 77, Heinemann, Bildung, 361; van Ruiten, History, 172; Davis, Lex, 61–62; Werman, Jubilees, 205–206; VanderKam, Jubilees, 267–268.

62 Zu dieser Verbindung schon Albeck, Jubiläen, 25.

das bis heute vollständig nur auf Geʿez erhalten ist[63] und seit der Mitte des 19. Jh.s auch in Europa wieder den Weg in den öffentlichen Diskurs gefunden hat, liegt durch die Funde einiger Manuskripte in den Qumranhöhlen 1, 4, 7 und 11 ein gutes Jahrhundert danach in Teilen auch auf Hebräisch vor.[64] Diese Entdeckung war in mehrfacher Weise bedeutend: Zum einen bestätigt sie die schon zuvor vermutete ursprüngliche hebräische Abfassung[65] und zum anderen belegen die teilweise in herodianische bzw. vorherodianische Zeit zu datierenden Abschriften, dass das Jubiläenbuch wohl schon im 2. Jh. v.u.Z. abgefasst wurde.[66] Folglich ist davon auszugehen, dass die Schrift zwar nicht in der Gemeinschaft des *Jachad* entstand, dort aber hochgeschätzt und weitertradiert wurde.[67] Die zu besprechenden Sätze in Jub 4,31–32 und Jub 21,19–20 sind in den bisher gefundenen hebräischen Textzeugen leider nicht vollständig belegt,[68] weshalb die Untersuchung auf die äthiopische Version zurückgreifen muss.[69]

Inhaltlich handelt es sich beim Jubiläenbuch um eine Nacherzählung der ersten beiden Bücher des biblischen Kanons, von der Schöpfung bis zum Sinaibund. Hinsichtlich seiner Gattung, was die Einleitung der Schrift (Kap. 1–2) verdeutlicht, kann das Werk als »rewritten scripture« bezeichnet werden,[70] wobei die Genesis deutlich umfangreicher rezipiert und ausgebaut wird als das Buch Exodus. Ähnlich wie die Tempelrolle versucht auch das Jubiläenbuch, die Unmittelbarkeit der Offenbarungstradition des Pentateuch

63 An dieser Stelle sei Dr. Florian Neitmann meine große Dankbarkeit ausgesprochen, dass er meine Hypothesen am äthiopischen Text überprüft, mit mir diskutiert und meine Umschrift an das übliche Format angepasst hat. Die verbleibenden sprachlichen Unstimmigkeiten oder Fehler sind allein mir anzulasten.

64 Vgl. zur Textgeschichte Doering, Jubilees; VanderKam, Jubilees, 1–16.

65 So hatte schon Dillmann, der die erste moderne Übersetzung der altäthiopischen Version vorlegte, Hebräisch oder Aramäisch als Abfassungsprache vermutet, wobei er sich für letzteres entschied, vgl. ders., Jubilees, 1–2.

66 Vgl. detailliert zu den unterschiedlichen Vorschlägen und Argumentationen für eine nähere Eingrenzung des Abfassungszeitpunkts ebd., 32–38.

67 Stökl Ben Ezra, Qumran, 218, bezeichnet die Schrift in diesem Zusammenhang als »prä-jachadisch oder para-jachadisch«.

68 11Q12 frg. 5 enthält Teile von Jub 4,29–31, wobei für den letzten Vers vollständig nur היום sowie vom vorangehenden Wort שׁני rekonstruiert werden kann. Auf 11Q12 frg. 6 sind lediglich zwei Zeilen übriggeblieben, von denen in der ersten Zeile אחריו und direkt darunter כיא י̊ו lesbar ist, wobei ersteres zu באבניו rekonstruiert wurde.

69 Daneben wird die in Jub 4,31–32 beschriebene Tradition des Todes von Kain noch in weiteren späten Chronologien aus byzantinischer Zeit bezeugt, vgl. unten Anm. 76.

70 Zu Berührungspunkten mit weiteren Gattungstypen (Apokalypsen, Erzählungen, Chronologien, Testamentenliteratur etc.) vgl. die Überblicksdarstellung bei VanderKam, Jubilees, 19–21.

zu überbieten: Das an Ex 24 orientierte Einleitungskapitel charakterisiert den anschließenden Bericht als von Gott beauftragtes Diktat durch den Engel des Angesichts an Mose.[71] Weiter ist aufgrund der Einleitung davon auszugehen, dass diese Offenbarung mehr umfasste als nur den Pentateuch, nämlich auch die Einteilung der Urgeschichte siebenjährige Jahrwoche und neunundvierzigjährige Jubiläen, Einblicke in die himmlischen Tafeln sowie Gesetze und Zeugnisse.[72] Neben weiteren Charakteristika des Jubiläenbuchs[73] ist für diese Untersuchung besonders die Tendenz der Schrift bedeutsam, Lücken in der biblischen Erzählung zu schließen sowie Rechtssätze in die Ur- und Erzelternerzählung einzuschalten. Auf diese Weise unterstreicht das Jubiläenbuch, dass die in der biblischen Chronologie erst später offenbarten Gesetze und Vorschriften schon vor der offiziellen Offenbarung am Sinai bekannt waren.

3.3.1 Der Tod des Kain (Jub 4,31)

Ein konkreter Rezeptionsverdacht der *talio* ergibt sich im vierten Kapitel des Jubiläenbuchs. Nachdem zuvor der Sündenfall und seine Folgen sowie die Zeugung Kains erwähnt wurden, widmet sich dieser Abschnitt den Nachkommen Adams, bevor im fünften Kapitel die Perspektive gemäß Gen 6 geweitet und von den Geschehnissen um die Sintflut berichtet wird. Eingebettet in die heptadische Chronologie des Jubiläenbuchs berichtet Jub 4,1 von der Geburt Kains in der dritten Jahrwoche des zweiten Jubiläums, bevor in Jub 4,2 die erste der vier Erwähnungen des Brudermords begegnet: Dieser wird zunächst in die erste Woche des dritten Jubiläums datiert und der Grund für die Tat genannt. Jub 4,3 verortet den Tatort auf einem Feld und berichtet vom Schrei des Blutes seines Bruders, bevor Jub 4,4 die Anklage Gottes und die Verfluchung des älteren Bruders porträtiert, die als Gesetz auf den himmlischen Tafeln abstrahiert wird. Ein letztes Detail, die Tatwaffe, erwähnt das Jubiläenbuch erst am Ende des Kapitels, bei der Beschreibung von Kains Tod.

---

71 Gleichzeitig ist dies nicht gleichbedeutend mit einer Abwertung des Mose, der sowohl als Autor der Genesis und Exodus gilt und mehr als die dort niedergeschriebenen Gesetze offenbart bekommt, vgl. ebd., 18–19.

72 Vgl. ebd., 68–69.

73 Vgl. dazu die Ausführungen in ebd., 21–24.

Nach Jub 4,31 starb Kain im Jahr 930/931 nach der Schöpfung.[74] Neben einer Korrelation der Todesdaten von Adam und Kain[75] bzw. einer Verbindung zur Person des Lamech[76] könnte diese Datierung eine Interpretation von Gen 4,15 [כל הרג קין שבעתים יקם] darstellen, insofern die Siebenzahl entgegen dem biblischen Kontext als Hinweis auf sieben Generationen gewertet wurde, nach denen Abel gerächt würde.[77] Gleichzeitig präzisiert Jub 4,31 den Tathergang mit einer offensichtlichen Agenda: Während Jub 4,2–6 – ähnlich wie Gen 4,8 – keine Angabe zur Weise der Ermordung Abels macht,[78] beschreibt Jub 4,31, Kain habe ihn mit einem Stein getötet [*ba-ʾəbən qatalo*].[79] Die Verwendung dieses Tatwerkzeugs könnte vom Tatort des Feldes (Gen 4,8; Jub 4,3) inspiriert sein oder mit der Tradition Kains als Erbauer einer Stadt (Gen 4,17, Jub 4,9) zusammenhängen.[80] Die *Funktion* dieser Erweiterung ist in Jub 4,31 klar: Der Tathergang wird als Begründung [*ʾəsma*] für die Weise angeführt, auf die Kain selbst sein Ende fand. Pleonastisch beschreibt Jub 4,31 seinen Tod mit zwei Erwähnungen von Steinen: Kain sei beim Einsturz seines Hauses umgekommen, genauer sei er von dessen Steinen [*wa-taqatla ba-ʾəbanihā*] bzw. durch einen Stein getötet worden [*wa-ba-ʾəbən taqatla*].[81] Aufgrund

74 Zur Diskussion über die Formulierungen im Äthiopischen und bei Syncellus vgl. ebd., 266–267.

75 Möglicherweise lag dem Jubiläenbuch daran, dass Adam den Tod seines erstgeborenen Sohnes nicht mehr erlebte. Es fehlen allerdings textliche Hinweise für ein solches Interesse, vgl. van Ruiten, History, 173.

76 Da in Gen 4,23–24 sowohl Kain als auch ein von Lamech zu verantwortendes Tötungsdelikt erwähnt werden, könnte sich die Datierung des Todes Kains in dieser Generation erklären (vgl. ebd.). Dabei ergibt sich zudem eine mögliche Inspirationsquelle für die folgende Anspielung auf die *talio*, die in Gen 4,23 entgegen der eigentlichen Proportionalität rezipiert wird. Allerdings stirbt Kain gerade in Jub 4,31 nicht durch die Hand eines Menschen. Vgl. aber die spätere Überlieferung bei Didymus dem Blinden, wonach Lamech die Mauer baute, von der Kain erschlagen wurde (Hill, Didymus, 133; Kugel, Traditions, 167).

77 Vgl. Werman, Jubilees, 205, und ähnlich van Ruiten, History, 173, der auf vergleichbare Tendenzen in Test.Benj. 7,3–4, BerR und den Targumim verweist. Vgl. dazu auch Kugel, Traditions, 164–165.

78 In Gen 4,8 erhebt sich Kain über seinen Bruder [ק.ו.ם. אל/ἀνίστημι ἐπί] und tötet ihn [ה.ר.ג./ἀποκτείνω]. Auch in den meisten Targumim, in der LXX und im SamPent wird zwar die erzählerische Leerstelle des Gesprächs [ויאמר קין אל חבל אחיו] in Gen 4,8 gefüllt, aber nicht über die Tatwaffe nachgedacht.

79 Vgl. auch Gen 4,8^TPsJ^: »[…] und Kain erhob sich über Abel und versenkte einen Stein in seiner Stirn« [וקם קין על חבל אחוהי וטבע אבנא במציחיה].

80 Vgl. van Ruiten, History, 172; Werman, Jubilees, 205; VanderKam, Jubilees, 267.

81 Berger, Jubiläen, 348, Anm. 31 e), verweist auf die Aufnahme dieser Tradition in späteren (byzantinischen) Chroniken.

der passiven Formulierung im T-Stamm und der Verbindung zu einem einstürzenden Haus hat das Jubiläenbuch zwar keine irdische Todessanktion im Blick.[82] Aufgrund der begründenden Funktion des von Kain ausgeführten Mordes sowie dem Hinweis darauf, es handle sich um eine gerechte Strafe/Urteil [*ba-kʷənnane ṣədəq*], ist eindeutig, dass es sich nicht um einen natürlichen Tod handelt.[83] Indem sich die Todesart an Kains Vergehen orientiert, ist Jub 4,31 zunächst in die biblischen und außerkanonischen Traditionen der schicksalhaften Tatsphäre bzw. der göttlichen Vergeltung einzuordnen.[84] Isoliert kann der Vers selbst nicht als Rezeption der Talionsformel gewertet werden, sondern erinnert eher an den Einsatz der tannaitischen Midda-Formel als Mittel theologischer Geschichtsdeutung.[85]

3.3.2 Die Rezeption der Talionsformel im Jubiläenbuch (Jub 4,32; 21,20)

Diese Einschätzung gilt jedoch nicht für den folgenden Vers, Jub 4,32, der die narrative Sequenz für einen Seitenblick auf die himmlischen Tafeln unterbricht. Diese Tafeln, die mit unterschiedlichen Funktionen und Namen auch in anderen antik-jüdischen Schriften begegnen,[86] dienen im Jubiläenbuch mehreren Funktionen.[87] An dieser Stelle – ähnlich wie zuvor in Jub 4 beim Fluch Kains – ist ein Verweis auf »himmlische Gesetze« anzunehmen.[88] Umstritten ist, ob diese Einschaltungen als kompositorische Nahtstellen bzw. redaktionelle Erweiterungen zu bewerten sind[89] oder zum eigentlichen

82 Vgl. zu Traditionen, wonach Lamech und/oder Tubal-Kain für Kains Tod verantwortlich waren, Byron, Cain, 136–140.

83 Vgl. Klijn, Seth, 13–14, zur Verbindung verschiedener Traditionen in Jub 4,31 (Erdbeben und Tötung durch Stein).

84 Vgl. auch Jub 5,13–16, wo mit demselben Lexem des Urteils/Gerichts [*kᵉnanē*] die göttliche Richterfunktion unterstrichen wird, vgl. VanderKam, Jubilees, 287–288. Ähnlich auch Werman, Jubilees, 213–214, die allerdings zwei hebräische Nomina vermutet: משפט im Sinne der Strafe und חוק als prädestinatorische Festlegung der idealen Lebensführung einzelner Menschen.

85 Vgl. unten 7.2.1. Hingewiesen sei an dieser Stelle auf die unterschiedlichen Erweiterungen in Gen 4,8 (TN, TPsJ), die ein Streitgespräch über das göttliche Gerichtshandeln zwischen den beiden Brüdern imaginieren. Vgl. Kugel, Traditions, 160–162.

86 Vgl. die umfassende Bearbeitung und Charakterisierung bei Baynes, Book.

87 Vgl. dazu ausführlich VanderKam, Jubilees, 68–71.

88 Martínez, Tablets, 255–256, ordnet Jub 4,32 der Kategorie »New Halakot« zu.

89 Segal, Jubilees, ist der Auffassung, dass der Verfasser des Jubiläenbuchs auch die juridischen Passagen aus einer anderen Quelle eingefügt hat. Jub 4,31–32 behandelt er im Rahmen seiner Ausführungen nicht. Kugel, Interpolations, 262, rechnet sowohl die Schilderung von Kains Tod als auch den Hinweis auf die himmlischen Tafeln dem Interpolator zu, dessen Arbeit er in die Gründungszeit des *Jachad* oder kurz zuvor datiert (vgl. ebd., 269).

Programm des Jubiläenbuches gehören. In Jub 4,31–32 zeigt sich eine gewisse Spannung zwischen den einzelnen Rechtssätzen, wobei diese nicht zwingend auf einen späteren Redaktor zurückgehen muss, sondern möglicherweise durch die Texttreue gegenüber der biblischen Vorlage zu erklären ist.[90]

Nach Jub 4,32 befinden sich auf den himmlischen Tafeln auch zwei Rechtssätze, die sich mit den Rechtsfolgen für Tötungs- bzw. Körperverletzungsdelikten befassen. Der erste Satz korrespondiert dabei eng mit der vorherigen Beschreibung des Schicksals Kains, der, »weil er ihn [Abel] mit einem Stein getötet hatte« [*ʾəsma ba-ʾəbən qatalo*], »auch durch seine [die des Hauses] Steine getötet wurde« [*wa-taqatla ba-ʾəbanihā*]. Entsprechend verfügt die Apodosis des zugehörigen Rechtssatzes auf den himmlischen Tafeln, die Tötung eines Menschen sei nicht nur durch eine Todessanktion zu sühnen, sondern das für die Tat verwendete Werkzeug [*ba-nəwāy*] auch für die Hinrichtung einzusetzen. Wie bei den übrigen Verweisen auf Rechtssätze der himmlischen Tafeln kann vermutet werden, dass dieser Satz beansprucht, irdisches Recht zu spiegeln. Der Jussiv im T-Stamm [*yətqattal*] ist als Imitation des hebr. יומת zu verstehen.

Besonders für den ersten Rechtssatz fehlt eine korrespondierende biblische Bestimmung. Mit Ex 21,12 liegt eine Todessanktion vor, der aber ein Hinweis auf das verwendete Werkzeug fehlt. Ein solches begegnet in Ex 21,18 und Num 35,16–18.21–23, jedoch nur als Tatwaffe, nicht in der Apodosis.[91] Auch außerbiblisch fehlt eine entsprechende Regelung.

Der zweite Rechtssatz folgt unverbunden und behandelt Körperverletzungsdelikte. Im direkten Vergleich zum vorherigen Satz, aber auch hinsichtlich der Beschreibung von Kains Tod, fehlt ein Hinweis auf eine verwendete Waffe. Das dürfte aber der Absicht geschuldet sein, möglichst nah am Wortlaut von Lev 24,19 zu bleiben, um so den biblischen Referenzpunkt eindeutig herauszustellen.[92] So erinnert der Satz im Altäthiopischen syntaktisch stark an die Reformulierung der Talionsformel als Verbalsatz in Lev 24,19. Die kleineren Abweichungen in der Protasis haben eine Parallele in der späteren

Vgl. aber die berechtigte Kritik an der fehlenden Begründung bei VanderKam, Jubilees, 268, Anm. 152. Ravid, Terminology, 469–470, hält die Sprache der himmlischen Tafeln für ein Stilmittel und kein literarkritisches Indiz.

90 Vgl. das ausführliche Plädoyer für die Einheitlichkeit des Jubiläenbuchs bei VanderKam, Jubilees, 25–28.

91 Vgl. van Ruiten, History, 172.

92 Sowohl Jub 4,32b als auch Lev 24,19b sind asyndetisch an den vorherigen Rechtssatz angeschlossen und mit *ba-kamma* ~ כאשר eingeleitet.

altäthiopischen Übersetzung des biblischen Verses.[93] Aufgrund des späteren Datums dieser Bibelübersetzung, vermutlich im 5–6. Jh. u.Z.,[94] könnte umgekehrt auch eine Beeinflussung der Bibelübersetzung durch Jub 4,32 vorliegen, was als spätantike Rezeption von Jub 4,32 in Lev 24,19–20 gedeutet werden kann.

Ein weiteres Indiz für eine Rezeption der Talionsformel liegt in Jub 21,20 vor. Dort unterrichtet Abraham seinen Sohn Isaak in den Geboten, Ordnungen und Urteilen Gottes (vgl. Jub 21,5) und kommt am Ende seiner Rede auf die Bedeutung des Blutes als Lebensträger zu sprechen, was eine Verbindung zum Brudermord darstellt (vgl. Jub 4,3). Neben Reinheitsfragen und dem Verbot des Blutverzehrs schließt Abraham mit Hinweisen zum Umgang mit Bluttaten (Jub 21,19–20). Primärer Bezugspunkt dieser Rede scheint Num 35,31 und das Verbot zu sein, Lösegeld von Mördern anzunehmen.[95] Abschließend wird diese Regelung in der knappen Formel Blut für Blut [*damma ba-dam*] zusammengefasst.[96] Aufgrund der vorherigen Begründung, »weil Blut Leben(skraft) ist« [*ʾəsma dam nafs*] (Jub 21,18) und der Verwendung eines Nominalsatzes, dessen Präposition an die Formel in Dtn 19,21 erinnert, ist nicht unwahrscheinlich, dass hier eine durch den Kontext bedingte Reformulierung des *nepheš*-Glieds vorliegt.[97] In Verbindung mit Num 35,31 dient die Formel dem Zweck, die unbedingte Anwendung von Todessanktionen für Mord einzuschärfen. Mit Blick auf Jub 4,32 kann schließlich geschlossen werden, dass eine Rezeption der biblischen *talio* auch dort, in vergleichbarem Kontext, nicht unwahrscheinlich ist.

---

93 Die Protasis in Lev 24,19 spricht vom Hinzufügen einer Versehrung [נ.ת.ן. מום/δίδωμι μῶμον], während Jub 4,33bα davon spricht, dass er ihn verletzt habe [*aqwaslo*]. Vgl. aber die spätere altäthiopische Übersetzung des Verses, wenn dasselbe Lexem in Kausativform wiedergegeben wird [*qqwasla*], vgl. VanderKam, Jubilees, 267. Die Apodosis unterscheidet sich nur hinsichtlich der Präposition (Jub 4,32bβ: *lotu/botu*//Lev 24,19b: *lāʿlehu* ~ עליו).

94 Vgl. die Einschätzung bei Bausi, Bible, 149.

95 Vgl. Albeck, Jubiläen, 25.

96 Entgegen den Ausführungen bei Werman, Jubilees, 11, gibt es keinen Indizien in Jub 21, dass die in mMak 1,6 bzw. SifDev 190 protokolierte Kontroverse zum Umgang mit Falschzeugen Anlass zu den Ausführungen gab. Ebd., 338–339, erwähnt nur Num 35 als möglichen biblischen Bezugspunkt sowie die rabbinischen Diskurse zur Todesstrafe.

97 Auch die Formulierung »Und die Erde kann nicht rein sein vom Blut eines Menschen, außer durch das Blut dessen, der es vergossen hat« (ÜS von Berger, Jubiläen, 433, angepasst [»Erde«] nach VanderKam, Jubilees, 623, Anm. 19e mit 4Q219, ii,19) in Jub 21,19b hat ihren primären Bezugspunkt wohl in Gen 9,6 [שפך דם האדם באדם דמו ישפוך]. Aufgrund der anschließenden Kurzfassung *dam ba-dam* ist nicht auszuschließen, dass diese Rezeption auch unter dem Eindruck der Talionsformel stattfand. Vgl. zu dieser Einschätzung auch Albeck, Jubiläen, 25.

Sofern diese Überlegungen zutreffen, liegt mit Jub 4,31–32 eine frühe Rezeption von Lev 24,19(–20) vor, die nur etwa drei Jahrhunderte nach der Abfassung von Lev 24,10–23 anzusetzen ist.[98] Zunächst bestätigt Jub 4,32 auf diese Weise explizit und – wie im antiken Judentum danach nicht wieder – uneingeschränkt[99] die Forderung nach physischer Retribution von Körperverletzungen, ohne jedoch die Argumente von Lev 24,10–23 explizit aufzunehmen. Daneben liegt eine Übertragung der Rechtssätze auf Tötungsdelikte vor, die zudem der Tatwaffe eine spezielle Rolle für die als talionisch zu wertende Todessanktion einräumt.[100] Bedeutsam ist zudem die Kombination einer Rezeption der *talio* mit der narrativen Schilderung eines göttlichen Strafvollzugs: Sie stellt eine der wenigen expliziten Verbindungslinien zwischen beiden Traditionen dar.[101] Auffällig bleibt, besonders für den Satz zum Körperverletzungsrecht, das Fehlen einer theologischen Begründung. Für Tötungsdelikte kann das Theologumenon des Blutes als Lebensträger in Jub 21,18 aufgrund von Jub 4,3 auch für Jub 4,31–32a angenommen werden, doch für Körperverletzungsdelikte fehlt eine analoge Argumentation wie in Lev 24,10–23.

98 Vgl. zur Datierung von Lev 24,10–23 oben 2.1.3.

99 Eine grundsätzliche Wahlfreiheit zwischen *talio* und finanzieller Kompensation besteht bei Josephus (vgl. 5.1.5.2), R. Eliezer verstand die *talio* auf beabsichtigte Körperverletzungen beschränkt (vgl. 7.3.1.3) und Philo äußert sich nur zurückhaltend und allgemein zu dieser konkreten Frage (vgl. 4.2.4).

100 Vgl. oben (1.2.2) zu grundsätzlichen Zweifeln am pauschalen Verständnis von Todessanktionen für Tötungsdelikte als talionische Rechtsreaktion.

101 Zu MechSch Bach 48,1 zu Ex 19,1 vgl. 7.2.1.

KAPITEL 4

Die Talionsformel bei Philo von Alexandrien

Philo von Alexandrien wird in vielen wissenschaftlichen Untersuchungen gemeinsam mit Flavius Josephus exemplarisch für eine »wörtliche« Auslegung der biblischen *talio* angeführt: Beide Gelehrte aus dem 1. Jh. u.Z. stehen für das Verständnis der Formel als Forderung einer strikt-physischen Retribution von Körperverletzungs- und Tötungsdelikten.[1] Im direkten Vergleich zur tannaitischen und amoräischen Rezeption ist beiden in jedem Fall zu attestieren, dass sie einer gerichtlich angeordneten körperlichen Vergeltung mit weniger Vorbehalten gegenüberstehen als die späteren rabbinischen Texte. Dennoch ist in Hinblick auf ihre Kommentierung und Rezeption der *talio* zu differenzieren: Philo von Alexandrien kommt gleich mehrfach auf die entsprechenden Perikopen des mosaischen Gesetzes zu sprechen,[2] zitiert die Talionsformel jedoch weder vollständig noch zum Zweck einer Befürwortung körperlicher Vergeltung. Stattdessen legen die untersuchten Abschnitte nahe, dass Philo die biblischen Belege der Talionsformel problembewusst rezipiert und mit einem theoretischen Kommentar zu den juridischen Vor- und Nachteilen dieser Rechtsfigur in verschiedenen Rechtsbereichen versehen hat.

Ähnlich wie andere Autoren nach ihm bespricht auch Philo die *talio* auf zweifache Weise: Einerseits zusammen mit dem Rechtsfall Ex 21,22–23 (congr. 135–138; spec. 3,108–109) und andererseits ohne diesen (spec. 3,181–183),[3] wobei er – im Gegensatz zu anderen – im letzteren Fall nicht nur die Körperverletzungen von Ex 21,24–25 im Blick hat, sondern auch das *nepheš*/*psychē*-Glied einzubeziehen scheint. Daraus ergibt sich die Struktur dieses Kapitels, das zunächst das einzige direkte Zitat der Talionsformel bei seiner

1 So unterstreicht z.B. Davis, Lex, 66, mit Blick auf spec. 3,181–183, dass es sich hier um eine »early first-century attestation of a literal understanding of the OT maiming talion« handle. Jacob, Auge, 77–78, führt daneben noch spec. 3,84 an, um Philos Auslegung der Talionsformel in eine Reihe von apologetischen Schriften jüdisch-hellenistischer Provenienz einzuordnen, die eine physische Wiedervergeltung nicht aufgrund griechischer, römischer oder alexandrinischer Gesetze forderten (vgl. ebd., 80–81), sondern dabei von »Vulgärphilosophie und ›schön[er] Literatur‹« (ebd., 81) beeinflusst waren.

2 Auf Ex 21,22–23 bezieht er sich in congr. 135–138 und spec. 3,108–109; 181–183(.184–204); Dtn 19,15–21 nimmt er in spec. 2,26–28; 252–254 und Lev 24,10–23 in Mos. 2,192–208 auf. An der letzten Perikope interessiert Philo besonders der Gottesfluch, die ägyptische Herkunft des Fluchers, aber auch das neue Gebot [διάταγμα καινόν]. Damit legt er seinen Fokus auf die Gesetzgebung zur Gotteslästerung und bespricht – auch anderswo – die übrigen Rechtssätze in Lev 24,17–21 nicht ausführlich.

3 Vgl. Jos.Ant. 4,278.280.

 | HTTPS://DOI.ORG/10.1163/9789004747630-005

Rezeption von Ex 21,22–23^{LXX} in congr. 137 in den Blick nimmt (4.1.1) und anschließend seine Interpretation des Rechtsfalls in spec. 3,108–109 (4.1.2). Danach wird die Rezeption der Talionsformel aus Ex 21,23b–25 in spec. 3,181–183 untersucht, wobei die Ambiguität des Abschnitts und sein theoretischer Charakter die Einschätzung Philos als kategorischen Vertreter einer strikt-talionischen Retribution bei Körperverletzungsfällen zumindest infrage stellt (4.2). Das abschließende Unterkapitel befasst sich mit Philos Darstellung des Falschzeugnis- und Schwurverbots, in der möglicherweise eine Anspielung auf Dtn 19,15–21 und die biblische *talio* anzunehmen ist (4.3).

4.1 Todessanktionen und talionische Rechtsfolgen (congr. 135–138; spec. 3,108–109)

4.1.1 Ex 21,22–23^{LXX} im Rahmen der philonischen Bildungstheorie (congr. 135–138)

4.1.1.1 Kontextualisierung

Das einzige direkte Zitat der Talionsformel bei Philo begegnet in seinem Werk *De congressu eruditionis gratia*, das als Teil des allegorischen Kommentars seiner frühen Schaffensphase zuzurechnen ist und vor dem Jahr 38 u.Z. entstanden sein dürfte.[4] Anhand von Gen 16,1–6 entfaltet Philo darin eine bildungstheoretische Abhandlung über die Beziehung zwischen der enkyklischen Bildung und wahrer Philosophie.[5] Diesen Bildungsgang[6] sieht Philo in Abrahams Bildungsweg und seiner Verbindung zu den beiden Müttern seiner Kinder exemplifiziert: Der Erzvater steht für die nach Weisheit

4 Vgl. Niehoff, Philon, 291.

5 Nach eigener Angabe hat auch er diesen Bildungsweg beschritten, vgl. congr. 74–76.

6 Demgegenüber erkennt Philo andere Wege zur (geistigen) Vollkommenheit als biblisch präfiguriert. Aus Gen 28,7 und Gen 16,2 schließt er in congr 68–70 auf die unterschiedlichen Paradigmen des lernenden (Abraham) und asketischen Weisheitssuchenden (Jakob). Während Abraham der »Rede« Saras gehorcht [ὑπήκουσε τῆς φωνῆς Σάρρας], hört Jakob auf seine Eltern [εἰσήκουσεν Ἰακὼβ τοῦ πατρὸς καὶ τῆς μητρὸς αὐτοῦ], nicht deren Rede. Entsprechend erblickt er in Jakob den asketischen Typus, der den Lebenswandel seiner Vorbilder nachahmt [τοῦ γὰρ βίου μιμητὴν ἔδει τὸν ἀσκητήν]. Demgegenüber versteht Philo Isaak als Vertreter des »autodidaktischen« Geschlechts [αὐτομαθὲς γένος]: Er benötigt weder Praxis noch Lehre [μήτε ἀσκήσεως μήτε διδασκαλίας δεόμενον], sondern hat Weisheit mühelos [ἄπονον καὶ ἀταλαίπωρον] und als göttliche Gnadengabe schon bei der Geburt empfangen, vgl. congr. 36–38. Vgl. ausführlicher zu Isaaks und Jakobs Weg zur Vollkommenheit Böhm, Rezeption, 306–308; 312–318, und zu den Bildungstypen mit einem Seitenblick auf Mose Koskenniemi, Moses, 289.

strebenden Seelen, die »Einsicht aus Lehre erlangen« [φρόνησις ἐκ διδασκαλίας περιγίνεται].[7] Auf diesem (Bildungs-)Weg Abrams zur Tugend – vom Sternendeuter in Haran (migr. 2)[8] zum tugendhaften Gottesschauer bei seiner Namensänderung (mut. 67–73)[9] – stellt die Episode in Gen 16,1–6 eine wichtige Zwischenstation dar: Seine Ehefrau, die sich im Laufe der Erzählung von der vergänglichen Tugend Sara [Σάρα] zur unvergänglichen Tugend, Sarra [Σάρρα], wandelt,[10] kann ihrem Mann aufgrund *seiner* fehlenden Bildung keine Kinder gebären.[11] Deshalb weist sie ihn in Gen 16,3 an, sich mit Hagar, die Philo als enkyklische Unterweisung [ἐγκύκλιος παιδεία] bzw. mittlere Wissenschaften [μέση παιδεία] identifiziert,[12] einzulassen. Obwohl notwendig, muss diese Vereinigung der nach Weisheit und Tugend strebenden Seelen mit den Fächern der mittleren Wissenschaft zeitlich begrenzt sein: Die Erkenntnisse, die durch diese Einzeldisziplinen errungen werden können, sind immer partikular und auf den konkreten Untersuchungsgegenstand bezogen, sodass die mittleren Wissenschaften nicht selbstständig zu allgemeinen und unabhängigen Axiomen und Erkenntnissen gelangen können (vgl. congr. 145–148). In diesem Stadium zu verbleiben – hätte Abram bei seiner Verbindung zu Hagar also Sara nicht mehr als seine eigentliche »Herrin«[13] anerkannt – würde bedeuten, vollends in der Sinneswelt verhaftet und auf die Sinneswerkzeuge angewiesen zu sein (congr. 20).[14]

Die unterschiedlichen Formen der Erkenntnis, zu denen die geistige Beschäftigung des Menschen führen kann, drückt Philo in *de congregatione* mit dem platonischen Bild der »geistigen Schwangerschaft«[15] aus: Dazu parallelisiert er ab congr. 129 unterschiedliche Erkenntnisprozesse mit Schwangerschaftsverläufen. Wer dabei den Dienstcharakter der mittleren

---

7 Vgl. congr. 24.

8 Vgl. zur thematischen Verbindung von migr. und congr. durch das Wegmotiv Hirsch-Luipold, Unterwegs, 178–180; 182–184.

9 Vgl. Böhm, Rezeption, 295–301.

10 Vgl. Mut 77–78 und ebd., 255–256.

11 Nach Philos Auslegung bildet nicht die Unfruchtbarkeit Saras das Zentrum der Perikope, sondern die Unfähigkeit Abrams, mit ihr Kinder zu zeugen. Für Philo personifiziert Abrams Frau die schlechthinnige Tugend [ἀρετή], die keineswegs unfruchtbar ist, sondern fortwährend gebiert. Allerdings – so folgert er aus dem Dativobjekt αὐτῷ in Gen 16,1^{LXX} – nicht für ihn (vgl. congr. 6; 9).

12 Vgl. congr. 72; LA 3,244 bzw. congr. 12; 14; 20. Was Philo dazu zählt, berichtet er in congr. 11; 74–76; Mos 1,23–24; vgl. Koskenniemi, Moses, 288–290; Mendelson, Education, 7–14.

13 Vgl. zur Etymologie von Sara bzw. Sarra congr. 2 und mut. 77–79 sowie Böhm, Rezeption, 301.

14 Vgl. besonders congr. 155–156. Abram ist sich jedoch der Vorläufigkeit dieser Verbindung bewusst und begeht diesen Fehler nicht – eine Haltung, die auch Philo für sich selbst in Anspruch nimmt (vgl. congr. 76).

15 Vgl. zu dieser Rezeption des Theaitet Niehoff, Philon, 236–239.

Wissenschaft missachtet, die zugehörigen Fächer zum Selbstzweck betreibt und statt philosophischer Erkenntnis in sophistischer Manier das geistige Handwerkszeug zur Schau stellt, riskiert Schwangerschaftskonflikte. Umgekehrt gilt für jene Seelen, die mit der Einsicht [φρόνησις] schwanger gehen, dass sie problemlos gebären (vgl. congr. 129). Diese Unterscheidung verschiedener geistiger Schwangerschaften sieht Philo schon im Text der griechischen Bibel angelegt: Entsprechend hätten Sara (fug. 167),[16] Rebekka (congr. 129) und Moses Mutter (congr. 131) ihre Söhne »im Bauch *empfangen*« [λαμβάνω/συλλαμβάνω ἐν γαστρί] (Gen 21,2; 25,21; Ex 2,2^{LXX}), d.h. sie suchten den Grund für ihre Schwangerschaften außerhalb ihrer selbst und haben so heilsgeschichtlich bedeutenden Nachwuchs geboren.[17] Hagar, die Elementarwissenschaft, hingegen (Gen 16,4.5.11) meinte, »im Bauch zu *haben*« [ἐν γαστρὶ ἔχω], sah sich selbst als schöpferischen Grund und gebar mit Ismael eine Person, die in Philos Allegorese als exemplarisches Bild eines Sophisten gilt.[18]

4.1.1.2 Ex 21,22–23^{LXX} und die Unterscheidung zwischen mittlerer und höherer Wissenschaft

Aufgrund der Anzeige der Schwangerschaft in Ex 21,22–23^{LXX} mit ἐν γαστρὶ ἔχουσαν kann Philo den Rechtssatz in seine Allegorese einbauen und das Bild des vorherigen Gedankengangs weiterführen.

Philo, congr. 135–138[19]

οὕτως ἐν γαστρὶ λαμβάνουσαι μᾶλλον ἢ ἔχουσαι αἱ ψυχαὶ τίκτειν πεφύκασι. καθάπερ δ' οἱ σώματος ὀφθαλμοὶ πολλάκις μὲν ἀμυδρῶς πολλάκις δὲ τηλαυγῶς ὁρῶσι, τὸν αὐτὸν τρόπον καὶ τὸ τῆς ψυχῆς ὄμμα τοτὲ μὲν ὑποσυγκεχυμένας καὶ ἀδήλους τοτὲ δὲ καθαρὰς καὶ τρανὰς δέχεται τὰς ἀπὸ τῶν πραγμάτων ἰδιότητας.	135 So sind die Seelen von Natur aus eher dazu bestimmt zu gebären, wenn sie *im Bauch empfangen*, als wenn sie *tragen*. Wie nämlich die Augen des Körpers mal verschwommen und mal deutlich sehen, so nehmen die Augen der Seele auf dieselbe Weise die Eigenschaften der Dinge mal schwach umrissen und nicht deutlich, mal rein und deutlich (wahr).

16 Vgl. ausführlicher zu Saras Empfängnis dies., Mother, 425–437.

17 Vgl. auch congr. 127 zu Tamar sowie Koskenniemi, Sophists, 270–271.

18 Vgl. ebd. zu congr. 127–129 und Naumann, Ismael, 476–477, zu fug. 204–211.

19 Textgrundlage: Colson/Whitaker, congr., 526–528; Cohn/Heinemann et al., congr., 39–40.

ἡ μὲν οὖν ἀσαφὴς καὶ ἀδηλουμένη προσβολὴ ἔοικε τῷ μήπω κατὰ γαστρὸς ἐμβρύῳ διατυπωθέντι, ἡ δὲ ἐναργὴς καὶ τρανὴ μάλιστα τῷ διαπεπλασμένῳ καὶ καθ' ἕκαστον τῶν ἐντός τε καὶ ἐκτὸς μερῶν τετεχνιτευμένῳ καὶ τὴν ἁρμόττουσαν ἰδέαν ἀπειληφότι

136 Die unklare und unbestimmte Wahrnehmung gleicht einem Embryo, der im Mutterleib noch nicht vollständig geformt ist; die deutliche und klar erkennende (Wahrnehmung) dagegen insbesondere einem, der vollständig ausgebildet ist, in jedem inneren und äußeren Teil kunstvoll ausgestaltet wurde und seine ihm gemäße Gestalt empfangen hat.

νόμος δὲ ἐπὶ τούτοις ἐγράφη πάνυ καλῶς καὶ συμφερόντως τεθεὶς οὗτος· ἐὰν μαχομένων ἀνδρῶν δύο πατάξῃ τις γυναῖκα ἐν γαστρὶ ἔχουσαν καὶ ἐξέλθῃ τὸ παιδίον αὐτῆς μὴ ἐξεικονισμένον, ἐπιζήμιον ζημιωθήσεται· καθ' ὅ τι ἂν ἐπιβάλῃ ὁ ἀνὴρ τῆς γυναικός, δώσει μετὰ ἀξιώματος· ἐὰν δὲ ἐξεικονισμένον ᾖ, δώσει ψυχὴν ἀντὶ ψυχῆς. οὐ γὰρ ἦν ὅμοιον, τέλειόν τε καὶ ἀτελὲς διανοίας ἔργον διαφθεῖραι, οὐδὲ εἰκαζόμενον καὶ καταλαμβανόμενον, οὐδὲ ἐλπιζόμενον καὶ ἤδη ὑπάρχον. διὰ τοῦτο ὅπου μὲν ἐπιτίμιον ἄδηλον ἐπ' ἀδήλῳ πράγματι, ὅπου δὲ ὡρισμένον ἐπὶ τελείῳ νομοθετεῖται, τελείῳ δὲ οὐχὶ τῷ πρὸς ἀρετήν, ἀλλὰ τῷ κατά τινα τέχνην τῶν ἀνεπιλήπτων γενομένῳ· κυοφορεῖ γὰρ αὐτὸ οὐχ ἡ λαβοῦσα, ἀλλ' ἡ ἐν γαστρὶ ἔχουσα, οἴησιν πρὸ ἀτυφίας ἐπαγγελλομένη καὶ γὰρ ἀμήχανον ἀμβλίσκειν τὴν ἐν γαστρὶ λαβοῦσαν, ἐπεὶ τὸ φυτὸν ὑπὸ τοῦ σπείραντος ἐμπρεπὲς

137 Und über diese [Dinge] wurde ein Gesetz geschrieben und sehr gut und sinnvoll erlassen: Wenn zwei Männer kämpfen, und einer schlägt eine Frau, ›*die im Bauch hat*‹, und ihr Kind, das nicht voll ausgebildet ist, kommt heraus, so soll er eine Strafzahlung zahlen. Was ihm der Mann der Frau auferlegt, soll er – gemäß der Schätzung – geben. Wenn es aber schon ausgebildet war, so soll er Leben für Leben geben.« Denn es ist nicht gleich, ob einer ein vollkommenes oder unvollkommenes Werk des Verstandes zerstört, ebenso wenig ein noch bildlich Vorgestelltes oder tatsächlich erfasstes, oder ein noch erhofftes oder ein schon vorhandenes.

138 Deshalb ist eine unbestimmte Strafsumme festgesetzt für eine unbestimmte Sache, aber eine festgelegte (Strafe) für etwas Vollkommenes; vollkommen aber nicht in Bezug auf die Tugend, sondern auf das, was durch eine bestimmte tadellose Kunstfertigkeit hervorgebracht wurde. Denn es trägt nicht die aus, die *empfangen hat*. Vielmehr die, die im Mutterleib *trägt*, und Wähnen als Einsicht ausgibt. Es ist nämlich nicht denkbar, dass die, die im Mutterleib *empfangen* hat, eine Fehlgeburt hat,

τελεσφορεῖσθαι τὴν δὲ ἔχουσαν οὐκ ἀνοίκειον, ἅτε νόσῳ χωρὶς ἰατροῦ κατεσχημένην.	denn die Frucht wird durch den Säenden angemessen vollendet. Die aber, die [im Mutterleib] *hat*, ist nicht unähnlich einer, die ohne ärztliche Hilfe von einer Krankheit befallen ist.

Bis auf wenige stilistische Abweichungen entspricht das Zitat der griechischen Version des Rechtsfalles, dessen Unterscheidung der beiden Unterfälle anhand der embryonal-fetalen Entwicklung [(μὴ) ἐξεικονισμένον] Philo allegorisch auslegt. Unmittelbar nach dem direkten Zitat gibt er in congr. 137 zu verstehen, dass er die Unterscheidung der beiden Unterfälle und Rechtsfolgen auf unterschiedliche Formen der geistigen Einsicht des Menschen bezieht [διανοίας ἔργον]. Das in diesem Zusammenhang in congr. 135 eingeführte Bild der unterschiedlichen Sehschärfen – sowohl des Auges der Seele [τὸ τῆς ψυχῆς ὄμμα] als auch des Auges des Körpers [οἱ σώματος ὀφθαλμοί] – könnte aufgrund der bisher prominenten binären Unterscheidung zwischen der enkyklischen Bildung und der geistigen Schwangerschaft mit der Tugend missverstanden werden: Wie die Nomenklatur von Ex 21,22^{LXX} [ἐν γαστρὶ ἔχουσαν] aber verrät und Philo ausdrücklich betont, kann der Rechtsfall nicht auf geistige Schwangerschaften mit der Tugend übertragen werden.[20] Stattdessen bereitet er anhand der Unterscheidung der beiden Unterfälle gemäß der embryonal-fetalen Entwicklung [(μὴ) ἐξεικονισμένον] geschickt die Unterscheidung zwischen der enkyklischen Bildung bzw. der mittleren Wissenschaft und der Philosophie bzw. der (höheren) Wissenschaft vor,[21] die er anschließend ausführt (congr. 140–150).

Das Bild des ausgebildeten und unausgebildeten Embryos aus Ex 21,22–23^{LXX} geht dabei über die Metapher des unterschiedlichen Sehvermögens hinaus: Wie

20 Das wäre nach Philo unmöglich: Geistige Schwangerschaften, die mit dem Verstand gezeugt (congr. 127) bzw. von der Tugend empfangen werden (congr. 138), können gar nicht anders, als bis zur Reife zu gedeihen: »Es ist nämlich auch unmöglich, dass eine im Leib *Empfangende* einen Abort hat, ihre Leibesfrucht verliert, sondern es ist gebührend, dass die Frucht durch den, der sie gesät hat, zur Vollendung gebracht wird« (congr. 138). Umgekehrt gilt für »die [Seelen], die ohne Verstand [schwanger werden]: Sie haben entweder eine Fehlgeburt oder ›werfen‹ einen Schwätzer oder Sophisten …« [ὅσαι δὲ ἄνευ φρονήσεως, ἢ ἀμβλίσκουσιν ἢ δύσεριν καὶ σοφιστὴν βάλλοντα…]. Vgl. congr. 129, wenn im Anschluss mit dem Bild von Bogenschützen (vgl. Gen 21,20^{LXX}: τοξότης) auf Ismael angespielt wird. Erneut unterstreicht Philo in congr. 137, dass dies nur für geistige Schwangerschaften ohne Mitwirkung des Verstandes gilt: κυοφορεῖ γὰρ αὐτὸ οὐχ ἡ λαβοῦσα, ἀλλ᾽ ἡ ἐν γαστρὶ ἔχουσα.

21 Vgl. congr. 140, wenn Philo die Erkenntnis der mittleren Wissenschaften [μέσαι τέχναι] und die Erkenntnis bzw. Wissenschaft [ἐπιστῆμαι] unterscheidet. Zur weiteren Differenzierung vgl. mit zusätzlichen Belegen Mendelson, Education, 35–36.

der Embryo im zweiten Unterfall an allen inneren und äußeren Körperteilen kunstvoll gestaltet ist und die ihm angemessene Form erhalten hat, übertrifft nach congr. 144 auch die Philosophie die einzelnen Zweige der enkyklischen Bildung. Entsprechend kann Philo mit diesem Bild auch ein Bildungs*system* darstellen, wonach die, die sich eine Fachdisziplin angeeignet haben [τεχνίτης], nur einen kleinen Wissensbereich erkennen, während die Philosophie stets das große Ganze im Blick hat.[22] In anderen Worten scheint der primäre Zweck des Zitats von Ex 21,22–23^{LXX} in congr. 137 in seiner Scharnierfunktion zu liegen: Es leitet die Unterscheidung von enkyklischer Bildung und Philosophie bzw. höherer Wissenschaft (140–150) ein.

4.1.1.3 Die Rezeption der Talionsformel in congr. 135–138

Zentrale Bedeutung für Philos Argumentationslinie hat in diesem Zusammenhang die Unterscheidung der Unterfälle durch (μὴ) ἐξεικονισμένον. Das *psychē*-Glied selbst jedoch scheint keine besondere Rolle zu spielen.[23] Primär dienen die zwei Rechtsfolgen in Ex 21,22.23 der Unterscheidung von unterschiedlichen »Werken des Geistes«, da die Zerstörung derselben nicht das Gleiche sei [οὐ γὰρ ἦν ὅμοιον]. Die Begründung, »eine unklare Strafe wurde für eine unklare Sache [verfügt], während eine festgelegte [Strafe] für eine vollkommene [Sache] verfügt wurde« [ἐπιτίμιον ἄδηλον ἐπ' ἀδήλῳ πράγματι, ὅπου δὲ ὡρισμένον ἐπὶ τελείῳ νομοθετεῖται] kann auf der Bildebene auf die unterschiedliche Klarheit menschlicher Erkenntnis bezogen werden. Hinsichtlich seines Verständnisses von Ex 21,22–23^{LXX} liegt nahe, dass sich ἄδηλος auf die fallspezifische Schätzung der Ersatzleistung [δώσει μετὰ ἀξιώματος] bezieht und dabei würdigt, dass die Entwicklungsstufe des Ungeborenen vor der Herausbildung der menschlichen Gestalt ebenfalls »unklar« ist und situationsgemäß eingeschätzt werden muss. Auf der Bildebene fehlt ein Korrelat für die Zerstörung »vollkommener geistiger Werke«,[24] die mit dem *psychē*-Glied

22 Nach congr. 144 versteht Philo die Hegemonie des Verstands über die sinnliche Wahrnehmung [ὃ γὰρ νοῦς πρὸς αἴσθησιν] in Analogie zur Hegemonie der Wissenschaft über die mittleren Wissenschaften [τοῦτ' ἐπιστήμη πρὸς τέχνην ἐστί]. Die Philosophie ist somit auf die Ergebnisse der Einzelwissenschaften und damit auf die sinnliche Wahrnehmung angewiesen; sie steht aber insofern über ihr, wie die Philosophie ähnlich dem menschlichen Sehen das körperliche Auge benötigt, um durch den Verstand das Gesehene besser wahrnehmen und einordnen zu können; vgl. auch congr. 143.

23 Vgl. Davis, Lex, 64, der ebenfalls nur auf die Rezeption der LXX-Fassung bei Philo verweist und die dort vorgeschriebenen Rechtsreaktionen benennt. Jacob, Auge, 77–78, Belkin, Philo, Heinemann, Bildung, und Goodenough, Jurisprudence, erwähnen congr. 135–138 gar nicht erst.

24 Womöglich liegt eine Verbindung zur Rolle des Sokrates als Geburtshelfer vor, der gleichzeitig eine wichtige Funktion als Kontrollinstanz einnimmt, wenn ein »young man

bedroht wird. Womöglich will Philo auf diese Weise einerseits seine Hochschätzung der Philosophie ausdrücken und andererseits ihre Begrenztheit: Wie der menschliche Verstand auf die Wahrnehmung durch die Sinnesorgane angewiesen ist, kann auch die Philosophie letztlich nur vorläufige Einsichten erlangen und erst durch die wahre spirituelle Schwangerschaft mit der Tugend unzerstörbar werden.[25]

Über Philos Verständnis des *psychē*-Glieds kann entsprechend nur spekuliert und vermutet werden, dass er diese Festlegung einer fixierten Strafnorm für angemessen hält und auch in seiner frühen Schaffensphase[26] die Hinrichtung einer Person, die für den extern induzierten Abort eines entwickelten Fötus verantwortlich ist, befürwortet. Da die Rezeption von Ex 21,22–23^{LXX} primär seiner argumentativen Überleitung von der Darstellung der geistigen Schwangerschaften mit und ohne Tugend (congr. 121–134) zu seiner Unterscheidung zwischen den Einzeldisziplinen und der Philosophie (congr. 139–157) dient, kann das Verständnis des Rechtsfalles durch Philo hier nicht weiterverfolgt werden. Im Rahmen seines allegorischen Kommentars scheint Philos primäres Interesse darin zu bestehen, hellenistische Bildungsideale in das biblische Narrativ einzubetten.[27] Erst in einem anderen Werkzusammenhang führt Philo Ex 21,22–23^{LXX} an, um den Rechtsfall selbst auszulegen und die zugehörigen Rechtsfolgen auch für nichtjüdische Leser:innen plausibel zu machen.

4.1.2 Ex 21,22–23^{LXX} in medizinischem Kontext (spec. 3,108–109)

4.1.2.1 Kontextualisierung

In seiner *expositio legis*, die einer späteren Schaffensphase des Autors zuzurechnen ist,[28] rekurriert Philo ein zweites Mal auf den Rechtsfall Ex 21,22–23^{LXX}

misidentifies an image of virtue with the real thing«, Futter, Pregnancy, 512. Inwiefern diese Zerstörung vollkommener geistiger Werke der höheren Wissenschaft jedoch durch eine Strafe bedroht wird, leuchtet nicht ein. Entweder ist das Bildwort hier an seine Grenze gelangt, oder Philo versteht es als Hinweis darauf, dass auch diese Einsichten noch auf fehlbaren Sinneswahrnehmungen beruhen und entsprechend einer Korrektur bedürfen.

25 Vgl. zu diesen Abhängigkeitsverhältnissen congr. 79–80 und Mendelson, Education.

26 Vgl. zu spec. 3,108 unten 4.1.2.2.

27 Vgl. Koskenniemi, Sophists, 278.

28 Auch wenn die chronologische Einteilung der Schriften Philos sowie die Datierung der einzelnen Schriftreihen nicht unumstritten ist, wird meist davon ausgegangen, dass die Expositio (opif.–praem.) einer späteren Schaffensphase als der allegorische Kommentar inklusive congr. zuzurechnen ist. Niehoff, Philon, 292–293, datiert die Expositio genauer in die Jahre 40–49 u.Z.

(spec. 3,108–109) und rezipiert das *psychē*–Glied der Talionsformel. Philo ordnet den Rechtsfall dem dekalogischen Verbot der »Menschentötung«[29] zu und bespricht ihn zusammen mit weiteren Gesetzen, die er dem siebten Gebot beigesellt (spec. 3,83–209).[30] Nach einer theoretischen Einleitung (spec. 3,83–85), die für die Interpretation von spec. 3,108–109 von besonderer Bedeutung sein wird, führt er verschiedene biblische Rechtssätze und Prohibitive gegen Vergehen an Leib und Leben auf, die sich nicht im Tod der geschädigten Person erschöpfen.[31] Nachdem sich Philo zu Beginn seiner Ausführungen mit (vorsätzlichem) Mord befasst (spec. 3,86–91.92–103), der in seiner ausführlichen Behandlung von Giftanschlägen und magischen Praktiken als schwerste Formen des Vorsatzes kulminiert (93–103), bespricht er ab spec. 3,104 den Totschlag im Affekt, der in ungeplanten Situationen [καιροὶ συμπίπτουσιν ἀβούλητοι πολλάκις] und ohne vorbereitende Absicht geschieht [οὐκ ἐπὶ τοῦτ᾽ ἐλθὼν ἢ παρεσκευασμένος]. Als grundlegenden Impuls für solche Taten identifiziert er den Zorn, der Täter:innen plötzlich hinwegreißt [ἐξαπιναίως ἁρπασθεὶς ὑπ᾽ ὀργῆς]. In zwei Gesetzen aus dem Bundesbuch sieht Philo diese Kategorie des Totschlags angelegt: Ex 21,18–19^{LXX} (spec. 3,105–107) und Ex 21,22–23^{LXX} (spec. 3,108–109).

In Anlehnung an die biblische Erwähnung eines Streits unter (zwei) Männern, die beide Perikopen verbindet, entwirft er einleitend ein lebhaftes Bild (spec. 3,105), das seine Argumentation weiter untermauert: Aufgrund eines dringenden Geschäfts auf die Agora eilend, wird der Täter in eine Auseinandersetzung verwickelt, die zur Verletzung einer anderen Person bzw. einer schwangeren Frau führt. Gleichgültig ist dabei, ob der Täter in den Streit verwickelt wird oder selbst derjenige ist, der diesen anzettelt.[32] Während er

---

29 Vgl. Anm. 39.

30 Vgl. dazu Philos eigene Angabe zur Struktur von spec. in decal. 154, wenn Philo die Gebote des Dekalogs als Häupter der (einzelnen) Gesetze bezeichnet [οἱ δέκα λόγοι κεφάλαια νόμων εἰσί], sowie die Hinweise zu den einzelnen Geboten (decal. 156; 158; 168 etc.). Vgl. de Vos, Rezeption, 92–96, zur Bedeutung des Begriffs κεφάλαιον und der Beziehung zwischen Hauptgebot und Spezialgesetz.

31 So bespricht Philo Mord*versuche* ohne Erfolgseintritt (spec. 3,86–87), die Grenzen der Institution der Asylstädte (88–91), Affekthandlungen I. (92), vorsätzliche Tötungsdelikte (93) am Beispiel von Giftmischerei (93–99) und magischen Ritualen (100–103), Affekthandlungen II. (104–107, Rezeption von Ex 21,18–19), Tötung von Ungeborenen (108–109; Rezeption von Ex 21,22–23^{LXX}), Kindsaussetzung und -tötung (110–119), unbeabsichtigte Tötung und Asylstädte II. (120–136), Tötung und Misshandlung von versklavten Personen (137–143), das stößige Rind (144–146) und Delikte in Zusammenhang mit Bauwerken (147–149) sowie den Brauch des Aufhängens von Leichen (150–152).

32 Vgl. spec. 3,105.

Ex 21,18–19.22–23 in nur je zwei Sätzen verhandelt, geht Philo danach ausführlich auf die Verbote der Aussetzung von Neugeborenen und Formen des Infantizids ein (spec. 3,110–119), die er explizit auch von Ex 21,22–23^{LXX} ableitet (vgl. spec. 3,117: ἀπεῖπε δι᾽ ὑπονοιῶν), bevor er sich ab spec 3,120 göttlich sanktionierten Tötungsdelikten und den Asylstädten zuwendet.

4.1.2.2 Auslegung des Rechtsfalles Ex 21,22–23^{LXX}

Philo, spec. 3,108–109[33]

ἐὰν δὲ συμπλακείς γυναικί τις ἐγκύῳ	$_{108a}$ Wenn aber jemand mit einer schwangeren Frau ringt
πληγὴν ἐμφορήσῃ κατὰ τὴν γαστέρα, ἡ δὲ ἀμβλώσῃ,	$_{b}$ und ihr einen Schlag gegen den Bauch versetzt, sodass sie einen Schwangerschaftsabbruch hat –
ἐὰν μὲν ἄπλαστον καὶ ἀδιατύπωτον τὸ ἀμβλωθὲν τύχῃ,	$_{c}$ falls er eine noch ungeformte und unausgebildete Stillgeburt schlägt,
ζημιούσθω	$_{d}$ soll er eine Geldstrafe zahlen,
καὶ διὰ τὴν ὕβριν καὶ ὅτι ἐμποδὼν ἐγένετο τῇ φύσει	$_{e}$ sowohl wegen der Anmaßung als auch weil er dem Wachstum zum Hindernis wurde,
ζῳογονῆσαι τὶ κάλλιστον τεχνιτευούσῃ καὶ δημιουργούσῃ ζῷον, ἄνθρωπον·	$_{f}$ das herrlichste Lebewesen, einen Menschen, durch handwerkliches Formen und Erschaffen hervorzubringen.
εἰ δὲ ἤδη μεμορφωμένον	$_{g}$ Hatte (das Ungeborene) aber bereits seine äußere Gestalt erhalten,
ἁπάντων μελῶν τὰς οἰκείους τάξεις καὶ ποιότητας ἀπειληφότων	$_{h}$ indem alle Glieder die ihnen zukommende Anordnung und Beschaffenheit bekommen haben,
θνῃσκέτω	$_{i}$ soll er sterben.
τὸ γὰρ τοιοῦτον ἄνθρωπός ἐστιν	$_{109a}$ Denn ein so beschaffenes [Wesen] ist ein Mensch,
ὃν ἐν τῷ τῆς φύσεως ἐργαστηρίῳ διεχρήσατο	$_{b}$ den [jen-]er in der Werkstatt der Natur getötet hat,
μήπω καιρὸν εἶναι νομιζούσης εἰς φῶς προαγαγεῖν	$_{c}$ die es noch nicht für den richtigen Zeitpunkt hielt, ihn ans Licht zu führen,

33 Textgrundlage: Colson, spec., 544; Cohn/Heinemann, et al., spec., 216–217.

ἐοικὸς ἀνδριάντι ἐν πλαστικῇ κατακειμένῳ πλέον οὐδὲν ἢ τὴν ἔξω παραπομπὴν καὶ ἄνεσιν ἐπιζητοῦντι	d der einer Bildsäule gleicht, die in der Gussform daliegt, der nichts weiter fehlt als das Hinausschicken und Hinstellen und nur noch fortgeschafft und versandt werden muss.

Von der Besprechung der Rechtsfolgen in Ex 21,18–19^{LXX} leitet Philo Ex 21,22^{LXX} entsprechend mit ἐὰν δέ zur talionischen Perikope des Bundesbuches über. Nach der Klärung des gemeinsamen Tatbestands unterscheidet Philo in Anlehnung an Ex 21,22–23^{LXX} zwei Unterfälle gemäß dem Entwicklungsstadium des Ungeborenen (108c; 108g) und bestätigt zugleich die zugehörigen Rechtsfolgen (108d; 108i), die er darüber hinaus theoretisch begründet (108e–f; 109). Es ist grundsätzlich anzunehmen, dass er auch den Angriff auf eine schwangere Frau vor den o.g. Prämissen als Konflikt auf der Agora (spec. 3,105) versteht und den Vorfall der Kategorie der Affekthandlung (spec. 3,104) zuordnet: Das passive »verwickelt werden« [συμπλακείς] der Protagonist:innen bestätigt diese Vermutung.[34] Die Darstellung der gemeinsamen Protasis beider Unterfälle (108b) stellt mehr als eine Paraphrase des biblischen Textes dar: Die hebraisierende gr. Übersetzung »ihr Kind geht heraus« [ויצאו ילדיה/καὶ ἐξέλθῃ τὸ παιδίον αὐτῆς] wird durch den gr. Fachterminus für Fehlgeburten ἀμβλίσκω ersetzt.[35] Die biblische Anzeige ihrer Schwangerschaft mit ἐν γαστρὶ ἔχουσαν ersetzt Philo einerseits durch das Adjektiv ἔγκυος, verwendet die biblische Wendung darüber hinaus aber zur Spezifizierung des Tatbestands: Der Schlag wird »gegen ihren Bauch« [κατὰ τὴν γαστέρα] ausgeführt, was vor dem Eindruck tannaitischer Zeugnisse[36] möglicherweise rabbinische Diskurse widerspiegelt.[37]

Obwohl Philo eindeutig der LXX-Tradition zur Unterscheidung der beiden Unterfälle je nach Entwicklungsstadium des Ungeborenen folgt, verwendet er eine abweichende Nomenklatur. Dies ist einerseits mit Blick auf congr. 137 auffällig, wo Philo noch die auf die Gottesebenbildlichkeit abzielende

34 Der Übergriff auf die schwangere Frau wird gleichzeitig nicht als *aberratio ictus* dargestellt, wie es sowohl die LXX als auch HB suggerieren, sondern die Betroffene selbst wird als direktes Dativobjekt in den Kampf verwickelt, vgl. Schiff, Abortion, 17–18. Zu συμπλέκω im Rahmen kriegerischer Auseinandersetzung anstelle von μάχομαι vgl. spec. 2,190; 3,87; auch bei der Besprechung des verwandten Rechtssatzes Dtn 25,11–12 verwendet Philo dasselbe Verbum (spec. 3,172).

35 Vgl. Bossina, Law, 185, und Kap. 5, Anm. 42.

36 Vgl. MechJ Nez 8 und tBQ 9,20 (Kap. 7, Anm. 379).

37 Anders Heinemann, Bildung, 390, der diese Umformung des biblischen Textes ohne Begründung als rhetorisches Stilmittel ohne halachischen Hintergrund einordnet.

Unterscheidung mit (μή) ἐξεικονισμένον in Ex 21,22–23^{LXX} wörtlich zitiert hatte,[38] andererseits vor dem Eindruck seines einführenden Kommentars zum siebten Gebot des Dekalogs in spec. 3,83: Bevor Philo dort die zugehörigen Einzelnormen ausführt, zu denen er auch Ex 21,22–23^{LXX} zählt, begründet er seine Klassifizierung dieses Vergehens als das größte Sakrileg [ἱεροσυλιῶν ἡ μεγίστη] mit der besonderen Stellung des Menschen. Programmatisch bezeichnet er das nach seiner Zählung siebte Gebot als »Menschentötung« [ἀνδροφονία][39] und verweist auf die Besonderheit dieser Gattung: Nichts entspräche dem Heiligen mehr oder sei der göttlichen Form ähnlicher als der Mensch – er gilt als »allerschönster Abdruck des allerschönsten Bildes, geprägt nach dem Muster der archetypischen Idee des Logos« [παγκάλης εἰκόνος πάγκαλον ἐκμαγεῖον ἀρχετύπου λογικῆς ἰδέας παραδείγματι τυπωθέν].[40] In platonischer Sprache kann Philo also wenige Abschnitte vor der Besprechung von Ex 21,22–23^{LXX} die Menschentötung aufgrund der Gottesebenbildlichkeit als größten Frevel bezeichnen, was theologisch allgemein auf Gen 1,27^{LXX} [κατ᾽ εἰκόνα θεοῦ ἐποίησεν αὐτόν] zurückgeführt oder noch konkreter – auf den Tatbestand bezogen – als Anspielung auf Gen 9,6^{LXX} [ὅτι ἐν εἰκόνι θεοῦ ἐποίησα τὸν ἄνθρωπον] verstanden werden kann.[41] Er hält eine solche Argumentation zur Klassifizierung der Tötung eines Lebewesens der Gattung Mensch offensichtlich für tragfähig, obwohl er zu Beginn seiner »Expositio« die Gottesebenbildlichkeit des ersten Schöpfungsberichts der Ideenwelt zuordnet und als nicht-körperlich sowie unvergänglich versteht. Zudem assoziiert er die Erschaffung des empirischen Menschen eher mit dem zweiten Schöpfungsbericht,[42] reduziert die Gottesebenbildlichkeit

---

38 Vgl. zur LXX-Version 2.2.1 sowie Koskenniemi, Right, 52.

39 Philo deutet besonders die Formulierung in Gen 1,27^{LXX} kunstvoll aus. Vgl. ausführlicher zum Begriff »Menschentötung« bei Philo de Vos, Murder, 143–144.

40 Vgl. auch decal. 132–134, wo ebenfalls die besondere Stellung des Menschen hervorgehoben und die Tötung von Menschen als Sakrileg [ἱεροσυλία] deklariert wird. Dies begründet Philo mit der Herrschaft der Seele [ψυχή] über den Menschen [vgl. im Gegensatz dazu die Fische in opif. 65] sowie mit der Gabe des Verstands [νοῦς], der als bestes Abbild und Repräsentation der ewigen Idee gilt.

41 Vgl. de Vos, Murder, 151–152.

42 Vgl. z.B. die knappe Zusammenfassung seiner Gegenüberstellung beider Menschenschöpfungen in opif. 134: Der nach Gen 1,26–27 gottesebenbildlich geschaffene Mensch sei »eine Idee, eine Spezies oder ein Siegel, geistig, unkörperlich, weder männlich noch weiblich und seiner Natur nach unvergänglich«. Demgegenüber ist der »geformte [διαπλάσσω!] [Mensch] sinnlich wahrnehmbar, besitzt entsprechende Qualitäten [ποιότητος!], besteht aus Körper und Seele, ist Mann oder Frau und seiner Natur nach sterblich«. Vgl. zu weiteren Stellen im Werk Philos, in denen die Gottesebenbildlichkeit auf den Geist des Menschen bezogen wird, Worthington, Creation, 141, Anm. 14. Eine überzeugende Darstellung der nicht immer konsistenten Systematik der philonischen Vorstellungen von der doppelten Schöpfung des Menschen bietet Hay, Anthropology, 130–135.

auf den Bereich des Verstandes[43] und geht von einer immer größer werdenden Distanz zwischen dem Urbild und dem Abbild des Menschen und seiner Aktualisierungen aus.[44]

Eine analoge Begründung der Rechtsfolge von Ex 21,23^{LXX}, wonach mit dem Erkennen der körperlichen Merkmale des entwickelten Fötus eine potenzielle Zugehörigkeit zur Gattung Mensch[45] im Sinne des Ebenbildes gegeben und die Hinrichtung der angreifenden Person angezeigt ist, scheint möglich. Deshalb stellt sich die Frage, weshalb Philo von der Terminologie der LXX abweicht und die Gottesebenbildlichkeit mit Verweis auf spec. 3,83 nicht auch für spec. 3,108–109 argumentativ einsetzt.

Es scheint, dass Philo hier seinen interpretativen Fokus eher auf den biologisch-materiellen Entstehungsprozess des Menschen als auf seine geistige und immaterielle Verwandtschaft zum Schöpfergott legen möchte.[46] Das frühere Entwicklungsstadium des ungeborenen Lebens im ersten Unterfall beschreibt Philo mit zwei durch ein Alpha-Privativum negierten Adjektiven als »un-modelliert« [ἄπλαστος] und »un-geformt« [ἀδιατύπωτος]. Gleichzeitig geht er davon aus, dass die »Natur«, bzw. das »Wachstum«,[47] diese unstrukturierte Masse am Leben erhält [ζῳογονέω], während sie einen Menschen herstellt [τεχνιτεύω] und anfertigt [δημιουργέω]. Das spätere Stadium der embryonalen Entwicklung beschreibt Philo durch μορφόω im Part. Passiv als abgeschlossenen Vorgang und hebt dabei ebenfalls auf die Gestalt des Ungeborenen ab. In diesem Zusammenhang wird er expliziter und hält diesen Prozess für vollendet, wenn alle Glieder [μέλη] die ihnen zukommende Anordnung [τάξις] und Qualität [ποιότης] erhalten haben.[48] Einen so beschaffenen Fötus kann Philo bereits als Mensch [ἄνθρωπος] bezeichnen: Mit einer Analogie aus dem Bronzeguss vergleicht er diesen mit einer Statue [ἀνδριάς],[49] die bereits fertig

43 Vgl. zum Verstand Abbild der ewigen Idee opif. 69; decal. 132; spec. 3,207; Virt. 205 u.a.

44 Vgl. opif. 141.

45 Zumal es für Philo unproblematisch scheint, einen Fötus als »Mensch« zu bezeichnen, vgl. spec. 3,180: τὸ γὰρ τοιοῦτον ἄνθρωπός ἐστιν.

46 Einen intertextuellen Verweis auf den ersten Schöpfungsbericht könnte die Verwendung von ἀδιατύπωτος darstellen. Das zugrundeliegende Verb verwendet Philo häufiger bei seiner Besprechung der Gottebenbildlichkeit des Menschen (vgl. zu διατυπόω opif. 25; spec. 1,81; 3,83.207; Virt. 52 u.a.). Vgl. besonders LA 1,31, wo er zwischen dem himmlischen Menschen, der in Gottes Ebenbild [κατ' εἰκόνα δὲ τετυπῶσθαι θεοῦ] gemacht und eben nicht geformt wurde [οὐ πεπλάσθαι], und dem irdischen Menschen unterscheidet.

47 Vgl. zu dieser Übersetzung im Folgenden.

48 Vgl. Bossina, Law, 186.

49 Vgl. zum Begriff und dessen Geschichte besonders Keesling, Statue, 837–861.

gegossen in der Gussform [ἐν πλαστικῇ] liegt und nur darauf wartet, in die Welt gebracht zu werden.[50]

Philos Wortwahl legt gegenüber der LXX eine neue intertextuelle Verweisstruktur an: Die mehrfache Verwendung der Wortfamilie »formen« [ἄπλαστος, πλαστικός][51] sowie die handwerkliche Bildsprache [δημιουργέω; ἐργαστήριον, μορφόω; τεχνιτεύω] werden in der LXX und bei Philo eher mit dem zweiten Schöpfungsbericht assoziiert,[52] der nach Philo die Formung des empirischen Menschen aus Körper und Seele beschreibt. Es scheint also, als schwäche Philo die Konnotation der Gottesebenbildlichkeit von Ex 21,22–23^{LXX} bewusst ab und versuche, den Rechtssatz vor dem Hintergrund der Erschaffung des empirischen Menschen zu begründen.

Inhaltlich erinnert die Beschreibung der Herausbildung eines geordneten und als menschlich erkennbaren Organismus aus einer ungeformten Masse an die später als »Epigenese« bezeichnete Theorie der Reproduktion von Säugetieren, wie sie z.B. Aristoteles vertreten hat.[53] Auch die Nomenklatur »Werkstatt der Natur« [τῆς φύσεως ἐργαστήριον],[54] die lebensspendende [ζῳογονέω] Aufgabe der Natur[55] sowie die teleologische Entwicklung eines Organismus aus einer ungeformten biologischen Masse können als Hinweis auf einen aristotelisch-stoischen Hintergrund der Umformung des biblischen

50 Goodenough, Jurisprudence, 111–112, weist zurecht darauf hin, dass Philo in spec. 3,117–118 (und virt. 138) den Fötus als Teil der Mutter [τῇ μήτρᾳ τῶν κυουσῶν εἶναι μέρη] und die Geburt als Beginn des Lebens herausstellt. Vgl. aber zum argumentativen Kontext unten Anm. 75.

51 ἄπλαστος ist biblisch nur in Gen 25,27^{LXX} zur Charakterisierung Jakobs gegenüber Esau als Übersetzung von תם [איש] belegt. Vgl. das leicht veränderte Zitat in LA 3,2, congr. (61.)62 und allgemeiner zu dieser Tradition Witte, Texte, 197. ἀδιατύπωτος ist biblisch nicht belegt.

52 Vgl. πλάσσω als Übersetzung von י.צ.ר. in Gen 2,7.8^{LXX} bzw. als Zusatz in Gen 2,15^{LXX}. Vgl. πλάσσω in der LXX mit Gott als Subjekt, der Menschen (Gen 2,7.8.15; 2Makk 7,23; Ps 32,15; 93,9; 118,73; 138,5.16; Spr. 24,12; Hi 10,8; 34,15; Weish 15,7–9.11.16; Hab 1,12; Sach 12,1; Jes 27,11; 29,16; 43,1.7; 44,2; 44,21.24; 49,5; 53,11; Jer 1,5) und Tiere bzw. die Welt formt und durchwaltet (Gen 2,19; 2Kön 19,25; Ps 73,17; 89,2; 94,5; 103,26; Jer 10,16; 18,11; 28,19; 40,2). Seltener treten Menschen auf, die etwas herstellen bzw. einen schlechten Plan fassen (Ex 32,4; 1Kön 12,33; Ps 93,20; Hab 2,18; Jes 44,9–10; Jer 19,1). Vgl. besonders auch 4Makk 13,19, wo die Vorsehung dafür sorgt, dass Kinder in der Gebärmutter Form annehmen. Vgl. daneben Plato, Prot. 320d mit einem ähnlichen Bild.

53 Vgl. aber die Kritik bei Goy, Aristotle, wonach eine dichotomische Unterscheidung epigenetischer und Präformationslehre für die (Spät-)Antike anachronistisch sei. Vgl. dagegen mit einer hilfreichen Unterscheidung verschiedener Semantiken des Begriffs Epigenese Henry, Epigenesis.

54 Vgl. Heinemann, Bildung, 391–392.

55 Vgl. Bossina, Law, 186.

Textes verstanden werden.[56] Eine ähnliche Prägung begegnet auch in Philos knapper Skizze der Ordnung zur Selbsterhaltung der Schöpfung durch Fortpflanzung in opif. 67, wobei sich auch hier inhaltliche und terminologische Analogien zu spec. 3,108–109 ergeben: Das grundlegendste Strukturelement der Fortpflanzung ist der unbedeutende und an Schaum erinnernde [φαυλότατον ἐοικὸς ἀφρῷ] Samen [σπέρμα]. In der Gebärmutter erhält der Samen Bewegung [κίνησις] und wird zum »Wachstum« [φύσις]. Wie ein Handwerker [τεχνίτης] oder ein untadeliges Handwerk [ἀνεπίληπτος τέχνη] formt nun dieses »Wachstum« ein Lebewesen [ζῳοπλαστέω] auf doppelte Weise: Zum einen gliedert es »die flüssige Substanz in die Gliedmaßen und Körperteile auf« [τὴν μὲν ὑγρὰν οὐσίαν εἰς τὰ τοῦ σώματος μέλη καὶ μέρη διανέμουσα] und zum anderen »die pneumatische (Substanz) in die Potentialitäten der Seele, nämlich die der Ernährung und der Sinneswahrnehmung« [τὴν δὲ πνευματικὴν εἰς τὰς τῆς ψυχῆς δυνάμεις τήν τε θρεπτικὴν καὶ τὴν αἰσθητικήν].[57] Leider bricht Philo diese embryologische Skizze mit dem Hinweis ab, die Entwicklung des rationalen Vermögens der Seele vorerst zu übergehen, sodass keine expliziten Schlüsse auf den Zeitpunkt dieses Vorgangs möglich sind.[58] Da auch der aristotelische Hintergrund der philonischen Embryologie mehrere Schlüsse zulässt[59] und Philo zudem nicht sklavisch einer bestimmten philosophischen Schule folgt, hilft auch die aristotelische Konzeption des νοῦς nur bedingt weiter. Philo scheint davon auszugehen, dass der νοῦς tatsächlich[60] von außen zum Menschen hinzutritt,[61] auch wenn er sich nicht explizit dazu äußert, auf welche Weise dies im Rahmen der menschlichen Fortpflanzung vonstattengeht. Gleich, ob der rationale Teil der Seele nun von außen hinzutritt oder

---

56 Für einen stoisch-aristotelischen Hintergrund der Embryologie Philos votieren auch Heinemann, Bildung, 391–392, Kottek/Paavilainen, Embryology, und Bossina, Law, 186.

57 Vgl. zur Vorstellung von Sperma als Mischung von Wasser und Pneuma ebenfalls Aristoteles, Gen.An. 2,2/736a. Auch hier erinnert die Nomenklatur und Vorstellung der embryonal-fetalen Entwicklung stark an Aristoteles bzw. stoische Konzepte. Welche speziellen Prätexte bzw. Bezugspunkte anzunehmen sind, kann an dieser Stelle nicht weiterverfolgt werden. Vgl. dazu die Diskussionen bei Runia, Creation, 219–220; Timmers, Forgiveness, 119. Zur Formung von Körper und Seele in der Gebärmutter vgl. auch spec. 3,33 und ferner Aet. 66.

58 Häufiger geht er zwar auf den rationalen Anteil der Seele ein, aber leider nur unter anthropologischen, nicht unter embryologischen Gesichtspunkten.

59 Weder die frühen Rezipienten des Aristoteles noch die moderne Forschung sind sich einig, wie sich der rationale Teil der Seele zu den übrigen Seelenteilen bzw. -funktionen verhält; vgl. dazu die informative Darstellung bei Connell, Nous.

60 Vgl. die überzeugende Darstellung, dass der νοῦς-Anteil der Seele bei Aristoteles letztlich *nicht* von außen zum Embryo oder Menschen hinzutritt bei ebd., 118–122.

61 Vgl. Wyss, Philon, 125–126; Runia, Creation, 220.

die potenzielle Anlage desselben zu einem bestimmten Zeitpunkt aktiviert wird, scheint Philo die Verbindung zwischen den sensorischen und rationalen Anteilen der Seele für bedeutsam zu halten. In opif. 66 bezeichnet er den Verstand [νοῦς] als Seele der Seele [ψυχῆς τινα ψυχήν], was er mit der Analogie der Beziehung zwischen der Pupille und dem Auge [κόρην ἐν ὀφθαλμῷ] – Auge des Auges [ὀφθαλμοῦ [...] ὀφθαλμόν] – darzustellen versucht: Wie die Pupille sieht, aber auf das Auge angewiesen ist, ist der Verstand auf die übrigen Funktionen der Seele angewiesen, um seinen Dienst zu tun.[62] Entsprechend liegt die Vermutung nahe, dass das Hinzutreten bzw. die Aktualisierung des rationalen Seelenanteils die niederen Seelenteile benötigt und entsprechend frühestens mit der Ausbildung des Organismus und parallel zur Aktivierung der sensorischen Fähigkeiten der Seele möglich ist. Diese Vorstellung einer sukzessiven Entwicklung dürfte zusammen mit der spezifischen Verwendung des Nomens φύσις sowie der Polysemie von ψυχή in Zusammenhang mit embryonal-fetaler Entwicklung den Schlüssel für die Erklärung der von Ex 21,22–23^{LXX} abweichenden Nomenklatur in spec. 3,108–109 mit Blick auf die Begründung der Rechtsfolgen darstellen.

4.1.2.3 Das Verständnis und die Begründung der Rechtsfolgen

Philo verdeutlicht sein grundsätzliches Verständnis der beiden unterschiedlichen Rechtsfolgen in Ex 21,22–23^{LXX}, indem er die Talionsformel auflöst und beide Rechtsreaktionen parallel in der 3.Pers.Präs.Imp. formuliert: Im ersten Unterfall sei eine Geldbuße angemessen [ζημιούσθω] und im zweiten Unterfall drückt das Bundesbuch mit der Talionsformel eine Todessanktion aus [θνησκέτω]. Komplexer fällt die Begründung der Rechtsfolgen aus. In Bezug auf Ex 21,22^{LXX} übergeht er das Detail der Entscheidungsgewalt des Ehemanns der Geschädigten zur Festlegung der Geldbuße und führt umgehend eine doppelte [καί (...) καί] Erklärung der Rechtsfolge an. Äußerst knapp verweist Philo zunächst auf die »Hybris« [διὰ τὴν ὕβριν]. Dies könnte als Anspielung auf die im griechischen Recht belegte »Hybrisklage«[63] gewertet werden, wobei vermutlich die Schwangere als Geschädigte zu verstehen ist.[64]

62 Vgl. ders., Creation, 217 mit Verweis auf Her. 55. Vgl. ferner Abr. 272.

63 Vgl. dazu etwa die oben (Kap. 2, Anm. 205) erwähnte Anklage wegen Hybris gegen eine ägyptische Frau (P.Enteux. 79) sowie Lippert, Einführung, 130.

64 Das vermutet auch Goodenough, Jurisprudence, 113–114. Mit Heinemann, Bildung, 113, Anm. 1, ist allerdings zuzugeben, dass sich Philo – besonders gegenüber Ant. 4,278 – nicht eindeutig zu dieser Frage äußert.

Deutlich ausführlicher legt Philo der angreifenden Person zu Last, sie sei der φύσις zum Hindernis geworden [ἐμποδὼν ἐγένετο τῇ φύσει] und habe sie bei ihrer lebensschaffenden [ζῳογονέω], herstellenden [τεχνιτεύω] und anfertigenden [δημιουργέω] Arbeit unterbrochen. Vor dem Hintergrund seiner embryologischen Skizze in opif. 67 kann φύσις als »Wachstum« verstanden werden, also als teleologischer Prozess der organischen und »psychischen« Entwicklung des Menschen, der die Formung der Materie zu einem Organismus steuert und das Vermögen der irrationalen Seele in Sukzession aktiviert.[65] Darin dürfte der Grund für die abweichende Nomenklatur Philos liegen.

Die biblische Klassifizierung des noch ungeformten Lebens als nicht-ebenbildlich [(μὴ) ἐξεικονισμένον] erlaubt eine Begründung der finanziellen Entschädigung *nur* in Relation zum zweiten Unterfall, als mildere Rechtsreaktion gegenüber Ex 21,23^{LXX}. Indem jedoch die φύσις als treibende Kraft der körperlichen und seelischen Entwicklung als Geschädigte auftritt, unterbricht die Tat die von Gott eingesetzte Ordnung zur Fortpflanzung seiner Schöpfung und Philo kann eine Geldbuße für die Zerstörung ungeformter Embryonen *per se* begründen. Dies scheint von besonderer Bedeutung, da er sich im Dialog mit anderen »embryologischen Schulen«[66] rechtfertigen musste, schließlich stellten Schwangerschaftsabbrüche, besonders in der Frühphase, in der hellenistisch-griechischen Antike kein besonderes rechtliches oder moralisches Problem dar.[67] Durch die veränderte Nomenklatur gelingt es Philo, die strengere mosaische Gesetzgebung auf die Störung dieser göttlich angelegten Ordnung zur Fortpflanzung zurückzuführen und auf Augenhöhe mit der Embryologie seiner Zeit plausibel zu machen.[68]

Sobald die physiologische Entwicklung des Ungeborenen jedoch abgeschlossen und das Ungeborene als »Mensch« identifizierbar ist, ist die angreifende Person hinzurichten. Vor dem Hintergrund seiner aristotelisch-stoischen Embryologie in *opif.* 67 könnte darin ebenfalls eine embryologische Interpretation der Talionsformel liegen: Wie oben skizziert, ist »Wachstum« [φύσις] nach Philo nicht nur für die Formung des materiellen Körpers aus der Wassersubstanz des Spermas zuständig, sondern auch für die Entwicklung des

65 Vgl. auch aet. 69 u.a.

66 Vgl. den expliziten Hinweis auf embryologisch-fetale Theorien in spec. 3,117 und opif. 67.

67 Vgl. Kapparis, Abortion, 174–185.

68 Die Störung der φύσις-Ordnung als Argument für die Geldbuße anzunehmen scheint textlich angemessener als das Argument bei Kottek/Paavilainen, Embryology, 103, »the "form" of the embryo [as] an image of the "perfect world" (*teleios Lógos*) [...] is already virtually present from the beginning of its development«. Im Rahmen der »Expositio« ist eine »epigenetische« Entstehung des Menschen näherliegend.

Pneuma-Anteils in die verschiedenen Veranlagungen der irrationalen–ψυχή.[69] Besteht der (empirische) Mensch nach opif. 134 also aus Körper [σῶμα] und Seele [ψυχή], und ist das »Wachstum« [φύσις] für die Herstellung dieser Teile zuständig, so kann mit dem Abschluss ihrer Arbeit, die Philo für den zweiten Unterfall voraussetzt, angenommen werden, dass analog zum körperlichen Aspekt auch mindestens die irrationale ψυχή des Menschen ausgebildet ist bzw. aktualisiert werden kann.[70] Ohne einen embryologischen Hinweis zum Hinzutreten der rationalen Seele von außen [θύραθεν] bzw. der Aktualisierung der potenziell angelegten rationalen Seele bei der Entstehung bleibt dies jedoch nur Vermutung. Sofern Philo bereits von einer Anlage der rationalen Seele bei einem entsprechend entwickelten Fötus ausgehen kann, besitzt er mindestens eine irrationale, möglicherweise bereits eine rationale Seele bzw. die nun aktivierte Potentialität dazu. Auf diese Weise kann Philo die Talionsformel – ψυχὴν ἀντὶ ψυχῆς – embryologisch informiert auch auf vorgeburtliches Leben beziehen.

Zudem ist anzunehmen, dass Philo die Tötung der angreifenden Person auch in diesem Fall als talionische Strafe versteht.[71] In spec. 3,84 hatte er zuvor die Hinrichtung jener, die Menschen töten [ἀνδροφόνος], gutgeheißen: Da sie für ihre Tat eigentlich eine unzählbare Anzahl an Toden bzw. Strafen verdient hätten, sei es nicht hart, wenn sie dasselbe erleiden müssen, was sie dem Geschädigten zugedacht hatten. Zwar problematisiert er im selben Atemzug, dass die Tötung der angreifenden Person dasselbe sei wie die begangene Tat,[72] jedoch deutet er auch hier die Todessanktion für Mord als Einstehen für den getöteten Menschen an seiner statt (spec. 3,85). Entsprechend versteht Philo in spec. 3,108–109 ebenso wie in anderen Fällen die Hinrichtung für Tötungsdelikte als talionische Strafe.[73]

An Ex 21,22–23 anschließend bespricht Philo die aktive Ermordung von Kindern bzw. passive Tötung des Nachwuchses durch Aussetzen und fehlende Versorgung.[74] Diese Tatbestände sind für ihn ebenfalls in Ex 21,22–23 »als

69 Vgl. Timmers, Forgiveness, 121–122.

70 Zur Verwendung von ψυχή für die irrationale Seele vgl. spec. 1,201.333; Migr. 13.

71 Pauschal gelten Todessanktionen für Tötungsdelikte, sofern keine expliziten textlichen Indizien dies nahelegen, nicht als »talionisch« (vgl. 1.2.2).

72 Vgl. spec. 3,85: »Und doch, wie kann es dasselbe sein, wenn sich [die Tötung] doch sowohl hinsichtlich des Zeitpunktes, als auch der Tat, der Intentionalität und der Person unterscheidet […]«; vgl. unten zu spec. 3,183.

73 Vgl. z.B. seine Ausführungen zu Ex 21,18–19^{LXX} in spec. 3,106: Wenn das Opfer sofort an den erlittenen Verletzungen stirbt, so soll der Schläger getötet werden. Er soll das Gleiche erleiden, was er anderen angetan hat [τὰ ἴσα οἷς διέθηκε παθών].

74 Vgl. die grausamen Beschreibungen in spec. 3,114–115 und ausführlich Tuor-Kurth, Kindesaussetzung, 162–168.

Andeutung« [δι' ὑπονοιῶν] (spec. 3,117) enthalten. Die schlimmste Art des Mordes, die Kindstötung (vgl. spec. 3,112), kann er von seiner Interpretation von Ex 21,22–23^{LXX} ausgehend in spec. 3,111 als *argumentum a minore ad maius* herleiten und, im Vergleich mit philosophischen Schulen der Antike und der nichtjüdischen Rechtsprechung, die mosaische Gesetzgebung lobend hervorheben, da sie schon das geformte, aber noch nicht geborene Kind unter den Schutz menschlichen Lebens stellt.[75]

Die weiteren Elemente der biblischen Talionsformel spricht Philo in diesem Zusammenhang nicht an. Er wendet sich jedoch im selben Sinnabschnitt in abstrakter Weise auch dem Kern der *talio* zu, wenn er das dekalogische Verbot der »Menschentötung« bespricht.

4.2 Die Talion als Prinzip gerechter Rechtsreaktionen (spec. 3,181–183)

4.2.1 Kontextualisierung und Aufbau

Innerhalb der »Expositio legis« begegnet – wie spec. 3,108–109 ebenfalls als Spezialgesetz dem dekalogischen Verbot der »Menschentötung«[76] zugeordnet – mit spec. 181–183 der umfassendste Kommentar Philos zur Talionsformel. Auch wenn der Alexandriner dabei weder die *talio* direkt zitiert noch eine der drei zugehörigen biblischen Perikopen paraphrasiert, ist es naheliegend, den gesamten Abschnitt als Rezeption von Ex 21,23b–25 zu verstehen. Dafür sprechen neben der dreifachen Apposition in Bezug auf Körperverletzungsdelikte 3,182 [κατὰ μέρη καὶ μέλη καὶ τὰς αἰσθήσεις][77] auch

75 Vgl. spec. 3,117. Die Bezugnahme auf die wissenschaftliche Theorie, wonach ein Fötus als Teil der Mutter gilt, ist argumentativ auf die Verurteilung der Kindstötung zu beziehen und stellt Philos Darstellung des mosaischen Gesetzes, wonach bereits ein ausgebildeter Fötus als Mensch gelten kann, nicht infrage (vgl. Heinemann, Bildung, 391–392). Ein Widerspruch zu spec. 3,108–109 dürfte nicht bestehen, da Philo hier – vielleicht als Minimalkonsens zu verstehen – begründen möchte, weshalb Kindstötung als Mord zu verstehen ist; vgl. Colson, spec., 637; Pérez, Aborto, 23–24.

76 Vgl. zum Begriff Anm. 39. Zur Zuordnung von Körperverletzungsdelikten zu diesem Gebot vgl. 4.1.2.1.

77 Vgl. zudem Daniel-Nataf, spec., 122, die αἴσθησις mit »[לפי] החוש הפוגע« (»[gemäß] dem beschädigten Sinn/Gefühl«) übersetzt. Aufgrund ihrer Ausführung, Philo habe den gesamten Abschnitt im Blick (ebd., 122, Anm. 217), scheint sie αἴσθησις als Hinweis auf die verschiedenen Wunden in V. 25 zu verstehen und nicht auf die Sinnesorgane – etwa das Auge – zu beziehen.

einzelne Lexeme[78] und der nähere Kontext. Unmittelbar nach spec. 3,181–183 geht Philo auf die rechtlichen Bestimmungen über das Ausschlagen von Augen und Zähnen versklavter Personen ein, samt einem abschließenden Vergleich der beiden Vergehen (spec. 3,184–204). Dies lässt sich plausibel auf Ex 21,26–27^{LXX} zurückführen,[79] wodurch spec. 181–204 als Rezeption von Ex 21,23b–27^{LXX} gewertet werden kann. Die Verbindung zum vorhergehenden Sinnabschnitt (spec. 3,172–180) ist weniger offensichtlich, lässt sich aber durch die darin enthaltene Anspielung auf Dtn 25,11–12^{LXX} und die intertextuellen Entsprechungen beider Rechtsfälle erklären: Neben den beinahe wortgleichen Einleitungen [(ו)כי ינצו אנשים/ἐὰν δὲ μάχωνται (δύο) ἄνδρες/ἄνθρωποι], die ausschließlich in diesen beiden Perikopen begegnen, wird hier wie dort (a) eine Frau (b) in eine Schlägerei (c) zwischen Männern hineingezogen, (d) der Kampf greift auf die Geschlechtsteile einer der Parteien über und (e) die Tat wird mit einer Spiegelstrafe vergolten.[80]

Zwischen diesen beiden Sinnabschnitten rezipiert Philo die Talionsformel in besonderer Weise, indem er einen knappen theoretischen Kommentar zur inhärenten Verbindung zwischen Rechtsbrüchen und (un-)angemessenen Rechtsreaktionen bietet:

78 Die Nomina ψυχή (3,182) und τραῦμα (3,181) können als Anspielungen auf Ex 21,23b.25 verstanden werden. Bei Josephus begegnet mit πήροω bei der Besprechung von Ex 21,24–25 das zugehörige Verb zu Philos πήρωσις in spec. 3,181 (vgl. 5.1.5.1)

79 In spec. 3,184 verkürzt Philo die Protasis auf einen Satz, indem er mit ἐκκόπτω als Satzprädikat das Schlagen [πατάσσω] und Erblindenlassen [ἐκτυφλόω] zusammenfasst. Vgl. Minuskel 121, die ἐκτυφλώσῃ mit ἐκκόψῃ ersetzt (vgl. Ex 21,26^{LXX})] und zudem eine Konjunktion sowie zahlreiche Artikel und die zweite Erwähnung des Auges auslässt. Aus der griechischen Bibelüberlieferung der Apodosis hingegen entstammt lediglich das Adjektiv ἐλεύθερος, wobei Philo das Akkusativobjekt αὐτοὺς auslässt und ἐξαποστελλω durch ἀφίημι ersetzt. Die biblische Begründung ἀντὶ τοῦ ὀφθαλμοῦ αὐτῶν entfällt und wird durch ein διὰ τί ersetzt, was die folgenden Abhandlungen einleitet. Die Anspielung auf Ex 21,27^{LXX} in spec. 3,198 erfolgt noch deutlich verkürzter: Gegen die LXX leitete Philo die Protasis mit κἄν εἴ τις an, vielleicht als Angleichung an spec. 3,184. Nach dem Entfallen sämtlicher Artikel und Possessivpronomina sowie der Doppelung οἰκέτης ἢ θεράπαινα bleibt mit κἄν εἴ τις ὀδόντα θεράποντος ἐκκόψειεν das nur das absolut Notwendige übrig. Die Begründung der Apodosis wird erneut durch διά τί ersetzt und ἐξαποστελλω durch das deutlich schillernde χαρίζομαι. Deutlich wird, dass Philo Ex 21,26–27^{LXX} zwar nicht direkt zitiert, die semantischen Anklänge jedoch eine Zusammenfassung für seine Zwecke erkennen lassen und den biblischen Text als Ausgangspunkt seiner Ausführungen markieren.

80 Philo übernimmt in spec. 3,179 mit τὴν […] χεῖρα […] ἀποκόπτειν die Formulierung der LXX (vgl. Dtn 25,12: ἀποκόψεις τὴν χεῖρα αὐτῆς). Der MT ist mehrdeutiger und spricht vom Abschlagen der Handfläche [וקצתה את כפה]. Vgl. oben 2.1.2.5.

Philo, spec. 3,181–183[81]

μέμψαιτ᾽ ἄν τις δεόντως τοὺς ἀνόμοια τοῖς ἀδικήμασι τάττοντας ἐπιτίμια κατὰ τῶν εἰργασμένων;	181a Mit Recht sollte man also diejenigen tadeln, die gegen Täter Strafen festlegen, die nicht den Vergehen entsprechen;
ζημίας χρημάτων ἐπ᾽ αἰκίαις	181bα etwa finanzielle Strafzahlungen für (schwere) Körperverletzungen
ἢ ἐπὶ τραύμασι καὶ πηρώσεσιν ἀτιμίας	181bβ oder für schwere Verwundungen oder Verstümmelungen Ehrverlust
ἢ ἐπ᾽ ἀνδροφονίαις ἑκουσίοις ἐλάσεις ὑπερορίους	181bγ oder für vorsätzlichen Mord Verbannung ins Ausland
καὶ τὰς εἰς ἀεὶ φυγὰς ἢ δεσμοὺς ἐπὶ κλοπαῖς	181bδ und unbegrenzte Exilierung oder Gefängnishaft für Diebstahl,
τὸ γὰρ ἀνώμαλον καὶ ἄνισον ἐχθρὸν πολιτείας ζηλούσης τὴν ἀλήθειαν	181c denn Ungleichartigkeit und Ungleichheit sind einer Staatsordnung Feind, die nach Wahrheit strebt.
ἰσότητος δὲ ὑφηγητὴς ὁ ἡμέτερος νόμος τὰ ὅμοια κελεύων τοὺς ἁμαρτάνοντας ὑπομένειν οἷς ἔδρασαν	182a Unser Gesetz hingegen gebietet, als Lehrer der Gleichheit, dass die Verbrecher dasselbe erleiden sollen, was sie getan haben –
ἐκ τῶν οὐσιῶν, ἐὰν περὶ τὰς οὐσίας ἀδικοπραγῶσι τῶν πλησίον,	182bα aus ihrem Besitz, wenn sie am Besitz des Nächsten ungerecht gehandelt haben,
ἐκ τῶν σωμάτων, ἐὰν εἰς τὰ σώματα ἐξαμαρτάνωσι κατὰ μέρη καὶ μέλη καὶ τὰς αἰσθήσεις·	182bβ aus ihrem Leibe, wenn sie sich am Leibe vergangen haben, (und zwar) gemäß der Teile und Gliedmaßen und Sinnesorgane
κἂν ἄχρι μέντοι τῆς ψυχῆς ἐπιβουλεύσωσι εἰς ψυχὴν τιμωρεῖσθαι κελεύει·	182bγ und wenn sie sogar nach seinem Leben getrachtet haben, dann gebietet es, dass sie mit ihrem Leben bestraft werden.
ὑπομένειν γὰρ ἀνθ᾽ ἑτέρων ἕτερα μηδεμίαν ἔχοντα κοινωνίαν ἀλλὰ τοῖς εἴδεσιν ἀπηρτημένα καταλυόντων νόμους ἐστίν, οὐ βεβαιούντων.	182c Eines nämlich für ein anderes zu ertragen, was keine Gemeinschaft (mit demselben) hat, sondern seiner Erscheinung nach verschieden ist, das bedeutet die Zerstörung von Gesetzen, nicht ihre Bekräftigung.

81 Textgrundlage: Colson, spec., 588–590; Cohn/Heinemann, et al., spec., 239–240.

ταυτὶ δέ φαμεν τῶν ἄλλων [οὐχ]	183 All dies aber sagen wir nur unter sonst
ὁμοίως ἐχόντων	gleichen Umständen:
οὐ γὰρ ταὐτὸν ἀλλοτρίῳ καὶ	es ist nämlich nicht dasselbe, einem
πατρὶ πληγὰς ἐμφορῆσαι οὐδὲ	Fremden oder einem Vater einen Hieb zu
ἄρχοντα ἢ ἰδιώτην κακῶς	versetzen, und auch nicht, einen Obersten
εἰπεῖν οὐδὲ ἐργάσασθαί τι τῶν	oder einen Privatmann zu verunglimpfen,
μὴ ἐφειμένων ἐν βεβήλοις ἢ	und auch nicht, etwas Unerlaubtes an
ἱεροῖς χωρίοις οὐδ᾽ ἐν ἑορταῖς	profaner oder geweihter Stätte zu tun, ob zu
καὶ πανηγύρεσι καὶ δημοτελέσι	Festzeiten, bei festlichen Versammlungen
θυσίαις καὶ πάλιν ἐν ἡμέραις	und staatlichen Opferhandlungen oder
αἷς μηδὲν πρόσεστι τῶν εἰς	umgekehrt an solchen Tagen, die nicht als
ἐκεχειρίαν ἢ καὶ συνόλως	besondere Feiertage oder die überhaupt als
ἀποφράσι, καὶ ὅσα ἄλλα	Unglückstage gelten, und was für Umstände
τοιουτότροπα διερευνητέον εἰς	sonst hinsichtlich höherer oder niedrigere
συναύξησιν ἢ μείωσιν κολάσεως.	Strafbemessung sorgfältig zu ermitteln sind.

Philos Darstellung beschränkt sich nicht auf den Kern der *talio*, Körperverletzungen, sondern erstreckt sich auch auf Mord und Eigentumsdelikte. Um die Gerechtigkeit des mosaischen (bzw. »unsrigen« [ὁ ἡμέτερος]) Rechtssystems herauszustellen, präsentiert er zwei unterschiedliche Gruppen von Beispielen (spec. 3,181b.182b) und erläutert diese mit einem theoretischen Metakommentar (spec. 3,181a.c.182a.c.183). Auffällig ist dabei, dass Philo die biblische Talionsformel hier weder direkt zitiert noch eindeutig eine strikte Wiedervergeltung für Körperverletzungen fordert. Einerseits lassen sich in spec. 3,181–182.195 zwar Elemente ausmachen (4.2.2), die für die Charakterisierung des Autors als Befürworter einer strikten Talion sprechen. Andererseits zeigt sich in seinen Formulierungen eine gewissen Ambiguität, die an talionskritische Texte der Antike anschließt (4.2.3). Daher ist anzuzweifeln, dass Philo tatsächlich »interpreted the *lex talionis* [explicitly] as a literal requirement«.[82] Es scheint eher, dass er der *talio* als Rechtsnorm zwar nicht abgeneigt war, die biblische Talionsformel jedoch eher als grundlegendes Rechtsprinzip der Tora[83] versteht und nicht als wörtliche Aufforderung zur gerichtlichen Wiedervergeltung des empfangenen Schadens. Im Folgenden werden beide Möglichkeiten diskutiert.

---

82 Davis, Lex, 67, zu spec. 3.181–183. Vgl. Jacob, Auge, 72; 76–78, der Philos Auslegung der *talio* von einem hellenistisch-römischen Zeitgeist beeinflusst als Zeugnis einer strikt-talionischen Auslegung von Ex 21,22–25 versteht.

83 Vgl. auch Gvaryahu, Equal, 62–63.

4.2.2 Philo als Vertreter einer strikten Talion

4.2.2.1 Die Beispiele unangemessener Rechtsfolgen (spec. 3,181b)

Philo eröffnet seine Erörterung von Ex 21,23b–25 mit einer Kritik an jenen Gesetzgebern, die Rechtsreaktionen festlegen, die den zugehörigen Rechtsbrüchen unähnlich [ἀνόμοιος] seien und sich grundsätzlich durch Unregelmäßigkeit [ἀνώμαλος] und Ungleichheit [ἄνισος] auszeichnen. Zur Illustration führt er eine Reihe von Beispielen an, die sowohl aufgrund der syntaktischen Präsentation als auch der numerisch ungleichen Zusammenstellung von Tatbeständen und Rechtsfolgen seine Einschätzung unterstreichen.[84] Auch die innere Logik der Reihenfolge erschließt sich nicht ohne Weiteres: Während sowohl die ersten drei Rechtsbrüche (Körperverletzung – schwere Körperverletzung – Mord)[85] als auch die zugehörigen Rechtsreaktionen (Geldbuße – Verbannung) an Schwere zunehmen, durchbricht der Tatbestand des Diebstahls[86] samt der Rechtsfolge, Gefängnishaft,[87] diesen Aufbau.

Die Frage, ob hinter spec. 3,182b die Kritik an einem (bestimmten) historischen Rechtssystem steht, ist – besonders in diesem Rahmen – kaum

84 So begegnen mal die Rechtsfolgen (α; δ) und mal die Rechtsbrüche (β; γ) am Satzanfang. Mal führt Philo *zwei* Tatbestände für *eine* Rechtsreaktion an (β), mal umgekehrt (δ). Man könnte spec. 3,181b zwar auch als Chiasmus (A–B–B–A) verstehen, jedoch wirkt der Satz besonders im Vergleich mit den drei parallel aufgebauten Sätzen in 3,182b deutlich unharmonischer, was wohl beabsichtigt ist.

85 Zur Reihenfolge αἰκία, τραῦμα und πήρωσις vergleiche decal. 170, wo daneben noch βίαιος und ὕβρις genannt werden. Besonders das Fehlen von ὕβρις in der Reihe der Rechtsverletzungen von spec. 3,181 verwundert, beschreibt er doch an der einzigen Stelle (spec. 3,108), an der er den eigentlichen Rechtsfall von Ex 21,22–23^{LXX} erwähnt, den Vorgang mit genau diesem griechischen Fachbegriff.

86 Alternativ könnte angenommen werden, Philo würde damit Menschenraub bzw. die Versklavung freier Israeliten bezeichnen. Schon in der griechischen Bibeltradition wird in diesem Zusammenhang das Lexem κλέπτω eingesetzt (Ex 21,17^{LXX}; Dtn 24,7^{LXX}) und Philo subsumiert das Gesetz unter das dekalogische Diebstahlsverbot, als Entwenden »(…) des Vorzüglichsten, das man auf der Erde haben kann (…)«, wofür er – zumindest wenn Israelit:innen betroffen sind – die Todesstrafe fordert (vgl. spec. 4,13–19). Da explizit andere Gesetzgeber kritisiert werden und κλοπή ohne weitere Qualifikation erwähnt wird, scheint die Annahme von Menschenraub aber eher abwegig.

87 Zudem galt Gefängnishaft in den meisten Kulturen der Antike nicht als Rechtsfolge, sondern diente in erster Linie dazu, die Angeklagten bis zum bzw. während des Prozesses festzusetzen, vergleichbar mit der heutigen Untersuchungshaft. Zumindest in römischer Kultur scheint jedoch die Entwicklung von Gefängnisstrafen weiter verbreitet gewesen zu sein, als gemeinhin angenommen; vgl. Hillner, Prison, 119–150.

zu beantworten.[88] Eine wissenschaftlich fundierte Untersuchung müsste die zehn Begriffe nicht nur im Rahmen der unterschiedlichen griechischen (Stadt-)Rechte, der Veränderungen in hellenistischer Zeit, des ptolemäischen bzw. alexandrinischen Rechts sowie möglicher Einflüsse der römischen Rechtspraxis analysieren, sondern auch die Möglichkeit eines innerjüdisch-halachischen Diskurses berücksichtigen.[89] Darüber hinaus sind nicht alle von Philo angeführten Begriffe einem bestimmten Tatbestand zuzuordnen[90] und selbst in den o.g. Rechtstraditionen waren die einzelnen Tatbestände und Rechtsfolgen einem Wandel unterworfen.[91] Vernachlässigt man einen potenziell empirischen Hintergrund und liest den Abschnitt als rein fiktionales Negativbeispiel vor der Hypothese Philos als Vertreter einer strikten Talion, kann die Argumentation Philos nachvollzogen werden. Die aufgezählten Sanktionen sind tatsächlich nicht talionisch: Die Wohlhabenden können sich nach Körperverletzungsdelikten freikaufen und leben – zugegebenermaßen unter »Barbaren« –, während die Geschädigten lebenslanges Leid ertragen müssen oder ihr Leben verloren haben.[92] Die angeführten

88 Konnte Goodenough, Jurisprudence, 136–137, die hier angeführten Rechtsfolgen umfänglich als »all recognizable Greek« charakterisieren, übte bereits Colson, spec., 642, berechtigte Kritik an dieser Einschätzung. Eine aktuelle Untersuchung des rechtshistorischen Hintergrunds von spec. 3,182b liegt nicht vor.

89 Vgl. z.B. Regev/Nakman, Josephus, 424, die aufgrund von Scholion$_O$ zur Megillat Taʿanit zum 10. Tammus annehmen, dass Philos Darstellung der Talion möglicherweise einen Dissens zwischen Pharisäern und Zadokiten (bzw. Boethusianern) widerspiegelt und er Letzteren zuneigt. Vgl. auch Regev, Qumran, 48–49 und Noam, Megillat, 206–216.

90 Vgl. 5.1.5.1 zur Einordnung von πήρωσις.

91 Exemplarisch lässt sich dies etwa an der Rechtsfolge der ἀτιμία zeigen: Als juristischer Begriff ist ἀτιμία seit dem 5. Jh. v.u.Z. in Gebrauch, wie sich sowohl in epigraphischen als auch in literarischen Texten nachweisen lässt (vgl. Youni, Atimia, 368–374). Grundsätzlich handelt es sich um den Entzug der Bürgerrechte, was sowohl die aktive Teilnahme am sozialen Leben als auch das Innehaben politischer Ämter einschloss. Nach Andocides lassen sich verschiedene Formen der ἀτιμία unterschieden: Sie konnte an die Zahlung ausstehender Beträge geknüpft und somit zeitlich begrenzt sein, sie konnte einen umfassenden Verlust der Bürgerrechte bedeuten, ohne das Privateigentum zu gefährden, und sie konnte nur einen Teil der Rechte des Täters betreffen. (vgl. Kucharski, Penalties, 133–136; Youni, Atimia, 371–372). Nach literarischen Zeugnissen wurde diese Strafe von den Gerichten vor allem bei Falschaussagen verhängt; vgl. die Verteidigung des Antiphon in seiner ersten Tetralogie [Ant. 4.2.7], wiederum in Myst. 1,74 sowie Hypereides (Hyp. Phil. 12) und Thukydides (5.34.2). In ihrer grundlegendsten Form ist sie also zeitlich begrenzt, reversibel und etwas milder. In ihrer strengeren Anwendbarkeit steht sie jedoch in Konkurrenz zu den härteren Sanktionen.

92 Vgl. z.B. die römische Anekdote in Labeo. Ad XII tabulas (Gellius, Noctes Atticae 20,1): Aufgrund der Inflation konnte der wohlhabende Lucius Veratius auf der Straße zu seinem eigenen Vergnügen andere Freie ohrfeigen. Sein Sklave habe unverzüglich die 25

Rechtsbeispiele 1–3 könnten als Hinweis gedeutet werden, dass talionische Rechtsfolgen, i.S. von Körperstrafen bzw. Todessanktionen, angemessener wären. Gleichzeitig könnte die Reihe, besonders mit Blick auf das letzte Beispiel, bemängeln, dass die Sanktionen nicht denselben Rechtsbereich bedrohen, den die Straftaten verletzt haben.[93]

4.2.2.2 Philos Metakommentar (spec. 3,181a.c; 182a.c)

Die Spur, die Philo mit seiner Kommentierung der Beispielfälle legt, lässt ihn eindeutiger als Vertreter einer strikt-talionischen Interpretation von Ex 21,23b–25 erscheinen. Seine Aussage, dass die kritisierte Gesetzgebung Rechtsbrüchige »eine Sache für eine andere erdulden lässt, die keine κοινωνία [mit dem Vergehen] hat« [(…) ὑπομένειν γὰρ ἀνθ' ἑτέρων ἕτερα μηδεμίαν ἔχοντα κοινωνίαν (…)] bleibt noch etwas bedeutungsoffener: »Gemeinschaft haben« impliziert nicht zwangsläufig die Forderung einer talionischen Rechtsreaktion. Deutlicher weist Philos Bemerkung, sie müssten »dasselbe ertragen« [τὰ ὅμοια (…) ὑπομένειν], was sie getan haben, in diese Richtung, zumal Philo an anderer Stelle betont, dass er mit ὅμοιος das »Gleiche« und nicht etwas Ähnliches meint.[94] Insbesondere die Benennung des Grundprinzips des »unsrigen Gesetzes« als »Gleichheit« [ἰσότης] spricht für diese Auslegung. Der Begriff ist in den antiken Diskursen weit verbreitet, wird vor allem in den Schlüsselbereichen der Freundschaft, der kosmologischen Spekulation sowie der politischen Philosophie diskutiert[95] und erlangte besonders unter den Schriftstellern des 1. Jh. u.Z. große Popularität.[96]

Die Verwendung des Begriffs ἰσότης im Rahmen juridischer Diskurse ist deutlich seltener belegt. Es gibt jedoch eine auffällige Parallele: Die wenigen Hinweise auf die »Gleichheit« als Maßstab für die Gerechtigkeit in Zusammenhang mit Rechtsfolgen verweisen auf die Pythagoräer.[97] Eine Darstellung ihrer Argumentation bietet z.B. Alexander von Aphrodisias in seinem Kommentar zur Metaphysik des Aristoteles.[98] Demnach hätten die Pythagoräer »(…) das

---

Kupfermünzen bezahlt, die in den Zwölftafeln für Injuriendelikte festgelegt wurden. Vgl. Liebs, Recht, 218, zur Anpassung dieser Rechtsfolge.

93 Vgl. 4.2.3.2.

94 Vgl. u.a. opif. 97; spec. 1,47.

95 Vgl. Welborn, Contexts.

96 Vgl. ders., Equality, 544–553.

97 Vgl. Arist. EN, 5,8/1132b; MM 1,33/1194a und Alex.Aphr., Met. 1,5/985b.

98 Runia, Creation, 194, bezieht sich bei seiner Analyse von opif. 52 ebenfalls auf diesen Text. Auch wenn dieser Bericht aus dem frühen 3. Jh. u.Z. später anzusetzen ist als Philos Œuvre, wird davon ausgegangen, dass der Autor ein nicht mehr erhaltenes Werk des

Gleiche [ἴσιον] der Gerechtigkeit als Wiedererleiden des Gleichen [τὸ ἀντιπεπονθός τε καὶ ἴσον] verstanden, was sie in der Arithmetik fanden. Deshalb sagten sie auch, dass Gerechtigkeit die erste Quadratzahl sei (...)«.[99] Zwei grundlegende Aspekte werden in dieser Darstellung angesprochen: Zum einen die pythagoreische Herleitung des Begriffs δικαιοσύνη aus der Arithmetik, genauer aus der Zahl »Vier«.[100] Zum anderen die Schlussfolgerung dieser Überlegung: Gerechtigkeit bedeutet, dasselbe wiederum zu erleiden. Ein früherer Hinweis auf diesen Sachverhalt begegnet bereits im historischen Rückblick (1,1/1182a) der (pseud-)aristotelischen[101] *Magna Moralia*, die mit der Ableitung der Tugend und der Gerechtigkeit bei Pythagoras einsteigt: Dieser habe die Bedeutung von Tugend aus der Arithmetik abgeleitet [(...) τὰς γὰρ ἀρετὰς εἰς τοὺς ἀριθμοὺς ἀνάγων (...)] und Gerechtigkeit als Quadratzahl definiert [(...) ἐστιν ἡ δικαιοσύνη ἀριθμὸς ἰσάκις ἴσος (...)].[102] Diese Methode wird als Fehlschluss bewertet und die Definition abgelehnt. Dennoch kommt der Autor in MM 1.33/1194a/b ein zweites Mal darauf zurück: »Recht ist aber auch die Wiedervergeltung [ἔστιν δὲ δίκαιον καὶ τὸ ἀντιπεπονθός], doch nicht so, wie die Pythagoräer sagten. Denn diese meinten, es sei Recht, wenn einer das, was er getan hat, zum Ausgleich selbst erleide [ἅ τις ἐποίησεν, ταῦτ᾽ ἀντιπαθεῖν].«[103] Auch in MM begegnet also diese pythagoreische Theorie, wobei erneut vom Gedanken der Gleichheit im Sinne einer Quadratzahl zusammen mit dem Verb ἀντιπάσχω[104] ausgegangen wird. Entsprechend besteht der Verdacht, dass

Aristoteles über die Pythagoräer gekannt habe, vgl. Fazzo, Metaphysics, 66–67; zurückhaltender äußert sich Kotwick, Alexander, 61–70.

99 Alex.Aphr., Met. 1,5/985b.

100 Alexander erwähnt in den folgenden Abschnitten, dass es unter den Pythagoräern keine Einigkeit darüber gab, ob die Zahl »Vier« oder »Sechs« Gerechtigkeit symbolisiere. Wie weiter unten besprochen, macht Philo ausgiebig Gebrauch von der Bedeutung der Zahl Vier als Symbol für Gleichheit und Gerechtigkeit. Zur Zahl Sechs als vollkommene Zahl und als Symbol für die schöpferische Vereinigung von Mann und Frau vgl. z.B. opif. 13–14 und Filler, Description, 7.

101 Zur Frage, ob MM als aristotelisch oder pseudaristotelisch zu werten sei, vgl. Dirlmeier, MM, 118–147, und Simpson, MM, xix–xxx.

102 Die Übersetzung orientiert sich an Simpson, MM, 5.

103 Übersetzung: Dirlmeier, MM, 37.

104 Auch vor dem Hintergrund mathematischer Abhandlungen ist die Verwendung dieses Begriffs im Rahmen der Gleichheit und des Wider-Erleidens schlüssig. So beschreibt etwa Euclid im sechsten Buch seiner *Elementa*, dass bei einem gleichen und gleichwinkligen Parallelogramm die gegenüberliegenden Seiten eines gleichen Winkels reziprok proportional [ἀντιπεπόνθασιν] seien. Vgl. mit weiteren Beispielen Figueira, Hippeis, 67, Anm. 91 [S. 80].

Philos Einordnung der Talionsformel in spec. 3,182[105] von der pythagoreischen Definition der Gerechtigkeit beeinflusst ist, wie sie bei Aristoteles[106] und in dessen Rezeption erwähnt wird.

Folgt man dieser Spur, wird deutlich, dass Philo in seinem gesamten Werk mehrfach die besondere Beziehung zwischen der Gleichheit [ἰσότης] und Gerechtigkeit [δικαιοσύνη] unterstreicht: Gleichheit bringt Gerechtigkeit hervor[107] und ist die Mutter[108] bzw. Amme[109] derselben. Neben Anspielungen auf die stoische Tradition der Gerechtigkeit[110] begegnen häufig auch mathematische (opif. 51; plant. 122) bzw. geometrische (congr. 16) Argumente zur Korrelation von »Gleichheit« und »Gerechtigkeit«. Dabei beruht seine Argumentation überwiegend auf der Auslegung der Zahl »Vier«. Exemplarisch widmet er sich im Rahmen seines Kommentars zum vierten Schöpfungstag in opif. 45–52 ausführlich dieser Zahl: Der Himmel wird mit der perfekten Zahl »Vier« [ἐν ἀριθμῷ τελείῳ τετράδι] geschmückt, die als Ursprung [ἀφορμή] und Quelle [πηγή] der allperfekten Zehn gilt [ἡ δεκάς τῆς παντελείας]. Was bereits nach einem Verweis auf pythagoreische Zahlenlehre klingt, wird im Fortgang umso deutlicher, wenn er auf die die pythagoreische Lehre der Tetraktys anspielt, indem er die mathematische Formel (1 + 2 + 3 + 4 = 10) anführt.[111] Von diesen Überlegungen ausgehend, führt Philo zwei weitere Beispiele aus der Geometrie an, um die Symbolträchtigkeit der Zahl zu illustrieren: Mit ihr kann nicht nur der erste dreidimensionale Körper dargestellt werden,[112] sondern sie ist auch die erste Quadratzahl.[113] Daraus schließt Philo, dass die Zahl »Vier« als »Maßstab für Gerechtigkeit und Gleichheit« [μέτρον δικαιοσύνης καὶ ἰσότητος] gelten kann.

---

105 Vgl. auch spec. 3,195.

106 Vgl. auch die Kommentare in Arist.N.E., 5,8/1132b.

107 Vgl. z.B. plant. 122 [(…) δικαιοσύνην δὲ ἰσότης (…) ἔτεκεν (…)].

108 Vgl. z.B. spec. 4.231 [(…) ἔστι γὰρ ἰσότης (…) μήτηρ δικαιοσύνης (…)] und spec. 2.204.

109 Vgl. z.B. her. 163 [(…) ἰσότης ἡ δικαιοσύνης τροφὸς (…)].

110 Vgl. z.B. LA 1,87 und. Geljon/Runia, Planting, 238.

111 Vgl. opif. 47, plant. 123, und zum Hintergrund des pythagoreischen Tetraktys Runia, Creation, 191–192, mit weiteren Textbelegen.

112 Vgl. opif. 50; verbindet man drei Punkte entsteht ein Dreieck, das durch einen weiteren Punkt darüber zu einer Pyramide wird. Vgl. Plat. Phil. 51c; Eucl. El. 11; Montanari, Dictionary, 1959, und ausführlicher Runia, Creation, 193.

113 Vgl. opif. 51: Verbindet man auf diese Weise vier Punkte in gleichem Abstand, ergibt sich ein Quadrat [πρῶτος ἀριθμῶν ὁ τέτταρα τετράγωνός ἐστιν ἰσάκις ἴσος]. Die besondere Qualität der Vier nach opif. 51 ist zudem, dass sie nicht nur durch Addition [σύνθεσις] zweier gleicher Zahlen (2 + 2 = 4) gebildet werden kann, sondern auch durch Multiplikation (δύναμις: 2*2 = 4).

Die Fülle an weiteren ähnlich gelagerten Beispielen[114] im Œuvre des Alexandriners legt nahe, dass die zentrale Kategorisierung seiner Paraphrase der Talionsformel aus Ex 21,23b–25 als ἰσότης vor dem Hintergrund der pythagoreischen Konzeption der Gerechtigkeit als »Wiedererleiden« [ἀντιπάσχω] verstanden werden dürfte. In Verbindung mit dem intertextuellen Bezug zur Talionsformel des Bundesbuches ist dies ein gewichtiges Argument dafür, dass Philo als Vertreter einer strikten Talion gelten kann.

4.2.2.3 Der Vergleich zwischen Schäden am Auge von versklavten und freien Personen (spec. 3,195)

Ausdrücklich formuliert Philo den Gedanken der strikten *talio* in spec. 3,195. Im Rahmen seiner Interpretation von Ex 21,26^{LXX} bestätigt Philo zunächst die im Bundesbuch verfügte Freilassung von versklavten Personen und rechtfertigt die abweichende Rechtsfolge.[115] In diesem Kontext verweist Philo auf die Rechtsfolge unter Freien: Wäre stattdessen das Auge einer freien Person ausgestochen worden [ἐλευθέρου ὀφθαλμὸν ἐκκόψας], soll diese Person wiederum dasselbe erleiden [τὰ αὐτὰ ἀντιπασχέτω]. Dies ist das deutlichste Indiz für die Einordnung Philos als Vertreter einer strikten Talion.[116] Die durch Nominalstil und Einbettung des Satzes in den Rechtfall der Schwangeren bedingte Ambiguität der biblischen *talio* wird aufgelöst. Stattdessen wird der Rechtssatz Ex 21,26^{LXX} auf die Zerstörung des Auges eines Freien übertragen und – mit Blick auf Ex 21,24^{LXX} – eine Protasis und Apodosis als Verbalsätze formuliert. Besonders das Kompositum der Apodosis – ἀντί-πάσχω – drückt die enge Korrelation zwischen Tat und Rechtsreaktion deutlich aus.[117]

---

114 Vgl. plant. 120–122 zur »Vier« als Symbol der Gleichheit [ἰσότης], Gerechtigkeit [δικαιοσύνη] und Tugend [ἀρετή]. In congr. 16 verspricht er denen, die sich mit der Geometrie befassen, den »Samen der Gleichheit und Proportionalität« [ἰσότητος καὶ ἀναλογίας (…) σπέρματα] und einen »Eifer der Gerechtigkeit«. Vgl. weiter die pythagoreischen Vorstellungen in decal. 24–25; spec. 2.40.200 sowie opif. 107 und Runia, Creation, 192.

115 Vgl. Anm. 118.

116 Die Einschätzung von Belkin, Philo, 99, Philo »merely uses the biblical phrase 'an eye for an eye' but whether money indemnity can take the place of the *talio* is not a question he discusses«, dient als *argumentum e silentio* eher apologetischen Zwecken.

117 Das Präfix ἀντί erinnert einerseits an die drei biblischen Perikopen der Talionsformel, die in der griechischen Tradition verwendet werden. Zum anderen klingt die Formulierung der Explikation der Talionsformel in Lev 24,19bβ, ἀντι-ποιέω, an. Schließlich entspricht ἀντιπάσχω auch der den Pythagoräern zugeschriebene juridische Schlussfolgerung, Gleichheit sei Gerechtigkeit, auch wenn eine literarische Abhängigkeit nicht nachgewiesen werden kann; vgl. auch Dem. 24,140–141: ἐάν τις ἕνα ἔχοντος ὀφθαλμὸν ἐκκόψῃ, ἄμφω ἀντεκκόψαι παρασχεῖν.

4.2.3 Philo als Verfechter einer engen Relation zwischen Tat und Rechtsreaktion

4.2.3.1 Der Vergleich zwischen Schäden am Auge von versklavten und freien Personen (spec. 3,195)

Gleichzeitig fällt auf, dass die einzige explizite Erwähnung einer strikt talionischen Retribution in einem anderen als dem ursprünglichen Kontext erfolgt. Zudem spricht Philo, im Gegensatz zur Vielgliedrigkeit der biblischen Talionsformel, hier explizit nur von der Verletzung »des besten und autoritativsten Sinnesorgans« [ἀρίστη καὶ ἡγεμονικωτάτη τῶν ασθήσεων]. Es scheint, als dienten der Rückverweis auf und die Reformulierung von Ex 21,24aα nach dem Vorbild von Ex 21,26^{LXX} vorwiegend einem rhetorischen Zweck. Einerseits beschließt dieser Hinweis auf die *talio* des Bundesbuches seine lange Lobeshymne auf das Auge und unterstreicht so die Hochschätzung des mosaischen Gesetzes für das Sinnesorgan, das in besonderer Weise mit dem höchsten Seelenteil des Menschen, seiner Verstandeskraft, verwandt ist (spec. 3,192). Andererseits begründet er durch dieses Verständnis von Ex 21,24aα analog die harte Strafe, die dem Besitzer der versklavten Person durch ihre Freilassung droht.[118] In diese Richtung deutet auch der Umstand, dass Philo weder in der folgenden Abhandlung über das Ausschlagen eines Zahnes (spec. 3,198–201) noch in seinen abschließenden Bemerkungen, in denen er beide Körperteile vergleicht, auf eine strenge talionische Behandlung freier Personen zurückverweist.[119]

118 Nach Philo hat die Freilassung der versklavten Person nichts damit zu tun, dass Unfreie von geringerem Wert sind. Zum einen diene diese Regelung dem Schutz des Opfers, denn würde man den Hausherrn als Vergeltung blenden, würde er seinen Untergebenen noch intensiver unterdrücken (spec. 3,195). Der Sklave erlangt nicht nur seine Freiheit, sondern entkommt auch einem grausamen Herrn (spec. 3,197). Zum anderen versteht Philo die Entlassung in die Freiheit als dreifache Bestrafung des Täters: Er erleidet (a) einen finanziellen Verlust, ihm fehlt nun (b) dessen Arbeitskraft und (c) die Anordnung zwingt ihn, durch die Freilassung demjenigen eine Wohltat zu erweisen, dem er eigentlich schaden wollte (vgl. ebd.).

119 Auch überzeugt Philos Begründung der Entlassung einer versklavten Person wegen eines ausgeschlagenen Zahnes nur mäßig. Er beschreibt den Vorfall als vergleichbar mit einem Tötungsdelikt, da die geschädigte Person ein bedauerlicher Tod [ἐφεδρεύει θάνατος οἴκτιστος] (spec. 3,202.204) aufgrund einer künstlichen Hungersnot [λιμὸν […] χειροποίητον] (spec. 3,203) erwarte, vgl. Heinemann, Bildung, 343–344.

4.2.3.2 Philos Beispielfälle für gerechte Rechtsfolgen

Im Anschluss an seine Kritik der ungerechten Rechtsfolgen in spec. 3,181 für bestimmte Verbrechen präsentiert Philo ein anderes Konzept der Korrelation von Vergehen und Rechtsreaktionen, das er dem »unsrigen Gesetz« [ὁ ἡμέτερος νόμος] zuschreibt. Der Unterschied zu den vorherigen Beispielen ist offensichtlich: Anstelle von vier Beispielen führt er hier drei an und statt konkreter Straftaten benennt er nur »Rechtsbereiche«. Beides erschwert eine direkte Korrelation der beiden Blöcke.[120] Der Aufbau orientiert sich hier klar an der Schwere der Rechtsverstöße: Delikte aus dem Bereich des Sachenrechts [ὀυσία] bilden dabei die mildeste Stufe der Rechtsbrüche und stehen der Verletzung der körperlichen Integrität [σῶμα] sowie Angriffen auf das Leben [ψυχή] der Geschädigten gegenüber. Im Gegensatz zur Struktur der ersten Gruppe von Beispielfällen[121] werden die Rechtsbereiche hier parallel dargestellt, indem zuerst die Art der Rechtsreaktion angeführt wird [ἐκ τῶν οὐσιῶν / ἐκ τῶν σωμάτων / τῆς ψυχῆς (…) τιμωρεῖσθαι] und anschließend (ἐάν) die je zugehörige Kategorie der Rechtsverletzung.[122] Schon die parallele Satzstruktur und Übersichtlichkeit der Darstellung dürfte Philos Strategie zuzurechnen sein, seine Leser:innen von der Angemessenheit der (mosaischen) Rechtsreaktionen zu überzeugen.

Einzig die Delikte im Bereich der Körperverletzungen erfahren dabei eine zusätzliche Differenzierung nach μέρος, μέλος und αἴσθησις, was einen Verweis auf die Einzelglieder der Talionsformel darstellen könnte. Die beiden

120 So scheint es z.B. zunächst naheliegend, sowohl αἰκία als auch τραύμα καὶ πήρωσις unter die Kategorie der Körperverletzung [εἰς τὰ σώματα] zu subsumieren. Allerdings wäre mit Colson, spec., 642, §181, auch eine andere Zuordnung möglich: Er versteht τραύμα και πήρωσις als fehlerhafte Anspielung auf den griechischen Straftatbestand τραῦμα ἐκ προνοίας, d.h. schwerer Körperverletzung, die versuchtem Mord gleichzusetzen ist (vgl. Todd, Shape, 269; Griffith-Williams, Violence, 92–93 [Lit.].) Folglich müssten τραῦμα ἐκ προνοίας und ἀνδροφονία ἑκούσιος unter die Kategorie der Angriffe auf das Leben fallen [εἰς ψυχὴν] und somit wäre nach dieser Liste nicht nur Mord (d.h. vorsätzliche Tötung, ἐπιβουλεύω), sondern bereits Totschlag mit einer Kapitalstrafe zu ahnden. Dies würde auch insofern einleuchten, als Philo an anderer Stelle (vgl. spec. 3,85–86 und de Vos, Murder, 145–146) befürwortet, versuchten Mord auf dieselbe Weise zu bestrafen wie vollendeten Mord (vgl. auch Platon, leges, 877a). Allerdings bietet der Text selbst keinen Anlass zu dieser Konjektur: Derselbe Ausdruck [τραύμα καὶ πήρωσις] begegnet sowohl in decal. 170 als auch in spec. 3,168 sowie bei Platon (leges, 874e). Dennoch zeigen schon diese Überlegungen, dass Philo wohl nicht an einer eindeutigen Synopse beider Reihen von Beispielfällen interessiert war.

121 Vgl. Anm. 84.

122 Die letzte Kategorie ist, wohl um die Schwere zu unterstreichen, mit κἂν ἄχρι μέντοι zusätzlich abgesetzt.

Nomina μέρος und μέλος scheinen pleonastisch für Körperteile sowie Glieder zu stehen und würden so Ex 21,24 abdecken, wobei αἴσθησις als Umschreibung von Ex 21,25 verstanden werden kann.[123] Grundsätzlich könnten μέρος, μέλος und αἴσθησις der Protasis oder der Apodosis zugeordnet werden. In letzterem Fall würden die beiden Teile der Rechtsfolge einen Rahmen bilden und die drei Signifikate bezögen sich – im Sinne einer talionischen bzw. Spiegelstrafe – auf die Körperteile, die zum Ausgleich der Körperverletzung versehrt werden müssen.[124] Umgekehrt könnte die Trias auch als Apposition der Protasis verstanden werden,[125] was die Position der Differenzierungen nach der Protasis nahelegen. Eingeleitet mit κατὰ soll der tatsächlich entstandene Schaden analysiert und die Rechtsreaktion entsprechend vergolten werden.

Durch die Gemination der drei Substantive οὐσία, σῶμα und ψυχή nimmt die Beschreibung der Rechtsreaktionen die identischen Lexeme der Tatbeschreibung auf und Philo stellt eine enge Korrelation zwischen Tat und Rechtsfolge her. Hinsichtlich der Tatbestände der Köperverletzung und Tötung[126] liegt aufgrund von Ex 21,23b–25 zunächst nahe, darin ein Indiz für die philonische Präferenz einer strikt talionischen Vergeltung anzunehmen. Gemäß dieser Interpretation würde Philo das Prinzip des talionischen »Ausgleichs« in spec. 3,182bα jedoch auf das Sachenrecht ausweiten, was zu Widersprüchen zu anderen Abschnitten der *expositio legis* führen würde. Die biblischen Rechtssätze zu Eigentumsdelikten, die auf Wiederherstellung des Verlustes und nicht auf Vergeltung des Diebstahls zielen,[127] lässt er unangetastet. Auch bestätigt er in seiner Diskussion von Diebstahlsdelikten in spec. 4,2–6 die biblische Bestimmung des *duplum*, d.h. einer zweifachen Rückgabe gestohlener Güter in Naturalien oder Geld, sowie des *quadruplum* und *quinquiplum* (vgl. spec. 4,11–12) zum Ausgleich von Folgeschäden des Diebstahls bzw. als Strafnorm.

Eine lexikalische Parallele im Werk Philos führt auf eine andere Spur. Die Trias »Besitz – Körper – Leben« begegnet in *de specialibus legibus* noch an anderer Stelle mit eindrücklicher semantischer Übereinstimmung: Zweimal

---

123 Vgl. Daniel-Nataf, spec., 122, Anm. 217; zur Haut als Sinnesorgan in der Antike vgl. Goldner, Priority; Flemming, Touch.

124 Mit Blick auf die Formel X_1 – ἀντὶ – X_2 aus Ex 21,23 bezögen sich so die drei Substantive also auf X_1, d.h. etwa auf das Abschlagen einer Hand (X_1 – μέλος) für eine zuvor abgeschlagene Hand.

125 Gemäß dem Schema von Anm. 124 bezögen sich die Substantive also auf X_2 – wegen dem ausgeschlagenen Auge.

126 Vgl. zu Philos Verständnis von Todessanktionen für Tötungsdelikten als talionisch oben 4.1.2.3.

127 Vgl. Ex 21,37; 22,2–3.6 usw.

kritisiert Philo die ruchlosen Methoden von Steuereintreibern, deren Raffgier sie dazu verleitet, zur Beschaffung des ausstehenden Geldes nicht nur dem Eigentum der Subjekte zu schaden [ἐκ τῶν οὐσιῶν], sondern auch deren körperliche Unversehrtheit [ἀλλὰ καὶ ἐκ τῶν σωμάτων] und bisweilen ihr Leben zu bedrohen [ἄχρι καὶ ψυχῆς].[128] In spec. 2,94 führt er zusätzlich noch ein Beispiel für körperliche Versehrungen an, indem er neben ὕβρις und βάσανος auch explizit αἰκία als Beispiel eines solchen Übergriffs angibt.[129] Aufgrund der Formulierungen scheint Philo den Rechtsbruch der Steuerbeamten besonders darin zu sehen, dass sie sich nicht nur [μὴ/οὐ μόνον] am Besitz der Schuldner vergreifen, sondern ihre Methoden in einen Bereich übergreifen, der ihnen eigentlich verwehrt ist [ἀλλὰ καὶ/ἄχρι καὶ]. In anderen Worten steht es ihnen als Geldeintreibern zu, Eigentum zu beschlagnahmen oder sich anzueignen, nicht aber das Leben der Schuldner und ihrer Familien in irgendeiner Form zu bedrohen.

Dieses kategoriale Denken dürfte auch Grundlage von spec. 3,182 sein: Schädigungen am Eigentum fordern eine finanzielle Entschädigung und dürfen nicht körperlich vergolten werden. Körperverletzungen hingegen werden durch eine Körperstrafe sanktioniert und Mörder setzen gar ihr eigenes Leben aufs Spiel. Die dreifache Apposition [μέρος, μέλος, αἴσθησις] würde nach dieser Auslegung eine spezifische Anpassung der jeweiligen Körperstrafe je nach Schwere des Delikts darstellen.

Dieser Vorstellung der kategorialen Unterscheidung hat eine Parallele im römischen Kontext.[130] Mit Blick auf Korruption unter Senatoren legt etwa Cicero den Grundsatz *noxiae/culpa poena par esto* (»Die Strafe soll dem Verbrechen gleich sein«) in ähnlicher Weise aus.[131] Er kommentiert im dritten Buch von *de legibus* (3,46), dass jeder *in* seinem Verbrechen/Unrecht bestraft werden soll [*ut in suo vitio quisque plecatur*].[132] Zur weiteren Veranschaulichung des Konzepts führt Cicero drei Beispielfälle an: Gewalt solle mit der Todesstrafe [*vis capite*], Habgier mit Geldstrafen [*avaritia multa*] und Verleumdung mit Schande [*honoris cupiditas ingominia*] geahndet werden. Dieses

128 Vgl. spec. 3,163 und spec. 2,94.

129 Dort geht er sogar noch über 3,163 hinaus, indem er Ermordungen supponiert und die daran anschließende Misshandlung der Leichname beschreibt. Zur Verwendung von ἀικία im Rahmen von Leichenschändungen vgl. Kucewicz, Mutilation, 427.

130 Barraclough, Politics, 517–518, erwähnt zwar explizit nur hellenistische politische Theorie, weist aber dennoch auf die römischen Traditionen hin und sieht deren Rechtspraxis als Auslöser für Philos Erwähnung von Begleitumständen als ausschlaggebenden Punkt in spec. 3,183.

131 Vgl. dazu bereits Heinemann, Bildung, 381 mit Bezug zu spec. 3,84.

132 Vgl. Cicero, de legibus 3,11.

analoge Konzept beweist zwar keinen römischen oder gar ciceronischen Einfluss auf Philo, aber sie bezeugt dennoch die Vorstellung eines kategorialen Verhältnisses zwischen Vergehen und Rechtsreaktion, was in der Folge als tragfähige Interpretation von spec. 3.182 postuliert werden kann.[133]

4.2.3.3 Philos »Ausnahmen« (spec. 3,183)

Abschließend führt Philo die Kategorie der Begleitumstände mit einer Liste möglicher Komplikationen dieses Grundprinzips an. Er fordert dazu auf, zwischen den Beteiligten hinsichtlich ihrer Beziehung oder ihres Standes zu differenzieren sowie den Ort des Geschehens und den Zeitpunkt der Tat (Wochen- oder Feiertag) in die Rechtsreaktion einzubeziehen. Kann dieses Zugeständnis als reine Ausnahmeregelung gewertet werden? Das Grundprinzip der Gleichheit als Talion zu verstehen und einen so umfassenden Katalog zur Verschärfung [συναύξησις] bzw. Abmilderung [μείωσις] der Rechtsreaktionen einzuführen, scheint den Grundsatz der Talion und die Konzeption von spec. 3,182b als Talionsprinzip zu unterminieren.[134] Vergleichbare Einschränkungen begegnen eigentlich nur bei Autoren, die dem Konzept der arithmetischen Gleichheit als Gerechtigkeitsprinzip ablehnend gegenüberstehen. Exemplarisch[135] kann dabei auf Aristoteles selbst verwiesen werden: In EN 5,5/1132b führt er nach seiner Besprechung der korrektiven Gerechtigkeit [διορθωτικόν δίκαιον] das pythagoreische Prinzip an, »Gerechtigkeit sei einfach das Wiedererleiden« [τὸ ἀντιπεπονθὸς εἶναι ἁπλῶς δίκαιον]. Dieses Konzept stellt er umgehend infrage, indem er auf Differenzierungen nach Stand und Vorsatz verweist: Es wäre falsch, einen Schlag zu erwidern [οὐ δεῖ ἀντιπληγῆναι], nachdem man von einem Amtsinhaber geschlagen wurde [εἰ ἀρχὴν ἔχων ἐπάταξεν]. Umgekehrt würde das Schlagen eines Amtsinhabers [εἰ ἄρχοντα ἐπάταξεν] nicht nur einen Schlag zur Folge haben [οὐ πληγῆναι μόνον], sondern auch eine Strafe nach sich ziehen [δεῖ ἀλλὰ καὶ κολασθῆναι]. Der Grundsatz der Reziprozität [τὸ ἀντιπεπονθός] sei bedeutend, jedoch nach *Proportionalität* [κατ᾽ ἀναλογίαν] und nicht nach *Gleichheit* [καὶ μὴ κατ᾽ ἰσότητα].[136]

---

133 Zu Berührungspunkten zwischen Cicero und Philo vgl. auch Horsley, Law.

134 Vgl. zum Folgenden bereits Amram, Retaliation, 203, mit einer ähnlichen Einschätzung. Zwar ist eine Beschränkung der *talio* auf eine bestimmte gesellschaftliche Gruppe oder bestimmte Rechtsbrüche nicht ohne Vorbild (vgl. 1.2.2 zum Befund im CH), jedoch scheinen die Ausnahmeregelungen in spec. 3,183 weit darüber hinauszugehen.

135 Vgl. auch die an das Konzept der Pythagoräer anschließende Kritik in MM, 1,33/1194a–b.

136 Vgl. zu dieser Konzeption Frede, Nikomachische Ethik, 612–613.

Es scheint also, als könne Philo, obwohl seine Nomenklatur an die pythagoreische Konzeption wieder-erleidender Gerechtigkeit erinnert, grundsätzlich Aristoteles' Einwänden zustimmen. Darüber hinaus stellt Aristoteles infrage, dass eine numerische Gleichheit des Schadens ohne Berücksichtigung des Unterschieds vorsätzlicher [ἑκούσιος] oder unfreiwilliger [ἀκούσιος] Taten gerecht sei. So ähnelt Philos Konzession in spec. 3,183, wonach das vorgeschlagene Gleichheitsprinzip nur dann greifen kann, »wenn die anderen [Umstände] gleich sind« [τῶν ἄλλων (οὐχ) ὁμοίως ἐχόντων], grundsätzlich der aristotelischen Bevorzugung eines proportionalen gegenüber einem arithmetischen Ausgleich.[137] Daher scheint es überzeugender, spec. 3,182 nicht als Befürwortung der *talio*, sondern als allgemeine Leitlinie zur Beschränkung der Sanktion eines Verbrechens auf seinen Tatbestand zu verstehen: Eine Körperverletzung, die mit körperlicher Strafe (z.B. Peitschenhieben) geahndet wird, kann je nach den gegebenen Umständen erhöht oder vermindert werden.[138]

4.2.4 Philo als Rechtstheoretiker

Die Darstellung Philos als Verfechter einer mechanischen und strikten Talion kann sich auf Ausdrücke und Formulierungen in spec. 3,181–183 und zugehöriger Texte berufen. Vor allem Philos Kommentierung der von ihm eingeführten

---

137 Vgl. spec. 1,121.

138 Knapp sei an dieser Stelle auch auf spec. 3,105–107 verwiesen: Bei seiner Rezeption von Ex 21,18–19^{LXX} führt er den Rechtsfall, eine öffentliche Schlägerei mit schwerer Körperverletzung, als unvorsätzliche Tat ein [καιροὶ συμπίπτουσιν ἀβούλητοι πολλάκις] ein. Die biblischen Bestimmungen im Falle des Überlebens der geschädigten Person werden nicht in Frage gestellt: Vom Täter wird erwartet, dass er die finanziellen Kosten für die medizinische Behandlung des Geschädigten übernimmt und den Arbeitsausfall kompensiert. Philo verändert also die biblischen Bestimmungen nicht zu einer strengen talionischen Strafe ab und erwähnt auch keine Alternativen. Man könnte argumentieren (vgl. Schenker, Versöhnung, 42–43), Ex 21,18–19 beziehe sich auf reversible Verletzungen, während die Talionsformel irreversible Versehrungen betrifft. Diese Unterscheidung beruht jedoch auf der Voraussetzung, dass die Nennung der verletzten Gliedmaßen in Ex 21,24 bedeutet, dass sie vollständig zerstört wurden. Das erwähnt Philo nicht. Darüber hinaus schließt er nicht nur alle Arten von »Vergehen gegen den Körper« [εἰς τὰ σώματα ἐξαμαρτάνωσι] ein, sondern er würde – in dieser Perspektive – das talionische Gesetz sogar auf Vermögensschäden ausdehnen, wo eine Wiederherstellung wesentlich besser geeignet wäre. Nun kann die hier vertretene These freilich nicht in vollem Umfang angewendet werden, da vom Täter ein finanzieller Ausgleich für die körperliche Aggression erwartet wird. Die Zahlungen stehen jedoch nicht im Zusammenhang mit der Straftat, sondern sollen die Kosten ausgleichen, die durch die Straftat entstanden sind.

Beispielfälle lässt sich entsprechend lesen. Die Bezeichnung der biblischen Bestimmungen als Prinzip der »Gleichheit« erinnert an das pythagoreische Konzept der Gerechtigkeit als Wiedererleiden und ein Querverweis (spec. 3,195) benennt explizit einen Aspekt der *talio*. Demgegenüber ist Philos Paraphrase der Talionsformel in Ex 21,23b–25 in spec. 3,182 überraschend generisch und stellt an sich nicht zwingend eine Befürwortung juridischer Vergeltung dar. Auch der nachdrückliche Verweis auf die Bedeutung zahlreicher Begleitumstände einer Tat als entscheidenden Faktor für die Erhöhung oder Verringerung der Rechtsfolge konterkariert die zuvor beschworene »Gleichheit« des Talionsgedankens, wenn nicht allein der Schaden ausschlaggebend ist.[139]

Die Untersuchung von Philos Rezeption der *talio* in spec. 3,181–183 lässt Zweifel an der Einschätzung aufkommen, dass damit ein »clear and unmistakable testimony to a literal view of the *lex talionis*«[140] vorliegt. Der Wortlaut der Umschreibung der *talio* und die Einbeziehung von Eigentumsdelikten deuten vielmehr darauf hin, dass er die Talionsformel in einer abstrakten Weise als Leitprinzip für die Bestimmung von Rechtsreaktionen versteht. Sofern diese Annahmen tragfähig sind, könnte Philo darüber hinaus die philosophischen Diskussionen über die Anwendung strenger Vergeltung sowohl griechischen als auch römischen Ursprungs gekannt haben und beschlossen haben, diese Ideen in seine Darstellung der biblischen *talio* einzubeziehen. Philo könnte somit als Verfechter einer Straftheorie verstanden werden, die auf einer »Gemeinschaft« [κοινωνία] zwischen dem Vergehen und der Sanktion in Bezug auf die betroffenen Bereiche der Rechtsverletzung beruht.

4.3 Die Rezeption des Falschzeugenrechts bei Philo

Unter Verwendung des griechischen Fachbegriffs ψευδομαρτυρέω[141] bespricht Philo in decal. 138–141; 172 den Inhalt des neunten Dekaloggebots, zugehörige Rechtssätze und den Grund, weshalb das Ablegen eines falschen Zeugnisses ein schweres Vergehen darstellt. In decal. 138–141 begründet er dies vierfach,[142]

---

139 Heinemann, Bildung, 359; 362, verweist zudem auf Philos allegorische Interpretation von Deut 25,11–12^{LXX} in spec. 3,178–179 als bewusste Abschwächung des biblischen Textes.

140 Davis, Lex, 66.

141 Vgl. Ex 20,16^{LXX}//Dtn 5,20^{LXX}.

142 (1) Das Ablegen eines falschen Zeugnisses stellt einen Angriff auf die Wahrheit dar (138), (2) Falschzeugen machen gemeinsame Sache mit Sündern und (3) wenden sich damit gegen die zu Unrecht Angeklagten (decal. 139). Schließlich werden (4) weitere Zeugen in die (unrechte) Rechtssache verwickelt. Womöglich steckt hinter (4) in Verbindung mit

wobei hier besonders die letzte Begründung bedeutsam ist: Indem die Falschzeugen gleichermaßen indirekt, aber vorsätzlich [ἐκ προνοίας], den von den Richtern geleisteten Schwur brechen (decal. 141), begehen sie eine religiöse Verfehlung [ἀσέβεια].[143] Ein Hinweis auf die zugehörige Rechtsfolge bzw. die Talionsformel fehlt hier allerdings ebenso wie decal. 172.[144] Das gilt auch für die längere Besprechung des neunten Dekaloggebots in spec. 4,41–78, wo jedoch ein Bezug auf Dtn 17,6; 19,15–21 durch die Begründung der Mehrzeugenregel bzw. konkreter des Verbots einzelner Zeugnisse (spec. 4,53–54) deutlicher erkennbar ist.[145]

Möglicherweise lassen jedoch Philos Kommentare zum dritten Gebot Rückschlüsse auf sein Verständnis der Rechtsfolge des Falschzeugnisses zu. In spec. 2,26–28 erklärt Philo, dass derjenige, der vom Meineid [ἐπιορκέω] einer anderen Person weiß, dies aber weder bekannt macht noch ihn überführt [μὴ καταμηνύσῃ ἢ ἀπελέγξῃ], sich derselben Strafe schuldig macht [τοῖς αὐτοῖς ἐπιτιμίοις ἔνοχος ἔστω]. Hier geht Philo nun genauer auf die Rechtsfolgen ein und differenziert zwischen einer göttlichen und einer irdischen Strafe. Die göttliche Bestrafung ist von reziproker Natur: Wer eine so schwerwiegende Sache [τι δεινόν] wie den Schwur missachtet [ἀμελέω], muss wiederum mit Missachtung [ἀντμελέω] rechnen, indem das, was er getan hat, ihm dieselbe [ἴσος] Frucht einbringt. Der doppelte Einsatz desselben Lexems in Vorder- und Nachsatz sowie die Verwendung eines Kompositums mit dem Präfix ἀντί erinnern an den antik-jüdischen Talionsdiskurs und die Verwendung des zu ἰσότης gehörigen Adjektivs erwecken den Eindruck einer intertextuellen Verbindung zu spec. 3,181–182 und somit zur zentralen Belegstelle für die Interpretation der Talionsformel bei Philo. Entsprechend kann hier eine Anspielung auf Dtn 19,15–21 vermutet werden, wobei die Brücke zwischen Meineid und

---

Sacr. 93 ebenfalls die Vorstellung eines (assertorischen) Eids, vgl. Vahrenhorst, Diskurs, 103, Anm. 28.

143 Damit liegt zumindest eine lexikalische Verbindung zu Dtn 19,16^{LXX} vor, vgl. 2.2.2.

144 Die Verwendung von συκοφαντέω in decal 172 kann als Erweiterung der Perspektive von decal 138–141 gewertet werden, da die griechische Abwertung der »Sykophanten« einen professionellen, mehrfachen und gemeinschaftsmäßigen Missbrauch des Rechtssystems unterstellt (vgl. Fisher, Boyfriend, 197–199, mit Literaturhinweisen zum gegenwärtigen Diskurs). Dies kann als Anspielung auf den anklagenden Zeugen in Dtn 19,16 verstanden werden. Auch wenn er abschließend auf die dagegen eingesetzten Gesetze verweist [ἐφ' οἷς ἅπασι νόμοι προσήκοντες ἐτέθησαν], bleibt Philo hier einer Ausführung derselben samt Rechtsfolgen schuldig.

145 Vgl. Pearce, Words, 178–179, die aufgrund der fehlenden Einschränkung auf Kapitaldelikte einen primären Bezug auf Dtn 19,15–21 vermutet.

Falschzeugnis über die Bedeutung des indirekten Schwurbruchs von Falschzeugen (decal. 141)[146] und dem kultischen Entscheidungsprozess in Dtn 19,17 besteht.[147]

Bezeichnend ist aber, dass Philo diese Rechtsfolge auf die himmlische Bestrafung beschränkt: Als Optionen für die irdische Sanktionierung des Meineids stellt Philo die Todessanktion[148] oder eine Geißelstrafe in Aussicht [θάνατος ἢ πληγαί], was an die tannaitischen Rechtsfolgen für das Verschwörungszeugnis erinnert.[149] Da Philo diese Rechtsfolgen aber stets konkret auf Meineidige und deren Mitwisser bezieht, sich aber nicht zum Umgang mit Falschzeugnis äußert, kann über Philos Verständnis der Rechtsreaktionen zu letzterem Tatbestand nur spekuliert werden. Wenn er aber bereits das Wissen um ein Falschzeugnis als gottlosen Akt versteht, der den Eid der Richter gefährdet (decal 141), kann vermutet werden, dass er ähnlich streng über das Falschzeugnis selbst urteilen würde. Möglicherweise wäre auch in diesem Fall eine Spiegelstrafe gemäß Dtn 19,19a, etwa in Verfahren über Geldwerte, nicht angemessen, sondern eine Todessanktion aufgrund von Asebie zu fordern. Aufgrund von Philos Schweigen zu dieser Frage kann diese Vermutung jedoch nicht belegt werden.

Angesichts des oben skizzierten Befunds, dass Philos deutlichste Bezugnahme auf Ex 21,24–25 nicht im Rahmen seiner Besprechung der *talio* (spec. 3,181–183), sondern bei seiner Darstellung der sklavenrechtlichen Rechtssätze Ex 21,26–27 (spec. 3,195) erfolgt, scheint er hier ähnlich zu verfahren. Sofern spec 4,53–54 auch eine Rezeption Dtn 19,16–21 darstellt, spielt er hier auf die dort verfügte Spiegelstrafe und die zugehörige Talionsformel an, erwähnt

146 Vgl. decal. 86–91 zur rechtlichen Bedeutung des Eids, aber auch zum Meineid als »Übermaß an Gottlosigkeit« [ὑπερβολὴ ἀσεβείας]. Zur rechtlichen Bedeutung des Eids bei Philo vgl. ausführlich Vahrenhorst, Diskurs, 103–110.

147 Womöglich handelt es sich entsprechend nicht nur um eine Rezeption von Lev 5,1^{LXX} (vgl. Schumann, Gelübde, 38, Anm. 7), sondern auch von Dtn 19,16–21. Vgl. grundsätzlich auch Davis, Lex, 65, der hervorhebt, dass ein Meineidiger »will receive a fate equal to his own actions.«

148 Sofern ein Bezug zu Dtn 19,15–21 besteht, könnte die Todessanktion als Auslegung des *psychē*-Glieds verstanden werden, wie ders., Lex, 65 erklärt. Gleichzeitig erwähnt Philo eine talionische Logik in Zusammenhang mit der irdischen Rechtsprechung gerade nicht, weshalb die Todessanktion vielleicht durch den religiösen Frevel [ἀσέβεια] bedingt ist. Vgl. ebenfalls ohne Begründung spec. 2,252.

149 Im Rahmen des Verschwörungszeugnisses kommt die Prügelstrafe in tannaitischen Texten dann zum Einsatz, wenn eine Rechtsfolge gemäß Dtn 19,19a nicht möglich ist (vgl. 7.1.2). Zum anderen ist schon in tannaitischen Schriften die Verbindung zwischen Kapitaldelikten und der Geißelstrafe wahrzunehmen, dort aber als Aussetzung der Karet-Strafe, vgl. Vahrenhorst, Diskurs, 106, Anm. 39, und ausführlich Shemesh, Flagellation.

sie jedoch bei seiner Besprechung des Falschzeugnisses in decal. 138–141; 172 nicht. Zusätzlich ist zu beobachten, dass Philo zwischen irdischen und himmlischen Rechtsfolgen differenziert und auf diese Weise die Spiegelstrafe des dtn Falschzeugenrechts eschatologisiert, was ein weiteres Indiz dafür sein könnte, dass er nicht uneingeschränkt als Vertreter einer strikten Talion zu gelten hat.

4.4 Philo von Alexandrien als Interpret der Talionsformel

Philo von Alexandrien rezipiert die Talionsformel des Bundesbuchs auf zweifache Weise: (1) Ohne den zugehörigen Rechtsfall und (2) zusammen mit Ex 21,22–23. In seiner Frühphase zieht er die Unterscheidung der Unterfälle in Ex 21,22–23^{LXX} heran, um in congr. 135–138 mit dem Bild des unausgebildeten bzw. voll ausgebildeten Fötus zwischen den Erkenntnismöglichkeiten der enkyklischen Bildung und der höheren Wissenschaft zu unterscheiden. Zentral sind dabei die Protasen der beiden Rechtsfälle, die komplementär zum platonischen Bild der spirituellen Schwangerschaft eine Unterscheidung menschlicher Bildungsgrade ermöglichen und seinen neuen Argumentationsgang eröffnen. Die Talionsformel als Rechtsfolge findet dabei auf der Bildebene keine eindeutige Entsprechung und auch über sein Verständnis des Rechtsfalles in der gr. Bibelversion können kaum weiterführende Rückschlüsse gezogen werden. Beachtenswert ist, dass mit congr. 137 eines der wenigen Zitate der *talio* im Antiken Judentum vorliegt, das weder zur Besprechung des Rechtsfalls noch zugehöriger Motive eingesetzt wird, sondern als »Belegzitat« der allegorischen Auslegung und damit der Weiterführung von Philos Argumentation dient.

In spec. 3,108, im Rahmen seiner *expositio legis*, ordnet Philo den Rechtsfall dem siebten Gebot zur »Menschentötung« zu und überführt die biblische Terminologie der LXX in eine embryologische Fachsprache. Zusammen mit seinen knappen embryologischen Kommentaren in *de opificio mundi* gelingt es ihm auf diese Weise, die finanzielle Geldbuße für einen extern induzierten Abort in der frühen embryonal-fetalen Entwicklungsphase als Störung des Wachstums [φύσις] einzuordnen. Indem er diese »embryogenetische« Entwicklung des Menschen als göttlich angelegte Ordnung zur Fortpflanzung von Lebewesen klassifiziert, kann die mosaische Gesetzgebung im alexandrinischen Judentum vor der aktuellen medizinischen Forschung sowie gegenüber seiner nichtjüdischen Umwelt, in der Schwangerschaftsabbrüche kaum rechtliche oder moralische Relevanz hatten, eigenständig und ohne Rückgriff auf den zweiten Unterfall einsichtig machen. Das erste

Glied der Talionsformel interpretiert Philo dabei als Todessanktion für einen gewaltsam induzierten Abort eines ausgebildeten Fötus, den er hier bereits als »Mensch« bezeichnen kann. Da er sich nur in anthropologischen, nicht aber in embryologischen Kontexten mit dem Hinzutreten bzw. der Aktualisierung des bereits angelegten menschlichen Verstands befasst, der ihm als Abbild des Ebenbilds Gottes gilt, kann nur spekuliert werden, inwiefern diese Kategorisierung gerechtfertigt ist. Möglicherweise geht Philo im Rahmen seiner sukzessiven Entwicklung des Hybridwesens Mensch aus Körper und Seele davon aus, dass, wie die unterschiedlichen irrationalen Seelenteile auf die zugehörigen Sinnesorgane angewiesen sind, auch dieser göttliche Seelenanteil erst mit dem Abschluss der fetalen Herausbildung aktiviert werden kann bzw. hinzutritt. Auf diese Weise könnte Philo das Nomen ψυχή aus Ex 21,23b^{LXX} mit seiner aristotelisch-stoischen beeinflussten Embryologie verbinden. Deutlich sicherer ist der Boden hinsichtlich des Verständnisses von Todessanktionen für Tötungsdelikte als *talionisch*: Wie Philo häufiger bemerkt, wäre eine schwerere Strafe für dieses »größtmögliche Sakrileg« angemessener, angesichts der Unmöglichkeit der Verschärfung von Kapitalstrafen sei aber die Hinrichtung der Delinquenten angemessen, schließlich handle es sich um das Wiedererleiden der Tat.

Diese Vorstellung des Wiedererleidens schwingt auch in spec. 3,181–183 mit, wenn Philo die Talionsformel Ex 21,23b–25 isoliert vom zugehörigen Rechtsfall auslegt. Dabei lässt besonders die Leitkategorie der Gleichheit [ἰσότης], die auf die pythagoreische Konzeption von Gerechtigkeit zurückgeführt werden kann, den Schluss zu, dass Philo die biblische Talionsformel als strikt physische Retribution versteht. Auffällig ist jedoch, dass Philo eine talionische Rechtsfolge nur in einem anderen Argumentationsgang (spec. 3,195) explizit nennt, in dem er den biblischen Nominalstil in einen kasuistischen Rechtssatz überführt und nur Augenverletzungen erwähnt. In spec. 3,182 paraphrasiert Philo die Talionsformel freier und ordnet sie keinen konkreten Verletzungen zu, sondern stellt allgemein eine Korrelation zwischen Rechtsbrüchen und -folgen in einzelnen Rechtsbereichen her. Schließlich spricht auch die Einführung einer Reihe von Begleitumständen, die die Rechtsfolgen mildern oder verschärfen würden, gegen die Charakterisierung Philos als Vertreter einer strikt talionischen Sühnung von Körperverletzungen oder Tötungsdelikten. Die weiter gefassten Rechtsbereiche in spec. 3,182b lassen eher vermuten, dass eine enge Gemeinschaft zwischen Rechtsbruch und -folge Philos Interpretation der *talio* darstellen.

Bei seiner Besprechung des zugehörigen Dekaloggebots in decal. 138–141; 172 und spec. 4,41–78 äußert sich Philo nicht eindeutig zu möglichen Rechtsfolgen des Falschzeugnisses und die intertextuellen Verweise auf Dtn 19,15–21 sind nur sehr schwach ausgeprägt. Demgegenüber verhandelt er in spec. 2,26–28 ausführlicher den Tatbestand des Meineids und bespricht die zugehörigen Rechtsfolgen. Über den indirekten Schwurbruch der Falschzeugen (decal. 141) und den kultischen Rechtsentscheid in Dtn 19,17 könnte eine Anspielung auf Dtn 19,15–21 bestehen. Entsprechend kann die reziproke Strafandrohung der himmlischen Rechtsfolge für Meineid (spec. 2,27) als Rezeption der Spiegelstrafe (Dtn 19,19a) und womöglich der Talionsformel (Dtn 19,21b) verstanden werden. Gleichwohl ergibt sich auch hier ein ähnlicher Befund wie zur Rezeption von Ex 21,23b–25 in spec. 3,181–183. Im Rahmen seiner Besprechung des Falschzeugenrechts schweigt Philo zu den biblischen Rechtsfolgen und stellt die angedrohte Spiegelstrafe nicht vor. In einem anderen Kontext jedoch erwähnt er diese dann doch, wobei er die Spiegelstrafe eschatologisiert und als irdische Strafe mit der Todessanktion sowie der Prügelstrafe Rechtsfolgen erwähnt, die auch in der rabbinischen Rezeption im Rahmen des Verschwörungszeugenrechts begegnen.

Dieser Befund legt nahe, dass Philo zwar Körperstrafen und talionische Strafnormen nicht ablehnt, jedoch nicht uneingeschränkt als Befürworter der *talio* gelten kann. Im Mindesten sind die Ausführungen Philos zur Talionsformel ein weiterer Beleg dafür, dass die Formel im Antiken Judentum nicht als Automatismus verstanden wurde.

KAPITEL 5

Die Talionsformel bei Flavius Josephus

Mit den Schriften des Flavius Josephus liegt ein weiteres reichhaltiges Zeugnis jüdischer Literatur des 1. Jh. u.Z. vor, das neben anderen zahlreichen rechtlichen und halachischen Ausführungen auch die biblischen Perikopen der Talionsformeln behandelt.[1] Anders als Philo von Alexandrien hat der im flavianischen Rom[2] schreibende Autor priesterlich-aristokratischer Herkunft[3] der Darstellung des jüdischen Rechts zwar kein eigenständiges Buch gewidmet,[4] er integriert aber, neben beiläufigen Kommentaren zu vereinzelten Rechtsfragen,[5] mehrere umfangreiche Abschnitte zur Darstellung der jüdischen Rechtspraxis. Durch deutliche Ein- und Überleitungen unterbricht Josephus den biblischen Erzählfaden[6] und fügt längere thematische Ausführungen in sein historisches Werk *Jüdische Altertümer* (Ant. 3,224–286;

1 Hilfreiche Gesamtdarstellungen zu den einzelnen Interpretationen biblischer Rechtstexte in den *Antiquitates* und in *Contra Apionem* finden sich bei Nakman, Halakhah, 337–368, dessen Übersichten einen guten Überblick bieten, sowie aktuell, allerdings leider nach dem biblischen Aufbau und nicht nach dem Befund bei Josephus sortiert, bei Avioz, Exegesis, passim. Vgl. zur Darstellung des jüdischen Rechts bei Josephus auch Altshuler, Descriptions, und Gallant, Expositions.

2 Alle schriftlichen Zeugnisse des Josephus sind in Rom entstanden, wohin er nach dem römisch-jüdischen Krieg mit Titus 71 u.Z. kam und bis zu seinem Lebensende um 100 u.Z. lebte, vgl. einführend Rajak, Josephus, 733–735, und ausführlicher zu seiner Zeit in Rom den Hollander, Josephus; zu literarischen und kulturellen Einflüssen dieser Zeit vgl. die Beiträge in Edmondson/Mason, et al., Rome.

3 Vgl. dazu sowie zur umfangreichen Darstellung seines Lebens vor 70 u.Z. Rajak, Historian, 14–45, und zur Rolle der priesterlichen Abstammung Tuval, Priest, 263–274, zusammen mit Mason, Priest.

4 Jedoch könnte aus Josephus' Kommentar vor seiner Darstellung der mosaischen Gesetze im vierten Buch der Antiquitates (Ant. 4,198) auf den Plan des Autors geschlossen werden, ein solches Werk »Über Bräuche und Prinzipien« [περὶ ἐθῶν καὶ αἰτιῶν] zu verfassen. Vgl. auch den Verweis auf eine weitere, vierteilige Schriftenreihe am Ende der Antiquitates (Ant. 20,268). Für andere Anspielungen auf dieses »weitere« Werk vgl. Altshuler, Treatise, 226, Amn. 1; 232, der jedoch die größeren juridischen Abschnitte in Ant. und Ap. als spätere redaktionelle Einfügungen durch den Autor selbst und somit als Erfüllung der Pläne Josephus' versteht. Vermutungen, er habe sein Projekt in Ap. (vgl. Petersen, Literary Projects, 263–265) bzw. in Verbindung mit redaktionellen Einfügungen in Ant. 3; 4 (Altshuler, Treatise, 228–232) verwirklicht, erwiesen sich im Detail allerdings als nicht haltbar (Vgl. Gerber, Bild, 64–65).

5 Vgl. mit Beispielen Avioz, Exegesis, 2; Nakman, Halacha, 289–290.

6 Vgl. Ant. 3,224; 3,286; [4,67]; 4,76; 4,196–198; 4,302.

 | HTTPS://DOI.ORG/10.1163/9789004747630-006

4,67–75.196–291; 294–301) und einen weiteren in seine apologetische Schrift[7] *Gegen Apion* (Ap. 2,164–219) ein. Während in *Contra Apionem*[8] sowie in den weiteren Rechtssätzen der *Antiquitates* keine Rezeption der biblischen Talionsformeln nachweisbar ist,[9] rezipiert Josephus in zwei Abschnitten der Verfassung [πολιτεία] des Mose in Friedenszeiten (Ant. 4,196–291) nachvollziehbar die *talio*. Durch die Positionierung dieser Beschreibung nach der Abschiedsrede des Mose[10] bearbeitet Josephus darin überwiegend Gesetze des Deuteronomiums, die mit Teilverordnungen der Bücher Exodus und Levitikus angereichert sind.

Auch wenn Josephus in Ant. 4,196–197 versichert, die Gesetzesnormen, die in der biblischen Erzählung je nach Offenbarungszeitpunkt über die Bücher der Tora verstreut sind, zwar nach thematischen Gesichtspunkten ausgewählt bzw. neu angeordnet zu haben, aber keine Ausschmückungen hinzugefügt oder Veränderungen vorgenommen zu haben,[11] wirft seine Darstellung der einzelnen Rechtssätze doch zahlreiche Fragen für die moderne Forschung auf: Auf welche der biblischen Überlieferungen bezieht er sich, welche antik-jüdischen oder nichtjüdischen Traditionen sind in seine Darstellung eingeflossen (oder nicht) und für welche Zielgruppe wurden seine *Antiquitates* verfasst?

Die in den *Antiquitates* aufgeführten Gesetzesnormen können in den überwiegenden Fällen auf einen biblischen Rechtssatz bzw. die Kombination von mehreren Versen zurückgeführt werden. Allerdings weicht die Paraphrase dieser Rechtsnormen auch in diesen Fällen häufig deutlich von den Formulierungen in den heute zugänglichen Bibelversionen ab, sodass die Offenlegung der

---

7 Vgl. die ausführliche Diskussion zum direkt-apologetischen Charakter der Schrift bei Gerber, Bild, 33–42.

8 Zu Ap. 2,202 vgl. Anm. 45.

9 In Ant. 3,244–286 befasst sich Josephus überwiegend mit Gesetzen über Kult-, Opfer- und Reinheitsfragen, in Ant. 4,67–75 überliefert er vereinzelte Verordnungen für die Leviten und Priesterschaft und Ant. 4,294–301 beschreibt er die Verfassung in Kriegszeiten (vgl. Ant. 4,293).

10 Vgl. Ant. 4,176 und Dtn 1,3 sowie Kaiser, Politeia, 222–223. Das ehrwürdige Alter und die Unübertroffenheit dieser auf Moses zurückgehende Verfassung bildet auch das Leitmotiv der jüngeren Zusammenfassung der Gesetze in *Contra Apionem* (vgl. Ap. 153–189), wenngleich sich die Darstellung des jüdischen Rechts in Ant. und Ap. hinsichtlich ihres Aufbaus, Inhalts und Verwendung der biblischen Überlieferung deutlich unterscheiden. Vgl. dazu die aufschlussreiche Darstellung bei Castelli, Approaches, bes. 164–167.

11 Vgl. Ant. 4,196–197. Nakman, Halacha, 284, vermutet, dass Josephus zwar primär für eine nichtjüdische Zielgruppe geschrieben habe, aber davon ausging, dass auch griechisch-sprachige Juden seine Ausführungen lesen würden, weshalb er trotz seiner Kreativität zurückhaltend blieb.

von Josephus verwendeten Vorlagen und biblischen Traditionen nur schwer möglich ist und nur für einzelne Abschnitte näherungsweise bestimmt werden kann. Meist wird davon ausgegangen, dass dem in Rom schreibenden Autor aufgrund der dort ansässigen großen Diasporagemeinde mehrere Textversionen in hebräischer, griechischer und möglicherweise aramäischer Sprache zur Verfügung standen.[12] Auch in Hinblick auf die rechtlichen Passagen erschwert das Schweigen des Josephus zu den von ihm verwendeten hermeneutischen Zugängen oder möglichen Vorlagen seiner Ausführungen[13] eine grundsätzliche Antwort auf die Frage, inwiefern und in welchem Umfang die Darstellung des jüdischen Rechts auf ihn selbst zurückgeht oder durch externe Traditionen bestimmt ist.[14] Zudem kann Josephus selbst nicht eindeutig einer antik-jüdischen Gruppierung zugeordnet werden, was auch für die Traditionen hinter seiner Darstellung des jüdischen Rechts gilt: Es bestehen einerseits Übereinstimmungen mit rabbinischer Halacha, weshalb nicht selten eine Nähe zu den Pharisäern[15] vermutet wurde.[16] Anderseits berühren sich einzelne Rechtssätze bei Josephus mit Rechtstraditionen aus Qumran[17] und mit Rekonstruktionen sadduzäischer bzw. boethusianischer Halacha, weshalb aufgrund seiner priesterlichen Biographie eine Nähe zu den entsprechenden Gruppierungen erwogen wurde.[18] Nicht auszuschließen ist dabei zugleich, dass die Eigenheiten seiner Darstellung der jüdischen Gesetze entweder eine frühere Stufe halachischer Entwicklung darstellen,[19] durch seinen Aufenthalt

12 Vgl. ausführlich Feldman, Use, 456–460; Pearce, Words, 36–37; Spilsbury, Bible, 128.

13 Vgl. mit Hinweisen auf Hypothesen eines hellenistisch-jüdischen Florilegiums (Hölscher), einem hellenistischen Midrasch (Cohen), einer entsprechenden Zusammenstellung aus priesterlichen Kreisen, die zwischen der sadduzäischen und pharisäischen Position anzusiedeln ist (Kohler), oder einem Targum (Olitzki) Pearce, Words, 37, Anm. 144, und Feldman, Use, 511–512.

14 Vgl. ausführlicher zu den folgenden, knappen Kommentaren: ders., Use, passim.

15 Allerdings ist nicht nur die Annahme einer geradlinigen Entwicklung aus pharisäischer Halacha zu rabbinischem Schrifttum umstritten (vgl. etwa Cohen, Maccabees, 153–158; 224–225, und Stemberger, Pharisees), sondern umgekehrt kann auch das pharisäische Selbstverständnis der Tannaiten in Zweifel gezogen werden, vgl. Cohen, Pharisees.

16 Nakman, Halacha, 284, geht davon aus, dass etwas mehr als die Hälfte der Rechtssätze in den Antiquitates mit rabbinischer Halacha übereinstimmen, wobei er der Veranschlagung einer Übereinstimmung von neunzig Prozent (so Feldman, Torah, 48) widerspricht. Goldenberg, Halakhah, 15, schreibt der pharisäischen Bildung des Josephus großes Gewicht zu.

17 Vgl. mit Literaturhinweisen Nakman, Halacha, 287; Pearce, Words, 37, Anm. 145.

18 Vgl. z.B. Kohler, Portions, 69–71; Finkelstein, Pharisees, 736.

19 Vgl. Noam, Josephus, und, mit weiterer Literatur, Doering, Schabbat, 480.

in Rom bedingt sind[20] bzw. auf den selbständigen kreativen Umgang mit der Schrift zurückzuführen sind.[21] Nicht zu vernachlässigen ist ferner, dass sich Josephus bei der Abfassung der *Antiquitates* und von *Contra Apinionem* schon längere Zeit in Rom befand und bei seinen Ausführungen womöglich hellenistisch-römische Vorstellungen aufgreift, die er für die Darstellung der jüdischen Kultur und Geschichte fruchtbar macht. Monokausalität sollte bei dieser Frage – besonders bei Josephus – kein Ziel der Erklärung sein. Vielmehr sollten in strittigen Fällen – wie etwa in Ant. 4,280 – mögliche Rezeptionsquellen aufgezeigt und anhand einer Untersuchung lexikalischer, struktureller und literarischer Analogien näherungsweise plausibilisiert werden.

Im Folgenden soll dies hinsichtlich der Rezeption der *talio* bei Flavius Josephus untersucht werden: Hinsichtlich des Inhalts der Rechtsnorm ist sich die moderne Forschungsliteratur zwar größtenteils einig, um die Erklärung ihrer Herkunft und ihres Zwecks wird jedoch bis heute gerungen. Wie Philo von Alexandrien zitiert auch Josephus die biblische Talionsformel in keiner der im Pentateuch überlieferten Versionen vollständig. Lediglich das *psychē*-Glied der Formel begegnet im Rahmen seiner Version von Ex 21,22–23 in Ant. 4,278. Im selben Kontext, jedoch durch einen Einschub abgegrenzt, präsentiert Josephus allerdings einen Rechtssatz mit talionischer Rechtsfolge (Ant. 4,280), der trotz fehlender lexikalischer Verbindung sehr wahrscheinlich eine Auslegung der übrigen Glieder der Talionsformel aus Ex 21,24[–25] darstellen dürfte. Der gesamte Abschnitt (Ant. 4,277–280) zu Angriffen auf Leib und Leben, der mehrfach Rechtsfolgen als talionisch charakterisiert, bildet den Einstieg in die anschließende Untersuchung (5.1), da er als primäre Quelle für die Auslegung der biblischen Talionsformel und ihrer Abgrenzung gegenüber anderen Rechtsreaktionen bei Josephus gelten kann. In einem zweiten Schritt wird die Darstellung des Falschzeugenrechts (5.2) untersucht, bei der ausgehend vom Umgang mit Dtn 19,15–21 in Ant. 4,277–280 ebenfalls ein Einfluss von der Talionsformel in Dtn 19,21b vermutet wird. Abschließend kommt mit Josephus' Darstellung der Gotteslästerung in Ant. 4,202.207 (5.3) die jüngste biblische Perikope mit der Talionsformel in den Blick, wobei hier eine Rezeption der Talionsformel nicht nachgewiesen werden kann.

---

20 Vgl. z.B. Revel, Anti-Traditional, 294.

21 Das betonen besonders Altshuler, Descriptions, Gallant, Expositions, sowie aktuell – in den meisten Fällen – Avioz, Exegesis.

5.1 Die Rezeption der Talionsformel im Körperverletzungsrecht (Ant. 4,277–280)

5.1.1 Die kontextuelle Einbindung von Ant. 4,277–280

Josephus' primäre Interpretation der biblischen Talion begegnet in seiner Darstellung des biblischen Körperverletzungsrechts (Ant. 4,277–280) innerhalb der größeren Zäsur Ant. 4,199–301,[22] genauer in einem größeren Abschnitt zum Delikt- und Haftungsrecht (Ant. 4,266–291).[23] Innerhalb dieses Blocks können kleinere Sinnabschnitte und thematische Verkettungen nachvollzogen werden, ein übergreifendes Strukturprinzip ist hingegen nicht auszumachen.[24] Hinsichtlich Ant. 2,277–280.281–284 ist eine deutliche Orientierung an der Darstellung des Körperverletzungs- und Haftungsrechts des Bundesbuchs nachzuvollziehen (Ex 21,18–36).[25] Entsprechend ist der

22 Aufbau: I. Kultisches Recht (199–213), II. Rechtswesen (214–225), III. Verfügungen zu Landwirtschaft [Armenfürsorge] und Opfer (226–243), IV. Familien- und Frauenrecht (244–265), V. Delikt- und Haftungsrecht (266–288.289.290–291), VI. Kriegsrecht (293–301). Die hier vorgeschlagene Gliederung orientiert sich aufgrund des Fehlens eindeutiger syntaktischer Textgliederungsmerkmale am Inhalt der Gesetze, vgl. ähnlich Castelli, Approaches, 153–154; Kaiser, Politeia, 223–225.

23 Nach oben ist ein recht deutlicher inhaltlicher Übergang vom Frauen- und Familienrecht (Ant. 4,244–265) zu erkennen, wobei der Exkurs zum Bestattungsgebot in 4,265 von der Rezeption Dtn 21,22–23 bedingt sein dürfte, vgl. 5.3. Nach unten ist das Ende des Abschnitts durch die Charakterisierung von 4,199–291 als Rechtsordnung für Friedenszeiten [εἰρηνικὴ τῶν νόμων κατὰ τὴν πολιτείαν] und den anschließenden Kommentaren zum Kriegsrecht (Ant. 4,293–301) gegeben. Auch hier scheint mit dem Ausschluss der Sippenhaft (4,289) ein Exkurs vorzuliegen, der durch die gemeinsame biblische Vorlage des vorherigen Rechtssatzes bedingt ist (Dtn 24,14–15.16). Möglicherweise sind die anschließenden Kommentare zu Eunuchen (§290–291) durch das gemeinsame Thema der Nachkommenschaft begründet, vgl. neben einem Verweis auf die lautliche Verbindung zwischen ἐπιτρεπότων (4,289) und ἐκτρὲπεθαι (4,290) Gallant, Expositions, 270.

24 Vgl. die überzeugende Darstellung des thematischen Aufbaus des Abschnitts bei Castelli, Approaches, 153–154, die aber auch fragt: »Is there a logic in this account? Not all the laws proposed by Josephus fit in a scheme« (ebd., 154). Vgl. Amir, Concept, 86.

25 Das gilt mit Einschränkung auch für Ant. 4,285–287, wenn mit Ex 22,6–14 als biblischer Hintergrund gerechnet werden kann (vgl. Altshuler, Descriptions, 151). Nakman, Halakhah, 122, und Feldman, Antiquities, 454, verweisen zurecht noch auf Lev 5,20–26 als Referenztext. Aufgrund dieser Beobachtung überrascht, dass Avioz, Exegesis, passim, diesem Umstand keine Beachtung schenkt und auch die *talio* als übergreifendes Leitmotiv nicht erwähnt, obwohl er in der Einleitung angibt, zwar einen »super-commentary by Josephus on the Pentateuchal books« vorlegen zu wollen, aber »I will follow Josephus' order but at the same time coordinate it with the order of the MT whenever possible« (ebd., 6). Dennoch bespricht er die offensichtlich zusammenhängende Reihe

Übergang von Ant. 4,280 zu 281–282 im Lichte des biblischen Zeugnisses gut nachvollziehbar,[26] während die Verbindung zu Ant. 4,277 weniger eindeutig zu erklären ist.[27]

Ant. 4,277–280 kann folglich als inhaltlich zusammenhängender Sinnabschnitt abgegrenzt werden, der Angriffe auf Leib und Leben behandelt und von großem Interesse für eine Rezeptionsgeschichte der Talionsformel ist. Die Besprechung des Rechtsfalls Ex 21,22–23 samt dem direkten Zitat der Talionsformel in Ant. 4,278 bekräftigt den Bezug zum Bundesbuch, der auch für Ant. 4,280 angenommen werden kann. Für Ant. 4,277 ergeben sich ebenfalls inhaltliche und lexikalische Verbindungen zu Ex 21,12–14.18–19, die diese intertextuelle Beziehung für den gesamten Abschnitt unterstreichen. Darüber hinaus begegnen im gesamten Abschnitt Rechtsfolgen, die Josephus als talionisch charakterisiert.[28] Ähnlich wie Philo rezipiert auch Josephus die biblische Perikope für zwei unterschiedliche Zwecke: In Ant. 4,278 bezieht er sich auf den zugrundeliegenden Rechtsfall und beschränkt sich auf das erste Glied – ψυχὴν ἀντὶ ψυχῆς –, während in Ant. 4,280 isoliert von der Perikope die Talionsformel (ohne direktes Zitat) für das allgemeine Körperverletzungsrecht fruchtbar gemacht wird.[29]

Ant. 4,277–280 (vgl. 5.1.1), die – von Ant. 4,279 abgesehen – auch nach der biblischen Überlieferung konsekutiv begegnet (Ex 21,18–19.22–25), nicht zusammenhängend. Stattdessen beleuchtet Avioz Ant. 4,277–278 im Rahmen der »Laws of Exodus« (ebd., 26–28), während er Ant. 4,279–280 den »Laws of Deuteronomy« zuordnet (ebd., 107–109), obwohl er dort gerade die Bedeutung von Lev 23,19–20 herausstellt und Dtn 19,21 (zurecht) keine Relevanz für Ant. 4,280 zuschreibt. Grund ist vermutlich die Darstellung der *politeia* im Rahmen der Abschiedsrede des Mose und die Beobachtung, dass viele der Rechtssätze – aber eben nicht alle – primär auf das Buch Deuteronomium zurückgeführt werden können (vgl. ebd., 2). Auch sonst geht er auf die komplexe Frage, nach welchen Gesichtspunkten Josephus seine angekündigte Umstrukturierung der biblischen Gesetze durchführt, bis auf wenige Ausnahmen (vgl. z.B. die Überlegungen auf S. 101–102 zum *ben sorer u-more'*) nicht ein.

26 Die sklavenrechtlichen Bestimmungen des Bundesbuchs erwähnt Josephus nicht (vgl. nur Ant. 4,273), vgl. Avioz, Exegesis, 24–26.

27 Möglicherweise hat das öffentliche Setting und der Umgang mit Fremden sowie deren Besitz in Ant. 4,274–276 Josephus dazu bewogen, das Delikt- und Haftungsrecht an dieser Stelle einzubauen. Auch die Verbindungen zu Lev 19,14 (4,276) und Lev 19,13 (4,288) können als Klammer dieses Abschnitts verstanden werden.

28 So auch Davis, Lex, 68.

29 Vgl. spec. 3,108–109, und spec. 3,181–183.

Jos.Ant. 4,277–280[30]

Ἐν μάχῃ τις ὅπου μὴ σίδηρος πληγεὶς παραχρῆμα μὲν ἀποθανὼν ἐκδικείσθω ταὐτὸν παθόντος τοῦ πεπληχότος	277aα [Wenn] in einem Kampf ohne Eisen einer geschlagen wird und umgehend stirbt, soll er gerächt werden, indem der Schläger dasselbe erleidet.
ἂν δὲ κομισθεὶς παρ᾽ ἑαυτὸν καὶ νοσήσας ἐπὶ πλείονας ἡμέρας ἔπειτ᾽ ἀποθάνῃ ἀθῷος ἔστω ὁ πλήξας	277αβ Wenn er aber erst dann stirbt, nachdem er zu sich (nach Hause) gebracht wurde und viele Tage lang krank/verletzt war, sei der Schläger straffrei.
σωθέντος δὲ καὶ πολλὰ δαπανήσαντος εἰς τὴν νοσηλείαν ἀποτινέτω πάνθ᾽ ὅσα παρὰ τὸν χρόνον τῆς κατακλίσεως ἀνάλωσε καὶ ὅσα τοῖς ἰατροῖς ἔδωκεν	277b Wenn er zwar am Leben erhalten wird, aber viel für die Behandlung ausgeben muss, soll [der Schläger] alles erstatten, was er während der Zeit seiner Bettlägerigkeit aufgewendet hat und was er den Ärzten gegeben hat.
ὁ γυναῖκα λακτίσας ἔγκυον ἂν μὲν ἐξαμβλώσῃ ἡ γυνὴ ζημιούσθω χρήμασιν ὑπὸ τῶν δικαστῶν ὡς παρὰ τὸ διαφθαρὲν ἐν τῇ γαστρὶ μειώσας τὸ πλῆθος διδόσθω δὲ καὶ τῷ ἀνδρὶ τῆς γυναικὸς παρ᾽ αὐτοῦ χρήματα	278a Wenn einer eine schwangere Frau tritt und die Frau eine Fehlgeburt hat, soll er durch die Richter mit einer finanziellen Strafe belegt werden, weil er durch Zerstörung dessen, was im Bauch war, die Menge [der Menschen] geschmälert hat. Und durch ihn soll auch dem Mann der Frau Geld gegeben werden.
θνησκούσης δ᾽ ἐκ τῆς πληγῆς καὶ αὐτὸς ἀποθνησκέτω ψυχὴν ἀντὶ ψυχῆς καταθέσθαι δικαιοῦντος τοῦ νόμου	278b Wenn sie aber von dem Schlag stirbt, soll auch er sterben. Das Gesetz erachtet es für gerecht, [ein] Leben gegen [ein] Leben niederzulegen.
Φάρμακον μήτε θανάσιμον μήτε τῶν εἰς ἄλλας βλάβας πεποιημένων Ἰσραηλιτῶν ἐχέτω μηδὲ εἷς·	279a Weder tödliches Gift noch solches, das hergestellt wurde, um anderen Schaden [zuzufügen], soll auch nur einer der Israeliten haben.
ἐὰν δὲ κεκτημένος φωραθῇ τεθνάτω τοῦτο πάσχων ὃ διέθηκεν ἂν ἐκείνους καθ᾽ ὧν τὸ φάρμακον ἦν παρεσκευασμένον	279b Wenn aber einer im Besitz [von Gift] ertappt wird, soll er sterben, indem er das erleidet, was er für jenen geplant hatte, für den er das Gift vorbereitet hat.

30 Textgrundlage: Niese, Jos.Ant., 280–281; Thackeray, Jos.Ant., 608–610.

[ὁ] πηρώσας πασχέτω [τὰ ὅμοια] στερούμενος οὗπερ ἄλλον ἐστέρησε	280a Wer verstümmelt hat, der soll [das Gleiche] erleiden, indem er dessen beraubt wird, [wovon] er den anderen beraubt hat,
πλὴν εἰ μήτι χρήματα λαβεῖν ἐθελήσειεν ὁ πεπηρωμένος	280bα außer wenn der Verstümmelte Geld annehmen will.
αὐτὸν τὸν πεπονθότα κύριον τοῦ νόμου ποιοῦντος τιμήσασθαι τὸ συμβεβηκὸς αὐτῷ πάθος καὶ συγχωροῦντος, εἰ μὴ βούλεται γενέσθαι πικρότερος.	280bβ Das Gesetz macht den Geschädigten selbst zum Herrn, den ihm widerfahrenen Schaden zu schätzen, und gestattet [es], außer wenn er zu bitter sein will.

Da Josephus' Formulierungen und juridischen Ausführungen jedoch deutlich von Ex 21,12–24.18–19.22–24 abweichen und Ant. 4,279 zudem nur schwer eindeutig auf einen biblischen Rechtssatz zurückgeführt werden kann, stellt sich die Frage, ob die Abweichungen auf Josephus' Exegese der Schrift zurückzuführen sind oder antik-jüdische bzw. hellenistisch-römische Einflüsse zu dieser Darstellung geführt haben.

5.1.2 Körperverletzung, Tötungsdelikte und die Talionsformel (Ant. 4,277)

In Ant. 4,277 bespricht Josephus den juristischen Umgang mit Körperverletzungsdelikten, wobei er mit Totschlag (Ant. 4,277aα),[31] Körperverletzung mit Todesfolge (Ant. 4,277aβ) und Körperverletzungen ohne Todesfolge (Ant. 4,277b) drei Unterfälle hinsichtlich der Tatfolge unterscheidet: Inhaltlich können die Rechtsfolgen eng mit dem Bundesbuch korreliert werden, offenbaren aber auch die editorische Hand des Josephus. Von Bedeutung für die Rezeption der Talionsformel ist dabei zunächst Ant. 4,277aα: Wird beim unmittelbaren Versterben der angegriffenen Person [παραχρῆμα μὲν ἀποθανών] angeordnet, der Tod sei zu rächen [ἐκδικέω], so könnte dies als Interpretation

31 Aus der Situationsangabe »in einem Kampf« [ἐν μάχῃ] kann gefolgert werden, dass es sich nicht um einen einseitigen Anschlag handelt. Die negative Klassifikation »ohne eiserne [Waffe]« [μὴ σίδηρος] kann als Hinweis verstanden werden, dass die Tat unbeabsichtigt bzw. ohne Vorsatz zustande kam. So spricht Gallant, Expositions, 256, mit Verweis auf Num 35,16.17–18 sowie bSan 76b von »unintentional murder«, und Feldman, Antiquities, 466, Anm. 296, führt SifBem zu Num 35,16 als Vergleichsstelle an. Vgl. auch Castelli, Murder, 166–167.

von Ex 21,12[32] und/oder lexikalisch als Rezeption von Ex 21,20 gewertet werden.[33] Da aber nicht nur die Tötung der Totschläger:in mit der Rechtsinstitution der Rache in Verbindung gebracht wird, sondern Josephus explizit formuliert, »der Schläger habe dasselbe zu erleiden« [ταὐτὸν παθόντος τοῦ πεπληχότος], deutet er hier – womöglich durch Ex 21,23b beeinflusst – die Rechtsfolge als talionische Strafe.[34]

Während das Entfallen einer Todessanktion in Ant. 4,277aβ nichts direkt für die Rezeptionsgeschichte der Talionsformel austrägt, ist Ant. 4,277b besonders im Vergleich mit der tannaitischen Diskussion[35] von Bedeutung für die Auslegung Ant. 4,280: Hier paraphrasiert Josephus Ex 21,19 und gibt an, den Geschädigten seien die Ausgaben zu erstatten, die sie für die »Zeit des Niederliegens« [χρόνον τῆς κατακλίσεως] und die Arztkosten aufwenden mussten, eine talionische Strafe wird also in diesem Fall nicht erwogen. Ein Querverweis auf Ex 21,24 bzw. Ant. 4,280 fehlt ebenso wie umgekehrt ein Hinweis auf Arbeitsausfall und ärztliche Behandlung dort.[36] Bei Josephus scheinen die Talionsformel aus Ex 21,24 (bzw. Lev 24,19–20) sowie Ex 21,18 folglich durch die Schwere der Körperverletzung zu unterscheiden und er ordnet ihnen entsprechend unterschiedlichen Rechtsfolgen zu.[37]

5.1.3 Der Angriff auf eine Schwangere (Ant. 4,278)

In Ant. 4,278 stellt Josephus Ex 21,22–23 dem Aufbau des biblischen Rechtssatzes entsprechend aufgeteilt in zwei Unterfälle dar, wobei die Unterscheidung – gegenüber Philo – dem oben favorisierten Verständnis der hebräischen Textfassung entspricht.[38] Vermutlich größtenteils durch die Komposition von

32 Diesen Vers schlägt Goldenberg, Constitution, 1215, neben Lev 24,17.21 als biblische Basis vor, wobei auch er eine Ableitung von Ex 21,18–19 für möglich hält; vgl. Altshuler, Descriptions, 145.

33 Vgl. Gallant, Expositions, 254.

34 Vgl. ebd., 255, und Feldman, Antiquities, 446, Anm. 928, mit Querverweis auf vergleichbare Formulierungen bei Philo, spec. 3,96.106, sowie der Beobachtung, dass die Hinrichtungsform keine Rolle spielt, anders als in Jub 4,32. Zu (ἀντι-)πάσχω als talionischem Ausdruck in der griechischen Antike und bei Philo vgl. 4.2.2.2 und im Folgenden.

35 Verweise auf vergleichbare Diskurse in tannaitischen und amoräischen Texten sind bei Gallant, Expositions, 1215, zu finden.

36 Vgl. MechJ Nez 5 sowie mBQ 8,1 zur Verbindung von Ex 21,18–19 und 21.24–25 in der Rezeptionsgeschichte.

37 Weyl, Strafgesetze, 54, nimmt an, der Ausschluss von Eisenwaffen in Ant. 4,277 soll leichtere, heilbare Verletzungen andeuten, möglicherweise gegenüber Ant. 4,280.

38 Vgl. oben 2.1.1.2.

Ant. 4,277–280 sowie den Stil des Josephus bedingt, ergeben sich zahlreiche Unterschiede zum biblischen Intertext: Es wird weder ein Streit zwischen Männern geschildert, der auf eine offenbar unbeteiligte Frau übergreift, noch eine vorangehende Handgreiflichkeit zwischen der werdenden Mutter und dem späteren Täter.[39] Vielmehr beschreibt Josephus – ohne Schilderung der Begleitumstände – wie ein Mann eine schwangere Frau[40] tritt [λακτίζω]. Da es sich dabei um ein *hapax legomenon* in Josephus' Schriften handelt, kann nur schwer entschieden werden, ob dem Fuß als ausführendes Körperteil eine tiefere Bedeutung zukommt. Grundsätzlich ist eine Steigerung der Intentionalität wahrzunehmen: Wenn der Raufbold in Ant. 4,277 in einer Auseinandersetzung ausdrücklich ohne Eisenwaffen geschlagen [πλήσσω] wird,[41] wird die Frau in Ant. 4,278 getreten [λακτίζω], der Täter bereitet in Ant 4,279 seinen Anschlag akribisch vor und in Ant. 4,280 bildet die Verstümmelung die Protasis. Von Bedeutung ist auch die eindeutigere Beschreibung des Tathergangs bei Josephus: Indem er den medizinischen Fachbegriff für einen Abort verwendet [ἐξαμβλόω][42] und von der *Zerstörung* dessen, was im Bauch war [παρὰ τὸ διαφθαρὲν ἐν τῇ γαστρί], spricht, ist ein Bezug von Ex 21,22^{MT} auf extern induzierte Frühgeburten ausgeschlossen. Der entscheidende Unterschied zwischen den beiden Unterfällen liegt vielmehr im Überleben bzw. Versterben der Frau durch die Gewalterfahrung, wie θνήσκω gegenüber dem semantisch polyvalenten אסון eindeutiger ausdrückt. Die Darstellung des ersten Unterfalls stellt entsprechend eine spezifische Interpretation des biblischen Rechtsfalles dar, bestätigt aber, durch die Verordnung einer finanziellen Kompensation

---

39 Möglicherweise ist das Moment der *aberratio ictus* jedoch durch die Einleitung des gesamten Abschnitts mit ἐν μάχῃ gegeben, vgl. Anm. 31. Philo übernimmt die Situationsbeschreibung aus Ex 21,22 in congr. 138, verwickelt aber in spec. 3,108 die Frau selbst in ein Handgemenge mit dem späteren Täter.

40 Philo erwähnt in spec. 3,108 ihren Bauch als Ziel des Schlags [κατὰ τὴν γαστέρα], vgl. MechJ Nez 8,23–28.

41 Sollte Ant. 4,280 vor dem Eindruck der Traditionen der Zwölftafeln entstanden sein – oder zumindest als solche im Rom der ersten beiden Jahrhunderte rezipiert worden sein – ergibt sich eine Verbindung zu Tab. VIII,3: Dort ist nicht nur von einem Knochenbruch die Rede, sondern auch das Handwerkszeug, *manu fusti(ve)*, erwähnt. Die Hand und der Knüppel als Tatwaffe könnten – in Abgrenzung zu Eisenwaffen (vgl. Völkl, Körperverletzung, 150) – als Hinweis darauf zu werten sein, dass die Intentionalität zur Verletzung bei dieser Art von Angriffen geringer einzuschätzen ist, als hätte die Täter:in eine Kriegswaffe oder ähnliche Gegenstände zur Hand genommen (Hagemann, Iniuria, 41–42).

42 Vgl. zum Begriff Pepe, Abortion, 39, Anm. *, und Montanari, Dictionary, 712.

für die Zerstörung ungeborenen Lebens, grundsätzlich das oben favorisierte Verständnis von Ex 21,22–23^{MT} sowie die späteren rabbinischen Traditionen.[43]

Josephus begründet diese Rechtsfolge damit, durch die Tat sei »die Menge [der Menschen] geschmälert worden« [μειώσας τὸ πλῆθος].[44] Mit Blick auf die anschließende Begründung von Ant. 4,278b ist das Fehlen des Nomens ψυχή anzumerken: Im Umkehrschluss wird zwar deutlich, dass ein rechtlicher bedeutender Unterschied zwischen geborenen Menschen und Ungeborenen besteht, jedoch äußert sich Josephus nicht direkt zum rechtlichen Status des vorgeburtlichen Lebens.[45] Ähnlich wie in Philos Argumentation in spec. 3,108,

43 Aufgrund der Formulierung διδόσθω δὲ καὶ τῷ ἀνδρὶ τῆς γυναικὸς παρ' αὐτοῦ χρήματα und der vorherigen Erwähnung einer durch Richter festgelegten Geldsumme [ζημιούσθω χρήμασιν ὑπὸ τῶν δικαστῶν], ging Josephus möglicherweise von zwei unterschiedlichen Beträgen aus. Vgl. Weyl, Strafgesetze, 59–60; Gallant, Expositions, 256–257, und zusammenfassend Feldman, Antiquities, 448, Anm. 936.

44 Nicht eindeutig ist, inwieweit τὸ πλῆθος sich auf die Menschheit allgemein oder das jüdische Volk bezieht. Vermutlich hat Josephus – ähnlich wie in Ap. 2,202 – beide Aspekte im Blick und die Überlegenheit des jüdischen Volkes in Hinblick auf die sozialpolitischen bzw. ethischen Konnotationen herausstellen wollen. Vgl., auf Ap. 2,202 bezogen, Tuor-Kurth, Kindesaussetzung, 183–184; den Hollander, Reading, 24–25. Vgl. mit Verweis auf spec. 3,19.108 und bJev 63b Feldman, Antiquities, 448, Anm. 934, und zu Ap. 2,202 Barclay, Apion, 286, Anm. 814, der ebenfalls den sozialpolitischen Kontext betont. Vgl. zu ähnlichen Argumentationen bei Josephus (Ant. 2,208, 4,290) Tuor-Kurth, Kindesaussetzung, 184–187.

45 Vor diesem Hintergrund scheint eine gewisse Spannung zu Ap 2,202 zu bestehen, wo Josephus unter Verwendung ähnlicher Nomenklatur [ἀμβλόω, διαφθείρω] auf Abtreibungen eingeht, eine entsprechend handelnde Mutter dort jedoch als Kindstöterin [τεκνοκτόνος] bezeichnet und als eine, »die eine Seele zerstört und das Geschlecht schmälert« [ψυχὴν ἀφανίζουσα καὶ τὸ γένος ἐλαττοῦσα]. Folgende Unterschiede lösen die vermuteten Spannungen jedoch auf: (1) Im Unterschied zu Ant. 4,278 erfolgt dieser Hinweis nicht im Rahmen des »Körperverletzungs-« oder »Strafrechts« und ohne expliziten Hinweis auf eine juristische Rechtsreaktion. Vgl. im Gegensatz dazu die vorherigen Bestimmungen zu homoerotischen Praktiken (Ap. 2,199: θάνατος τοὐπιτίμιον) und Ehebruch (Ap. 2,201: οὐδεμία θανάτου παραίτησις). (2) Gegenüber Ant. 4,278 erfolgt die Darstellung innerhalb einer Reihe von Gesetzen zum häuslichen und gesellschaftlichen Zusammenleben (vgl. Ap. 2,199–208 und die Diskussion zum Umfang dieses Abschnitts bei Barclay, Apion, 282, Anm. 795). Entsprechend (3) führt Josephus diese jüdische Praxis auch nicht auf Ex 21,22–23 zurück (vgl. dagegen die Abfolge von spec. 3,108–109.110–119), sondern leitet sie stattdessen von dem (nicht-biblischen) Gebot, »alle Kinder zu versorgen« ab. (4) Trotz der Unterschiede der Überlieferung des abschließenden Satzes scheint ein hauptsächlicher Fokus von Ap. 2,202 auf der (Un-)Reinheit bei Totgeburten etc. zu liegen, was eine enge Verbindung zum anschließenden Ap. 2,203 darstellt. (5) Die anschließende Semantik von ψυχή in Ap. 2,203 unterscheidet sich deutlich von Ant. 4,278 (vgl. ebd., 286, Anm. 817), wobei die metaphysische Dimension neben der uneindeutigen

jedoch nicht auf die Frühphase der fetalen Entwicklung beschränkt,[46] scheint die *Potenzialität* ungeborenen Lebens als Argument für die vergleichsweise mildere Rechtsreaktion zu dienen. Bei Josephus ist dabei weniger der ontologische Status als die wirtschaftlich-soziale bzw. ethische Dimension im Blick, was sich auch in der römischen Literatur der späten Republik und frühen Kaiserzeit widerspiegelt.[47]

Der zweite Unterfall, der nach Josephus die Tötung der Mutter durch den vorher beschriebenen Schlag [ἐκ τῆς πληγῆς] sanktioniert, fordert als Rechtsreaktion die Hinrichtung der Täter:in. Dass er die zugehörige Apodosis mit einer Imperativform ἀποθνῄσκω ausdrückt, ist in zweifacher Weise relevant für seine Auslegung des ersten Glieds der Talionsformel, das in der anschließenden Begründung begegnet. Zum einen ist offensichtlich, dass Josephus das *nepheš/psychē*-Glied als Ausdruck einer Todessanktion versteht.[48] Zum anderen verdeutlicht schon seine Formulierung der Protasis und Apodosis die talionische Qualität der Rechtsfolge: Indem er das Ergehen der werdenden Mutter mit einem Part.fem. von θνῄσκω und die Todessanktion mit der Imperativform eines Kompositums desselben Stammes ausdrückt, korreliert er beide Aspekte und drückt schon damit reziprokes Verhältnis zwischen Tat und Rechtsfolge aus, was durch das adverbial zu verstehende καί [»auch (er soll sterben)«] unterstrichen wird. So offenbart Josephus bereits vor dem Zitat der Talionsformel, dass er die Hinrichtung des Schädigers als exakte Vergeltung seiner Tat versteht.[49] Mit der anschließenden Apposition *be*gründet er die

---

Formulierung ἀλλὰ ἢν φανείη Zweifel an der rechtlichen Relevanz schürt. Zur Verbindung von Ap. 2,202–203 vgl. Tuor-Kurth, Kindesaussetzung, 181–183.

46 Vgl. Feldman, Antiquities, 448, Anm. 934, wobei Philo sich lediglich auf die Frühphase der fetalen Entwicklung bezieht.

47 Vgl. dazu z.B. Cic.Clue. 32, der in seiner Verteidigungsrede den Fall einer Todesstrafe für eine Abtreibung erwähnt und befürwortet, wobei er neben dem Schaden für die Hoffnung sowie den Namen des Vaters auch begründend anführt, die werdende Mutter habe »den Rückhalt für das Geschlecht, den Erben der Familie und einen ausersehenen Bürger des Staates beseitigt« [*subsidium generis, heredem familiae, designatum rei publicae civem sustulisset*]. Auch wenn *subsidium generis* noch auf die Kernfamilie bezogen übersetzt werden könnte (Grose-Hodge, Cic.Clue., 255: »his family of support«), steht spätestens mit dem Abschluss des Satzes die sozialpolitische Implikation vor Augen. Zur Einordnung dieser Position und weiteren Entwicklung (z.B. bei Ovid und Musonius Rufus) in der römischen Kaiserzeit vgl. Kapparis, Abortion, 148–151, Tuor-Kurth, Kindesaussetzung, 77. Auch Bons, Marriage, 464, geht mit Blick auf Ap. 2,202 davon aus, dass die Darstellung des Josephus an römischem Moralverständnis orientiert war.

48 Vgl. demgegenüber das Verständnis und die Argumentation von Rabbi in MechJ Nez 8 (vgl. 7.3.1.3).

49 Vgl. Altshuler, Descriptions, 146; Davis, Lex, 69.

Rechtsfolge mit der Talionsformel und somit mit dem biblischen Zeugnis. Gegenüber Ap. 2,202(–203), wo ψυχή eher die metaphysische Konnotation der »Seele« trägt,[50] scheint bei der Begründung in Ant. 4,278b eher das konkrete »Leben« im Blick zu sein: Während das Ungeborene offenbar für Josephus nicht von der Talionsformel erfasst ist, erfüllt die schwangere Frau die entsprechenden Bedingungen. In Unterfall$_b$ führt Josephus als einziges Kriterium das Ableben der Frau aufgrund der Schläge [ἐκ τῆς πληγῆς][51] an. Mit der anschließenden Apposition, ausgedrückt durch einen weiteren *genitivus absolutus,* offenbart Josephus die biblische Begründung der Todessanktion und gibt – umgekehrt – auf diese Weise ausdrücklich sein Verständnis des *nepheš/psychē*-Glieds als talionische Todessanktion preis. In diesem Punkt[52] stimmt Josephus mit Philo überein; auch die Abkopplung der übrigen Glieder der biblischen *talio,* die nicht auf Ex 21,22–23 bezogen ausgelegt werden, begegnet bei beiden Autoren.

5.1.4 Die Talionsformel und die Störung des öffentlichen Friedens (Ant. 4,279)

Bevor Josephus in Ant. 4,280 den Umgang mit schweren Körperverletzungen bespricht und dabei vermutlich Ex 21,24(–25) rezipiert, begegnet mit Giftanschlägen eine weitere Verfügung, deren Rechtsfolge talionische Züge trägt. Im Gegensatz zu den übrigen Rechtssätzen im näheren Kontext entbehrt Ant. 4,279 eines eindeutigen biblischen Intertextes, der Giftmord oder den *Besitz* von gesundheitsschädlichen Mitteln untersagt bzw. unter Strafe

50 Vgl. Anm. 45.

51 Diese Präzisierung und Erweiterung der knappen biblischen Vorlage im MT könnte vielleicht mit Blick auf den vorangehenden Fall erklärt werden: Möglicherweise will Josephus so beide Fälle verschränken und versteht nur den sofortigen Tod der Frau – aufgrund der Schläge – als Erfüllung des Tatbestands und folglich als Grund für die Todessanktion der Täter:in. Folglich würde der Tod der Frau nach einigen Tagen nicht auf dieselbe Weise geahndet werden, da der Grund für ihr Ableben nicht eindeutig bestimmt werden kann.

52 In spec. 3,108 ist dies offensichtlich. In congr. 137 lässt das direkte Zitat [δώσει ψυχὴν ἀντὶ ψυχῆς] der gr. Version zwar noch keine eindeutigen Rückschlüsse auf die philonische Interpretation des Bibelwortes zu, jedoch scheint die spätere Rede von einer festgelegten [Strafe] für eine vollendete [Tat] [ὅπου δὲ (ἐπιτίμιον) ὡρισμένον ἐπὶ τελείῳ (πράγματι) νομοθετεῖται im Gegensatz zu ὅπου μὲν ἐπιτίμιον ἄδηλον ἐπ᾽ ἀδήλῳ πράγματι] eine Todessanktion in Unterfall$_b$ und damit als Interpretation des *nepheš/psychē*-Glieds wahrscheinlich werden. Gleichzeitig reagiert die Verfügung nach der Auslegung Philos nicht auf den Tod der Mutter, sondern den eines weiter ausgebildeten Fötus. Vgl. 4.1.1.2.

stellt.[53] Meist wird auf Ex 22,18^{LXX}[54] bzw. Dtn 18,10–12^{LXX}[55] verwiesen, wo die LXX מכשף bzw. מכשפה mit φαρμακός übersetzt, was Grundlage des Verbots von φάρμακα in Ant. 4,279 sein könnte.[56] Im Gegensatz zu Ant. 4,279 steht im biblischen Zeugnis aber weder die verheerende Wirkung eines Giftanschlags noch eine zugehörige Rechtsfolge im Vordergrund, sondern – auch aufgrund der Kontexte – die okkulte Praxis als sakrales Tabu.[57] Wegen der Assoziation der Herstellung gesundheitsschädlicher Substanzen mit Heilerinnen und Zauberei auch in römischer Zeit,[58] könnte eine intertextuelle Verbindung zu beiden Perikopen und der Verwendung des Nomens φαρμακός aber dennoch plausibel sein.[59]

Die zugehörige Rechtsfolge kann durch die kontextuelle Einbindung von Ant. 4,279 erklärt werden: Indem Josephus die Rechtsfolge für Tötungsdelikte als talionisch klassifiziert (4,277aα.278b) und anschließend die Talion bei schweren Körperverletzungen zulässt (4,280), fügt sich auch dieser Rechtsfall in das Schema. Wenn der Besitzer von Giftstoffen getötet werden soll,[60] indem

---

53 Avioz, Exegesis, 30, der prinzipiell vorsichtig gegenüber der Annahme eines römischen Einflusses auf Josephus ist, scheint (aufgrund des Zitates von van der Toorn/Denning-Bolle, Cradle, 113) den Rechtsfall von Ex 21,22–23 als Hintergrund von Ant. 4,279 anzunehmen und postuliert die äußerst detaillierte Überlegung, φάρμακον bezöge sich auf Handlungen einer gekränkten Ehefrau, die, nachdem sie (aufgrund von Ex 21,22–23?) nicht länger fruchtbar ist und ihr Ehemann mit einer Konkubine weitere Kinder zeugt, Zaubersprüche gegen diese bzw. Gift gegen den Ehemann einsetzt, um sich zu rächen. So innovativ dieses Szenario sein mag, es ist bar jeglicher Anhaltspunkte im Text. Inwiefern die imaginierte (!) Situation von »gekränkten Frauen« in der mesopotamischen bzw. israelitischen Gesellschaft auf die Situation von Frauen im römischen Imperium des 1. Jh.s übertragen werden kann, ist ebenfalls fraglich (vgl. ebd.: »[...] One may imagine the following situation [...]«).

54 So Whiston, Jos.Ant., 211, Anm. †; Niese, Jos.Ant., 280, Thackeray, Jos.Ant., 610, Anm. c, und Gallant, Expositions, 257, mit dem Hinweis auf die Version »einen Magier sollt ihr nicht am Leben lassen« [φαρμακοὺς οὐ περιβιώσετε] (vgl. mit Variationen dieser weit verbreiteten Lesart Wevers, Exodus^{LXX}, 262).

55 Vgl. Altshuler, Descriptions, 147.

56 Kohler, Portions, 82, verweist für den zweiten Teil des Verbots, den *Besitz* von Giftstoffen, auf Dtn 22,8, den Vers, mit dem R. Nathan in bBQ 15b den Besitz eines gefährlichen Tieres untersagt.

57 Vgl. schon die Kritik an Ritter, Philo, 28, bei Weyl, Strafgesetze, 65, Anm. 5, der mit Blick auf biblische Parallelstellen die Übersetzung »Zauberer« als Bedeutung unterstreicht.

58 Vgl. dazu die Kommentare zum Stereotyp der »adulteress-venefica-sorceress« bei Höbenreich/Rizelli, Poisoning, 293–294, sowie allgemeiner Wainwright, Healing, 74–83.

59 Vgl. den knappen Hinweis bei Kottek, Poisoning.

60 Es scheint, als ob Josephus auch für die zuvor explizit erwähnten Gifte, die »hergestellt wurden, um anderen Schaden [zuzufügen]« [(φάρμακον) τῶν εἰς ἄλλας βλάβας

er die Wirkung des Gifts selbst erleidet, kann dies *cum grano salis* – schließlich sind die potenziell Geschädigten durch das Aufdecken des Komplotts unversehrt geblieben – als talionische Rechtsfolge verstanden werden. Durch die Verwendung des Verbs πάσχω ergibt sich eine Verbindung zur Auslegung der Talionsformel in Ant. 4,280. Aus dieser Perspektive ist die Rechtsreaktion auf Josephus' Feder zurückzuführen und durch die Darstellung weiterer Anwendungsbereiche der Talion bedingt.

Daneben kann aber auch ein Einfluss römischer (Rechts-)Kultur geltend gemacht werden: In der Geschichte des römischen Reichs und besonders in der frühen Kaiserzeit sind Giftanschläge weit verbreitet[61] und führten zu juridischen Sanktionen. So wurden beispielsweise im Rahmen der Gesetzgebung der *lex Cornelia de sicariis et veneficis* aus dem Jahr 81 v.u.Z. nicht nur Giftanschläge selbst, sondern bereits die Herstellung, der Verkauf und der Besitz von schädlichen und tödlichen[62] Substanzen unter Strafe gestellt.[63] Aufgrund der Prävalenz dieses Themas in Josephus' zeitlichem und räumlichem Umfeld sowie der inhaltlichen Berührungspunkte zwischen seinen Ausführungen und den Kommentaren römischer Juristen ist eine indirekte Beeinflussung bzw. Abhängigkeit von Ant. 4,279 vom römischen Recht keineswegs zu unterschätzen.[64] Deshalb könnte dieser Rechtssatz durchaus aus einer

---

πεποιημένων], eine Todessanktion vorsieht. Entsprechend ist nur Hinrichtung mit tödlichen Substanzen talionisch, wenn die Person »das erleidet, was sie für jenen geplant hatte, für den sie das Gift vorbereitet hat« [τοῦτο πάσχων ὃ διέθηκεν ἂν ἐκείνους καθ' ὧν τὸ φάρμακον ἦν παρεσκευασμένον]. Vgl. zur Problematik schon Ritter, Philo, 28.

61 Auch wenn die Verbreitung von Giftanschlägen nicht zu hoch veranschlagt werden sollte und anekdotische Berichte nicht selten politische und rhetorische Strategien verfolgten (vgl. Touwaide, Murder), häufen sich die Berichte im 1. Jh. u.Z. (vgl. Cilliers/Retief, Poisons, 237–240), einer »very well documented era in which countless individual cases of poisoning are reported, and which reached a peak during the reign of the Julio-Claudian emperors in the 1st century CE« (ebd., 241). Vgl. zu Josephus sonstiger Darstellung des Themas, allerdings ohne zugehörige Rechtsfolgen, Kottek, Poisoning, 249–256.

62 Die griechische Bezeichnung φάρμακον, aber auch das lateinische *venenum*, kann grundsätzlich sowohl lebensdienliche Wirkstoffe als auch Gifte bezeichnen. Aus diesem Grund könnte die Qualifizierung bei Josephus auch schlicht in diesem Sinne als nähere Qualifizierung verstanden werden. Vgl. Cic.Clue. [*qui venenum malum fecit*] und später Gaius, Dig. 50,16,235 [*Qui venenum dicit, adicere debet, utrum malum an bonum*] und Cilliers/Retief, Poisons, 232.

63 Vgl. Höbenreich/Rizelli, Poisoning, 290–291, mit Hinweisen auf die weitere Rezeption dieses Gesetzes.

64 Vgl. Heinemann, Bildung, 387–388, der einen Einfluss der römischen Rechtspraxis auf die Auslegungen beider Autoren vermutet und Goodenough, Jurisprudence, 106–107, der die *lex Cornelia de sicariis et veneficis* als gemeinsame Quelle der beiden in Erwägung

Verbindung von Ex 22,17 mit den talionischen Rechtsfolgen im näheren Kontext entstanden sein, knüpft aber zugleich an die Emotionen der römischen Elite gegenüber Angriffen auf den *status quo* und den öffentlichen Frieden an.[65]

5.1.5 Die Talionsformel und schwere Körperverletzung (Ant. 4,280)

5.1.5.1 Ant. 4,280 als Rezeption von Ex 21,24

Bevor sich Josephus ab Ant. 4,281 dem Haftungsrecht zuwendet, kommt er in Ant. 4,280 ein weiteres Mal auf Körperverletzungsdelikte zu sprechen. Auch wenn er dabei keine Einzelelemente der *talio* in Ex 21,24(.25) wörtlich anführt, ist inhaltlich sowie aufgrund des Kontextes mit seinen engen Bezügen zum Bundesbuch – samt Ex 21,22–23 zwei Sätze zuvor – anzunehmen, dass die biblische Talionsformel den grundlegenden Bezugspunkt darstellt.[66] Auch die zur Beschreibung der körperlichen Versehrung verwendeten Verben, πηρόω und στερέω, sprechen für diese Annahme. Das für Charakterisierung des Tatbestandes im Part.Aor. verwendete πηρόω setzt Josephus sonst überwiegend auf eine andauernde Lähmung der Beine[67] sowie selten auf Blindheit bezogen

zieht; vgl. auch Jacob, Auge, 79–80, und zögernd Altshuler, Descriptions, 147. Vgl. auch die Zusammenstellung bei Feldman, Antiquities, 449, Anm. 938.

65 Vgl. zur kulturellen Bedeutung dieses Gesetzes und einer möglichen Rezeption der damit verbundenen Emotionen in der römischen Elite die Kommentare zu *sicarii* bei Mason, Historian, 101, Vandenberghe, Villains, und Gaughan, Murder, 134–139.

66 Vgl. Niese, Jos.Ant., 280; Thackeray, Jos.Ant., 611, verweist auf Ex 21,24 und Lev 24,19 und Whiston, Jos.Ant., 212, Anm. *, zusätzlich auf Dtn 19,21 u.a.

67 Vgl. Ant. 7,113 über die Lähmung Mefiboschets [πεπηρωμένον τὰς βάσεις], des Sohnes von Jonathan (vgl. 2Sam 4,4 [פ.ס.ח. Niphal/χωλαίνω] und 2Sam 9,3 [נכה רגלים/πεπληγὼς τοὺς πόδας]), und Ap. 2,15 gegen die Charakterisierung des Exodus als Austreibung [τὰς βάσεις πεπηρωμένους] und weiterer körperlicher Behinderungen der Israeliten durch Apion, vgl. Ap. 2,8.23 und Barclay, Apion, 177, Anm. 52. Zu πήρωσις vgl. Ant. 1,267: In Zusammenhang mit Isaaks schwindendem Augenlicht und fortgeschrittenen Alter (vgl. Gen 27,1) lässt Josephus Isaak – nachdem er den Leser:innen bereits von dessen Blindheit berichtet hat [(…) τὰς ὄψεις εἰς τὸ παντελὲς ἠφανισμένος (…)] – seinem Sohn Esau dessen körperlichen Zustand offenbaren: »(…) ὡς καὶ δίχα τῆς πηρώσεως καὶ τοῦ κατὰ τὰς ὄψεις πάθους (…)]«. Ein genauer Bezugspunkt von πήρωσις wird nicht erwähnt, aufgrund der syntaktischen Darbietung mit »καὶ […] καὶ« dürfte eher zusätzlich zum schwindenden Augenlicht Isaaks Gebrechlichkeit im Blick sein (vgl. die Übersetzung bei Feldman, Antiquities, 104, »(…) how even apart from the infirmity and his suffering in his eyesight (…)«), und nicht pleonastisch ein weiteres Mal dessen Blindheit (vgl. Whiston, Jos.Ant., 45 [»(…) that besides his blindness, and the disorder of his eyes (…)«] und Thackeray, Jos.Ant., 131 [»(…) apart from his affliction in the loss of his vision (…)«]). Zu Bell. 5,228 vgl. den Obertext.

ein,[68] was zum dritten und ersten Element der *talio* in Ex 21,24 in Bezug gesetzt werden kann. Wenn er πήρωσις in Bell. 5,228 zudem auf jene körperlichen Versehrungen beziehen kann, die zur Priesteruntauglichkeit führen [διὰ πήρωσιν οὐκ ἐλειτούργουν], besteht über Lev 21–22 eine Verbindung zum hebräischen מום in Levitikus (in der LXX fast ausschließlich mit μῶμος übersetzt) und somit zur *talio* Lev 24,19–20 [(…) ואיש כי יתן מום בעמיתו].[69] Philo, der im Zusammenhang seiner Besprechung von Ex 21,22–25 ebenfalls das zugehörige Nomen πήρωσις verwendet, bestätigt diese Bedeutung des unwiederbringlichen Verlusts von Sinnesorganen, bezieht sich dabei jedoch überwiegend auf Augen und Ohren als geschädigte Objekte. Statistisch bestätigt ein Blick in die griechische Antike diese Verwendung.[70] Eine große Ähnlichkeit besteht zudem zur kurzen Beschreibung des indischen Rechtssystems bei Strabo (15,1,54/710): Nach dessen Darstellung muss »[…] der, der einen anderen verstümmelt hat, nicht nur dasselbe erleiden, sondern dessen Hände werden auch abgeschlagen« [ὅ τε πηρώσας οὐ τὰ αὐτὰ μόνον ἀντιπάσχει, ἀλλὰ καὶ χειροκοπεῖται].[71] Das Verbum στερέω, das aufgrund der talionischen Rechtsfolge in der Apodosis auch den Tatbestand näher definiert, verwendet Josephus sonst nicht auf körperliche Schädigungen bezogen,[72] sondern zur Beschreibung der emotionalen Verlusterfahrung durch den Tod nahestehender Menschen[73] oder den Entzug

68 Vgl. Ant. 7,61, wo Josephus in Bezug auf »die Blinden und Lahmen« [העורים והפסחים /οἱ τυφλοὶ καὶ οἱ χωλοί] aus 2Sam 5,6 das biblische Zeugnis dramatisiert und berichtet, die Bewohner Hebrons hätten Menschen, die »am Gesicht und an den Beinen verstümmelt waren« [πεπηρωμένοι τὰς ὄψεις καὶ τὰς βάσεις] zum Spott des Königs auf der Stadtmauer versammelt. Im übertragenen Sinn bezieht sich die Apposition »vom Schicksal geblendet« [πεπήρωντο γὰρ ὑπὸ τοῦ χρεών] in Bell. 5,572 ebenfalls auf Blindheit. Vgl. ferner 4Makk 18,21.

69 Diesen Bezug hebt Gvaryahu, Equal, 60, als primären Bezug hervor.

70 Vgl. die ausführliche Untersuchung von Muller, Infirmité, der auch in der griechischen Antike die Semantiken der Verletzung des Augenlichts, von Sinnesorganen und Körperteilen allgemein – die Reihenfolge entspricht der Häufigkeit – herausarbeitet.

71 Vgl. Jacob, Auge, 80; zu Josephus Kenntnis von Strabos Geographica vgl. Shahar, Geographicus, 238–256, und allgemeiner Galimberti, Josephus. Vgl. ferner Vit. 147.

72 Ausschließlich in Ant. 5,313 kann Josephus mit dem Verb eine körperliche Verlusterscheinung beschreiben, wobei er bei seinem Bericht von Ri 16,18–22 nicht das Ausstechen der Augen Samsons [ἐκκόπτω αὐτοῦ τοὺς ὀφθαλμούς], sondern das Rasieren seiner Haare so beschreibt [στερήσασα τῆς κόμης αὐτὸν]. Folglich scheint auch hier die semantische Konnotation des Machtverlustes (vgl. Anm. 74) naheliegender zu sein, als die Bedeutung eines physischen Schadens wie in Ant. 4,280.

73 Verlust von Kindern (Ant. 4,152; 5,31), Ehepartnern, Geliebten und Verwandten (Ant. 6,215; 7,46; Ant. 15,101), Verbündeten (Ant. 7,44; 15,101; 17,211), Anführern (Ant. 4,321; 7,300; 12,341), des eigenen Lebens (Ant. 6,205).

von Macht und Einfluss,[74] ähnlich wie Philo.[75] Allerdings begegnet das Verb durchaus – wenn auch selten – in griechischen Zeugnissen über irreparable Beschädigungen von Sinnesorganen, häufig der Augen[76] und auch das von Josephus nicht verwendete zugehörige Nomen στέρησις kann eine ähnliche Konnotation haben.[77]

Aus der Semantik der verwendeten Lexeme kann folglich zweierlei geschlossen werden: Zum einen legt der anderweitige Bezug zu Versehrungen an Augen und Beinen, unterstrichen durch die durchgängigen Bezüge auf das Bundesbuch im unmittelbaren Kontext, nahe, dass Ant. 4,280 auf Ex 21,24 (und Lev 24,19–20) bezogen ist. Zum anderen scheint Josephus bei seiner Darstellung des biblischen Körperverletzungsrechts zwischen leichteren (4,277b) und schwereren Formen (4,280) zu unterscheiden, wobei letztere Kategorie aufgrund der Semantik der Verben irreparable Schädigungen betrifft. Damit liegt der Fokus von Ant. 4,280 auf Ex 21,24 bzw. Lev 24,19–20, nicht aber auf Ex 21,25.[78] Auch das Grundmoment der angeführten Rechtsfolge lässt sich plausibel auf die entsprechenden Verse zurückführen.

---

74 Vgl. zum Entzug politischer bzw. priesterlicher Macht sowie der Aberkennung von Rechten Ant. 2,173; 4,250; 6,205; 10,27; 11,309; Bell. 1,124 und Ap. 2,277 sowie ähnlich στερίσκω (Bell. 1,561; 1,612; 2,182). Daneben verwendet Josephus das Verb zur Beschreibung des Verlusts einer Heimstatt (Bell. 3,533; Ap. 2,277), des Verlassens schlechter Lebensumstände (Bell. 5,422), der Verhinderung der Verehrung Gottes (Bell. 6,100) sowie dem Fehlen von Trost durch andere (Ant. 2,38).

75 Philo verwendet das Verb στερέω überwiegend in Bezug auf materielle und immaterielle Güter sowie (natürliche) Zustände (LA 2,63; 3,38; fug. 17–19.107; Mos. 2,225; 2,55; virt. 123; aet. 29, legat. 152; QG 3,3), daneben zur Beschreibung des Verlusts nahestehender Personen (spec. 4,178; LA 2,46 [auf die Leibesfrucht bezogen]) und rechtlicher Möglichkeiten (fug. 80). Das Substantiv στέρησις verwendet er ausschließlich in Bezug auf den Verlust von Gütern und positiven Zuständen (vgl. opif. 167; Deus 101; fug. 89; Mos. 1,141; 2,234; spec. 4,23; Flacc. 118; legat. 17).

76 Vgl. zum Verlust der Nase und der Ohren Herodot 3,157 sowie der Augen vgl. Herodot 3,76, 6,117; vgl. Woodard, Alphabet, 216–217. Vgl. daneben die Rekonstruktion der Hakesandros Inschrift, einem Fluch gegen potenzielle Diebe eines Weinbechers aus Methone (ΜΘ 2248 [Methone Pierias I, no. 2]), der vor dem Verlust der Augen warnt [ὀμ(μ)]άτō̄ν στε-ρέ̣|σ[ετ]α̣ι]; vgl. dazu und zu den unterschiedlichen Rekonstruktionsvorschlägen Pappas, Form, 291, Anm. 12. Aristoteles bespricht in sensu 1,437a unter der Verwendung dieser Nomenklatur Blinde, Hörgeschädigte (und geistig Beeinträchtigte) gemeinsam als Personen, die »von Geburt an beraubte an dem einen oder dem anderen Sinne sind« [ἐκ γενετῆς ἐστερημένων εἰσιν ἑκατέρας τῆς αἰσθήσεως].

77 Plato, leg. 865b, beschreibt eine Tötung durch Erstickung als »Entzug von Luft« [ἐὰν δὲ αὐτόχειρ (…) ἀποκτείνῃ (…) στερήσει πνεύματος (…)].

78 Bleibende kosmetische Verletzungen bzw. Beschädigungen der Haut sind nicht in Ant. 4,280, dafür aber womöglich in Ant. 4,277 im Blick, insofern Vernarbungen und

5.1.5.2 Zur talionischen Rechtsfolge und ihrer Aussetzung

Im Gegensatz zur Ambiguität der Formulierung bei Philo ist die Möglichkeit einer körperlichen Retribution den Worten Josephus' eindeutig zu entnehmen. Eigentümlich für die Rezeption der biblischen *talio* bei Josephus ist die Doppelung einer strikten körperlichen Wiedervergeltung zusammen mit der Option, diese zugunsten einer finanziellen Entschädigung auszusetzen. Die Talion drückt Josephus dabei in zweifacher Weise aus. Zunächst verwendet er erneut πάσχω zur Beschreibung einer talionischen Rechtsfolge (vgl. Ant. 4,277aα.279b),[79] indem er die biblische Rechtssetzung mit der Aufforderung paraphrasiert, Täter:innen »sollen das Gleiche erleiden« [πασχέτω τὰ ὅμοια]. Das modal zu übersetzende adverbiale Partizip στερούμενος expliziert die Rechtsfolge durch eine Gemination dieses Verbs auf beide beteiligten Personen bezogen, was an die doppelte Verwendung von ἀποθνήσκω in Ant. 4,278b zur Auslegung des *nepheš/psychē*-Glieds erinnert: »indem er [dessen] beraubt wird, wovon[80] er den anderen beraubt hat« [στερούμενος οὗπερ ἄλλον ἐστέρησε].[81] Im direkten Vergleich mit spec. 3,182 ist Josephus deutlich klarer in der Forderung einer talionischen Rechtsfolge für schwere Körperverletzung.

Allerdings stellt diese Rechtsfolge nach Josephus nicht die einzige Möglichkeit dar. Er führt die Option [πλὴν εἰ μήτι] an, durch die Vereinbarung einer finanziellen Ersatzleistung [χρήματα λαβεῖν] die Körperstrafe auszusetzen. Mehrfach betont er dabei die Autorität der Geschädigten: Diese müssen der Aussetzung der körperlichen Vergeltung für erlittene Verletzungen zustimmen [εἰ (…) ἐθελήσειεν ὁ πεπηρωμένος]. In der anschließenden Erklärung

---

stumpfe Traumata auch nach einer medizinischen Behandlung zu erwarten sind. Deutlicher jedenfalls scheint die Verwendung des Nomens αἴσθησις bei Philo in spec. 3,182.

79 Vgl. auch spec. 3,195 [ἀντιπάσχω], MM 1,33/1194a/b, Alexander of Aphrodisias, Met. A 5,985b26 u.a.

80 Entgegen den Übersetzungen von Whiston, Jos.Ant., 211–212 (»He that maimeth anyone, let him undergo the like himself, and be deprived of the same member of which he hath deprived the other«) und Thackeray, Jos.Ant., 611 (»He that maimeth a man shall undergo the like, being deprived of that limb whereof he deprived the other«) fehlt die Angabe, dass es sich dabei um Gliedmaßen (»member«/»limb«) handelt. Genauer übersetzen Jacob, Auge, 79 (»Wer einen andern verstümmelt, soll das Gleiche erleiden, dessen beraubt, wessen er den andern beraubt hat«) und Feldman, Antiquities, 450 (»Let one who mutilates someone suffer similarly, being deprived of that which he deprived another«).

81 Vgl. ferner auch bspw. Lev 24,19^{LXX} [ποιέω – ἀντιποιέω] und Dem 24, 140–141 (ὀφθαλμὸν ἐκκόπτω – ἀντεκκόπτω).

der Absicht des Gesetzes[82] fügt Josephus hinzu: Neben der grundsätzlichen Entscheidung über die Rechtsfolge obliegt es den Geschädigten selbst, im Falle der finanziellen Entschädigung die Höhe des Schadensersatzes festsetzen [τιμάω τὸ συμβεβηκός].[83] Der abschließende Konditionalsatz [εἰ μὴ βούλεται γενέσθαι πικρότερος] dürfte auf die Prädikate des vorherigen *genitivus absolutus* [ποιοῦντος/συγχωροῦντος] zu beziehen sein, wodurch »das Gesetz« die Entscheidungsgewalt der Geschädigten letztlich doch begrenzt: »zu bitter« [πικρότερος] würde demnach unangemessene finanzielle Forderungen bezeichnen, die dem entstandenen Schaden nicht entsprechen oder mit Blick auf die Täter:in schlicht unbezahlbar sind.

So verstanden zeichnet sich Josephus' Darstellung aus rechtstheoretischer Perspektive durch eine große Feinfühligkeit gegenüber den Vor- und Nachteilen talionischer und kompensatorischer Rechtsfolgen aus: Besteht der Nachteil finanzieller Entschädigungen von Körperverletzungen darin, dass sich Wohlhabende ihre Immunität erkaufen können, stellt Josephus sowohl den Modus der Strafverfolgung als auch die potenzielle Festlegung der Höhe der Entschädigung den Geschädigten anheim, wodurch die Summe individuell an die durch die bleibende Verletzung bestehenden Einschränkungen angepasst werden kann.[84] Weil dadurch jedoch umgekehrt die Gefahr überzogener Forderungen seitens der Geschädigten besteht, die entweder Gewinn aus der Verletzung schlagen wollen oder die für den Delinquenten schlicht nicht zahlbar sind, könnte der abschließende Konditionalsatz die Entscheidungsgewalt entsprechend durch eine externe Instanz einschränken.[85]

Alternativ wäre es auch möglich, αὐτὸν – συγχωροῦντος als Apposition zur Möglichkeit einer finanziellen Entschädigung zu beziehen und εἰ μὴ βούλεται

82 Vgl. die Funktion von νόμος als Subjekt des *genitivus absolutus*.

83 Die textliche Basis des Kommentars von Avioz, Eye, 99, »die Entscheidungen darüber, ob eine finanzielle Strafzahlung [!קנס] angenommen wird sowie die Höhe dieser Strafzahlung, werden nicht vor Gericht diskutiert, sondern sollen Teil der *Verhandlungen* zwischen dem Schädiger und dem Geschädigten sein« [ÜS und Hervorhebung JR], ist unklar. Josephus skizziert weniger einen Einigungsprozess zwischen beiden Parteien (so könnte vielleicht *ni cum eo pacit* in den XII-Tafeln verstanden werden), sondern unterstreicht deutlich, dass beide Entscheidungen der geschädigten Person allein obliegen. Vgl. Anm. 86.

84 Insofern leuchtet die Einschätzung bei ders., Exegesis, 99, »[a]lthough Josephus is generally aware of issues of social justive, in this case there is a striking inequality« mit dem Hinweis, »only the rich can buy their lives with money, but the poor do not« (vgl. ähnlich Davis, Lex, 70) nicht ein, selbst wenn πικρότερος (s. im Folgenden) anders verstanden wird.

85 Vgl. besonders Jacob, Auge, 79–80, der nach diesem Verständnis zurecht auf eine Rezeption von Ex 21,22 in Ant. 4,280 hinweist.

γενέσθαι πικρότερος als Rahmung des gesamten Abschnitts zu verstehen. Nach diesem Verständnis würde Josephus nicht das Recht der Geschädigten einschränken, einen Betrag festzulegen, sondern wertend die grundsätzliche Möglichkeit einer talionischen Rechtsfolge zwar bestätigen, jedoch die finanzielle Ersatzleistung als bessere Möglichkeit herausstellen.[86] Ähnlich lässt etwa Aulus Gellius den von ihm verehrten Favorinus von Arles[87] bei einer Diskussion über die Zwölftafeln mit dem Juristen Sextus Caecilius Africanus die *talio* des *membrum-rupsit*-Satzes kritisieren (Gell.Noct. 20,1,14), wobei er diese als nicht durchführbar [*ne procedere quoque executio iustae talionis potest*] und das Element der Rache als »bitter« [*praeter enim ulciscendi acerbitatem*] bewertet. Damit läge eine vergleichbare Aussage eine Generation nach Josephus vor.[88]

Während der Aussagegehalt der Rezeption der *talio* relativ eindeutig bestimmbar scheint, ist die dahinterliegende Hermeneutik bzw. die Rezeption weiterer (Rechts-)Traditionen umstritten.

5.1.5.3 Zum Hintergrund der Rezeption der Talion bei Josephus

Da die in Ant. 4,280 beschriebene Optionalität in der antik-jüdischen Rezeption der *talio* kein zweites Mal begegnet,[89] ist die Forschungsgemeinschaft geteilter Meinung, welche Hermeneutik Josephus' Darstellung zugrunde liegt bzw. welche weiteren Traditionen ihren Niederschlag darin gefunden haben. Das Spektrum der Forschungspositionen reicht vom Postulat einer eigenständigen Bibelinterpretation ohne nachweisbare äußere Einflüsse über die Verarbeitung innerjüdischer Diskurse bis hin zu einem Einfluss der römischen Rechtstradition.

5.1.5.3.1 Ant. 4,280 als eigenständige Exegese des Josephus

Schreibt man die einzigartige Rezeption der *talio* in Ant. 4,280 Josephus' eigenständiger Bibelexegese zu und lässt den Einfluss anderer Auslegungstraditionen außen vor, umgeht man einige Fragen und Probleme, die sich zwangsläufig bei der Annahme zusätzlicher Quelle ergeben würden. Nicht abwegig scheint dabei die These, dass die Interpretation von Ex 21,24(–25) als Forderung einer

86 So versteht Gvaryahu, Equal, 60, den Konditionalsatz und nimmt entsprechend keine Kontrollinstanz bei Josephus wahr (ebd., 61: »גובה התשלום תלוי בלעדית בדרישת הנחבל«).

87 Vgl. zur Darstellung des Favorinus bei Aulus Gellius Holford-Strevens, Gellius, 98–130.

88 Vgl. Gvaryahu, Equal, 60–61.

89 Vgl. aber die Überlegungen von Shemesh, Punishments, 49–50, zur generellen Möglichkeit der Auslösung von Todessanktionen durch ein Lösegeld in tannaitischen Texten.

körperlichen Wiedervergeltung vom Autor selbst stammt: Dafür sprechen das Fehlen expliziter Hinweise auf eine finanzielle Ersatzleistung im zweiten Unterfall von Ex 21,23–25 sowie die eindeutigeren Formulierungen in Lev 24,19–20,[90] die intertextuell durch das Zitat der Talionsformel mit dem Bundesbuch verbunden sind.[91] Damit wäre allerdings noch nicht erklärt, weshalb Josephus *zusätzlich* die Option einer finanziellen Entschädigung anführt.[92] Denkbar wäre, dass ihn dazu die Rechtssätze zum stößigen Rind inspiriert haben, die er direkt an die *talio* anschließend ab Ant. 4,281 behandelt: Die in Ex 21,30 erwähnte Möglichkeit eines Lösegeldes [כפר/λύτρον] für Besitzer eines stößigen Rindes könnte Josephus folglich auf die Talionsformel in Ex 21,24(–25) übertragen haben.[93] Aber abgesehen davon, dass kein lexikalisches oder syntaktisches Indiz für diese Hypothese vorliegt, gilt es zu bedenken, dass

90 Vgl. Avioz, Exegesis, 109, mit Hinweis auf Shemesh, Measure. Aus dieser Perspektive besteht eine gewisse Analogie zu R. Eliezers Position in MechJ 8, der gerade mit Blick auf Lev 24,19–20 annimmt, dass absichtliche Körperverletzungsdelikte wiedervergolten werden sollen. Stattdessen verweist ebd. auf Philo spec. 3,181–183, Jub. 4,31; Weis. 11,6; Mt 5,38–42 und Scholion$_O$ zur MegTa'an zum 10. Tammus. Zur abweichenden Auslegung von Philo vgl. 4.2.4, zur Bergpredigt 6.2.5 und zum Scholion$_O$ vgl. im Folgenden. Zu Weish 11,16 vgl. die kritischen Überlegungen zur Unterscheidung eines theologischen Tun-Ergehens-Zusammenhangs bzw. einer göttlich verfügten Wiedervergeltung und der *talio* als Instrument menschlicher Rechtsprechung in der Einleitung. Avioz selbst mahnt anderswo, zwischen der *talio* als »Grundsatz poetischer Gerechtigkeit« (»מידה" כנגד מידה" בעיקרון של צדק פואטי«) und solchen Fällen zu unterscheiden, in denen die Bestrafung dasselbe Glied trifft, dass der Täter zerstört hat (vgl. Avioz, Eye, 102, Anm. 23). Auch in Hinblick auf diese deutlich restriktivere Unterscheidung stellt sich allerdings – mit Blick auf die dort anschließenden Beispiele (ebd., 102–104) – die Frage, ob die Einschränkung weitreichend genug ist. Kann beispielsweise die symbolträchtige Verstümmelung des Adoni-Besek durch die siegreichen Israeliten im Rahmen einer kriegerischen Auseinandersetzung (Ri 1,6–7//Ant. 5,121–124), also die Versehrung des Anführers der feindlichen Armee – der in der biblischen Tradition die vergeltende Tat Gott selbst zuschreibt [כן שלם לי אלהים/οὕτως ἀνταπέδωκέν μοι ὁ θεός] –, als Spiegel der »praktische Durchführung des talionischen Gesetzes in Israel« gelten (vgl. ebd., 102: »סיפור זה משקף הלכה למעשה את הפעלת דין הטליו בישראל«)? Ähnliches gilt für die übrigen dort erwähnten Beispiele, die nur durch die Erwähnung von körperlichen Verstümmelungen an die biblische Talion erinnern (2Sam 4,12/Ant. 7,52; 2Sam 4,4/Ant. 7,296) bzw. eine strukturelle Ähnlichkeit zu Ex 21,23 aufweisen, jedoch thematisch auf ganz anderer Ebene liegen (1Kön 20,39–43/Ant. 8,390).

91 Vgl. die Überlegungen oben (5.1.5.1) zu πήρωσις in Bell. 5,228.

92 Avioz, Exegesis, 107, postuliert dahingehend nur knapp, in Ant. 4,280 läge eine »similar technique« wie in Ant. 4,276 vor, wenn Josephus Lev 19,14 und Dtn 27,18 kombiniert. Möglicherweise ist dies ein Hinweis auf die hermeneutischen Überlegungen zur »scriptural tansference« von Robert Gallant (vgl. in folgender Anm.).

93 Diese Theorie begegnet als »scriptural transference« bei Gallant, Expositions, 12; 259–260, der Josephus zwar nicht isoliert von seiner Umwelt betrachten möchte, seinen Fokus aber eher auf die verwendeten Methoden legt (vgl. ebd., 6–11). Vgl. auch die Interpretation von Ex 21,24 durch R. Jitzchaq in MechJ Nez 8 (vgl. 7.3.1.3) der, aufgrund eines *qal wa-chomer*

Josephus gerade bei seiner Darstellung von Ex 21,28–31 in Ant. 4,281–283 die biblische Option des Lösegelds unterschlägt, weshalb auch diese Auslassung und Übertragung erklärt werden müsste: Besteht im Falle des stößigen Rinds, einer Körperverletzung mit Todesfolge, keine Möglichkeit eines Loskaufs?[94] Auch stellt Josephus keine explizite Verbindung zwischen beiden Rechtssätzen her, zumal die *iuxtaposition* nicht auf einer absichtlichen Entscheidung beruhen muss – schließlich übergeht er ja schon zuvor die sklavenrechtlichen Verfügungen des Körperverletzungsrechts im Bundesbuch. Möglich wäre auch, dass Josephus die finanzielle Entschädigung des ersten Unterfalls (Ex 21,22) auf seine Darstellung der *talio* überträgt: Dafür spricht, dass dort ebenfalls die Festlegung des Betrags dem werdenden Vater als Geschädigten übertragen wird [ענוש יענש כאשר ישית עליו בעל האשה/ἐπιζήμιον ζημιωθήσεται καθότι ἂν ἐπιβάλῃ ὁ ἀνὴρ τῆς γυναικός], aber auch – zumindest für den MT als valide Interpretation anzunehmen – eine externe Kontrollinstanz erwähnt wird [ונתן בפללים/δώσει μετὰ ἀξιώματος].[95] Doch auch dies beantwortet die Frage nicht, aus welchem Grund Josephus für die Optionalität der beiden Rechtsfolgen votieren könnte.

5.1.5.3.2 Ant. 4,280 als Reflexion jüdischer Diskurse im 1. Jh. u.Z.

Auch wenn im antik-jüdischen Diskurs die gleichzeitige Erwähnung einer körperlichen Wiedervergeltung samt Möglichkeit einer *compositio* – nach unserem Kenntnisstand – einzigartig ist, wurde dennoch eine Beeinflussung Josephus' durch den innerjüdischen Diskurs und eine Verbindung zu unterschiedlichen Auslegungen im 1. Jh. u.Z. erwogen. Einerseits wurde, da Josephus' Interpretation der *talio* der (später belegten) Mehrheitsmeinung rabbinischer Prägung entgegensteht, ein priesterlicher Hintergrund angenommen.[96] Grundlage dieser Hypothese ist die Kommentierung des 4./10. Tammus[97] in der Megillat Taʿanit, wie sie im Scholion der Handschrift Oxford (Scholion$_{O}$) überliefert wird.

Arguments mit Ex 21,30, die *talio* als Forderung einer Ersatzleistung versteht. Vgl. ferner Rabbis Interpretation des *nepheš*-Glieds in MechJ Nez 8 (7.3.1.2).

94 Vgl. Feldman, Antiquities, 452, Anm. 947, und Philo, spec. 3,26.145. Gallant, Expositions, 260–263, geht dieser Beobachtung nicht nach, Gvaryahu, Equal, 61, spricht diese Beobachtung an, äußert sich aber nicht zu den Implikationen.

95 So schon Jacob, Auge, 80, der aber gleichzeitig Josephus' hellenistisch-römischen Kontext als Grund seiner Darstellung betont.

96 Kohler, Portions, 82–83, versteht Josephus unter Verweis auf Rabbi Eliezer (in bBQ 84a) als Vertreter einer Mittelposition zwischen Pharisäern und Sadduzäern; vgl. Finkelstein, Pharisees, 736.

97 Die Zählung variiert in beiden Hss.: Handschrift Oxford spricht vom 10. Tammus [בעשרה], Parma vom 4. [בארעה]. Welches Datum korrekt ist, kann nicht nachvollzogen werden, jedoch scheint die Variante des 14. Tammus (ד ,ק) eine Kombination beider Überlieferungen zu sein. Vgl. Noam, Megillat, 206–207.

Scholion Oxford zum 10. Tammus[98]

Am 10. Tammus wurde das Buch der Verordnungen entfernt.	בעשרה בתמוז עדא ספר גזרתא
Denn die Boethusianer schrieben Halachot in ein Buch. Und wenn ein Mensch (nach-)fragte, zeigten sie [es] ihm im Buch.	שהיו ביתוסין כותבין הלכות בספר ואדם שואל ומראין לו בספר
Die Weisen sagten zu ihnen: »Steht nicht bereits geschrieben: ›Gemäß dieser Worte schloss ich mit dir und mit Israel einen Bund.‹ [Ex 34,27]; ›Gemäß der Tora, die sie dir lehren usw. [Dtn 17,11]‹	אמרו להן החכמים הלא כבר נאמר על פי הדברים האלא כרתי אתך ברית ואת ישראל על פי התורה אשר יורוך וגו׳
Daraus lernen wir, dass man keine [Gesetze] in ein Buch schreibt.«	מלמד שאין כותבין בספר.
Eine andere Auslegung [von] »Buch der Verordnungen«:	דבר אחר ספר גזרתא
Die Boethusianer pflegten zu sagen: »›Auge um Auge, Zahn um Zahn‹ [Ex 21,24]. Schlägt er den Zahn seines Nächsten aus, soll man seinen Zahn ausschlagen. Zerstört er das Auge seines Nächsten, soll man sein Auge zerstören. Und [dann] sind beide gleich.«	שהיו בייתוסין או׳ עין תחת עין שן תחת שן הפיל שן חבירו יפיל שינו סימא עין חבירו יסמא את עינו ושניהן שוין
»›Und sie sollen das Tuch vor den Ältesten der Stadt ausbreiten‹ [Dtn 22,17] – das tatsächliche Tuch.«	ופרשו השמלה לפני זקני העיר שלמה גמורה
»›Und sie soll in sein Gesicht spucken‹ [Dtn 25,9] – sie soll [tatsächlich] in sein Gesicht spucken.«	וירקה בפניו שתהא רוקקת בפניו
Und die Weisen sprachen zu ihnen: »Wurde nicht bereits gesagt: ›Und die Tora und das Gebot, das ich für ihre Unterweisung aufgeschrieben habe‹ [Ex 24,12] und steht geschrieben: ›Und jetzt, schreibt euch dieses Lied auf und lehrt es die Kinder Israels. Lege es in ihren Mund‹ [Dtn 31,19]?	אמרו להם חכמים והלא כבר נאמר והתורה והמצוה אשר כתבתי להורותם וכת׳ ועתה כתבו לכם את השירה הזאת ולמדה את בני ישראל שימה בפיהם
›und lehrt es‹, das ist die Schrift [d.h. die schriftliche Tora]; ›lege es in ihren Mund‹, das sind die Halachot [d.h. die mündliche Tora].«	ולמדה זו מקרא שימה בפיהם אלו הלכות

98 Textgrundlage: Noam, Megillat, 206.

Im kommentierten Grundtext wird dabei für diesen Tag die Beseitigung[99] des Buches der Rechtsurteile [ספר גזרתא] als Grund angeführt, warum an diesem Tag kein Fasten gehalten würde.[100] Diese Vorschrift erfährt in den beiden Scholia unterschiedliche Erklärungen, wobei für die *talio* weder der Kommentar von Scholion$_{P}$[101] noch die erste Interpretation im Scholion$_{O}$[102] von Belang ist. Der zweite deutlich abgesetzte Argumentationsgang [דבר אחר] konzentriert sich auf die Bibelhermeneutik der Boethusianer[103] und führt drei Beispiele für deren Bibelinterpretation an (Ex 21,24/Lev 24,20; Dtn 22,17 und Dtn 25,9), die durch eine Auslegung im »Literalsinn«[104] verbunden sind. Die Gelehrten [חכמים] hin-

99 Scholion$_{O}$: בטילת ואעדיאת את ספר גזרתא; Scholion$_{P}$: עדא ספר גזרתא.

100 Das ist laut dem Eingangsstatement dieses kalenderförmigen Dokuments aus dem 1.–2. Jh. u.Z. Zweck dieser Schrift: An 35 Tagen, an denen ein Wunder in Israel vollbracht wurde, soll auf Fasten und weitere Trauerriten verzichtet werden. Noam, Scroll, 340, ordnet die Schrift deshalb keinem historischen, sondern einem halachischen Genre zu. Später, wohl in nachtalmudischer Zeit, entstanden zwei Kommentare (genannt Scholia) zu dieser Schrift. Vgl. ausführlicher Stemberger, Einleitung, 47–48; Noam, Scroll, passim.

101 Scholion$_{P}$ (nach Hs. Parma) berichtet von einem Buch der Sadduzäer, das Vorschriften über gerichtliche Hinrichtungen enthalte und die unterschiedlichen Hinrichtungsarten verschiedenen Gesetzesübertretungen zuordne. Nach diesem Zeugnis wurde nicht die Existenz dieses Buches kritisiert, sondern die Tatsache, dass die Sadduzäer die dort niedergeschriebenen Verfügungen nicht aus der Tora ableiten konnten [אין יודעין להביא ראיה מן התורה]. Deshalb, so resümiert der kurze Kommentar, wurde der Tag, an dem das Buch abgeschafft wurde, als Freudentag ausgerufen, weshalb am 4. Tammus kein Fasten abgehalten werden dürfe; vgl. dies., Scroll, 352. Die Sadduzäer werden nicht erwähnt.

102 Dort wird den Boethusianer vorgeworfen, Halachot in einem Buch niederzuschreiben. Davon sei jedoch, unter Berufung auf Ex 34,27 und Dtn 17,11, grundsätzlich abzusehen [מלמד שאין כותבין בספר]. Die Sadduzäer bzw. ihre Position zum Umgang mit der *talio* werden nicht erwähnt. Zu Interpretationsmöglichkeiten dieser Kontroverse vgl. dies., Megillat, 209–210.

103 Über die ausschließlich in rabbinischen Quellen belegte Gruppe der Boethusianer – bzw. Baethusianer (vgl. Herr, Baethusians) – ist sehr wenig bekannt (vgl. Furstenberg, Image, 206, Anm. 23). Verbreitet ist die Erklärung, dass es sich um eine priesterliche Gruppe handelte, die sich auf den von Herodes dem Großen ernannten Hohepriester Schim'on ben Boethus beruft. Alternativ führt ARN B 10,3 die Entstehung und Trennung der Sadduzäer und Boethusianer auf zwei Schüler des Antigonos aus Socho zurück (vgl. Stemberger, Antigonos, 196). Aus linguistischer Perspektive meldet Schremer, Name, grundsätzlichen Zweifel an dieser Etymologie an und versteht den Begriff als polemische Verballhornung ihres eigentlichen Namens. Häufig werden die Sadduzäer und Boethusianer als Bezeichnungen derselben Gruppe verstanden (vgl. z.B. Jeremias, Jerusalem, 230) und keine Unterschiede zwischen ihren Halachot angenommen (vgl. Regev, Sadducees, 57–58), was aber nicht unbestritten ist (vgl. Herr, Baethusians).

104 Für einen knappen Überblick über die alternativen Lesearten dieser Bibelzitate vgl. Noam, Philology, 60–61.

gegen pochen unter Zuhilfenahme der abschließenden Schriftbeweise auf die Notwendigkeit, die mündliche nicht ohne die schriftliche Tora auszulegen.[105]

Das erste der drei Beispiele für die Auslegungen der Boethusianer in Scholion$_{O}$ bildet deren Auslegung von Ex 21,24: Auf doppelte Weise überführt der Text den bedeutungsoffenen Stil der biblischen Talion syntaktisch in eine eindeutigere Formulierung: Einerseits wird der Nominalstil durch die Einfügung und jeweils zweifache Verwendung der Verba נ.פ.ל. und ס.מ.י. in unterschiedlichen Tempora durchbrochen und die Tat sowie die Rechtsreaktion durch dasselbe Lexem beschrieben.[106] Zum anderen weist die deutlichere Unterscheidung des Geschädigten [חבר] vom Täter, der durchgängig mit Pronominalverweisen durch Suffixe der dritten Person gekennzeichnet wird, in dieselbe Richtung und lässt die Reziprozität deutlich hervortreten. Schließlich liegt mit ושניהן שוין zugleich eine Begründung vor: Die talionische Wiedervergeltung stellt eine (negative) Gleichheit[107] zwischen den Streitparteien her, wenn eine produktive Kompensation nicht möglich ist. Akzeptierte man dieses Zeugnis des Scholion$_{O}$ als späte,[108] aber dennoch korrekte Darstellung der Position der Boethusianer im 1. Jh. u.Z.,[109] läge damit eine Interpretation von Ex 21,24 als Forderung nach körperlicher Wiedervergeltung vor. Mit Blick auf Josephus' Version der talionischen Wiedervergeltung in den *Antiquitates* könnte man ihm entsprechend die Boethusianer als Gesinnungsgenossen an die Seite stellen, mit denen der in Rom schreibende Autor biographisch durch seine Herkunft aus dem priesterlichen Milieu verbunden ist.[110] Allerdings gerät

105 In Ex 24,12 und Dtn 31,19, so die Argumentation, stünde der Lehrauftrag [להורותם/ולמדה] für die Schrift(-liche Tora) [זו מקרא] und das in den Mund legen [שימה בפיהם] für die Halacha [אלו הלכות], d.h. für die mündliche Tora.

106 Vgl. die Verwendung von ס.מ.י. in mBQ 8,1.7; tBQ 9,32 und Sifra Emor 20 zu Lev 24,20.

107 Dies erinnert allerdings eher an Philo, spec. 3,181–183.

108 Die deutlich frühere Datierung bei Davis, Lex, 86, hängt vermutlich damit zusammen, dass er den Text in der Megillat Taʿanit selbst und nicht im Scholion$_{O}$ verortet.

109 Aufgrund der komplexen Textgeschichte der Scholia zu MegTaʿan und der Tendenz, die Boethusianer und Sadduzäer gleichzusetzen, begegnet in der Forschungsliteratur meistens eine Zuordnung zu den Sadduzäern. Vgl. zur Problematik Nakman, Halakhah, 136, Anm. 87, und Noam, Megillat, 207–208. Kritik am historischen Wert des Scholion$_{O}$ für diesen Fall äußern auch Mikliszanski, Retaliation, 301; Finkelstein, Eye, 212; Cohen, Relationship (II), 402; Stemberger, Judaica, 388, Anm. 39.

110 Finkelstein erwägt aufgrund der Herkunft Josephus' aus einer Jerusalemer Priesterfamilie, dass seine Interpretation, ähnlich wie die von Rabbi Eliezer, vom »priesterlichen Gericht« [בית דין של כהנים] beeinflusst war (vgl. Finkelstein, Pharisees, 720–736, bes. 736), über das allerdings nur spärliche Quellen vorliegen. Auch die Zuordnung zu einer bestimmten jüdischen Gruppierung ist nur schwer möglich (vgl. die Kritik bei Tropper, Bet Din, bes. 208–212). Vgl. auch Anm. 114.

auch bei dieser Argumentation die Option einer Auslösung der körperlichen Wiedervergeltung bei Josephus aus dem Blick.[111] Folglich kann auch so das Spezifikum von Ant. 4,280, die mögliche Aussetzung talionischer Rechtsfolgen durch finanzielle Ersatzleistung, nicht erklärt werden.

Umgekehrt wurde auch ein pharisäischer Einfluss auf Josephus in Erwägung gezogen: Eingedenk der Tatsache, dass sein Werk der Verschriftlichung der mündlichen Tora vorausging und diese späteren Quellen (teilweise) mit Rabbi Eliezer (ben Hyrkanos?) eine pharisäische Position zugunsten körperlicher Wiedervergeltung überliefern, wurde auch eine protomischnische halachische Position unter den Pharisäern für Josephus geltend gemacht.[112] Indem R. Eliezer aus den unterschiedlichen Kontexten der Talionsformel in Ex 21,22–25 und Lev 24,19–20 folgert, unabsichtliche Körperverletzungen seien monetär zu kompensieren und absichtliche Versehrungen körperlich zu vergelten,[113] ergibt sich ein anders gelagertes Nebeneinander der beider Rechtsfolgen: Statt dem Geschädigten die Wahlfreiheit zuzusprechen, nimmt R. Eliezer die Intentionalität zum Maßstab. Eingedenk der im rabbinischen Judentum verbreiteten Tendenz, auch Minderheitenmeinungen zu tradieren, kann durchaus gefolgert werden, dass das Verständnis der biblischen Talion als körperliche Retribution im 1. Jh. u.Z. als valider Standpunkt auch im pharisäischen Kreisen verbreitet gewesen sein könnte.[114] Zudem könnte die ausführliche

111 Vgl. Regev, Sadducees, 32–58, der aufgrund seiner Gleichsetzung der Boethusianer und Sadduzäer die Forderung körperlicher Wiedervergeltung als sadduzäische Halacha ausweist. Regev/Nakman, Halakhah, 424, kommentieren in einer Klammerbemerkung nüchtern, der hellenistische Autor habe diese übernommen, sie jedoch modifiziert (vgl. Regev, Qumran, 48), ohne jedoch einen Grund für die Modifikation anzugeben.

112 Einen Mittelweg beschreitet Revel, Anti-Traditional, 294: Er kritisiert die Annahme einer älteren Halacha für die »nicht-traditionellen Auslegungen« der Gesetze bei Josephus und postuliert, jener habe sich aufgrund seiner Diasporaexistenz und der noch ausstehenden Verschriftlichung der mündlichen Tora vom innerjüdischen Diskurs in Israel/Palästina entfremdet. Die Option der Aussetzung der *talio* zugunsten einer finanziellen Ersatzleistung begründet er mit der Tendenz Josephus', das jüdische Strafsystem zwar streng, aber aufgrund seiner Selbstidentifizierung mit den Pharisäern etwas milder darzustellen (vgl. ebd., 294, Anm. 4). Zu begründetem Zweifel an Josephus' pharisäischer Identität vgl. Mason, Pharisees, 105–110.

113 Vgl. zu MechJ 8 unten 7.3.1.3.

114 Weyl, Strafgesetze, 102–103, nimmt an, Josephus würde mit seiner Darstellung zwei (gleichermaßen) vorherrschende Tendenzen in pharisäischen Kreisen des ersten Jahrhunderts kombinieren. Dies belegt er mit der in bBQ 83b–84a überlieferten Meinung R. Eliezers (MechJ zu Ex 21,24 wird nicht erwähnt) und resümiert, die Pharisäer hätten »nicht wie die Halacha die reine Kompensationslehre vertreten, sondern beide Verfahren als gesetzlich angesehen«. Vgl. auch Finkelstein, Eye, 212, der die Biographie

Dokumentation der Diskussion einige Jahrhunderte später im babylonischen Talmud als Hinweis gewertet werden, dass selbst unter amoräischen Gelehrten diese Position vertreten wurde bzw. mindestens die hermeneutische Ableitung aus den biblischen Quellen umstritten war.[115]

Allerdings liegt aufgrund der skizzierten Überlieferung keine stichhaltige Verbindung zu Josephus vor: Seine Interpretation der Talion als Forderung nach körperlicher Wiedervergeltung würde zwar in der Folge im 1. Jh. u.Z. keine Einzelmeinung darstellen, jedoch ist weder eine eindeutige Beeinflussung durch pharisäisch schammaitische bzw. sadduzäische Kreise nachzuweisen noch bietet die Exegese R. Eliezers nach der Darstellung von MechJ genügend Anhaltspunkte, eine direkte Verbindung anzunehmen. Eine Optionalität der *talio* oder gar grundsätzliche Wahlfreiheit bleibt auch nach dieser Theorie ohne Vorbild und müsste erneut Josephus' eigener Kreativität zugeschrieben werden.

5.1.5.3.3 Ant. 4,280 vor dem Hintergrund römischer Rechtskultur

Die einzige Hypothese, die beiden Elementen Rechnung trägt, rechnet mit dem Einfluss römischer Rechtstraditionen.[116] Im Mittelpunkt dieser Argumentation steht ein Vergleich von Ant. 4,280 mit dem *membrum rupsit*-Satz des

---

Josephus' anführt und folgert, der Nachfahre einer Jerusalemer Priesterfamilie könnte eine Position aus der Schule Schammais anführen, die möglicherweise von sadduzäischen Rechtsgelehrten geteilt wurde (vgl. ders., Pharisees, 722). Aktuell versteht auch Nakman, Halakhah, 137, Anm. 87, der sich auf Falk, Introduction, 40, beruft, Josephus' Position als frühe pharisäische Position, die als Mittelposition zwischen den Boethusianern und den Pharisäern zu verstehen sei (nach Scholion$_O$).

115 Loewenstamm, Maß, 842, vermutet ebenfalls, dass Josephus eine frühere Entwicklungsstufe der Halacha darstellt und stellt eine allgemeinere Analogie zwischen der Entwicklung des römischen Rechts und der jüdischen Halacha her (vgl. Weyl, Strafgesetze, 103). Hermeneutisch deutet er an, dass eine Trennung von Mord und Körperverletzung anhand der Koferzahlung anzunehmen sei, die zwar für (vorsätzlichen) Mord kein Lösegeld erlaube (vgl. Num 35,31), aber bei Körperverletzungen dies nicht ausdrücklich ausschließe (vgl. analog MechSch zu Ex 21,23).

116 Dies erwägt auch Cohen, Relationship (II), 413, vorsichtig, jedoch ohne genauer darauf einzugehen. Daube, Testament, 256, vermutet, Josephus »had gone to Roman law for guidance«. Vgl. auch Belkin, Philo, 98–99, der jedoch keine Rezeption, sondern schlicht eine Verwechslung von jüdischer und römischer Rechtstradition annimmt, und trotz der deutlichen Unterschiede meint, »Josephus' statement about the *lex talionis* is the same as the Roman«. Auch Mikliszanski, Retaliation, 300, führt Ant. 4,280 auf die Zwölftafeln zurück, erwägt aber ebenfalls eher eine Verwechselung als eine Adaption. Finkelstein, Eye, 212, hält für möglich, dass Josephus »was interpreting Jewish Law in this way to indicate

Zwölftafelgesetzes (Tab. VIII,2). Das in die Mitte des 5. Jh.s v.u.Z. zu datierende Zwölftafelgesetz ist heute nur durch Rekonstruktion seiner Erwähnungen in der Kaiserzeit zugänglich. Die innere Logik des Körperverletzungsrechts auf der achten Tafel ist nicht unumstritten und wirft besonders bezüglich der Abgrenzung der einzelnen Delikte voneinander zahlreiche Fragen auf.[117] Redaktionsgeschichtlich scheint der *membrum-rupsit*-Satz den ältesten Bestandteil der Rechtssätze darzustellen, zu denen später die Tatbestände des *os fractum*, der *iniuria* und möglicherweise der *telum fugit* Satz hinzutraten.[118] Auch hinsichtlich der vorliegenden Struktur dürfte anzunehmen sein, dass diese schwerste Verletzung in *Tab. VIII.2* gleichzeitig als *lex generalis* zu werten ist,[119] während *os fractum* und *iniuria* Spezialfälle darstellen, die die grundsätzliche Anwendung der *talio* langsam zurückdrängen.[120] Linguistisch liegt nahe, dass der *membrum rupsit*-Satz zunächst alle Arten der Körperverletzung umfasst haben dürfte.[121] Aufgrund der Formulierung von Tab. VIII,2 ist jedoch auch anzunehmen, dass eine Einigung auf eine finanzielle Entschädigung durch die Parteien [*ni cum eo pacit*] nicht nur möglich,[122] sondern gar favorisiert wurde.[123] Die festgesetzten Geldbeträge für *os fractum* (300 As) und der *iniuria* (15 As) dürften entsprechend als Bußtarif [*poena*] zu verstehen sein, mit denen Täter:innen die *talio* grundsätzlich abwenden konnten.[124]

---

to the Romans how nearly it approached their own system of jurisprudence«, hält dessen Darstellung des Rechtssatzes aber eher für ein Zitat schammaitischer Halacha.

117 Verwiesen sei an dieser Stelle auf den übersichtlich kommentierten Forschungsüberblick bei Hagemann, Iniuria, 2–47, und Völkl, Körperverletzung, passim.

118 Zur problematischen Rolle des *telum fugit*-Satzes in der Argumentation von Völkl vgl. Hagemann, Iniuria, 27–32.

119 Vgl. ebd., 40–41; Völkl, Körperverletzung, 42–45; Rothkamm, Talio, 70.

120 Vgl. Jansen, Haftungsrechts, 194–195.

121 Vgl. die Hinweise bei Völkl, Körperverletzung, 42–48, wonach sowohl *rumpere* nicht auf schwere Körperverletzungsdelikte beschränkt ist und *membrum* keine Gliedmaßen bezeichnet, sondern »alles, was im weitesten Sinne als *pars corporis* angesehen werden konnte, sogar Haare und Federn« (48).

122 Zur Überlieferung vgl. Gaius, inst. 3,223–224, der nur eine talionische Rechtsfolge überliefert [*ex legum XII tabula/is propter membrum quiedem ruptum talio erat*]. Gell.Noct. 20,1,14 [*si membrum rupit ni cum eo pacit, talio esto*] und Festus, s.v. *talio* [*si memrum rapit, ni cum eo pacit, talio esto*] erwähnen auch die finanzielle Ersatzleistung.

123 Vgl. mit dieser Schlussfolgerung auch Hagemann, Iniuria, 41.

124 Vgl. Jansen, Haftungsrechts, 195.

Synopse Zwöftafeln//Jos.Ant. 4,280[125]

Tab. XII, 8,2		**Jos.Ant. 4,280**
si membrum rup(s)it,	Wenn er ein Körperteil verletzt,	[ὁ] πηρώσας [...]
ni cum eo pacit,	außer er kommt mit ihm zu einer Übereinkunft,	πλὴν εἰ μήτι χρήματα λαβεῖν ἐθελήσειεν ὁ πεπηρωμένος
talio esto	dann ist die *talio* anzuwenden.	πασχέτω [τὰ ὅμοια] στερούμενος οὗπερ ἄλλον ἐστέρησε

Im direkten Vergleich mit Ant. 4,280 ist festzuhalten, dass beide Rechtssätze das Ergebnis der Körperverletzung als Ausgangspunkt nehmen und den Schadensfall in den Mittelpunkt der Protasis stellen [*si membrum rup*[*s*]*it/*[ὁ] πηρώσας [...] οὗπερ ἄλλον ἐστέρησε]. Als Rechtsfolge billigen Ant 4,280 und der *membrum rupsit*-Satz eine talionische Wiedervergeltung [*talio esto*/πασχέτω [τὰ ὅμοια] στερούμενος οὗπερ ἄλλον ἐστέρησε], stellen jedoch eine finanzielle Einigung beider Parteien als (bevorzugte) Rechtsfolge heraus [*ni cum eo pacit* /πλὴν εἰ μήτι χρήματα λαβεῖν ἐθελήσειεν ὁ πεπηρωμένος]. Eine literarische Abhängigkeit von Ant. 4,280 und Tab. VIII,2 ist damit zwar nicht zweifelsfrei erwiesen, jedoch ist auf der Produktionsebene eine Auslegung von Ex 21,24 vor dem Eindruck dieses römischen Rechtssatzes nicht auszuschließen.[126] Auch

---

125 Textgrundlage: Flach, Zwölftafelgesetz, 52.

126 Mitunter wird Josephus die Kenntnis des römischen Rechts grundsätzlich abgesprochen. Wie Avioz, Eye, 100, Anm. 13 und ders., Exegesis, 135–136, mit Verweis auf Feldman, Use, 517, richtig bemerkt, äußert sich Josephus nicht explizit dazu, ob und wie er mit der römischen Rechtskultur in Berührung kam. Auch seine Kenntnis des Lateinischen ist nicht eindeutig gesichert (vgl. Avioz, Exegesis, 136, mit Verweis auf Weitzman, Rivalry, 933; Glucker, Translation, 108, der den Hinweis auf συνεργοί [Ap. 1,50; ferner Bell. 1,3] aber auf defizitäre Griechischkenntnisse Josephus' bezieht [vgl. dagegen ausführlich Zugmann, Hellenisten, 240–248]. Doch selbst Koskenniemi, Writers, 170, den Avioz, Exegesis, 136, Anm. 25, als Befürworter seiner These anführt, spricht Josephus zumindest eine passive Kenntnis des Lateinischen zu. Es wäre überzogen, dem ein Vierteljahrhundert in Rom lebenden Autor, der schon zuvor politische Verhandlungen mit den römischen Truppenführern geführt hat, die Kenntnis der *lingua franca* seiner Zeit und der Rechtstraditionen der damaligen Weltmacht gänzlich abzusprechen. Vgl. positiv gegenüber der (grundlegenden) Kenntnis des Lateinischen und der Verarbeitung römischer Kultur bei Josephus Mason, Rome, 566–567; Rajak, Diaspora, 80–81; zu Latinismen in den Schriften des Josephus Ward, Roman. Vgl. methodologisch zu möglichen Zugängen zu römischen Rechtstraditionen Hezser, Law (bezogen auf rabbinische Schriften) zusammen mit der Einschätzung von den Hollander, Josephus, 286–293, zu Josephus' gesellschaftlichem Leben in Rom.

wenn die Zwölftafeln Josephus gut ein halbes Jahrtausend vorausgehen, sind sie immerhin älter als Josephus' Schriften, was weder für die literarischen Zeugnisse der rabbinischen Positionen und noch weniger für das Scholion$_O$ gilt. Zudem bezeugen die zahlreichen Erwähnungen der Zwölftafeln[127] sowie die frühesten erhaltenen Zeugnisse des Rechtsbegriffs *talio* im 2. Jh. u.Z.[128] die Relevanz im öffentlichen Diskurs und lassen ein römisches Interesse daran im flavianischen Rom zumindest nicht abwegig erscheinen. Besonders in Verbindung mit dem vorangehenden Ant. 4,279 und dem vermuteten Hintergrund der *lex Cornelia de sicariis et veneficis* scheint ein römischer Einfluss auf Josephus' Darstellung der *talio* plausibel.

Entsprechend ist anzunehmen, dass ein gebildetes römisches Publikum die inhaltlichen und strukturellen Parallelen wahrgenommen haben dürfte, auch wenn die Rechtssätze nicht deckungsgleich sind: Zum einen ist die ausführlich beschriebene Forderung aus Ant. 4,280, dass die Entscheidung über den Modus der Strafverfolgung bei schwerer Körperverletzung letztlich den Geschädigten anheimgestellt wird, aus römischem Recht nicht bekannt. Zum anderen entspricht das Spezifikum der bleibenden Verletzung bei Josephus nicht der Bedeutung von *membrum rupsit*. In Ant. 4,279 wiederum erwähnt Josephus neben tödlichen Substanzen auch ausdrücklich solche, die anderen Schaden anrichten [(φάρμακον) (...) τῶν εἰς ἄλλας βλάβας πεποιημένων]. Letzteres kann als Verschärfung gegen über der *lex Cornelia de sicarii* verstanden werden, bei der – den vorliegenden Quellen nach – immer die tödliche Wirkung der Substanz erwähnt wird.[129] Ähnlich könnte auch für Ant. 4,280 ein solches Motiv der Überbietung vermutet werden: Es muss nicht zu einer Einigung [*pactum*] zwischen den Täter:innen und den Geschädigten kommen, sondern letztere können frei über den Modus der Rechtsverfolgung und die Höhe der Entschädigung verfügen. Mindestens jedoch gilt für römische Rezipient:innen, dass die deutlichen Analogien in formaler, thematischer und struktureller Hinsicht an das Gesetz erinnern,[130] das noch im 2. Jh. u.Z. rege in der römischen Gesellschaft diskutiert wird.

---

127 Dies bringt auch Daube, Testament, 256, gegen das hohe Alter der Zwölftafeln in Anschlag.

128 Vgl. Gell.Noct. 20,1,14; Fest.Verb s.v; vgl. zum Begriff *talio* und der Verwendung desselben auf die hier besprochenen Perikopen die Kommentare in 1.2.1.

129 Vgl. zu diesem Aspekt in der Rezeption des Gesetzes Rives, Magic, 49–54.

130 Vgl. die Kriterien der »lexical, literary, thematic and structural similarities« bei Avioz, Exegesis, 137, der eine Verbindung von Ant. 4,280 zu den Zwölftafeln ablehnt. Von den lexikalischen Analogien abgesehen dürften die drei anderen Aspekte als erfüllt gelten.

5.2 Die Rezeption der Talionsformel im Falschzeugenrecht (Ant. 4,219)

5.2.1 Ant. 4,219 in seinem literarischen Kontext

In Ant. 4,219, innerhalb eines längeren Abschnitts zum Rechtswesen in Ant. 4,214–225,[131] rezipiert Josephus die deuteronomische(n) Mehrzeugenregel(n) und die Verfügungen zum Umgang mit Falschzeugen aus Dtn 19,15–21 – jedoch ohne die Talionsformel selbst anzuführen. Die offensichtlichen Auslassungen und Erweiterungen, die keinen direkten Anhaltspunkt im biblischen Zeugnis haben, offenbaren zudem, dass Josephus' Hauptanliegen weniger verfahrensrechtliche Details betrifft als die Frage nach dem Ruf und der Glaubwürdigkeit der Zeugen.

Die Verbindung der Mehrzeugenregel mit dem Falschzeugenrecht legt Dtn 19,15–21, dessen grundsätzlichen Aufbau Josephus mit dieser Reihenfolge (4,219a.b) übernimmt, als primäre Quelle von Ant. 4,219 nahe.[132] Ant. 4,218 fungiert dabei als inhaltliche Schnittstelle zwischen den Ausführungen zu den richterlichen Instanzen (Ant. 4,214–218) und dem Zeugenrecht: Mit der Beschreibung des Zusammenwirkens von Ortsgerichten und einer zentralen Instanz in Jerusalem für Rechtsfälle, die vor Ort nicht entschieden werden können (vgl. Dtn 17,8–9), beschließt Josephus den vorherigen Abschnitt.[133] Gleichzeitig könnte aber auch Dtn 19,17 mit dem Treten vor JHWH [ἵστημι ἔναντι κυρίου/עמד לפני יהוה] und der Erwähnung von Priestern [ἱερεῖς/כהנים] und Richtern [κριταί/שפטים] ebenfalls als Hinweis auf ein solches mehrstufiges

131 I. Richter und Instanzen [Ant. 4,214–218]; II. Zeugenrecht [Ant. 4,219]; III. Unaufgeklärter Mord [Ant. 4,220–222]; IV. Königsrecht [Ant. 4,223–224]; V. Grenzverrückung [Ant. 4,225].

132 Vgl. ferner auch Ex 20,16^{LXX}, Ex 23,1 sowie Num 35,30 und Dtn 17,6–7 als mögliche Bezugspunkte. Da Josephus allerdings weder die Engführung auf Kapitalstrafen (vgl. Dtn 17,6) noch das Element der Abwehr des Bösen durch die Gemeinschaft selbst (vgl. Dtn 17,7, ferner Dtn 19,19b–20) rezipiert, spricht zusammen mit dem Aufbau des gesamten Paragraphen mehr für Dtn 19,15–21 als primären Intertext. Die Verwendung des Lexems ψευδομαρτυρέω könnte auf Ex 20,16/Dtn 5,20^{LXX} zurückgehen, ist aber auch anderweitig als *terminus technicus* für das Ablegen eines falschen Zeugnisses bekannt (vgl. u.a. p.Hal. 1, (mult.); Plato, rep. IX/575b; leg. XI/937c; Xen.mem. 4,4,11; Arist.rhet.Al. 1432a,6; Dem. 29,13; Sus$^{LXX/TH}$ 61).

133 Der Verweis auf Dtn 17,8–9 ist unstrittig (vgl. u.a. Nakman, Halakhah, 115; Feldman, Antiquities, ad loc., Anm. 22). Die Veränderung der Protagonisten, von levitischen Priestern und dem Richter zu Hohepriester [ἀρχιρεύς], dem Propheten [προφήτης] und der Gerusia [γερουσία] als Entscheidungsträger in der Heiligen Stadt [ἱερὰ πόλις] hingegen wird unterschiedlich erklärt. Vgl. dazu mit weiterer Literatur Nakman, Halakhah, 126; Feldman, Antiquities, ad loc., Anm. 22.

System von Instanzen verstanden werden, was einen nachvollziehbaren Übergang ergibt.[134] Zusammen mit dem unaufgeklärten Mord in Dtn 21,1–9, dessen Darstellung an das Falschzeugenrecht anschließt, formt Josephus einen Unterabschnitt zum Umgang mit Gefahren für das jüdische Rechtswesen, das durch eine *inclusio*, nämlich der Besprechung der Aufgaben der γερουσία (Ant. 4,218.220), gerahmt ist.

5.2.2 Die Anforderungen an Zeugen vor Gericht nach Ant. 4,219a

Jos.Ant. 4,219[135]

Εἷς δὲ μὴ πιστευέσθω μάρτυς,	219aα Einem [einzigen] Zeugen soll kein Vertrauen geschenkt werden,
ἀλλὰ τρεῖς ἢ τὸ τελευταῖον δύο	219aβ sondern dreien oder im extremen Fall zweien,
ὧν τὴν μαρτυρίαν ἀληθῆ ποιήσει τὰ προβεβιωμένα	219aγ deren bisheriger Lebenswandel das Zeugnis als wahrhaftig erscheinen lässt.
γυναικῶν δὲ μὴ ἔστω μαρτυρία διὰ κουφότητα καὶ θράσος τοῦ γένους αὐτῶν	219aδ Das Zeugnis von Frauen jedoch sei nicht [zugelassen], wegen der Leichtfertigkeit und Unverfrorenheit ihres Geschlechts.
μαρτυρείτωσαν δὲ μηδὲ δοῦλοι διὰ τὴν τῆς ψυχῆς ἀγένειαν, οὓς ἢ διὰ κέρδος εἰκὸς ἢ διὰ φόβον μὴ τἀληθῆ μαρτυρῆσαι	219aε Aber auch versklavte Personen sollen kein Zeugnis geben, wegen der Unwürdigkeit ihrer Seele. Denn es ist wahrscheinlich, dass sie entweder um [ihres] Vorteils willen oder aus Furcht nicht wahrhaftig bezeugen.
ἂν δέ τις ψευδομαρτυρήσας πιστευθῇ	219bα Wenn aber jemand falsches Zeugnis abgelegt hat und ihm Vertrauen geschenkt wird,
πασχέτω ταῦτ᾽ ἐλεγχθεὶς ὅσα ὁ καταμαρτυρηθεὶς πάσχειν ἔμελλεν.	219bβ soll er, nachdem er für schuldig befunden wurde, genau dasselbe erleiden, was derjenige im Begriff stand zu erleiden, gegen den er Zeugnis abgelegt hat.

134 Es wäre möglich, in Dtn 19,16–21 einen Sonderfall zu sehen, bei dem aufgrund schwerer Vergehen [סרה/ἀσέβεια] unter Hinzuziehung von priesterlicher Expertise und besonderer Mechanismen die Mehrzeugenregel außer Kraft gesetzt werden konnte. Allerdings erwähnt Josephus in Ant. 4,219 weder einen speziellen Sonderfall und grenzt die Gesetze auch sonst nicht ab, vgl. im Folgenden.

135 Textgrundlage: Thackeray, Jos.Ant., 106.

Den Einstieg in Josephus' Darstellung des biblischen Zeugenrechts bildet die Mehrzeugenregel mit dem Hinweis, dass einem Zeugen kein Glauben geschenkt werden solle, »sondern drei oder im Extremfall zwei [Zeugen]«.[136] Wie auch die Umkehrung der biblischen Reihenfolge [שני עדים (...) שלשה עדים/δύο μαρτύρων (...) τριῶν μαρτύρων][137] nahelegt, versteht Ant. 4,219aα–β die konkreten Angaben als Mindestanzahl von Zeugen,[138] wobei Josephus keine Angaben dazu macht, inwiefern dies für alle Rechtsbereiche gilt.[139] Josephus' grundsätzliche Präferenz der Dreizahl scheint auch an einer weiteren Stelle belegt zu sein, wenn er in seiner Version von Nabots Weinberg drei Falschzeugen (Ant. 8,359) anstelle der zwei »Belialsöhne« aus der biblischen Darstellung auftreten lässt (1Kön 21,10.13/20,10.13^{LXX}).[140]

---

136 Neben der verkürzten Wiedergabe von Dtn 19,15a verzichtet Josephus auf den idiomatischen Ausdruck על פי in Dtn 19,15b, wie er von der überwiegenden Zahl der gr. Textzeugen imitiert wird [ἐπὶ στόματος], ebenso wie auf ein zweites Prädikat. Josephus verbindet die Zwei- und Dreizahl von Zeugen mit der (disjunktiven) Konjunktion ἤ, was allerdings neben dem MT auch in der gr. Tradition überliefert ist, vgl. mit ἤ (72, b, d-100 53' 75; 381'; 767; 799; 319, Mt 18,16; 2Kor 13,1; u.a.); vgl. auch 11Q19 64,8 [ועל פי] und Dtn 17,6^{LXX}.

137 Ob sich Josephus eher an der (/einer) hebräischen oder griechischen Version orientiert, kann nicht eindeutig nachvollzogen werden. Die Formulierung εἷς [...] μάρτυς erinnert an μάρτυς εἷς der LXX-Fassung (vgl. vorsichtig Pearce, Words, 186), stellt aber keine besondere Form der Übertragung ins Griechische dar, an der eine abweichende Vorlage festgemacht werden könnte (vgl. Dtn 17,6^{LXX} und Num 35,30^{LXX} sowie die analogen Übertragungen ins Aramäische in TO [סהיד חד] und TPsJ [סהדו דחד] sowie ins Lateinische in der Vulgata [*testis unus*]).

138 Vgl. die Übersetzung der adverbialen Qualifizierung τὸ τελευταῖον bei Whiston, Jos.Ant., 202 (»two at the least«), Thackeray, Jos.Ant., 581 (»at the least two«), Feldman, Antiquities, 411 (»at the very least, two«), Nodet, Antiquités, 61 (»au moins deux«) und Nakman, Halakhah, 127, Anm. 22. Dagegen schlägt Pearce, Words, 187, aufgrund der Semantik des Ausdrucks (mit Verweis auf Ant. 6,229; 13,342 [343?]; 380 [382?]) vor, Josephus habe außergewöhnliche Sonderfälle (»in an extreme case«) im Blick, bei denen zwei Zeugen ausreichend sind, wobei sie auch auf TestAbr A 13,8 verweist. Allerdings erklärt Josephus weder hier noch an anderer Stelle, in welchen Fällen zwei Zeugen für ausreichend erachtet werden und in welchen nicht.

139 Josephus spricht die dreifache Klassifizierung unterschiedlicher Vergehen in Dtn 19,15 nicht an (vgl. dagegen z.B. die Reduktion auf עוון und חטא in 11Q19 61,6 sowie in einigen gr. Textzeugen). Auch hat er wohl, gegenüber Dtn 17,6, nicht nur Kapitaldelikte im Blick. Als weitere Elemente fehlen von Dtn 19 ausgehend das eindrückliche Beharren auf Allgemeingültigkeit der Bestimmung (Dtn 19,15aβ.bβ), der konkrete Fall der סרה/ἀσέβεια des daran anschließenden Beispielprozesses, die Ermittlungsarbeit der Richter, die Funktion der Priester (Dtn 19,17) sowie die warnenden Schlussbemerkungen, in der die Rolle der Rechtsgemeinschaft hervorgehoben und die Talionsformel zitiert wird (Dtn 19,19b–21).

140 Vgl. Feldman, Antiquities, 411, Anm. 671, wobei beide Abschnitte zudem durch die Verwendung von καταμαρτυρέω verbunden sind, vgl. Begg/Spilsbury, Jos.Ant., 102, Anm. 1400. Ob die rhetorische Rede von Zeugen in Ap. 2,218.290 als Beleg für das

Schon bei seiner Rezeption von Dtn 19,15 fokussiert Josephus mit πιστεύω pass. auf die Unglaubwürdigkeit der Zeugen,[141] was ihn zu weiteren Ausführungen bewegt, die keinen eindeutigen Anhaltspunkt in der biblischen Überlieferung haben.[142] Zunächst betrifft dies in Ant. 4,219aγ (gegenüber 219aδ–ε) Männer:[143] Hier sei es zwingend notwendig, dass ihr »bisheriger Lebenswandel[144] ihr Zeugnis wahr mache«.[145] Aus den biblischen Schriften ist ein solches allgemeines Interesse an der Person des Zeugen nicht bekannt,[146]

Verständnis des Zeugenrechts gelten kann (so Pearce, Words, 188), ist anzuzweifeln, da – etwa im Gegensatz zu Vit. 256–257 – eine gerichtliche Szene nicht einmal angedeutet ist. Vgl. ähnlich van Vliet, Testimony, 29. In Vit. 256–257 führt Josephus in einer imaginierten Gerichtsszene »zwei oder drei« Zeugen für seinen tugendhaften Lebenswandel an [δύο τινὰς ἢ τρεῖς μάρτυρας καλοὺς κἀγαθοὺς ἤγαγον].

141 Josephus übernimmt weder die Formulierung οὐκ ἐμμένω der gr. Fassung noch scheint er von der Formulierung des MT [ק.ו.ם. ב-] beeinflusst zu sein, bei dem der Zeuge als Ankläger auftritt. Wie oben ausgeführt, stellt der gr. Ausdruck ἐμμένω […] κατὰ ἀνθρώπου mit einem Zeugen als Subjekt eine unübliche Formulierung dar, die nur schwer eindeutig zu interpretieren ist (vgl. oben 2.2.2 und Pearce, Words, 154–155). Da jedoch ἐμμένω auch die Semantik der »Treue« und »Gewissenhaftigkeit« transportiert (vgl. Montanari, Dictionary, 670: »to persevere in, remain faithful to, keep, observe«), ist ein interpretativer Bezug auf die LXX-Version nicht auszuschließen.

142 Vgl. Avioz, Exegesis, 89, der jedoch zu den Gründen des Ausschlusses von Frauen und versklavten Personen ebenso wie Davis, Lex, 68, schweigt.

143 Aus dem Griechischen geht nicht eindeutig hervor, inwiefern sich der relative Satzanschluss mit ὧν auf alle Zeugen oder nur auf die Zweizahl von Zeugen bezieht, vgl. Pearce, Words, 189, Anm. 179. Aufgrund der Prominenz dieser Frage im Anschluss sowie hinsichtlich weiterer Belege bei Josephus (vgl. Anm. 145) dürfte dies als umfassende Bedingung für jeden einzelnen Mann zu verstehen sein, unabhängig von der Zahl der Zeugen.

144 τὰ προβεβιωμένα ist *hapax legomenon* bei Josephus und weder in der LXX, im NT noch bei Philo belegt. Für frühere Bezeugungen vgl. Plobius, Historia 11,2,9.11 (die früheren Errungenschaften des Hasdrubal). Vgl. auch Plutarch, der davor warnt, dass unrechtes Verhalten die Ehre des früheren Lebens verrinnen lässt ([…] τὴν δόξαν τῶν προβεβιωμένων ἐξέχεαν […], Plut.Lib. 10b) und die unsterbliche Seele nach den Taten des früheren Lebens Lohn oder Strafe erhält (vgl. Plut.sera. 561a/18).

145 Vgl. auch Vit. 256, wo die Zeugen »edel und gut« sein müssten und »auch ihr Leben [-swandel] geprüft werden müsse« [μάρτυρας καλοὺς κἀγαθοὺς (…) προεξετάσαντες καὶ τοὺς τούτων βίους].

146 Für das Amt des Richters gibt es entsprechende Hinweise bereits in biblischen Texten, wobei weniger der Lebenswandel, als die Ausbildung und Umsichtigkeit im Zentrum stehen: Vgl. Dtn 1,12–13; 16,19, Ex 18,21–22. Mit Blick auf die rechtlichen Verfügungen zum Zeugenrecht fokussiert der Tanach grundsätzlich auf eine Mehrzahl von Zeugen (Num 35,30; Dtn 17,6; 19,15) und fordert, zum weiteren Schutz vor Falschzeugnis, die Vollstreckung der Strafe durch die Zeugen selbst (Dtn 17,7). Die Frage der Wahrheit eines Zeugnisses bleibt stets auf den Akt der Bezeugung bezogen. Hier begegnen Lügen- (עדי שקר/כזבים/μάρτυς ἄδικος/ψευδὴς, Dtn 19,18; Ps 27,2; Prov 6,19; 12,17; 14,5; 19,5.9; 21,28) und Gewaltzeugen (עדי חמס/μάρτυς ἄδικος, Ex 23,1; Dtn 19,16; Ps 35,11) sowie nichtige Zeugen (עדי בליעל/חנם/ψευδὴς μάρτυς; Prov 19,28; 24,28) und Zeugnisse (עד

aus griechischen und römischen Zeugnissen lässt sich jedoch die Bedeutung des Charakters der Zeugen deutlicher nachvollziehen[147] und auch tannaitische Quellen stellen ähnliche Ausschlusskriterien vor.[148]

Ähnliches gilt für den grundsätzlichen Ausschluss von Frauen (219aδ) und versklavten Personen (219aε) vom Zeug:innenstand. In beiden Fällen begründet Josephus diesen Schritt mit der anthropologischen Disposition dieser Menschengruppen[149] und führt jeweils zwei Gründe dafür an: Die Leichtfertigkeit [κουφότης] und Unverfrorenheit [θράσος] von Frauen sowie das Gewinnstreben [κέρδος εἰκός] und die Furcht [φόβος] von versklavten Menschen. Dadurch ergibt sich ein intratextlicher Verweis auf Josephus' Darstellung der Richter in Ant. 4,215.216: Auch diese dürfen sich im Umgang mit anderen nicht dreist verhalten [θράσυνω] oder aufgrund von Gewinnstreben [κέρδος] günstige Urteile fällen.[150] Denkbar ist also, dass Josephus an dieser Stelle die biblischen Vorgaben zum Verhalten von Richtern aufnimmt[151] und diese auf zwei erheblich größere Menschengruppen überträgt – ohne auszuschließen, dass er dabei hellenistisch-römische Stereotype aufgreift.[152]

5.2.3 Eine talionsartige Rechtsfolge bei Falschzeugnis

Den Abschluss von Josephus' Darstellung des biblischen Zeugenrechts bildet die Beschreibung der Bestrafung von Falschzeugen (Ant. 4,219b). Auf

---

שוא/μαρτυτία ψευδὴς, Dtn 5,20) sowie Lügenzeugnisse (עד שקר/μαρτυτία ψευδὴς/ἄδικος, Ex 20,16; Dtn 19,18).

147 Vgl. Mason, Life, 117, Anm. 1093, mit Literaturhinweisen. Auch Pearce, Words, 189–190, hebt besonders den römischen Hintergrund der charakterlichen Eignung hervor, womit Josephus zeigen möchte, »[t]hat Jewish law embodies the same concerncs«, was sie mit Beispielen aus Verteidigungsreden untermauert.

148 Vgl. mSan 3,3; mRH 1,8 und Avioz, Exegesis, 89. Vgl. ausführlich zum römischen Hintergrund dieser tannaitischen Halacha Malka, Witnesses.

149 Vgl. zu Frauen und versklavten Personen als Zeug:innen in der römischen Tradition mit weiterer Literatur Pearce, Words, 191–196, die annimmt, dass Josephus hier »appeals to familiar themes for a Roman readership« (ebd. 193).

150 Vgl. Gallant, Expositions, 196–197.

151 Vgl. Anm. 146.

152 Vgl. Malka, Witnesses, 924–925. Nicht eindeutig ist die Alternative zu einem hellenistisch-römischen Einfluss bei Avioz, Exegesis, 90: Einerseits meint er, mit Verweis auf Ap. 2,201 und Ant. 18,255, Josephus' Ausschluss von Frauen beruhe auf »his general view of women as being inferior to men«, kurz darauf stimmt er aber Ilan, Josephus, zu, dass »scholars pushed the case too far in arguing for Josephus' misogyny, since in many cases the opposite is true.« Gerade ebd., 185, stellt aber – hinsichtlich der Darstellung biblischer Frauen bei Josephus – heraus, dass Josephus sich dabei an kulturellen Traditionen seiner Umwelt orientierte und »his characterization of biblical women […] are based on hellenistic models«.

syntaktischer Ebene wird das Falschzeugenrecht durch den Satzanschluss ἂν δέ von der Mehrzeugenregel abgesetzt und beide Themenfelder durch die doppelte Verwendung von πιστεύω pass. parallelisiert: Sollte oben einem einzelnen Zeugen – ebenso wie Frauen und versklavten Menschen – kein Vertrauen geschenkt werden [πιστεύω], hat der Zeuge nun, obwohl er ein Falschzeuge ist, mit seinem Zeugnis überzeugt [πιστεύω].[153] Josephus verwendet hier gegenüber der LXX den gr. Fachterminus ψευδομαρτυρέω[154] und übergeht die Untersuchung durch die Richter und Priester sowie die Emphase auf der Entlarvung der Falschzeugen in Dtn 19,18^{MT}. Der gesamte Vorgang ist bei Josephus in einem einzigen Partizip zusammengefasst: Der Falschzeuge ist überführt [ἐλεγχθείς]. Ob die Untersuchung des Zeugnisses während des Prozesses oder ein separater Rechtsprozess zu diesem Ergebnis geführt hat, ist nicht klar. Die spätere Verwendung von μέλλω Impf. in der Apodosis könnte konativ als Indiz verstanden werden, dass die Intrige des Falschzeugens (noch) nicht erfolgreich gewesen sein musste,[155] kann alternativ jedoch als Übersetzung von ז.מ.ם. gewertet[156] und als Angabe eines Grundes für die entsprechende Rechtsfolge verstanden werden.[157]

153 Mit Feldman, Antiquities, 412 (»And if someone bears false witness and is believed«) steht die Überführung des Falschzeugen in der Protasis noch nicht zur Debatte, sondern vielmehr die überzeugende Wirkung seines (Falsch-)Zeugnisses. Vgl. zu πιστεύω und πείθω in Zusammenhang mit überzeugender Rede Mülke, Pistis. Vgl. dagegen die Übersetzungen bei Whiston, Jos.Ant., 202 (»But if anyone be believed to have borne false witness«), Thackeray, Jos.Ant., 581 (»If anyone be believed to have borne false witness«) und Nodet, Antiquités, 62 (»Si quelqu'un est soupçonné d'avoir porté un faux témoignage«).

154 Vgl. Ant. 3,92 und Dtn 5,20^{LXX} und Ex 20,16^{LXX} sowie Philo decal. 138; 172. Vgl. Anm. 132.

155 So verweisen z.B. Avioz, Exegesis, 90; Nakman, Halakhah, 127, Anm. 23; Belkin, Philo, 107, Anm. 56, u.a. auf mMak 1,6 und nehmen an, dass Josephus die Position der »Pharisäer« übernimmt, wonach Verschwörungszeugen vor der Umsetzung einer Todessanktion hingerichtet werden könnten. Vgl. dazu und zum Fehlen der Gruppenbezeichnung »Pharisäer« in mMak 1,6 und SifDev 190 unten 7.1.2.1. Gegenüber der Darstellung von Avioz, Exegesis, 90 (»not coincidental [...] one had to know the law clearly«) ist die Übereinstimmung zwischen Ant. 4,219 und mMak 1,6 als weniger eindeutig einzuschätzen (vgl. Anm. 157).

156 Vgl. Regev/Nakman, Josephus, 7, Anm. 14, mit dem Hinweis, dass Ant. 12,358–359, die Kritik des Josephus an Polybius' Deutung des Todes von Antiochus Epiphanes, keinen Widerspruch zu Ant. 4,219b darstellt: Dort formuliert Josephus lediglich den Grundsatz, dass man für eine rechtwidrige Absicht ohne Tat keine Strafe zu erwarten habe [τὸ γὰρ μηκέτι ποιῆσαι τὸ ἔργον βουλευσάμενον οὐκ ἔστιν τιμωρίας ἄξιον]. Hier besteht durch das Falschzeugnis vor Gericht bereits eine Umsetzung eines solchen Plans, ohne dass der erhoffte Erfolg eintreten muss.

157 Ant. 4,219b unterscheidet sich von mMak 1,6 und SifDev 190 dahingehend, dass ausschließlich Todessanktionen im Blick sind (vgl. auch Davis, Lex, 68). Gegen das Postulat, Ant. 4,219b spiegle offensichtlich eine Kenntnis der in diesen Quellen bezeugten

In der Folge bestätigt Josephus die in Dtn 19,19a vorgesehene Rechtsreaktion, wonach mit dem Ankläger so zu verfahren sei, wie er durch sein Handeln der fälschlich angeklagten Person rechtlich schaden wollte. Die Infinitivkonstruktion ὅσα ὁ καταμαρτυρηθεὶς πάσχειν ἔμελλεν lässt sich als Wiedergabe von כאשר זמם לעשות לאחיו verstehen. Setzt der MT aus Sicht des Falschzeugen an und hebt mit ז.מ.ם. auf dessen Absicht ab, kehrt μέλλω die Perspektive um und fokussiert auf die zu erwartende Strafe der (fälschlich) angeklagten Person. Gegenüber anderen Rezeptionsvorgängen dieser Perikope[158] scheint aber auch die abschließende Talionsformel aus Dtn 19,21b seine Darstellung beeinflusst zu haben: So erinnert die doppelte Verwendung von πάσχω – für die (mögliche) Bestrafung der Angeklagten sowie für die (tatsächliche) Bestrafung des überführten Falschzeugen – an die Gemination der Nomen in der Talionsformel. Zudem verwendet Josephus dasselbe Verb, das er auch in Ant. 4,277aα.279b zur Kennzeichnung von talionischen Rechtsfolgen einsetzt.[159] Insgesamt erinnert die Darstellung bei Josephus damit eher an den MT als an die griechische Variante [τρόπον ἐπονηρεύσατο]. Schließlich kann zusammen mit den anderen Indizien auch ὅσος ein Indiz für die talionische Qualität der Darstellung des Falschzeugenrechts bei Josephus sein.[160]

5.3 Weitere Rezeptionsvorgänge der Talionsformel bei Josephus?

Josephus erwähnt die narrative Schilderung Lev 24,10–23 in seinen Schriften nicht explizit.[161] In seiner Darstellung der *politeia* des Mose geht er aber gleich

Positionsbestimmungen, spricht auch, dass die »Gelehrten« nicht mit ז.מ.ם. – d.h. μέλλω – argumentieren, sondern mit לאחיו (vgl. unten 7.3.4.3) Bei der Frage nach dem rechtlichen Umgang mit Verschwörungszeugen bei nicht-Kapitaldelikten spielt die Frage des Erfolgseintritts keine Rolle in der Mischna, vgl. aber tBQ 1,8 – jedoch ohne Rezeption der *talio* und ohne Hinweis auf Meinungsverschiedenheiten zwischen »Gelehrten« und Sadduzäern. Auch Weyl, Strafgesetze, 86, resümiert, dass Josephus die Position der »Pharisäer« bzw. die Diskurse mit den Sadduzäern dahingehend nicht gekannt habe, auch wenn dessen Verweis auf bMak 5b natürlich aufgrund des späten Zeugnisses nicht haltbar ist (vgl. Regev/Nakman, Josephus, 7, Anm. 14).

158 Vgl. 7.1.2.

159 Vgl. 5.1.5.2.

160 Vgl. 4.2.2.2.

161 Avioz, Exegesis, 63, erwägt mit Blick auf Num 15,32–36, dies hänge mit der Fusion von narrativen Elementen und Gesetzesvorschriften zusammen. Feldman, Blasphemer, 214, meint, Grund dafür könnte die Absicht des Josephus sein, das jüdische Volk nicht als streitsüchtig darstellen zu wollen.

zweifach auf Gotteslästerung unter dem Stichwort βλασφημέω[162] ein. Zunächst beschreibt er in Ant. 4,202 eine dreiteilige Rechtsfolge für Gotteslästerer [ὁ βλασφημήσας θεόν]: Diese müssten gesteinigt [καταλεύω], einen Tag lang aufgehängt [κρεμάννυμι] und schließlich »unehrenhaft und ungesehen bestattet werden« [ἀτίμως καὶ ἀφανῶς θαπτέσθω]. Lexikalisch besteht nur eine geringe Referentialität zu Lev 24^{LXX}, die nur inhaltlich durch die Gotteslästerung [ἐπονομάζω, ὀνομάζω; καταράομαι] sowie die Steinigung [λιθοβολέω] gegeben ist. Ähnliches gilt auch für den zweiten Teil der Rechtsfolge, das Aufhängen des Leichnams für einen Tag, der auf Dtn 21,22–23 bezogen werden kann. Zwar ist dieser Satz im Kontext auf den Umgang mit dem »widerspenstigen Sohn« (Dtn 21,18–21) bezogen,[163] der Rechtssatz selbst kann aber durch den Hinweis auf todeswürdige Sünden [חטא משפט מות/ἁμαρτία κρίμα θανάτου] allgemeiner verstanden werden[164] und benutzt im Griechischen dasselbe Verbum, um das Aufhängen zu bezeichnen [κρεμάννυμι]. Beide Perikopen sind im Hebräischen durch das Lexem ק.ל.ל. verbunden (im Griechischen: καταράομαι). Möglicherweise steht dahinter eine Auslegung von כי קללת אלהים תלוי entgegen der LXX, indem ק.ל.ל. als Hinweis auf die Gotteslästerung durch die hingerichtete Person und nicht als Begründung[165] dafür zu verstehen ist, dass die Person nicht über Nacht hängen darf.[166] Die Aufforderung zu dieser speziellen Art der Bestattung begegnet nur bei Josephus und dürfte von seiner allgemeinen Darstellung der jüdischen Bestattungsriten herrühren.[167]

Daneben erwähnt Josephus in Ant. 4,207 das Verbot, die »Götter, die andere Städte anerkennen« [θεοὺς οὓς πόλεις ἄλλαι νομίζουσι] zu lästern [βλασφημέω],

162 Auch bei Josephus ist das Verb nicht beschränkt auf gotteslästerliche Rede, sondern kann auch jede Form der Beleidigung oder Verleumdung bezeichnen. Vgl. zu Josephus Bock, Blasphemy, 53, und Sanders, Jesus, 58–59, sowie zum Verb allgemein Spittler, Blasphemy.

163 Vgl. in diesem Zusammenhang auch Ant. 4,264.

164 Vgl. so z.B. mSan 6,4.

165 So versteht die LXX den hebräischen Satz (LXX.D): »[…] sondern *ihr sollt* ihn an jenem Tag begraben, den *jeder*, der *am Holz* hängt, ist von Gott verflucht.« [ἀλλὰ ταφῇ θάψετε αὐτὸν ἐν τῇ ἡμέρᾳ ἐκείνῃ, ὅτι κεκατηραμένος ὑπὸ θεοῦ πᾶς κρεμάμενος ἐπὶ ξύλου]. So verstehen es auch die Übersetzungen bei Aquila und Theodotion, die altlateinischen Traditionen sowie die Auslegungen in 11QT 64,6–13, spec. 3,151–152, post. 26 – vgl. hierzu und zu weiteren Traditionen Chapman, Crucifixion, 120–124.

166 Ähnlich wie Josephus versteht z.B. Symmachus in ק.ל.ל. die Angabe des Vergehens, für das der Aufgehängte hingerichtet wurde [ὅτι διὰ βλασφημίαν θεοῦ ἐκρεμάσθη]. Vgl. auch die Peschitta zu Dtn 21,22–23 sowie die tannaitische Diskussion, exemplarisch in mSan 6,4: Während R. Eliezer meint, alle Gesteinigten würden aufgehängt [כל הניסקלים ניתלים], beschränken die Gelehrten diese Zurschaustellung des Leichnams auf Gotteslästerer [מגדף] und Götzendiener [העובד עבודה זרה].

167 Vgl. Bell. 3,77; 4,317; vgl. dazu auch Altshuler, Descriptions, 108. Vgl. auch Ant. 5,44 und die Beschreibung der Bestattung des Achan.

wobei eine rechtliche Sanktion bei Zuwiderhandlung fehlt. Bei Ant. 4,207 scheint es sich um eine Rezeption von Ex 22,27 zu handeln, die, ähnlich wie die LXX (G), einen Bezug zu fremden Göttern herstellt und auch in Ap. 2,237 begegnet.[168] Wie in den weiteren Passagen,[169] in denen Josephus lästerliche Rede anprangert, ist keine Rezeption der Talionsformel festzustellen.[170]

5.4 Die Rezeption der biblischen Talionsformel bei Josephus

Gegenüber der rabbinischen Überlieferung, aber auch im direkten Vergleich mit Philo von Alexandrien, bezeugt Josephus nachvollziehbar eine Position, die die biblische Talionsformel (auch) als Ausdruck einer exakten Wiedervergeltung versteht. Primär kann dies bei seiner Darstellung des Körperverletzungsrechts festgemacht werden. Ähnlich wie mBQ 8,1ab oder MechJ und MechSch[171] rezipiert Josephus Ex 21,18–19.24–25 gemeinsam, um die Logik des (biblischen) Umgangs mit Körperverletzungen darzustellen. Anders als die tannaitischen Zeugnisse verallgemeinert er die Rechtsfolgen aus Ex 21,19 jedoch nicht (so mBQ 8,1, MechJ Nez 8 und MechSch Nez 65) oder versteht Ex 21,24–25 als Kategorie des Schadens [נזק] (so mBQ 8,1, MechSch Nez 65), sondern unterscheidet nach der Schwere der Verletzungen. Während er in Ant. 4,277 die Heilungskosten und den Arbeitsausfall aus Ex 21,19 übernimmt, behandelt er in Ant. 4,280 schwere Körperverletzungen und versteht die *talio* aus Ex 21,24(–25) als Billigung einer körperlichen Wiedervergeltung. Gleichzeitig gestattet das biblische Zeugnis nach der Darstellung des Josephus den Geschädigten, einer

168 Vgl. Kaiser, Politeia, 229, möglich wäre auch eine Rezeption von Lev 24,15^LXX^ [Ἄνθρωπος, ὃς ἐὰν καταράσηται θεόν, ἁμαρτίαν λήμψεται].

169 In den meisten Fällen fehlt eine Rechtsreaktion bzw. ein juristisches Setting, in dem das Vergehen zur Anklage gebracht werden könnte (vgl. Ant. 4,215.276; 6,177.183; 7.207, usw.). Von besonderer Bedeutung ist die Paraphrase von Nabots Weinberg in Ant. 8,357–359, die nicht nur mit Ant. 4,219 (d.h. Dtn 19,16–21) durch den Aspekt des fabrizierten Zeugnisses, sondern zusätzlich mit Ant. 4,202 (d.h. Lev 24,10–23) durch den Tatbestand der Gotteslästerung verbunden ist. Gleichzeitig beschränken sich die Konnotationen auf den rechtlichen Umgang mit Gotteslästerung.

170 Ein Anfangsverdacht einer Rezeption besteht in Ant. 13,288–298 (erwähnt bei Davis, Lex, 71) und Ap. 2,216–217, da in beiden Fällen der Tatbestand der Lästerung [βλασφημία] (vgl. Ant. 13,293.294) bzw. Asebie (vgl. Ap. 2,218) zur Debatte steht. In beiden Fällen ist die Alternative zu den milderen Rechtsreaktionen (»Schläge und Gewahrsam« [Ant. 13,294], »nicht wie bei anderen« [Ap. 2,216]) eine Todessanktion [θάνατος, ἀπόλλυμι] und keine *talio* bzw. talionsartig beschriebene Rechtsreaktion. Der Verweis auf Ant. 18,11–13 als Primärquelle für die *talio* bei ebd., 72, ist nicht weiterführend.

171 Vgl. unten 7.3.1.5.

finanziellen Entschädigung des entstandenen Schadens zuzustimmen und die Höhe selbst festzulegen. Eine selbständige Hermeneutik des Josephus, die von den umliegenden Rechtssätzen (Ex 21,22.30) inspiriert die Aussetzung der *talio* betont, ist nicht auszuschließen, was vielleicht auch unter dem Einfluss des antik-jüdischen Diskurses zur Interpretation von Ex 21,24–25 bzw. Lev 24,19–20 geschehen ist. Die strukturellen und inhaltlichen Berührungspunkte mit dem *membrum-rupsit* Satz der Zwölftafeln lassen sich jedoch als Hintergrund von Ant. 4,280 schwer von der Hand weisen. Dafür sprechen auch die Belege für das Interesse an den Zwölftafeln im näheren zeitlichen und räumlichen Kontext des Autors sowie der vorherige Rechtssatz 4,279, der sich ebenfalls besser vor dem Hintergrund römischer Rechtskultur erklären lässt.

Auch die zugehörigen Rechtsfolgen für den verbotenen Besitz von Giftstoffen sowie die Todessanktion von Ex 21,23 versteht Josephus *talionisch.* Während in Ant. 4,279 die Verwendung des Verbums πάσχω zur Beschreibung der Einnahme des eigenen Gifts eine Verbindung zu Ant. 4,280 herstellt, erinnert die doppelte Verwendung von (ἀπο-)θνήσκω zur Interpretation des wörtlich angeführten *nepheš/psychē*-Glieds in Ant. 4,278 an die Geminatio von στερέω in der Apodosis von 4,280bα. Entsprechend versteht Josephus hier die Hinrichtung für Tötungsdelikte als Talion, was auch in Ant. 4,277aα, bei Körperverletzungen mit (unmittelbarer) Todesfolge – erneut durch das Verb πάσχω ausgedrückt –, nachvollzogen werden kann.

Bei der Darstellung lästerlicher Rede – gegen Gott und Mensch – liegt keine Rezeption der Talionsformel aus Lev 24 vor. Dagegen spielt dieser Aspekt bei der Rezeption von Dtn 19,15–21 eine Rolle: Während etwa in den tannaitischen Rezeptionsvorgängen oder bei Philo meist nur Dtn 19,19a für die Darstellung der Rechtsfolge für Falsch- bzw. Verschwörungszeugen anzunehmen ist, scheint Josephus' Darstellung auch von der *talio* in Dtn 19,21b beeinflusst zu sein. Dafür spricht die erneute Verwendung von πάσχω, in diesem Fall sogar doppelt auf die Falschzeugen und die angeklagten Personen bezogen.

KAPITEL 6

Die Talionsformel im Neuen Testament

Im Neuen Testament findet sich ausschließlich in Mt 5,38b eine wörtliche Rezeption einzelner Elemente der Talionsformel. Zwar werden bisweilen weitere Verse und Formulierungen als Rezeptionsvorgänge der *talio* angeführt, doch haben sie allerdings meist nur eine geringe Referentialität zum (nach-)biblischen Diskursraum der Talionsformel. Da die Talionsformel in Mt 5,38–42 eng mit dem vergeltungskritischen Diskurs des antiken Judentums korreliert wird, könnte angenommen werden, dass im MtEv und in daran anschließenden Schriften auch dieses Themenfeld als indirekte Rezeption der *talio* gelten kann, was jedoch ohne Indizien für einen Bezug auf Mt 5,38–42[1] oder die Talionsformel nicht nachzuweisen ist.[2] Die in diesem Zusammenhang angeführten ntl. Passagen zeugen zwar von einem reziproken Verhältnis von menschlichem Tun und (göttlich verantwortetem) Ergehen, lassen sich aber häufig einleuchtender durch andere literarische Traditionen als die Talionsformel oder Mt 5,38–42 erklären.[3] Eine inhaltliche und formale Nähe

---

1 So scheint die Einstufung des »Schwertworts« in Mt 26,52 als »talionisch« (vgl. Hetzelein, Zeichen, 264–265) i.S. einer indirekten Rezeption über Mt 5,38–42 aufgrund des Werkzusammenhangs eher gerechtfertigt, auch wenn sich eine größere Referentialität zum vergeltungskritischen Diskurs ergibt. Ein tieferer Einblick in das mt Verständnis der *talio* gegenüber Mt 5,38–42 ist hier jedoch nicht zu erwarten.

2 Davis scheint sogar darüber hinauszugehen. Zwar legt er sich nicht explizit fest, ob Mt 5,38–42 auf den Autor des MtEv oder auf (den historischen) Jesus selbst zurückgeht (vgl. Davis, Lex, 144; 147–148), jedoch scheint letztere Position sein Arbeiten zu bestimmen. So fragt er, ob Jesus »in essence follows his own instructions in a concrete fashion, which is consistent with his discussion on the *lex talionis*« (ebd., 154), was er in den Evangelien und in den Paulusbriefen bestätigt sieht (vgl. ebd., 154–159; 165). Die zur Bestätigung seiner These angeführten Themenkomplexe werden hier nicht im Detail weiterverfolgt, da weder eine konkrete Bezugnahme auf die *talio*, ihre antik-jüdischen Rezeptionen noch auf das vom MtEv gebildete Tora-Lehrwort Mt 5,38–42 gegeben zu sein scheint: Jesu aktive Zuwendung bei der Bitte um Hilfeleistung (Lk 5,12–13; 8,40–42; 17,11–16; 18,35–43), die Unterordnung unter die weltliche Herrschaft (Mk 12,13–17; Lk 20,20–26), diverse Szenen der Passionsnarrative (Mk 14,43–65; Lk 22,47–53; 23,34; Joh 18,1–11; 19,23–24), Armenfürsorge (Röm 5,26; 1Kor 16,1–4; 2Kor 8–9; Gal 2,10; 6,10; 1Tim 6,18) etc. Im Detail wäre hier zu prüfen, inwiefern Mt 5,38–42 die Darstellung von Jesu Interaktionen mit seiner Umwelt *im MtEv* gegenüber den anderen Evangelien geprägt hat oder inwiefern sich spätere vergeltungskritische Texte womöglich auf das fünfte Tora-Lehrwort beziehen, was in diesem Rahmen allerdings nicht zu leisten ist.

3 Vgl. exemplarisch Offb 22,18–19, wenn inhaltlich und lexikalisch die Tat – das Hinzufügen [ἐπιτίθημι] oder Wegnehmen [ἀφαιρέω] der in der Johannesapokalypse ergangenen prophetischen Worte – und die zu erwartende Strafe – das Hinzufügen [ἐπιτίθημι] der dort

 | HTTPS://DOI.ORG/10.1163/9789004747630-007

zur Talionsformel besteht hinsichtlich des *metron*-Spruchs (Lk 6,38), der aufgrund der literarischen Verwandtschaft nebst weiteren Belegen zusammen mit den *midda*-Formeln im letzten Kapitel behandelt wird.[4]

Weitet man den Blick auf die ntl. Rezeption der drei biblischen Passagen mit der Talionsformel sowie die dort und in früheren Rezeptionenvorgängen behandelten Themenfelder, fällt auf, dass besonders das Thema Falschzeugnis und weiteres Formelgut aus Dtn 19,15.20[5] Eingang in die Schriften des NT gefunden haben.[6] Eine bedeutende Spur führt dabei zu den Berichten über Jesu Prozess vor dem Sanhedrin, wo das Motiv der (Falsch-)Zeugenschaft vor Gericht ein Leitmotiv darstellt.[7] Allerdings sind die Evangelien, anders als Dtn 19,15–21, nicht am Schicksal jener Falschzeugen interessiert, die nach ihrem Auftritt keine Erwähnung mehr finden. Folglich lassen sich auch keine Rückschlüsse auf die Talionsformel im Rahmen des Zeugenrechts ziehen.

Zudem fanden einzelne Elemente aus Dtn 19,15–21 Aufnahme in die Anweisungen für innergemeindliche Konflikte. So skizziert Paulus in 1Kor 5 am konkreten Fall der πορνεία den gemeindlichen Umgang mit unzüchtigen

beschriebenen Plagen oder das Wegnehmen [ἀφαιρέω] der Verheißungen – korreliert werden. Naheliegender als eine Rezeption der *talio* (vgl. ebd., 159; Beale, Revelation, 1153: »eye for eye‹-nature of biblical jugment«), scheint, die Warnung vor textlichen (!) Veränderungen am Schluss der Apokalypse des Johannes als Adaption der Textsicherungsformeln zu verstehen (vgl. Dtn 4,2; 13,1; Jer 26,2; Spr 30,5–6 und Dtn 29,19–20); zur Diskussion über die Herkunft und Funktion der Formeln im Dtn vgl. mit zahlreichen Literaturverweisen Otto, Deuteronomium 12,1–23,15, 1222–1226.1234–1238. Zu Offb 22,18–19 in diesem Sinn vgl. Tilly, Textsicherung. Ähnlich dürfte Mk 8,38 eher als »eschatological judgment pronouncement« (Perrin, Pilgrimage, 62–63) in prophetischer Tradition zu verstehen sein (vgl. Collins, Mark, 409–410) und nicht als Rezeption der *talio*, als Grundlage der »sentences of holy law« (Davies/Allison, Matthew, 540) zusammen mit 1Kor 3,17.

4 Vgl. 7.2.

5 Das NT hat Ex 21,22–25 und Lev 24,15–23 kaum rezipiert. Die Verweise auf den Tatbestand der Gotteslästerung im Rahmen des Prozesses Jesu (Mt 26,65; Mk 14,64) und an anderen Stellen (Mt 9,3; Mk 2,7; 3,28–29; Lk 5,21; 12,10; 6,11; Joh 10,36 etc.) könnten im Licht von Lev 24,15–23 verstanden werden, tragen jedoch wenig zur Rezeption der Talionsformel bei.

6 Vgl. ausführlicher zur Rezeption der dtn Mehrzeugenregeln im Neuen Testament van Vliet, Testimony, und Pearce, Words, 213–239.

7 Vgl. die Häufung der Wurzeln μαρτυρ* und ψευδομαρτυρ* in Mk 14,55–64; Mt 26,59–66. In Lk 22,66–71 entfällt der Aspekt der Falschzeugen und wird auf die Feststellung in v.71 reduziert, aufgrund der Worte Jesu sei kein externes Zeugnis mehr nötig, während Joh 18,23 die Frage der Zeugenschaft auf eine rhetorische Frage beschränkt. Das MkEv ist besonders daran interessiert herauszustellen, dass die Zeugnisse der vielen bzw. einiger nicht übereinstimmen (Mk 14,55–59). In Mt 26,60 treten konkret *zwei* Zeugen auf, die den Inhalt von Mk 14,58 vorbringen, wobei diese Zweizahl als deutlichere Rückbindung an die dtn Mehrzeugenregel gewertet werden kann.

Glaubensgeschwistern und den Ausschluss dieser Personen aus der Gemeinde,[8] wobei er in 1Kor 5,13b auf deuteronomisches Formelgut zurückzugreifen scheint, das auch in Dtn 19,19 begegnet.[9] Ein Verweis auf die Talionsformel oder eine spiegelnde Strafe sind nicht auszumachen,[10] zumal naheliegender ist, dass Paulus auf Dtn 22 anspielt, wo neben der mehrfachen Verwendung der Formel auch eine thematische Verbindung zu sexuellen Normverletzungen besteht.[11] Auch in Mt 18,15–17 und 1Tim 5,17–21 begegnen im mehrstufigen Prozess zur Zurechtweisung und zum Ausschluss von Gemeindegliedern ähnliche Bezüge zu Dtn 19,15–21, wobei eher die Autorität der Gemeindeleitung als eine spiegelnde bzw. talionische Rechtsfolge im Blick ist.[12]

Ähnlich können in Joh 8,12–20,[13] 1Joh 5,6–12[14] und 2Kor 13,1[15] Rezeptionen der Mehrzeugenregel im Rahmen von Autoritätsdiskursen ausgemacht werden, wobei das Fehlen von »Rechtsfolgen« keine Rückschlüsse auf das Verständnis der *talio* zulässt. Das gilt allerdings nicht für das verkürzte Zitat der dtn Mehrzeugenregel in Hebr 10,28b, wenn mit einem *a fortiori* Argument die

---

8 Vgl. 1Kor 5,2; 5; 7, 13 und zu den Einzelelementen des Prozesses Zimmermann, Anathema, 372–373.

9 Vgl. 1Kor 5,13b und Dtn 17,7, 19,19, 21,21; 22,21; 22,24; 24,7 [ἐξαρεῖς τὸν πονηρὸν ἐξ ὑμῶν αὐτῶν] bzw. mit Israel als Bezugspunkt 17,12; 22,22 [ἐξαρεῖς τὸν πονηρὸν ἐξ Ισραηλ].

10 Als schwacher Anklang an eine Spiegelstrafe im weitesten Sinne könnte höchstens 1Kor 5,1–5 angeführt werden, wenn der, der fleischlicher Lust anhängt (vgl. 1Kor 6,16), an Satan zum Verderben des Fleisches [εἰς ὄλεθρον τῆς σαρκός] übergeben wird.

11 Vgl. Lincicum, Deuteronomy, 128–129; Hays, Conversion, 410–412.

12 Neben der Mehrzeugenregel können auch 1Tim 5,20 und die öffentliche Zurechtweisung mit paränetischer Funktion auf dtn Formelgut bezogen werden, vgl. 1Tim 5,20b [(...) ἵνα καὶ οἱ λοιποὶ φόβον ἔχωσιν) mit Dtn 19,20^{LXX} [(...) καὶ οἱ ἐπίλοιποι ἀκούσαντες φοβηθήσονται (...)].

13 Vgl. Joh 8,17 [γέγραπται ὅτι δύο ἀνθρώπων ἡ μαρτυρία ἀληθής ἐστιν], wobei aufgrund der Stichwortverbindung δύο und μαρτυ* am ehesten Dtn 17,6 und Dtn 19,15 als Referenzpunkte gelten können. Die abweichende Formulierung ist vermutlich der Kommunikationssituation geschuldet, wenn Jesus in seiner Antwort den Gedanken der Wahrheit der Pharisäer aufnimmt (Joh 8,13.17) und in der Folge zwei Personen als Zeugen anführt: Sich und den Vater (Joh 8,18).

14 In Kap 4–5 wendet sich der Autor des Johannesbriefes gegen Lügenpropheten (vgl. 4,1–3: ψευδοπροφήτης), denen er jene gegenüberstellt, die sich zu Christus im Fleisch gekommen bekennen. Im Laufe seiner Argumentation verweist er dabei darauf, dass es »drei sind, die als Zeugen auftreten«.

15 Durch das direkte Zitat ist 2Kor 13,1 eindeutiger als Bezugnahme auf die dtn Mehrzeugenregel zu erkennen, wobei der Hinweis, Paulus würde sie beim nächsten Mal nicht verschonen [οὐ φείσομαι], womöglich ein Lexem der Einleitung der Talionsformel in Dtn 19,21a [οὐ φείσεται] aufnimmt. Da allerdings nicht ausgeführt wird, worin dieser Umgang bestehen könnte, kann auch 2Kor 13,1–4 nicht für die Rezeptionsgeschichte der *talio* herangezogen werden.

Außerkraftsetzung des mosaischen Gesetzes mit der Apostasie von Christusgläubigen parallelisiert wird und auch die zu erwartenden Strafen benannt werden. Aufgrund der expliziten Verbindung der Mehrzeugenregel mit einer Todessanktion ist am ehesten Dtn 17,6–7 der konkrete Referenzpunkt,[16] zumal im unmittelbaren Kontext Apostasie und Abfall vom Gottesbund (Dtn 17,1–2) verhandelt werden.[17] Eine Korrelation von Tat und Strafe ist zwar angelegt, jedoch scheint keine talionische Vorstellung den Kern der Aussage zu bilden, sondern der Vergleich zwischen den beiden Vergehen, um die Schwere des letzteren auszudrücken.[18]

Entsprechend besteht die folgende Untersuchung der Rezeption der Talionsformel im Neuen Testament nur aus zwei Teilen. Zunächst soll die mehrfach belegte Formel κακὸν ἀντὶ κακοῦ [ἀποδίδωμι] ins Zentrum der Analyse rücken (6.1), die inhaltlich und formal Analogien zur biblischen *talio* aufweist. Anschließend wird mit Mt 5,38–42 das einzige direkte Zitat der Formel im NT untersucht (6.2).

6.1 (μὴ) κακὸν ἀντὶ κακοῦ (ἀποδίδωμι) – Eine formale und inhaltliche Parallele?

Im Neuen Testament begegnet in 1Thess 5,15, Röm 12,17 und 1Petr 3,9 mit kleineren grammatikalischen und syntaktischen Variationen mehrfach die Formel (μὴ) κακὸν ἀντὶ κακοῦ (ἀποδίδωμι), die hinsichtlich ihrer Form an die Einzelelemente der biblischen Talionsformel erinnert und ihr auch inhaltlich nahezustehen scheint.[19] Alle drei Belege sind innerhalb von paränetischen Abschnitten kontextualisiert, die die Aufforderung zum Vergeltungsverzicht

16 Vgl. Backhaus, Hebräerbrief, 367; Pearce, Words, 217–218.

17 Es kann allerdings nicht ausgeschlossen werden, dass die Anspielung auch auf Dtn 19 zielt, folgt doch auf die Mehrzeugenregel in Dtn 19,16–21^{LXX} ein Beispielprozess auf dem Hintergrund einer Anklage wegen Asebie, vgl. oben 2.2.2. Die Forderung einer unbarmherzigen Strafvollstreckung [χωρὶς οἰκτιρμῶν] könnte als Anspielung auf die dtn Formel des Mitleidsverbots [οὐ φείσεται ὁ ὀφθαλμός σου ἐπ᾽ αὐτῷ] gewertet werden, wobei der Vergleich hinkt: Funktional geht es Dtn 19,21a wie auch Dtn 17,7 nicht um eine Unbarmherzigkeit oder einen Automatismus. Im Vordergrund steht vielmehr die Sorge um die Integrität des Rechtssystems, in dem einerseits jene Urteile unbedingt vollstreckt werden müssen und andererseits die Anklagenden durch ihre Beteiligung an der Vollstreckung selbst dafür haften müssten, wäre die Anklage aufgrund von Lüge entstanden.

18 Attridge, Hebrews, 293, verweist in diesem Zusammenhang auf analoge Argumentationsmuster bei Philo (Fug 84, spec 2,265–255).

19 Vgl. zumindest formal auch χάριν ἀντὶ χάριτος [λαμβάνω] in Joh 1,6 und später ApkSedr 7,7 [κακὸν ἀντὶ κακοῦ μὴ ἀποδώσῃς].

unterschiedlich begründen und in den Werkzusammenhang einfügen. Über diesen neutestamentlichen Befund hinaus ist die wortgleiche κακόν-Formel vierfach in der Novelle Joseph und Aseneth in narrativem Kontext nachzuweisen.[20] Da die Formel im Rahmen des antik-jüdischen bzw. frühchristlichen Vergeltungsdiskurses begegnet, dem die biblische *talio* grundsätzlich als Teilbereich zugeordnet wurde,[21] und die Form »X ἀντὶ X« in biblischer Literatur und darüber hinaus nur selten belegt ist, soll überprüft werden, inwiefern die κακόν-Formel(n) intertextuell an die biblische Talion anschließen oder zumindest von dieser inspiriert sind, was mitunter unhinterfragt vorausgesetzt wird.[22]

Als formale Kriterien der Verwandtschaft mit der Talionsformel können erhoben werden: (1) Es handelt sich um ein eingliedriges nominales Polyptoton, (2) dessen Nomina indeterminiert im Singular verwendet werden und (3) wie in allen griechischen Fassungen der Talionsformel mit der Präposition ἀντί aufeinander bezogen sind. Während das Kompositum ἀποδίδωμι sonst nicht als Einleitung der Talionsformel begegnet, ist (4) die Grundform נ.ת.ן./δίδωμι in diesem Kontext belegt. Inhaltlich ist eine andere Semantik durch die Verwendung des Substantivs κακόν festzustellen. Zwar können die Talionsformel und ihre Einzelglieder, wie sowohl ihre innerbiblische Rezeption als auch ihre antik-jüdische Rezeption unterstreichen, auf andere Rechtsbereiche übertragen werden,[23] jedoch evoziert κακός primär andere Kategorien und ist als »das Schlechte/Böse« universeller anwendbar. Auch wenn das Substantiv in rechtlichen Kontexten begegnen kann,[24] handelt es sich nicht primär um

20 Vgl. mit Variationen hinsichtlich des zugehörigen Verbs JosAs 23,9 28,10.14; 29,3. JosAs 28,5 wird nicht mehr zum Textbestand gerechnet, vgl. Reinmuth, JosAs, 125, und Fink, JosAs, 79–80; 87.

21 Vgl. oben 1.2.2.

22 Mit Blick auf Röm 12,17–21 bezeichnet Davis, Lex, 157, die κακόν-Formel als »a talionic formula« spricht anschließend aber von Selbstjustiz und einer »talionischen Ethik« (ähnlich in Bezug auf JosAs, 1Thess 5,15 und 1Petr 3,8–9, vgl. ebd., 62; 158–159). Broer, Ius, 5, spricht von »Talioverzicht« in JosAs; Nir, Ethics, 167; 169, setzt die Formeln gleich und paraphrasiert sie. Differenzierter ordnet Sänger, Schriftauslegung, 21, die Formel in JosAs einem größeren *topos* weisheitlicher Paränese zu, in dem sich eine »ethische« Negation der *talio* vollzieht. Jacobi, Jesusüberlieferung, 75–76, spricht mit Blick auf JosAs stets von »Vergeltungsverzicht« und Piper, Love, 64, erwähnt die *talio* in diesem Zusammenhang nicht, sondern geht von einer Weiterentwicklung von Prov 17,13 aus, vgl. auch Wilson, Love, 187.

23 Das eindrücklichste Beispiel ist die Neuformulierung τὰ ὅμοια […] ὑπομένειν in spec. 3,182 und die explizite Erweiterung des Geltungsbereichs dieses Grundsatzes. Vgl. oben 4.2.3.2.

24 Zur Funktion von κακός und verwandter Begriffe in rechtlichem Kontext vgl. die Ausführungen und Beispiele bei Sluiter, Introduction, 4–7; 14–19, und Fantham, Malice, zu μετά/ἄνευ κακίας und *malitia* bzw. *dolus malus*.

einen Rechtsbegriff. Vielmehr ist κακόν überwiegend in poetischen Kontexten belegt und eher dem (moralischen) Wertediskurs zuzurechnen.[25] Zentral für die Verwendung des Begriffs in der Formel scheint zu sein, dass er sich einerseits besonders durch Handlungen konkretisiert[26] und andererseits, dass er sich im Neutrum auf schlechte Widerfahrnisse und in maskuliner/femininer Verwendung auf Charakterzüge beziehen kann, was den Einsatz der Formel zu paränetischen Zwecken in argumentativen und biographischen Kontexten erklärt.[27]

In der griechischen Bibelüberlieferung führt die Suche nach möglichen Intertexten neben der Talionsformel zu weisheitlichen und prophetischen Büchern. Dort begegnet mehrfach die Wendung κακὰ ἀντὶ ἀγαθῶν,[28] sowie bei Jeremia κακὰ ἀντὶ τῆς κακίας und ἀντὶ ἀγαθῶν κακά.[29] Neben der formalen [X ἀντὶ Y] und lexikalischen [κακόν] Nähe[30] spricht dabei besonders die häufige Verbindung mit ἀποδίδωμι für eine intertextuelle Beziehung.[31] Alternativ zur Talionsformel wäre entsprechend auch eine Rezeption dieser Formel(n) denkbar,[32] wobei Analogien natürlich auch in der griechischen Antike, besonders der kaiserzeitlichen Stoa bestehen.[33]

Nach diesen einleitenden Überlegungen zur Formel selbst soll anhand von Belegen der Formel im NT und in JosAs überprüft werden, inwiefern sich in

25 Vgl. Sluiter, Introduction, 7; 14–16. Zentral ist natürlich, dass auch Dtn 19,16–21 mit solchen moralischen Bewertungen spielt. Eine Verbindung zu [ה]רע (Dtn 19,20.21) ist dabei nicht auszuschließen, auch wenn in der griechischen Überlieferung stets mit Lexemen der Wortfamilie πόνος gearbeitet wird. Gerade im Vergleich zu Mt 5 ist jedoch zu konstatieren, dass keine deutlichen intertextuellen Verweise auf die deuteronomische Perikope und nur schwache lexikalische Anklänge (allenfalls φείδομαι [Dtn 19,21/JosAs 28,10]) ausgemacht werden können.

26 Vgl. Mulhern, KAKIA, der auch die zentrale aristotelische Konzeption anführt, wonach die »acquisition of goodness or badness is a matter of habituation« (239).

27 Vgl. Sluiter, Introduction, 8–9, zur Ambiguität des Begriffs sowie zur unterschiedlichen Verwendung in maskuliner bzw. femininer und neutraler Form.

28 Vgl. LXX: Ps 37,21; 108,5; Prov 17,13, 1Makk 16,17.

29 Vgl. Jer 11,17 und Jer 18,20.

30 Zu notieren sind gleichwohl die antithetische Formulierung mit ἀγαθός sowie die Pluralformen.

31 Vgl. Ps 37,21^{LXX}; Jer 18,20^{LXX}, Prov 17,13^{LXX} und 1Makk 16,17. Anders formulieren Jer 11,17^{LXX} [λαλέω] und Ps 108,5^{LXX} [τίθημι].

32 Entsprechend versteht Piper, Love, 39; 49; 64, in Anschluss an Thomas, Aktuelles, 96, die Formel als Weiterentwicklung, die auf Spr 17,13^{LXX} aufbaut. Vgl. auch Wilson, Love, 186–188.

33 Vgl. die Beispiele bei Jacobi, Jesusüberlieferung, 81–82. Klassisch fordert Sokrates in Plat. Crito 49d Zustimmung, dass »weder Unrecht tun jemals richtig ist noch im Gegenzug Unrecht tun, noch sich, wenn man geschädigt wird, wehren, indem man selbst im Gegenzug schädigt«; ÜS: Bernard, Kriton, 20.

den jeweiligen Kontexten Indizien finden, die einen intertextuellen Bezug zur biblischen Talionsformel oder anderen Kontexten nahelegen.

6.1.1 Ein knapper Verweis auf die *κακόν*-Formel (1Thess 5,15)

Im ersten Teil der Schlussparänese des vermutlich ältesten erhaltenen Paulusbriefs (1Thess 5,12–22) leitet Paulus den letzten Abschnitt seines Briefes mit einer Reihe von abschließenden Ermahnungen ein.[34] Diese sind überwiegend von einem innergemeindlichen Fokus geprägt: Funktionsträger:innen sind zu achten (1Thess 5,12–13) und Zurechtweisung sowie Trost sollen je nach Bedarf gespendet werden (1Thess 5,14). Im direkten Vergleich ist 1Thess 5,15 selbst offener formuliert: Durch die Schlussworte von 1Thess 5,14.15 ergibt sich durch das doppelte πᾶς eine Klammer[35] um die κακόν-Formel (5,15a) und die Aufforderung, »einander und allen« [εἰς ἀλλήλους καὶ εἰς πάντας] nur Gutes zu erweisen (5,15b). Damit weitet sich der innergemeindliche Fokus der Schlussparänese augenblicklich, bevor anschließend die staccatoartigen kurzen Aufforderungen wieder die Gemeinde selbst in den Blick nehmen. Entsprechend wirkt der primäre Fokus von 1Thess 5,15 eher auf die Gemeinde(n) beschränkt.[36]

An den Prohibitiv der κακόν-Formel schließt der Imperativ, stets das Gute zu verfolgen [ἀγαθὸν διώκετε], positiv an. Diese antithetische Weiterführung ist nicht ohne Vorbild: In Ps 38[37],21 versteht die Beterin im Anschluss an eine ähnliche Formel [רעה תחת טובה/κακὰ ἀντὶ ἀγαθῶν] ihre Bedrohung durch andere dadurch begründet, dass sie das Gute [טוב] bzw. die Gerechtigkeit [δικαιοσύνη] verfolgt [ר.ד.ף/καταδιώκω]. In 1QS 10,17–18 gelobt der Sprecher: »Ich will keinem Mann seine schlechte Tat vergelten. Ich will einen [jeden] Mann mit Gutem verfolgen« [לוא אשיב לאיש גמול רע בטוב ארדפ גבר].[37]

Naheliegender als ein Verweis auf die *talio* scheint deshalb eine Bezugnahme auf eine weisheitliche Tradition, die aus den o.g. Belegen entwickelt wurde. Intertextuelle Spuren eines Bezugs auf die Talionsformel oder ihre

34 Mit Schreiber, Thessalonicher, 61, wird der Beginn des Briefschlusses in 1Thess 5,12 angenommen.

35 Vgl. Frame, Thessalonians, 198–199.

36 Ob damit besonders die Außenwirkung der jungen Gemeinden im Blick ist (so Barclay, Conflict, 515), mag bezweifelt werden. Dieses Motiv ist nicht abwegig, tritt aber im 1Petr viel deutlicher als hier zutage. Vgl. Schreiber, Thessalonicher, 307–308, und Jacobi, Jesusüberlieferung, 60, nach der »Vergeltung [hier] eher als ein innergemeindliches Problem behandelt [wird]«. Das vermuten auch Blischke, Begründung, 82, und Schreiber, Thessalonicher, 307.

37 Vgl. dazu auch Kap. 3, Anm. 4. Vgl. ferner Ps 34,15 und weitere Belege bei Piper, Love, 19–63.

antik-jüdische Rezeption sind auch im näheren Kontext nicht auszumachen. Stattdessen begegnet in 1Thess 4,6 eine Anspielung auf das Theologumenon Gottes als Rächer [διότι ἔκδικος κύριος περὶ πάντων τούτων], das eine zentrale Rolle in Röm 12,17–21 einnehmen wird.

6.1.2 Vergeltungsverzicht ist alternativlos (Röm 12,17)

Ein tieferer Einblick in das antike Verständnis der Formel ergibt sich aus Röm 12,17–21. Dort zitiert Paulus die Formel nicht nur im Rahmen anderer Ermahnungen, sondern er plausibilisiert sie durch eine Fülle von Schriftverweisen und verbindet sie mit seiner programmatischen Einleitung des neuen Abschnitts (Röm 12,1–2). Der konkrete Argumentationsgang in Röm 12,17–21 kann durch die *inclusio* der antithetischen Verwendung von κακόν – καλόν (Röm 12,17) und κακόν – ἀγαθόν (Röm 12,21) als eigenständiger Unterabschnitt abgegrenzt werden. Eine inhaltliche Zäsur lässt sich nach Röm 12,3–8.9–16 ausmachen. Dieser Abschnitt thematisiert primär[38] den innergemeindlichen Umgang,[39] während Röm 12,17–21[40] und Röm 13,1–7 den Blick auf die Umwelt der Gemeinde weiten.

In Röm 12,17–21 begründet Paulus dabei, aus welchem Grund der Verzicht auf Vergeltung dem Willen Gottes entspricht und ein Zuwiderhandeln nicht Frucht des erneuerten und verwandelten Verstands (Röm 12,2) sein kann. Nach dem Zitat der κακόν-Formel (Röm 12,17a) stellt er dies durch eine Reihe von Parallelisierungen heraus, bevor er in Röm 12,21 durch eine Variation der Formel seine Begründung anführt. Während κακόν in Röm 12,17a einerseits die Erfahrung und andererseits die Zufügung von Schlechtem bezeichnet, tritt das Nomen in Röm 12,21 selbst als Gegenüber der angesprochenen Person auf: Im Vordersatz besiegt das »Schlechte« die angesprochene Person, im Nachsatz wird es von ihr besiegt. Vorläufig kann darin das argumentative Ziel des Paulus vermutet werden: Die vordergründigen Handlungsoptionen, auf »Schlechtes« entweder mit »Schlechtem« oder mit »Gutem« zu reagieren, erweisen sich als Scheinalternative. Wie der antithetische Einsatz von νικάω in unterschiedlichen Modi herausarbeitet, besteht nach Paulus eine Handlungssouveränität für Christusgläubige nur, wenn sie auf Vergeltung mit »Schlechtem« verzichten.

38 Vgl. die Ausnahme v.14.

39 Vgl. besonders die Leibmetapher, die Erwähnung der Gnadengaben sowie die mehrfache Verwendung von ἀλλήλων (Röm 12,5.10.16).

40 Vgl. den Einstieg mit dem noch unbestimmten μηδείς (v.17) zusammen mit der universellen Formulierung μετὰ πάντων ἀνθρώπων (v.18) sowie die Erwähnung des Feindes [ἐχθρός] im Rahmen des Zitats aus dem Sprüchebuch. Vgl. zu dieser Einschätzung Wolter, Römer, 243, und die Darstellung bei Jacobi, Jesusüberlieferung, 57–58.

Zwar wäre dieses moralische Grundprinzip auch vor dem Hintergrund des hellenistisch-römischen Wertediskurses einsichtig gewesen,[41] es wird jedoch von Paulus primär aus der antik-jüdischen Tradition begründet, da seine gesamte Argumentation in Röm 12,17b–20 von intertextuellen Bezügen auf biblische Schriftworte geprägt ist. Dies gilt bereits für die protreptische Weiterführung in Röm 12,17b–19, die als Bezugnahme auf Spr 3,4^{LXX} bzw. Ps 33,15^{LXX} gewertet werden kann.[42] Damit wird das Ausrichten auf das »Gute« sowie konkreter das Streben nach Frieden mit allen Menschen als Handlungsalternative zur Wiedervergeltung angeboten. Die parallele Satzeröffnung mit μηδείς/μή + Part.Präs. in Röm 12,17a.19a stellt einen Neueinsatz dar und korreliert die Aufforderungen zum Vergeltungs- und Racheverzicht in beiden Versen. Die Einführung dieses zusätzlichen Begriffs korrespondiert mit dem markierten Zitat[43] von Dtn 32,35aα, in dem ἀνταποδίδωμι und ἐκδίκησις als funktional identisch einzuschätzen sind.[44] Damit stellt Paulus die κακόν-Formel in direkten Zusammenhang mit dem biblischen Motiv Gottes als »Rächer«, wobei durch den Bezug auf Dtn 32,35 besonders die eschatologische Hoffnung dieses Theologumenons aufgerufen wird.[45] Entsprechend ist auch die Aufforderung, »dem Zorn Raum zu geben«, ebenfalls als Hinweis auf ein göttliches Attribut der Hebräischen Bibel zu werten und analog als Hinweis auf Gottes Strafhandeln zu verstehen,[46] so wie Paulus auch in Röm 3,5–6 den Zorn

41 Vgl. die Zusammenstellung von Belegstellen mit und ohne Siegesmetaphorik bei Wolter, Römer, 303.

42 Der Bezug zu Spr 3,4^{LXX} gewinnt durch 2Kor 8,1 an Plausibilität, vgl. ebd., 296. Für eine Anspielung auf Ps 33,15^{LXX} in Röm 12,18 spricht besonders, dass in der ersten Vershälfte des Psalms ebenfalls das Gegensatzpaar κακόν – ἀγαθόν begegnet. Vgl. dazu auch Wilson, Love, 188–189, Piper, Love, 112–113.

43 Die paulinische Version (vgl. Hebr 10,30), unterscheidet sich allerdings sowohl von der MT-Fassung [לי נקם ושלם], indem der zweite Versteil verbal ausgedrückt wird, als auch von den gr. Versionen sowie dem Samaritanus, die im ersten Versteil vom Tag der Rache sprechen (LXX: ἐν ἡμέρᾳ ἐκδικήσεως ἀνταποδώσω; SamPent: ליום נקם ושלם). Eine gewisse Nähe besteht zu den Targumim, insofern dort der zweite Versteil ebenfalls verbal ausgedrückt wird (vgl. TN [דידי היא נקמתה ואנה הוא דמשלם], Fragmententargum [דידי היא נקמתה ואנא היא די משלים] und, mit Abweichungen am Beginn des Verses, TO [קדמי פרענותא ואנא אשלים]). Möglicherweise kannte Paulus die Tradition der Targumim oder eine abweichende gr. Version, vgl. Waters, End, 216–281 [Lit!]; Jewett, Romans, 766; Otto, Deuteronomium 23,16–34,12, 2151; Schmidtkunz, Moselied, 27, Anm. 2; 32.

44 Gleichzeitig besteht eine intertextuelle Verbindung zwischen Röm 12,19a [μὴ ἑαυτοὺς ἐκδικοῦντες] zu Lev 19,18 [καὶ οὐκ ἐκδικᾶταί σου ἡ χείρ] und weiteren antik-jüdischer Rezeptionen (vgl. exemplarisch CD 8,5–6).

45 Vgl. zur Entwicklung der »Rache« in der Hebräischen Bibel von einer Rechtsinstitution zu einem Theologumenon Jeremias, Rache, und Achenbach, Prophezeiungen, 175–179.

46 Vgl. Wolter, Römer, 301–302.

Gottes als Ausdruck seiner Gerechtigkeit und seines richterlichen Handelns ausweisen kann.

Folglich wird darin der zweite Aspekt der Handlungsalternative ersichtlich: Paulus mahnt, individuelle Vergeltung zugunsten der biblischen Hoffnung auf die »Rache« bzw. das »Ins-Recht-Setzen« [ἐκδικέω] durch Gott zu suspendieren. Das (nicht markierte) Zitat von Spr 25,21–22a^{LXX} schließt, durch das vermutlich paulinische ἀλλά eingeleitet, an Röm 12,17a.19a an und ist aufgrund der parallelen Argumentationsstruktur am ehesten als Zusammenfassung von Röm 12,17b.19aβ zu verstehen.[47] So ist die Versorgung der Feinde mit Speise und Getränk als Explikation von Röm 12,17b und als Tun des »Guten« zu verstehen. Bei der Metapher des »Sammelns von feurigen Kohlen auf ihren Häuptern« dürfte es sich um eine Aufnahme von Röm 12,19bβ durch eine vergleichbare Metaphorik handeln und nicht um eine weitere Begründung der Handlungsmaxime, die die Einstellung der Feinde verändern oder ihre Strafwürdigkeit erhöhen soll.[48] Paulus argumentiert durch eine Reihe von Schriftverweisen, dass menschliche Reaktionen auf Erfahrungen von »Schlechtem« ausschließlich im (1) Tun des »Guten« (Friedensschluss und Versorgung) sowie im (2) Vertrauen auf Gottes richtendes Handeln bestehen können. Sekundäre Folgen dieses Handelns – sowohl für die Feinde[49] als auch die handelnde Person[50] – stehen nicht im Fokus. Vielmehr ist die liebende Zuwendung alternativlos und Zeichen der Erneuerung und Verwandlung des Geistes.[51]

Für diese Untersuchung lässt sich festhalten, dass Paulus in Röm 12,17–21 versucht, die κακόν-Formel vor dem Zeugnis der Septuaginta zu erklären. Mit unterschiedlicher Referentialität ergeben sich dabei intertextuelle Verweise auf Ps 33^{LXX}, Spr (3,4;) 25,21–22, Lev 19,18 und Dtn 32,35, bei denen in ähnlicher Weise durch eschatologisierte Rechtsmetaphorik die Hoffnung auf Gottes Eintreten gegen irdisches Unrecht sowie umgekehrt die ethische Mahnung zum Vergeltungsverzicht erklingt. Während diese Hinweise auf weisheitliche und prophetische Diskurse recht eindeutig nachvollziehbar sind, gibt es neben der forensischen Sprache jedoch keine konkreten Indizien für eine spezifische

47 Vgl. Jewett, Romans, 777; Zerbe, Non-Retaliation, 226, und Wolter, Römer, 301.

48 Vgl. zur Darstellung dieser Alternativen Jewett, Romans, 777–778; Wolter, Römer, 301–302.

49 Vgl. dagegen aber z.B. unten zu 1Petr.

50 Dafür spricht auch die Auslassung von Prov 25,22b^{LXX} trotz der Stichworte ἀνταποδίδωμι und ἀγαθόν. Womöglich wollte Paulus durch die Kürzung des Zitats vermeiden, dass die Vergeltung der guten Tat als positiver Nebeneffekt verstanden und die eindeutige Rolle Gottes in Röm 12,17–21 durch die Doppeldeutigkeit der Wiedervergeltung missverstanden wird.

51 Vgl. Jacobi, Jesusüberlieferung, 90–91; Wolter, Römer, 258, spricht von »Zweck und Folge der ›Erneuerung des Verstandes‹«.

intertextuelle Verbindung zu den biblischen Talionsformel(n) oder ihre antik-jüdische Rezeption.

6.1.3 Die *κακόν*-Formel im Dienst der Sprachethik (1Petr 3,9)

Auch der Verfasser des pseudepigraphen Ersten Petrusbriefs aus dem späten 1.–2. Jh. u.Z. hat die κακόν-Formel kreativ in sein Werk eingebunden und weiterentwickelt.[52] Die Formel begegnet im Rahmen einer allgemeinen Paränese, die nach vorne zu den partikularen Mahnworten an Ehefrauen (1Petr 3,1–6) und -männer (1Petr 3,7) durch den Neueinsatz τὸ δὲ τέλος πάντες sowie die universelle Natur hellenistischer Moralbegriffe in 1Petr 3,8 abgegrenzt werden kann. Aus inhaltlichen Gründen erscheint 1Petr 3,8–17 als eigenständiger Sinnabschnitt, da ab 1Petr 3,18 das Vorbild des Leidens Christi als zentraler Aspekt ins Zentrum rückt.[53] Gleichwohl sind wesentliche Aspekte von 1Petr 3,8–17, etwa die Antithetik zwischen gutem und schlechtem Handeln, sowie Kernaussagen des Psalmzitats auch weiter von Bedeutung.[54] Umgekehrt legen intertextuelle Verweise nahe, auch diesen Abschnitt unter der Leitkategorie des Leidens Christi zu verstehen.[55]

Die κακόν-Formel wird in 1Petr 3,9 wie in Röm 12,17 als Prohibitiv mit ἀποδίδωμι im Partizip Präsens eingeführt und erfährt eine kreative Fortschreibung: Der mit der disjunktiven Konjunktion ἤ angeschlossene und entsprechend der bekannten Form gebildete Zusatz λοιδορίαν ἀντὶ λοιδορίας ist anderweitig nicht belegt. Die wohl zur (mündlichen) Tradition der κακόν-Formel gehörige Handlungsalternative des Segens[56] schließt hier vermutlich bewusst als Gegenbegriff zu λοιδορέω direkt an die erweiterte Formel an. Diese sprachethische Zuspitzung der Formel begegnet explizit auch in den aus Ps 33^{LXX} zitierten Versen, wenn der Beter[57] zunächst seine Zunge

52 Vgl. zur Datierung Doering, Letters, 444–446.

53 So auch Müller, Petrusbrief, 290.

54 Vgl. die *inclusio* κακόω/ ἀγαθοῦ/ζηλωταί (3,13) und ἀγαθο-/κακοποιέω (3,17), aber auch die Hinweise bei Zerbe, Non-Retaliation, 285; vgl. allgemeiner zum Problem der Gliederung des Hauptteils des 1Petr Vahrenhorst, Petrus, 58–59.

55 Vgl. etwa die intertextuelle Verbindung zu 1Petr 2,23.

56 Vgl. Jacobi, Jesusüberlieferung, 92–96.

57 Gegenüber 1Petr 3,10–11 formuliert Ps 33,14–15^{LXX} durchgängig in der 2.Pers.Impf. Wie bei den meisten Zitaten von Versen aus der LXX fehlt im 1 Petr eine deutliche Kennzeichnung (abgesehen von 1Petr 1,16; 2,6). Die Verwendung des Verses ist unumstritten, es besteht allerdings kein Konsens, ob die Abweichungen auf eine nicht vorliegende Texttradition (dies vermutet Egan, Change, 523–528, unter Rückgriff auf verschiedenen Handschriftentraditionen) oder den Autor des Briefes zurückgehen (so exemplarisch Vahrenhorst, Septuaginta, 269–270, u.a.).

vom »Schlechten« [ἀπὸ κακοῦ] und seine Lippe von betrügerischer Rede [μὴ λαλῆσαι δόλον] fernhält. Das Zitat endet nicht nach den Hinweisen auf das Abwenden vom Schlechten, dem Tun des Guten und dem Nachjagen des Friedens, sondern mit der doppelten Gottesperspektive: Dem barmherzigen Hören Gottes auf das Flehen der Gerechten und dem richterlichen Blick auf die, die Böses tun [ποιοῦντας κακά].[58] Trotz des ähnlichen thematischen Schlusses des Zitats und der Verse in Röm 12,20 spielt in 1Petr 3,13–16 die Perspektive des Vergeltungsverzichts *zugunsten* des himmlischen Vergeltungsmonopols zunächst eine geringere Rolle. Stattdessen rückt besonders die Außenwirkung des gelebten Vergeltungsverzichts ins Zentrum des Abschnitts. Die »Rechenschaft[59] über eure Hoffnung« [ἀπολογία λόγος περὶ τῆς ἐν ὑμῖν ἐλπίδος] könnte womöglich als missionarische Chance verstanden werden[60] oder aufgrund der Leidensthematik in 1Petr 3,16–17 als praktische Umsetzung der Erweiterung von λοιδορίαν ἀντὶ λοιδορίας bei Anfeindungen. Ähnlich kann auch die Folge des sanftmütigen Umgangs mit Anfeindungen, ἵνα ἐν ᾧ καταλαλεῖσθε καταισχυνθῶσιν οἱ ἐπηρεάζοντες, aufgrund des finalen Anschlusses als ethische Feststellung gelesen werden,[61] aufgrund des Folgesatzes und dem anschließenden Christusbeispiel ähnlich wie in Röm 12,17–21 allerdings auch als Hoffnung auf Gottes (endzeitliches) Richteramt.

Dieser Fokus auf verbale Anfeindungen könnte auf Erfahrungen der Minderheit der Jesusjünger in den Diasporagemeinden zurückgehen.[62] Weiter ist die lexikalische Verzahnung von 1Petr 3,9 und 2,23 auffällig: Innerhalb des Briefkorpus begegnet nur dort das Lexem λοιδορέω ein weiteres Mal, das zudem durch das Kompositum ἀντιλοιδορέω auch die Präposition ἀντί

---

58 Auffällig ist, dass der Autor des 1Petr das Zitat von Ps 33^{LXX} hier mit v. 17a enden lässt und damit noch vor der expliziten Ankündigung des Gottesgerichts über die »Bösen« im zweiten Stichos abbricht. Im Griechischen ebenso wie im hebräischen Text wäre dieser Teil nicht nur metrisch v.17a zuzurechnen, sondern ist auch syntaktisch an den vorherigen Versteil angeschlossen, wie die pronominalen Rückverweise (τοῦ [...] μνημόσυνον αὐτῶν auf ποιοῦντας κακὰ sowie זכרם auf עשי רע) offenlegen.

59 Vgl. zum Begriff Vahrenhorst, Petrus, 149.

60 Vgl. Müller, Petrusbrief, 301–302; Wagner/Vouga, Petrus, 116–118.

61 Vgl. Müller, Petrusbrief, 302.

62 Die Frage des Umgangs mit verbaler Gewalt scheint ein wichtiges Anliegen des Briefs gewesen zu sein: Mitglieder der Gemeinde sollen sich von trügerischer Rede [δόλος] fernhalten (1Petr 2,1; 3,10) und so dem Vorbild Christi entsprechen (1Petr 2,22). Ebenso sollen sie nach 1Petr 2,1 auch Verleumdungen [καταλαλία] unterlassen, obwohl sie selbst von ihrem Umfeld verleumdet (vgl. 1Petr 2,12; 3,16: καταλαλέω) und verschmäht (1Petr 4,14: ὀνειδίζω) werden. Durch ihr Handeln sollen sie diese Menschen befremden (1Petr 4,4: ξενίζω) und zum Schweigen (1Petr 2,15: φιμόω) bringen. Vgl. zu diesem Befund Holloway, Prejudice, 66–73, sowie Vahrenhorst, Petrus, 19–20.

verwendet und so eine bewusste Verknüpfung der beiden Stellen nahelegt.[63] Auch wenn die Sachebene der angesprochenen verbalen Angriffe aufgrund der Anrede versklavter Personen eine andere gewesen sein dürfte, werden auf den leidenden Jesus bezogen hier ähnliche Bilder evoziert wie in 1Petr 3,9–14. Die Anspielungen auf Jes 53 in 1Petr 2,22–24 können als weiterer Begründungszusammenhang des Erleidens von (Verbal-)Injurien verstanden werden.[64]

Aufgrund der Fortschreibung der κακόν-Formel mit λοιδορίαν ἀντὶ λοιδορίας [ἀποδίδωμι] dürfte darin das Spezifikum der κακόν-Formel im Briefzusammenhang des 1Petr vermutet werden. Mit den mehrfach benannten Verbalinjurien sind prinzipiell justiziable Vorfälle im Blick, jedoch liegt der Fokus besonders auf dem Vorbild von Jesu Leiden bzw. umgekehrt in der Außenwirkung der kontraintuitiven Reaktion. Konkret erhält die κακόν-Formel durch das lange Zitat von Ps 33^{LXX} eine weisheitliche und, durch die indirekte Intertextualität über 1Petr 2,18–25 mit Jes 53, eine prophetische Begründung. Es fehlen im näheren Kontext Hinweise auf einen intertextuellen Zusammenhang mit der Talionsformel.

6.1.4 Gottesfurcht, Gottesgericht und Vergeltungsverzicht (JosAs)

Am Ende der Novelle bzw. des Liebesromans Joseph und Aseneth, der zwischen dem ersten Jh. v.u.Z. bis zum frühen zweiten Jahrhundert u.Z. anzusetzen ist,[65] begegnet die Formel κακὸν ἀντὶ κακοῦ [ἀποδίδωμι/ποιέω] in narrativem Kontext.[66] Innerhalb der zweiten geschilderten Episode (JosAs 22–29), die während der in Gen 41–42 geschilderten Hungersnot und der Reise von Josephs Brüdern Simeon und Levi nach Ägypten spielt, wird sie in zentrale ethische Erwägungen zum Vergeltungsverzicht eingebettet. Hintergrund ist ein Konflikt zwischen Joseph und dem Sohn des Pharaos um die Eheschließung mit Aseneth. So versucht der Sohn des Pharaos zunächst vergeblich Simeon und Levi gegen ihren Bruder zu hetzen, um selbst Aseneth zur Frau nehmen zu können (JosAs 23,2–11). Hier begegnet die Formel zum ersten Mal, als Levi seinen Bruder Simeon zurückhält, die Manipulationen und Drohungen mit Gewalt zu erwidern: Böses mit Bösem zu vergelten, gezieme sich nicht, was er damit begründet, dass sie »gottverehrende Männer« seien [καὶ ἡμεῖς ἐσμεν

63 Vgl. auch die Rede von der Berufung (καλέω Aor. Pass. 1Petr 2,21; 3,9) und von trügerischer Rede (1Petr 2,22 [δόλος ἐν τῷ στόματι αὐτοῦ]; 3,10 [μὴ λαλῆσαι δόλον]).

64 Vgl. Luther, Sprachethik, 175–177.

65 Vgl. zur Datierung und mit Ausführungen zur Gattungsfrage sowie mit zahlreichen Verweisen auf Sekundärliteratur Vogel, Einführung, 6–15.

66 Vgl. JosAs 23,9 28,10.14; 29,3. Zu JosAs 28,5 vgl. Anm. 20.

ἄνδρες θεοσεβεῖς] (JosAs 23,9). Der Sohn des Pharaos wendet sich daraufhin mit mehr Erfolg an Dan und Gad, deren Feindschaft und Neid auf Joseph bereits zuvor beschrieben wurden.[67] Doch auch ihr Plan, Aseneth zu entführen und schließlich ihren Bruder Joseph zu ermorden, scheitert (JosAs 24,14; 25,1–4): Durch den heldenhaften Steinwurf Benjamins werden nicht nur die Angreifer außer Gefecht gesetzt, sondern auch der Sohn des Pharaos erleidet eine lebensbedrohliche Verletzung (JosAs 27,2). Aseneth verspricht den Verschwörern Gad und Dan, die nun einen Vergeltungsschlag fürchten, sie vor diesem zu schützen, was ihr auch gelingt. Aseneth verwendet in diesem Zusammenhang zweifach die κακόν-Formel (JosAs 28,10.14), verweist dabei auf den göttlichen Schutz, den sie erfahren hat (vgl. JosAs 28,10), und fordert die zornigen Brüder auf, Gott die Vergeltung der Anmaßung von Gad und Dan zu überlassen [τῷ κυρίῳ δώσεις ‹τὴν› ἐκδίκησις τῆ‹ς› ὕβρ‹εως› αὐτῶν]. Auch Levi greift auf die Formel zurück (JosAs 29,3), um seinen Bruder Benjamin davon abzuhalten, dem Sohn des Pharaos den Todesstoß zu versetzen. Neben einer Reflexion zum Umgang mit Feinden[68] fordert er konkret auf, die Wunden des verletzten Pharaosohns zu versorgen und stellt sogar eine Freundschaft in Aussicht [ἔσται ἡμῶν φίλος μετὰ ταῦτα], sofern dieser überleben sollte.[69] Zum Ende der Erzählung erliegt er jedoch seinen Verletzungen, was als Urteil Gottes über ihn verstanden werden kann.[70]

Kann folglich die κακόν-Formel aufgrund ihrer kontextuellen Verwendung in JosAs als Interpretation oder Kommentar der biblischen *talio* verstanden werden? In JosAs wird deutlicher als in den ntl. Kontexten benannt, was unter dem Schlechten, welches nicht vergolten werden soll, zu verstehen ist: Zum einen wird der missglückte Anschlag Dans und Gads auf diese Weise gedeutet,[71] zum anderen die niederen Absichten des Sohnes des Pharaos.[72] Eine deutliche Verweisstruktur auf die biblischen Talionsperikopen oder die antik-jüdische Rezeption der Talionsformel ist nicht auszumachen. Zu Dtn 19 ergeben sich zwei lexikalische Übereinstimmungen[73] und mit Lev 24,10–23 besteht eine

67 JosAs 22,11; 24,2–15; vgl. Gen 30,4–6; 9–11.

68 Gefallene seien nicht mit Füßen zu treten [πεπτωκότα καταπατῆσαι] noch Feinde bis zum Tod zu bedrängen [ἐκθλίψαι τὸν ἐχθρὸν ἕως θανάτου].

69 Vgl. JosAs 29,3–4.

70 Vgl. Jacobi, Jesusüberlieferung, 76.

71 Vgl. die Selbsterkenntnis von Dan und Gad in JosAs 28,3 [ἡμεῖς ἐπονηρευσάμεθα εἰς σὲ κακὰ] und den Vorwurf von Simeon in JosAs 28,13 [διότι αὐτοὶ πρῶτοι ἐβουλεύσαντο κακὰ καθ᾽ ἡμῶν (...)].

72 Vgl. die programmatische Beschreibung des Pharaosohnes in JosAs 23,1.

73 JosAs 28,10, wenn Aseneth bei der Beschwichtigung ihrer Verteidiger neben dem Lexem ἀδελφός (vgl. Dtn 19,18.19) auch das Verbum φείδομαι aus Dtn 19,21^{LXX} ohne die Negation

Verbindung zu Dan, dem Stammvater des dortigen Fluchers, was in JosAs allerdings gegenüber dem Neidmotiv auf Produktionsebene kaum im Blick zu sein scheint. Auch die zentrale Erwähnung des Zorns korrespondiert mit der Absicht von JosAs, Charakterzüge und Schwächen der Protagonisten deutlich herauszustellen, um so ethische Topoi plastisch zu veranschaulichen.[74] In JosAs 23,9 macht Levi den »leidenschaftlichen Zorn« Simeons für den Vergeltungswunsch verantwortlich, wobei er selbst sanftmütig bleibt[75] und Aseneth verspricht später Dan und Gad, den Zorn ihrer Brüder zu besänftigen.[76] Betont wird damit die Suspendierung einer persönlichen Vergeltung zugunsten einer göttlichen (JosAs 28,10), was zusammen mit dem zentralen Motiv des Zorns thematisch an Röm 12,17–21 erinnert.

Der narrative Fokus von JosAs liegt auf der ethischen Bewertung der Protagonist:innen und weniger auf Rechtsfragen im Zusammenhang mit Blutrache und Vergeltung. Als Handlungsalternativen werden so, etwa durch die Variation von ἐκδίκεω und ἀμύνομαι betont,[77] göttliche Rache und individuelle Vergeltung einander gegenübergestellt, und dem affektiven Vergeltungswunsch nicht eine talionische oder anderweitige Rechtsreaktion entgegengesetzt. Eine Übertragung der Talion aus dem rechtlichen Diskurs in die ethische Unterweisung zum Zweck der Paränese ist, ähnlich wie in Röm 12,17–21, aufgrund der juridischen Nomenklatur nicht auszuschließen, kann aber kaum nachgewiesen werden. Naheliegender scheint, eine Verbindung zum weisheitlichen Tun-Ergehens-Zusammenhang bzw. zum (nach-)biblischen Vergeltungsdiskurs anzunehmen.[78]

---

aufnimmt. Allerdings sind beide Lexeme zu generisch und verbreitet, um damit eine Rezeption nachzuweisen.

74 Vgl. mit zahlreichen Beispielen aus JosAs Niebuhr, Ethik, 190–192.

75 Vgl. die unterschiedlichen Charakterisierungen der Brüder: Simeon wird als kühn [θρᾰσῠς] und verwegen [τολμηρός] beschrieben und Levi erkennt durch seine prophetische Gabe den leidenschaftlichen Zorn seines Bruders (»ἱνα τί σὺ ὀργῇ θυμοῖ πρὸς τὸν ἄνδρα τοῦτον«; vgl. JosAs 23,7.9). Levi selbst hingegen spricht freimütig [μετὰ παρρησίας καὶ ἱλαρῷ προσώπῳ], mit heiterem Angesicht [ἐν πραότητι καρδίας] sowie ohne Zorn [καὶ ὀργὴ οὐκ ἦν ἐν αὐτῷ].

76 Aseneth vereint beide Pole in der narrativen Entwicklung ihres Charakters: Verfällt sie in JosAs 4,9 noch selbst dem »leidenschaftlichen Zorn« als ihr Vater ihr seine Hochzeitspläne eröffnet [(…) περιεχύθη ἐρυθρός πολλὴ ἐπὶ τοῦ προσώπου αὐτῆς καὶ ἐθυμώθη ἐν ὀργῇ μεγάλῃ (…)«], kann sie gegen Ende der Erzählung unmittelbar nach dem misslungen Attentat den Angreifern versichern (JosAs 28,7), sie werde »sie [ihnen] geneigt machen und ihren Zorn zur Ruhe bringen« [(…) ἐξιλάσωμαι αὐτοὺς περὶ ὑμῶν καὶ καταπαύσω τὴν ὀργὴν αὐτῶν (…)].

77 Vgl. Fink, JosAs, 78–79.

78 Vgl. Zerbe, Non-Retaliation, 92–93; Jacobi, Jesusüberlieferung, 76.

6.1.5 Die Talions- und die κακόν-Formel

Die Untersuchungen der κακόν-Formel in 1Thess 5,15, Röm 12,17, 1Petr 3,9 und JosAs haben ergeben, dass in den jeweiligen Kontexten keine stichhaltigen Indizien für Anspielungen auf die biblischen Talionsformel(n) oder deren thematischen Re-Kontextualisierungen in den biblischen und nachbiblischen Traditionen vorliegen. Aus dem Befund ergibt sich weiter, dass die κακόν-Formel sowohl im NT als auch darüber hinaus speziell zu paränetischen Zwecken eingesetzt wurde. Mit unterschiedlichen Schwerpunktsetzungen wird dabei der Mahnung zum Vergeltungsverzicht die Aufforderung zu Wohltaten an Widersachern entgegensetzt und ermutigt, die negative Wiedervergeltung Gott anheimzustellen. Da im Kontext des Einsatzes der κακόν-Formel im NT eine große Übereinstimmung von gemeinsamem Traditionsgut zu beobachten ist, das individuell überarbeitet und in die jeweiligen Werkkontexte eingebunden wurde, wird davon ausgegangen, dass es sich um eine traditionelle Motivkombination frühchristlicher Paränese handelte,[79] deren Ursprung, wie auch JosAs nahelegt, im vergeltungskritischen Diskurs des antiken-Judentums zu suchen ist.

Die Talions- und die κακόν-Formel verbindet, dass beide dem Gerechtigkeitsdiskurs zuzurechnen sind und hinterfragen, auf welche Weise menschlicher Ungerechtigkeit beigekommen werden kann. Der Befund antiker Rezeptionsvorgänge verweist auf unterschiedliche literarische Einsatzorte: Die Talionsformel ist überwiegend auf juridische bzw. rechtstheoretische Kontexte beschränkt und wird bei Fragestellungen eingesetzt, die auf rechtliche Mittel zielt, mit denen Geschädigte ins Recht gesetzt werden. Die κακόν-Formel hingegen begegnet in ethisch-paränetischen Kontexten, bei denen das Potential irdischer Rechtsprechung nicht in den Blick kommt. Stattdessen zielen die Belege der Formel auf individualethische Verhaltensnormen, die an den moralischen Diskurs im Antiken Judentum sowie der griechisch-römischen Umwelt anschließen und dabei eine dezidiert theologische Perspektive eintragen, in der die Hoffnungsbotschaft auf die göttliche Rechtsprechung mit der Aufforderung zum Vergeltungsverzicht gekoppelt wird. Aufgrund der theologisierten Rechtssprache, die in diesem Diskursfeld eingesetzt wird, ist nicht gänzlich auszuschließen, dass die κακόν-Formel eine eschatologisierte bzw. theologisierte Weiterentwicklung der Talionsformel darstellt. Da sich die literarische Funktion der Formeln jedoch unterscheidet und die Rezeptionswege getrennt zu verlaufen scheinen, ist eine solche

79 Vgl. Dies., Jesusüberlieferung, 113–116, die dies besonders gegenüber jenen betont, die darin eine Jesustradition sahen, besonders Piper, Love.

literarische Weiterentwicklung nur schwer zu belegen. In besonderer Weise stellt sich die Fragestellung der literarischen und geistesgeschichtlichen Verwandtschaft der beiden Formeln in Mt 5,38–42, wo die Talionsformel mit einer klassisch-vergeltungskritischen Passage verbunden wird.

6.2 Die Talionsformel im Matthäusevangelium

6.2.1 Kontextualisierung: Die Talionsformel in der Bergpredigt

Im Gegensatz zu vielen anderen untersuchten Rezeptionsvorgängen hat die Aufnahme der biblischen Talionsformel in der Bergpredigt auch außerhalb von Theologie und Wissenschaft eine große und vielfältige Rezeption erfahren. Trotz dieser Wirkmächtigkeit schreibt nur ein Evangelist Jesus diese Auslegung zu, wobei es nicht überraschend ist, dass einzig das Matthäusevangelium davon berichtet. Das Evangelium aus dem späten 1. Jh.[80] ist in besonderer Weise darauf bedacht, das Leben und Wirken Jesu »im Resonanzraum der Schrift«[81] erklingen zu lassen, und räumt dabei der Toraauslegung viel Raum ein.[82] Für die erste große Rede des matthäischen Jesus kombiniert und überarbeitet der Autor des Evangeliums ihm vorliegendes Material, das er gemeinsam mit

80 Vgl. genauer zur Datierung des Evangeliums in den 80er Jahren des 1. Jh.s sowie zur Verortung in Syrien bzw. Galiläa Konradt, Matthäus, 22–24.

81 Ebd., 1. Davon zeugt der programmatische Einstieg in das Evangelium, der Jesus durch eine Genealogie als »Sohn Davids« herausstellt, sowie die zahlreichen »Reflexionszitate«. Einen Überblick über die Schriftrezeption bei Matthäus bietet Doering, Rezeption, 117–120.

82 Dies spiegelt sich in den »halachischen« Streitgesprächen Jesu mit Vertretern verschiedener antik-jüdischer Strömungen ebenso wie in der Bergpredigt, die vom gesteigerten Interesse des Evangelisten an Gesetz, Gebot und der Frömmigkeit der Schriften Israels sowie deren Interpretationen zeugt. Gedeutet wird dieser Befund auf unterschiedliche Weise. Je nachdem, ob die intensive Auseinandersetzung des mt Jesus mit der Toraauslegung als Teilhabe am antik- jüdischen Diskurs oder als Gesprächsabbruch mit jüdischen Zeitgenossen – aufgrund der starken Polemik gegen die »Pharisäer und Schriftgelehrten« – ausgelegt wird, ist die Einschätzung des MtEv ambivalent. Aufgrund der Pluralität des Judentums im 1. Jh. u.Z. versteht diese Arbeit das MtEv nicht als Gesprächsabbruch, sondern als Ausdruck eines jüdischen Jesusglaubens. Die theologische Forschung der letzten Jahrzehnte legt zudem nahe, von einer binären Gegenüberstellung »jesusgläubiger/christlicher« und »jüdischer« Positionen Abstand zu nehmen: Dies vereinfacht den komplexen Trennungsprozess (vgl. Fredriksen, Parting), ist hinsichtlich des dahinterstehenden Religionsbegriffs anachronistisch (vgl. Mason, Jews; Mason/Esler, Identities) und stellt zudem eine Verkürzung zahlreicher Einzelprozesse dar (vgl. Konradt, Kontext, 37–38; Runesson/Gurtner, Research, 1–14).

seinem Sondergut zu einer zusammenhängenden Komposition ausarbeitet.[83] Innerhalb des Erzählverlaufs kann die Bergpredigt exemplarisch als Entfaltung der Lehrtätigkeit des Protagonisten verstanden werden.[84]

Das Zitat der Talionsformel begegnet in einem Sinnabschnitt der Bergpredigt (Mt 5,21–48), der durch den mehrfachen Einsatz wiederkehrender Formelelemente und den parallelen Aufbau in sechs kleinere Einheiten (Tora-Lehrworte I. [Mt 5,21–26], II. [Mt 5,27–30], III. [Mt 5,31–32], IV. [Mt 5,33–37]; V. [Mt 5,38–42] und VI. [Mt 5,43–48]) unterteilt werden kann. Nach hinten beginnt mit Mt 6,1 ein formal und inhaltlich abweichender Abschnitt: Das anschließende mt Sondergut (Mt 6,2–4.5–6.16–18) ist ebenfalls geprägt von einem parallelen Aufbau[85] und neuen Kehrversen bzw. Leitworten,[86] während das Formelgut aus Mt 5,21–48 ebenso fehlt wie die dort

83 Einen ausführlichen Überblick über einflussreiche Gliederungsvorschläge bietet Blumenthal, Basileia, 137–143. Grundlage für die mt Redekomposition dürften die ihm und dem LkEv vorliegende Logienquelle sowie das MkEv gewesen sein, vgl. Baasland, Speeches, 97–99. Auch wenn die genaue Abfolge der einzelnen Elemente in Q nicht unumstritten ist, dürfte die Reihenfolge grundsätzlich der lukanischen Feldrede (Lk 6,20–49) entsprochen und an die Versuchung Jesu und seine Rückkehr nach Nazareth angeschlossen haben. Vgl. dazu die entsprechenden Rekonstruktionen bei Hoffmann/Heil, Spruchquelle, 36–39. Im Detail nimmt Fleddermann, Reconstruction, eine abweichende Reihenfolge an.

84 Möglicherweise waren die knappen Notizen über Jesu Lehrtätigkeit [διδάσκω] und das Erstaunen des Volkes über dessen Lehre in Vollmacht in Mk 1,21.22 (vgl. Mt 5,1; 7,28) ausschlaggebend dafür, dass der Evangelist an dieser Stelle, nach der Berufung der ersten Jünger, die Lehre Jesu ausführlicher vorstellen wollte, vgl. Konradt, Matthäus, 64, und, mit Blick auf Mk 1,27.28; 3,15, Baasland, Speeches, 96. Auf der Erzählebene wird zunächst nicht deutlich, vor wem der mt Jesus spricht. Einerseits könnte die große Menge im Blick sein, die Jesus aus Syrien und Galiläa nachfolgt und sich auf dem Berg sammelt (Mt 4,23–25). Andererseits könnte das Besteigen der Anhöhe auch als Rückzug aus der Öffentlichkeit gedeutet werden und die Bergpredigt als Jüngerbelehrung (auf der Erzählebene: Mt 5,1) bzw. innergemeindliche Unterweisung verstanden werden. So verstehen Betz/Collins, Sermon, 80–81, die Bergpredigt ursprünglich als Belehrung der Jüngerschaft, die jedoch schnell darüber hinaus bekannt wurde, was bei Matthäus selbst an den Unterschieden der Rahmenelemente in 5,1; 7,28 erkennbar sei. Überzeugend interpretiert Konradt, Matthäus, 65–66, die Indizien für eine Unterweisung im kleinen Kreis (etwa Mt 5,1; 11–16; 7,21–23) bzw. öffentliche Lehrtätigkeit (besonders die Rahmung durch Mt 4,23–25/7,28–29) als »zwei konzentrische[n] Hörerkreise[n]«. Vgl. auch Kennedy, Interpretation, 40–41.

85 Vgl. die dreimalige Einleitung mit ὅταν (Mt 6,2a.5a.16a), den Verweis auf das Tun einer bestimmten Mizwa (Mt 6,2a.5a.16a), die Kritik am verfehlten Vollzug, der auf menschliche Anerkennung zielt und (nur) diese empfängt (Mt 6,2b.5b.16b), die richtige Weise des Vollzugs (Mt 6,3.6a.17) und die Verheißung göttlichen Lohns (Mt 6,4.6.18). Mt 6,1 präfiguriert diese Struktur bereits und stellt das Leitwort δικαιοσύνη heraus.

86 Vgl. die wiederkehrende Formel »Ich sage euch, sie haben ihren Lohn schon erhalten« [λέγω ὑμῖν ἀπέχουσιν τὸν μισθὸν αὐτῶν] in Mt 6,2.5.16, bezogen auf das Gegenbild der

maßgeblichen (Schrift-)Zitate.[87] Dieser Neueinsatz in Mt 6,1 wird zudem durch die Verwendung von δικαιοσύνη mit einem Personalpronomen der 2.Pers.Pl. unterstrichen, was als intratextueller Rückverweis auf Mt 5,20 verstanden werden kann.[88] Nach vorne ergibt sich eine enge thematische Verbindung durch die Reflexion über die fortdauernde Geltung des Gesetzes (Mt 5,17–20) bzw. den Rekurs auf Toraworte oder deren Auslegung in den Vordersätzen von Mt 5,21–48.[89]

Da die Rezeption der Talionsformel im MtEv anders als die bisher untersuchten Zitate einen Perspektivwechsel vollzieht und die Formel nicht im juridischen Kontext hinsichtlich der Implikationen für die Rechtsprechung bzw. Halacha aufnimmt, gilt es im Folgenden genauer zu ergründen, wie Mt 5,17–20 zu verstehen ist und welche Funktion für Mt 5,21–48 im Rahmen der Bergpredigt angenommen werden kann.

6.2.2 Mt 5,17–20 als Propositio von Mt 5,21–7,12

Mt 5,17–20 gilt überwiegend als kataphorische Präambel bzw. Leseanweisung für die anschließenden Tora-Lehrworte (Mt 5,21–48).[90] Der wiederholte Rekurs auf die dort bedeutenden Leitbegriffe δικαιοσύνη und βασιλεία an den thematischen Schnittstellen Mt 6,1.33 sowie die *inclusio* »Gesetz und Propheten« (Mt 5,17; 7,12) legen nahe, dass die Funktion von Mt 5,17–20 nicht nur auf den anschließenden Abschnitt begrenzt,[91] sondern themengebend für

ὑποκριταί (Mt 6,2.5.16). Kontrastiert wird dies inhaltlich durch den einleitenden Hinweis auf den Lohn des himmlischen Vaters (Mt 6,2), der durch das wiederkehrende πατήρ (Mt 6,1.4.7.8.9.14.15.18) und ἀποδίδωμι (Mt 6,4.6.18) erneut aufgenommen wird.

87 Die Inkorporation des Vaterunsers an dieser Stelle ist durch das übergreifende Thema von Mt 6,1–18 bedingt, das die unbedingte Gottesperspektive gegenüber außenwirksamen Gesten und irdischer Anerkennung unterstreicht, vgl. Wilk, Vaterunser, 99–101.

88 Vgl. von der Osten-Sacken, Vaterunser, 104.

89 Mt 5,17–21 wiederum ist als Beginn eines neuen Abschnitts zu lesen, insofern Mt 5,3–12.13–16 durch die parallelen Satzeinleitungen μακάριοι οἱ und ὑμεῖς ἐστε als zusammengehörige Sinnabschnitte zu verstehen sind.

90 Anders Deines, Gerechtigkeit, 429–434, der Mt 5,17–20 stärker als Abschluss von Mt 5,13–16 und Überleitung zu Mt 5,21–48 interpretiert, was sich durch sein Verständnis der Gerechtigkeit als »Tat« Jesu erklärt und der Annahme, das »Mehr« der »eschatologischen Gerechtigkeit« in Mt 5,20 erkläre sich in der neuen Existenz nach Mt 5,13–17, die durch Jesu »Tat« ermöglicht wurde (ebd., 425–427).

91 Vgl. Kirk, Matthew, 201. Anders Burchard, Thema, 426; 431, der die Funktion von Mt 5,17–20 auf die folgenden Tora-Lehrworte beschränkt sieht. Eine ausführliche Darstellung der Gliederungsmerkmale bietet Baasland, Parables, 67–75.

das Korpus der Bergpredigt ist.[92] Eine solche fortlaufende Entwicklung des Themas ist einerseits anschlussfähig an die Untersuchungen von Kirk, wonach der Evangelist in der Bergpredigt seine beiden Hauptquellen, Markus und Q, anhand einer *topoi*-Struktur zusammengestellt hat.[93] Andererseits entspricht eine solch lineare Abfolge auch, gegenüber dem mitunter angenommenen chiastischen Aufbau mit dem Vaterunser im Zentrum,[94] eher dem Redecharakter von Mt 5,3–7,27,[95] weshalb eine Analyse der Bergpredigt vor dem Hintergrund der antiken Rhetorik angemessen scheint. Unter diesen Vorzeichen kann Mt 5,38–42 als Teil der *argumentatio* verstanden werden, die der Beweisführung von Mt 5,17–20 als (Teil der) *propositio* dient.[96]

Da der lk Feldrede ein entsprechender Passus fehlt und nur Mt 5,18 eine Parallelüberlieferung im LkEv hat, dürfte Mt 5,17–20 vom Autor des MtEv selbst gebildet sein.[97] Eine grundlegende Orientierung an Q 16,16–17 ist erkennbar: So übernimmt der Evangelist die Rede von ὁ οὐρανὸς καὶ ἡ γῆ, das Verbum παρέρχομαι und μία κεραία aus Q 16,17 sowie die Formulierungen ὁ νόμος καὶ οἱ προφῆται und βασιλεία (τοῦ θεοῦ) aus dem folgenden Vers. In ihrem ursprünglichen Kontext in Q waren die Verse schon mit der Frage der Gültigkeit

92 Vgl. Thom, Justice, 315–316, und Baasland, Parables, 33, der Mt 5,13–16.17–20 als *propositio* versteht, an die eine vierteilige *probatio* (5,21–48; 6,1–18.19–34; 7,1–12) anschließt.

93 Vgl. Kirk, Matthew, 189–190, der Matthäus als »redactional opportunist« beschreibt und herausarbeitet, wie der Evangelist jene Perikopen aus seinen beiden Quellen, die er nur schwer in den weiteren Verlauf seines Evangeliums platzieren konnte, in die Bergpredigt an ähnliche *topoi* angliedert.

94 Vgl. exemplarisch Luz, Matthäus, 253–255, der diese Annahme durch das Herausarbeiten einer chiastischen Struktur belegen will.

95 Vgl. Kennedy, Interpretation, 47.

96 Ebd., 49, rechnet die Warnung vor falschen Propheten (Mt 7,13–20) zur *argumentatio*. Dagegen spricht besonders die *inclusio* Mt 5,17; 7,12. Mack, Rhetoric, 82–85, interpretiert nur Mt 5,17–48; 6,1–18[19–24] als *argumentatio* und rechnet mit einer anschließenden *exhortatio* (prohibitiv: 6,25–7,6; positiv: 7,7–14) und *warnings* (7,15–27). Während die *propositio* überwiegend auf Mt 5,17–20 beschränkt wird (vgl. Kennedy, Interpretation, 54, Mack, Rhetoric, 82–85, Thom, Justice, 315–316), wird sie mitunter nach vorne erweitert. Eine Mittelposition nimmt Zeilinger, Himmel, 20–22, ein, indem er Mt 5,13–20 als *exordium* vom Prolog (Mt 5,3–10) abgrenzt, jedoch nur Mt 5,20 als *propositio* kennzeichnet. Baasland, Parables, 33, versteht Mt 5,13–16.17–20 als zweiteilige *propositio*, der eine vierteilige *argumentatio* (Mt 5,21–48; 6,1–18.19–34; 7,1–12) folgt. Diese Erweiterung begründet er besonders mit dem ersten und »monumental imperative« in Mt 5,12, aber auch damit, dass die καλὰ ἔργα grundlegend für die gesamte Bergpredigt sind und auch die Freude (Mt 5,12) offensichtlich mit den Seligpreisungen korrespondiert, aber in der HB sowie in antik-jüdischen Texten zudem mit der Tora assoziiert wird, die in Mt 5,21–48 grundlegendes Thema ist (vgl. ebd., 120–123).

97 Vgl. Konradt, Matthäus, 74.

der Tora verbunden,[98] was der Evangelist übernimmt und, gegenüber der neutralen Redeweise und ihren allgemeingültigen Aussagen in Q/Lk 16,16–17, multiperspektivisch ausbaut.

Das Thema der καλὰ ἔργα in Mt 5,16 schafft einen passenden Übergang vom Salz- und Lichtwort (Mt 5,13–15) zur anschließenden Tora-Thematik. In Mt 5,17 eröffnet der mt Jesus den Zuhörenden seine prinzipielle Stellung zu »dem Gesetz« und »den Propheten«, was bereits mehrere Sinndimensionen vereint: Grundlegend deuten im MtEv beide Referenzpunkte auf schriftlich zugängliche Dokumente[99] und dürften gemeinsam als Hinweis auf eine Sammlung autoritativer Schriften verstanden werden.[100] Inhaltlich verweist der Rekurs auf Prophetie und Gesetz auf die darin enthaltene Kundgabe des Willens Gottes.[101] Den Einstieg bildet also nicht die fortdauernde Geltung der Tora, sondern mit Jesus als Satzsubjekt wird dieses Thema eng an dessen Person gebunden.[102] Mit καταλύω und πληρόω schreibt der Evangelist Jesus zwei Handlungsalternativen zu. Während der negierte Zugang des »außer Kraft Setzens« in seiner

98 Kirk, Matthew, 194–195, weist zudem darauf hin, dass die Rahmung dieses Ausspruchs durch die Sätze zum Mammon (Q 16,13) und zur Scheidung (Q 16,18) dieses Motiv unterstreichen, handelt es sich doch bei Habgier und Begierde um zentrale Laster, die im Antiken Judentum ein Aufbegehren gegen das Gesetz symbolisieren.

99 Das mit ὁ νόμος bezeichnete Schriftdokument enthält nach der Charakterisierung des MtEv Buchstaben und Zeichen (Mt 5,18), es wird gelesen (Mt 12,5) und ist Auslegungsobjekt (Mt 23,23). Vgl. mit Blick auf die unterschiedliche Verwendung und Bedeutung von νόμος im hellenistisch-griechischen Kontext Repschinski, Erfüllen, 47–50. Auch die Propheten(-worte) sind schriftlich zugänglich (Mt 2,5) und werden ausgelegt (durch den Evangelisten selbst [Mt 1,22; 2,15.17; 4,14; 8,17; 12,17; 13,35; 21,4; 27,9], durch Jesus [Mt 12,39; 24,15], Johannes den Täufer [Mt 3,3] und jüdische Autoritäten [Mt 2,5]), wobei der Begriff προφήτης darüber hinaus als Bezeichnung historischer oder gegenwärtiger Individuen als »Prophet« fungiert (Mt 10,41; 11,9; 13,57; 14,5; 21,11.26.46). Vgl. ausführlicher zum Begriff im MtEv: Foster, Prophets.

100 Vgl. Schröter, Kanon, 56–57; Doering, Rezeption, 105–107.

101 Pointiert charakterisieren zwei weitere Belege dieser Wendung im MtEv, was »das Gesetz« und »die Propheten« sind (Mt 7,12) bzw. woran sie hängen (Mt 22,40). Die Zuordnung zur sog. Goldenen Regel bzw. den Geboten der Gottes- und Nächstenliebe ist dabei nicht zwangsläufig eine Reduktion, sondern benennt das Grundmoment der göttlichen Willensoffenbarung; vgl. Konradt, Erfüllung, 291. Umgekehrt meidet Mt 11,13 diese Reihenfolge, möglicherweise um das Missverständnis zu vermeiden, diese Willenskundgabe habe mit Johannes dem Täufer geendet. Eine Unterordnung der Tora unter die Propheten, wie sie Deines, Gerechtigkeit, 261–262, aus Mt 11,13 herausliest, ist hinsichtlich der herausgestellten redaktionellen Aufnahme von Q 16,16–17 zur Bildung von Mt 5,17–20 eher unwahrscheinlich.

102 Neben der Verwendung des Lexems in den Erfüllungszitaten (Mt 1,22; 2,15; 2,17; 2,23; 4,14; 8,17; 12,17; 13,35; 21,4; 27,9) dürfte auch der doppelte ἦλθον-Spruch dies nahelegen, der eine Verzahnung mit Mt 9,10–13; 10,34–39 darstellt. Vgl. Konradt, Erfüllung, 290.

Bedeutung unumstritten ist,[103] ist die Bedeutung des syntaktisch als Gegensatz [ἀλλά] dargestellten πληρόω weniger eindeutig: Das seiner Grundbedeutung nach schlicht das »Füllen« eines Gefäßes beschreibende Verbum[104] begegnet im MtEv überwiegend im Rahmen der Erfüllungszitate.[105] Dabei ist zu beobachten, dass die »Erfüllung« eines prophetischen Worts stets durch ein aktives Handeln begleitet wird, sich das Wort also »realisiert«.[106] Mit Blick auf die Kommentierung von Worten, die in der Willensoffenbarung Gottes in der Tora gründen, ist, besonders in Mt 5,38–42, eben dieses Moment wahrzunehmen: Die Lehre des mt Jesus zielt auf eine Auslegung der Tora, die zum Handeln gemäß dem Willen Gottes befähigt. Durch dieses Handeln wird der Wille Gottes aktualisierend verwirklicht und mit Leben »gefüllt«.[107]

Durch das Stichwort νόμος mit dem vorherigen Vers verbunden, stellt Mt 5,18 eine neue Perspektive dar. Mit den Satzsubjekten ἰῶτα ἕν und μία κεραία scheint der Vers objektivierbare Aussagen treffen zu wollen: Das verneinte παρέρχομαι stellt einzelne schriftliche Bestandteile des Gesetzes als unveränderlich dar,[108] wobei, auch wegen des Referenzpunktes νόμος, eher eine Aussage über die Tora im umfassenden Sinne getroffen wird und nicht Einzel- bzw. Ritualgesetze im Blick sind.[109] Kontrovers diskutiert werden besonders die rahmenden ἕως-Sätzen: Die erste temporale Bestimmung verweist durch die Verwendung desselben Lexems [παρέρχομαι] auf die Beständigkeit des Himmels und der Erde, während der zweite Rahmenteil auf ein nicht näherbestimmtes Geschehen von »allem« abhebt. Schränken sie die Geltung des νόμος als Ausdruck des Willens Gottes auf einen bestimmten Zeitraum ein[110] oder handelt es sich umgekehrt um eine Emphase der fortgesetzten Gültigkeit?

---

103 Vgl. mit Beispielen zur Verwendung des Verbums zusammen mit νόμος Vahrenhorst, Diskurs, 236, Anm. 110.

104 Vgl. Montanari, Dictionary, s.v., und Vahrenhorst, Diskurs, 237, der auf eine entsprechende Bedeutung in der Septuaginta, überwiegend als Übersetzung von מ.ל.א., verweist.

105 Vgl. Mt 1,22; 2,15.17.23 etc.

106 Vgl. Vahrenhorst, Diskurs, 237–238.

107 Vgl. ähnlich auch Konradt, Erfüllung, 291–292.

108 Neben der Selbstreferenzialität des ἰῶτα als Hinweis auf einen griechischen Buchstaben legt der Kontext nahe, auch das hebräische Pendant »Jod« als Referenzpunkt mitzudenken. Dies eröffnet eine Verbindung zu einer Vielzahl von (später belegten) rabbinischen Traditionen, in denen dieser Buchstabe ebenfalls im Rahmen der Diskussion über die Gültigkeit des Gesetzes zur Sprache kommt; vgl. die ausführliche Darstellung bei Deines, Gerechtigkeit, 297–312.

109 Vgl. Luz, Matthäus, 322.

110 Unter anderem wird erwogen, dass mit Jesu »Erfüllung« der Tora – als »teaching of Jesus« (Banks, Law, 218) bzw. durch die »career of Jesus« (Meier, Law, 63–64) – das Gesetz das Ende seiner Wirksamkeit erreicht hat (vgl. auch Deines, Gerechtigkeit, 365–366).

Letzteres scheint hier eher ausgedrückt zu werden: Die Tora ist an die Grundkonstanten des menschlichen Lebens gebunden, die Gott als der Schöpfer und Erhalter des Himmels und der Erde garantiert.[111]

Ein erneuter Perspektivwechsel begegnet in Mt 5,19: Mit der parallelen Einleitung ὃς ἐάν/ὃς δ᾽ἄν steht nicht mehr der νόμος als unveränderliche Größe, sondern der menschliche Umgang mit seinen Einzelbestimmungen im Zentrum. Diese menschliche Aneignung des Gesetzes ist auch Referenzpunkt des Begriffs ἐντολή im MtEv,[112] was besonders die wechselseitige Zuordnung von νόμος und ἐντολή bei der Frage nach dem höchsten Gebot in Mt 22,36–40 nahelegt[113] und sich an die Sprachkonventionen der LXX anlehnt.[114] Mit Blick auf den Superlativ ἐλάχιστος besteht zusammen mit dem anaphorisch zu verstehenden Demonstrativpronomen eine enge Verbindung zur Rede vom ἰῶτα ἓν ἢ μία κεραία im vorherigen Vers, wodurch in Bezug auf die Frage der bleibenden Gültigkeit der Tora *per se* (v.18) eine funktional analoge Aussage auch bezüglich ihrer Einzelbestimmungen (v.19) getroffen wird. Gleichzeitig hält durch die veränderte Perspektive auf den menschlichen Umgang einerseits und durch den Bezug auf das Himmelreich andererseits eine zusätzliche Dimension Einzug, die die Folgen des den kleinsten Geboten entsprechende Handeln explizieren. Dabei stellt nach dem MtEv das Absehen von kleineren Geboten und die entsprechende Modifikation der Lehre (und des Verhaltens) kein heilsrelevantes Problem für Matthäus dar, sondern beeinflussen nur den zu erwartenden Ehrenplatz im Himmelreich.[115]

Bedeutende Heilsrelevanz schreibt Mt 5,20 hingegen dem Maß der Gerechtigkeit [δικαιοσύνη] zu, was durch die erneute Erwähnung der βασιλεία τῶν οὐρανῶν mit den vorherigen Themen verbunden wird. Die δικαιοσύνη als

111 Vgl. mit unterschiedlichen Akzenten Broer, Freiheit, 47–49; Loader, Attitude, 169; Konradt, Erfüllung, 292–293.

112 Vgl. ders., Erfüllung, 293, Anm. 24. Vgl. dagegen die Deutung bei Deines, Gerechtigkeit, 402–402; 406, wonach nicht nur ἐντολή im mt Sprachkolorit stets die Gebote Jesu meine, sondern sogar der Superlativ ἐλάχιστος eine enge Beziehung zu denselben aufweise. Vgl. dagegen die ausführliche Untersuchung bei Collins, ΕΝΤΟΛΑΙ, nach dem der Begriff bei Matthäus die Gebote der Tora bezeichnet.

113 Das MtEv verbindet ἐντολή ausschließlich mit intertextuellen Verweisen auf Toragebote, vgl. Mt 15,3–4 (Dekalog); 19,16–19 (Dekalog + Nächstenliebe); 22,34–40 (Schᵉma und Nächstenliebegebot). Eine Diskussion der Gegenstimmen bietet Konradt, Erfüllung, 293, Anm. 24.

114 So begegnet ἐντολή überwiegend als Übersetzung von מצוה und überträgt nur vereinzelt andere Begriffe (z.B. חוק [Dtn 16,12], דברי תורה [Dtn 17,19], [ה]תורה [2Kön 21,8] etc.). Eine vergleichbare Verwendung zeigt sich auch in der Testamentenliteratur, vgl. Repschinski, Erfüllen, 50–51.

115 Vgl. Konradt, Erfüllung, 292–293.

Satzsubjekt wird dabei durch das Personalpronomen als den Zuhörenden zugehörig qualifiziert und – ohne zusätzliche inhaltliche Spezifikation – im Modus der Komparation näherbestimmt: Das »Maß« der Gerechtigkeit soll das der Pharisäer und Schriftgelehrten übersteigen. Die absolute Auflösung des Adverbs πλεῖον und des Satzprädikats περισσεύω in einen quantitativen[116] oder qualitativen[117] Sinn, um die Bedeutung von »Gerechtigkeit« zu eruieren, scheint nicht angemessen. Die beobachtete quantitative Grundbedeutung[118] schützt die Interpretation des ethischen Diskurses bei Matthäus davor, einen »kategorialen« Unterschied zwischen der vom MtEv geforderten und den Pharisäern bzw. Schriftgelehrten gelebten »Gerechtigkeit« zu postulieren.[119] Aufgrund der theologischen und ethischen Grundierung der Diskussion kann allerdings auf der anderen Seite eine qualitative Nuance nicht ausgeschlossen werden.[120] Dieser Aspekt wird besonders in Mt 6,1(–18) deutlich: Dort, bei der nächsten Erwähnung von δικαιοσύνη und gleichzeitig dem einzig weiteren Beleg des Substantivs zusammen mit einem Personalpronomen der 2.Pers.Pl im MtEv, kann eine modale Präzisierung beobachtet werden. Aufgrund des Satzprädikats ποιέω ist nachvollziehbar, dass Gerechtigkeit keine bloße Haltung ist, sondern sich durch ein bestimmtes Handeln ausdrückt.[121] *Ex negativo* stellt der mt Jesus dabei eine verfehlte *Motivation* heraus: Zweck des entsprechenden Handelns ist keine irdische Anerkennung (πρὸς τὸ θεαθῆναι [τοῖς ἀνθρώποις]), was die drei anschließenden Beispielfälle des Almosengebens (Mt 6,2–4), des Betens (Mt 6,5–6) und des Fastens (Mt 6,16–18) ausführen. Zielt gerechtes Handeln auf irdischen Ruhm und geschieht aus Selbstbezogenheit, besteht in dem erhofften irdischen Ruhm auch der Lohn des Tuns.[122] Geschieht gerechtes Handeln umgekehrt nach Mt 6,3.6.18 um seiner selbst willen und im Verborgenen,[123] können sich die Akteure der Anerkennung bei Gott sicher

116 Vgl. z.B. Vahrenhorst, Diskurs, 247–248; Maschmeier, Barmherzigkeit.

117 Vgl. z.B. Frankemölle, Matthäus, 221–222.

118 Vgl. Montanari, Dictionary, s.v., wo die Belege für eine quantitative Bedeutung klar überwiegen, aber eine qualitative Nuance besonders in ntl. und frühchristlichen Schriften nachgewiesen ist. Vgl. Vahrenhorst, Diskurs, 248, Anm. 192.

119 So legt etwa die Verwendung von περισσεύω bei den Brotvermehrungen (Mt 14,20; 15,37) eindeutig eine *quantitative* Lesart nahe, was auch für Mt 5,37; 25,29 gilt.

120 Entsprechend ist eine quantitative Deutung von περισσεύω in Mt 13,12, trotz des Versuchs bei Maschmeier, Barmherzigkeit, 290, unwahrscheinlich; vgl. auch Mt 5,47; 11,9.

121 Gegen Deines, Gerechtigkeit, 413–434, vgl. die Argumentation bei Repschinski, Erfüllen, 90, Anm. 157.

122 Vgl. den vierfachen finalen Satzanschluss mit ὅπως und die Motivation, von Menschen gerühmt zu werden (Mt 6,2, δοξάζω) bzw. einen bestimmten Anschein zu erwecken (Mt 6,5.16.18; φαίνω).

123 Vgl. Mt 6,4.6.18.

sein. Hier scheint besonders die Handlungsmotivation im Blick zu sein, die sich kaum quantitativ messen lässt.[124]

Darin scheint die Pointe des Gerechtigkeitsbegriffs von Mt 5,20 zu liegen: Die anschließende Toraauslegung in Mt 5,38–42 zielt auf individuelle und alltägliche Lebensgestaltung. Grundlegend ist die Imitation der wohlwollenden Zuwendung Gottes zu *allen* Menschen (Mt 5,45.48) unter Absehung der eigenen Person.[125] Der gesellschaftliche bzw. rechtliche Umgang mit Tötungsdelikten (I.), zivilrechtlichen Fragestellungen (II.–III.), kultisch relevanten (IV.) oder prozess- bzw. strafrechtlich bedeutsamen Vergehen (V.), also eine irdische Wiederherstellung der rechtlichen oder sozialen Balance, spielt in der Auslegung des mt Jesus keine Rolle. Entscheidend ist vielmehr die Orientierung des eigenen Handelns am Willen Gottes, die, wie Mt 6,1–18 zeigt, sich der göttlichen Vergeltung sicher sein kann. Korreliert Mt 6,1–18 unterschiedliche Modi des Gebotsvollzugs mit der Frage nach der Gerechtigkeit der Ausführenden, scheint Mt 5,21–48 darauf zu zielen, wie diese Gerechtigkeit aus dem jüdischen Gesetz hervorgeht.

6.2.3 Die Talionsformel im Rahmen der mt Tora-Lehrworte (Mt 5,21–48)

Da weder inhaltlich[126] noch rhetorisch[127] eine Gegenüberstellung der (Schrift-)Worte und der Auslegung des mt Jesus vorliegt, verzichtet die

124 Maschmeier, Barmherzigkeit, 288, ringt mit beiden Bedeutungsnuancen und schlägt vor, »die qualitative Differenz, die der Verfasser des Matthäusevangeliums dadurch zum Ausdruck bringt, dass die größere Gerechtigkeit Kriterium für das Eingehen ins Himmelreich ist (Mt 5,20), quantitativ zu deuten«. Seine Korrelation vom Inhalt von Mt 5,21–48 mit seiner Analyse der atl. חסד sowie dem rabbinischen Konzept לפנים משרות הדין können als quantitatives »Mehr« gegenüber dem gesetzlich Vorgeschriebenen verstanden werden, dabei bezieht er jedoch Mt 6,1–18 nicht in seine Überlegungen ein.

125 Dannenmann, Emotion, 449, sieht in der *imitatio dei*, genauer in der barmherzigen Zuwendung gegenüber Bösen und Guten (Mt 5,45) »ein[en] entscheidende[en] Zug der mt Ethik, welche den Anderen in den Fokus der eigenen Wahrnehmung stellt, die da durch buchstäblich selbst-loser wird.«

126 Die im Begriff »Antithesen« insinuierte Bedeutung, die zitierten (Schrift-)Worte und die Lehre des mt Jesus stünden einander diametral entgegen, müsste jedoch an allen sechs Unterabschnitten nachweisbar sein. Das ist nicht der Fall: So können beispielsweise die Ausführungen in Mt 5,22–26 in keiner Weise als Antithese zum dekalogischen Mordverbot (Mt 5,21bα) oder zur grundsätzlichen Bestrafung von Tötungsdelikten (Mt 5,21bβ) verstanden bzw. als Aufhebung derselben gedeutet werden. Vgl. schon die ironischen Worte bei Lapide, Utopie, 49–50.

127 Auch wenn man »Antithese« i.S. der antiken Rhetorik verstünde, ergäbe sich keine direkte Verbindung zu Mt 5,21–48. Trotz unterschiedlicher Definitionen ist Ziel des ἀντίθετον bzw. des *contrapositum/contentio* in erster Linie die Herausstellung konkreter Aspekte durch

vorliegende Arbeit auf die sonst gängige Bezeichnung »Antithese(n)«[128] zur Beschreibung der sechs parallel aufgebauten Unterabschnitte von Mt 5,21–48. Stattdessen wird der gesamte Abschnitt samt seiner Einzelelemente nach seinem Inhalt als »Tora-Lehrworte« bezeichnet.[129] Um die Untersuchung von Mt 5,38–42 zu präzisieren, wird im Folgenden das verwendete Formelgut analysiert und untersucht, ob sich die kommentierten Worte als Toragebote/-verbote oder antik-jüdische Auslegungen erweisen und ob sich in allen Tora-Lehrworten ein übergreifendes Interpretationsprinzip feststellen lässt.

6.2.3.1 Das Formelgut

Die sechs Tora-Lehrworte des mt Jesu in Mt 5,21–48 sind parallel aufgebaut: Auf die leicht variierte Einleitungsformel (ἠκούσατε ὅτι) ἐρρέθη [τοῖς ἀρχαίοις][130] des (Schrift-)Wortes folgt stets die invariable Formulierung ἐγὼ δὲ λέγω ὑμῖν,

Kontrastierung, vgl. Villwock, Art. Antithese, 725. Für eine ausführliche Darstellung des Stilmittels, der unterschiedlichen Zuordnung zu den Wort– bzw. Sinnfiguren sowie zu einzelnen Definitionen in der antiken Rhetorik vgl. ebd., 722–724.

128 Vermutlich entwickelte sich die Bezeichnung »Antithesen« allmählich im philosophischen Diskurs des 18./19. Jh.s, indem Mt 5,21–48 zunächst als »antithetisch« charakterisiert wurde und das Substantiv später zur Bezeichnung des gesamten Abschnitts wurde, vgl. Vahrenhorst, Diskurs, 217–219. Das geht vermutlich *nicht* auf Marcion zurück (so Betz/Collins, Sermon, 200–201; Frankemölle, Matthäus, 226–227, Zeilinger, Himmel, 71, und vorsichtiger Wengst, Regierungsprogramm, 78), da rezeptionsgeschichtliche Spuren in den folgenden Jahrhunderten ebenso fehlen wie belastbare Quellen. Der einzige Beleg für das Buch Marcions mit dem Titel »*Antitheses*« ist Tert.Marc. 1,19,4, wo ein »*proprium et principale opus*« erwähnt wird, das seinen Schülern als »*summum instrumentum*« dient (vgl. zur Diskussion Lukas, Tert.Marc., Bd. 1, 15–16; 123, Anm. 153). Darin versuche Marcion, Gegensätze zwischen Gesetz und Evangelium herauszuarbeiten, um nachzuweisen, dass der Gott des Evangeliums vom Gott der Schöpfung und des Gesetzes zu unterscheiden sei (vgl. besonders Tert.Marc 1,19,4–5; 4,1,1). Wenn Tertullian mehrfach darlegt, dass die Lehre Jesu der *talio* nicht gegenüberstehe, sondern eine »Ergänzung in Übereinstimmung mit der Lehre des Schöpfers sei« (»supplementa consentanea disciplinae creatoris […]«, vgl. Tert.Marc 4,16,2; 2,18,1), könnte dies ein Hinweis sein, dass Mt 5,21–48 Teil seines Buches der »Antithesen« war, nicht aber, dass Marcion die Bezeichnung dieses Abschnitts prägte. Die neuesten Rekonstruktionsversuche des »Evangeliums« Marcions sind sich nicht einig, ob es Mt 5,38–42 beinhaltete (so Klinghardt, Evangelium, 137–139) oder nicht (so Roth, Gospel, 106–107).

129 Vgl. Doering, Lehrworte. In eine ähnliche Richtung weist die von Haacker, Feindesliebe, 49, übernommene Bezeichnung »Kommentarworte« bei Vahrenhorst, Diskurs, 219.

130 Vgl. Mt 5,21.27.31.33.38.43. Auffällig ist besonders die kürzeste Einleitung zum Logion über die Ehescheidung in V.31 (ἐρρέθη δέ), das inhaltlich eng mit dem vorangehenden Tora-Lehrwort zum Ehebruch korrespondiert. Die knappe Überleitung könnte dieser thematischen Nähe Rechnung tragen.

die zur Interpretation überleitet. Formal ergibt sich so eine Zweiteilung der sechs Tora-Lehrworte (Mt 5,21–32.33–48), indem jeweils zu Beginn die ausführlichere Form mit der Erwähnung der ἀρχαῖοι begegnet (I. und IV.) und das zusätzliche πάλιν der Langform in IV.[131] zudem den zweiten Dreierblock vom vorherigen abgrenzt.[132]

Während sich ein Teil des in Mt 5,21–48 vorgestellten Materials auf unterschiedliche Intertexte zurückführen lässt, sind die eingesetzten Einleitungsformeln einzigartig – in Hinblick auf das gesamte Evangelium, seine Vorlagen und auf zugängliches Quellenmaterial des Antiken Judentums. Da besonders in der parallelen »Feldrede« des LkEv, aber auch in den Rekonstruktionen der »Grundrede« der gemeinsamen Quelle Q, eine entsprechende konzentrierte Zusammenstellung von traditioneller Gesetzesüberlieferung und zugehöriger Jesusinterpretation fehlt, nimmt die neuere Forschung überwiegend an, dass die Struktur und die Einleitungsformeln in Mt 5,21–48 auf den Evangelisten selbst zurückgehen,[133] wobei die Inspiration für diese Struktur verborgen bleibt.[134]

---

131 Vgl.; Betz/Collins, Sermon, 200; Luz, Matthäus, 325. Eine andere Möglichkeit wäre auch, dass das πάλιν auf die kürzeste der Einleitungen in III. [ἐρρέθη] reagiert. Letztere könnte auf die inhaltliche Nähe zwischen II. und III. zurückzuführen sein, wonach mit πάλιν der Fokus wieder geweitet werden soll.

132 Luz, Matthäus, 325, Anm. 1 weist zusätzlich auf die beinahe identische Länge beider Abschnitte (258/244 Worte sowie 1131/1130 Buchstaben) hin.

133 Vgl. exemplarisch die Argumentation bei Suggs, Antitheses, gegenüber der einflussreichen These bei Bultmann, Geschichte, 142–144, der Autor des MtEv habe die Tora-Lehrworte I., II., und IV. in ihrer jetzigen Doppelstruktur vorgefunden und die in Q belegten Interpretationen von III. (Mt 5,32//Lk 16,18), V. (Mt 5,39b–42*//Lk 6,29–30) und VI. (Mt 5,44–47//Lk 6,27–28.32–35) in analoger Weise gebildet. Vgl. daneben auch die Kritik bei Broer, Antithesen, 55–62. Wojtkowiak, Tradition, 290–291, hingegen schließt sich Bultmann an. Auch Klinghardt, Evangelium, 139, nimmt an, dass die Figur der »Antithese« in diesem Kontext vormatthäisch sei. Er vermutet, ausgehend von der Überlieferung der *talio* und des ersten Beispielfalls (Mt 5,39b; Lk 6,29a) bei Megethius in Adam. 1,15/814a, die Vorlage des MtEv habe »ἐν τῷ νόμῳ λέγει [...] ἀλλὰ ὑμῖν λέγω τοῖς ἀκούουσιν« gelautet, vgl. ebd., 272–273; 630–643. Für eine konzise Besprechung der Problemstellung vgl. Aland, Rez., 1226–1230.

134 Es gibt mehrere Verbindungen zur Redeeinleitung in Lk 6,27a, die das gemeinsame Q Material der Tora-Lehrworte V. und VI. im LkEv einleitet: Neben den Verben ἀκούω und λέγω betrifft dies die direkte Anrede der Zuhörenden [ὑμῖν] sowie ein kontrastierendes Element [ἀλλὰ – δέ]. Lag hier, vor der Überarbeitung durch den Autor des LkEv, die Inspirationsquelle für die Bildung der Tora-Lehrworte im MtEv, wie Stanton, Gospel, 301, vermutet? Demgegenüber spricht allerdings viel dafür, dass Lk 6,27a mindestens teilweise auf die lk Redaktion zurückgeht und als literarische Überleitung von den lukanischen Weherufen (Lk 6,24–26) fungiert, um so den Adressatenwechsel zu verdeutlichen, weshalb der Vers in den Rekonstruktionen von Q entweder deutlich kürzer ausfällt (vgl. Fleddermann, Reconstruction, 289–291; 876) oder ganz fehlt (so in der Critical Edition, vgl. Hoffmann/Heil, Spruchquelle, 39–42).

Da eine literarische Vorlage fehlt und sich kein konkreter Referenzpunkt feststellen lässt, bleibt vorerst offen, an welchen traditionellen Formen (Bibelexegese, Toraparänese oder halachischer Diskurs) sich der Autor des MtEv für seine Tora-Lehrworte orientiert.

Die das (Schrift-)Wort einleitende Wendung ἠκούσατε ὅτι ἐρρέθη der mt Tora-Lehrworte und auch die Verbindung von ἀκούω und λέγω passiv ist außerhalb der Tora-Lehrworte im NT als Einleitungsformel für ein bekanntes Zitat oder eine göttliche Rede nicht belegt. Da dies auch für ἐρρέθη selbst gilt,[135] wurde erwogen, dass das MtEv hier Formelgut aus dem antik-jüdischen bzw. dem rabbinischen Diskurs übernimmt – wobei die konkrete Formulierung (etwa: שמעתם מה שנאמר)[136] keine genaue Entsprechung hat. Mit א.מ.ר. Niphal ist aber ein korrespondierender hebräischer Ausdruck mit passiver Konnotation belegt, der als häufigste Form der Einleitung von Schriftzitaten bereits in früher rabbinischer Exegese gelten kann.[137] Allerdings dient er einem anderen Zweck: Im Gegensatz zur Verwendung von ἐρρέθη in Mt 5,21–48 wird im rabbinischen Diskurs zunächst eine These vorgestellt, deren Grundlage anschließend mit שנאמר auf einen Schriftvers bezogen wird (Argument → שנאמר → Schriftzitat).[138] In den Tora-Lehrworten begegnet der Ausdruck jedoch im Vordersatz und hat keine begründende Funktion, sondern leitet Positionen ein, auf die sich Jesu Lehre im Anschluss bezieht.

Auch mit Blick auf das Stichwort ἀκούω gibt es begründeten Anlass, im hebräischsprachigen Halachadiskurs bzw. in der Toraparänese nach sprachlichen Analogien zu suchen, liegen doch bereits in tannaitischen Quellen mehrere Formeln vor, bei denen die Wurzel ש.מ.ע. eine bedeutende Rolle spielt.[139] Besonders eine (adaptierte) Übernahme des (prä-) rabbinischen שומע

135 Außerhalb der Evangelien begegnet ἐρρέθη ausschließlich in Redevorgängen mit Dativobjekten, überwiegend innerhalb von Gottesreden; vgl. Röm 9,12, wo allerdings eine Gottesrede an Rebekka gerichtet (ἐρρέθη αὐτῇ) eingeführt wird, und in einem Hoseazitat (Röm 9,26). Vgl. ferner Offb 6,11; 9,4.

136 Vgl. Bacher, Terminologie, 190, Anm. 3; Daube, Testament, 55.

137 Vgl. Bacher, Terminologie, 6.

138 Funktional besteht also eine größere Übereinstimmung mit Schriftverweisen in anderen Argumentationsgängen des mt Jesus, bei denen jedoch statt ἐρρέθη mit (οὐκ) ἀναγινώσκω der Lese-/Interpretationsvorgang in den Mittelpunkt rückt. Vgl. Mt 12,3; 12,5; 19,4; 21,16; 21,42; 22,31. Supponiert man den überwiegend lauten Lesevorgang in der Antike (vgl. Leipziger, Lesepraktiken, 42–43) sowie die synagogale Toralesung als Ort der Gesetzesunterweisung, besteht durchaus eine Verbindung zwischen der Formel der Tora-Lehrworte und den übrigen Anspielungen auf »Gesetz und Propheten«, wobei hier – wohl nicht ohne Grund – die Vermittlung der Tora im Mittelpunkt steht.

139 So vermutete bereits Schechter, Holiness, 11, Anm. 3, hinter den matthäischen Formeln in Mt 5,21.27 talmudische Ausdrücke. Konkret denkt Schechter dabei an »במשמע [...]« und »לא שמענו [...] אלא [...] תלמוד לומר«, »שומע אני [...] תלמוד לומר«

אני wurde als wichtiger Hintergrund zum Verständnis der mt Formulierung angeführt.[140] Die Wendung leitet eine mögliche, aber letztlich abgelehnte Schlussfolgerung ein,[141] womit die mt Adaption in diesem Sinne idiomatisch mit »ihr habt vielleicht verstanden, dass […]« übersetzt werden müsste.[142] In diesem Sinne würde der mt Jesus die kommentierten Worte in Mt 5,21–48 schon durch die Einführung als Fehlinterpretationen kennzeichnen,[143] was auch die nichtbiblischen Zusätze oder Kompilationen der Vordersätze erklären könnte.[144] Allerdings sind auch grundsätzliche Unterschiede zwischen der rabbinischen Formel samt ihrer Verwendung und dem Formelgut von Mt 5,21–48 festzuhalten. Syntaktisch offensichtlich ist die Verwendung 2.Pers.

תלמוד לומר«. Vgl. differenziert zu den verschiedenen Wendungen Yadin-Israel, Scripture, 36–44.

140 So unter anderem Albright/Mann, Matthew, CIX; 60; Luz, Matthäus, 327–328, Lohse, Ich, 191–194, und am ausführlichsten Daube, Testament, 55–62, der neben […] שומע אני תלמוד לומר auch die Fachbegriffe שמועה und משמע mit einbezieht.

141 Vgl. Steinsaltz, Madrich, 123; Bacher, Terminologie, 189. Folgt man der Verwendung der Formel in den Rabbi Jischma'el zugeschriebenen halachischen Midraschim (vgl. zum Folgenden die Analyse von Yadin-Israel, Scripture, 40–42), kann eine Reihe von (möglichen) Fehlschlüssen zugrunde liegen: Die Auslegung ist entweder (1) ohne midraschische Auslegung zustande gekommen, obwohl eine solche notwendig wäre (MechJ Pischa 1 zu Ex 12,1), eine biblische Aussage wurde (2) zu allgemein gefasst interpretiert (SifBem 26), umgekehrt (3), zu genau genommen (SifBem 58), oder (4) eine halachische Auslegung stellt, möglicherweise durch eine bestimmte Gruppe, schlicht eine Fehlinterpretation in den Augen der Verfasser dar (SifBem 126).

142 Vgl. Daube, Testament, 55; 58: »Ye might understand [literally]«.

143 Aufgrund der abweichenden Diktion können die dargestellten Funktionen des שומע אני nicht ohne weiteres auf die Reihe der Tora-Lehrworte übertragen werden. Bemüht man dennoch eine Lektüre unter diesen Vorzeichen, scheinen die sechs Tora-Lehrworte besonders den von Yadin-Israel herausgearbeiteten Funktionen (2) und (3) zuzuordnen sein, wobei stets (4) nicht auszuschließen ist: (I.) Das biblische Mordverbot zielt nicht nur auf den justiziablen Bereich [Funktion (3)]; Ehebruch ist nicht nur bei entsprechenden Handlungen gegeben [Funktion (3)]; Scheidebriefe sind nicht in jedem Fall gestattet [Funktion (2)]; (III.) das Verbot von falschen Eiden problematisiert auch gestattete Schwurhandlungen [Funktion (2)]; (V.) Die *talio* kann nicht in den persönlichen Lebensvollzug übertragen werden [Funktion (2)]; (VI.) das Nächstenliebegebot endet nicht bei den Feinden [Funktion (3)].

144 Das spräche zudem gegen den Einwand von Bacher, Terminologie, 190, Anm. 3, über Schechter, Holiness, 11, Anm. 3, in den Thesen von Mt 5,21–48 ginge es nur um das »Vernehmen eines Schriftwortes«, nicht um das »Verstehen desselben, [dem] Entnehmen einer aus sich ergebenden These«. Versteht man aber die kommentierten Worte als abgelehnte Auslegungstraditionen, gibt Halbertal, Revolutions, 178, einen wichtigen Hinweis: So sind mitunter die in den halachischen Midraschim durch die *termini technici* »יכול« und »שומע אני« abgelehnten Interpretationen teilweise in anderen Auslegungstraditionen, etwa bei Josephus, Philo oder in Qumran nachzuweisen, vgl. Yadin-Israel, Scripture, 42; Doering, Lehrworte, 6.

Pl. gegenüber der rabbinischen Formulierung in der 1.Pers.Sg., die eher einen Fehlschluss ausdrückt.[145] Außerdem wird die entsprechende Formel im rabbinischen Diskurs überwiegend durch תלמוד לומר und dem Zitat eines Schriftverses weitergeführt, der die Widerlegung der zuvor angeführten falschen Annahme begründet,[146] während in Mt 5,21–38 biblisches Material vorwiegend in den Vordersätzen angeführt wird und die Lehre des mt Jesus nicht mit der Schrift argumentiert. Eine nicht auf der Schrift basierende, rein logische Entkräftung – durch אמרת eingeleitet –, ist mitunter auch belegt,[147] aber deutlich seltener.

Damit wird die Weiterführung mit der Formel ἐγὼ δὲ λέγω ὑμῖν relevant, die ebenfalls keine exakte Entsprechung im NT hat. Zwei Merkmale der Formel, die Voranstellung des Personalpronomens der 1.Pers.Sg. sowie das adversativ verstandene δέ, führen dazu, dass die Lehre des mt Jesu als schroffe Abgrenzung gegenüber anderen zeitgenössischen Auslegungen verstanden wird.[148] Trotz dieser einzigartigen Formulierung ist anzumerken, dass alle Evangelien ähnliche Ausdrücke aus dem Munde Jesu überliefern,[149] die mitunter auch das vorangestellten Personalpronomen ἐγώ gefolgt von λέγω bieten: So äußerst sich Jesus auch anderswo auf diese Weise[150] und in Apg, Gal und Offb sprechen

145 Vgl. Kampen, Antitheses, 344–345; 351, und Bacher, Terminologie, 190, Anm. 3, hinter dessen Einwand gegen Schechter vermutlich dieselbe Beobachtung liegt.

146 Vgl. ders., Terminologie, 189 (»[…] um die Unhaltbarkeit [der ersten Interpretation] aus einem anderen Textworte, mit dem Ausdrucke תַּלְמוּד לוֹמַר eingeleitet, zu beweisen […]«) sowie Steinsaltz, Madrich, 123 ([…] והבאת הביטוי המבסס את הפירוש הנכון […]). Vgl. so, gegen Daubes Vorschlag, auch Hübner, Gesetz, 233.

147 Vgl. das Beispiel aus MechJ Bachodesch zu Ex 19,20 bei Daube, Testament, 57: Dort äußert sich neben anderen Rabbinen auch Rabbi (Jehuda ha-Nasi) zur Frage, ob JHWH nun vom Himmel aus zu Mose gesprochen hat (so Ex 20,22) oder vom Himmel herab auf den Sinai kam (so Ex 19,20). Dabei zitiert er eingangs Ex 19,20 und konstatiert, dies könne man zwar wörtlich verstehen [שומע אני כשמועו], aber es gäbe eine logischere Erklärung. Diese besteht in der Wirksamkeit der Sonne, die als Dienerin Gottes an ihrem Platz bleibt und dennoch auf der Erde wirksam ist. *Qal wa-chomer* gilt dies auch für die Herrlichkeit Gottes. Dieser logische Schluss *ad majore* wird durch אמרת eingeleitet: Du musst sagen/folgern. Vgl. Wick, Antithesen, 34, der fälschlicher Weise die spezielle Form dieses Beispiels (שומע אני […] אמרת) – nicht תלמוד לומר – als die rabbinische Formel anführt. Vgl. auch Yadin-Israel, Scripture, 43–44, der als Beispiel dieser Gruppe auf MechJ Nezikin 16, zu Ex 22,14 verweist.

148 Mitunter wird diese Position trotz der Kenntnis, dass »δε [sic] is not normally seen as a strong contrasting word«, vertreten, vgl. Davis, Lex, 140, Anm. 15.

149 Vgl. Baasland, Parables, 140, Anm. 44: Verkürzt finden sich in der Bergpredigt solche Ausdrücke in Mt 5,18.20.26; 6,2.5.16.25.29, aber auch sonst im MtEv (Mt 8,10; 10,15; 10,23 etc.) sowie in den übrigen Evangelien (u.a. Mk 3,28; 8,12; Lk 18,17; 23,43; Joh 1,51; 3,3).

150 Vgl. Mt 16,18; Mt 21,24.27//Mk 11,33//Lk 20,8; Lk 11,9, 16,9; Joh 14,10.28; 15,20; 16,4 nur in Joh 1,30 spricht – mit Johannes dem Täufer – eine andere Person als Jesus auf diese Weise.

vereinzelt andere Personen so von sich.[151] Dabei spielt sicher der Aspekt der Autorität eine grundlegende Rolle,[152] der im MtEv zudem durch die enge Verbindung zwischen Mt 21,23–27 und der Bergpredigt durch die Verwendung einer vergleichbaren Redeeinleitung[153] sowie der Motive der Lehre und Vollmacht hergestellt wird.[154] Das zweite Merkmal betrifft die syntaktische Funktion der Partikel δέ: Außer Frage steht, dass δέ grundsätzlich adversativen Charakter i.S. des dt. »aber, jedoch« haben kann. Allerdings ist auch eine schlicht kopulative Funktion belegt,[155] wie auch der nähere Kontext Mt 5,31 offenlegt.[156] Folglich ist besonders das Vorverständnis der Tora-Lehrworte und der Stellung des mt Jesus zur pharisäisch-schriftgelehrten Auslegungstradition ausschlaggebend, ob das δέ der sechs Formeln eine eher adversative oder kopulative Funktion einnimmt.[157]

Auch für die zweite Formel erweist sich ein Blick in den hebräischsprachigen Diskurs des antiken Judentums als hilfreich, wenngleich die genaue Formulierung ebenfalls nicht belegt ist. Mit Blick auf die formalen Merkmale der zweiten Einleitungsformel kann auf die im rabbinischen Hebräisch zunehmend zu beobachtende Tendenz verwiesen werden, Präsenzformen durch die syntaktische Form »Personalpronomen – Partizip« auszudrücken: Im Hebräischen könnte ואני אומר (לכם) entsprechend schlicht die

151 Vgl. Apg 22,19; 26,15, wenn Paulus von seinem Damaskuserlebnis berichtet. Besonders eindrücklich ist Gal 5,2: Ἴδε ἐγὼ Παῦλος λέγω ὑμῖν. Vgl. auch die Engelsrede in Offb 17,7.

152 Dies gilt besonders für Paulus in Gal 5,2 sowie in Offb 17,7.

153 Vgl. Mt 21,27 (οὐδὲ ἐγὼ λέγω ὑμῖν, parr. Mk 11,33//Lk 20,8), wobei der Evangelist den Ausdruck zusätzlich in der vorherigen Frage Jesu gegenüber Mk und Lk verdoppelt (vgl. Mt 21,24 [κἀγὼ ὑμῖν ἐρῶ] mit Mk 11,29 [καὶ ἐρῶ ὑμῖν] und Lk 20,3).

154 Vgl. die Stichworte διδάσκω und ἐξουσία in Mt 21,23–27 sowie die Rahmung der Bergpredigt (Mt 5,2; 7,28–29).

155 Vgl. dazu Wengst, Regierungsprogramm, 80; Crossley, Interpreter, 33; Runesson/Gurtner, Research, 33; Doering, Lehrworte, 9, u.a. Vgl. auch die umfassendere Untersuchung bei Förster, Possibility, der davon ausgeht, dass die Übersetzung des multivalenten -ו in der Übersetzung der LXX mit δέ (und *autem* im Lateinischen) dazu geführt haben, dass die adversative gegenüber der kopulativen Funktion favorisiert wird.

156 Der Anschluss des Logions zum Scheidebrief kann inhaltlich kaum als Gegensatz zum vorangehenden Tora-Lehrwort zum Ehebruch verstanden werden. Eher dürfte das δέ hier weiterführenden Charakter haben und so die Nähe der Tora-Lehrworte II. und III. zum Ausdruck bringen.

157 Vgl. auch Alkier/Paulsen, Markus/Matthäus, 250–251, die besonders die Dialogizität des Abschnitts herausstellen: Jesus teile sich mit den Pharisäern und Schriftgelehrten ein Diskursuniversum, in dem Gerechtigkeit unter Zuhilfenahme der Schriften Israels entworfen werde. Mitnichten spräche der mt Jesus diesen Gruppen jegliche Gerechtigkeit ab, er zeigt lediglich auf, dass ihre Gerechtigkeitskonzeption nicht ausreichend qualifiziert sei. Folgerichtig übersetzen sie die Formel stets mit »Und ich sage euch« (vgl. ebd., 112–113). Vgl. dagegen die folgende Anmerkung.

Einleitung der Auslegung sein, die mit einem kopulativen Vav an den Vordersatz anschließt.[158] In den rabbinischen Quellen zeigt sich, dass auf diese Weise eine Differenz zwischen einzelnen Rabbinen ausgedrückt werden konnte.[159] So berichtet beispielweise R. Schimʿon ben Jochai in SifDev 31 zu Dtn 6,4,,[160] dass er in vier Fällen die Schrift anders auslege als R. Aqiva.[161] Nach der Vorstellung von dessen Positionen leitet er seine eigene Auslegung jeweils mit ואני אומר ein. Deutlich wird eine Gegenüberstellung verschiedener Interpretationen,[162] wobei R. Schimʿon ben Jochai seine Auslegung schlicht für »einleuchtender«[163] hält als die seines Lehrers. Ein Absolutheitsanspruch oder eine Verwerfung des Gegenübers[164] ist dabei nicht festzustellen.[165]

Eine deutlichere Abgrenzungstendenz gegenüber anderen Auslegungen wurde mit Blick auf häufig wiederkehrendes Formelgut mit א.מ.ר. im Plural geltend gemacht.[166] Entfernter verwandt mit der mt Formel sind dabei die Darstellungen von Kontroversen zwischen Pharisäern und Sadduzäern/Boethusianern in rabbinischen Quellen.[167] Diese sind lediglich durch die Verwendung von א.מ.ר. zur Zuschreibung einer halachischen

158 Vgl. Wengst, Regierungsprogramm, 80. Vgl. zu diesem Punkt allerdings auch die Rückübersetzung ins Aramäische »ברם אנא אמר לכון« bei Schwarz, Urgestalt, 176–177, der sich aufgrund seiner theologischen Vorannahmen ausdrücklich gegen einen Anschluss mit Vav ausspricht, da es »die von Jesus beabsichtige Überbietung nicht scharf genug wieder[geben]« würde.

159 Vgl. die bei Schaller, Antitheses, 77, Anm. 19, angeführten Belege.

160 Vgl. knapper auch tSot 6,10.

161 Dabei führt R. Schimʿon ben Jochai die Auslegungen seines Kollegen zu Gen 21,9; Num 11,22; Ez 33,24 und Sach 8,19 aus, um sie jeweils seiner eigenen gegenüberzustellen. Die Ein-/Überleitungen der Interpretationen (כיוצא בו את[ה] אומר; vgl. zum exegetischen Fachausdruck Bacher, Terminologie, 75–76) korrespondieren mit der Einleitung der eigenen Deutung R. Schimʿons [ואני אומר].

162 Eine hitzige Debatte ist dennoch zu vermuten, wie der zweifache Einstig mit חס ושלום – »Gott bewahre!« – im ersten und zweiten Beitrag R. Schimʿons in tSot 6,6.7 nahelegt. Vgl. zur Funktion der Redewendung Boyarin, Beyond, 354–355.

163 So die Übersetzung des komparativen Ausdrucks »נראין דברי מדבריו« bei Wengst, Regierungsprogramm, 79, wobei der genaue Vergleichspunkt (in Bezug worauf) unerwähnt bleibt. Vgl. die Übersetzungen der Wendung mit »und meine Worte haben den Vorzug vor seinen Worten« (Bietenhard/Ljungman, SifDev, 75) und »and my lessons are better than his lessons« (Neusner, Nashim, 172). Zu ר.א.ה. Nif. vgl. Jastrow, Dictionary, s.v.

164 Der Legende nach schätzte er seinen Lehrer R. Aqiva vielmehr bis ins hohe Alter sehr (vgl. bPes 112a).

165 Vgl. mit einem ähnlichen Fazit Doering, Lehrworte, 9–10, der auf das letzte der vier Beispiele in tSot 6,10–11 sowie tPis 8,21 eingeht.

166 Vgl. besonders Kampen, Antitheses, passim und erneut ders., Matthew, 92–97.

167 Vgl. u.a. das bei Kampen erwähnte Beispiel aus mMak 1,6, bei der Diskussion um den Zeitpunkt, an dem Falschzeugen hingerichtet werden.

Position mit der mt Formel verwandt, formulieren aber unpersönlich in der 3.Pers.Pl. und ersetzen individuelle Auslegungen durch kollektive Tendenzen innerhalb konkurrierender Gruppen. Deutlicher als bei den übrigen Beispielen tritt dabei der Dissens in den Vordergrund, wobei auch hier kein kategorialer Bruch mit den gemeinsamen Grundlagen vorliegt.[168] Durch die Verwendung der 1.Pers. stehen die Ausdrücke אנחנו אומרים (»wir sagen«) und אנחנו חושבים (»wir meinen«) aus dem halachischen und paränetischen Teil des Lehrschreibens 4QMMT der mt Formel deutlich näher. Ähnlich wie in Mt 5,21–48 sind die halachischen Fragen dabei teilweise durch die Verwendung von Formelgut in eine Zweierstruktur aus Thema und der Auslegung durch die Qumrangruppe gegliedert,[169] wobei im Gegensatz zu Mt 5,21–48 im ersten Teil keine anderslautende Interpretation explizit angeführt wird.[170] Implizit verweist die Redeweise in der 1.Pers. auf einen Unterschied zwischen einer »Wir«- und einer »Sie«- Gruppe, wobei der polemische Charakter dieser Gegenüberstellungen mitunter bestritten wird.[171]

Ein Überblick über mögliche Analogien der formelhaften Sprache im Hebräischen hat gezeigt, dass vor dem Hintergrund halachischer Diskurse mit א.מ.ר. spezifische Lehrpositionen eingeleitet werden, die sich von konkurrierenden Ansichten unterscheiden, was mithin in der ersten Person ausgedrückt wird. Dass dabei mitunter deutliche Differenzen zutage treten, die nicht nur innerhalb einer Auslegungstradition, sondern auch zwischen rivalisierenden Gruppierungen bestehen, ist unbestritten. Eine polemische Natur oder gar eine »sektiererische« Grundhaltung kann allerdings aufgrund der verwandten Formulierungen im Hebräischen nicht für die zweite Formel in Mt 5,21–48 gefolgert werden. Das zeigt sich zudem darin, dass im tannaitischen Diskurs weitere Formulierungen mit vorangestellten Personalpronomen der 1.Pers.Sg. und einem Partizip begegnen, die eine völlig andere Funktion wahrnehmen und ohne kontrastive Nuance auskommen.[172]

---

168 Um aus diesen Vergleichspunkten eine valide Schlussfolgerung ziehen zu können, müssten folglich auch andere Formulierungen der 3.Pers. in die Beurteilung einbezogen werden. Da die Formel »אומר [Rabbi X]« allerdings zum Standardvokabular des rabbinischen Diskurses zählt, ist ein grundlegend »sektiererischer Charakter« der Ausdrücke preiszugeben.

169 »[Position] אנחנו אומרים/חושבים [Thema] על [אף]ו«

170 Diese »Themenangaben« variieren bezüglich ihrer Ausführlichkeit, von einem einzigen Wort (B55 = 4Q396 ii,6–7: [ו]אׄף על המוצקות) bis hin zu längeren Beschreibungen. Dennoch beschränken sich diese Einführungen auf die Beschreibung der Fragestellung und entbehren einer längeren Skizzierung, etwa einer Gegenposition, vgl. Fraade, Fictions, 73–74.

171 Vgl. ebd.

172 Vgl. zu שאני אומר bzw. הריני אומר Novick, Presumption; Baris, Doubt.

Es zeigt sich, dass die in Mt 5,21–48 zur Strukturierung der einzelnen Diskurselemente eingesetzten Formeln einmalig sind und trotz ähnlicher Formulierungen im halachischen Diskurs der jüdischen Antike keine direkte Vorlage nachzuweisen ist. Umgekehrt kann jedoch aufgrund dieser verwandten Formulierungen für das mt Formelgut selbst keine Überlegenheitsrhetorik gefolgert oder ein Gesprächsabbruch mit der jüdischen Umwelt postuliert werden. In der Einleitung des Traditionsguts drückt sich eine gewisse Mittelbarkeit [ἠκούσατε] aus, die möglicherweise die – im folgenden Schritt zu untersuchende – rhetorisch überformte Darstellung biblischer Ge- und Verbote erklären könnte. Versteht man ἐρρέθη τοῖς ἀρχαίοις als Hinweis auf die Sinaioffenbarung,[173] dann könnte die gesamte Formel auf eine Toraunterweisung hindeuten.[174] Entsprechend lehrt der mt Jesus in Mt 5,21–48 die göttlich offenbarte Tora.

6.2.3.2 Die ausgelegten (Schrift-)worte

Was die Struktur der Tora-Lehrworte angeht, konnte bisher keine überzeugende Blaupause ermittelt werden. Trotz der wörtlichen Anführung von Dekaloggeboten in I. und II. kann das übrige in den mt Tora-Lehrworten überlieferte Material nicht als Ganzes auf den Dekalog zurückgeführt noch der Abschnitt als Auslegung desselben gewertet werden.[175] Auffällig sind die thematischen Verbindungen zum Lasterkatalog in Mt 15,19 [φόνοι, μοιχεῖαι, πορνεῖαι][176] und zur Gebotszusammenfassung in Mt 19,18–19 [οὐ φονεύσεις, οὐ μοιχεύσεις (…) ἀγαπήσεις τὸν πλησίον σου ὡς σεαυτόν),[177] wobei jeweils nur einen Teilbestand der Tora-Lehrworte betroffen ist.[178]

Die Untersuchung des Formelguts in Mt 5,21–48 hat zur Vermutung geführt, dass der mt Jesus weniger biblische Toragebote/-verbote kritisiert, sondern

173 Vgl. Luz, Matthäus, 330; Konradt, Matthäus, 78–79; Wojtkowiak, Tradition, 296.

174 Vgl. Doering, Lehrworte, 7–9 und zum Ort der Toraunterweisung in der Synagoge Niebuhr, Ethos, 153–154.

175 Vgl. dagegen Betz/Collins, Sermon, 201; de Vos, Rezeption, 242; 247.

176 Vgl. Betz/Collins, Sermon, 202, der auf die ausführlichere Variante in Mk 7,21–22 hinweist. Einschränkend gilt zu bemerken, dass dies für I. und II. mit Blick auf das zu interpretierende (Schrift-)Wort gilt, die Verbindung zu III. hingegen nur in Jesu Kommentar besteht. Eine Angleichung der beiden Abschnitte ist in beide Richtungen denkbar.

177 Zusätzlich verweist ebd., 203, noch auf Did 1–2.

178 Einen neuen Vorschlag bietet Goldstone, der als Ausgangspunkt die Tora-Lehrworte V. und VI. wählt und vom Nächstenliebegebot ausgehend eine frühe Auslegungstradition von Lev 19,17–18 postuliert, die er in seiner deutlichsten Form in Sifra bewahrt sieht (vgl. Goldstone, Lending, passim).

sich vielmehr mit zeitgenössischer Torainterpretation bzw. -paränese befasst.[179] Dafür spricht, dass das in Mt 5,21–48 überlieferte Traditionsgut (Mt 5,21b; 27b; 31b; 33b; 38b; 43b) mit unterschiedlicher Referentialität auf spezifische Toragebote zurückgeführt werden kann[180] und die einzelnen »Thesen« durch nichtbiblische Zusätze, verkürzte Aufnahme von Versteilen und Kombination von Bibelversen nicht als »reine« Schriftzitate verstanden werden können.[181]

Am eindeutigsten können die kommentierten Worte I., II. und V. mit biblischen Vorlagen korreliert werden. Das Mord- (I.) und Ehebruchsverbot (II.) entsprechen bis in den Wortlaut hinein den beiden Dekalogfassungen in ihrer griechischen Überlieferung, wobei die Reihenfolge dem MT folgt.[182] Allerdings kann der durch die Formeln abgegrenzte Bezugstext von I. nicht vollständig als Zitat des biblischen Mordverbots gelten, ist doch der Nachsatz ὃς δ' ἂν φονεύσῃ, ἔνοχος ἔσται τῇ κρίσει so nirgends belegt. Dieser Hinweis auf die rechtliche Haftung für die entsprechende Tat ist zwar so generisch, dass die biblisch mehrfach belegte Todessanktion für Mord hineingelesen könnte,[183] jedoch als Anspielung auf bestimmte Auslegungstendenzen verstanden werden kann.[184] Der Kommentar des mt Jesus legt jedenfalls nahe, dass das dekalogische Mordverbot größere Implikationen für die individuelle Lebensführung hat, als nur vor der rechtlichen Sanktion von Tötungsdelikten zu warnen.[185] Auch die beiden Glieder der Talionsformel in V. sind *verbatim* biblisch bezeugt (Ex 21,24; Lev 24,20; Dtn 19,21) und kommen – die syndetische Verbindung mit καί ausgenommen – ohne weitere Zusätze aus.

Die Beziehung der übrigen Vordersätze zu biblischen Intertexten ist wesentlich schwieriger zu klären. In VI. führt der mt Jesus mit ἀγαπήσεις τὸν πλησίον

---

179 Vgl. die Diskussion bei Konradt, Studien, 288, Anm. 1; 2; Niebuhr, Antithesen.

180 Polemischer bemerkt Jacob, Auge, 129–130, mit Blick auf Mt 5,21–48, dass »[von] den angeführten Stellen des AT keine einzige richtig wiedergegeben« sei.

181 Eine heute übliche »Reinform« von direkten Zitaten ist aufgrund der Fluidität der biblischen Überlieferung in der Antike nicht zu erwarten; dennoch können die biblisch nicht nachweisbaren Zusätze und Veränderungen nicht als verloren gegangene Texttraditionen erklärt werden.

182 Mt 5,21 || Ex 20,15^{LXX}; Dtn 5,18^{LXX}; Mt 5,27 || Ex 20,13^{LXX}; Dtn 5,17^{LXX}. Zur unterschiedlichen Reihenfolge der Prohibitivreihe vgl. de Vos, Rezeption, 32–34.

183 Vgl. Konradt, Matthäus, 78.

184 Vgl. z.B. die Untersuchungen bei Ruzer, Antitheses, wonach die nichtbiblischen Zusätze in Mt 5,21bβ Ähnlichkeiten zu Auslegungstendenzen der Targumim aufweisen (vgl. TO zu Gen 9,6, MechJ zu Ex 20,13), aber auch zu Teilen der Lehrworte des mt Jesus (vgl. TPsJ zu Gen 9,6 und Mt 5,22).

185 Damit besteht eine gewisse Analogie zwischen Mt 5,22 und Philo, der die einzelnen Gebote des Dekalogs als κεφάλαια versteht (vgl. decal. 154), unter die die weiteren Verfügungen der Tora subsumiert werden können, was er in spec. ausführt. Vgl. explizit zum Mordverbot decal. 170.

σου einen Teilvers aus Levitikus an, dessen Fortsetzung mit μισήσεις τὸν ἐχθρόν σου bekanntlich nicht in der HB/LXX belegt ist. Stilistisch auffällig ist, dass der Zusatz durch die Negation von Prädikat und Objekt einen antithetischen Parallelismus zu Lev 19,18bα bildet, der erst durch die Verkürzung des zugrundeliegenden Levitikuszitates ermöglicht wird. Es kann deshalb erwogen werden, dass die Formulierung des Zusatzes aus rhetorisch-pragmatischen Gründen auf den Autor des MtEv zurückgeht, möglicherweise beeinflusst vom Stichwort μισέω im unmittelbaren Kontext von H (Lev 19,17a).[186] Inhaltlich gibt es im Antiken Judentum vereinzelt Analogien für eine partikulare Interpretation und Beschränkung des Nächstenliebegebots auf die jeweilige Auslegungsgemeinschaft, was Referenzpunkt des Zusatzes sein könnte.[187]

Die als kasuistischer Rechtssatz[188] gestaltete Norm zum Entlassen einer Ehefrau mittels Scheidebrief hat keine direkte Entsprechung in der Tora: Die einzige Erwähnung eines solchen Dokuments in Dtn 24,1–4 kann nur bedingt als eigenständiger »Rechtssatz« gelten. In Dtn 24,1^{MT} ist die entsprechende Formulierung [וכתב לה ספר כריתות ונתן בידה] als Teil der mehrstufigen *Protasis* Dtn 24,1–3 zu verstehen und die Verbformen וכתב und ונתן entsprechend als syndetische Fortführung von כי יקח zu übersetzen.[189] In der griechischen Überlieferung hingegen kann der Wechsel der Verben vom Konjunktiv Aorist in Dtn 24,1a zum Indikativ Futur [γράψει; δώσει; ἐξαποστελεῖ] in V.1b (analog V.2–3) eher als Hinweis auf eigenständige Apodosen gedeutet werden.[190] Vom Tempuswechsel ausgehend begegnen in der griechischen Fassung drei miteinander verbundene aber dennoch eigenständige Rechtsfolgen (Dtn 24,1.2–3a.4^{LXX}), von denen die ersten beiden den dreistufigen Prozess der Ehescheidung in Form kasuistischer Rechtssätze formulieren.[191] Folglich kann Dtn 24,1b^{LXX} als möglicher biblischer Bezugspunkt gelten. Die Bezugnahme

---

186 Vgl. Doering, Lehrworte, 12.

187 Vgl. etwa die dualistische Forderung in 1QS 1,9–11, »alle Kinder des Lichts zu lieben« [ולאהוב כול בני אור] und »alle Kinder der Dunkelheit zu hassen« [ולשנוא כול בני חושך]. Vgl. zu den gruppendynamischen Implikationen ausführlicher Mermelstein, Love, und zur Verbindung zu Lev 19,17–18 vgl. Goldstone, Rebuke, 48–49.

188 So kann der im Aorist Konjunktiv formulierte Vordersatz [ὃς ἂν ἀπολύσῃ τὴν γυναῖκα αὐτοῦ] als Protasis gelten, während der Aorist Imperativ des Nachsatzes diesen zur Apodosis werden lässt [ὃς ἂν ἀπολύσῃ τὴν γυναῖκα αὐτοῦ]. Vgl. zur Form etwa Ex 21,20^{LXX}; Lev 20,27^{LXX} u.a.

189 Vgl. Luz, Matthäus, 359.

190 Vgl. auch Jos.Ant. 4,253 [γράμμασι μὲν περὶ τοῦ μηδέποτε συνελθεῖν ἰσχυριζέσθω], wobei die Formulierungen auch im Kontext deutlich von Mt 5 und Dtn 24 abweichen. Vgl. Konradt, Matthäus, 89.

191 Vgl. den Hertog/Labahn, et al., Deuteronomion, 580, ad. loc.

selbst ist jedoch – zumindest im Vergleich zu I., II., V. und VI. – relativ frei, wie an den lexikalischen Abweichungen,[192] der Umkehr des Entlassungsprozesses sowie der Reduktion der Rechtsnorm auf zwei Elemente[193] festzustellen ist.

Deutlich komplexer gestaltet sich die Suche nach einer Vorlage für Mt 5,33b, da ἐπιορκέω und Derivate nur außerhalb des Pentateuch und überhaupt äußert selten in der griechischen Bibelüberlieferung begegnen.[194] Neben einer umfangreichen Reihe von möglichen Intertexten (Lev 19,12; Sach 8,17; Dtn 23,22)[195] scheint trotz fehlender lexikalischer Entsprechungen Num 30,3^{LXX} als biblischer Bezug naheliegend zu sein, da dort der Sachverhalt wie in Mt 5,33b aufeinanderfolgend negativ [לא יחל דברו/οὐ βεβηλώσει τὸ ῥῆμα αὐτοῦ· πάντα] und positiv dargestellt wird [ככל היצא מפיו יעשה/ὅσα ἐὰν ἐξέλθῃ ἐκ τοῦ στόματος αὐτοῦ, ποιήσει]. Eine andere Spur führt in die jüdisch-hellenistische Paränese sowie allgemeiner zur umfangreichen antik-jüdischen Literatur zu Schwurhandlungen.[196] Damit fällt das vierte Tora-Lehrwort insofern aus der Reihe, als kein eindeutiger Bezug auf ein Schriftwort festzustellen ist. Das bestätigt aber umgekehrt die Vermutung, dass die angeführten (Schrift-)Worte genau genommen gar nicht auf die Tora selbst, sondern auf Toraauslegung abzielen.

---

192 Mt 5,31 spricht von einem »Entlassungsdokument« [ἀποστάσιον], während Dtn 24,1.3^{LXX} die hebräische Formulierung [ספר כריתות] nachahmend von einem »Scheidungsbüchlein« [βιβλίον ἀποστασίου] spricht. Ferner beschreibt Mt 5 ein Entlassen [ἀπολύω] der Frau, während sie in Dtn 24,1.3^{LXX} weggeschickt wird [ἐξαποστέλλω]. Vgl. jedoch die Formulierung in Mt 19,7, wo das Evangelium mit βιβλίον ἀποστασίου Dtn 24,1.3 aufnimmt, allerdings weiter vom Entlassen der Frau spricht (vgl. Mk 10,4).

193 Dtn^{LXX}: »Scheidungsbüchlein« – Aushändigung – Wegschicken; Mt 5,31: Entlassen – »Entlassungsdokument«.

194 Vgl. 1Esdr 1,46; SapSal 14,25.28; Sach 5,3. Während ἐπιορκέω in den ersten drei Belegstellen in einem narrativen Kontext bzw. in Lasterkatalogen begegnet (vgl. auch 1Tim 1,10), stimmt Sach 5,3 mit seinem juridischen Kontext mit Mt 5,33b überein. Vgl. Dyma, Sacharjabuch, 260; 335, der neben Sach 8,17 auch 5,3 als Bezugspunkt von Mt 5,33 annimmt. Das dort verwendete substantivierte Adjektiv ἐπίορκος wäre allerdings die einzige Verbindung zu den Tora-Lehrworten Jesu in Mt 5: Im Rahmen der Nachtgesichte wird dort angeklagt, dass zwei Gruppen von Verbrechern (Sach 5,3: Diebe [כל הגנב/πᾶς ὁ κλέπτης]; Meineidige [כל הנשבע/πᾶς ὁ ἐπίορκος]) ungestraft davonkämen. Zwar wird auch dort wie in Mt 5,33 der Meineid zweifach mit unterschiedlicher Terminologie beschrieben (Sach 5,3: Anklage [ἐπίορκος]; Sach 5,4: Gerichtsankündigung [ὄμνυμι ἐπὶ ψεύδει]), jedoch begegnen dort eben weder ὅρκος noch seine Derivate.

195 Vgl. Konradt, Matthäus, 91; Basser/Cohen, Matthew, 152.

196 Vgl. Konradt, Matthäus, 91; Vahrenhorst, Diskurs, 261–261; Luz, Matthäus, 372.

Resümierend lässt sich ein recht eindeutiger Bezug auf spezifische Toragebote für die Tora-Lehrworte I., II., V. und VI. feststellen. In I. und VI. werden die Verweise durch nichtbiblische Zusätze[197] jedoch erweitert.[198] Für III. lässt sich mit Dtn 24,1 ein schlüssiger Bezugstext ausmachen, der allerdings nur in der griechischen Version als Gebot verstanden werden kann und zudem recht frei wiedergegeben wird. Für IV. schließlich können eine Reihe von Intertexten angeführt werden, die lexikalische oder inhaltliche Verbindungen zu Mt 5,33b haben.

Aufgrund der oben skizzierten Grundhaltung des mt Jesus gegenüber der Gesetzesoffenbarung in der Tora, der Mittelbarkeit, die sich in dem mt Formelgut ausdrückt, und der Zusätze und freien Formulierungen ist anzunehmen, dass sich die Vordersätze primär auf die Auslegung von Torageboten beziehen.[199] Dies korrespondiert mit Mt 5,17–20, wonach das Gesetz selbst als unwandelbar und Jesu Lehre als (Er-)Füllung des Gesetzes beschrieben wird (Mt 5,17–18). Folglich könnten auch die direkten Zitate ohne Zusätze (II.; V.) Auslegung(stendenzen) der Tora darstellen. Entsprechend scheint sich der mt Jesus in II. auf ein bestimmtes Verständnis des dekalogischen Ehebruchsverbot zu beziehen, das den Tatbestand erst bei Vollzug des sexuellen Akts erfüllt sieht.[200] Ob auch das wörtliche Zitat der Talionsformel auf eine bestimmte Interpretation derselben anspielt, wird im Folgenden geprüft.

---

197 Die These von Baasland, Parables, 138, »all the additions to the theses reflect a *lex talionis* principle«, ist kaum haltbar. Bereits mit Gen 9,6 liegt eine deutlich »talionischere« Fassung des dekalogischen Mordverbots vor. Auch das Erfüllen der Schwüre (Mt 5,33b), das er als weiteres Beispiel anführt, ist nicht talionisch: Eine typische Selbstverfluchungsformel könnte eher in diesem Sinne gedeutet werden als jene Formulierung, die vielmehr das Halten der Schwüre im Blick hat als die Konsequenzen eines Schwurbruchs. Die von Baasland ausgewiesenen Zusätze in Mt 5,31.43 werden in diesem Zusammenhang nicht weiter thematisiert und passen ebenfalls nicht in das vorgeschlagene Schema.

198 Das ist eine wichtige Anfrage an Luz, Matthäus, 330, der auch für I., III. und IV. einen »wörtlich oder sinngemäß [angeführten] alttestamentliche[n] Satz« postuliert und entsprechend die Weitergabe (nicht: Auslegung) von Tora als Bezugspunkt der Tora-Lehrworte versteht. Bei der anschließenden Besprechung muss er jedoch einräumen, dass teilweise freie Paraphrasen oder Traditionsgut angeführt werden (vgl. ebd., 336; 357; 359; 372).

199 Einen anderen Weg geht Jacob, Auge, 137–142, der annimmt, dass hinter den »Antithesen« gar nicht biblische Weisungen bzw. nachbiblische Interpretationen derselben standen, sondern schlicht heidnische Vulgärmoral.

200 Vgl. Konradt, Matthäus, 86. Zu Beispielen des »begehrlichen Blicks« in antik-jüdischen Texten vgl. ebd., 87–88; Wengst, Regierungsprogramm, 93–94.

6.2.4 Die Talionsformel im V. Tora-Lehrwort (Mt 5,38–42)

6.2.4.1 Aufbau und Entstehung von Mt 5,38–42

Mt 5,38–42

Ἠκούσατε ὅτι ἐρρέθη⸆.	38a »Ihr habt gehört, dass gesagt wurde:
ὀφθαλμὸν ἀντὶ ὀφθαλμοῦ °καὶ ὀδόντα ἀντὶ ὀδόντος.	38b ›Auge um Auge‹, und, ›Zahn um Zahn‹.
ἐγὼ δὲ λέγω ὑμῖν μὴ ἀντιστῆναι τῷ πονηρῷ·	39a Ich nun sage euch: Widersteht nicht mit (dem) Bösen,
ἀλλ᾽ ὅστις σε ῥαπίζει ⸁εἰς τὴν ⸂δεξιὰν σιαγόνα [σου]⸃, στρέψον αὐτῷ καὶ τὴν ἄλλην·	39b sondern, wer dich auf deine rechte Backe schlägt, dem wende auch die andere zu.
καὶ ⸂τῷ θέλοντί⸃ σοι κριθῆναι καὶ τὸν χιτῶνά σου λαβεῖν, ἄφες αὐτῷ καὶ τὸ ἱμάτιον ⸆·	40 Und dem, der mit dir vor Gericht ziehen und dein Unterkleid nehmen will, dem überlasse auch deinen Mantel.
καὶ ὅστις σε ⸀ἀγγαρεύσει μίλιον ἕν, ὕπαγε μετ᾽ αὐτοῦ ⸆ δύο.	41 Und wer dich zu einer Meile zwingen wird, gehe mit ihm zwei.
τῷ αἰτοῦντί σε ⸀δός, καὶ ⸂τὸν θέλοντα ἀπὸ σοῦ δανίσασθαι⸃ μὴ ἀποστραφῇς.	42 Dem, der dich bittet, gib, und den, der von dir leihen möchte, weise nicht ab.«

Analog zu den anderen Tora-Lehrworten wird auch Mt 5,38–32 durch die Einleitungsformeln in Interpretans (Mt 5,38b) und Interpretation (Mt 5,39aβ–42) zweigeteilt. Unterstrichen wird dies zusätzlich durch die Rahmung von V.39aβ–42: Die beiden Prohibitive (V.39aβ.42bβ) schließen die vier positiv formulierten und durch Imperative ausgedrückten Handlungsanweisungen ein. Innerhalb dieses Abschnittes wird der erste Prohibitiv zusätzlich von den übrigen Beispielen abgehoben: Eingeleitet durch das adversative ἀλλά strukturieren das zweifache ὅστις σε (39b.41a) und zwei Part.präs. im Dativ (40a.42a) in einem ABAB Schema die Beispielfälle, wobei die Verse 39b–42 zusätzlich durch zwei Verben derselben Wortfamilie [στρέφω; ἀποστρέφω] umklammert sind.[201] Auffällig ist zudem der direkte Stil der Perikope: In V.39b–42 begegnet in jedem Vers mindestens einmal ein Personalpronomen der zweiten Person sowie ein Imp.sg., was besonders mit den Tora-Lehrworten I. (Mt 5,21–26), II. (Mt 5,27–30) und IV. (Mt 5,33–37) korrespondiert. Folglich besteht Mt 5,38–42, neben der Strukturierung durch das mt Formelgut, aus

201 Vgl. ausführlicher zur Struktur: Baasland, Parables, 234–236.

drei unterschiedlichen Abschnitten: Dem Zitat der Talionsformel (Mt 5,38b), dem Prohibitiv (Mt 5,39aβ) sowie den vier Beispielfällen (Mt 5,39b–42).

Für die Frage nach der Entstehung dieses Tora-Lehrworts sind besonders die parallelen Überlieferungen der Beispielfälle von Bedeutung. Diese sind, mit Ausnahme von Mt 5,40, auch im LkEv und in der Didache in derselben Reihenfolge überliefert[202] und stehen dort im Zusammenhang mit weiteren Logien, die in Mt 5,39b–48 begegnen. Da eine Überlieferung dieses Materials im MkEv fehlt, ist anzunehmen, dass der Autor des MtEv die Beispielfälle aus einem ähnlichen Zusammenhang in Q kennt und in seine Struktur der Tora-Lehrworte eingearbeitet hat.[203] Als gesichert kann gelten, dass die Verbindung zwischen den Beispielfällen und dem Nächsten-/Feindesliebegebot ursprünglich in Q gegeben war, anders ließe sich im Rahmen der Zweiquellentheorie nicht erklären, warum beide Evangelien die Beispielfälle und das Gebot im selben Kontext anführen.[204] Die ursprüngliche Reihenfolge dieser beiden Elemente ist schwer zu rekonstruieren, sofern aufgrund der Rahmung in Lk 6,27–35 auch im LkEv mit einer redaktionellen Überarbeitung gerechnet werden muss.[205] Von der ursprünglichen Abfolge abgesehen[206] ist zentral für diese Untersuchung,

202 Einerseits fehlt ein Äquivalent zu Mt 5,40 in Lk 6, andererseits ist die Reihenfolge in Did 1,4 umgekehrt: Wange – Meile – Obergewand.

203 Anders Klinghardt, Evangelium, 630–643, der davon ausgeht, dass der Autor des MtEv das von ihm rekonstruierte Urevangelium, in dem die *talio* in »antithetischer« Form begegnete, übernommen und überarbeitet habe. Garrow, Instance, 410–417, geht hingegen davon aus, dass die Autoren des MtEv und des LkEv eine gemeinsame Quelle verwendet haben, die auch Did 1,2–5a zugrunde liegt.

204 In drei literarischen Werken begegnen die Beispielfälle in relativer Nähe zum (1) Nächsten- (Did 1,2a) bzw. Feindesliebegebot (Mt 5,44; Lk 6,27.35), das in Mt 5 *nach* und in Did 1 *vor* den Beispielfällen steht, bei Lk zweifach erscheint und einen Rahmen bildet. (2) Die rhetorischen Fragen zur Liebesreziprozität bzw. dem wohlwollenden Handeln gegenüber »Feinden« (Mt 5,46–48; Lk 6,32–34; Did 1,3b) stehen jeweils *nach* dem Nächsten-/Feindesliebegebot, im LkEv innerhalb der Rahmung durch die Sprüche zur Feindesliebe. Schließlich (3) begründen alle drei Schriften diese Haltung durch die Zuwendung Gottes: Durch die Erhaltung der Schöpfung für alle (Mt 5,45b), dessen wohlwollende [χρηστός] Zuwendung (Lk 6,35b) oder die freigiebige Gabe der Gnadengaben (Did 1,5). Die Goldene Regel, die in Lk 6,31 und in der Did 1,2b in diesem Kontext begegnet, ist erst in Mt 7,12 erwähnt. Daneben verbinden Aussprüche zum Segnen von und Gebet für Widersacher zwei der Schriften (Lk 6,28; Did 1,3a).

205 Anders Kloppenborg, Formation, 174, der die Reihenfolge im MtEv für logischer und folglich sekundär gegenüber der als schwieriger eingeschätzten Abfolge bei Lukas hält. Da er mit Cadbury, Style, 85–88, davon ausgeht, dass Lukas Doppelungen vermeiden möchte, schreibt er folglich Lk 6,35 ebenfalls Q zu.

206 Sowohl das Gebot der Feindesliebe als auch die Beispielfälle würden als Fortsetzung des vorangegangenen Abschnitts, Q 6,22–23 (vgl. Hoffmann/Heil, Spruchquelle, 38; Fleddermann, Reconstruction, 876), Sinn ergeben. Besonders die ersten beiden Beispielfälle würden an die letzte Seligpreisung und das Schicksal der Propheten anknüpfen,

dass die Abspaltung der Beispielfälle vom Nächsten-/Feindesliebegebot wahrscheinlich auf die redaktionelle Tätigkeit des Evangelisten zurückgeht.[207] Die Verbindung der Beispielfälle mit der *talio* und die Schaffung des redaktionellen Mt 5,39a, die keine Parallele in Q (oder Did) hat, dürfte demnach ebenfalls dem Autor des MtEv zuzuschreiben sein. Die folgenden Schritte der Untersuchung orientieren sich an dieser Redaktionshypothese: Zunächst sollen die vier Beispielfälle untersucht werden, die dem Evangelisten vorgelegen haben, sodann soll das von ihm geschaffene redaktionelle Verbindunglied Mt 5,39a im Zentrum stehen, um abschließend zu klären, welche Funktion das Zitat der *talio* hat.

6.2.4.2 Die Beispielfälle (Mt 5,39b–42)

An die *talio* und den mt Prohibitiv (Mt 5,39a) angeschlossen präsentiert Mt 5,39b–42 vier Beispielfälle, die paradigmatische Anweisungen zum zwischenmenschlichen Verhalten geben. Verbunden sind die vier Beispiele durch ihre gemeinsame Perspektive: Angesprochen werden Menschen, die durch ihre Umwelt zum Handeln herausgefordert sind. Während i.–iii. Geschädigte im Blick haben, die auf verschiedene Weise Unrecht erfahren haben, kann die Bitte um finanzielle bzw. materielle Unterstützung in Mt 5,42 nicht in dieser Weise ausgelegt werden: Aufgrund der sehr knappen Formulierung kann der beschriebene Vorgang kaum als Übergriff konstruiert werden, der die angesprochenen Personen in Bedrängnis bringt.[208]

6.2.4.2.1 Die Iniuria (Mt 5,39b)

Gegenüber der neutral formulierten Maxime von Mt 5,39a wechselt bereits der erste Beispielfall in einen direkten Stil[209] und erinnert formal an kasuistische Rechtssätze: Der Vordersatz skizziert dabei knapp die zugrundeliegende

---

wodurch diese zu einer Aufforderung würden, die Propheten nachzuahmen (vgl. ebd., 285). Andererseits wäre auch das Gebot der Feindesliebe eine nachvollziehbare Fortsetzung, wobei das Verbum μισέω des Feindesliebegebots (Lk 6,27// Mt 5,43), sofern die letzte Seligpreisung statt dem mt διώκω ursprünglich dieses Verbum las (vgl. ebd., 279, der alle vier Vorkommen von διώκω in der Bergpredigt (Mt 5,10.11.12.44) als redaktionell ausweist), eine lexikalische Verbindung darstellen würde; vgl. mit dieser Reihenfolge Hoffmann/Heil, Spruchquelle, 38–41.

207 Vgl. Guelich, Antitheses, 450; Davies/Allison, Matthew, 539; Luz, Matthäus, 384; Fiedler, Matthäusevangelium, 145; Gnilka, Matthäusevangelium, 180; Konradt, Matthäus, 93. Vgl. aber Klinghardt (vgl. Anm. 133).

208 Dass die Bitte um ein Darlehen oder Almosen »very demanding« sei (so Baasland, Parables, 243), ist unbegründet. Vgl. hingegen zur lk Version unten.

209 Vgl. die Personalpronomina der zweiten Person sowie den Imperativ 2.Pers.Sg. im Gegensatz zum Infinitiv Aor. von v.39a.

Situation, bevor die »Apodosis« eine entsprechende Handlungsanweisung ausspricht. Der Vorfall ist dabei sehr allgemein gehalten und beschreibt lediglich einen Schlag auf die rechte Wange. Eine bedeutende Spur legt dabei das verwendete Verbum ῥαπίζω:[210] Es begegnet innerhalb des NT nur noch in Mt 26,67[211] und auch das zugehörige Nomen ῥάπισμα ist auf die Passionserzählungen im MkEv und JohEv beschränkt: Im Licht der in diesen Kontexten geschilderten Diffamierungen[212] liegt der Fokus der Handgreiflichkeiten weniger auf den verursachten körperlichen Schädigungen als auf der öffentlichen Schmach, die Jesus erleidet. Ein Blick auf die Verwendung des Lexems in der LXX scheint diese Hypothese zu bestätigen: ῥαπίζω und ῥάπισμα beschreiben auch dort körperliche Auseinandersetzungen, wobei die daraus resultierende (soziale) Demütigung bedeutender scheint als potenzielle Körperverletzungen.[213] Das Objekt σιαγών ist im NT nur hier und in der Parallelüberlieferung in Lk 6,29 (ohne δεξιός) belegt, begegnet aber neben anderen Intertexten[214] in ähnlicher

210 Die Varianten im Futur (D L Θ f 𝔐 mae bo) parallelisieren die Protasis vermutlich mit Mt 5,41 [ἀγγαρεύσει] und können entsprechend als sekundäre Harmonisierung gelten. Lk 6,29 (vgl. Iust.1 apol. 16,1) verwendet τύπτω für die Situationsbeschreibung und ändert damit die Q-Vorlage, vgl. Fleddermann, Reconstruction, 285. Aufgrund der generischen Bedeutung von τύπτω fällt eine semantische Unterscheidung schwer. Eine Engführung von ῥαπίζω auf die Verwendung von Gegenständen beim Schlag (so z.B. Goulder, Agreements, 372) scheitert bereits am ntl. Befund, wonach das Lexem nie zusammen mit Schlagwerkzeugen begegnet, τύπτω hingegen schon (u,a. Mk 15,19//Mt 27,30; vgl. Black, Agreement, 328). Ein Blick in die Septuaginta zeigt die Polysemie des Verbums τύπτω: Neben Raufereien (Ex 2,11.13; 21,15; Num 22,27; Dtn 25,11) kann es u.a. Kampfhandlungen und Töten (Dtn 27,24; Ri 20,31.39) sowie strafendes Handeln (1Makk 9,26; Gottes: Ex 7,17.27 etc). bezeichnen.

211 Mt 26,67 könnte von ῥάπισμα in Mk 14,65 beeinflusst sein. Lk 22,63 verwendet dort stattdessen δέρω. Vgl. auch Joh 18,22–23 (ῥάπισμα: Joh 18,22; [19,3]; δέρω: Joh 18,23). Zu δέρω im lukanischen Doppelwerk vgl. Omerzu, Prozeß, 147–148; 160–161.

212 Vgl. das Anspucken und Verspotten (Mk 14,65//Mt 26,67–68) sowie die hämische Krönung (vgl. Joh 19,1–3 sowie Joh 18,22).

213 Vgl. besonders den Bericht in 1Esdr 4,30, wonach Apame, die Konkubine des Darius (I.), diesen mit der linken (!) Hand schlägt und es ihm auch anderweitig an Ehrerbietung mangeln lässt (vgl. auch den Bericht in Ant 11,54 mit demselben Verbum). Ähnlich Jes 50,6, wo die Schläge auf den Rücken und die Ohrfeigen [ῥαπίσματα] mit dem Ertragen der Schmach des Angespuckt-Werdens [αἰσχύνης ἐμπτυσμάτων] parallelisiert werden. Auch der Umgang mit Samson in Ri 16,25 (B-Text) wird ähnlich beschrieben: Der bereits verstümmelte Samson wird von den Wachen zur eigenen Belustigung in den Hof geholt und geschlagen [ῥαπίζω]. Der A-Text berichtet gleichzeitig nur vom Verspotten [ἐμπαίζω]. Vgl. ferner Hos 11,1–4^{LXX}.

214 Vgl. den metaphorischen Schlag auf die Backe Jerusalems mit einem Stab in Mi 5,14 [ἐν ῥάβδῳ πατάξουσιν ἐπὶ σιαγόνα]. Die Wange ist zudem Sinnbild von Anmut (Hld 1,10; 5,13) und Trauer (Sir 32[35],18; Klg 1,2).

Weise, wenn etwa der Prophet Michajahu ben Jimla von Zedekia ἐπὶ τὴν σιαγόνα geohrfeigt wird oder Hiob von scharfen Schlägen auf die Wange berichtet.[215]

Besondere Bedeutung kommt dabei den analogen Vorstellungen von Klgl 3,30 und Jes 50,4–9 zu. Im dritten Gesang ruft Klgl 3,25–33 dazu auf, Anfechtung und Leid im Vertrauen auf Gottes Gerechtigkeit zu ertragen. In Klgl 3,30 wird dabei in einem Parallelismus membrorum konkret das Darbieten der Wange mit dem Ertragen von Beschimpfungen parallelisiert.[216] Im Gesamtzusammenhang der Klagelieder, vor dem Hintergrund der Zerstörung Jerusalems und des Leids der Bevölkerung, wirkt die Forderung, die »Wange« widerstandslos hinzuhalten, eindrücklicher als in der kurzen Szene von Mt 5,39b. Daneben bildet Jes 50,4–9 aufgrund von mehrfachen lexikalischen Übereinstimmungen einen wichtigen Intertext. Auch dort bietet der Misshandelte seinen Widersachern verletzliche Körperteile dar: Der Gottesknecht gibt in Jes 50,6 nicht nur seinen Rücken für (weitere) Geiselschläge hin, sondern auch beide (!) Wangen für die Ohrfeigen [τὰς δὲ σιαγόνας μου εἰς ῥαπίσματα] und wendet sein Gesicht nicht von seinen Widersachern ab [ἀπο-στρέφω].[217] Aufgrund der Semantik beider Lexeme [ῥαπίζω; σιαγόνα] ist der in Mt 5,39b dargestellte Übergriff nicht als Körperverletzung, sondern als öffentliche Ehrverletzung zu werten. Eine rechtliche Ahndung wäre in hellenistischer, römischer und antik-jüdischer Rechstradition möglich gewesen.[218] Die anschließende »Apodosis« wechselt allerdings die Perspektive.

---

215 Vgl. 3Kgt 22,24//2Chr 18,23; Hiob 16,10[LXX] sowie Klgl 3,30. Vor diesem Hintergrund verwundert, dass Baasland, Parables, 244, der ebenfalls die Ehrverletzung durch den Schlag betont, andere Lexeme für passender hält.

216 Vgl. Klgl 3,30: נ.ת.ן. לחי/δίδωμι σιαγόνα und ש.ב.ע. בחרפה/χορτάζω ὀνειδισμῶν.

217 Zu weiteren lexikalischen Verbindungen zwischen beiden Texten vgl. die folgenden Untersuchungen sowie ausführlich Allison, Studies, 219–222.

218 Vgl. auch mBQ 8,6, wo einfache Schläge [התוקע לחברו], Ohrfeigen [סטרו] und Ohrfeigen mit der Rückhand [לאחר ידו] mit gestaffelten Tarifen belegt werden. Im Kontext dieses Kapitels werden so Zahlungen gerechtfertigt, die nicht zu körperlichem Schaden führen. Explizit erwähnt auch tBQ 9,31 einen Schlag mit der Rückhand »nicht, weil es sich um einen Schlag, der zu Schmerz führt, handelt, sondern weil es ein despektierlicher Schlag ist« (vgl. 7.1.1.3.3). Die soziale Dimension eines Schlages auf die Wange ist schon in der Gesetzessammlung des Hammurapi deutlich: Die Rechtssatzreihe CH 202–205 ist abgegrenzt von schweren Körperverletzungen (§196–201) und inhaltlich verbunden durch das Schlagen [*maḫāṣu*] auf die Wange [*lētu*]. Bezeichnenderweise wird dabei nicht nur zwischen unterschiedlichen gesellschaftlichen Gruppen unterschieden, sondern auch innerhalb der Gruppe der *awilim* nach Ehrengrad differenziert, was die Höhe des zu zahlenden Betrags (§202.203) bestimmt. Zu ähnlichen Unterschieden je nach gesellschaftlichem Status und Alter im römischen Kontext vgl. Sírks, Delicts, 254–258. Für weitere und spätere Intertexte vgl. Cook, Slapping, 78–85.

Der Imperativ 2.Pers.Sg. στρέψον in Mt 5,39bβ wendet sich direkt an die geschädigte Person, stellt eine Handlungsmaxime auf und verzichtet auf eine Begründung. Vor dem Hintergrund des rechtlich relevanten Straftatbestands der *iniuria* könnte Mt 5,39bβ als Aufforderung zum Rechtsverzicht verstanden werden – vorausgesetzt, den beteiligten Personen steht der Rechtsweg offen.[219] Oder liegt die Handlungsmotivation darin, das widerfahrene Unrecht bloßzustellen? Da ein zweiter Schlag diesmal unter veränderten Umständen erfolgt, dürfte sich die Bewertung der Umstehenden ändern, sodass der Angreifer möglicherweise zur Reflexion seines Handelns veranlasst wird.[220] In jedem Fall werden die Geschädigten, möglicherweise rechtlich handlungsunfähig, zu selbstbestimmt handelnden Subjekten. Gerade dieser letzte Aspekt scheint zentral, entspricht es doch dem absoluten Fokus des Nachsatzes auf das Handeln der geschädigten Personen, ohne zusätzliche Hypothesen über das Gegenüber und die zugrundeliegende Motivation. Damit steht diese Auslegung in engem Zusammenhang mit der Charakterisierung der geforderten Gerechtigkeit in Mt 6,1–18: Auch dort fehlt eine innerweltliche Begründung des Handelns entsprechend der Gebote Gottes, könnte etwa das Almosengeben durch die Linderung sozialer Ungerechtigkeit einsichtig gemacht werden. Ähnliches gilt auch für Jes 50,4–9: Auch dort erzielen die Misshandlungen nicht den erhofften Ehrverlust[221] und der Gottesknecht sieht sich imstande, aufgrund seiner Hoffnung auf Gottes Souveränität allen Anfeindungen zum Trotz an seinem Auftrag festzuhalten. Mit Blick auf Mt 5,20 kann gefolgert werden: Das heilsentscheidende Tun der Gerechtigkeit besteht in einer Abkehr von menschlichen Kategorien, in Mt 5,39b exemplifiziert an den Kategorien der Ehre und Scham.[222]

6.2.4.2.2 Der Pfändungsprozess (Mt 5,40)

Auch der zweite Beispielfall skizziert das Aufeinandertreffen zweier paradigmatischer Personen, wobei sich der Konflikt diesmal an materiellen

219 Oder umgekehrt könnte die Aufforderung zum »Rechtsverzicht« kreativ darauf reagieren, dass den Jesusgläubigen in der mt Gemeinde eine Anklage vor jüdischen (vgl. Wengst, Rechtsverzicht, 40–41) oder römischen Rechtsinstanzen nicht möglich war (vgl. Novakovic, Cheek, 54–55). Ähnlich pragmatisch urteilt auch Ebner, Feindesliebe, 130–131.

220 Vgl. Konradt, Gewaltverzicht, 364–365. Diese Motivation wird in Iust. 1 apol. 16,1–4 explizit herausgestellt: Justin verbindet Lk 6,29//Mt 5,41 ausdrücklich mit Mt 5,16 (vgl. 1 apol. 16,2), wodurch das geforderte Verhalten als Exempel der guten Werke in die Welt strahlt und Mitmenschen zu entsprechendem Verhalten motiviert.

221 Vgl Jes 50,7: οὐκ ἐνετράπην […] οὐ μὴ αἰσχυνθῶ.

222 Vgl. Baasland, Parables, 245.

Interessen entzündet. In der mt Fassung droht ein Rechtsprozess,[223] bei dem sich ein nicht näher bestimmter Widersacher eines Kleidungsstücks bemächtigen [λαμβάνω] will. Auffällig ist der Unterschied zur Parallelüberlieferung: Lk 6,29 beschreibt schlicht, wie ein unbekanntes Individuum von der angesprochenen Person Bekleidung nimmt [αἴρω].[224] Die knappe Schilderung lässt mehrere Szenarien zu, wobei die anschließende negative Formulierung »halte nicht zurück« des lk Jesus gegenüber der aktiven Forderung »überlasse ihm« im MtEv eine handgreifliche Auseinandersetzung nahelegt.[225] Die Abfolge der Kleidungsstücke im LkEv – zusätzlich zum entwendeten ἱμάτιον wird auch der χιτών nicht zurückgehalten – unterstreicht diese Interpretation: Das äußerlich getragene Obergewand wird zuerst erbeutet und sodann auch das entblößte Untergewand preisgegeben.[226] Aufgrund dieser Überlegungen stellt sich folglich die Frage, welche Bedeutung der umgekehrten Reihenfolge bei Matthäus zukommt.[227]

Ausgehend von der juristischen Konnotation der Szenerie im MtEv richtet sich der traditionsgeschichtliche Blick zunächst auf die Verordnungen zum Pfändungsrecht in der Tora, auch wenn die dort verwendete einschlägige Terminologie fehlt.[228] Es könnte aus rechtlicher Sicht relevant sein, dass die Pfändung im MtEv auf den χιτών zielt, lesen doch Ex 22,25–26[LXX] und Dtn 24,13[LXX] ἱμάτιον und die Pfändung eines χιτών wird in der jüdischen

223 Die Verbindung κρίνω (pass.) + *dativus associativus* begegnet im NT sonst nicht (vgl. z.B. Apg 23,6; 1Kor 6,1), allerdings können Beispiele aus der LXX angeführt werden, vgl. Hi 9,3; 13,19. Erneut führt die Spur auch zum dritten Gottesknechtslied (Jes 50,8: τίς ὁ κρινόμενός μοι). Vgl. Davies/Allison, Matthew, 545; Betz/Collins, Sermon, 290, Anm. 745.

224 So auch Did 1,4; Iust.1 apol. 16,1.

225 Die Paraphrase von Baasland, Parables, 246, trägt der Ambiguität der knappen Formulierung Rechnung: »the robber, a thief or a person in need, takes what he can get first«.

226 Vgl. Ebner, Feindesliebe, 123.

227 Vgl. Did 1,4. Grundsätzlich wäre, da χιτών auch Tuniken und allgemein Kleidungsstücke bezeichnen kann, auch eine generische Verwendung der Vokabel möglich: Wer dir *ein* Kleidungsstück nimmt, dem gebe auch *ein zweites*. So dürfte Iust. 1apol. 16,1 zu verstehen sein, wo zwar die Reihenfolge dem MtEv entspricht, aber mit αἴρω und κωλύω die Diktion des LkEv übernommen und ein einziger Vorgang beschrieben wird [τὸν χιτῶνα ἤ τὸ ἱμάτιον (αἴρω)]. Dann wäre die unterschiedliche Reihenfolge im MtEv und LkEv möglicherweise nur eine dem Soziolekt geschuldete Umkehrung. Allerdings nimmt χιτών, wenn es gemeinsam mit ἱμάτιον verwendet wird, meist die Bedeutung Untergewand an, weshalb die oben skizzierte und überwiegend vertretene Logik von Lk 6,29 der Semantik der Nomina entsprechen dürfte. Vgl. ausführlicher Egner, Vêtements, 24; Punt/Stander, Dress, 8–9.

228 Eine deutlichere Verweisstruktur ergäbe sich durch die auch in Ex 22,25–26; Dtn 24,6.10–13.17[LXX] verwendeten *termini technici* ἐνεχύρασμα, ἐνεχυράζω, ἐνέχυρον.

Tradition[229] nicht erwähnt. Möglicherweise soll vor diesem Hintergrund das spezifische Verhalten des Gläubigers negativ skizziert werden: Entweder bereits durch dessen explizite Absicht, den χιτών (dauerhaft) zu pfänden[230] oder durch die freiwillige Preisgabe des ἱμάτιον, die seine Pfändungsabsicht mit den biblischen Verfügungen in Konflikt bringen und die unlautere Absicht des Gegenübers aufdecken würde.[231] Allerdings ist zunächst festzustellen, dass sowohl Ex 22,26–27 als auch die Aktualisierung der Verfügung in Dtn 24,6.10–13.17 die Pfändung eines Kleidungsstücks nicht generell untersagen,[232] sofern dieses vor Sonnenuntergang zurückgegeben wird. Durch das Fehlen einer Sanktionierung bei Zuwiderhandlung[233] und die enge zeitliche Einschränkung wird die Pfändung des שמלה/ἱμάτιον jedoch zu einem symbolischen Akt.[234] Ein grundsätzliches Verbot zur Pfändung von Kleidungsstücken findet sich auch in den halachischen Interpretationen aus der Zeit des Zweiten Tempels nicht ausdrücklich.[235]

229 Auch papyrologische Zeugnisse belegen überwiegend das Hinterlegen von ἱμάτια als Pfand (vgl. SB IV 7376 ([…] Σωτήριχος ἀπηνέγκατό μου ἱμάτιον […], 3 u.Z.); P.Cair.Zen. III 59507 ([…] ἔθηκεν ἱμάτιον ἐνέχυρον […] 3. Jh. v.u.Z.). Bisweilen kann auch ein χιτών diesen Zweck erfüllen, vgl. P.Mich. III 173 (Philadelphia, 170 v.u.Z.), wo ein Geldgeber mehrere Personen beschuldigt, ihr Darlehen nie zurückgezahlt zu haben. Zwei der Personen haben neben weiteren Gegenständen auch ihr (Unter-)Gewand als Pfand hinterlegt ([…] δεδωκὼς ὑπόθεμα χιτῶνα […]). Vgl. ausführlicher zum Wert von Kleidungsstücken nach dem papyrologischen Zeugnis Rollens, Justice, 101–105.

230 Vgl. Ebner, Feindesliebe, 124, der erwägt, dass der Gläubiger es deshalb explizit auf den χιτών abgesehen hat, da er diesen aufgrund von Dtn 24,12–13 und Ex 22,26–27 im Gegensatz zum ἱμάτιον dauerhaft in Besitz nehmen kann; vgl. Schulz, Spruchquelle, 122–123.

231 So betont etwa Konradt, Matthäus, 95, das Gegenüber *dürfe* den Mantel nicht nehmen. Wie unten knapp skizziert, fehlt bei beiden Verfügungen eine konkrete Sanktion der Zuwiderhandlung.

232 Ausgenommen ist selbstverständlich das Verbot, die Kleidung von Witwen zu nehmen (vgl. Dtn 24,17: בגד אלמנה/ἱμάτιον χήρας).

233 Das sog. Yavne-Yam Ostrakon beleuchtet den lebensweltlichen Hintergrund dieser Verfügungen. Die Petition eines Schnitters an einen zuständigen Beamten [שר] klagt den Umstand an, dass ihm vor einigen Tagen unrechtmäßig ein Kleidungsstück (vgl. Zeile 11: ויקח את בגד עבדך) während seiner Arbeit auf dem Feld genommen wurde. Vgl. Renz, Inschriften, 315–329.

234 Vgl. ausführlich Otto, Clothing, 324–326; ders., Deuteronomium 23,16–34,12, 1833–1834; 1840–1841; zu analogen Formulierungen bei Konflikten um Rechtsansprüche in keilschriftlichen Quellen vgl. Malul, Symbolism, 420–431.

235 In diesem Zusammenhang ist besonders die Interpretation bei Josephus (Ant. 4,267–270) bemerkenswert: Er versteht Ex 22,26–27 und Dtn 24,12–13 im Sinne eines Sicherungspfandes und unterscheidet über das biblische Zeugnis hinaus die Pfandleistung eines Tagelöhners (πένης, vgl. πένομαι in Dtn 24,12) von der eines Begüterten [εὔπορος]. Die Sicherheitsleistung des Letzteren kann bis zur Rückzahlung des geschuldeten Betrags einbehalten werden. Da er das Verbot, das ἱμάτιον über Nacht einzubehalten,

Doch auch ohne die skizzierten juristischen Spitzfindigkeiten und eine ausdrückliche Sanktionierung können diese Intertexte der Herausstellung des »Unrechts« durch den Gläubiger dienen: Über das geforderte Untergewand hinaus erhält der Gläubiger mehr als ihm (rechtlich) zusteht.[236] Die durch Armut entstandene Nacktheit deckt die Erbarmungslosigkeit der Forderung des Schuldners auf und – auch wenn diese nicht grundsätzlich widerrechtlich ist – den gesellschaftlichen Umgang mit schutzbedürftigen Gruppen.[237] Diese Interpretation schließt besser an die Begründungstrukturen von Ex 22 und Dtn 24 an: Das שמלה/ἱμάτιον ist dort Inbegriff eines lebensnotwendigen Alltagsgegenstands, ohne den ein mittelloser Schuldner schutzlos der Nacht ausgeliefert ist.[238] Weitet man den Blick über das enge Feld juridischer Verfügungen, sind das Motiv des Verzichts auf ungerechte Pfändungen und mit Kleidung assoziierte Forderung zum Schutz von Bedürftigen mehrfach als ethischer Grundsatz belegt: So äußert sich nach Ez 18 das Handeln nach Recht und Gerechtigkeit unter anderem darin, *Pfand* zurückzuerstatten und *Nackte zu bekleiden*,[239] Elifas wirft Hiob vor, er habe seinem Bruder grundlos ein *Pfand* genommen sowie *Nackten die Bekleidung* (Hiob 22,6),[240] und Amos zeichnet das Bild eines Trinkgelages auf gepfändeten Kleidern liegend (Am 2,8^{MT}). Entsprechend ist naheliegend, in der Preisgabe des letzten Kleidungsstücks in Mt 5,40 eine Art Zeichenhandlung[241] zu sehen, die das Unrecht entblößen

---

als Begründung der Milde gegenüber den Armen anführt, könnte umgekehrt überlegt werden, ob ein gepfändetes Kleidungsstück von Begüterten länger einbehalten werden darf. Mit umgekehrter Intention steht ein ähnlicher Diskurs auch hinter mBM 9,13: Unter Bezugnahme auf Dtn 24,17 formulieren die Rabbinen ein generelles Pfändungsverbot für *Witwen*, wobei betont wird, dass dieses gelte »ob sie nun arm oder reich sei« ([…] אלמנה בין שהיא ענייה ובין שהיא עשירה אין ממשכנין אתה […]). Vgl. zur späteren Diskussion in bBM 113a–114b auch Goldenberg, Halakhah, 91–92. Philo erwähnt solche Unterscheidungen nicht (vgl. spec. 3,204; virt. 89, somn. 1,92).

236 Vgl. so z.B. Fleddermann, Reconstruction, 286; Betz/Collins, Sermon, 290–291. Diese Argumentation ist mit Blick auf die Zweizahl der Kleidungsstücke denkbar, jedoch sollte der Preis eines χιτών nicht unterschätzt werden, vgl. Rollens, Justice, 102–103. Vgl. dahingehend auch die (spätere) Erwähnung des »Ausziehens eines Mantels« in mBQ 8,6 in Anschluss an weitere Injurien.

237 Vgl. Wink, Passivity, 107–108. Mitunter wird, aufgrund der Ohnmacht dieser Gruppen, Mt 5,40 als pragmatischer Ratschlag verstanden, das antike Rechtssystem insgesamt zu meiden, vgl. Howes, Stratum, 148.

238 Vgl. die Erweiterung der Bestimmungen in Dtn 24,6, wenn der Mühlstein als ein weiterer solcher Gegenstand erwähnt wird.

239 Vgl. Ez 18,5–7.16 [חובלתו חוב ישיב (…) וערים יכסה בגד/ἐνεχυρασμὸν ὀφείλοντος ἀποδώσει (…) καὶ γυμνὸν περιβαλεῖ]; 16 [ואיש לא הונה חבל לא חבל (…) וערום כסה בגד/καὶ ἄνθρωπον οὐ κατεδυνάστευσεν καὶ ἐνεχυρασμὸν οὐκ ἐνεχύρασεν (…) καὶ γυμνὸν περιέβαλεν].

240 Vgl. zu dieser Motivkombination auch Hi 24,9–10.

241 Vgl. Konradt, Matthäus, 95.

und den Gläubiger zur Reue führen soll. Dies ließe sich mit Blick auf Mt 5,16 substantiieren, allerdings fehlt auch in Mt 5,40b ein entsprechender Hinweis auf die zugrundeliegende Motivation.

Blickt man erneut auf die beiden Sätze zum Pfändungsrecht im BB und in D, fällt die theologische Begründung auf, die statt einer Sanktion den Abschluss der Sätze bildet: Gott hört den Schrei der Unterdrückten und verhilft ihnen zu ihrem Recht (Ex 22,26), während er jenen, die auf die angeprangerte Pfändungspraxis verzichten, ihr Tun als Gerechtigkeit anrechnet (Dtn 24,13). Daneben ist – ohne das Motiv der Pfändung, aber häufig parallelisiert mit der Nahrungsversorgung – die Bekleidung von Mittellosen ein Zeichen von Gottes gerechtem Handeln und ein Kernaspekt des ethisch aufrechten Verhaltens in zahlreichen Schriften der HB.[242] Vor diesem Hintergrund fällt auf, dass der Autor des MtEv, der nirgends sonst auf Pfändungen eingeht, innerhalb der Bergpredigt mit Mt 6,25–33 einen längeren Passus über die Sorge um (Be-)Kleidung und Nahrung eingefügt hat, der in Q ursprünglich einen anderen Ort hatte.[243] Auf den ersten Blick verbindet Mt 5,40 und Mt 6,25.28–33 dabei nur die (fehlende) Sorge um Kleidung, wobei die verwendeten Lexeme den speziellen Fokus des Be-kleidens betonen.[244] Die zusätzliche Beobachtung, dass Matthäus im Spitzensatz (Mt 6,33) durch den Zusatz von καὶ τὴν δικαιοσύνην [αὐτοῦ] gegenüber Q//LkEv einen weiteren Verweis auf den zentralen Begriff der Gerechtigkeit eingefügt hat,[245] könnte für eine intertextuelle Verweisstruktur auf Produktionsebene sprechen. Zusammen mit den lexikalischen Bezügen zu Jes 50,5–9 in den ersten Beispielfällen, die hier besonders das gerichtliche Setting betreffen,[246] ergibt sich eine Pointe, die absolut auf die Geschädigten fokussiert ist: Das vom mt Jesus geforderte Handeln dient

---

242 Vgl. Dtn 10,12–22, wenn Israel im Sinne einer mimetischen Ethik aufgefordert wird, dem Beispiel JHWHs folgend den Witwen und Waisen zu ihrem Recht zu verhelfen und die Beisassen mit Brot und Kleidung zu bedenken (Dtn 10,18). Vgl. Jes 58,7; Tob 1,17; 4,16 etc. Vgl. ausführlich Kessler, Clothing, 334–341. Vgl. auch Mt 25,34–46.

243 Vgl. Fleddermann, Reconstruction, 594; Konradt, Matthäus, 111.

244 Mt 6,25.28 ἔνδυμα; 6,29.31: περιβάλλω; 6,30: ἀμφιέννυμι.

245 Vgl. πλὴν ζητεῖτε τὴν βασιλείαν αὐτοῦ, καὶ ταῦτα προστεθήσεται ὑμῖν in Lk 12,31 ohne den Gerechtigkeitsbegriff, was grundsätzlich Q entsprochen haben dürfte, vgl. Hoffmann, Tradition, 122.

246 Möglicherweise bestand diese bereits in Q, wie Fleddermann, Reconstruction, 286, vermutet, der das Raubmotiv in Lk 6,29b als eine Anpassung an das ebenfalls redaktionelle Setting von Lk 6,30b versteht (gegenüber δανείζω in Mt 5,42), vgl. Schulz, Spruchquelle, 122. Davies/Allison, Matthew, 545, rechnen die Veränderung des Settings dem MtEv zu, um eine weitere Anspielung auf Jes 50,4–9 herzustellen. Ebner, Feindesliebe, 122, Anm. 13, hält eine Übertragung des ursprünglichen Gerichtssettings »in die Wanderradikalen-Situation« für das LkEv für abwegig.

weniger dem Aufdecken einer irdischen Ungerechtigkeit, sondern die Aufgabe des Obergewands symbolisiert das absolute Vertrauen in Gottes versorgendes und richtendes Handeln.[247] Darin stimmt Mt 5,40 mit dem dritten Gottesknechtslied (vgl. Jes 50,8–9) überein und schließt an die theologischen Begründungsstrukturen von Ex 22,25–26 und Dtn 24,10–13 an.

6.2.4.2.3 Die Angaria (Mt 5,41)

Das dritte Beispiel entspricht mit der Einleitung ὅστις σε und einem finiten Verb sowie der Apodosis im Imperativ formal wieder Mt 5,39b und kann auch inhaltlich mit dem ersten Beispielfall korreliert werden: Anders als in Mt 5,40.42 stehen keine materiellen Interessen im Zentrum, sondern die Selbstbestimmung und (körperliche) Integrität ist gefährdet. Im Gegensatz zu den anderen Beispielfällen können aufgrund des verwendeten Verbums ἀγγαρεύω genauere Rückschlüsse auf die involvierten Parteien gezogen werden. Das aus dem persischen Postsystem stammende Lehnwort[248] bezeichnet im Griechischen und Lateinischen[249] die Inanspruchnahme der Zivilbevölkerung und lokaler Packtiere für logistische Aufgaben der Armee.[250] Diese Bedeutung bestätigt auch die einzige weitere Verwendung des Begriffs im NT, wenn die römischen Soldaten Simon von Kyrene auf dem Weg nach Golgatha verpflichten, das Kreuz Jesu zu tragen.[251] Zusätzlich unterstreicht auch das *hapax legomenon* des NT und lateinische Lehnwort μίλιον den Hintergrund des dritten Beispielfalles: Die Konfliktlinie verläuft hier zwischen der Zivilbevölkerung und der römischen Besatzungsmacht.[252]

Hier fehlt eine parallele Überlieferung im LkEv, was entweder auf eine eigenständige Bildung durch das MtEv hinweist[253] oder als Auslassung des Satzes

---

247 Vgl. zu dieser Pointe von Mt 6,25–33 Hoffmann, Tradition, 121–123.

248 Vgl. Davies/Allison, Matthew, 546.

249 Als *angariare/angaria* hat das Verbum Eingang ins Lateinische gefunden. Zur römischen Praxis vgl. Roth, Logistics, 110–111; 141–146.

250 Auch im Aramäischen ist das Lexem als Lehnwort [אנגריא] belegt und bezeichnet überwiegend die Inanspruchnahme ziviler Packtiere und Arbeitskraft. In späteren Texten kann es schließlich jegliche Zwangsverpflichtung zur Arbeit meinen, vgl. mit Beispielen Sperber, Angaria.

251 Vgl. Mk 15,21; Mt 27,32. In Lk 23,26 fehlt der Begriff: Dort wird Simon aufgegriffen [ἐπιλαμβάνομαι].

252 Vgl. Davies/Allison, Matthew, 546.

253 Für eine redaktionelle Bildung durch den Autor des MtEv treten Schulz, Spruchquelle, 123, und Fleddermann, Reconstruction, 286–287 ein. Letzterer sieht in Mt 5,41 eine Bildung des Evangelisten, denn der Zusatz entspräche (1) der Tendenz des Matthäus, die Bergpredigt zu erweitern, (2) das Vokabular sei matthäisch, (3) die Theologie des Autors spiegele sich in diesem Beispielfall, (4) der Stil entspräche dem Autor.

durch das LkEv gedeutet werden kann. Die Gründe für letztere Annahme überwiegen: Als Motivation kann auf Tendenzen im LkEv und der Apg verwiesen werden, antirömische Ressentiments vermeiden zu wollen.[254] Ähnlich könnte auch das Ersetzen von ἀγγαρεύω durch das neutralere ἐπιλαμβάνομαι im lk Passionsbericht gedeutet werden.[255]

Erneut kann aufgrund des knappen Stils über die zugrundeliegende Motivation des geforderten Handelns und mögliche Alternativen nur spekuliert werden. Anders als bei der *iniuria* (Mt 5,39b) und dem Pfändungsprozess (Mt 5,40) versprechen rechtliche Schritte als vermutete Handlungsalternativen hier keinen Erfolg.[256] Das in den Dienst der römischen Armee gezwungene Individuum steht folglich vor zwei grundlegenden Handlungsoptionen: Der Forderung Folge zu leisten oder sich der Verpflichtung durch Flucht, handgreiflichen Widerstand bzw. passiver Verweigerung zu widersetzen. Die letzte Möglichkeit böte – abgesehen von der revolutionären Symbolik – nur eine geringe Erfolgsaussicht, wie auch das lexikalisch und inhaltlich verwandte Gleichnis in Epiktets Diskurs über die Freiheit (Epict. diss. 4,1,78–80) nahelegt.[257] Die einzig weitere Verwendung des Lexems ἀγγαρεύω illustriert die erste Handlungsmöglichkeit, wenn Simon von Kyrene der Verpflichtung durch die römischen Soldaten Folge leistet und Jesu Kreuz nach Golgatha transportiert.[258]

---

254 So Davies/Allison, Matthew, 547. Luz, Matthäus, 384, nimmt an, im historischen Umfeld des Autors des LkEv (senatorische Provinz/Rom) gehörten Fronleistungen nicht zur alltäglichen Erfahrungswelt. Vgl. dagegen die Ausführungen bei Ebner, Feindesliebe, 124, Anm. 21, der eine Zugehörigkeit zu Q annimmt.

255 Vgl. Lk 23,26 mit Mk 15,21//Mt 27,32; vgl. Sauer, Erwägungen, 9; Bøe, Cross, 203–204.

256 Allerdings ist mit PSI V 445 (= Sel.Pap. II 221) ein Edikt aus der Provinz Ägypten aus dem frühen zweiten Jh. belegt, das die Zwangsverpflichtung ziviler Akteure zur Bereitstellung von Transportmitteln nur bei entsprechender Genehmigung [διπλῆ] durch offizielle Stellen gestattet. Die dabei erwähnte Anmaßung und Misshandlung [ὕβρίς; ἐπήρεια] der Bevölkerung lassen möglicherweise Rückschlüsse zu, dass es (erfolgreiche) Proteste gegen diese Praxis gab. Vgl. schon P. London III 1171 rund 100 Jahre früher, das ein διπλώμα des Präfekten fordert, um die *angaria* zu nutzen. Vgl. zu den entsprechenden Dokumenten mit hilfreichen Kommentaren Mitchell, Transport; Chapman/Schnabel, Trial, 276–282; Wink, Passivity, 109–110.

257 Um zu demonstrieren, dass sich die menschliche Freiheit auf den sehr kleinen Bereich des Wollens und Entscheidens beschränkt, vergleicht der Autor die Verfügungsgewalt eines Menschen über seinen eigenen Körper mit dem Besitz eines Packesels: Sollte das Tier von einem Soldaten beschlagnahmt werden [ἀγγαρεία], ist er ohne Murren preiszugeben, da der Protest die Situation nur zum Schlechten verändert – über das Tier hinaus würde auch der Besitzer seine körperliche Unversehrtheit einbüßen. Vgl. ausführlich zu diesem Freiheitsbegriff Forschner, Freiheit, sowie Davies/Allison, Matthew, 479.

258 Ob Mt 27,22 allerdings als »Erfüllung« von Mt 5,41 gelten kann (vgl. Allison, Studies, 221–222) ist aufgrund der kurzen Notiz fraglich: Der Vers schweigt zu der Frage, ob Simons

Den Dienst freiwillig um eine zusätzliche Meile zu verlängern kann, wie auch für Mt 5,39b.40 häufiger erwogen, als Provokation im Sinne eines gewaltfreien Protests ausgelegt werden,[259] der zur Umkehr des Gegenübers oder zumindest zur Markierung der systemischen Unterdrückung führen kann. Abstrahiert man von der spezifischen Praxis der *angaria* und versteht Mt 5,41 als Ausdruck der Repressionen durch die politische Herrschaftsmacht, finden sich außerhalb der Bergpredigt mehrere Intertexte: Im Evangelium treten römische Amtsträger und Soldaten als Weisungsbefugte auf,[260] deren Handeln von großer Brutalität geprägt ist.[261] Dabei ist allerdings auch festzustellen, dass das MtEv römische Funktionsträger nicht ausschließlich in negativem Licht zeichnet[262] und zudem nicht als allmächtig präsentiert.[263] Das größte individuelle Leid von Repräsentanten Roms erfährt im Evangelium Jesus, der keinen Widerstand leistet, die Befragung vor dem römischen Statthalter größtenteils schweigend erträgt (Mt 27,11–14) und sich nicht gegen die Misshandlungen vor (Mt 27,26–31) und während der Kreuzigung (Mt 27,34–44) wehrt. Eine »Motivation« seines Handelns findet sich nur in Gethsemane, wobei zwei Elemente instruktiv sind: Jesus handelt souverän und ordnet sich dabei explizit dem Willen Gottes unter (vgl. Mt 26,39–42.53). Mit Blick auf die zwei vorherigen Beispielfälle kann auch Mt 5,41 in ähnlicher Weise verstanden werden.

6.2.4.2.4 Das Doppelbeispiel (Mt 5,42)

Das letzte Beispiel unterscheidet sich von den übrigen bereits formal durch seine parallele Doppelstruktur aus zwei Protasen und zwei Apodosen. Auffällig ist, dass nur in Mt 5,42 eine syntaktische Überleitung zum Vorangegangenen fehlt, weshalb das letzte Beispiel, das zudem viel allgemeiner gehalten ist als die vorherigen, als allgemeines Prinzip verstanden werden kann. Mit den

---

Dienst mehr umfasste, als das von ihm Geforderte, und auf narrativer Ebene ist nicht klar, ob der aufgrund seines Namens möglicherweise nicht Ortsansässige Jesu Rede gehört hatte oder in irgendeiner Weise sonst vorher in einer Beziehung zu Jesus und seinen Nachfolgenden stand. Zu Theorien, dass Simon von Kyrene als Jünger bzw. als Modell eines Jüngers (nach Mt 10,38 parr.) gelten kann, vgl. kritisch Bøe, Cross, 214–220.

259 Vgl. Wink, Passivity, 111–112; Ebner, Feindesliebe, 125–127; Konradt, Matthäus, 95.

260 Vgl. Mt 8,9; 10,18; 27,2; 28,14.

261 Vgl. Mt 2,16; 27,26–31; 27,33–37, vgl. Mt 20,19.

262 Besonders gilt das für die beiden Hauptmänner in Mt 8,5–13; 27,54, die auf ihre je eigene Art Jesu Person und Sendung anerkennen.

263 Bezeichnend ist die Darstellung des ranghöchsten Protagonisten des Evangeliums, Pilatus, dessen eigene Überzeugungen im Rahmen des Prozesses in Mt 27 von der öffentlichen Meinung manipuliert werden und der zusammen mit seinen Soldaten nach Jesu Tod zum Spielball der jüdischen Anführer wird; vgl. ausführlicher Weaver, Characters, 116–119.

Partizipien Präsens im Dativ bzw. Akkusativ sowie den Imperativen Aorist entspricht die Form wiederum Mt 5,40. Auch die Verwendung des Lexems θέλω sowie die finanzielle Natur der Forderungen erinnern an diesen Vers, sodass sich inhaltlich und formal ein ABAB-Schema der Beispielfälle ergibt.

Bezüglich der Perspektive hebt sich dieses letzte Beispiel deutlich von den drei vorangegangenen ab: Zwar schimmert beim Aufeinandertreffen der beiden paradigmatischen Personen erneut ein Ungleichgewicht durch, jedoch wendet sich die Paränese nicht an die unterlegene Partei. Vielmehr scheint die angesprochene Person selbst als potenzieller Wohltäter zu fungieren. Der Vorgang ist sehr allgemein gehalten: αἰτέω kann im MtEv die Bitte um Nahrung oder materielle Güter implizieren,[264] bezieht sich aber häufiger auf immaterielle Wünsche oder bleibt ohne spezielle Konnotation.[265] Während bei Mt 5,42a eher an die bedingungslose Gabe von Almosen zu denken ist, evoziert das im MtEv nur hier begegnende Verbum δανείζω den Vorgang eines (temporären) Darlehens bzw. einer Leihgabe. Zwar muss dabei nicht unbedingt eine andere sozialökonomische Klasse als in den vorherigen Beispielen angesprochen werden,[266] aber im Unterschied zum Vorangegangen ist kein »Unrecht« impliziert, das eine bestimmte Reaktion erfordert.

Die parallele Überlieferung in Lk 6,30 unterscheidet sich hinsichtlich der dahinterstehenden Motivik: Das Verbum δανείζω und die konkrete Vorstellung einer Leihgabe fehlt in beiden Vershälften. Während die erste Hälfte wie im MtEv vom Wortpaar αἰτέω – δίδωμι geprägt ist, ändert Lk 6,30b δανείζω zu αἴρω und verallgemeinert damit die Sentenz:[267] Anders als das MtEv stellt das LkEv nicht das bedingungslose Geben und die Leihgabe zusammen, sondern kombiniert das Bitten um eine Gabe und das Nehmen derselben. Der Prohibitiv mit ἀπ-αιτέω bezieht sich zurück auf Lk 6,30a und untersagt eine Rückforderung (illegitim) entwendeten Besitzes.[268] Folglich kann im LkEv eher ein erfahrenes »Unrecht« postuliert werden: 1) Allen [πᾶς] Bittstellern ist (materiell) zu helfen – möglicherweise auch wenn deren böse Absicht offensichtlich ist. 2) Gegenüber der mt Forderung im punktuell konnotierten Aorist kann das lk Präsenz iterativ verstanden werden.[269] 3) Während der mt Jesus

---

264 Vgl. Mt 7,9–10.

265 Vgl. Mt 6,8; 7,7.11; 14,7; 18,19; 20,20.22; 27,20.58.

266 So mit Blick auf Q ausführlich Howes, Stratum, 149–150.

267 Vgl. Fleddermann, Reconstruction, 287–288.

268 Die Sentenz von Lk 6,30b ist vermutlich allgemeiner als Verzicht auf Besitzansprüche zu verstehen, wobei eine Weiterführung des Raubmotivs von 6,29 durch das parallele καὶ ἀπὸ τοῦ αἴροντός (σου [...]/τὰ σὰ) nicht auszuschließen ist, vgl. Ebner, Feindesliebe, 122, Anm. 13.

269 Vgl. Davies/Allison, Matthew, 547.

lediglich motiviert, sich nicht von Bittstellern abzuwenden, fordert der lk Jesus dazu auf, Genommenes nicht zurückzufordern [ἀπαιτέω].[270] Im redaktionellen Lk 6,34.35[271] nimmt der Autor des LkEv das Darlehensmotiv auf: Mit ἐλπίζω λαβεῖν (v34) und ἀπελπίζω tadelt der lk Jesus dabei die Hoffnung der Gläubiger, den geliehenen Betrag zurückzuerhalten.[272] Grundlegend wird eine Reziprozität kritisiert, die in Mt 5,42 nicht anklingt.

Innerhalb des MtEv spielen Leihgaben keine größere Rolle mehr. Mehr Gewicht liegt hingegen auf der Almosengabe: In Kopfstellung des mt Sonderguts in Mt 6,2–4.5–6.16–18 diskutiert das MtEv diese jüdische Praxis unter dem Aspekt der zugrundeliegenden Motivation. Auch hier spielt der Lohngedanke[273] eine entscheidende Rolle, jedoch nicht im materiellen Sinn: Wer um Anerkennung und Prestige willen Almosen gibt, erhält, entsprechend der Selbstbezogenheit der Handlungsabsicht, die angestrebte Bewunderung. Wer hingegen dieselben Taten um ihrer selbst willen vollzieht, kann sich der göttlichen Anerkennung sicher sein.[274] In Verbindung mit Mt 5,20 und Mt 6,1–4 wird also deutlich, dass das vom mt Jesus in Mt 5,42 geforderte gerechte Verhalten schlicht das Handeln nach dem göttlichen Gebot bedeutet – unter Absehung der äußeren Umstände (Motivation, sozialen Folgen).

Eine weitere Nuance ergibt sich mit Mt 7,7–12: Das Q-Logion vom »Bitten-Suchen-Anklopfen«, das der Autor des MtEv ans Ende des Hauptteils seiner Bergpredigt einarbeitet, weist zahlreiche lexikalische Übereinstimmungen mit Mt 5,42 auf. Dort begegnen die Verben αἰτέω und δίδωμι/λαμβάνω zunächst in Verbindung mit weiteren Wortpaaren (ζητέω – εὑρίσκω; κρούω – ἀνοίγω), werden aber erneut in den explizierenden Beispielen (Mt 7,9–10) sowie in dem begründenden *qal-vachomer*-Argument (Mt 7,11) aufgenommen [αἰτέω (3x) und (ἐπι-)δίδωμι (4x)]. Die Perspektive ist gegenüber Mt 5,42 umgekehrt: Das Logion spricht die Hörenden der Bergpredigt als Bittsteller an, deren Ersuche erhört und mit der Gabe von guten Dingen [ἀγαθά] beantwortet werden. Anaphorisch kann der Abschnitt als Explikation des zentralen Themas »Gebet« gelten: Dafür spricht die Verwendung von αἰτέω, die Bezeichnung Gottes als Vater, die explizite Bitte um Brot in Mt 6,9–11 sowie die ursprüngliche Kontextualisierung der Perikope in Q.[275] Nimmt man aufgrund

270 Vgl. ebd.

271 So nach der Rekonstruktion von Fleddermann, Reconstruction, 292–293.

272 Vgl. Wolter, Lukasevangelium, 258; Mineshige, Besitzverzicht, 175–177.

273 Vgl. das wiederkehrende μισθός (Mt 6,1.2.5.16) und ἀποδίδωμι (Mt 6,4.6.18).

274 Vgl. ausführlicher Konradt, Matthäus, 102–103.

275 In diesem Zusammenhang dürfte zumindest den Autoren des MtEv und LkEv die Sentenz auch bekannt gewesen sein, vgl. Hoffmann/Heil, Spruchquelle, 60–61; Fleddermann, Reconstruction, 459–463.

der Verwendung derselben Lexeme eine Verbindung zu Mt 5,42 an, kann die dort erklingende Forderung als Nachahmung der göttlichen Zuwendung und somit als mimetische Ethik verstanden werden. Eine zusätzliche Beobachtung stützt diese Annahme: Ursprünglich dürfte die im MtEv anschließende Goldene Regel mit dem letzten Beispielfall Q/Lk 6,31//Mt 5,42 verbunden gewesen sein.[276] Folglich löst der Autor des MtEv diese ursprüngliche Verbindung, verknüpft die Goldene Regel jedoch mit einer weiteren Perikope aus Q, die das Thema Bitten und Geben aus einer anderen Perspektive beleuchtet.[277] Die »Goldene Regel« scheint dabei deutlicher als in Lk 6,31 (und vermutlich Q) ihrer rein zwischenmenschlichen Logik enthoben: Die Ethik des mt Jesus zielt auf ein Verhalten, das im zwischenmenschlichen Handeln Ausdruck findet, jedoch durch die Perspektive der Gotteskindschaft motiviert und ermöglicht ist. Unter dieser Prämisse kann die Goldene Regel als »das Gesetz und die Propheten« apostrophiert werden: Sie bezieht sich sowohl auf Mt 5,17–48.6–7,11 insgesamt, aber auch auf Mt 7,7–11 im Besonderen und kann so als Ausdruck des Doppelgebots der Liebe verstanden werden (vgl. Mt 22,40).[278]

Mt 5,42 hebt sich nur auf den ersten Blick von Mt 5,39b–41 ab. Es fehlt ein konkretes Unrecht, auf das die Angesprochenen reagieren sollen und auch die Reaktion zeichnet sich – besonders gegenüber Lk 6,30 – nicht durch ein »überraschendes« Mehr aus. Dennoch stimmt der Vers in vielen Punkten mit den vorangegangenen überein: Eine Motivation des Handelns wird nicht ausdrücklich genannt und die (innerweltlichen) Folgen der Handlung bleiben unerwähnt. Die intratextuellen Bezüge zu Mt 6,2–4 und Mt 7,7–12 verdeutlichen, ähnlich wie für Mt 5,39b.40 erwogen, die grundlegende Prämisse der Forderung: Die Zuwendung zum Nächsten geschieht unter Absehung persönlicher Vor- und Nachteile einzig im Vertrauen darauf, dass das Verhalten dem göttlichen Willen entspricht, aufgrund der Segenszusage nicht zum persönlichen Nachteil wird und eine Imitation der bedingungslosen Zuwendung Gottes zu seinen Geschöpfen darstellt (Mt 5,48).[279]

---

276 Trotz größerer Differenzen bezüglich der genauen Abfolge, herrscht bezüglich der Abfolge Lk 6,30.31 Einigkeit unter den Q-Fachleuten, vgl. Hoffmann/Heil, Spruchquelle, 40; Fleddermann, Reconstruction, 876; Kloppenborg, Formation, 177–178; zögernd auch Schulz, Spruchquelle, 121.

277 Möglicherweise bereitet die Veränderung von πατήρ zu ἄνθρωπος in Mt 7,9 gegenüber Q/Lk 11,11 diese Verbindung bereits mit Blick auf Mt 7,12 vor.

278 Vgl. Baasland, Parables, 488.

279 Vgl. Konradt, Gewaltverzicht, 372.

6.2.4.3 Der Prohibitiv Mt 5,39a: μὴ ἀντιστῆναι τῷ πονηρῷ

Den Einstieg in das Tora-Lehrwort des mt Jesus bildet ein knapper Prohibitiv, der jedoch für das Verständnis von großer Bedeutung ist. Da eine Parallelüberlieferung in den anderen Evangelien fehlt, handelt es sich mit großer Wahrscheinlichkeit um einen vom Autor des MtEv gebildeten redaktionellen Satz zur Verbindung des Q-Materials mit der Talionsformel. Deshalb verwundert, dass das übliche Verständnis des Prohibitivs – »widersteht nicht dem Bösen« – zu einer gewissen Inkongruenz gegenüber dem übernommenen Material führt: Mit Blick auf das Rechtsprinzip der *talio*, das in Mt 5,38b zitiert wird, ist nicht klar, in welcher Weise sich Individuen gegen »das Böse« zur Wehr setzen sollen. Gegenüber den Beispielen in Mt 5,39a–42 hingegen zeichnet sich der so verstandene Prohibitiv eher durch eine passive Zurückhaltung aus, während dort aktive Liebestaten gefordert werden.[280]

In unterschiedlichen Argumentationen spielt dabei besonders die Semantik von ἀνθίστημι eine bedeutende Rolle: Zunächst nimmt das Kompositum ἀντι-στῆναι die Präposition der Talionsformel auf und könnte als Kritik an der Talion als Rechtsfolge verstanden werden, nämlich, einer Tat nicht das Gleiche »entgegenzustellen«.[281] Allerdings hat die Analyse der Beispielfälle gezeigt, was auch die grundsätzliche Perspektive von Mt 5,39a–42 unterstreicht: Weder sind hier Rechtsfolgen im Blick, noch Richter angesprochen oder eine Revision des Rechtssystems das Anliegen des Evangelisten. Oder richtet sich ἀνθίστημι ausschließlich gegen gewalttätigen Widerstand, wobei die Beispielfälle komplementär einer untätigen Passivität als Alternative wehren sollen?[282] Das Moment der körperlichen Versehrung wäre einerseits in der Talionsformel bildlich gegeben und andererseits könnten besonders der erste und der dritte Beispielfall eine gewalttätige Gegenreaktion provozieren. Die überwiegende Verwendung des Verbums in der LXX sowie bei Josephus im Rahmen (para-)militärischer Auseinandersetzungen spricht für diese Auslegung von Mt 5,39a.[283] Gegen diese Engführung des Begriffs ist jedoch einzuwenden, dass, abgesehen vom dritten Beispielfall, keine bewaffneten Auseinandersetzungen

280 Vgl. Schneider, Widersteht, 162.

281 So Krieger, Erdulden, 30.

282 So Wink, Passivity, 114–115.

283 Vgl. in der griechischen Bibelüberlieferung Lev 26,37; Num 10,9; Dtn 7,24; 9,2; 11,25; 25,18; 28,7; Jos 1,5; 7,13; 23,9; Ri 2,14; 2Kgtm 5,6; 2Chr 13,7–8; 20,6.12; Est 9,2; Judith 2,25; 6,4; 11,18; 1Makk 6,4; 8,11; 11,38; 14,29; 14,29; 3Makk 6,19; SapSal 11,3; Sir 46,6; Mi 2,8; Ob 7.11; Hab 1,9; EpJer 55; Dan 10,13.11,2.15.16. Vgl. die Verwendung bei Josephus im Rahmen von militärischen (Ant. 4,89; 7,218; 12,308; 13,28; 15,115; 18,100; Bell. 3,196; 5,89.96; 7,246) bzw. paramilitärischen Aktionen (Ant 11,23; 14,424.426).

Thema der Beispielfälle sind und diese spezielle Semantik von ἀνθίστημι in anderen Schriften, etwa bei Philo[284] und im NT,[285] weniger ausgeprägt ist.

Zwei Perikopen, die eine große lexikalische Referentialität zu Mt 5,38–42 aufweisen, können dazu dienen, eine weitere Bedeutungsnuance von ἀνθίστημι offenzulegen: Im dritten Gottesknechtslied, dessen Verbindungen zum V. Tora-Lehrwort oben herausgestellt wurden,[286] fordert der bedrängte Gottesknecht im Vertrauen auf göttlichen (Rechts-)Beistand mit ἀνθίστημι in Jes 50,8 seine Widersacher heraus, doch zu versuchen, in einen Rechtsstreit mit ihm zu treten. In Dtn 19,18^{LXX} wird mit ἀνθίστημι (κατά) die Initiierung eines Rechtsprozesses bezeichnet, wobei auch das (substantivierte) Adjektiv ὁ/τὸ πονηρός/ν (Mt 5,38//Dtn 19,19^{LXX})[287] eine lexikalische Verbindung darstellt und die Elemente der Talionsformel im abschließenden Vers Dtn 19,21 eine (intendierte) Intertextualität nahelegen. Zusammen mit weiteren Belegen für eine forensische Bedeutung des Verbums[288] in der LXX[289] wird deshalb

284 Bei Philo begegnet ἀνθίστημι im Rahmen eines bewaffneten Konflikts ausdrücklich nur gig. 66 und im übertragenen Sinn in migr. 61. »Leibhaftige« Auseinandersetzungen spielen noch Cher. 35, Deus 181 und Mos 1,273 eine Rolle. Die übrigen Belege zeugen zwar auch von »Widerstand«, der mitunter in der politischen Sphäre zum Tragen kommt, können jedoch kaum auf militärische Opposition enggeführt werden (vgl. conf. 32; 43; somn. 2,88.93 und Oertelt, Herrscherideal, 165–169, sowie ferner spec. 4,111).

285 Vgl. nur Eph 6,13, wo das Bild eines militärischen Konflikts metaphorisch aufgerufen wird. In Röm 13,2 begegnet das Lexem in Bezug auf eine weltlich-politische Macht, es fehlt jedoch eine militärische Konnotation. Da die übrigen dreizehn ntl. Belege ebenso wie die, wie von ihm eingeräumt, sechs der zehn Belegstellen bei Philo seine These nicht stützen, verweist Wink, Passivity, 114–115, auf die lexikalisch verwandten Begriffe στασιαστής in Mk 15,7 und στάσις (Lk 23,19.25; Apg 15,2; 19,40; 23,10). Vgl. die ausführlichere Kritik dieser Engführung bei Horsley, Response, 129–131.

286 Vgl. 6.2.4.2.1.

287 Vgl. zudem das Verbum desselben Stamms πονηρεύομαι, dass in der gr. Version das Vergehen des Falschzeugens beschreibt.

288 Currie, Resistance, 141–142, verweist auf Jes 3,9; 59,12; Jer 14,7 und Dtn 19,18 sowie weitere Verse aus den gr. Versionen (Jes 54,17$^{symm.}$, Jer 7,16$^{symm.}$, Jer 43(36),25^{Aquila}).

289 Allerdings hat diese Bedeutung keinen Niederschlag bei Philo und Josephus gefunden und ist auch im NT kaum belegt. Ebd., 142–143, verweist darauf, dass ἀνθίστημι im NT dann verwendet wird, wenn »the action is merely verbal and the setting often forensic« und führt Gal 2,11, Apg 6,10; 13,7–12 und 2Tim 4,14–17 an. Ob diese Szenen und die Funktion des Verbums allerdings ausreichen, um dahinter Gerichtsprozesse zu vermuten, ist fraglich. Auch ohne ein gerichtliches Setting ist ἀνθίστημι mehrfach belegt, um, mit Blick auf Gal 2,11 und Apg 6,10, den moralisch aufrechten Widerstand durch Überzeugungskraft und Charisma auszudrücken (vgl. Judit 8,28; Wis 18,21–22; Sir 46,7, Philo conf. 32; 43; migr. 61) oder umgekehrt, mit Blick auf Apg 13,8 und 2Tim 4,14–17, die Auflehnung gegen den göttlichen Willen zu beschreiben (vgl. Ps 16,7; Hos 14,1; Mal 3,15; Jer 27,24.29 etc.; vgl. auch 2Tim 3,8). Als deutlicher Beleg für die forensische Bedeutung kann die lk Überarbeitung von Mk 13,9–13 gelten, bei der das Verbum in Lk 21,15 begegnet, wenn

mithin angenommen, μὴ ἀντιστῆναι τῷ πονηρῷ sei als Aufforderung zum Rechtsverzicht zu verstehen und halte die Zuhörendenden an, keine »Rechtsmittel« gegen erfahrenes Unrecht einzulegen.[290] Als Vorteil gegenüber dem sonstigen Verständnis des Satzes als generellem Verzicht auf Widerstand wird dabei herausgestellt, dass (a) der forensische Hintergrund der Beispielfälle – zumindest in i. und ii. – antizipiert werde und (b) die Verbindung zur *talio* vor dem Hintergrund des rechtlichen Kontextes von Dtn 19,15–21 erklärt werden könne.

Bei der Untersuchung der Beispielfälle hat sich jedoch gezeigt, dass, auch wenn Mt 5,39b.40 grundsätzlich als Anspielung auf Rechtsbrüche verstanden werden könnten, diese nicht primär im Blick sein dürften. Die intertextuelle Verbindung zu Jes 50,4–9^{LXX} und Dtn 19,15–21^{LXX} wirft zudem die Frage auf, ob ἀνθίστημι vor diesem Hintergrund wertfrei die Inanspruchnahme von Rechtsmitteln beschreibt, begegnet das Verbum doch in beiden Fällen im Modus der Kritik: Im dtn Falschzeugenrecht bezeichnet ἀνθίστημι die widerrechtliche Benutzung der Gerichtsinstanz durch den Falschzeugen, der mit böser Absicht (πονηρεύομαι, Dtn 19,19) handelte, weshalb der Böse (πονηρός, Dtn 19,19) aus der Mitte entfernt werden muss, damit eine so böse Sache (πονηρὸν, Dtn 19,20) nicht wieder geschieht. Im Kontext von Jes 50,4–9 meint ἀνθίστημι das juristische Aufbegehren der Widersacher des Gottesknechts, deren Handeln im Angesicht des ins Recht setzenden Gottes [δικαιόω] zum Scheitern verurteilt ist. Wenn also mit dem Verbum auf eine juristische Ahndung der im Folgenden angeführten Exempel angespielt wird, was aufgrund der deutlich intertextuellen Bezüge auf Jes 50,4–9 und Dtn 19,15–21 nicht in Abrede gestellt werden soll, bleibt jedoch fraglich, ob damit auf eine valide Alternative zum geforderten Handeln angespielt wird.[291] Bevor auf die Implikationen für die *talio* eingegangen werden kann, soll jedoch zunächst das zweite Element des Prohibitivs untersucht werden.

---

gleichzeitig die Sorge um die rechte Rede (vgl. λαλέω Mk 13,11//Mt 10,19) zur Sorge um die rechte Verteidigungsrede wird (vgl. ἀπολογέομαι in Lk 21,14).

290 Vgl. ebd. (»Do not protest against the wrongdoer. Don't file a complaint [...]«); Guelich, Sermon, 219–220 (»You shall not seek legal vindication against an evil person«); Fiedler, Matthäusevangelium, 145–147. Vgl. auch, als eine Option neben anderen, Zerbe, Non-Retaliation, 184–185; Davies/Allison, Matthew, 543; Davis, Lex, 149.

291 Weitet man den Blick, ist mit ἀνθίστημι selten ein Geschehen beschrieben, das wertungsfrei die Inanspruchnahme von Rechtsmitteln beschreibt: So kann niemand dem göttlichen Urteil widerstehen oder es anfechten (Hi 9,19; Weish 12,12; Jes 50,8) und das Angesicht (Jes 3,9) bzw. die Sünden (Jes 59,12; Jer 14,7) des Volkes führen die Anklage vor Gott. Fraglich ist zudem, ob der intendierten Hörerschaft der mt Bergpredigt der Rechtsweg überhaupt offenstand, vgl. Novakovic, Cheek, 45–46.

Kern der Auseinandersetzung mit dem zugehörigen Dativ ist meist die Frage, ob das hinsichtlich seines Genus grammatisch mehrdeutige τῷ πονηρῷ als Neutrum das Böse als Abstraktum[292] bzw. böse Handlungsweisen beschreibt[293] oder als maskuline Form zu verstehen ist und »die bösen Menschen« meint.[294] Als Dativobjekt von ἀνθίστημι dürfte ὁ πονηρός zusammen mit der überwiegenden Zahl der Belege im MtEv[295] hier eher »böse« bzw. schlechte Menschen charakterisieren, wie sie in den folgenden Beispielfällen auftreten.

Allerdings besteht auch die Möglichkeit, ἀνθίστημι als objektloses Verb zu verstehen[296] und den Dativ in anderer Funktion zu lesen. Die größte inhaltliche Kongruenz des gesamten Abschnitts liegt dabei in der instrumentalen Bedeutung,[297] die durch die intertextuelle Verbindung zu Dtn 19,15–21 bedingt sein könnte: Dort wird die Talionsformel gegenüber Ex 21,23b–25 und Lev 24,18b.20a statt mit תחת, mit der Präposition -ב gebildet, die häufig instrumentale Funktion hat. Auch wenn im NT ein *dativus instrumentalis* oft in Anlehnung an die Stilistik des LXX-Griechisch mit ἐν plus Dativ wiedergegeben wird,[298] finden sich mehrere Belege ohne Präposition (aber mit Artikel) im MtEv ebenso wie in weiteren ntl. Schriften.[299]

292 So Lohmeyer, Matthäus, 137–138, der darunter eine »aktiv reißende und gewaltsame Macht« versteht, die mehr darstellt als böse (Einzel-)Taten. Vgl. Luz, Matthäus, 390–391.

293 So Hagner, Matthew, 130–131; Krieger, Erdulden, 30–31.

294 Erwähnt aber meist abgelehnt wird die weitere Möglichkeit, dass es sich bei ὁ πονηρός um eine Bezeichnung des Teufels handelt. Ihm nicht zu widerstehen wäre aber theologisch mindestens fragwürdig und hätte innerhalb des Evangeliums explizit Mt 4,1–11 gegen sich und daneben, sogar unter Verwendung desselben Verbums, zudem Jak 4,7; 1Petr 5,8. Auch Mt 13,19, wo das MtEv gegenüber Mk 14,15 ὁ πονηρὸς statt ὁ σατανᾶς als handelnde Person auftreten lässt, muss keine (unbegründete) Renominalisierung des Satans darstellen, sondern kann auch als Akzentverschiebung durch den Evangelisten interpretiert werden, der auf diese Weise Kritik an der (römischen/jüdischen) Obrigkeit äußert (vgl. Konradt, Matthäus, 216, mit Blick auf den Teufel als Versucher in Mt 4,1.3 in Verbindung mit 16,1; 19,3; 22,18.35). Andere mögliche Verweise auf die Gestalt des Teufels durch ὁ πονηρὸς sind lediglich Mt 5,37; 6,13; 13,38, wobei auch dort keine Eindeutigkeit gegeben ist (vgl. u.a. ebd., 108–109).

295 Vgl. Mt 9,3; 12,34; 12,39; 13,49; 15,19; 16,14; 22,10 und daneben Mt 7,11, wo die Boshaftigkeit der Menschen eher als anthropologische Konstante in den Blick kommt.

296 Schneider, Widersteht, 170–171, verweist dahingehend neben zahlreichen Belegen aus der LXX (vgl. dort Anm. 35) mit Röm 13,2b und Eph 6,13 auf zwei Belege für diese Verwendung im NT. Als zusätzliche Beispiele einer objektlosen Verwendung können zudem Philo migr. 61 (als finites Verb) und somn. 2.93 (in Partizipialform) angeführt werden.

297 Für weitere Möglichkeiten vgl. Baasland, Parables, 238–239.

298 Vgl. Blass/Debrunner, et al., Grammatik, §195; Siebenthal, Grammatik, 173.3.

299 Vgl. Mt 23,4 (τῷ δακτύλῳ αὐτῶν – »mit ihrem Finger«), Lk 7,44 (τοῖς δάκρυσιν […] ταῖς θριξὶν αὐτῆς – »mit den Tränen […] mit ihren Haaren«), 1Kor 4,12; Eph 4,28 (ταῖς ἰδίαις χερσίν – »mit den eigenen Händen«).

Der klare Vorteil der Lesart »Widersteht nicht *mit* (*dem*) *Bösen*«,[300] ist, dass die oben vermutete redaktionelle Funktion als Brücke zwischen dem verwendeten traditionellen Material in Mt 5,38b.39b–42 inhaltlich nachvollzogen werden kann. Anaphorisch schließt dieses Verständnis von Mt 5,39a an die zentrale Fragestellung des biblischen und antik-jüdischen Diskurses an, in dem die *talio* sonst angeführt wird: *Auf welche Weise* kann eine Gesellschaft das durch schwere Körperverletzung oder Falschzeugnis entstandene Ungleichgewicht ausgleichen? Die Antwort besteht zunächst im Ausschluss einer bestimmten Handlungsoption: Nicht *mit* dem Bösen.[301] Indem das mt Verbot zum Widerstand keine grundsätzliche Passivität fordert, sondern lediglich die zur Verfügung stehenden Mittel einschränkt und die Vergeltung von erlittenem Unrecht durch ein weiteres Unrecht untersagt, wird eine enge Verbindung zu den Gliedern der Talionsformel deutlich. Impliziert wird durch die Formulierung dabei ein anderer Umgang mit Unrechtserfahrungen, der geschickt zu den Beispielfällen überleitet, die die Anschlussfrage aus einer individualethischen Perspektive beantworten: Auf welche Weise kann *ich* dann auf erfahrenes Unrecht reagieren? Zur Beantwortung dieser Frage führt das MtEv vier Beispielfälle an, deren ungenannte Handlungsalternative, eine ausgleichende Reziprozität, eine Handlung τῷ πονηρῷ explizieren könnte: Eine Wiedervergeltung des erlittenen Unrechtes (i.–iii.) bzw. eine materielle Freigebigkeit, die durch die Hoffnung finanziellen Gewinns oder immaterieller Ehre (iv.) motiviert ist.

Die vorgeschlagenen Handlungsoptionen zielen alle auf ein aktives Tun empathischer Nächstenliebe unter Absehung des eigenen Ansehens, was, wie die oben herausgearbeiteten intertextuellen Bezüge andeuten, durch die Hoffnung auf göttlichen Beistand erst ermöglicht wird. Auf diese Weise erhalten die angesprochenen Personen eine Handlungssouveränität zurück, die ihnen aufgrund gesellschaftlicher und rechtlicher Marginalisierung entzogen war. Inhaltlich schließt der so verstandene Prohibitiv eng an ethische Forderungen im NT und in jüdischer Literatur aus der Zeit des zweiten Tempels an: Die Wiedervergeltung wird zugunsten eines göttlichen Gerichts suspendiert und wohlwollendes Handeln gegenüber Mitmenschen gefordert.[302]

---

300 So schon Jordan, Substance, 69, und ausführlich Schneider, Widersteht.

301 Somit wäre das substantivierte Adjektiv neutrisch zu verstehen. Deshalb lehnt Baasland, Parables, 240, den Vorschlag von Schneider ab, da er aufgrund des Anschlusses von ὅστις für eine maskuline Deutung votiert (vgl. ebd., 239).

302 Vgl. Ps 34,15–23; Ps 38,21–23; 1QS 10,17–18; Röm 12,17–21; 1Petr 3,9–17; JosAs 28,5. Vgl. zur κακόν-Formel oben 6.1.

Neu ist hingegen die Verbindung zur biblischen *talio*, die vor dem MtEv nicht begegnet.[303]

6.2.4.4 Das ausgelegte Wort (Mt 5,38b)

Markiert durch die verkürzte Einleitungsformel zitiert Mt 5,38b das zweite und dritte Glied der biblischen Talionsformel. Entsprechend der antik-jüdischen Rezeptionstendenz, die sich bereits in Lev 24 andeutet, wird das *nepheš/psychē*-Glied von den folgenden Teilelementen der Formel abgetrennt und diese getrennt von den zugehörigen Perikopen ausgelegt.[304] Entsprechend Dtn 19,21/Lev 24,20[305] fehlt ein einleitendes Verbum für das erste Glied der Nominalsatzreihe,[306] wobei die singuläre Nennung von »Auge« und »Zahn« nur (rekonstruiert) in 4Q251 frg.8 begegnet.[307] Wie im II. Tora-Lehrwort handelt es sich vordergründig um ein direktes Torazitat – von der syndetischen Verbindung mit καί abgesehen. Da die beiden zitierten Glieder der Talionsformel(n) in allen drei Perikopen der HB/LXX begegnen und in den griechischen Fassungen wörtlich übereinstimmen, kann aufgrund des wörtlichen Zitats allein keine Entscheidung getroffen werden, auf welche der drei Perikopen Mt 5,38b Bezug nimmt. Nicht auszuschließen ist deshalb, dass der mt Jesus allgemein das »Talionsprinzip« kommentiert, wobei eine Auseinandersetzung mit jenen antik-jüdischen Stimmen den Hintergrund bilden könnte, die eine Interpretation der Formel als Forderung einer körperlichen Retribution nicht grundsätzlich ablehnen.[308]

---

303 Vgl. aber zur Verbindung dieses Motivkomplexes im Rahmen von ethischen Mahnungen mit der κακόν-Formel im Folgenden.

304 Vgl. 8.1.2.

305 Vgl. dagegen natürlich die Einleitung des *nepheš/psychē*-Glieds in Lev 24,18 mit ש.ל.ם./ἀποτίνω.

306 Vgl. Ex 21,23 [נ.ת.ן./δίδωμι].

307 Vgl. später auch das Scholion$_{O}$ zu Megillat Taʿanit zum 10. Tammus. In tannaitischen Texten ist die knappe Verweisstruktur mit »Auge« üblicher, häufiger zusammen mit »Hand« und »Fuß«.

308 Vgl. Davis, Lex, 140; Schaller, Antitheses, 84. Vgl. 5.1.5.2 zu Josephus, der in Körperverletzungsfällen eine Auslösung der Talionsstrafe zu bevorzugen scheint, darin aber grundsätzlich eine Option sieht und die Todessanktionen im näheren Umfeld wohl ebenfalls talionisch verstanden hat. Vgl. 7.3.1.3 zu R. Eliezer nach den rabbinischen Quellen, der die Intentionalität zum Kriterium erhoben haben soll, ob bei Körperverletzungen eine talionische oder ersatzleistungsrechtliche Rechtsfolge angemessen ist. Zu Philo, dessen Position ebenfalls ambivalent zu sein scheint, vgl. 4.2. Von der Interpretation der Talionsformel bei den Boethusianer bzw. Sadduzäern erfahren wir erst indirekt aus tannaitischen Texten (vgl. 7.1.2.1 zum *nepheš*-Glied in mMak 1,6; SifDev 190) oder noch

Dass Mt 5,38b die Übertragung der Talionsformel in eine Alltagsmaxime im Blick hat, was ausgehend vom Kommentar in Mt 5,39–42 ein passgenaues Gegenstück darstellen würde, kann ebenfalls nicht kategorisch ausgeschlossen werden.[309] Allerdings zeigt diese Untersuchung – zumindest in den zugänglichen Quellen –, dass Zitate aus der oder Anspielungen auf die Talionsformel beinahe ausschließlich[310] juristische Fragestellungen im Blick haben. Ein solches Verständnis der Talionsformel als Alltagsmaxime, die mit Mt 5,20 der pharisäischen bzw. »schriftgelehrten« Tradition zugeordnet wird, ist allerdings vor der oben skizzierten Logik nicht zwingend anzunehmen: Vielmehr scheinen die Tora-Lehrworte des mt Jesu darauf abzuzielen, dass die Toragebote eine größere Bedeutung für die *individuelle* Lebensführung haben, als in seiner Umwelt angenommen wurde. Doch in welchem Aspekt der Talionsformel ist dieser »Mehrwert« für die persönliche Lebensgestaltung zu finden?

Wird die Talionsformel als Begrenzung ungezügelter Rache verstanden, könnte in Mt 5,38b.39–42 eine funktionale Entsprechung vorliegen: Ähnlich wie die Talionsformel das Maß der juristisch gestatteten körperlichen Retribution auf eine äquivalente Gegenreaktion einschränkt, bedeutet die Forderung eines (negativen) Vergeltungsverzichts im Alltag ein Durchbrechen der Gewaltspirale. Dabei wäre konkreter das Talionsprinzip im Blick, wie es vermutlich für die Vorgeschichte der Talion im Bundesbuch anzunehmen ist.[311] Die oben für Ex 21,24 und Dtn 19,21b erwogene Funktion, die Angemessenheit des Verhältnisses von Rechtsbruch und Rechtsreaktion zu begründen,[312] fände keine Aufnahme, ebenso wie die Forderung einer Talionsstrafe in Lev 24,10–23, die einem theologischen Ideal geschuldet ist. Besonders bei dieser Auslegung ist aber das Traditionsstück Mt 5,39b–42 nicht von Relevanz: Inwiefern

---

späteren Werkzusammenhängen (vgl. 5.1.5.3.2 zur *talio* im Körperverletzungsrecht des Scholion$_O$ zur Megillat Ta'anit).

309 Dies gilt insofern, als heute nur ein begrenzter Einblick in den Diskursraum der Talionsformel sowie ihrer Rezeption in der Antike möglich ist (vgl. 1.3.4) und die zugänglichen Rezeptionsvorgänge ausschließlich in literarischen Werken begegnen. Eine aphoristische Verwendung der Talionsformel in der Alltagssprache zum Ausdruck von Vergeltung, wie sie heute etwa z.B. in medialer Berichterstattung häufiger begegnet (vgl. Kap. 1, Anm. 1), kann weder nachgewiesen noch ausgeschlossen werden.

310 Vgl. oben zu Jub 4,32 (3.3.2) sowie die Verwendung von עין בעין in derselben Funktion wie die *midda*-Formel in MechSch Bach 48,1 zu Ex 19,1 (7.2.1).

311 Dabei ist aber anzumerken, dass die Talion(-sformel) als Mittel zur Beschränkung ungezügelter Racheakte im Rahmen des antik-jüdischen Diskurses keine Rolle spielt und erst in christlicher Apologetik belegt ist, vgl. Kap. 1, Anm. 59, zu Aug.c.Faust. 19,25.

312 Vgl. dazu besonders Philo, spec. 3,181–183 (4.2).

fordert die Talionsformel *selbst*, als individualethisches Toragebot verstanden, negativen Erfahrungen Wohltaten entgegenzusetzen?

Die lexikalischen Anklänge des redaktionellen Verbindungsstücks Mt 5,39a an Dtn 19,15–21^{LXX} [ἀνθίστημι; ὁ/τὸ πονηρός/ν; (πονηρεύομαι)] lassen die dtn Talionsformel als konkreten Referenzpunkt wahrscheinlich werden. Wie oben skizziert, dient die Formel dort zusammen mit weiterem dtn Formelgut einerseits der Prävention und unterstreicht die Gefahr, die von Falschzeugen für die (Rechts-)Gemeinschaft ausgeht. Zum anderen fungiert sie als Begründung der in Dtn 19,19a geforderten Spiegelstrafe, deren Abstraktionsniveau – da sich die Rechtsfolge auf die böswillige Absicht [ז.מ.ם./πονηρεύομαι] bezieht und der eigentliche Schaden außerhalb des konkreten Vorfalls zu suchen ist – hoch ist.[313] Als Mittel, der Bedrohung der Rechtsgemeinschaft durch den Missbrauch des Rechtssystems Einhalt zu gebieten, wird in Dtn 19,15–21 eine Mehrzahl an Zeugen gefordert und in Grenzfällen dienen die Prüfung der Zeugenaussagen, ein kultischer Beweiseid sowie die öffentliche Androhung harter Sanktionen diesem Zweck. Einen ähnlichen Effekt kann das in Mt 5,39a–42 geforderte Verhalten haben, indem es die Widersacher aufgrund der kontraintuitiven Reaktionen zur Reflexion anregt oder umgekehrt, sollte der Widersacher ein zweites Mal entsprechend handeln, das Unrecht öffentlich demaskiert.[314] Auf diese Weise erhalten entsprechend handelnde Personen nicht nur ihre Souveränität zurück, sondern nehmen, indem durch ihr Verhalten das ihnen widerfahrene Unrecht ans Licht kommt, performativ die Rolle der Priester und Richter aus Dtn 19 ein.[315]

Aufgrund des Schweigens der Beispielfälle zur Effektivität dieser Methode scheint darin jedoch nicht die einzige Pointe zu liegen. Hinsichtlich der intertextuellen Verweise, die der Autor des MtEv zu weiteren Passagen in der Bergpredigt anlegt, ist zu überlegen, ob nicht Kern des Lehrworts eine *relegatio ad eschata* ist, die im Rahmen der Predigt vom hereinbrechenden Gottesreich zu verstehen ist. Für die individuelle Lebensgestaltung unter dieser Perspektive ist eine Wiederherstellung der irdischen Gerechtigkeit, wie sie etwa in Dtn 19,16–21 bei falscher Anklage oder aufgrund der persönlichen Verletzungen der Beispielfälle i.–iii. erstrebenswert ist, nebensächlich. Das »Mehr« an Gerechtigkeit beschreibt hier ein Ideal, das sich am Grundsatz der barmherzigen Zuwendung Gottes zum Menschen ausrichtet, der die Schöpfungsordnung für alle Menschen erhält (Mt 5,45.48). Das Wissen um Gottes Beistand (Jes 50,4–9; Mt 5,10–11; 6,25–34; 7,7–12) ermöglicht dabei, freimütig auch mit

---

313 Vgl. 2.1.2.4.

314 Vgl. Luz, Matthäus, 388–389; Konradt, Gewaltverzicht, 364–365.

315 Vgl. Novakovic, Cheek, 33.

seinen Widersachern umzugehen und die Menschenfreundlichkeit Gottes zu imitieren.[316]

6.2.5 Die redaktionelle Entstehung von Mt 5,38–42 im Rahmen der Tora-Lehrworte

Der Schlüssel für das Verständnis des fünften Tora-Lehrworts dürfte in seiner redaktionellen Entstehung zu suchen sein. Wie oben herausgearbeitet, entwirft der Autor des MtEv die Tora-Lehrworte Mt 5,21–48 als weisheitliche Toraparänese, in dessen Rahmen der mt Jesus Toragebote individualethisch auslegt und ihre Begründungslogiken herausarbeitet. Ausgangspunkt für die Bildung des fünften Tora-Lehrworts waren offenbar die Beispielfälle Mt 5,39b–42, die dem Evangelisten durch Q vorgegeben waren. Neben den Beispielfällen, die eine wohlwollende Behandlung von Widersachern fordern, begegnen in diesem Zusammenhang zwei weitere Elemente, die an eine frühchristliche paränetische Tradition erinnern: Das Gebet bzw. der Segen für die Verfolger (Q/Lk 6,28) und der Gottesbezug, der dieses Verhalten erst ermöglicht (Q/Lk 6,35c).[317] Vielleicht hat der Autor des MtEv darin die mit der κακόν-Formel verbundene paränetische Tradition erkannt[318] und wollte diese Mahnung zum Verzicht auf Wiedervergeltung und die Anheimstellung der Durchsetzung irdischer Gerechtigkeit an Gott in seine Tora-Lehrworte einbauen. Das hat zur Abspaltung der Beispielfälle vom Feindesliebegebot und der Bildung eines eigenen Lehrworts geführt.

Aufgrund der formalen Logik von Mt 5,21–48 wäre ein Zitat der κακόν-Formel nicht ohne weiteres möglich: Zum einen liegt mit der κακόν-Formel bereits eine individualethische Paränese vor, zu der Q/Lk 6,29–30//Mt 5,39b–42 nach der obigen Analyse gegenüber der sonst traditionellen protreptischen Weiterführung keine weiterführende Aspekte hinzufügt.[319] Zum anderen würde es der mt Tendenz widersprechen, im Sinne der Toraparänese individualethische Handlungsempfehlungen aus (Schrift-)Worten abzuleiten, da es sich bei (μή) κακὸν ἀντὶ κακοῦ (ἀποδίδωμι) nicht um ein Toragebot handelt bzw. der Vers nicht auf einen Toravers zurückgeführt werden kann.

---

316 Vgl. Konradt, Gewaltverzicht, 377.

317 Vgl. mit unterschiedlicher Reihenfolge Hoffmann/Heil, Spruchquelle, 40–43; Fleddermann, Reconstruction, 876–879: (Q 6,27–28: Segen für Verfolger/Flucher; Q 6,29–30: Wohltaten an Widersachern trotz ihres negativen Verhaltens; Q6,35c: Imitation der göttlichen Zuwendung gegenüber allen). Vgl. auch die ausführlichere Übersicht bei Jacobi, Jesusüberlieferung, 64.

318 Vgl. 6.1.

319 Das trifft auch auf die Belege in JosAs zu, vgl. 6.1.4.

Inhaltlich entspricht Mt 5,39a, nach dem oben favorisierten Verständnis, der apotreptischen Mahnung der κακόν-Formel: Er schließt eine Vergeltung von erfahrenem Übel aus, was von den folgenden protreptischen Aufforderungen ergänzt wird. Die ungewöhnliche Formulierung rührt daher, dass der Evangelist durch die Paraphrase der κακόν-Formel einen Anschluss an einen bekannten Toravers sucht, den der mt Jesus gegenüber dem sonst verbreiteten Verständnis individualethisch auslegen kann. Durch die lexikalischen Anklänge an Dtn 19,15–21^{LXX} [ἀνθίστημι; ὁ/τὸ πονηρός/ν; (πονηρεύομαι)] kann er eine Verbindung zwischen der paraphrasierten κακόν-Formel in Mt 5,39a und der Talionsformel in Dtn 19,21^{LXX} herstellen, die zudem formal eine große Ähnlichkeit mit der in der frühchristlichen Paränese verbreiteten Formel aufweist.

Durch die verwendeten Lexeme verweist der Autor des MtEv auf die Funktion der Formel in Dtn 19,21: Sie begründet einerseits die Angemessenheit der Strafe, die aufgrund des abstrakten Zusammenhangs zwischen dem (konkreten) Vergehen des Falschzeugnisses und dem (tatsächlichem) Schaden für die Rechtsgemeinschaft nicht ohne weiteres einleuchtend ist. Zum anderen dient sie, zusammen mit weiterem Formelgut in Dtn 19,19b–20a, der Prävention. Der erste Aspekt, die berechtigte Hoffnung auf eine angemessene Verurteilung der Falschzeugen, kann bestehen bleiben. Dieser Strafaspekt ist für den mt Jesus aber nicht Kern des göttlichen Willens, der in Dtn 19,16–21 ausgedrückt wird. Darin ähnelt das fünfte Tora-Lehrwort besonders Mt 5,21–26: Die zentrale Willenskundgabe des dekalogischen Tötungsverbots besteht nicht im Verbot von Tötungsdelikten oder zielt auf gerechte Strafen für Mord und Totschlag. Dieser Aspekt der Gerechtigkeit ist Aufgabe der staatlichen Institutionen sowie in letzter Konsequenz Verantwortung Gottes. Das Tötungsverbot in der Lehre des mt Jesus zielt, durch Sichtbarmachung der das Mordverbot begründenden Motivation, vielmehr auf eine Verhaltensänderung, die zwischenmenschliche Zwistigkeiten ernst nimmt und nach Versöhnung trachtet.

Mit Blick auf die dtn Talionsformel ist für die individuelle Lebensgestaltung ebenfalls nicht die Frage nach der irdischen Herstellung von Gerechtigkeit nach Dtn 19,16–19a der entscheidende Aspekt der Perikope. Stattdessen scheinen die intertextuelle Verzahnung der Beispielfälle in der Bergpredigt, die Mahnung zum Vergeltungsverzicht und der Hintergrund der κακόν-Formel den präventiven Aspekt der Talionsformel zusammen mit Dtn 19,19b–20 ins Zentrum zu rücken. Der mt Jesus stellt als individualethisch bedeutende Willenskundgabe Gottes in der Talionsformel heraus: »Du sollst den Bösen [τὸν πονηρὸν] aus eurer Mitte entfernen« (Dtn 19,19b), und: »Du sollst nicht fortfahren, etwas wie diese böse Sache [κατὰ τὸ ῥῆμα τὸ πονηρὸν τοῦτο] unter euch zu tun«.

6.2.6 Die Talionsformel im Matthäusevangelium

Im vorletzten Tora-Lehrwort seiner Bergpredigt kreiert der Autor des MtEv aus Traditionellem etwas Neuartiges. Er verbindet Teile der Talionsformel, die im biblischen Zeugnis und in der uns zugänglichen antik-jüdischen Rezeption dem Rechtsdiskurs zuzuordnen sind, mit Q-Material zum Vergeltungsverzicht, der antik-jüdisch und ebenso wie nichtjüdisch-pagan breit bezeugt ist. Die formelhafte Sprache der Tora-Lehrworte erinnert an antik-jüdische Diskurse: Zwar sind die konkreten Formulierungen singulär, jedoch gibt es begründeten Anlass, ihren Ursprung im rabbinischen Diskurs zu suchen. Es gibt keinen Anlass dafür, eine kategoriale Unterscheidung zwischen der Lehre des mt Jesus und den Geboten der Tora anzunehmen. Zentral scheint dem mt Jesus vielmehr, Gesetzesauslegung (Mt 5,21–48) und Gesetzesbefolgung (Mt 6,1–8.16–18) hinsichtlich der Erfüllung des göttlichen Willens zu unterscheiden. Eine Tendenz zur Abgrenzung gegenüber anderen Interpretationstraditionen und Verhaltensweisen ist dabei nicht von der Hand zu weisen. Gleichwohl ist diese wohl eher in der Autorität zu suchen, die dem Protagonisten des Evangeliums zugesprochen wird, der die Tora in göttlicher Vollmacht interpretiert (Mt 7,29).[320] Auch die Methodik, die er dabei verwendet, ist keine Erfindung des Autors des MtEv. Die weisheitliche Form der Auslegung der Tora hat Parallelen in jüdisch-hellenistischer Toraparänese.[321] In den Tora-Lehrworten sowie im Rest der Bergpredigt ist dabei das individuelle Verhalten Einzelner Kern der Lehre des mt Jesus, deren Inhalt sich an dem in der Tora offenbarten Willen Gottes orientiert (vgl. Mt 5,17–19).

Neu hingegen ist die Anwendung dieser Methode auf die biblische *talio*: Weder biblisch noch in den schriftlichen Zeugnissen des Antiken Judentums kann beobachtet werden, dass die Talionsformel für paränetische Zwecke oder zur individuellen Ermahnung verwendet wurde. Da der Autor des MtEv nur die beiden Glieder der Talionsformel anführt und keine Zusätze oder Amalgamierungen vornimmt, ist nicht unmittelbar auszumachen, mit welcher Talionsformel bzw. mit welchem Aspekt der Formel er die Forderungen zu wohlwollendem Verhalten in Mt 5,39b–42 korreliert. Der von ihm selbst gebildete Scharniersatz Mt 5,39a verweist lexikalisch auf Dtn 19,15–21 als wichtigen Intertext. Im Rahmen dieser Perikope hat die Talionsformel sowohl eine präventive Funktion als auch eine begründende Funktion, indem sie einerseits die große Bedrohung der Rechtsgemeinschaft

320 Vgl. Doering, Lehrworte, 12–15, zu Anklängen der Darstellung des mt Jesus als »Propheten wie Mose« (Dtn 18).

321 Vgl. ausführlich Niebuhr, Gesetz, sowie zu Mt 5,21–48 ders., Antithesen, 181–199.

durch Falschzeugnis einschärft und andererseits die Abstraktion zwischen Tat und Strafe, zwischen dem konkreten Vorfall und der Strafe, die sich auf die Absicht des Falschzeugens sowie den gesellschaftlichen Schaden bezieht. Ein ähnliches Absehen vom eigenen Schaden scheint auch Mt 5,39–42 nahezulegen: Das Einfordern des eigenen Rechts für konkrete Verletzungen oder das Sinnen auf irdische Gerechtigkeit entspricht nicht dem geforderten Ideal des Bergpredigers, aber auch die Provokation durch kontraintuitive Wohltaten scheint nicht in erster Linie das Anliegen in Mt 5,39–42 zu sein. Das dritte Gottesknechtslied, das zahlreiche lexikalische Verbindungen zu Mt 5,39a–40 aufweist, bestätigt diese Einschätzung und fügt ein zusätzliches Motiv hinzu: Menschliche Anfeindungen durch Schmähungen, Verletzungen oder Verurteilung erzielen nicht den angestrebten Effekt, wenn Gott als Helfer und Rechtsbeistand den Gedemütigten zur Seite steht. Mit diesem Wissen kann der Gottesknecht seinen Auftrag erfüllen und aufgrund dieser Hoffnung können auch die Angesprochenen auf die unmittelbare Sühnung des ihnen widerfahrenen Unrechts verzichten. Ähnliche Aufforderungen zur »Sorglosigkeit« der Hörer:innen sowie zur Versorgung durch Gott hat der Evangelist aus Q in die Bergpredigt integriert und redaktionell – durch einen Hinweis auf die Gerechtigkeit (Gottes) (Mt 6,25–34) und in den rahmenden Sätzen zu Gesetz und Evangelium (Mt 7,7–12) – herausgestellt.

Als Grund für das Zitat kann weiter erwogen werden, dass der Autor des MtEv bei der Bearbeitung des Q-Materials an ein frühchristliches Traditionsgut erinnert wurde. Dieses umfasst neben dem Segen und Wohltaten für die Widersacher sowie einer Suspendierung persönlicher Vergeltung aus der Hoffnung auf einen richtenden Gott auch eine inhaltlich und formal verwandte Formel. Womöglich hat diese intertextuelle/-mediale Verbindung den Autor des MtEv dazu angeregt, das verwandte Q-Material bei seiner Schaffung der redaktionellen Tora-Lehrworte, die Beispielfälle zum Umgang mit Widersachern, vom vorgegebenen Feindesliebespruch abzugrenzen und als eigenständigen Absatz voranzustellen. Die Verwendung von Begriffen der Wortfamilie πονηρός ist dabei leitend für das fünfte Tora-Lehrwort: Die böse Absicht des Falschzeugens [πονηρεύομαι] (Dtn 19,19a^{LXX}) wird kontrastiert mit der Ausrottung des Bösen [ὁ πονηρός] (Dtn 19,19b^{LXX}) und dem Absehen vom Tun der bösen Sache [τό ῥῆμα τό πονηρόν] (Dtn 19,20^{LXX}). Der Evangelist unterstreicht auf diese Weise die präventive Funktion der dtn Talionsformel für die Toraparänese zugunsten der begründenden Funktion des abstrakten Zusammenhangs von Tat und Strafe.

Damit trägt er allerdings auch eine besondere Spannung ein, die für die Rezeptionsgeschichte von Mt 5,38–42 von großer Bedeutung ist: Da Mt 5,21–48 als Toraparänese des mt Jesus gelten kann, das Vergeltungsverbot aber bereits biblisch breit bezeugt ist, kann Mt 5,38–42 den Eindruck erwecken, als habe er der *talio* selbst bzw. der Umwandlung derselben als Alltagsmaxime seinen Vergeltungsverzicht entgegengesetzt bzw. diesen erst aus der biblischen Formel abgeleitet. Aufgrund der redaktionellen Entstehung des fünften Tora-Lehrworts dürfte es sich dann aber weniger um eine »Verwechslung von Talion mit dem Grundsatz der Vergeltung: Maß für Maß [handeln]«,[322] sondern um eine Unschärfe, die sich aus dem Interesse des Evangelisten erklärt, den vergeltungskritischen Diskurs in seine Tora-Lehrworte einzubauen, Jesus in den Mund zu legen und als Toraauslegung zu präsentieren.

322 Jacob, Auge, 141, denkt hier an die *midda*-Formeln.

KAPITEL 7

Die Rezeption der Talionsformel in (früher) rabbinischer Literatur

Mit dem letzten Kapitel des Hauptteils ergibt sich mit Blick auf die bearbeiteten Quellen ein Zeitsprung von über einem Jahrhundert – von den Schriften des Neuen Testaments bis zur vermuten Endredaktion der Mischna und der Tosefta zu Beginn des dritten Jh.s u.Z. Die Lücke, die durch das Fehlen eigener oder fremder Zeugnisse über die Rezeption in den einzelnen Strömungen des Judentums in den ersten beiden Jahrhunderten bedingt ist, vermag die Untersuchung der tannaitischen Schriften nicht zu schließen. Dennoch vervollständigen diese späteren Zeugnisse in gewissem Sinne das Bild der antik-jüdischen Rezeption der Talionsformel(n) und sind für das Verfassen dieser Rezeptionsgeschichte einzubeziehen[1]

Die vorliegenden Quellen ermöglichen einen Einblick in das rabbinische Verständnis der Talionsformel(n) und ihrer argumentativen Verwendung. Aufgrund unterschiedlicher Schwerpunktsetzungen lassen sich im Wesentlichen zwei literarische Zugänge unterscheiden: Während Mischna und Tosefta vorwiegend Interesse an der Systematisierung der halachischen Ordnung haben, orientieren sich die halachischen Midraschim nicht nur hinsichtlich ihres Aufbaus stärker am biblischen Text, sondern geben Einblick in die hermeneutischen Operationen der Textinterpretation. Gleichzeitig lässt sich, wie etwa die Korrelation der fünf Schadenskategorien mit Ex 21,18–19.22–24 und Dtn 25,11–12 veranschaulicht,[2] kein eindeutiges zeitliches Primat des einen oder des anderen Zugangs zweifelsfrei feststellen: Einerseits bezieht sich die halachische Differenzierung in Mischna und Tosefta indirekt auf die biblischen Perikopen der Talionsformel(n), was möglicherweise auf spezifische hermeneutische Traditionen verweist, und andererseits ist besonders in den beiden Mechiltot als auch in SifDev eine Systematisierung der halachischen Prinzipien auszumachen,[3] die anhand des biblischen Textes diskutiert wird.

1 Vgl. 1.5.

2 Vgl. 7.1.1.1.

3 Zumindest hinsichtlich der halachischen Passagen in den tannaitischen Midraschim sind die wichtigen Hinweise von Sommer, Concepts, mitunter anzupassen. Seine Hinweise auf die polyvalenten Verweisstrukturen des biblischen Textes, die keine Buchgrenzen kennt, sind wichtig, jedoch grenzt z.B. MechJ die Rechtssätze durch die stereotypen »Einleitungsfragen« voneinander ab und stellt gleichzeitig durch intertextuelle Bezüge thematisch Gruppen zusammen.

 | HTTPS://DOI.ORG/10.1163/9789004747630-008

Die literarischen Abhängigkeiten zwischen den einzelnen Midraschim und der Mischna/Tosefta müssen dabei werkspezifisch eruiert werden und sind nicht immer eindeutig: Die Mechiltot stehen dabei – hinsichtlich der Terminologie, der faktischen Unterscheidung verschiedener Folgen von Körperverletzungen und der Begründung von Halacha mit der Schrift – der Mischna deutlich näher als Sifra. Gleichzeitig kennen MechJ und MechSch aber auch nicht alle Entschädigungsleistungen des mischnischen Körperverletzungsrechts und die Berechnung der finanziellen Ersatzleistungen spielt keine Rolle. Inwiefern dies eine Teilrezeption der Mischna bzw. Tosefta darstellt oder ein Rückgriff auf gemeinsame Quellen für die Verwandtschaft ausschlaggebend ist, muss im Einzelfall geprüft werden.

Besonders die Frage des Verhältnisses zwischen mBQ 8 und tBQ 9, den beiden Kapiteln zum tannaitischen Körperverletzungsrecht, ist von besonderer Bedeutung. Die beiden Werke stehen einander hinsichtlich ihrer Makrostruktur in sechs Ordnungen [סדרים] mit zahlreichen Traktaten [מסכתות] nahe und weisen auch inhaltlich zahlreiche Entsprechungen auf. Da die Tosefta jedoch deutlich umfangreicher ist, häufig detailliertere und teils abweichende Ausführungen als die Mischna enthält, während gleichzeitig Kernelemente des mischnischen Diskurses fehlen, drängt sich in besonderem Maße die Frage auf, in welcher Beziehung die beiden Werke hinsichtlich des untersuchten Materials zueinander stehen.[4] Im letzten Jahrhundert hat sich die Beurteilung des Verhältnisses beiden Werke zum Teil deutlich verändert:[5] Galt die Tosefta traditionell als Kommentar, Ergänzung und Fortführung der Mischna, da einerseits Kernelemente der Mischna fehlen und andererseits zusätzliche Differenzierungen Eingang fanden,[6] nahmen andere Forscher eine

4 Die Frage scheint zum ersten Mal ausdrücklich am Ende 10. Jh. u.Z. bei Scherira Gaon zu begegnen. Auch wenn nicht ganz sicher ist, dass er sich auf die uns vorliegende Komposition bezieht, bespricht er unter der Bezeichnung Tosefta Lehrtraditionen, die in der Mischna fehlen und diese erklären sollen; vgl. dazu und zu weiteren mittelalterlichen Theorien Houtman, Mishnah, 8–10; Tilly, Tosefta, 13–14.

5 Vgl. zum Folgenden die konzisen Einführungen bei Hayes, Intertextuality, 165–196, und Doering/Schumann, Introduction, 1–4, sowie Houtman, Mishnah, 1–2; 7–19; Tilly, Tosefta, 20–24, und Hauptman, Rereading, 14–16.

6 Vgl. Goldberg, Tosefta, 283 (»commentary, supplement and continuation«). Auf ähnliche Weise beschreibt auch Neusner die Tosefta als »first talmud/commentary«, »amplification/extension« bzw. »exegesis« der Mischna; vgl. Doering/Schumann, Introduction, 1, Anm. 3, und Tilly, Tosefta, 27–28. Frankel ging seinerseits von einer noch engeren Beziehung zwischen beiden Werken aus: Nach seinem Verständnis von bSan 86a gingen sowohl die Mischna als auch die Tosefta von R. Aqiva aus, wobei letztere Sammlung später noch erweitert wurde (vgl. Houtman, Mishnah, 10–11; Hayes, Intertextuality, 169–170).

amoräische Entstehung der Tosefta an.[7] In den letzten Jahren hingegen fanden jene Ansätze immer größeren Zuspruch, die eine grundsätzliche Priorität der Mischna gegenüber der Tosefta und eine entsprechende direkte literarische Abhängigkeit in Frage stellten.[8] In diesen Theorien wird die kompositorische Nähe zwischen beiden Werken durch die Verwendung früherer Traditionen bzw. ähnlich strukturierter Zusammenstellungen desselben Materials erklärt, auf die Mischna und Tosefta unabhängig voneinander zurückgegriffen haben oder vor dem Eindruck des jeweils anderen Werks.[9] Auch wenn sich diese Entstehungshypothesen und literarischen Charakterisierungen in den letzten Jahren größeren Zuspruchs erfreuen dürften, kann keine *opinio communis* ausgemacht werden, was auch daran liegen dürfte, dass die Untersuchung von einzelnen Traktaten keine eindeutigen Rückschlüsse auf das gesamte Werk zulässt.[10] Die Übereinstimmungen und Divergenzen in mBQ 8 und tBQ 9 jedoch lassen sich, wie in 7.1.1 dargelegt, einleuchtender erklären, nimmt man eine Priorität des Materials der Tosefta an.

Für die Bearbeitung der rabbinischen Texte im Rahmen dieser Arbeit bedeutet dies, dass trotz der nahezu einmütigen Position, biblische *talio* ziele nicht auf eine körperliche Retribution, sondern fordere finanzielle

---

7 Vgl. Doering/Schumann, Introduction, 2.

8 Vgl. dazu bereits das Fazit von Epstein/Melamed, Prolegomena, 242, wonach die uns erhaltene Tosefta auf einer älteren Version beruht, die mitunter, aber nicht durchgängig, an die uns erhaltene Mischna angepasst wurde. Deshalb sei darin auch älteres Material zu finden, das vor die Mischna zu datieren ist (vgl. Hayes, Intertextuality, 170–175).

9 Houtman, Mishnah, 234–236, resümiert nach ihrer Untersuchung von m/tBer und m/tSchevi in Anlehnung an den mittelalterlichen Talmudgelehrten Samuel ha-Nagid, die Toseftatraktate haben – nach der Edition der Mischna – versucht, Material, das nicht in die Mischna aufgenommen wurde oder von den Redaktoren stark bearbeitet wurde, (dem Wortlaut nach) zu erhalten. Ähnlich geht auch Friedman, Primacy, 99–107, grundsätzlich von einer zeitlichen Priorität der Mischna aus und rechnet damit, dass viele der Baraitot der Tosefta Traditionsstücke seien, die keinen Eingang in die Mischna gefunden haben. Ausgehend von seiner Analyse der Paralleltraditionen rechnet er jedoch damit, dass die Überlieferung dieser Abschnitte in der Tosefta eine ältere Version darstellen und in der Mischna »edited parallels« vorliegen, die zur Harmonisierung mit dem literarischen Kontext und teilweise zur Umdeutung halachischer Traditionen gebildet wurden. Hauptman, Rereading, 255–256, rechnet hingegen mit einer Priorität der Tosefta vor der Mischna. Die strukturellen Verbindungen rühren daher, dass sich die Tosefta hinsichtlich ihres Aufbaus und Inhalts an einer Ur-Mischna orientierte, die auch bei der späteren Redaktion (unserer) Mischna zusammen mit der Tosefta die Grundlage darstellte, wobei (unsere) Mischna den Aufbau leicht abänderte. Vgl. auch die Diskussion der Positionen der beiden Letztgenannten anhand von Beispielen bei Brody, Mishnah, 141–154.

10 Vgl. die pointierte Darstellung bei Schäfer, Research, 147–149.

Entschädigungen für Körperverletzungsdelikte,[11] auch in diesem Kapitel von einem thematisch-systematischen Zugang abzusehen ist. Stattdessen wird die Rezeption der Talionsformeln sowie der zugehörigen Perikopen in den einzelnen tannaitischen Quellen in ihrem literarischen Kontext nachvollzogen und anschließend in Hinblick auf die explizit oder implizit vorliegenden halachischen Prinzipien, die hermeneutischen Zugänge zum biblischen Text sowie die argumentative Verwendung der Talionsformel in Belegzitaten miteinander verglichen. Aufgrund der skizzierten Überlegungen zur Beziehung zwischen beiden Werken werden mögliche Rezeptionen in Mischna und Tosefta gemeinsam behandelt (7.1). Nach einem Exkurs zu den beiden formelhaften Ausdrücken »ἐν ᾧ μέτρῳ μετρεῖτε μετρηθήσεται ὑμῖν«/»במדה שאדם מודד בה מודדין לו«] (7.2), folgt die Untersuchung der Rezeption der zugehörigen Perikopen in den halachischen Midraschim (7.3). Das Kapitel schließt mit einem zusammenfassenden Fazit (7.4).

7.1 Die Rezeption der Talionsformel der Mischna und Tosefta

Den Einstieg in die Untersuchung der Rezeption der biblischen *talio* in tannaitischer Literatur bilden vermutete Rezeptionsvorgänge in der Mischna und der Tosefta, deren Endredaktionen[12] am Ende des zweiten bzw. Anfang des dritten Jh.s u.Z. anzusetzen sind.[13] Dabei wurden Traditionen und Halachot bearbeitet, die vermutlich aus unterschiedlichen Kontexten und medialen Formen stammen und bei der Aufnahme in die Mischna bzw. Tosefta kategorisiert, definiert und in ein zusammenhängendes System überführt wurden.[14] Ob eine frühere Zusammenstellung der Mischna existierte, die hinsichtlich

---

11 Die (literarische) Ausnahme bilden die Aussprüche des R. Eliezer, vgl. unten 7.3.1.3.

12 Die Abgeschlossenheit der Endredaktionen ist unterschiedlich zu beurteilen: So dürfte die Mischna relativ schnell textlich fixiert gewesen sein und autoritativen Status erlangt haben; die Textüberlieferung der Tosefta hingegen zeigt deutliche Spuren von späteren Veränderungen (Tilly, Tosefta, 11–12).

13 Vgl. zur Datierung der Mischna z.B. Stemberger, Einleitung, 156–157; 176; Goldenberg, Art. Mishna, 380–381.

14 Vgl. dazu die Überlegungen bei Cohen, Tradition, 123–138, der mit sechs traditionellen Ursprüngen des Materials der Mischna rechnet [(1) Biblische Überlieferung, (2) Antike Rechtstraditionen, (3) tatsächliche Verhaltensnormen in der jüdischen Bevölkerung, (4) Realia jüdischer Institutionen, (5) priesterliche Lehre und (6) sektiererische und pietistische Lehren], den hauptsächlichen Beitrag der Redaktoren der Mischna allerdings in der umfassenden Kategorisierung, Definition und Systematisierung dieses Materials sieht.

ihres Aufbaus der Mischna R. Jehudas entsprach, konnte bisher nicht nachgewiesen werden,[15] gewinnt jedoch aktuell in Einzelstudien zur literarischen Beziehung zwischen Tosefta und Mischna erneut an Plausibilität.[16] Auch hinsichtlich des Zwecks der Kompositionen ist keine endgültige Antwort möglich, jedoch scheint die angenommene Nähe zur Institution der Lehrhäuser [בתי מדרש] im Palästina des zweiten Jahrhunderts naheliegend: Ihre Aufgabe, Rechtsentscheide zu fällen sowie Wissen zu sammeln und weiterzugeben, könnte zum Entstehen von systematischen Sammlungen geführt haben, die das tradierte Wissen erhalten und entfalten sollten.[17]

Gegenüber den halachischen Midraschim zeichnen sich Mischna und Tosefta durch ihren thematischen Aufbau aus, der in seinen sechs Ordnungen und den zugehörigen Traktaten Einblick in die mündliche Überlieferung des jüdischen Rechts bietet[18] und sich hinsichtlich des Aufbaus nicht am Text der hebräischen Bibel orientiert. Zwar besteht ein inhärenter Zusammenhang mit der Gesetzesoffenbarung der hebräischen Bibel und teilweise ist eine enge Beziehung zur biblischen Abfolge von Rechtsvorschriften festzustellen,[19] jedoch spielen besonders in der Mischna sowohl gegenüber den tannaitischen Midraschim, aber auch gegenüber der Tosefta, Schriftzitate und (explizierte) hermeneutische Operationen zur Rückbindung einzelner Halachot an das biblische Zeugnis nur eine nachgeordnete Rolle.[20] Gleichzeitig zeigt sich im direkten Vergleich des Körperverletzungsrechts, dass mBQ 8 mitunter eine engere Beziehung zum biblischen Text aufweist als tBQ 9.[21] Trotz des Fehlens direkter Zitate stellen beide Kapitel eine wichtige Quelle für die Rezeption der *talio* in der tannaitischen Epoche dar, geben doch verschiedene Mischnajot indirekt Auskunft über das Verständnis der Talionsformel und ermöglichen

---

15 Vgl. Stemberger, Einleitung, 147–150.

16 Vgl. Friedman, Primacy, 101–102; Mandel, Formation, 132–136.

17 Vgl. Stemberger, Einleitung, 151–156, samt der Diskussion der Alternativen »Quellensammlung« und »Kodex«, und Rosen-Zvi, Birth, 58 [Lit!]; Tilly, Tosefta, 17.

18 Rückblickend kommt besonders der Mischna diese Rolle als bedeutendes Dokument der Fixierung »mündlicher Tora« zu. Inwiefern die Autoren der Mischna selbst diese die Einschätzung teilen würden, ist zumindest textlich kaum zu belegen (vgl. Jaffee, Mouth, 98–99).

19 So ist etwa in mBQ eine besondere Nähe zu Vorschriften aus dem Bundesbuch festzustellen (vgl. auch Lapin, mBQ, 336). Daneben zeigen die Halachot zum Umgang mit den Verschwörungszeugen in mSan–mMak eindeutige Bezüge zu Dtn 19,15–21 (vgl. unten und Flatto, mMak, 558).

20 Vgl. Goldenberg, Art. Mishna, 382–383 Ausführlicher zum Verhältnis zwischen Mischna und dem biblischen Text Stemberger, Einleitung, 145–146.

21 Vgl. 7.1.1.1.3.

teilweise einen Einblick in die dahinterliegende Hermeneutik. Als direktes Zitat führen beide Werke Elemente der Talionsformel nur außerhalb des Körperverletzungsrechts an: mMak 1,6 verweist im Rahmen des Verschwörungsrechts darauf und tSchevu 3,4.8 ziehen die Formel in prozessrechtlichen Fragen heran. Insgesamt scheint die nachvollziehbare Rezeption der *talio* auf den Seder Nezikin beschränkt und erlaubt dort Rückschlüsse auf das Verständnis und die Interpretation der Talionsformel(n).

Für die anschließenden Untersuchungen werden neben den üblichen wissenschaftlichen Ausgaben der Mischna und Tosefta auch mittelalterlichen Handschriften einbezogen.[22] Im Folgenden wird zunächst analysiert, inwiefern Mischna und Tosefta in ihren Kapiteln zum Körperverletzungsrecht die Talionsformel(n) rezipieren (7.1.1), bevor dieselbe Frage für die Rechtsfolgen für Verschwörungszeugen (7.1.2) und das Schwurrecht gestellt wird (7.1.3).

7.1.1 Die Rezeption der Talionsformel im Körperverletzungsrecht

Sowohl die Tosefta als auch die Mischna überliefern innerhalb der Masechet Baba Qamma ein Kapitel, das der systematischen Darlegung des tannaitischen Körperverletzungsrechts gewidmet ist. Auch wenn weder tBQ 9 noch mBQ 8 eine der Talionsformeln vollständig oder in Teilen zitiert, gibt es in beiden Kapiteln Indizien dafür, dass bei einzelnen Aspekten und Formulierungen des halachischen Diskurses eine Rezeption der *talio* des Bundesbuches bzw. des Rechtsfalls Ex 21,22–23 zugrunde liegt.

Die Beurteilung der literarischen und redaktionellen Beziehung von mBQ 8 und tBQ 9 ist indes komplex und entzieht sich einer eindeutigen Entscheidung für eine Abhängigkeit der Tosefta von der Mischna oder umgekehrt. Auch wenn keine der deutlich zahlreicheren Baraitot der Tosefta gänzlich den parallelen Mischnajot im Wortlaut entsprechen, lassen sich viele inhaltliche und terminologische Übereinstimmungen ausmachen sowie eine grobe Entsprechung hinsichtlich des Aufbaus des Kapitels – besonders am Beginn und am Ende der Kapitel.[23] Dieser Befund spricht einerseits gegen eine völlig

22 Grundlage sind die Mischnahandschriften Kaufmann (A 50), Parma 3171 (De Rossi 138) und Cambridge 470 und die Talmudhandschrift München 95 sowie die Ausgaben von Krupp und Albeck. Für die Tosefta wurden die Handschriften Wien (hebr. 20) und Erfurt (MS 12) sowie die Ausgabe Zuckermandel verwendet.

23 Die grobe thematische Struktur umfasst die Ausdifferenzierung der Schadenskategorien und der allgemeinen Körperverletzungsdelikte (mBQ 8,1//tBQ 9,1–7), Fälle mit spezifischen Personenkonstellationen bzw. relevanten Begleitumständen – etwa Feiertage

unabhängige Entstehung der beiden Kapitel und andererseits gegen eine sekundäre Angleichung einer Darstellung an die jeweils andere durch spätere redaktionelle Hand. Die zum Teil deutlich voneinander abweichende innere Logik bei der Darstellung des gemeinsamen Materials unterstreicht darüber hinaus, dass keines der Kapitel eine »neutrale« Sammlung traditioneller Lehren darstellt bzw. die Tosefta als Supplementierung[24] der Mischna korrekt charakterisiert wäre: In beiden Kapiteln ist eine redaktionelle Überarbeitung des verarbeiteten Materials zu beobachten, das einzelne Halachot an größere literarische Strukturen des Werks anpasst und an unterschiedlicher Position einfügt,[25] was die Rekonstruktion der ursprünglichen Form deutlich erschwert. Um diesem Befund gerecht zu werden und redaktionelle Überarbeitungen sowie die dahinterliegenden strukturellen Entscheidungen in Abgrenzung zur jeweils anderen Komposition herausarbeiten zu können, orientiert sich die folgende Untersuchung größtenteils an der groben Struktur von mBQ 8. Diese eignet sich gegenüber der längeren Version von tBQ 9 besser für die Darstellung der folgenden Untersuchung, zumal die Überschüsse im Mittelteil von tBQ 9 größtenteils für eine Rezeptionsgeschichte der *talio* unerheblich sind. Abschließend werden die Rezeptionsvorgänge der *talio* in beiden Werken getrennt voneinander gewürdigt (7.1.4).

7.1.1.1 Die Talionsformel und das allgemeine Körperverletzungsrecht (tBQ 9,1–7//mBQ 8,1)

7.1.1.1.1 Die Darstellung des allgemeinen Körperverletzungsrechts in tBQ 9,1–7// mBQ 8,1

Den Einstieg in die Darlegung des tannaitischen Körperverletzungsrechts bildet sowohl in mBQ 8,1 als auch tBQ 9,1–6[26] eine systematische Darstellung des allgemeinen Körperverletzungsrechts, d.h. die Frage des grundsätzlichen Umgangs mit Körperverletzungsdelikten unter freien jüdischen Männern.

(mBQ 8,3–5//tBQ 9,8–11) –, Injuriendelikte (mBQ 8,6//tBQ 9,12–14) sowie Selbstverletzungen bzw. die Bitte um Verzeihung/Fürbitte (mBQ 8,6–7/tBQ 9,29–32). Diese Übersicht des gemeinsamen Aufbaus lässt besonders in tBQ 9 große Lücken und Kernthemen unberücksichtigt.

24 Gegen eine reine Supplementierung sprechen die beobachteten Gegensätze.

25 Vgl. Anm. 132.

26 Vgl. zur Zählung in mBQ 8//tBQ 9 die beiden Übersichten im Anhang.

mBQ 8,1[27]

a Wer seinen Nächsten verletzt, ist ihm aufgrund von fünf Dingen [etwas] schuldig: Wegen des Schadens, wegen des Schmerzes, wegen der Heilung, wegen des Arbeitsausfalls und wegen der Beschämung.	החובל בחבירו חייב עליו משם חמשה דברים בנזק בצער בריפוי בשיבת ובבושת
b Wegen des Schadens – auf welche Weise? Hat er sein Auge geblendet, seine Hand verstümmelt, seinen Fuß gebrochen, sieht man ihn an, als würde er als Sklave verkauft werden, wieviel er wert war und wieviel er (jetzt) wert ist.	בניזק[28] כיצד סמה את עינו קטע[29] את ידו שבר את רגלו רואין אותו כאילו הוא[30] עבד נימכר[31] כמה היה[32] יפה וכמה הוא יפה[33]
c Wegen des Schmerzes: Hat er ihn verbrannt, mit einem Spieß oder einem Nagel – sogar auf einem Fingernagel, wo keine (sichtbare) Strieme zugefügt wird –, sagt man, wieviel ein ihm ähnlicher Mensch nehmen will, selbst auf diese Weise Schmerz zu ertragen.	בצער[34] כויו בשפוד או במסמר אפילו[35] על צפרנו מקום שאינו עושה חבורה אומרין[36] כמה אדם[37] כיוצא בזה[38] רוצה[39] ליטול להיות מיצטער כך[40]

27 Textgrundlage: MS Kaufmann (A 50), 131b; MS München 95, 286a–b; MS Parma 3173 (De Rossi 138), 86b–87a; MS Cambridge 470, 109b; Krupp, mBQ, 43; Albeck, Nezikin, 39–40.

28 Fehlt in MS München 95, 286a.

29 Ebd.: וקטע.

30 Fehlt in MS Kaufmann (A 50), 131b.

31 MS München 95, 286a liest »[נמכר] בשו[ק] שמין אותו [כמה]« (»[der] auf dem Markt verkauft wird, und man schätzt ihn, [wieviel …]«); vgl. Albeck, Nezikin, 40: »[נִמְכָּר] בַּשּׁוּק, וְשָׁמִין [כַּמָּה]«.

32 MS München 95, 286a kehrt die Reihenfolge um: כמה הו׳ יפה וכמה היה יפה.

33 Umgekehrte Lesart in ebd.: »כמה הו יפה וכמה היה יפה« (»[…] wieviel er wert ist und wieviel er wert war.«)

34 In ebd. sowie Albeck, Nezikin, 40 fehlt die Präposition

35 MS München 95, 286a; Albeck, Nezikin, 40: ואפילו.

36 Albeck, Nezikin, 40: אומדין. Krupp, mBQ, 43 rechnet auch in MS München 95, 286a mit dieser Lesart, die Handschrift überliefert aber relativ eindeutig אומרין. Vielleicht ist Albeck, Nezikin, 40 von der Gᵉmara in MS München 95, 286b, Z. 19 beeinflusst, bei der אומדין wahrscheinlicher ist.

37 In MS München 95, 286a schließt hier רוצה an und entfällt entsprechend später.

38 Ebd.: בו.

39 Fehlt im Text von MS Kaufmann (A 50), 131b, wurde aber nachträglich in den Marginalien nachgetragen.

40 MS München 95, 286a: כו.

ריפוי היכהו חייב לרפותו עלו
בו צמחים[41] אם מחמת המכה
חייב ושלא[42] מחמת המכה פטור
חייתה וניסתרה חיתה וניסתרה[43]
חייב לרפותו חיתה כל צרכה אינו
חייב לרפותו

d Heilung: Wer ihn geschlagen hat, ist [ihm] seine Heilung schuldig. Sind auf ihm Wucherungen[1615] aufgetreten infolge des Schlages, ist er (Heilungskosten) schuldig. Und wenn nicht aufgrund des Schlages, ist er befreit (vom Zahlen der Heilungskosten). Sind sie geheilt und wieder aufgebrochen, geheilt und wieder aufgebrochen, ist [er ihm] seine Heilung schuldig, waren sie bereits völlig zugeheilt, ist [er ihm] seine Heilung nicht schuldig.

שיבת רואין אותו כאילו הוא[44]
שומר קישאוין שכבר נתנו[45] לו
דמי ידו ודמי[46] רגלו

e Arbeitsausfall: Man sieht ihn an, als wäre er ein Hüter von Gurken[feldern], denn er hat ihm schon die Beträge für seine Hand und die Beträge für seinen Fuß gegeben.

בושת הכל לפי המבייש
והמתבייש המבייש[47] את הערום
המבייש[48] את הסומה המבייש[49]
את היישן חייב וישן[50] שביש
פטור נפל מן הגג והזיק ובייש
חייב על הנזק ופטור על הבושת
שנאמר ושלחה ידה והחזיקה
במבושיו אינו[51] חייב על הבושת
עד שיהא מתכוון

f Beschämung: Alles orientiert sich am Beschämenden und Beschämten. Wer den Nackten beschämt, wer einen Blinden beschämt, wer einen Schlafenden beschämt, ist schuldig; ein Schlafender aber, der beschämt, ist befreit. Ist einer vom Dach gefallen und hat für Schaden und Beschämung gesorgt, ist er schuldig hinsichtlich des Schadens und befreit für die Beschämung, wie es heißt: ›*Und sie streckte ihre Hand aus und ergriff seine Scham*‹. Er ist nicht schuldig für die Beschämung, bis er sie beabsichtigt.

---

41 Wörtlich spricht der Text von ע.ל.י. בו צמח, also vom »Heraufkommen von Gewächsen auf ihm«. Krupp, mBQ, 42 versteht dies als »Geschwüre«, Correns, Mischna, 453 übersetzt »Eiterungen« und Albeck, Nezikin, 40 erklärt es mit »אבעבועות«, also Bläschen.

42 MS München 95, 286b; Albeck, Nezikin, 40: שלא.

43 Die Wiederholung von חיתה ונסתרה fehlt in MS München 95, 286b

44 Fehlt in MS Parma 3173 (De Rossi 138), 86b.

45 Ebd.; MS München 95, 286b; Albeck, Nezikin, 40: נתן.

46 Das erneute דמי fehlt in MS München 95, 286b.

47 Das -מ des Part.Piel. fehlt in MS Kaufmann (A 50), 131b und wurde später im Superskript nachgetragen.

48 MS München 95, 286b: והמבייש.

49 Ebd.; MS Cambridge 470, 109b; Albeck, Nezikin, 40: והמבייש.

50 MS Kaufmann (A 50), 131b liest determiniert והיישן.

51 Erweiterung in MS München 95, 286b: לעולם [אינו חייב] באד׳ [על הבושת].

Übereinstimmend differenzieren sowohl mBQ 8,1a als auch tBQ 9,1d fünf Folgeerscheinungen (körperlicher) Übergriffe und kommentieren diese anschließend, bevor sich beide Darstellungen ab mBQ 8,(2)3 bzw. tBQ 9,8 spezielleren Fragestellungen widmen, bei denen Personen mit anderer sozialer Stellung auftreten bzw. rechtlich bedeutsame Begleitumstände verhandelt werden. Schon stilistisch ist in der Mischna eine deutlich stärkere Orientierung an den fünf Kategorien der Kompensationsleistungen des Körperverletzungsrechts festzustellen: Alle dabei angeführten Fachausdrücke (Schaden [נזק], Schmerz [צער], Heilung [ריפוי], Arbeitsausfall [שבת] und Beschämung [בושת]) werden in den anschließenden fünf Abschnitten mBQ 8,1b–f erneut aufgenommen[52] und – wenngleich mit unterschiedlichem Erkenntnisinteresse – einzeln erläutert.

Wie mBQ 8,1a eröffnet auch die Tosefta das Kapitel mit einem Verweis auf die fünf Kategorien des Körperverletzungsrechts, die hier jedoch den Abschluss einer längeren Auflistung von dreizehn Prinzipien des Schadensrechts [אבות נזיקין] bilden (tBQ 9,1a–d).[53] Während die Mischna auch im weiteren Verlauf der Darlegung nicht ausdrücklich darauf hinweist, dass je nach Sachlage des Übergriffs mehrere Entschädigungen kumulativ zu leisten sind,[54] expliziert tBQ 9,2 dies ausführlich, indem in fünf Sätzen mögliche Variationen ausgeführt werden.[55] Entgegen der Mischna bespricht die Tosefta eingangs weder alle der fünf genannten Kategorien eigens noch isoliert voneinander: tBQ 9,2–3 thematisiert die Entschädigung des Arbeitsausfalls zusammen mit Schadensersatzleistung und tBQ 9,4 korreliert den Arbeitsausfall und das Heilungsgeld unter besonderer Berücksichtigung von Komplikationen im Heilungsprozess miteinander. Abgesehen von der Eingangsfrage [בנזק כיצד] und einem knappen Rückverweis in tBQ 9,2bβ [שכבר נותן לו דמי ידו ודמי רגלו] spielt der Schaden nur zur Unterscheidung der beiden Formen des Arbeitsausfalls eine Rolle.[56] Auf die Entschädigungen für den Schmerz bzw. die Beschämung geht die Tosefta

52 Einzig in Hs München 95 fehlt die explizite Nennung der ersten Kategorie נזק; die folgenden Unterabschnitte werden allerdings entsprechend eingeleitet.

53 Die Tosefta überliefert die als אבות נזקין bezeichnete Liste anonym (tBQ 9,1a–d); in tBQ 1,1 fehlt eine mBQ 1,1 entsprechende Auflistung, die Tosefta steigt dort umgehend mit der Interpretation der Kategorien ein. Vgl. daneben noch mBQ 7,6 [לשומר חנם ולשואל לנושא שכר ולשוכר] sowie die Erwähnung und Diskussion dieser gesamten Tradition in jBQ 1,1/2a (R. Hiyya zugeschrieben) und bBQ 4b (R. Oschaʿja zugeschrieben).

54 In der Mischna wird eine Abstufung einzelner Kategorien nur hinsichtlich bestimmter Personengruppen ausdrücklich erwähnt (mBQ 8,3) und ist implizit bei der Definition des Schmerzensgeldes in mBQ 8,1c greifbar, wenn die Schadenskategorie nicht gegeben ist [שאינו עושה חבורה].

55 Vgl. dazu auch die spätere Auslegung dieser Liste in jBQ 8,1/6b, wo die Einzelelemente mit Beispielfällen angereichert sind.

56 Die Schätzung in tBQ 9,3aβ [שמין ונותנין לו מיד] dürfte sich auf den entstandenen Schaden beziehen und der Unterscheidung dienen, ob tBQ 9,2bα oder 9,3aβ anzuwenden ist.

nicht bzw. erst später ein.[57] Stattdessen behandelt sie in tBQ 9,5–7 ein in mBQ 8 unerwähntes Thema, das weder lexikalische noch inhaltliche Entsprechungen zu mBQ 8(,1) aufweist: Wie ist mit drastischen Veränderungen des Gesundheitszustands umzugehen, die von der Erstprognose und somit der rechtlichen Einschätzung der Tat (Körperverletzung oder Totschlag) abweichen?

7.1.1.1.2 Das literarische Verhältnis von tBQ 9,1–7 und mBQ 8,1

Häufig wird tBQ 9,1–7 aufgrund des größeren Umfangs, der fehlenden Besprechung aller Kategorien sowie den anderslautenden Detailfragen als Erweiterung und mitunter Korrektur von mBQ 8,1 verstanden: tBQ 9,1a–c erweitere die Liste der Einzelkategorien (mBQ 8,1a) und stelle sie in einen größeren Kontext, tBQ 9,1e dekliniere die Anwendung der einzelnen Kompensationszahlungen aus mBQ 8,1a durch, tBQ 9,2–3 plädiere auf Grundlage unterschiedlich schwerer Schadensfälle für die Unterscheidung von zwei Formen der Kompensation des Arbeitsausfalls und diskutiere Folgeprobleme sowie abweichende Meinungen.[58] Aus dieser Perspektive dient tBQ 9,4 der inhaltlichen Differenzierung von mBQ 8,1d und klärt offene Fragen im Verhältnis zu mBQ 8,1e, bis schließlich tBQ 9,5–7 erneut die Perspektive weitet und anhand der Bedeutung der Erstprognose nach Grenzfällen zwischen Körperverletzungs- und Tötungsdelikten fragt. Lexikalische Übereinstimmungen bzw. die Übernahme einzelner Ausdrücke könnten als Anknüpfungspunkte interpretiert werden[59] und das Fehlen von exakten Wiederholungen des Materials von mBQ 8,1 spräche für diese Art der kritischen Ergänzung, die eine synoptische Lektüre voraussetzt.

Dabei irritiert jedoch das einzige Element in diesem Abschnitt, das explizit eine diskursive Auseinandersetzung mit einer Gegenposition erkennen lässt: Ist tBQ 9,2bα (»[…] man betrachtet ihn *nicht*, als würde er […], *sondern* man betrachtet ihn, als wäre er […]«) auf mBQ 8,1e zu beziehen und kritisiert die Vorstellung einer einzigen Weise der Kompensation des Arbeitsausfalls?

---

57 Neben der Erwähnung in den Listen tBQ 9,1d.6a.20b sowie implizit in tBQ 9,1f begegnet dieser Fachterminus nur noch im Rahmen der Abgrenzung von Injuriendelikten, die nach tBQ 9,31b keinen schmerzhaften [מכה של צער], sondern einen despektierlichen Schlag [מכה של בזיון] darstellen.

58 Vgl. Goldberg, Tosefta, 165; Gvaryahu, Battery, 561.

59 Entsprechend würde tBQ 9,2b–3aα.4α–c Ausdrücke von mBQ 8,1b.d–e übernehmen und so den Befund der Mischna weiter ausdifferenzieren: בנזק בצער בריפוי בשיבת ובבושת [mBQ 8,1a → tBQ 9,1d], בנזק כיצד [mBQ 8,1b → tBQ 9,2a], היכהו [mBQ 8,1d → tBQ 9,2bα.3aα], ק.ט.ע ידו, רגלו [mBQ 8,1b → tBQ 9,2bα], רואין אותו כאילו [mBQ 8,1b.e → tBQ 9,2baα.3aα], שכבר נתן לו דמי ידו ודמי רגלו [mBQ 8,1e → tBQ 92bβ], צ.מ.ח. [tBQ 9,3aα] bzw. עלו בו צמחים [mBQ 8,1d → tBQ 9,4a.c], (שלא) מחמת המכה [mBQ 8,1d → tBQ 9,4a–c] und ונסטרה [mBQ 8,1d → tBQ 9,4a.c].

Gegenüber dieser Mischna unterscheidet die Tosefta in tBQ 9,2.3 zwei Unterfälle,[60] die hinsichtlich der Folge des Schlagens [הכהו] differenzieren: Sind die Extremitäten der Geschädigten verstümmelt [ק.ט.ע.] oder[61] bilden sich Beulen bzw. Geschwüre [צ.מ.ח.], wobei der Unterschied in der Reversibilität der Verletzung liegen dürfte.[62] Daraus ergibt sich ein unterschiedlicher Umgang mit den Geschädigten: Bei irreversiblen bzw. schweren Körperverletzungen wird die geschädigte Person so kompensiert, als sei sie ein gehbehinderter Wächter eines Gurkenfelds,[63] während sie im zweiten Fall als

60 In anderen Traditionen begegnet eine abweichende Differenzierung der Kompensationsleistungen für den Arbeitsausfall. MechJ 8 zu Ex 21,19 diskutiert, ob analog zur Regelung hinsichtlich des Heilungsgeldes auch dann für den Arbeitsausfall aufzukommen ist, wenn es nach einer ersten Heilung erneut zur Arbeitsunfähigkeit kommt, die möglicherweise mit der Verletzung in Zusammenhang steht. Unter Verweis auf die Partikel רק in Ex 21,19 [רק שבתו יתן] spricht sich MechJ dezidiert dagegen aus, die Schädiger auch dann zur Bezahlung des erneuten Arbeitsausfalls zu verpflichten. Möglicherweise liegt in den nicht weiter ausgeführten Kommentaren in MechSch Nez zu Ex 21,19 eine abweichende Lehrmeinung vor, wenn festgelegt wird, die angeklagte Person »gebe ihm [Geld] für die letzte Arbeitsunfähigkeit, nicht für die erste Arbeitsunfähigkeit« [יתן שבתו אחרונה לא שבתו ראשונה]. Soll auf diese Weise zwischen der Entschädigung für den Schaden und den Arbeitsausfall differenziert werden? Anders wiederum unterscheidet R. Jitzchaq in jBQ 8,3/6b zwei »Arbeitsausfälle« [תרין שבתין אינון] nach der Schwere der Verletzung. Vgl. auch die Differenzierung in שבת גדול/שבת קטן durch Abaje (bGit 42b; bBQ86a).

61 Die Alternative, dass tBQ 9,3aα an tBQ 9,2bα anschließt, also Folgeerkrankungen einer schweren Körperverletzung auch hinsichtlich des Arbeitsausfalls anders kompensiert werden, wäre isoliert betrachtet auch möglich. Dagegen spricht allerdings (a), dass in der sonst gleichlautenden Protasis וקטע durch וצמחה ersetzt wird und die Verstümmelung der Hand nicht erwähnt wird, (b) tBQ 9,4 in tBQ 9,3a integriert hätte werden können und (c) die Bedeutung der Erstprognose (tBQ 9,3aβ) in Spannung mit dem Arbeitsausfall II stünde, sofern es sich um eine spätere Folgeerscheinung handelt.

62 Was צ.מ.ח. genau bezeichnet, wird nicht näher ausgeführt. Aus tBQ 9,4 lässt sich auf eine grundsätzliche Reversibilität schließen. Daneben dürfte das dort verhandelte Problem, dass jene körperlichen Veränderungen erst zeitlich versetzt auftreten und somit eine Kausalität nicht zweifelsfrei auszumachen ist, ebenfalls für tBQ 9,3aα anzunehmen sein, was den Anlass für tBQ 9,3aβ.b bildet. Möglicherweise ist die abweichende Meinung von R. Azai, es sei (bei leichten Körperverletzungen oder generell?) nur ein Verpflegungsgeld zu zahlen (tBQ 9,3c) ebenfalls vor dem Hintergrund zu verstehen, dass Folgeerscheinungen des Angriffs erst deutlich nach der ersten Schätzung festzustellen sind und eine Kausalität nur schwer nachzuweisen ist.

63 Dies stellt eine tarifliche Entschädigung dar, nach der alle Geschädigten – unter Absehung ihrer eigentlichen Profession und ihres tatsächlichen Arbeitsausfalls – als Hüter von Gurkenfeldern gelten. Dieser einzigartige Ausdruck soll vermutlich eine einfache Arbeit mit geringem Lohn bezeichnen, vgl. Safrai, mBQ B, 299. Häufig wird angenommen, dass dahinter die Vorstellung steht, diese einfache Verdienstmöglichkeit könnten sogar Menschen mit schwerer Behinderung wahrnehmen, vgl. Albeck, Nezikin, 40; Hoffmann, Nesikin, 31; Porat, Evaluating, 42, u.a. Begründet wird diese Gleichbehandlung

Tagelöhner imaginiert wird,[64] der einen Silbergroschen [סלע] bzw. eine Mine [מנה] pro Tag verdient.[65] Damit bestätigt die Tosefta letztlich – auch wenn dort die Unterscheidung von zwei Weisen des Arbeitsausfalls fehlen – die Rechtsfiktion der Mischna: Bei schweren (tBQ 9,2bα) bzw. allen Körperverletzungen (mBQ 8,1e) orientiert sich die Kompensation des Arbeitsausfalls am Verdienst von Wächtern eines Gurkenfelds, wobei diese Gleichbehandlung durch die

damit, dass in den zu zahlenden *Schadensersatz* die individuelle Disposition und der Wert des geschädigten Körperteils für die Profession des Opfers eingeflossen sind (vgl. Krupp, mBQ, 43, Anm. 4). Der Vorteil, diese individuellen Parameter anhand der Schädigung und nicht des Arbeitsausfalls zu bemessen, könnte darin liegen, dass auch Nicht-Beschäftigte anhand ihres Potentials bemessen werden, nicht anhand ihrer tatsächlichen Arbeitsverhältnisse – weder Mischna noch Tosefta kommentieren dies allerdings weiter. Gegenüber mBQ 8,1 ist die Aussage verschärft, indem der Vergleich zur Arbeitsleistung einer Person mit Gehbehinderung [חיגר] gezogen wird.

64 Auch dabei handelt es sich aufgrund der Formulierung רואין אותו כאילו um eine Rechtsfiktion und nicht den tatsächlichen Verdienst. Dennoch erklärt Kleiman, Opportunity, 275, den Unterschied zwischen tBQ 9,2bα und tBQ 9,3aα so: »Here, in contrast to [N] [= tBQ 9,2bα, Anm. JR] the rule was that the injured individual had to be paid the actual income forgone while recuperating«. Allerdings verweist er zwar in der Fußnote (S. 275, Anm. 18) auf tBQ 9,3bα, zitiert aber stattdessen jBQ 8,3/6b in der Übersetzung, wo es tatsächlich heißt: והכא את מר היה עושה מנה ביום נותן לו מנה סלע נותן לו סלע. Zudem bespricht er den inhaltlich und formal zusammenhängenden Abschnitt tBQ 9,2.3 in zwei unterschiedlichen Kapiteln (»Permanent and transitory effects« und »Stock and flow concepts«): Da er in letzterem besonders auf die Zahlung des Schmerzensgelds eingeht und aus dem Jerusalemer Talmud zitiert, kann er den deutlichen Hinweis auf die Schadenszahlungen in tBQ 9,3 [ונותנים לו כל נזיקו] hier übergehen und schlussfolgern: »In all these cases, no compensation for 'damages' is called for. This, however, means also that the inactivity compensation has to cover the full loss of income during recuperation«.

65 Auch wenn der Lohn für die Arbeit im Gurkenfeld nicht beziffert wird, dürften die beiden explizit genannten Beträge der Tagelöhner deutlich darüber liegen. In tBQ 6,15 wird ein Sela als Tageslohn eines Feldarbeiters (in der Erntezeit) angeführt, während eine Mine etwa dem 6 ¼-fachen eines Sela entsprechen dürfte (vgl. Rosenfeld/Perlmutter, Stratification, 82–87). Wenn der Tageslohn eines ungelernten Tagelöhners etwa einem (römischen) Denar entsprochen hat, liegen die explizit genannten Beträge eines Sela (ca. 4 Denare) bzw. einer Mine (ca. 25 Denare) deutlich darüber und dürften damit auch die Entlohnung des Wächters übersteigen. Weshalb die leichtere Verletzung eine höhere Entschädigung evoziert, wird nicht begründet. Möglicherweise waren schlicht ökonomische Gründe ausschlaggebend, insofern eine höhere Entschädigung der Untätigkeit während einer kürzeren Genesungszeit möglich ist. Zudem dürfte von großer Bedeutung sein, dass die Kompensation des Schadens niedriger ausfallen dürfte, auch wenn tBQ 9 zur Berechnung schweigt. Es erscheint jedoch nicht abwegig, dass dabei nicht nur die Schwere der Verletzung und die betroffenen Gliedmaßen berücksichtigt wurden, sondern auch die spezifische Lebenssituation und aus dem Übergriff entstehende Implikationen für die Berufsausübung, vgl. dazu auch Anm. 91. Entsprechend führt die Regelung der Tosefta dazu, dass der gesamte Betrag der Kompensation bei leichten Verletzungen höher ausfällt als etwa in der Mischna.

individuelle Anpassung[66] der Kompensation des Schadens relativiert wird [שכבר נתנו/נותן לו דמי ידו ודמי רגלו]. Wäre bei einer kritischen Bezugnahme der Tosefta auf die Mischna ein solcher Kommentar nicht eher in tBQ 9,3aα zu erwarten?

Auch ist nicht ersichtlich, weshalb tBQ 9,1a–c die Reihe der fünf Schadenskategorien erweitern sollte, sie aber später nicht erneut aufgreift.[67] Hier wäre aufgrund des offensichtlichen Interesses der Mischna, *alle* fünf Schadenskategorien im Rahmen des allgemeinen Körperverletzungsrechts zu besprechen, die umgekehrte Rezeptionsrichtung wahrscheinlicher: Die Mischna trennt die übrigen acht »Prinzipien des Schadensrechts« [אבות נזיקין] ab und fügt sie an andere Stelle ein,[68] um sich auf die fünf zentralen Kategorien des Körperverletzungsrecht zu konzentrieren, die eine zusätzliche Einleitung erhalten. Aufgrund dieser strukturellen Entscheidung zur Darstellung der fünf Kategorien am Eingang des Kapitels hat mBQ 8,1d.e wahrscheinlich auf komplexere Fragestellungen sowie die Tradierung von Minderheitsmeinungen verzichtet und tBQ 9,2–4 (bzw. eine gemeinsame Quelle) zusammengefasst.

Folgt man dieser Spur, könnte der Abschnitt zur Kategorie des Schadens [נזק] (mBQ 8,1b) aus tBQ 9 bzw. der zugrundeliegenden Quelle/Tradition gebildet worden sein: Die Eingangsfrage,[69] Teile der Protasis[70] sowie die Rechtsfiktion[71] sind in tBQ 9,2bα belegt und wurden möglicherweise durch Übernahme der Terminologie gebildet.[72] Die Umkehrung der Reihenfolge von Arbeitsausfall (tBQ 9,2–3 → mBQ 8,1e) und Heilung (tBQ 9,4 → mBQ 8,1d) entspricht der Bedeutung von tBQ 9,1d//mBQ 8,1a als Strukturprinzip von mBQ 8,1. Zudem lässt sich aufgrund der vermuteten Rezeption von Ex 21,24.25 in mBQ 8,1b.c[73] besser begründen, weshalb die Formel קטע ידו [...] וקטע רגלו (tBQ 9,2bα) in mBQ 8,1b um סמה את עינו erweitert wurde, als umgekehrt eine Auslassung der

66 Vgl. dazu unten 7.1.1.1.4.

67 Umgekehrt ergäbe aufgrund von mBQ 8,2 eine Erweiterung der Kategorien in der Mischna deutlich mehr Sinn, vgl. unten 7.1.1.1.3.

68 Vgl. tBQ 9,1b und mBQ 1,1 sowie tBQ 9,1c und mBQ 7,6/mSchevu 8,1, wobei auch tBQ 5,4; tBM 8,19 diese Reihe überliefern. Vgl. zu einer vergleichbaren Aufspaltung einer Tradition aufgrund von thematischen Gesichtspunkten Friedman, Primacy, 107–110.

69 Vgl. mBQ 8,1b [בניזק כיצד] mit tBQ 9,2a [בנזק כיצד].

70 Vgl. mBQ 8,1b [סמה את עינו קטע את ידו שבר את רגלו] mit tBQ 9,2bα [היכהו וקטע ידו היכהו וקטע רגלו]. Vgl. aber tBQ 9,17 [וסימא את עינו [...] וקטע את ידו], 9,27c [הית' עינו כהה סימאה] und 9,32 [סמא את עיני [...] קטע את ידי].

71 Vgl. mBQ 8,1b [רואין אותו כאילו] mit tBQ 9,2bα und tBQ 9,3aα [(אין) רואין אתו כאילו].

72 Auch wenn die dort verwendete Terminologie einer Schätzung [ש.ו.ם./א.מ.ד.] in mBQ abweicht, könnten die Hinweise auf Schätzungen in tBQ 9,3aβ.5–6 ausschlaggebend für die Bildung von mBQ 8,1 gewesen sein.

73 Vgl. unten 7.1.1.1.3.

Rezeption des Augen-Glieds an dieser Stelle in der Tosefta. Da explizite Hinweise auf eine Auseinandersetzung mit Gegenpositionen fehlen, kann nicht eindeutig entschieden werden, in welchem Umfang die Mischna die Darlegung der Kompensation des Arbeitsausfalls in Zusammenhang mit dem Schaden bzw. dem Heilungsgeld verkürzt hat oder es sich um redaktionelle Arbeit auf Seiten der Tosefta handelt. Dies gilt auch für den gesamten Abschnitt tBQ 9,5–7, zu dem lexikalische und inhaltliche Verbindungslinien fehlen – auch hier könnte eine eigenständige Ausarbeitung einer gemeinsamen Vorlage durch die Tosefta vorliegen oder eine Auslassung durch die Mischna. Am wenigsten voraussetzungsreich scheint daher die Annahme, dass sich sowohl mBQ 8,1 als auch tBQ 9,1–7 auf eine gemeinsame Tradition beziehen, deren Terminologie allerdings bereits so gefestigt oder schriftlich fixiert war, dass lexikalische Entsprechungen möglich waren. Eine direkte Rezeption des jeweils anderen Textes ist zwar nicht auszuschließen, der Befund spräche aber in diesem Fall eher für eine Abhängigkeit der Mischna von der Tosefta als umgekehrt.

Im Folgenden wird deshalb davon ausgegangen, dass mBQ 8,1b–c.f auf die redaktionelle Tätigkeit der Mischna zurückgeht und von der Absicht bestimmt ist, die auf tBQ 9,1d reduzierte Systematik des Körperverletzungsrechts unter Hinzunahme von Material aus tBQ 9,2–4* zu entfalten. Charakteristisch ist für mBQ 8,1b–c.f der Verzicht auf die Festlegung tariflicher (Grund-)Beträge[74] und die Berücksichtigung der individuellen Gegebenheiten der beteiligten Parteien bei der Berechnung der Kompensation.[75] Dies könnte zusammen mit dem Befund, dass sich auch für mBQ 8,1c.f intertextuelle Parallelen im Midrasch finden, dafür sprechen, dass mBQ 8,1 verschiedene Quellen verarbeitet:

74 Für Injuriendelikte gilt dies insofern, als in mBQ 8,1f die gesellschaftliche Stellung beider Parteien als zentrales Element herausgestellt wird [הכל לפי המבייש והמתבייש], vgl. mKet 3,7. Die anschließenden Ausführungen fokussieren aber vielmehr auf den Tatbestand, also die Frage, wann eine solche Zahlung überhaupt zu leisten ist, was unter Rückgriff auf Dtn 25,11–12 mit dem Hinweis auf die Intentionalität [עד שיהא מתכוון] biblisch fundiert wird. Später spezifiziert mBQ 8,6 Vorschläge zur tariflichen Systematisierung unterschiedlicher Formen der Beschämung, wobei das abschließende והכלל לפי הכבוד, das in MS München 95, 287b (vgl. Albeck, Nezikin, 42) zudem als Grundsatz [זה הכלל] herausgestellt wird, wieder an mBQ 8,1 erinnert. Möglicherweise wurden dabei zwei unterschiedliche Systeme überliefert, andererseits könnten die Tarife auch nur das grundlegende System darstellen, das in den Einzelfällen konkret an die beteiligten Parteien angepasst werden soll (vgl. Safrai, mBQ B, 223–324).

75 Vgl. 7.1.1.1.4 zur Berechnung der Kompensationsleistungen. Nur bei der Kategorie der Heilung spielt die konkrete Höhe der Geldzahlung keine Rolle – der Betrag könnte sich schlicht an den tatsächlichen entstandenen Arztkosten orientieren. Vgl. die differenzierteren Ausführungen in tBQ 9,4[–5], bei denen aber ebenfalls die Berechnung des Betrags keine Rolle spielt.

Einerseits die Tosefta bzw. deren Grundlage und andererseits Midraschim zu Ex 21,25 und Dtn 25,11–12.

7.1.1.1.3 Die Talionsformel im Rahmen des allgemeinen Körperverletzungsrechts mBQ 8,1

Zwar fehlt auch in mBQ 8,1 eine explizite Bezugnahme auf die *talio*, jedoch lassen sich mit unterschiedlicher Referenzialität Bezüge zu biblischen Versen ausmachen. Das einzige markierte Zitat eines Toraverses begegnet in der letzten Kategorie: Dort wird eine Bestimmung für den Umgang mit Injuriendelikten – der erforderliche Aspekt der Intentionalität – markiert durch שנאמר an Dtn 25,11 rückgebunden.[76] Die übrigen vier Schadenskategorien können zwar nicht als Auslegung des Bundesbuches gelten,[77] scheinen aber dennoch Rechtssätze daraus zu rezipieren: Die dritte und vierte Kategorie sind inhaltlich wie lexikalisch durch die Stichworte ריפוי und שבת mit Ex 21,[18–]19 verbunden, wo sich die Zahlungsverpflichtungen auf Kosten für ש.ב.ת. und ר.פ.א. beziehen.[78]

Vor diesem Hintergrund des intertextuellen Bezugs auf das Bundesbuch sowie aufgrund der impliziten Rezeption des Rechtsfalls Ex 21,22–23 in mBQ 8,2[79] liegt nahe, dass auch die Beispiele, die mBQ 8,1b–c für die Exemplifizierung des entstandenen Schadens und erlittenen Schmerzes anführt, auf ähnliche Weise auf dieses Rechtskorpus zu beziehen sind. Im Rahmen des Vorschlags zur Ermittlung der Entschädigungszahlung in mBQ 8,1b skizziert die Mischna die körperlichen Folgen der Übergriffe anhand von drei Beispielen: Der Blendung eines Auges, der Versehrung einer Hand und dem Brechen eines Fußes. Die zugehörigen Nomina [עין, יד, רגל] entsprechen auch hinsichtlich ihrer Reihenfolge den Einzelgliedern der *talio* in Ex 21,24 und Dtn 19,21[80] und stellen wie oben vorgeschlagen eine Erweiterung des Ausdrucks in tBQ 9,2bα dar. Die explizite Verbindung dieser Wendung mit Ex 21,22–24 bzw. Lev 24,19–20

76 Vgl. SifDev 292 zu Dtn 25,11 (7.3.4.4). Zur Kategorie der Beschämung vgl. ausführlich Pomeranz, Injury, und Friedmann, Plotting, 820–826.

77 Zur Unterscheidung von Rezeption und Auslegung vgl. 1.3.3.

78 Vgl. dazu auch die entsprechenden Interpretationen in den Mechiltot, die bei der Interpretation der entsprechenden Verse Querverweise von Ex 21,18–19 auf Ex 21,24–25 (MechJ; MechSch) bzw. umgekehrt (MechSch) einführt und die entsprechende Fachterminologie verwendet; vgl. dazu 7.3.1.5 und 7.3.2.3.

79 Vgl. 7.1.1.2.1.

80 Keine Erwähnung findet das zweite Element der Reihe [שן], das aber auch sonst nur selten rezipiert wird, vgl. 8.1.2.

in den halachischen Midraschim[81] stützt die Hypothese der Erweiterung durch mBQ 8,1b.[82]

Aber auch die Darlegung dessen, was nach mBQ 8,1c als Schmerz zu gelten hat, kann als intertextueller Verweis auf die *talio* verstanden werden: Als Beispiel beschreibt die Mischna eine Verbrennungsverletzung mit einem metallenen Gegenstand, die mit dem Fingernagel einen Bereich des Körpers betrifft, an dem die Haut – durch die keratinhaltige Hornzellenplatte geschützt – keinen Schaden nehmen muss. Folglich wird die Kategorie des צער als spürbar, allerdings nicht durch eine äußerlich sichtbare Verletzung verifizierbar, definiert.[83] Die Beschreibung des Zufügens einer Brandverletzung mit dem Verbum כ.ו.י. in mBQ 8,1c erinnert dabei lexikalisch an das erste Glied der Talionsformel in Ex 21,25 [כויה תחת כויה], was durch MechJ Nez 8 zu Ex 21,25 inhaltlich sekundiert wird.[84] Zusammen mit der Abgrenzung der Kategorie des Schmerzes von sichtbaren Verletzungen durch die Formulierung »[…] was keine *Strieme* hinterlässt« [שאינו עושה חבורה], die ein weiteres Element der Talionsformel aus Ex 21,25 [חבורה תחת חבורה] aufnimmt, erhärtet sich der Verdacht, dass auch mBQ 8,1c als Rezeption der *talio* zu verstehen ist. Folglich ist anzunehmen, dass hinter den ersten beiden Kategorien von mBQ 8,1b.c eine Rezeption von Einzelelementen der Talionsformel aus dem Bundesbuch steht, während bei den übrigen Kategorien eine Verbindung zu Ex 21,[18–]19 respektive Dtn 25,11–12 vorliegt.

In der Tosefta hingegen können lediglich zwei knappe Wendungen als Rezeption der *talio* identifiziert werden: Die kürzere Beschreibung des Tatbestands in tBQ 9,2a [וקטע ידו […] וקטע רגלו] sowie die spätere Erwähnung der Ersatzleistungen für Hand und Fuß in tBQ 9,2b [דמי ידו ודמי רגלו], die beide – wenngleich nicht ausdrücklich erwähnt – mit der Schadenskategorie [נזק] korreliert werden können.

81 Vgl. MechSch Nez 75 zu Ex 21,23; Sifra Emor 20 zu Lev 24,20; vgl. ferner MechJ Nez 9,24–28 zu Ex 21,26.

82 Vgl. zudem mit Bezug auf die Kategorie des Schadens mBQ 2,6; 8,7; tBQ 9,2.17.32. Ferner könnte die Veränderung des Verbums von קטע רגלו zu שבר רגלו ebenfalls eine höhere Referenzialität auf die *talio* anzeigen, begegnet das zugehörige Nomen שבר schließlich im Rahmen der Formel in Lev 24,20 und eine ähnliche Formulierung in Sifra Emor 20.

83 Vgl. Safrai, mBQ B, 297: »[…] das heißt, auch wenn der Schmerz nicht von außen sichtbar ist, besteht er dennoch« (ÜS JR). Vgl. auch MechJ Nez 8 zu Ex 21,25 [ולא רשם בו].

84 MechJ Nez 8,89–96 zu Ex 21,25 leitet die Kategorie des צער von diesem Vers ab und veranschaulicht den Schmerz – neben anderen Bildern – auch mit einer Verbrennungsverletzung, dort allerdings auf der Fußsohle (vgl. unten 7.3.1.4). Ohne hermeneutische Begründung verortet MechSch Nez zu Ex 21,22 die biblische Verordnung zum Schmerzensgeld ebenfalls in dieser Perikope (vgl. 7.3.2.2). Sifra Emor 20 zu Lev 24,19 hingegen leitet alle Schadenskategorien aus dem Heiligkeitsgesetz ab, bietet allerdings ebenfalls ein Beispiel mit großer Hitzeentwicklung (vgl. 7.3.3.1).

7.1.1.1.4 Die Talionsformel und die Rechtsfolgen von mBQ 8,1//tBQ 9,1–7

Sowohl aus mBQ 8,1 als auch tBQ 9,1d–6 geht hervor, dass finanzielle Entschädigungen für Körperverletzungsdelikte in beiden Werken nicht nur eine Option darstellen,[85] sondern verpflichtend sind.[86] In beiden Texten ist dabei ein Bezug zum Bundesbuch zu beobachten, wobei die Referenzialität auf die Talionsformel in Ex 21,24–25 in mBQ 8,1 deutlich höher einzuschätzen ist.[87] Vom grundsätzlichen Befund abgesehen, dass tBQ 9,1–6 statt körperlicher Wiedervergeltung nur finanzielle Ersatzleistungen erwähnt, bietet der Einstieg in das Kapitel der Tosefta nur wenig Material für die Darstellung der Rezeption der *talio*. Einzig die Unterscheidung der Protasen von tBQ 9,2bα [וקטע ידו/רגלו] und 3aα [וצמחה ידו/רגלו] könnte ein Hinweis darauf sein, dass Ex 21,24 als schwere Körperverletzung – möglicherweise gegenüber Ex 21,18–19 – gedeutet wurde.

Eine solche Unterscheidung fehlt in mBQ 8,1b, wodurch auch nicht ganz eindeutig ist, inwiefern נזק im Rahmen des Körperverletzungsrechts als irreversible Verletzung zu gelten hat und Ex 21,24 auf diese Weise gedeutet wurde. Zur Berechnung der Entschädigung des verursachten Schadens bedient sich mBQ 8,1b einer juristischen Fiktion,[88] bei der die Identität der Geschädigten für die Entscheidungsfindung maßgeblich verändert wird: Obwohl es sich um Körperverletzungen an freien Menschen handelt, werden sie als unfreie Personen imaginiert.[89] Auf diese Weise gelingt es den Verfassern der Mischna, die Höhe des Schadens auch bei freien Menschen hypothetisch zu ermitteln,

85 Dies gilt natürlich nur, insofern die Körperverletzung nicht aufgrund der Begleitumstände oder der beteiligten Personen zu einem Kapitaldelikt wird, vgl. mBQ 8,3.5 und tBQ 9,8–11.15–19.

86 Gvaryahu, Equal, 66; 78, der von einer Entwicklung über den bei Josephus dargestellten Umgang mit Körperverletzungsdelikten ausgeht, sieht darin das entscheidende Alleinstellungsmerkmal der rabbinischen Halacha. Aufgrund der Position des Rabbi Eliezer in MechJ sowie der erneuten Aufnahme dieser Interpretation in der G^{e}mara in bBQ 83b–84a ist zu vermuten, dass in den ersten Jahrhunderten u.Z. auch abweichende Meinungen vertreten wurden, vgl. 7.3.1.3.

87 Auch bei der Diskussion dieser Mischna in j/bBQ wird diese intertextuelle Verbindung unhinterfragt vorausgesetzt. Besonders in der G^{e}mara von bBQ 83b–84a steht ausführlich die Frage im Zentrum, in welchem Verhältnis die Talions*formel* und Rechtsfolge finanzieller Ersatzleistung aus mBQ 8,1 zueinanderstehen.

88 Das legt die standardisierte Formulierung רואין אותו כאילו schon formal nahe, vgl. Moscovitz, Reasoning, 163–179, ders., Fictions, und Hayes, Fictions, bes. 135–137. Vgl. auch die theoretische Darstellung der verschiedenen Formen von Rechtsfiktionen bei Albrecht, Fiktionen, bes. 254–286.

89 Vgl. analog mKet 3,7 (פגם, רואין אותה כאלו היא שפחה נמכרת כמה היתה יפה וכמה היא יפה). Vgl. ohne diese Rechtsfiktion/-analogie auch mAr 5,2 (כמה הוא שווה [בלא] ביד) und mBQ 5,4.

um daraus die Wertminderung durch die Körperverletzung zu determinieren.[90] Unausgesprochen bleibt dabei die Schlussfolgerung, wonach vermutlich der Differenzbetrag Richtschnur für den zu leistenden Schadensersatz gewesen sein dürfte. So kann das individuelle Schicksal der Geschädigten berücksichtigt werden, wenn sich ihr »Wert« an dem konkreten »Schaden« bemisst und dabei offenbar auch das Arbeitsfeld bzw. die Ausbildung der Personen in die Schätzung einfließen.[91]

Zur Ermittlung des Betrags für die Entschädigung des erfahrenen Schmerzes schlägt die Mischna einen Vergleich vor: Indem geschätzt wird, welchen Betrag ein der geschädigten Person ähnliches Individuum [אדם כיוצא בזה] annehmen würde, solchen Schmerz selbst zu erleiden,[92] stellt mBQ 8,1 das individuelle Schmerzempfinden ins Zentrum der Berechnung. Die Methode scheint zunächst gerecht, indem die spezifische Schmerzgrenze berücksichtigt und das Schmerzensgeld entsprechend an den vorliegenden Fall angepasst wird. Unter gesellschaftlicher Perspektive dürfte dennoch eine systemische Ungleichbehandlung vorliegen, die zu einem Vorteil der Eliten führen könnte: In absoluten Zahlen dürften begüterte Personen einerseits bereit sein, mehr Geld für die Schmerzvermeidung zu bezahlen als ärmere Zeitgenossen. Andererseits haben letztere, durch eine stärkere körperliche Belastung in ihren Berufen, eine höhere Schmerzgrenze, was umgekehrt zu niedrigeren Beträgen führen dürfte.[93] Dennoch wird deutlich, dass sich die Autoren der Mischna in mBQ 8,1 größtenteils gegen tarifliche Festlegungen von Beträgen für die einzelnen Entschädigungsleistungen entscheiden.

90 Diese Praxis ist nicht unproblematisch und wird später auch in der Gᵉmara des babylonischen Talmuds als Demütigung der Geschädigten kritisiert, vgl. dazu die Beiträge von Rabba und R. Papa b. Schᵉmuel in bBQ 84b; vgl. Safrai, mBQ B, 297.

91 Hauptsächlicher Preisindikator war zwar das Alter der versklavten Person (vgl. Scheidel, Prices), dennoch dürften die Ausbildung und die Fertigkeiten eine große Rolle für den tatsächlichen Preis gespielt haben, um den »economic value of man as equal to the market price of the stream of labor services expected to be supplied by him« (Kleiman, Opportunity, 270) zu berechnen; Vgl. auch Hezser, Slavery, 252; Balberg, Pricing, 177–178.

92 So dürfte der grammatisch durch den Hitpael מיצטער ausgedrückte Umstand gedeutet werden. Zur Logik der Veränderung dieses Systems von einer Geldsumme, die eine Person bereit ist anzunehmen, um selbst diesen Schmerz zu erleiden (»willingness to accept«), zu einem Betrag, der bezahlt wird, um solchen Schmerz abzuwenden (»willingness to pay«) in der späteren babylonischen Gᵉmara vgl. Porat, Evaluating, 59.

93 Vgl. ausführlicher zu diesem gesellschaftlichen Ungleichgewicht ebd., 61–62.

7.1.1.2 Die Rezeption von Ex 21,22–25 im Körperverletzungsrecht (tBQ 9,17.20; mBQ 5,4; 8,2)

7.1.1.2.1 *Ex 21,22–25 und die* ולדות*-Zahlung (tBQ 9,20; mBQ 5,4; 8,2)*

Der anschließenden Mischna kommt im Rahmen des gesamten Kapitels eine wichtige Scharnierfunktion zu.

mBQ 8,2[94]

Hier ist [die Halacha] strenger bei Menschen als beim Rind,	זה חומר באדם מבשור[95]
und wieder ist sie strenger beim Menschen als beim Rind dahingehend, dass der Mensch den Schaden bezahlt und [darüber hinaus] den Wert des Nachwuchses.	וחומר שוב באדם מבשור שהאדם[96] משלם את הנזק[97] ומשלם דמי וולדות
Das Rind aber zahlt nichts außer dem Schaden und es ist befreit vom Wert des Nachwuchses.	ושור אינו משלם אלא נזק ופטור מדמי ולדות

Einerseits führt mBQ 8,2 den Fokus auf allgemeine Fragen des Körperverletzungsrechts fort, indem sie anaphorisch durch einen Vergleich mit den Haftungsmodalitäten eines Rindes, d.h. eines Nutztieres, die Besonderheit der zuvor besprochenen Kategorien des Körperverletzungsrecht unterstreicht: mBQ 8,1c–f gelten nur für Menschen,[98] stehen aber in einem engen Zusammenhang mit den weiteren Bestimmungen des Schadensrechts [נזיקין] und sind dabei »beim Menschen strenger als beim Rind« [זה חומר באדם מבשור].[99] Andererseits tritt zum ersten Mal eine schwangere Frau als

94 Textgrundlage: MS Kaufmann (A 50), 131b; MS München 95, 286b; MS Parma 3173 (De Rossi 138), 87a; MS Cambridge 470, 109b; Krupp, mBQ, 43; Albeck, Nezikin, 41.

95 Der erste Satz fehlt in MS München 95, 286b; die Hs steigt mit dem zweiten Satz ein, bei dem folgerichtig שוב fehlt. Albeck, Nezikin, 41 lässt stattdessen den Satzanfang des zweiten Satzes [וחומר שוב באדם מבשור] komplett weg.

96 MS Parma 3173 (De Rossi 138), 87a: שאדם. MS München 95, 286b: אדם.

97 MS München 95, 286b verweist (indeterminiert) auf weitere Kategorien [נזק צע׳ ריפוי ובוש׳]. Bei Albeck, Nezikin, 41 ebenfalls indeterminiert und um שבת ergänzt.

98 Vgl. dazu explizit mBQ 3,10, wonach der Tatbestand der Beschämung bei Angriffen durch Rinder nicht zu einer Haftung des Besitzers führt.

99 Sofern mBQ 8,1a tatsächlich wie oben vermutet eine Straffung der in tBQ 9,1a–d längeren Formel darstellt, handelt es sich bei mBQ 8,2a zudem um einen intertextuellen Verweis auf

Geschädigte eines Körperverletzungsdelikts auf, was einen nachvollziehbaren Übergang zum anschließenden Abschnitt (mBQ 8,3–5) bildet, in dem bislang unerwähnte gesellschaftliche Personengruppen als Täterinnen bzw. Geschädigte dargestellt werden.

Der materielle Gehalt von mBQ 8,2 ist indes nur sehr gering: Während Menschen neben körperlichen Versehrungen auch für die Zerstörung von ungeborenem Leben haften, sind Rinder bzw. deren Besitzer von den als דמי ולדות bezeichneten Zahlungsverpflichtungen befreit.[100] Könnte darin bereits eine thematische Rezeption von Ex 21,22^{MT} vermutet werden,[101] erhärtet sich dieser Verdacht mit der parallelen Überlieferung dieses Vergleichs im fünften Kapitel von Baba Qamma:

mBQ 5,4[102]

5,4aα Ein Rind, das es auf ein anderes (Rind) abgesehen hatte, aber die Frau schlug und ihre Kinder kamen heraus, ist befreit vom Wert des Nachwuchses.

שור שהיה מתכון לחברו והכה
את האשה ויצאו ילדיה פטור[103]
מדמי וולדות

5,4aβ Ein Mensch, der es auf einen anderen (Menschen) abgesehen hatte, aber die Frau schlug und ihre Kinder kamen heraus, der bezahlt den Wert des Nachwuchses.

אדם[104] שהיה מתכוון לחברו
והכה את האשה ויצאו ילדיה
משלם דמי ולדות

---

mBQ 1,1 sowie die Ausführungen zum stößigen Rind in mBQ 3,8–5,4. In MS München 95, 286b, fehlt zwar der anaphorische Verweis zu Beginn der Mischna, indem die Handschrift jedoch später vier der fünf Kategorien in diesem Zusammenhang anführt [אדם משלם נזק צע' ריפוי ובוש'], gewinnt die abschließende Bestimmung für das Rind [אינו משלם אלא נזק] einen entsprechend weitreichenderen vergleichenden Aspekt: »Und das Rind zahlt nichts außer dem Schaden [d.h. auch keinen Schmerz etc.] und ist vom Wert des Nachwuchses befreit«.

100 ולד bzw. der Plural ולדות bezeichnet überwiegend den Nachwuchs von Mensch und Tier (vgl. z.B. mJev 4,12). Vgl. zur Begriffsgeschichte und Semantik im rabbinischen Hebräisch Cohen, Friends, 60–61.

101 Vgl. auch mSan 9,2, wo die unabsichtliche Tötung von nicht lebensfähigen Frühgeburten [נפלים] in einem anderen Kontext angesprochen wird und eine Todessanktion abgelehnt wird. Vgl. auch mBQ 5,1.

102 Textgrundlage: MS Parma 3173 (De Rossi 138), 85b; MS Kaufmann (A 50), 130a; MS München 95, 280a; MS Cambridge 470, 108a; Krupp, mBQ, 27; Albeck, Nezikin, 31–32.

103 In MS München 95, 280a nachträglich in den Marginalien [פטור משלם] bzw. Superskript [מדמי] verbessert.

104 Syndetischer Satzanschluss [ואדם] in ebd. und Albeck, Nezikin, 31.

5,4bα Wie bezahlt er den Wert des Nachwuchses? Man schätzt die Frau, wie viel sie vor der Geburt wert war und wieviel sie wert ist, seit sie geboren hat.

כיצד משלם דמי[105] וולדות[106]
שמין את האשה כמה היתה[107]
יפה עד שלא ילדה וכמה היא[108]
יפה משילדה

5,4bβ Rabban Schimeʿon ben Gamliel sagt: »Wenn man so (verfahren würde), würde die Frau durch die Geburt an Wert gewinnen. Vielmehr schätzt man den Nachwuchs, wieviel er wert wäre, und gibt es dem Ehemann«

אמר רבן שמעון בן גמליאל אם
כן משהאשה יולדת היא[109]
משבחת אלא שמין את הוולדות
כמה הן יפין ונותנין[110] לבעל

5,4bγ Und wenn sie keinen Ehemann hat, gibt man es seinen Erben. War sie eine freigelassene Magd oder eine Proselytin, ist er [der Täter] befreit.

ואם[111] אין לה בעל נותנין[112]
ליורשיו[113] היתה שפחה
ונשתחררה או גיורת פטור[114]

mBQ 5,4a vergleicht ebenfalls die Verursachung einer Fehlgeburt durch ein Rind bzw. einen Menschen, ist aber mit dem biblischen Rechtsfall zusätzlich durch den Aspekt der *aberratio ictus* verbunden [שהיה מתכון לחברו והכה את האשה] und übernimmt *verbatim* die Formulierung ויצאו ילדיה zur Beschreibung des Abortus. Darüber hinaus liegt der Fokus von mBQ 5,4b aber gegenüber mBQ 8,2 auf der Frage des konkreten Umgangs mit solchen Delikten: Wer erhält welchen Betrag? Die dabei vorgeschlagene Schätzung der Frau bzw. des Ungeborenen erinnert terminologisch [כמה היתה יפה [...] כמה היא יפה/כמה הן יפין] an die Berechnung der Schadenskategorie aus mBQ 8,1b.[115] Die Zahlung erhält der Ehemann der Frau, wobei im Falle seines Todes nach mBQ 5,4bγ der Betrag an seine Erben fließt. Sollte es sich bei der Schwangeren allerdings um eine freigelassene Magd oder Proselytin handeln, entfällt die Kompensation

105 Fehlt in MS Kaufmann (A 50), 130a.
106 In MS München 95, 280a fehlte der gesamte Satz [כיצד משלם דמי ולדות] und wurde im Superskript nachgetragen.
107 In ebd.: [היתה] היא [כמה]; Albeck, Nezikin, 31: [יפה] היא [כמה].
108 MS München 95, 280a: היתה.
109 Fehlt in MS Cambridge 470, 108a; MS München 95, 280a; Albeck, Nezikin, 32.
110 Albeck, Nezikin, 32: ונותן.
111 Der Satzanschluss fehlt in MS München 95, 280a komplett.
112 Albeck, Nezikin, 32 נותן.
113 MS Cambridge 470, 108a: לירושים ואם.
114 Ebd. spezifiziert: מדמי ולדות.
115 Vgl. aber auch tBQ 4,7, 6,21, tAr 4,1 sowie mKet 3,7; 8,3 mBQ 6,2.21 u.a.

ersatzlos.[116] Trotz des dort eindeutigen Bezugs auf Ex 21,22–23 liegen keine Anhaltspunkte vor, dass einzelne Glieder der Talionsformel aktiv rezipiert wurden – es handelt sich eher um eine indirekte Rezeption von mBQ 8,1. Jedoch helfen mBQ 5,4; 8,2 nicht nur zu verstehen, inwiefern die Redaktoren der Mischna die Schadenskategorie [נזק] neben mBQ 8,1 vor dem Hintergrund von Ex 21,22–25 weiter profilieren, sondern beide Mischnajot sind von grundlegender Bedeutung für die Texthypothese von mBQ 8, da in tBQ 9 an anderer Stelle ebenfalls auf die ולדות-Zahlung eingegangen wird und eine Variation des Stoffes vorliegt.

tBQ 9,20[117]

$_{20a}$ Wer geweihten Tieren eine Verletzung zufügt, zahlt nur den halben Schaden.	העושה מום במוקדשין אינו משלם אלא חצי נזק
$_{20b\alpha}$ Schlägt einer eine Frau und ihre Kinder kommen heraus, zahlt er Schaden und Schmerz, Heilung, Arbeitsausfall und Beschämung an die Frau und dem Mann[118] eine finanzielle Ersatzleistung für das Ungeborene wie es heißt: »und sie stoßen eine schwangere Frau« [Ex 21,22].	היכה את האשת ויצאו לידיה משלם נזק וצער ריפוי שבת ובושת לאשה וולדות[119] לבעל שנ׳ ונגפו אשה הרה
$_{20b\beta}$ Warum sagt die Tora »schwanger«? Der finanzielle Ersatz für das Ungeborene gehört dem Herrn der Schwangerschaft. Und wenn	מה תלמוד לומר הרה וולדות של[120] בעל הריון נתגרשה מזה ונישאת לוה[121] וולדות של[122] בעל

116 Die Wendung שפחה ונשתחררה bezieht sich vermutlich auf freigelassene Mädge und bezeichnet keine zwei Status (versklavte Frauen und Freigelassene, wie Krupp, mBQ, 26, annimmt). Schadensersatz für den Verlust eines ungeborenen Kindes einer versklavten Frau dürfte für die Mischna nicht von Belang gewesen sein. Vergleichbare Wendungen liegen in mJeb 2,8 [הניטען על השפחה ונשתחררה או על הנוכרית ונתגיירה] und in tJeb 4,6; tKet 1,3 [אע״פ שחזרה שפחה ונשתחררה נכרית ונתגיירה...] vor; zum Vergleich von Freigelassenen und Proselyten hinsichtlich ihres gesellschaftlichen Rangs vgl. Hezser, Slavery, 97; 107–119.

117 Textgrundlage: Zuckermandel, Tosefta, 365; MS Erfurt 12, [326] 322; MS Wien hebr. 20, 160b–161a.

118 Eigentlich »dem Herrn«. In ähnlichem Kontext bezeichnet בעל eigentlich den Ehemann einer verheirateten Frau (vgl. Neusner, Tosefta, 55: »to the husband«). In der weiteren Ausdifferenzierung der Halacha wird jedoch deutlich, dass hier der biologische Vater des ungeborenen Kindes gemeint ist, der später als בעל הריון bezeichnet wird.

119 MS Wien hebr. 20, 160b: דמי ולדות.

120 Ebd.: לבעל.

121 Ebd., 161a überliefert den Satz [נתגרשה מזה ונשאת לזה] doppelt.

122 Ebd.: לבעל.

sie sich von diesem scheiden ließ und heiratete jenen, gehört die finanzielle Ersatzleistung für das Ungeborene dem Herrn der Schwangerschaft. Wurde sie schwanger von einem Schutzbürger oder freigelassenen Sklaven, gehört der finanzielle Ersatz für das Ungeborene dem Schutzbürger oder dem freigelassenen Sklaven. Deshalb [gilt auch], wenn er [der biologische Erzeuger] stirbt, ist es ein Gewinn [für den Verursacher des Schwangerschaftsabbruchs].

הריון היתה מעוברת מגר ועבד
משוחרר וולדות של גר ועבד
משוחרר לפיכך אם מת הרי זכה

Die entsprechende Baraita in tBQ 9,20 steht besonders mBQ 5,4 nahe. Auch ohne das Motiv der *aberratio ictus* besteht dabei eine nachvollziehbare thematische Verbindung zum zugrundeliegenden Rechtsfall in Ex 21,22 und eine hohe lexikalische Referenzialität zur zugehörigen Protasis.[123] Zwar fehlt in der Tosefta gegenüber mBQ 5,4a ein Vorschlag zu Berechnung der Höhe der Entschädigung, dafür ist ihre Begründung der Begünstigten der Zahlung deutlich kunstvoller, weicht aber inhaltlich von der Mischna ab: tBQ 9,20 spricht gegenüber mBQ 5,4 der werdenden Mutter explizit alle fünf Entschädigungsleistungen zu und dem »Herrn«[124] die Entschädigung für den Verlust des ungeborenen Lebens [משלם [...] וולדות לבעל]. Dieser wird in tBQ 9,20bβ schließlich als »Herr der Schwangerschaft« [בעל הריון] identifiziert, was durch das scheinbar überflüssige Adjektiv הרה der biblischen Überlieferung begründet wird, das die Frau, die ihr Kind verliert, als schwanger beschreibt.[125] Dieser Fokus auf den *biologischen* Vater des Kindes führt zu abweichenden

123 Es handelt sich zwar nicht um ein wörtliches Zitat, ist doch das Verbum נ.ג.ף. durch נ.כ.ה. ersetzt und statt ילדיה begegnet mit לידיה ein anderes Nomen desselben Stammes ebenfalls mit Suffix 3.sg.f., jedoch ist besonders die seltene Verwendung des Verbums י.צ.א. im Rahmen eines gewaltinduzierten Aborts ein deutlicher Hinweis, dass Ex 21,22 den Referenzpunkt bilden dürfte. Vgl. 2.1.1.2.

124 Die Nomenklatur der Tosefta kann bereits hier als Interpretation von Ex 21,22^{MT} verstanden werden. Dort legt der »Herr der Frau« [בעל האשה], d.h. der Ehemann, die Höhe der Entschädigungsleistung fest. tBQ 9,20 spricht zunächst nur vom »Herrn« [בעל], der ebendiese Zahlung erhält, um anschließend herauszustellen, dass es sich um den »Herrn der Schwangerschaft« [בעל הריון] handelt. Aufgrund der stereotypen Übersetzung von בעל als Ehemann in der Übertragung »and [he pays compensation] for the loss of the offspring to the husband« geht dieses subtile Sprachspiel bei Neusner, Tosefta, 55, verloren.

125 Vgl. die Auslegung des Adjektivs in MechJ Nez 8 zu Ex 21,22: שומע אני אף על פי שאין ההריון שלו ת״ל הרה מגיד שאינו משלם אלא לבעל ההריון.

Beispielfällen und halachischen Schlussfolgerungen. Gegenüber mBQ 5,4 thematisiert tBQ 9,20 eine Wiederheirat bei bestehender Schwangerschaft, schließlich ist der neue Ehemann nicht Empfänger dieser Kompensation. Ein weitaus deutlicherer Unterschied besteht hinsichtlich des Entfallens eines Anspruchs auf die ולדות-Entschädigung: Ist ein Anspruch für die Ehemänner einer freigelassenen Magd [שפחה נשתחררה] bzw. Konvertitin [גיורת] nach mBQ 5,4 ausgeschlossen, bestätigt tBQ 9,20 ausdrücklich, dass konvertierte und freigelassene werdende *Väter* Anspruch auf diese Zahlung haben [וולדות של גר ועבד משוחרר]. Nur falls der biologische Vater bereits verstorben ist, gibt es keinen Empfänger der finanziellen Entschädigung, weshalb der Täter zwar schuldig ist, jedoch keine Zahlung vornehmen muss [הרי זכה].[126]

Ähnlich wie mBQ 5,4; 8,2 geht auch der Besprechung der וולדות-Zahlung in tBQ 9,20b ein Rechtssatz voraus, bei dem das Thema der Schadenskategorie [נזק] mit einem Tier in Verbindung gebracht wird, wobei es sich um ein geweihtes Opfertier [מוקדש][127] handelt, das jedoch nicht für einen Schaden verantwortlich ist, sondern dem eine Versehrung zugefügt wird. Möglicherweise ist die Zusammenstellung von tBQ 9,20a.b als Gegenbeispiel zu tBQ 9,17–19 zu verstehen, um herauszustellen, dass weder die Verletzung von geweihten Tieren noch die Zerstörung von ungeborenem menschlichem Leben als Kapitaldelikt gilt. Unterstrichen wird dies zudem dadurch, dass sowohl in tBQ 9,17 als auch in tBQ 9,20b ein nachvollziehbarer Bezug auf Ex 21,22 vorliegt,[128] der diesen thematisch zusammenhängenden Abschnitt rahmt. Darüber hinaus bietet die Erwähnung einer schwangeren Frau samt ihrer familiären Verhältnisse eine nachvollziehbare thematische Überleitung zu den anschließenden Fällen von Körperverletzungsdelikten im Haushalt (tBQ 20d–27). Zudem bildet die zweifache Rezeption von Ex 21,22 in tBQ 9,17.20b einen Rahmen um diesen thematischen zusammenhängenden Abschnitt. Da die Einbettung dieser Halacha sowohl in der Mischna (mBQ 5,4; 8,2) als auch in der Tosefta (tBQ 9,20) inhaltlich nachvollzogen werden kann, ist ein eindeutiges Urteil zur Rezeptionsrichtung kaum möglich. Ausgehend vom starken Interesse der Redaktoren der Mischna, zu Beginn des Kapitels einen deutlichen Fokus auf das allgemeine Körperverletzungsrecht zu legen, scheint naheliegender, eine

126 Eine Zahlung an die Erben des biologischen Vaters hingegen ist nicht vorgesehen. Vgl. dagegen ausdrücklich tBQ 9,28a. Möglicherweise ist tBQ 9,20bβ entsprechend ausschließlich auf nichtjüdische Männer und freigelassene Sklaven zu beziehen. Zu weiteren Überlegungen zu dieser Halacha im Vergleich mit der Baraita im babylonischen Talmud vgl. Halivni, Mishnas.

127 In mBQ fehlt dieser Rechtsfall. Eine gewisse Analogie weist mBQ 4,3 auf, wenn ein Rind eines Israeliten ein Rind des Heiligtums stößt [שור שלישראל שנגח לשור שלהקדש], wobei in beiden Fällen keine Kompensation des Schadens notwendig ist [פטור].

128 Vgl. zu tBQ 9,17 im Folgenden.

Positionsänderung von tBQ 9,20b zu mBQ 8,2 anzunehmen, die mBQ 8,1 als Teil des umfangreicheren Schadensrechts ausweist, und eine zweite Rezeption in mBQ 5,4 zu veranschlagen.[129] Dies könnte in gewisser Weise der Beziehung zwischen tBQ 9,14 und mKet 6,1 entsprechen.[130]

Eine direkte Rezeption der *talio* ist dabei weder in mBQ 5,4; 8,2 noch in tBQ 9,20b festzustellen. Alle drei Rechtssätze verstehen die Tötung von ungeborenem Leben nicht als Kapitaldelikt, sondern schreiben, ähnlich wie nach der oben dargelegten Auslegung von Ex 21,22[MT], unabhängig von der Entwicklung des Fötus eine finanzielle Ersatzleistung vor.[131] Die Mischna korreliert dies eng mit der Schadenskategorie [נזק] und auch nach dem Zeugnis der Tosefta handelt es sich bei den דמי ולדות um eine zusätzliche monetäre Entschädigung, die über die Sühnung aller Folgen der Körperverletzung hinaus zu leisten ist. Innerhalb der Rezeptionsgeschichte von Ex 21,22–25 wird der Rechtsfall, der mit der Kompensation des getöteten ungeborenen Lebens korreliert wird, nur an dieser Stelle deutlich mit der (indirekten) Rezeption der biblischen *talio* verbunden, die einen Teil der finanziellen Ersatzleistung bei Körperverletzungsdelikten ausdrückt.

7.1.1.2.2 Ex 21,22–25 und konkurrierende Rechtsreaktionen (tBQ 9,17)

Sowohl in mBQ 8 als auch in tBQ 9 besteht Interesse an der zentralen Frage, wie sich die Rechtsfolgen eines Körperverletzungs- und eines Kapitaldelikts zueinander verhalten, wenn beide Tatbestände erfüllt werden. Die Mischna verarbeitet dieses Thema im Rahmen von mBQ 8,3–5 durch eine Gegenüberstellung von je zwei Körperverletzungsdelikten, bei denen aufgrund der beteiligten Personen und der äußeren Umstände der Tatbestand eines Kapitaldelikts erfüllt ist oder nicht: Nach mBQ 8,3a handelt es sich bei Angriffen auf die eigenen Eltern ohne Verletzung bzw. bei einer Körperverletzung an Jom Kippur nicht um ein Kapitaldelikt, weshalb die Täter:in zur finanziellen Kompensation verpflichtet wird [חייב בכולם]. Werden die Eltern jedoch bei dem Übergriff verletzt oder eine andere Person am Schabbat angegriffen (mBQ 8,5a), entfällt die finanzielle Kompensation zugunsten der Todessanktion [פטור מכולם מפני שהוא נידון בנפשו]. Diesen Vorrang einer Todessanktion bestätigt auch tBQ 9,18–19 und verarbeitet dabei offensichtlich dasselbe Material.[132]

---

129 Hinsichtlich der Beziehung dieser drei Passagen könnte ein ähnliches Phänomen vorliegen, wie es Friedman, Primacy, 107–110, für tSchab 13,14 gegenüber mSchab 16,8 und mEr 4,2 herausarbeitet.

130 Vgl. Hauptman, Rereading, 74–86.

131 Vgl. dazu 2.1.1.3 zu Ex 21,22–23[MT] und 2.2.1 zur abweichenden Version in Ex 21,22–23[LXX].

132 Auch hier scheint wahrscheinlicher, dass tBQ 9,18–19 ursprünglicher ist als mBQ 8,3.5. Mischna und Tosefta stimmen darin überein, dass ein Schlag, der zu einer Verletzung der Eltern führt, nach Ex 21,15 mit dem Tod bestraft wird (tBQ 9,18a//mBQ 8,5aα), wobei die

Letzteres hat die Tosefta bereits viel differenzierter als die beiden Mischnajot unmittelbar zuvor ausgeführt, wenn in tBQ 9,17 verschiedene Rechtsreaktionen miteinander kollidieren: Kapitaldelikte, ausgedrückt durch die Tötung eines Menschen, und vermögensrechtliche Delikte, durch die Tötung von Nutztieren bzw. Körperverletzungen.

tBQ 9,17[133]

$_{17a}$ Tötet er ihn und sein Vieh in einem [Vorgang], tötet er ihn und verstümmelt seine Hand in einem [Vorgang], tötet er ihn und blendet sein Auge in einem [Vorgang], ist er frei, wie geschrieben steht: »und wenn kein Unglück geschieht, ist ihm eine Geldbuße aufzuerlegen« [Ex 21,22]; wenn [aber] dabei ein Unglück geschieht, legen wir ihm keine Geldbuße auf.	הרגו והרג את בהמתו כאחד הרגו וקטע את ידו כאחד הרגו וסימא את עינו כאחד פטור שנ׳ ולא יהיה אסון ענוש יענש אם[134] יש שם אסון אין נענש[135]
$_{17b}$ Aber tötet einer sein Vieh und danach tötet er ihn und verstümmelt er seine Hand und danach tötet er ihn, blendet einer sein Auge und danach tötet er ihn, ist er schuldig [einer Geldbuße] wie geschrieben steht: »Blut[schuld] hat er. Er soll bezahlen« [Ex 22,2]	אבל הרג את בהמתו ואחר כך הרגו וקיטע את ידו ואחר כך הרגו סימא את עינו ואחר כך הרגו חייב שנאמר דמים לו שלם ישלם

finanzielle Kompensation nach mBQ 8,1a bzw. tBQ 9,1d entfällt. In beiden Fällen wird dies mit anderen Delikten verbunden, die aufgrund besonderer Umstände (Feiertage) nicht mit einer finanziellen Entschädigung geahndet, sondern als Kapitaldelikt verfolgt werden. In tBQ 9,17–19 wird dies im Rahmen des Themas konkurrierender Rechtsreaktionen verhandelt, wobei tBQ 9,18 mit dem (hier nicht rechtlich wirksamen) Prinzip des unbeabsichtigten Delikts [שוגג] verbunden wird. Der Elternschlag fungiert dabei als Übergang von Tötungsdelikten an Mensch und Tier (tBQ 19,17) zu anderen Delikten, die aufgrund der Umstände eine härtere Rechtsreaktion notwendig machen. Die Mischna hingegen fokussiert den Diskurs konkurrierender Rechtsreaktionen auf Körperverletzungsdelikte am Menschen und verarbeitet die Beispiele als Fall und Gegenfall (mBQ 8,3.5), weshalb ein Hinweis auf Intentionalität fehlt. Stattdessen begegnet der Gegenfall eines Schlags ohne Verletzung (mBQ 8,3aα) der hier vermutlich auf die redaktionelle Zusammenstellung der Mischna zurückgeht.

133 Textgrundlage: Zuckermandel, Tosefta, 364–365; MS Erfurt 12, [326] 322; MS Wien hebr. 20, 160b.

134 MS Wien hebr. 20, 160b: הא אם.

135 Ebd.: נהרגו.

17c Das ist der Grundsatz: Jeder, der gleichzeitig des Todes schuldig ist und einer finanziellen Ersatzleistung, der ist frei [von der finanziellen Ersatzleistung]; [ist er] des Todes [schuldig] und danach einer finanziellen Ersatzleistung [oder] einer finanziellen Ersatzleistung und danach des Todes [schuldig], dann ist diese Person [beides] schuldig.	זה הכלל כל שחלה עליו מיתה ותשלומין כאחד פטור מיתה ואחר כך תשלומין תשלומין ואחר כך מיתה הרי זה חייב

Die Tosefta unterscheidet dabei zwei Fälle: Sofern beide Tatbestände in einem Vorgang [כאחד] erfüllt werden, sind die Delinquenten hinzurichten und alle monetären Verpflichtungen entfallen. Sollten jedoch die beiden Angriffe, die unterschiedliche Rechtsreaktionen nach sich ziehen, nacheinander [ואחר כך] geschehen, besteht für die Täter:innen die Verpflichtung, vor ihrer Hinrichtung zusätzlich die finanzielle Entschädigung zu leisten.[136] Für den zweiten Fall verweist die Tosefta begründend auf Ex 22,2 und verbindet zwei Halbsätze, die syntaktisch eigentlich nicht zusammen-, sondern unterschiedlichen Rechtssätzen angehören: Das Nebeneinander von Blutschuld in Ex 22,2a [אם זרחה (השמש עליו) דמים לו] und die Verpflichtung in Ex 22,2b, Diebesgut monetär zu ersetzen [(אם אין לו...) שלם ישלם], verstehen die anonymen Autoren als Beleg, dass in bestimmten Fällen eine Todessanktion zusammen mit einer finanziellen Ersatzleistung einhergehen kann.[137]

Von größerem Interesse ist hier jedoch tBQ 9,17a: Dort erinnert die Terminologie jener körperlichen Versehrungen, die als Beispiele für Entschädigungsleistungen fungieren, an zwei Elemente der Talionsformel: Die Verstümmelung einer Hand [ק.ט.ע. את ידו] bzw. die Blendung eines Auges [ס.מ.י. את עינו]. Dieser Rezeptionsverdacht erhärtet sich durch das anschließende Belegzitat: Wie in den Parallelen in mKet 3,2[138] und MechSch Nez zu Ex 21,23 bezieht sich auch tBQ 9,17 begründend mit Ex 21,22 auf die Perikope des Bundesbuchs, in der auch die Talionsformel begegnet. Die Protasis des Unterfalls$_a$ wird dabei

136 Wie Goldberg, Tosefta, 174, richtig bemerkt, geht das allgemeine Prinzip über den zweiten Beispielfall hinaus, indem die Reihenfolge, in der die beiden Taten nacheinander begangen werden, explizit – wie auch in MechSch Nez zu Ex 21,23 – keine Rolle spielen.

137 Vgl. unten 7.3.2.3 zur abweichenden Argumentation in MechSch Nez zu Ex 21,23, wo stattdessen die Reihenfolge der Verfügungen in Ex 21,23–24 bzw. Lev 24,17–18 ausschlaggebend sind. mKet 3,2 erwähnt eine solche Regelung nicht.

138 In mKet 3,2 weichen die konkreten Fälle ab, da es dezidiert um eine Strafzahlung [קנס], nicht um eine Entschädigung geht. Im abschließenden Fazit entspricht mKet 3,2 jedoch wieder dem Prinzip von tBQ 9,17, wenn allgemein von אין משלם ממון gesprochen wird.

entgegen dem biblischen Kontext nicht auf die finanzielle Entschädigung extern induzierter Aborte bezogen, sondern auf Körperverletzungen allgemein ausgeweitet: Geschieht kein (tödliches) Unglück [ולא יהיה אסון], d.h. läge nur ein Körperverletzungsdelikt vor, wäre eine finanzielle Kompensation angemessen [ענוש יענש]. Indem diese Rechtsfolge von Ex 21,22 nun ins Gegenteil verkehrt wird, wendet tBQ 9,17a die Apodosis auf den hypothetischen Fall an, bei dem gleichzeitig [כאחד] ein Kapital- [הרגו] und ein finanziell zu entschädigendes Delikt [והרג את בהמתו/ וקטע את ידו/ וסימא את עינו] vorliegen und kommt zu dem Schluss: »Wenn dabei ein (tödliches) Unglück geschieht, wird die Person nicht mit Geld bestraft« [אם יש שם אסון אין נענש].[139] In kreativer Weise findet dabei in tBQ 9,17 eine (Nicht-)Rezeption der *talio* statt: Dabei wird einerseits die zweite Rechtsfolge Ex 21,23b–25 – die Talionsformel – *nicht* rezipiert, sondern stattdessen die erste Apodosis negiert und so finanzielle Entschädigungen aufgrund der speziellen Fragestellung explizit ausgeschlossen. Andererseits findet eine indirekte Rezeption der *talio* durch die verbale Reformulierung statt, die mit der generalisierten Version des ersten Unterfalls verbunden wird. Entsprechend bestätigt die Tosefta auch hier die Sühnung von (schweren) Körperverletzungen durch Entschädigungszahlungen. Daneben liegt mit tBQ 9,17 ein weiterer Fall vor, bei dem die *talio* als Beispiel für vermögensrechtliche Prozesse dient und Kapitalprozessen gegenübergestellt wird.[140] Schließlich handelt es sich bei tBQ 9,17.20b um den einzigen bekannten Beleg aus der jüdischen Antike, bei dem der Rechtsfall (Ex 21,22–23) zusammen mit der Talionsformel (Ex 21,24–25) für das Körperverletzungsrecht fruchtbar gemacht und nicht getrennt rezipiert wird.

7.1.1.3 Die Talionsformel und menschliche Haftung für Schaden (tBQ 9,32; mBQ 2,6; 8,7)

Die verbale Reformulierung der Talionsformeln im Rahmen der Schadenskategorie begegnen innerhalb des Traktats Baba Qama in zwei weiteren Zusammenhängen. Diese Variationen jener Verbalsätze zu körperlichen Versehrungen an Auge, Hand und Fuß (tBQ 9,32; mBQ 2,6; 8,7) sind durch ein gemeinsames Thema verbunden: Zur Debatte steht die Frage der grundsätzlichen Haftung des Menschen für Folgeerscheinungen von Körperverletzungen.

---

139 Bei der abweichenden Lesart »אין נהרגו« aus MS Wien hebr. 20, 160b, dürfte es sich aufgrund des weiteren Kontextes um einen Schreibfehler und nicht um eine abweichende Meinung handeln, da die am Ende genannte Grundregel exakt MS Erfurt entspricht. Vgl. auch mKet 3,2, wo Ex 21,22 mit derselben Intention zitiert wird, jedoch ohne dass die Schlussfolgerung expliziert wird.

140 Vgl. dazu unten auch tSchevu 3,4.8 (7.1.3) und Sifra Emor 20 (7.3.3.5).

7.1.1.3.1 Die grundsätzliche Haftung des Menschen für den Schaden (mBQ 2,6)

In mBQ 2,6 begegnet die verbale Reformulierung der *talio* aus der Schadenskategorie innerhalb des Kapitels zum ersten Mal und dort in Bezug auf einen zentralen Aspekt des Haftungsrechts. Hintergrund ist die Einführung der Bezeichnung מועד in mBQ 1,4,[141] womit die Gefährdung, die von (Nutz-)Tieren ausgeht, beschrieben wird. Vier der fünf dort genannten Tätigkeiten oder Status, der »Fuß«, der »Zahn«, das »verwarnte Rind« und das »Rind im Bereich des Geschädigten« werden in mBQ 2,1–5 in leicht abweichender Reihenfolge besprochen. Zur Debatte steht dabei, wann welche Nutztiere in diese Kategorie fallen bzw. umgekehrt als unbescholtene [תם] Tiere gelten können, was Implikationen für die Haftung ihrer Besitzer hat. Entsteht durch eines ihrer Tiere ein Schaden, haften die Besitzer für den vollen Schaden, wenn es als מועד gilt, aber nur für den halben, gilt es als »unbescholten« [תם]. In welche Kategorie ein bestimmtes Tier fällt, orientiert sich einerseits am natürlichen Verhalten bestimmter Tierarten und andererseits an den tatsächlichen Handlungen, die zu diesem Schaden geführt haben.[142] Mit mBQ 2,6 wird diese Auslegung von mBQ 1,4 abgeschlossen, indem der dort letztgenannte »Mensch« als Schadensverursacher angesprochen wird, was zu den folgenden Mischnajot (mBQ 3,1–7) überleitet, die Schadensfälle verhandeln, die direkt auf menschliches Handeln zurückzuführen sind.

mBQ 2,6[143]

Der Mensch ist immer verwarnt – ob er unabsichtlich oder absichtlich handelt, ob er wach ist oder schläft.	אדם מועד לעולם בין שוגג בין מזיד בין ער בין ישן
Blendet er das Auge seines Nächsten und bricht er die Gefäße, zahlt er den Schaden komplett.	סמא את עין חברו ושיבר[144] את הכלים משלם נזק שלם

141 Referenzpunkt für diese Bezeichnung ist Ex 21,36, wo eine ähnliche Unterscheidung mit der Wurzel י.ד.ע. im Falle der Tötung eines Tieres durch ein anderes getroffen wird.

142 So gelten etwa Hunde und Böcklein bzw. junge Tiere (vgl. Jastrow, Dictionary, גְּדִי) nach mBQ 2,3 als מועד, sollten sie von einem Dach springen und bei der Landung Schaden am Eigentum verursachen, da dieses Verhalten erwartet wird und die Besitzer entsprechende Vorkehrungen treffen müssten. Huftiere gelten nach mBQ 2,1 als מועד, wenn sie beim Gehen Gegenstände zerstören, nicht aber wenn dies durch das unerwartete Ausscheren des Hufs geschieht oder sich Steine beim Fortbewegen lösen, die für den Schaden sorgen.

143 Textgrundlage: Krupp, mBQ, 47; MS Parma 3173 (De Rossi 138), 84a; MS Kaufmann (A 50), 159a; MS München 95, 275b; MS Cambridge 470, 106b; Albeck, Nezikin, 22.

144 MS Cambridge 470, 106b: או שיבר.

Die unausgesprochene Frage, auf die mBQ 2,6 antwortet, lautet: Gibt es Fälle, in denen auch ein Mensch als unbescholten gilt und folglich nur für die Hälfte des verursachten Schadens haftet? Die Ablehnung dieser Position ist bereits in mBQ 1,4 greifbar, wenn einzig האדם ohne zusätzliche Bedingungen als מועד charakterisiert wird. Dies bestätigt die letzte Mischna des zweiten Kapitels und geht dabei noch weiter: Sie spricht unterschiedliche Grade der Intentionalität [שוגג/מזיד] und grundsätzlicher des Bewusstseinszustandes [ער/ישן] an, die aber nach dem Dafürhalten von mBQ 2,6 alle keinen Einfluss auf die Haftbarkeit des Menschen hinsichtlich des entstandenen Schadens[145] haben. Anschließend begegnet der paradigmatische Satz der Augenverletzung [סמא את עין (חברו)] als Gegenüber zum Zerstören von materiellem Besitz [ושבר את הכלים]. Ähnlich wie in mBQ 8,[6]–7 wird die Sonderstellung des Körperverletzungsrechts innerhalb des vermögensrechtlichen Prozessrechts deutlich,[146] die jedoch hinsichtlich der Haftung für den entstandenen Schaden keine Rolle spielt: Der Mensch muss immer für den vollen Schaden aufkommen. Eindeutig ist in mBQ 2,6 erneut die entsprechende Rechtsreaktion: (Auch) das Blenden eines Auges wird mit der Zahlung [ש.ל.ם.] eines Geldbetrags abgegolten. Erneut konstatiert die Mischna, dass die indirekt dahinterstehende *talio* aus Ex 21,24 nicht als Forderung einer physisch retributiven Strafe zu verstehen ist, sondern als Hinweis auf die zu leistenden Kompensationszahlungen, in diesem Fall für den entstandenen Schaden.

7.1.1.3.2 Ausnahmen der persönlichen Haftung (tBQ 9,32; mBQ 8,7)

Die Darstellungen des Körperverletzungsrechts in der Mischna (mBQ 8,6–7) und Tosefta (tBQ 9,28–33) schließen trotz unterschiedlicher Abfolge der *topoi* sowie Abweichungen im Detail sehr ähnlich und weisen eine hohe intertextuelle Beziehung auf. So werden in beiden Kapiteln Injuriendelikte thematisiert und dabei besonders auf Delikte eingegangen, die gegen die eigene Person gerichtet sind. Thematisch eng damit verbunden wird die Frage

145 Der ausdrückliche Bezug von mBQ 2,6 auf die Kategorie des Schadens [משלם נזק שלם] ist dabei von grundlegender Bedeutung. Später bestätigt mBQ 8,1f am Beispiel einer vom Dach fallenden Person, dass für die Kategorie des Schadens das Fehlen von Absicht oder Intention keine Rolle spielt, für Injuriendelikte hingegen schon [חייב על הנזק ופטור על הבושת]. Dabei rezipiert die Mischna auch den in mBQ 2,6 explizit benannten Bewusstseinszustand des Schlafs, der für Injuriendelikte rechtliche Relevanz hat [וישן שביש פטור]. Vgl. zu dieser Auslegung von mBQ 2,6 auch Schick, Intention, 22. Die Einschätzung von Gvaryahu, Battery, 557, der Tatbestand der Injuriendelikte in mBQ 8,1f sei als Ausnahme dieses Grundsatzes zu werten (בניגוד הכלל הרגיל [...] דמי הבושת הם תשלום על גרימת בושת במתכוון), ist entsprechend nicht zutreffend – zumindest in der Mischna bezieht sich מועד לעולם auf den Schaden [נזק], der immer zu bezahlen ist.

146 Vgl. unten im Folgenden.

aufgeworfen, inwiefern bzw. in welchen Fällen die Haftung bei Aufträgen an die ausführende Person übertragen werden kann. Hier wie dort spielt zudem zum ersten Mal explizit die theologisch-ethische Beurteilung des zwischenmenschlichen Umgangs neben der juristischen Regelung von Körperverletzungsdelikten eine nicht unbedeutende Rolle. Gleichzeitig ist aber zu beobachten, dass das gemeinsame Material für z.T. deutlich abweichende Erkenntnisinteressen benutzt wurde. Deshalb stellt sich erneut die redaktionskritische Frage, auf wessen Seite welche Elemente erweitert oder umgedeutet wurden und aus welchem Interesse dies geschah. Neben der Frage nach der literarischen Beziehung der beiden Kapitel ist der abschließende Abschnitt von Bedeutung, da sowohl die Mischna als auch die Tosefta erneut Schadensfälle des Körperverletzungsrechts durch die Verletzung von Augen und Händen ausdrücken. Darüber hinaus besteht durch die Verbindung dieses Abschnitts in mBQ 8,7a–b eine enge Verbindung zu den erwähnten ethisch-theologischen Implikationen des zwischenmenschlichen Umgangs und der indirekten Rezeption der *talio*, die in gewisser Weise an Mt 5,38–42 erinnert.

tBQ 9,32[147]

Sagt einer »Blende mein Auge, das mir Schaden bereitet, verstümmle meine Hand, die mir Schaden bereitet«, ist er [der es tut] frei.	האומר סמא את עיני שמזקתני קטע את ידי שמזקתני פטור

Der Rezeptionsverdacht der *talio* ergibt sich in der Tosefta in der vorletzten Baraita des Kapitels, die einen Auftrag zur Blendung des eigenen Auges [סמא את עיני] bzw. zur Zerstörung der eigenen Hand [קטע את ידי] zum Thema hat. Begründet wird dieser Wunsch durch den Hinweis, diese Körperteile würden der beauftragenden Person Schaden zufügen [שמזקתני].[148] In anderen Worten liegt in tBQ 9,32 eine medizinische Indikation vor, aufgrund derer die Begleiterscheinung einer körperlichen Schädigung durch einen ärztlichen Eingriff aufgrund der Bitte der Patient:innen erlaubt wird [פטור].[149]

147 Textgrundlage: Zuckermandel, Tosefta, 365; MS Erfurt 12, [326] 322; MS Wien hebr. 20, 160b–161a.

148 Die Übersetzung dieses Ausdrucks in der wortgleichen Parallele jBQ 8,11/6c im finalen Sinn »so daß du mir Schaden zufügst« bei Wewers, Bavot, 136, dürfte weder hier noch dort dem Sinn des Gemeinten entsprechen. Vgl. dagegen überzeugender das kausale Verständnis bei Guggenheimer, Neziqin, 211 (»because it damages me«), und Neusner, Tosefta, 58 (»which is doing me harm«).

149 Vgl. Liebermann, Ki-Fshuṭah, ad. loc.: »In der Tosefta wird das ›unter der Bedingung, dass du befreit bist‹ [wie in mBQ 8,7; jBQ 8,11/6c, Anm. JR] überhaupt nicht erwähnt, da sie anderer Meinung ist und annimmt, dass es ihm zur Vermeidung von Schmerz und Leid

Der unmittelbare Kontext plausibilisiert die Notwendigkeit dieser Regelung: tBQ 9,31c–e befassen sich vor dem Hintergrund von Injuriendelikten mit herabwürdigenden Handlungen, die gegen die eigene Person gerichtet sind, und legen in zwei Argumentationsgängen dar, inwiefern diese Fälle zwar nicht von irdischen Gerichten verfolgt werden können, aber dennoch eine Haftung vor dem himmlischen Gericht besteht und insinuieren eine Analogie zum Götzendienst.[150] Demgegenüber liegt der Fokus von tBQ 9,32–33 auf Fällen, die eine Beauftragung zur Zerstörung der eigenen Gliedmaßen medizinisch rechtfertigt oder ein Zwang durch Dritte eine Gesetzesübertretung unumgänglich macht. In anderen Worten könnte es sich bei der Benutzung der Wendung ס.מ.א. את עין, ק.ט.ע. את יד um eine indirekte Rezeption der *talio* handeln, die, wie mBQ 8,1b aber auch die Midraschim nahelegen, mit der Schadenskategorie verbunden ist.

Eine identische Funktion kommt der Verwendung der Formel auch in mBQ 8,7b zu.

mBQ 8,7[151]

$_{8,7a\alpha}$ Obwohl er ihm [Schadensersatz] gibt, wird ihm nicht vergeben, bis er es von ihm fordert, wie gesagt wurde: »Und jetzt bring die Frau des [Mannes] zurück usw.« [Gen 20,7a]	אף על פי שהוא נותן לו אינו נימחל לו עד שיבקש ממנו שנאמר ועתה השב אשת וגו׳[152]
$_{8,7a\beta}$ Und woher [wissen wir], dass, wer nicht vergibt, erbarmungslos ist? Weil gesagt wird: »Und Abraham betete zu Gott und Gott heilte Abimelech usw.« [Gen 20,17a]	ומניין שלא יהא[153] המוחל אכזרי שנאמר ויתפלל אברהם אל האלהים[154] וגו׳

erlaubt sei, seine Gliedmaßen zu beschädigen, und folglich auch ein anderer, der dies mit seiner Erlaubnis tut, befreit sei [Schadensersatz zu leisten]« (ÜS JR) und Goldberg, Tosefta, 180.

150 Vgl. 7.1.1.3.3.

151 Textgrundlage: MS Kaufmann (A 50), 132a; MS München 95, 288a; MS Parma 3173 (De Rossi 138), 87a; MS Cambridge 470, 110a; Krupp, mBQ, 47; Albeck, Nezikin, 39–40.

152 MS München 95, 288a; MS Parma 3173 (De Rossi 138), 87a erweitern das Zitat um: כי נביא הוא. MS Cambridge 470, 110a bietet die längste Version: כי נביא הוא ויתפלל בעדך וחיה וגו׳.

153 Hs München 95 formuliert abweichend: שאם לא מחל לו הוַ[א] אכזרי.

154 Erneut ein längeres Zitat in Hs Kaufmann (וירפא אלהים) und der Ausgabe Albeck (וירפא אלהים אלהים את אבימלך)

8,7bα Wer spricht: »Blende mein Auge, verstümmle meine Hand, brich meinen Fuß«, ist schuldig. [Und wenn er ausdrücklich versichert] »Unter der Bedingung, dass du befreit bist«, [ist er trotzdem] schuldig.	האומר סמא את עיני קטע את ידי שבר את רגלי חיב על מנת לפטר חיב
8,7bβ [Wer spricht:] »Zerbrich meinen Krug, zerschlag mein Gefäß«, ist schuldig. [Und wenn er ausdrücklich versichert] »Unter der Bedingung, dass du befreit bist«, ist er frei.	קרע את כסותי שבר את כדי חיב על מנת לפטר פטור
8,7bγ [Wer spricht:] »Tu so irgendeinem Menschen unter der Bedingung, dass du befreit bist«, ist schuldig, sowohl in Körper[verletzungs]delikten als auch im Sachen[recht].	עשה כן לאיש פלוני, על מנת לפטר חיב בין בגופו בין בממונו

Offensichtlich stellt diese Mischna dabei in einem Dreischritt einen Vergleich zwischen körperlichen Versehrungen (mBQ 8,7bα.γ) und materiellen Beschädigungen (mBQ 8,7bβ.γ) an, wie auch die Nomenklatur des letzten Teilsatzes [בגופו, בממונו] unterstreicht.[155] Die größte Referenzialität besteht im direkten Vergleich dabei zwischen mBQ 8,7bα und tBQ 9,32,[156] wobei, ausgenommen von der Bedingung שמזקתני, alle Satzbestandteile auch in der Mischna begegnen: Es handelt sich um einen beauftragenden Sprechakt [האומר], dessen Ziel die Zerstörung von eigenen Körperteilen ist [סמא את עיני קטע את ידי] und eine Befreiung von der rechtlichen Haftung erwogen wird [לפטר]. Gegenüber der Tosefta erwähnt die Mischna zusätzlich das Brechen eines Fußes [שבר את רגלי], womit die Reihe – mit der Ausnahme der Suffixe der ersten statt der dritten Pers.sg. – mBQ 8,1b entspricht. Entsprechend dient die Formel auch in mBQ 8,7bα als Chiffre für die Schadenskategorie des Körperverletzungsrechts, die so das gesamte Kapitel rahmt.[157]

155 Implizit ist dieses Motiv auch in der Reihenfolge von tBQ 9,32.33 zu erahnen, wenngleich ohne direkten Vergleich.

156 Daneben kann nur eine terminologische Verbindung zwischen den Beispielen für vermögensrechtliche Schadensfälle in mBQ 8,7bβ [**קרע את כסותי שבר את כדי**] sowie dem anonymen (tBQ 9,31bβ) bzw. R. Chalfai ben Agra zugeschriebenen (tBQ 9,31bγ) Kommentar zur Selbstverletzung [**מקרע את כסותו משבר את כליו**] ausgemacht werden. Das inhaltlich verbindende Element der Zerstörung von persönlichem Besitz bzw. die Aufforderung dazu lassen eine intertextuelle Beziehung wahrscheinlich werden.

157 Von dieser Beobachtung ausgehend versteht Gvaryahu, Laws, 45–46, sogar das gesamte Kapitel als Chiasmus, auch wenn er zugeben muss, dass die Zuordnung der Einzelelemente nicht eindeutig ist (vgl. ebd., 45, Anm. 10).

Über das Motiv der Beauftragung und Haftung hinaus spielt in mBQ 8,7 die Zusicherung von Straffreiheit [על מנת לפטור] eine entscheidende Rolle: Ohne diesen Sprechakt haftet die beauftragte Person bei jeglicher Aufforderung zur Zerstörung von Objekten oder körperlicher Versehrung – auch wenn es sich um den eigenen Besitz bzw. Körper handelt – selbst. Damit bestätigt mBQ 8,7b die Grundsätze der mischnischen Regelungen zur Haftung von Beauftragen: Sofern die beauftragte Person rechtsfähig[158] ist, haftet sie in allen drei Fällen für den entstandenen Schaden, wenn keine ausdrückliche Zusicherung der Straffreiheit durch den Auftraggeber vorliegt. Im letzten Fall, wenn der Auftrag einer dritten Person Schaden zufügt, gilt dies ohne Einschränkung, da es sich um eine Anstiftung zur Gesetzesübertretung handelt.[159] Indem die Mischna aber die Zusicherung von Straffreiheit nur in einem Fall – bei der Aufforderung zur Zerstörung des eigenen materiellen Besitzes – für rechtlich wirksam erklärt, führt sie eine wichtige und in mBQ 8 bisher unerwähnte Distinktion ein. Aufgrund der globalen Unterscheidung zwischen Kapital- [דיני נפשות] und vermögensrechtlichen Prozessen [דיני ממונות] und der offensichtlichen Zuordnung von Körperverletzungsdelikten zu letzterer Kategorie,[160] könnte davon ausgegangen werden, dass Körperverletzungsdelikte und andere zivilrechtliche Schadensfälle rechtlich nicht unterschieden werden.[161] Indem mBQ 8,7 aber die Zusicherung von Straffreiheit [על מנת לפטר] nur bei Aufträgen, die zur Schädigung des eigenen Besitzes führen, für rechtskräftig hält (vgl. mBQ 8,7bβ: פטור), jedoch nicht, wenn die geforderte Tat den eigenen Leib

---

158 Vgl. zu dieser Unterscheidung die Ausführungen in mBQ 6,4 und Safrai, mBQ B, 336.

159 Zwar begegnet der Grundsatz, dass ein Beauftragter rechtlich wie sein Auftraggeber gilt [שלוחו של אדם כמותו], bereits in tannaitischen Quellen (vgl. z.B. mBer 5,5; tTaan 3,2; MechJ Pischa 3 zu Ex 12,3; SifBem 153 zu Num 30,6 und Ettinger, Agency), jedoch wird die Frage der Haftung bei beauftragten Gesetzesübertretungen seltener diskutiert. Nach mMeil 6,1 haftet nicht der Beauftragte, sondern sein Herr für eine Veruntreuung, und in Sifra Acharei Mot 8 zu Lev 17,4 folgert der Midrasch aus דם יחשב לאיש ההוא: »[ihm] und nicht der Person, die ihn beauftragt hat« [ולא לשולחיו]« soll die Blutschuld angerechnet werden. Vgl. dazu ausführlicher Birkan, Inducing, 875–879. Erst später begegnet das Prinzip »Es gibt keinen Beauftragten für Übertretungen« [אין שליח לדבר עבירה], vgl. bQid 42b; bSan 29a. Dies bleibt allerdings nicht ohne Widerspruch: Schammai der Ältere etwa ist in bQid 43a anderer Meinung und vertritt mit einem Rückverweis auf 2Sam 12,9 den Standpunkt, wer im Auftrag mordet, ist schuldig [שמאי הזקן אומר משום חגי הנביא שולחיו חייב שנאמר אתו הרגת בחרב בני עמון]. Vgl. Aptowitzer, Darstellung, 189–190.

160 Vgl. 7.1.3.1.

161 Vgl. auch die vorherige Gleichbehandlung von Körperverletzungsdelikten [ח.ב.ל. בעצמו/בו] und Sachenrecht [ק.צ.ץ. את נטיעותיו] im Rechtsentscheid R. Aqivas (mBQ 8,6fβ$_{4-5}$) hinsichtlich des selbst zugefügten Schadens, der in beiden Fällen zwar nicht gestattet ist [אינו רשיי], für den die Person aber rechtlich nicht haftet [פטור].

betrifft (vgl. mBQ 8,7bα: חייב),[162] wird deutlich, dass das Körperverletzungsrecht eine besondere Unterkategorie vermögensrechtlicher Fälle [דיני ממונות] bildet.[163]

In seinem jetzigen Kontext ist mBQ 8,7b durch die mischnische Darstellung des Themas der selbstzugefügten Injurie im Maʿase-Bericht des R. Aqiva fest eingebunden. Indem dabei gegenüber tBQ 9,31bβ–γ, wo innerhalb der Beispiele nicht zwischen selbst zugefügten Injurien [שרק וטש בפניו כנגד חברו] und Zerstörung des Eigentums [מקרע את כוסותו ...] unterschieden wird, abschließend ein expliziter Vergleich zwischen selbst- bzw. extern ausgeführten Körperverletzungen [ח.ב.ל. בעצמו/בו] und Zerstörung des Besitzes [ק.צ.ץ. את נטיעותיו] vorgenommen wird, ist mBQ 8,7b durch mBQ 8,6fβ$_{4-5}$ bereits vorbereitet. Allerdings wird diese thematische Verbindung durch mBQ 8,7a unterbrochen. Entsprechend müssen auch die literarischen Beziehungen zwischen mBQ 8,6.7 und tBQ 9,29–30.31 für die Beurteilung der redaktionellen Tätigkeit einbezogen werden.

7.1.1.3.3 Eine theologisch-ethische Perspektive auf das Körperverletzungsrecht (mBQ 8,6–7a; tBQ 9,29–30.31)

Am Ende der Kapitel gehen sowohl die Tosefta als auch die Mischna nach tBQ 9,12–14 bzw. mBQ 8,1f ein zweites Mal auf Injuriendelikte ein (tBQ 9,31; mBQ 8,6) und thematisieren dabei auch Selbstverletzungen (bzw. den Auftrag dazu) sowie rechtlich irrelevante Verhaltensnormen. Die Tosefta eröffnet das vergleichbare Material mit einem Abschnitt zur Relevanz der Fürbitte und Imitation der göttlichen Barmherzigkeit, wobei sich der gesamte Abschnitt tBQ 9,29–31 durch eine Fülle von biblischen Belegzitaten von seinem Kontext abhebt.

162 Aufgrund der Verwendung derselben Verbalsätze zur Beschreibung der Schadenskategorie [נזק] in mBQ 8,1 kann gefolgert werden, dass diese Regelung im Sinne der Mischna gilt, wenn durch den Auftrag körperlicher *Schaden* entsteht. Ob dies jedoch auch für andere Delikte zutrifft, bei denen etwa nur Entschädigungen für Schmerz oder Beschämung entstehen, kann aufgrund des vorliegenden Kapitels nicht entschieden werden. R. Aqiva verwendet in mBQ 8,6 mit ח.ב.ל. den *terminus technicus*, der nach mBQ 8,1 das gesamte Spektrum von Körperverletzungen bis zu Injuriendelikten abdeckt, aber in mBQ 8,7 fehlt.

163 Vgl. dazu auch die grundlegende Feststellung in mSan 1,1: »Körperverletzungen [werden] vor drei [Richtern verhandelt]« sowie tSchevu 3,8 [vgl. 7.1.3.1] und Sifra Emor 20 zu Lev 24,22 [vgl. 7.3.3.5] Vgl. auch Gvaryahu, Equal, 66, mit Kritik an Balberg, Pricing, 182–183.

tBQ 9,29–30[164]

tBQ 9,29a Wer seinen Nächsten verletzt – obwohl der Schädiger es nicht von dem Geschädigten erbeten hat, muss der Geschädigte ihn um Erbarmen bitten, wie geschrieben steht: »Und Abraham betete zu Gott [und Gott heilte Abimelech usw.]« [Gen 20,17a]	החובל בחבריו אף על פי שלא ביקש[165] החובל מן הנחבל הנחבל צריך לבקש[166] עליו רחמים שנ׳ ויתפלל אברהם אל האלהים[167] וירפא אלהים
tBQ 9,29b Und so findest du es auch bei den Freunden Hiobs, wie geschrieben steht: »und jetzt nehmt euch sieben Rinder und sieben Widder [und geht zu meinem Knecht Hiob und opfert Brandopfer für euch und Hiob mein Knecht wird für euch beten usw.]« [Hiob 42,8]	וכן אתה מוצא בריעי איוב שנ׳ ועתה קחו לכם שבעה פרים ושבעה אילים[168] ולכו אל עבדי איוב והעליתם עולה בעדכם ואיוב עבדי יתפלל אליכם וגו׳
tBQ 9,30a Und was sagt er? »Und JHWH wendete das Geschick Hiobs, weil er für seine Freunde betete [und JHWH fügte allem, was Hiob hatte, das Doppelte hinzu]« [Hiob 42,10]	ומה הוא אומר אומר וי״י שב את שבות איוב בהתפללו בעד רעהו[169] ויוסף ד׳[170] את כל אשר לאיוב למשנה
tBQ 9,30b R. Jehuda sagt im Namen Raban Gamliels: »Siehe er sagt, ›und er schenkt dir Erbarmen und erbarmt sich deiner und macht dich zahlreich‹ [Dtn 13,18]. Dies sei ein Zeichen in deiner Hand, dass immer, wenn du ein Barmherziger bist, auch der Barmherzige dir barmherzig sein wird.«	ר׳ יהודה אומ׳ משום רבן גמליאל הרי הוא אומ׳ ונתן לך רחמים ורחמך והרבך[171] זה סימן יהא בידך כל זמן שאתה רחמן ורחמן ירחם[172] עליך

Mit mBQ 8,7a verbindet tBQ 9,29–31 neben zwei lexikalischen Übereinstimmungen auch das identische Belegzitat aus Gen 20,17a.[173] Mit dem Gebet

164 Textgrundlage: Zuckermandel, Tosefta, 365–366; MS Erfurt 12, [327] – 323; MS Wien hebr. 20, 161a.

165 MS Wien hebr. 20, 161a: בקש.

166 MS Erfurt 12, [327] – 323; MS Wien hebr. 20, 161a: שיבקש.

167 In MS Wien hebr. 20, 161a endet das Zitat von Gen 20,17 hier.

168 In ebd. endet das Zitat von Hiob 42,8 hier.

169 Der Rest von tBQ 9,29 fehlt in ebd.

170 MS Erfurt 12, [327] – 323; MS Wien hebr. 20, 161a: י״י.

171 In MS Wien hebr. 20, 161a folgt וגו׳.

172 Ebd.: מרחם.

173 Vgl. neben der konzessiven Einleitung -אף על פי ש auch das Verbum ב.ק.ש.

Abrahams für Abimelech belegt tBQ 9,29a die Forderung, dass die geschädigte Person Gott um Barmherzigkeit gegenüber den Täter:innen bitten müsse [צריך לבקש עליו רחמים], auch wenn diese nicht darum gebeten haben [אף על פי שלא ביקש]. Da im Kontext des zitierten Verses das Gebet offensichtlich zur Heilung Abimelechs führt und innerhalb des Kapitels keine Bitte des Königs überliefert wird, ist die Logik dieses Zitats einleuchtend. Daran anschließend führen tBQ 9,29b.30a mit Hiob 42,8.10 weitere Belege an, in denen das Gebet Hiobs für seine Gesprächspartner zentral ist [ויתפלל אליכם [...] בהתפללו בעד רעהו][174] und von Gott durch die Wiederherstellung des Beters beantwortet wird. Das abschließende Zitat von Dtn 13,18 in tBQ 9,30b führt letzteren Aspekt weiter aus und bezieht sich durch die Erwähnung der Barmherzigkeit [רחמים] wieder zurück auf tBQ 9,29a. Der von R. Jehuda eingeführte Kommentar des R. Gamliel begründet damit die eingangs aufgestellte Forderung: Indem Menschen einander Barmherzigkeit erweisen und damit Gott imitieren, wird der Barmherzige [רחמן] auch ihnen Barmherzigkeit erweisen [ירחם].

Der Übergang zur anschließenden Besprechung der Injuriendelikte wirkt zwar zunächst unvorbereitet, ist aber aufgrund der gemeinsamen theologischen Perspektive nachzuvollziehen: Schon bei der Definition von Injuriendelikten (tBQ 9,31aβ) und noch deutlicher im Rahmen des autodestruktiven Verhaltens (tBQ 9,31b) spielt die Haftung des Menschen vor dem himmlischen Gericht eine entscheidende Rolle. Im Gegensatz zu tBQ 9,29–30 ruft die Tosefta hier allerdings nicht zur Imitation der Barmherzigkeit Gottes auf, sondern stellt sein richterliches Amt heraus, auf das die Menschen hoffen können (Ps 3,7a; Mi 4,14b; Jes 50,6a) und mit dem sie rechnen müssen (Gen 9,5). Im Vergleich zu tBQ 9,12–14 sowie mBQ 8,6a–d sind die Beispiele von Injuriendelikten auf ein eng gestecktes Feld beschränkt, korrespondieren dabei aber mit der anschließenden Begründung[175] von Injuriendelikten sowie mit den Belegversen von tBQ 9,31aβ: Die Schlagbewegung, die die Angriffe mit der Rückhand bzw. mit Schreibmaterialien verbinden, entspricht der folgenden Definition einer Injurie als nicht schmerzhaftem, aber despektierlichen *Schlag*

174 Vgl. zu dieser gemeinsamen Rezeption von Abraham und Hiob auch BemR 19,23 zu Num 19,23 und, harmonisierend mit Elementen aus der Mischna verbunden, PesR 38.

175 Vgl. zu מפני שמכה בזיון הוא Gvaryahu, Battery, 561: tBQ 9,31aβ bzw. die zugrundeliegende Tradition kennt keine Injuriendelikte [בושת] im Sinne von mBQ 8,1f, weshalb der Satz aufgrund der Formulierung -מפני ש als Begründung, nicht als rechtliche Klassifizierung zu werten ist. Daran anschließend könnte überlegt werden, ob Sifra Emor 20, wo ebenfalls die Schreibmaterialien aus tBQ 9,31aα erwähnt werden, aus derselben Tradition schöpft. In beiden Fällen werden Schlagbewegungen bzw. »händische Taten« [מעשה ביד] zu Körperverletzungsdelikten hinzugerechnet, die – obwohl eine physische Verletzung fehlt – ebenfalls rechtlich geahndet werden.

[ולא מפני שמכה של צער אלא מפני שמכה של בזיון]. Dieser Aspekt klingt in allen drei herangezogenen Bibelversen durch das Verbum נ.כ.ה. an, wobei zudem die ebenfalls dreifache Verwendung von לחי an den Rückhandschlag erinnert und der Schlag mit einem Stock [בשבט] in Mi 4,14 mit den Schreibmaterialien verbunden werden kann.[176]

Der folgende Unterabschnitt (tBQ 9,31b) ist zwar anhand der zahlreichen Beispiele von Injuriendelikten vordergründig mit dem vorhergehenden verbunden, geht aber deutlich darüber hinaus, wie die Fälle der Eigentumsbeschädigung nahelegen.[177] Vielmehr liegt der Fokus von tBQ 9,31b auf der ethisch-religiösen Implikation dieser rechtlich nicht verfolgbaren Selbstverletzungen und -beschämungen. Der Verweis auf Gen 9,5[178] sowie die insinuierte Verbindung zwischen selbstzerstörerischem Verhalten und Götzendienst verweisen warnend darauf, dass zwar nicht mit einer juristischen Verfolgung dieser Handlungen zu rechnen ist, die Haftung[179] vor dem göttlichen Richter davon jedoch nicht berührt ist.[180]

Gegenüber tBQ 9,29–30 eröffnet mBQ 8,6 den letzten Sinnabschnitt[181] mit Beispielen für Injuriendelikte und geht erst danach auf Gen 20,17a ein. Schon zu Beginn ist dabei ein anderer Schwerpunkt zu beobachten:

---

176 Vgl. nach MS Erfurt Ps 3,7a [קומה יי הושיעני אלהי כי הכית את כל איבי לחי]; Mi 4,14b [בשבט יכו על הלחי את שופט ישראל]; Jes 50,6a [גוי נתתי למכים ולחיי למורטים וגו׳]. In MS Wien begegnen die Zitate verkürzt, wodurch mitunter der entsprechende Abschnitt fehlt: Ps 3,7a [קומה יי הושיענו אלה׳ כי הכית וגו׳]; Mi 4,14b [בשבט על הלחי את שופט וגו׳]; Jes 50,6a [גוי נתתי למכים וגו׳]. Ähnlich auch ebd., 560, Anm. 109.

177 Einzelne Beispiele wie das Zerstören von Gefäßen [מקרע את כסותו] oder Zerbrechen von Geräten [משבר את כליו] dürften nicht als Injurien zu verstehen sein, sondern stellen Eigentumsbeschädigungen dar.

178 Möglicherweise steht dahinter eine hermeneutische Tradition, bei der die Suffixe der 2.Pers.Sg [דמכם, נפשותיכם] auf die handelnden Personen bezogen wird: »Euer (eigenes) Blut, eure (eigene) *nepheš*«.

179 So dürfte tBQ 9,31c zu verstehen sein: Möglicherweise ist das doppelte חייב als Sprachspiel zu deuten: Wie man nach irdischem Recht für Schaden [נזק] – im weitesten Sinn – an anderen haftet, so haftet man auch für selbstzugefügten Schaden – eben nur nicht nach irdischer Rechtsprechung.

180 Vgl. zur Wut als Ausdruck der fehlenden Kontrolle über das eigene Gemüt und der Verbindung zum Götzendienst Rosen-Zvi, Desires, 30–35.

181 Aufgrund der thematischen Progression dürfte mBQ 8,6–7 als ein Abschnitt zu verstehen sein. Nach oben besteht ein deutlicher Übergang von mBQ 8,3–5 mit den Kernthemen vermögensrechtliche vs. Kapitaldelikte, Haftung von besonderen Personengruppen (kananäische und hebräische Versklavte, Ehefrauen, Minderjährige, Menschen mit geistiger und körperlicher Behinderung) als Täter:innen bzw. die Frage nach dem Umfang der Haftung für andere bei deren Verletzung. In globaler Perspektive besteht ein ähnlicher Übergang auch in der Tosefta, die von konkurrierenden Rechtsreaktionen (tBQ 9,17–20) auf Vorfälle im Haushalt (Frauen, versklavte Personen, tBQ 9,20–27)

Zwar sind wörtliche Übereinstimmungen zwischen mBQ 8,6c–d und tBQ 9,31aα.bβ–γ[182] und inhaltliche Entsprechungen zwischen mBQ 8,6c.f$β_{4–5}$ und tBQ 9,31aα.bα auszumachen, jedoch fehlt die für die Tosefta grundlegende theologische Perspektive beinahe komplett. Die Mischna präsentiert in mBQ 8,6a–d verschiedene Arten von Injuriendelikten, die hinsichtlich der korrespondierenden Kompensationsleistungen in aufsteigender Reihenfolge nach ihrer Schwere angeordnet sind.[183] Das anschließende Prinzip [והכל לפי כבודו] in mBQ 8,6e lässt sich als intratextuellen Verweis auf mBQ 8,1f [הכל לפי המבייש והמתבייש] verstehen, auch wenn sich die beiden Ausdrücke nicht unbedingt entsprechen.[184] Insofern besteht eine gewisse Spannung innerhalb der Mischna, inwiefern sich die Kompensation von Injurien an den beteiligten Personen orientiert (mBQ 8,1f; 8,6e) oder nicht (mBQ 8,6a–d.fα). Beide Zugänge begegnen dabei auch im Maʿase-Bericht des Aqiva. Dieser besteht darauf, dass der Protagonist der Geschichte – unabhängig vom Gebaren der Geschädigten – die Frau mit vierhundert Sus für die Entblößung ihres Hauptes entschädigen muss. Das entspricht nicht nur dem in mBQ 8,6d überlieferten Betrag, sondern dem System von mBQ 8,6a–d insgesamt sowie der vorher angeführten Position Aqivas in mBQ 8,6fα, wonach auch die Armen Israels ihre Ehre nicht verlieren können.[185] Die Intrige des Mannes auf der anderen Seite dient nicht nur dem Zweck, sie als unehrenhaft darzustellen, sondern – durch die konkrete Benennung der Minderwertigkeit des Öls,[186] für das sie selbst bereit ist, ihr Haar zu entblößen – der Ermittlung des Betrags, der in ihrem Fall für die entsprechende Injurie angemessen wäre,[187] was umgekehrt mBQ 8,1f; 8,6e entspricht. Damit verbindet der R. Aqiva zugeschriebene und in tBQ 9 nicht enthaltenen Maʿase Bericht die widerstreitenden Kompensationswege von Injuriendelikten in mBQ 8 – den relativen Zugang aus mBQ 8,1f.6e sowie den absoluten Zugang in mBQ 8,6a–d – womit möglicherweise die Verwendung verschiedener Quellen harmonisiert werden soll. Dieser Befund kann als Indiz gedeutet werden, dass Redaktoren (Teile) der Tradition in

mit dem in der Mischna nicht belegten Fragen der Haftungsansprüche beim Tod der Beteiligten (tBQ 9,28) zum letzten Abschnitt übergehen.

182 Vgl. tBQ 9,31a [באחר ידו] und mBQ 8,6c [לאחר ידו] mit der beinahe wortgleichen Apodosis [נותן (לו) ארבע מאות זוז, vgl. mBQ 8,6d!] sowie ähnliche Ausdrücke in tBQ 9,31bβ–γ [רק, מתלש שערו] und BQ 8,6d [רקק היגיע בו הרוק] sowie mBQ 6,c [תלש בסערו].

183 Vgl. zu den Beträgen Krupp, mBQ, 45, Anm. 17.19–20.

184 Vgl. Gvaryahu, Battery, 559–560.

185 Vgl. Pomeranz, Injury, 311.

186 Ausschlaggebend für ihre Handlung ist ein minderwertiges Öl, vgl. Krupp, mBQ, 46, Anm. 24.

187 Vgl. Gvaryahu, Battery, 559.

tBQ 9,31 vorgefunden und in das Kapitel integriert haben, dieses aber mit mBQ 8,1f – möglicherweise vor dem Eindruck des Maʿase-Berichts in tBQ 9,28 – durch mBQ 8,6f harmonisiert haben.

Wie oben bereits bemerkt, unterbricht mBQ 8,7a die inhaltliche Verbindung zwischen mBQ 8,6fβ_{4-5} und mBQ 8,7b. Der erste Teil der letzten Mischna ist innerhalb des gesamten Kapitels einzigartig, da der zur Debatte stehenden Vergebung bzw. der Bitte darum keine juristische Relevanz zugeschrieben wird.[188] Gegenüber tBQ 9,29–30 fordert die Mischna von den Geschädigten keine Fürbitte, sondern konzentriert sich auf den Aspekt der Bitte um Vergebung (mBQ 8,7aα) bzw. deren Annahme (mBQ 8,7aβ) und nimmt so beide Streitparteien in die Pflicht, nicht nur den rechtlichen Anforderungen zu genügen, sondern darüber hinaus zu einem Einvernehmen zu kommen. Das erste Zitat der Abimelechepisode (Gen 20,7a) dient der Mahnung an die schuldig gewordene Person, dass sie Vergebung nur dann empfangen kann, wenn sie darum bittet. Anschließend bezieht auch die Mischna Gen 20,17a auf die Geschädigten und identifiziert sie mit Abraham, belegt damit allerdings die ethische Pflicht der Geschädigten, nicht erbarmungslos [אכזרי] zu sein und eine Bitte um Vergebung auch anzunehmen. Auf den ersten Blick scheinen die beiden Zitate die Forderung von mBQ 8,7a nicht zu belegen,[189] vor dem Hintergrund der gesamten biblischen Episode könnte die Position der Mischna allerdings einleuchten: Abimelech entspricht der Forderung Gottes zur Rückgabe Saras (Gen 20,7a.14b) und gibt [נ.ת.ן] Abraham sogar darüber hinaus noch Vieh, versklavte Personen und tausend Silberstücke (vgl. Gen 20,14a.16a), was er selbst als Wiederherstellung des Rechts zu deuten scheint (Gen 20,16b: ואת כל ונכחת).[190] Trotz des Handelns des Königs entsprechend der göttlichen Vorgabe und der darüber hinausgehenden Kompensationsleistungen erfolgt

188 Zwar kann das zentrale Verbum des Abschnitts [מ.ח.ל.] in Fragen finanzieller Schuldverhältnisse auch eine rechtliche Konnotation haben (vgl. Jastrow, Dictionary, מָחַל; Levy, Wörterbuch, מָחַל), da dieser Aspekt jedoch im ersten Halbsatz mit dem Verbum נ.ת.ן. als erfüllt herausgestellt wird, dürfte der Ausdruck eher auf eine immaterielle Schuld zielen, die jenen, die ihren rechtlichen Verpflichtungen nachgekommen sind, noch anhaftet. In der Mischna begegnet das Verbum in dieser Bedeutung ausschließlich im Kontext der Zusatzzahlung eines Fünftels, vgl. mBQ 9,6 (und mSchevu 8,3); mTer 6,1; 7,1–4; tBM 8,25.

189 Vgl. Hauptman, Rereading, 153. Auch in rabbinischen Texten scheint eine solche Tradition sonst nicht belegt zu sein, vgl. Kalman, Abimelech. Auf gewisse Weise könnte Ant 1,210 mit mBQ 8,7a in Verbindung stehen, wenn Abimelech nach dem Zeugnis des Josephus »ihn [d.h. Abraham] bittet, ihm gegenüber mild zu sein und Gott wohlgesonnen zu machen« [παρακαλεῖ τε πρᾴως ἔχειν πρὸς αὐτὸν καὶ τὸν θεὸν εὐμενῆ ποιεῖν]. Damit läge eine Bitte vor, auch wenn genau genommen die Vergebung nicht Gegenstand derselben ist.

190 Vgl. zur rechtlichen Relevanz von Gen 20,16 im Genesisapokryphon Weinfeld, Abimelech.

die Heilung des Königs aber erst – wie in Gen 20,7a angedeutet –[191] auf die Fürbitte Abrahams (Gen 20,17–18). Dennoch scheinen die Belegzitate und der Aussagegehalt der Mischna nicht recht zu harmonieren: Insinuiert mBQ 8,7aα, dass Abimelech trotz seiner Heilung keine Vergebung erfahren hat? Inwiefern kann Abraham nach mBQ 8,7aβ als Inbegriff eines »*Vergebenden*, der nicht erbarmungslos ist« [שלא יהא המוחל אכזרי] gelten, wird die Bitte um Vergebung doch im vorherigen Vers explizit als Bedingung herausgestellt [עד שיבקש ממנו].

Vor diesem Hintergrund könnte angenommen werden, dass tBQ 9,29–30 eine Reaktion auf die Spannungen von mBQ 8,7a darstelle, welche die Tosefta durch die Korrektur der Belegzitate zu lösen versucht.[192] Dabei stellt sich allerdings die Frage, weshalb sie anschließend auf Hiob 42,8 zurückgreift und stattdessen nicht Gen 20,7a umdeutet: Beide Verse bestehen schließlich aus einer Handlungsaufforderung Gottes an Personen, die von der Mischna bzw. Tosefta als Täter identifiziert wurden, an die im weiteren Verlauf die Verheißung ergeht, der Protagonist der Erzählung würde für sie eintreten (vgl. Gen 20,7a [ועתה השב [...] ויתפלל בעדך] und Hiob 42,8 [ועתה קחו [...] ואיוב עבדי יתפלל עליכם]), wobei die Helden der Erzählung selbst für das Eintreten zugunsten ihrer Widersacher über die Maßen belohnt werden. Auch diese Belohnung ist zum großen Teil identisch: Sowohl Abraham als auch Hiob erhalten von Mitmenschen Geld und Warenwerte (Gen 20,14–16//Hiob 42,10–12) und werden von Gott anschließend mit Nachwuchs beschenkt (Gen 21,1–2//Hiob 42,13–14). Hinsichtlich des ersten Punkts unterscheiden sich die beiden Erzählungen in einem Aspekt: Abraham erhält die finanzielle Kompensation *vor* seinem Gebet, Hiob *danach*. Das ist bedeutsam für das Argument der Mischna, bei dem trotz der erfolgten Kompensation [אעפ״י שהוא נותן לו] der Akt der Vergebung noch aussteht [אינו נימחל לו עד ש-], während der Aspekt der Kompensation des Rechtsbruchs in tBQ 9,29–30 keine explizite Rolle spielt. Indem der Bezug auf das Ergehen des Hiob folglich keinen Mehrwert für die Tosefta darstellt,[193] die Abimelechepisode aber grundlegend für die Mischna ist, kann auch hier

191 Die Länge der Zitate weichen in der Überlieferung ab und nur MS Cambridge zitiert den gesamten ersten Versteil [ועתה השב אשת כי נביא הוא ויתפלל בעדך וחיה וגו׳].

192 Vgl. Liebermann, Ki-Fshuṭah, 109.

193 Auch der Befund, dass der Aspekt der Barmherzigkeit aus tBQ 9,29a.30b zudem weder aus den Zitaten in tBQ 9,29b–30a hervorgeht noch explizit in Hiob 42 angesprochen wird – Hiob 42 spricht stattdessen von der Wiederherstellung und Umkehr [ש.ו.ב.], dem Hinzufügen [י.ס.ף.] und dem Segen [ב.ר.ך.] –, unterstreicht, dass Hiob 42,8.10 für die Tosefta vom Volumen abgesehen keinen inhaltlichen Mehrwert über Gen 20,17a hinaus bietet. Erst Dtn 13,18b belegt die Forderung zur Imitation der Barmherzigkeit Gottes und nimmt das Stichwort רחמים aus tBQ 9,29a in mehreren Variationen auf.

ein redaktioneller Eingriff durch die Mischna besser erklärt werden als die umgekehrte Rezeptionsrichtung.[194]

Weshalb die Mischna jedoch nach dem skizzierten Modell den thematischen Zusammenhang von mBQ 8,6fβ.7b unterbricht, ist schwer zu sagen. Möglicherweise hat das verbindende Element der Sprechakte in mBQ 8,7a.b zu dieser Zusammenstellung geführt, wobei der Fokus von mBQ 8,7b auf die Schadenskategorie sowie das Zitat der Reformulierung der *talio* aus strukturellen Gründen ausschlaggebend war, das Kapitel auf diese Weise zu rahmen (mBQ 8,1b.8,7b). Einen anderen Vorschlag unterbreitet Gvaryahu: Er versteht mBQ 8,7a–b (unabhängig von tBQ bzw. einer gemeinsamen Quelle) beeinflusst von einer antik-jüdischen Auslegungstradition von Ex 21,22^{MT}, die er auch in 4Q 251,13[195] beobachtet.[196] Nach dieser Auslegungstradition wurde der Ausdruck בפללים des ersten Unterfalls der Perikope – der nicht nur der modernen Exegese, sondern neben der LXX auch tannaitischen Texten als kontextuell problematisch aufgefallen war –[197] als Sprechakt interpretiert, der in 4Q 251,13 und mBQ 8,7b durch das Verb ב.ק.ש. ausgedrückt wird: Nach dieser Interpretation fordere Ex 21,22^{MT} neben einer Entschädigungsleistung auch eine Bitte (4Q 251,13) bzw. eine Bitte um Vergebung (mBQ 8,7a). Möglicherweise waren die Redaktoren der Mischna von dieser Lesart beeinflusst, eine direkte Verbindung zu Ex 21,22 bzw. 4Q 251,13 ist jedoch hier nur schwer nachzuweisen und allenfalls indirekt über mBQ 8,1b gegeben.

194 So urteilt auch Hauptman, Rereading, 156, die davon ausgeht, dass mBQ 8,7 »seems to have taken the Tosefta's biblical episode and language and toned it down [...] to make a less pietic point«.

195 Dies bespricht er anhand der Rekonstruktion des Abschnitts durch Shemesh: ונתן לו על פי בק[שה כי הבקשה הי]א פלילים. Vgl. dazu 3.2.2.

196 Vgl. zum folgenden Gvaryahu, Laws, 78–79.

197 Vgl. etwa MechJ Nez 8 zu Ex 21,22: »[...] Ich könnte meinen, wieviel auch immer er will [kann der biologische Vater des Kindes als Entschädigung festsetzen]. Die Schrift sagt [aber]: ›und er soll vor Schiedsrichtern [בפלילים] geben‹ [Ex 21,22b], was bedeutet, dass er nicht bezahlt außer nach der Entscheidung der Richter [דיינים], wie gesagt wird: ›und er soll vor Schiedsrichtern [בפלילים] geben‹. Und Schiedsrichter [פלילים] sind nichts anderes als Richter [דיינים], wie gesagt wird: ›[...] und unsere Feinde sind Schiedsrichter [פלילים]‹ [Dtn 32,31b] und ›Wenn ein Mensch gegen einen Menschen sündigt, dann entscheidet [ופללו] Gott es [...]‹[1Sam 2,25a]«. Vgl. ferner SifDev 323 [ואויבנו פלילים כבר כתבת לנו שאויב לא דן ולא מעיד].

7.1.2 Die Rezeption der Talionsformel im Rahmen des Falschzeugenrechts (Sanhedrin-Makkot)

Die beiden Traktate Sanhedrin und Makkot, die sich dem Themenkomplex des Falschzeugenrechts annehmen, enttäuschen die hohe Rezeptionserwartung nicht: Dies belegen das einzige direkte Zitat eines Elements der Talionsformel sowie mehrere direkte und teilweise markierte Zitate aus Dtn 19,15–21.[198] Bereits der zugehörige rabbinische Fachterminus »Verschwörungszeugen« [עדים זוממים], der mit der Wurzel ז.מ.ם. ein zentrales Verbum dieser Perikope aufnimmt, verweist auf die enge Verbindung dieses Themenkomplexes mit der deuteronomischen Fassung der *talio*. Indem die Bezeichnung bereits den Aspekt der Intentionalität aufnimmt,[199] zeigt sich schon darin ein Grundmoment des rabbinischen Umgangs mit falschem Zeugnis: Entgegen anderer Rechtstraditionen erfüllen widersprüchliche Zeugenaussagen oder eine nicht ausreichende Bezeugung seitens der Ankläger nicht den Tatbestand, bei dem die erwartete Rechtsfolge vom Angeklagten auf die Ankläger übergeht.[200] In diesen Fällen wird das Zeugnis schlicht nicht angenommen.[201] Da die Absicht, einer Person durch ein falsches Zeugnis zu schaden, aber rechtlich nur schwer nachzuweisen ist, führt die Mischna ein Verfahren ein: Nach mMak 1,4–5 gelten nur jene Zeugen als Verschwörungszeugen, denen durch ein weiteres Zeugenpaar *ad hominem* nachgewiesen werden kann, dass sie – da sich das erste Zeugenpaar in deren Begleitung befand – den von ihnen bezeugten Sachverhalt gar nicht beobachten konnten und so die Absicht als erwiesen gilt, den Angeklagten durch ein fabriziertes Zeugnis Schaden zuzufügen.[202]

Die Besprechung dieses *topos* im Rahmen der Darlegung der Geißelstrafe bedarf einer Erklärung: Weder ist diese Rechtsfolge biblisch belegt noch begegnen Verschwörungszeugen in der Systematik von mMak 3, in der mit Geißelhieben zu ahndende Vergehen aufgelistet werden. Verständlich

198 Vgl. die Zitate von Dtn 19,19 in mMak 1,3.6 sowie der Talionsformel in mMak 1,6. Die Mehrzeugenregel, die in mMak 1,7–9 mehrfach angeführt wird, bezieht sich in allen Variationen aufgrund des Themas der Todessanktion eher auf Dtn 17,6, wie auch der Beginn von mMak 1,6 deutlich macht.

199 Vgl. dagegen die alternative Bezeichnung עד שקר in Dtn 19,18 (sowie Ex 20,16 u.a.), vgl. Halberstam, Witness, 804.

200 Vgl. z.B. CH §3; Otto, Deuteronomium 12,1–23,15, 1543–1544 und S. 46.

201 Vgl. mMak 1,4 [אין אלו זוממים] und deutlicher tMak 1,2: »Diese sind keine Verschwörungszeugen, sondern ihr Zeugnis ist annuliert« [אין אלו זוממין אבל עדותן בטלה]; mSan 5,2; vgl. Halberstam, Witness, 803–804, Safrai, mSan–Mak I., 310–311.

202 Vgl. Flatto, mMak, 562.

wird diese Verbindung erst aufgrund des tannaitischen Grundsatzes, wofür eine Geißelstrafe verhängt wird. Grundlage bildet Dtn 25,1–4, die einzige biblische Beschreibung der Geißelstrafe als Strafform, die jedoch hinsichtlich der zugehörigen Rechtsbrüche sehr vage bleibt. Entsprechend fragt auch SifDev 286 nach der Anwendung der Geißelstrafe und kommt zu dem Schluss, dass sie bei einer absichtlichen Übertretung eines negativen Gebots anzuwenden sei.[203] Aus diesem Zusammenhang erklärt sich die Position des mischnischen Diskurses über Verschwörungszeugen: Durch ein fabriziertes Zeugnis übertreten die so handelnden Personen das negative Gebot, kein falsches Zeugnis abzulegen.[204]

7.1.2.1 Der Umgang mit Verschwörungszeugen in kapitalrechtlichen Prozessen (mSan 11,6; mMak 1,6)

Die Auseinandersetzung mit der dtn Perikope, in der die biblische *talio* rezipiert wird, beginnt bereits am Ende des vorangehenden Traktats: Im letzten Kapitel der Masechet Sanhedrin[205] listet die Mischna jene Verbrechen auf, die mit der Erdrosselungsstrafe[206] geahndet werden sollen, nachdem zuvor bereits die drei anderen möglichen Todesstrafen samt der zugehörigen Vergehen besprochen wurden.[207] Das letztgenannte Delikt, für das eine Erdrosselungsstrafe droht, bildet gleichzeitig den Abschluss des Kapitels und den Übergang zu mMak 1:

203 Vgl. Shemesh, Flagellation, 231–232.

204 Vgl. mMak 1,3a und MechSch Bachodesch 55,2 zu Ex 20,16, wo Ex 20,16//Dtn 5,20 in diesem Zusammenhang als negatives Gebot erwähnt werden.

205 Ursprünglich bildeten mSan–mMak ein einziges Traktat (vgl. Berkowitz, Sanhedrin, 490; Krupp, mMak, VII), was noch an den Zählungen in MS Parma, 102b; MS Kaufmann, 134b, nachvollzogen werden kann, die mMak 1,1 als »פרק יב« des Traktats Sanhedrin (vgl. MS Parma 3173 (De Rossi 138), 97b; MS Kaufmann (A 50), 141b) ausweisen. Nur MS Cambridge 470, 129a beginnt mit mMak 1,1 ein neues Traktat [מסכתא דמכות] und MS München 95, 350a überliefert die Mischna entsprechend der Reihenfolge von bSan vor mSan 10, der den Traktat Sanhedrin beschließt. Vgl. zudem die ähnlichen Einleitungen neuer Abschnitte [ואילו הן ה-] in mSan 7,4; 9,1; 11,1 und mMak 2,1; 3,1 (vgl. Flatto, mMak, 557).

206 Nach der Mischna ist die Erdrosselungsstrafe in Fällen anzuwenden, in denen biblisch eine Todessanktion ohne explizite Nennung der Hinrichtungsart verhängt wird. Zur Erdrosselungsstrafe als rabbinische Innovation und zur Frage des dahinterstehenden Motivs vgl. Berkowitz, Execution, 56–62.

207 Vgl. analog dazu Auflistung jener Kapitalverbrechen, die mit einer Enthauptung (mSan 9,1), Steinigung (mSan 7,4–11) und Verbrennungsstrafe (mSan 9,1.6) geahndet werden sowie die Beschreibung jener Hinrichtungsarten (mSan 6; 7,2–3).

mSan 11,6[208]

Und die Verschwörungszeugen gegen die Tochter eines Cohen und ihr Verführer [werden durch Erdrosselung hingerichtet].	וזוממי בת כהן ובועלה
Siehe, alle Verschwörungszeugen kommen zur selben Hinrichtung[-sart, die ihre Opfer erwartet hätte], außer die Verschwörungszeugen gegen die Tochter eines Cohen und ihr Verführer.	הא[209] כל[210] הזוממים מקדמים לאותה המיתה[211] חוץ מזוממי בת כוהן ובועלה

Hintergrund ist eine fabrizierte Anklage gegen die Tochter eines *cohen*,[212] der vermutlich Unzucht zur Last gelegt wird, weshalb ihr nach Lev 21,9 bei erfolgreicher Anklage eine Verbrennungsstrafe droht.[213] Für mSan 11,6 ist dabei ohne hermeneutische Ableitung oder Begründung klar, dass Verschwörungszeugen in Kapitaldelikten nicht nur analog die intendierte Todesstrafe für die Geschädigten treffen würde, sondern auch dieselbe Hinrichtungsmethode angewendet werden müsse [הא כל הזוממים מקדמים לאותה המיתה].[214] Bei kapitalrechtlichen Anklagen gegen die Tochter eines *cohen* handelt es sich entsprechend um eine Ausnahme, droht ihnen nicht die Verbrennung, sondern entsprechend der Einordnung in dieses Kapitel die Erdrosselung. Weshalb in diesem speziellen Fall [חוץ מ-] eine Sonderregelung vorliegt, wird von der

208 Textgrundlage: Krupp, mSan, 81; MS Parma 3173 (De Rossi 138), 102b; MS Kaufmann (A 50), 134b; MS München 95, 358a; MS Cambridge 470, 129a; Albeck, Nezikin, 208–209.

209 Fehlt in MS München 95, 350a.

210 Albeck, Nezikin, 209: שכל.

211 MS Kaufmann (A 50), 134b determiniert nicht.

212 Grammatikalisch möglich wäre auch, בועלה auf den Konstruktus זוממי zu beziehen. Aufgrund der intertextuellen Verbindung zu Lev 21,9 sowie der weiteren rabbinischen Tradition (s.u.) ist allerdings anzunehmen, dass zwei unterschiedliche Tatbestände gemeinsam verhandelt werden, bei denen Männer aufgrund ihres Verhältnisses zu einer Priestertochter bestraft werden: Verschwörungszeugen und Verführer.

213 Vgl. mSan 9,1 sowie Lev 21,9.

214 Auch wenn hier eine konkrete Auslegung der *talio* von Dtn 19,21 nicht nachgewiesen werden kann, besteht eine gewisse Analogie zu Jub 4,31–32 (vgl. oben 3.3), wo hinsichtlich des Schicksal Kains eine *talio instrumentalis* beschrieben wird.

Mischna nicht weiter begründet,[215] dürfte aber mit ihrem gesellschaftlichen Status als Tochter eines *cohen* zusammenhängen.[216]

Auch in der Tosefta begegnet an derselben Stelle eine ähnliche Überleitung zur Masechet Makkot. In tSan 14,17 wird ebenfalls die Grundregel angeführt, dass Verschwörungszeugen derselben Hinrichtungs*art* zugeführt werden, die den fälschlich Angeklagten gedroht hätte, was auch für Liebhaber im Allgemeinen [והבעלים] gelte. Anschließend beschränkt die Tosefta dieses Prinzip auf Fälle, in denen beiden Parteien dieselbe Hinrichtung droht [בזמן שהוא כיוצא בהן], was sie durch die vorher bereits erwähnten Beispiele der Steinigung und Verbrennung ausführt [כיוצא בהן בסקילה/בשריפה הוא והן בסקילה/בשריפה]. Das abschließende Gegenbeispiel beginnt wie die vorherigen Ausführungen [כיוצא (בהן) בחנק], unterscheidet jedoch die Hinrichtungsarten der Angeklagten [הוא/היא בשריפה][217] und der Verschwörungszeugen [והן בחנק]. Das erinnert an den rabbinischen Diskurs des Umgangs mit Anklagen bzw. tatsächlichen Fällen von Unzucht, die eine *bat cohen* betrifft, wobei die Tosefta diesen Bezug nicht explizit herstellt[218] und auch keine Hinweise auf die hermeneutischen

215 Vgl. dazu auch die Kommentare zu SifDev 190 zu Dtn 19,19 unten (7.3.4.3), wo diese Ungleichbehandlung der Verschwörungszeugen mit dem maskulinen Form לאחיו in Dtn 19,19 begründet wird, und Sifra Emor 1 zu Lev 21,9, wo das feminine Personalpronomen der 1.Pers.sg. aus Lev 21,9 [(…) היא מחללת באש תשרף (…)] ausschlaggebend ist.

216 Dies wird etwa in Sifra Emor 1 deutlich, wenn nicht nur zwischen ihrem Familienstand unterschieden wird (unverheiratet, verlobt, verheiratet), sondern auch, ob ihr ([angeblich] betrogener) Ehemann selbst *cohen* ist oder nicht. In letzterem Fall erwägt R. Eliezer, dass auch ihr keine Verbrennungsstrafe, sondern eine Steinigung droht, da sie nicht die Ehre ihres Vaters, sondern die ihres Ehemannes – der kein *cohen* ist – verletzt hat: »[Geschah die Unzucht] mit ihrem Vater [d.h. als sie unverheiratet dessen Haus angehörte], [wird sie] mit der Verbrennungsstrafe [gerichtet], aber wenn [die Unzucht] mit ihrem Schwiegervater [d.h. als sie verheiratet nunmehr dessen Haus angehörte], [wird sie] durch Steinigung [gerichtet]« [עם אביה בשריפה ועם חמיה בסקילה]. Vgl. auch jSan 7,1/23b.

217 Während MS Wien aufgrund des Personalpronomens der 3.Pers.sg feminin [היא בשריפה] von einer weiblichen Angeklagten auszugehen scheint, liest MS Erfurt die maskuline Form [הוא בשריפה]. Möglicherweise handelt es sich nur um einen Schreibfehler. Vgl. aber die folgende Anm.

218 Grundsätzlich stellt sich die Frage, in welchem Verhältnis tSan 14,17 zu mSan 11,6 steht. Aufgrund der Beispiele ist Lev 21,9 und der daran anschließende rabbinische Diskurs, der etwa in mSan 11,6, Sifra Emor 1 und SifDev 190 greifbar ist, kaum zu leugnen. Ob jedoch ein direkter Bezug zu mSan 11,6 (oder umgekehrt) vorliegt, ist schwer zu entscheiden. Die Übersetzung »But here« mit Verweis auf mSan 11,6 bei Neusner, Tosefta, 247, ist textlich nicht zu belegen: In MS Wien und MS Erfurt fehlt sowohl ein adversativer Satzanschluss

Schriftbezüge im Hintergrund offenbart. Sowohl in mSan 11,6 als auch tSan 14,17 ist aufgrund des Kontextes und des thematischen Bezugs zu Dtn 19 auszugehen, dass eine Rezeption von Dtn 19,19 vorliegt. Eine Rezeption der Talionsformel in Dtn 19,21 ist nicht auszuschließen, am Wortlaut beider Versionen jedoch nicht nachzuweisen.

In mMak 1,6 geht die Mischna ein weiteres Mal auf die geforderte Spiegelstrafe für Verschwörungszeugen im Rahmen von Kapitalprozessen ein:

mMak 1,6[219]

$_a$ Die Falschzeugen tötet man nicht, bis dass der Prozess beendet ist.	אין העדין[220] הזוממים נהרגין[221] עד שייגמר הדין
$_b$ Denn die Sadduzäer sagen: »Bis er getötet wurde, denn es heißt ›Leben um Leben‹«.	שהרי הצדוקים אומרים עד שיהרג[222] שנאמר נפש תחת[223] נפש
$_c$ Sprachen zu ihnen die Gelehrten: »Wurde nicht bereits gesagt ›und tut ihm, wie er plante, seinem Bruder zu tun‹, und lebt dann nicht sein Bruder (noch)?	אמרו להן חכמים[224] והלא כבר נאמר ועשיתם לו כאשר זמם לעשות לאחיו והרי אחיו קיים

als auch ein expliziter Bezug zu Lev 21,9. Mit Neusner eine Verallgemeinerung von mSan 11,6 durch tSan 14,17 anzunehmen ist möglich, wofür besonders die Lesart von MS Erfurt mit dem maskulinen Personalpronomen spricht: Die Regel wird auch von Lev 21,9 abstrahiert und an die vorherigen Beispiele angepasst. Auch eine umgekehrte Rezeption ist möglich: Die allgemeine Regelung (MS Erfurt) wird in mSan 11,6 mit Lev 21,9 in Verbindung gebracht (כלל זוממים והבעלין wird zu זוממי בת כהן ובועלה) und in der jüngeren MS Wien entsprechend angeglichen (vgl. dazu Tilly, Tosefta, 15–16). Da in beiden Fällen ein direkter Bezug zur *talio* fehlt, wird dieser Frage hier nicht weiter nachgegangen. Zur Frage des Verhältnisses zwischen den Handschriften vgl. die Überlegungen und Beispiele bei Schumann, Observations; Schremer, Transmission.

219 Textgrundlage: Krupp, mMak, 7; MS Parma 3173 (De Rossi 138), 102b; MS Kaufmann (A 50), 134a; MS München 95, 358b; MS Cambridge 470, 129a; Albeck, Nezikin, 208–209.

220 Hs München 95 (720: 358v 0720) liest אין העדי׳ נעשין, was dem Beginn von mMak 1,1.4 gewertet werden kann.

221 MS München 95, 358b weicht deutlich ab, vermutlich handelt es sich um einen Schreibfehler unter Einfluss von mMak 1,1: אין העדי׳ נעשין זומ׳.

222 Ebd. fügt erklärend das Akkusativobjekt הנידון hinzu.

223 Ebd. zitiert nach der Form von Dtn 19,21: נפש בנפש.

224 Fehlt in ebd.

d Und wenn dem so ist, warum heißt es ›Leben um Leben‹? Man könnte annehmen, ab der Stunde, wenn man ihr Zeugnis angenommen hat, werden sie getötet. Deshalb sagt die Schrift: ›Leben um Leben‹, denn man tötet sie nicht, bis der Prozess beendet wurde.

ואם[225] כן למה נאמר נפש
תחת[226] נפש יכול[227] משעה
שקיבלו[228] עדותן יהרגו תלמוד
לומר נפש תחת נפש הא אינן[229]
נהרגין עד שיגמר הדין

In einer Diskussion zwischen Sadduzäern und »Gelehrten« [חכמים][230] steht dabei zur Debatte, wann die des Komplotts überführten Zeugen hingerichtet werden. Beide Argumentationen beziehen sich dabei explizit auf Dtn 19 und nehmen Bezug auf das *nepheš*-Glied der *talio*. Dabei werden in mMak 1,6 drei Zeitpunkte im Rahmen des Gerichtsverfahrens erwogen, an denen überführte Verschwörungszeugen hingerichtet werden können: Nach der Annahme ihres

225 MS Parma 3173 (De Rossi 138), 102b und MS München 95, 358b ohne syndetischen Satzanschluss.

226 MS München 95, 358b zitiert erneut nach der Form von Dtn 19,21: נפש בנפש.

227 In ebd. fehlt יכול – נפש, möglicherweise wurde der Satz aufgrund des doppelten Zitats des *nepheš*-Glieds übersprungen.

228 MS Parma 3173 (De Rossi 138), 102b zieht den Ausdruck משעה שקיבלו zusammen zu משקיבלו.

229 MS München 95, 358b: אין.

230 Es liegt keine Überlieferung von mMak 1,6 (oder SifDev 190, vgl. 7.3.4.3) vor, in der Pharisäer als Gesprächspartner der Sadduzäer auftreten. Dennoch wird dies hier, mitunter ohne Hinweis auf die fehlende textliche Basis, teilweise vorausgesetzt (vgl. exemplarisch Davis, Lex, 77, der unvermittelt auf halachische Tendenzen der Pharisäer eingeht, oder Schiffman, Pharisäer, 667, dessen Rekurs auf die Hss von mMak 1,6 suggeriert, es gäbe eine abweichende Tradition, die die Pharisäer nennt). Vor dem Hintergrund von weiteren Zeugnissen, in denen die Gruppe der Pharisäer mit den Sadduzäern diskutiert (mJad 4,6–7; tChag 3,35, vgl. Stemberger, Pharisees, 245–246; Furstenberg, Image, 202, Anm. 12) bzw. Meinungsverschiedenheiten zwischen beiden Gruppierungen herausgestellt werden (vgl. u.a. Jos.Ant. 13,173; 293–298; 18,17; Apg 23,6–9), kann gemeinsam mit der Tendenz der Mischna, die von den Pharisäern abgelehnte Position ebenfalls zu verwerfen (Stemberger, Pharisees, 245–246), angenommen werden, dass Positionen der חכמים in der Mischna mitunter pharisäischen Standpunkten entsprachen. Im aktuellen Diskurs wird vermehrt darauf hingewiesen, dass nicht nur ein genealogischer Ursprung der Rabbinen im Pharisäertum eine verkürzte Darstellung der historischen Entwicklung ist, sondern auch ein »pharisäisches Selbstverständnis« in tannaitischen Texte nur schwer nachzuweisen ist. Vgl. exemplarisch ebd., 241–249, und Cohen, Pharisees, 283–287; 290–291. Vgl. ausführlich zum Begriff und zur Aufgabe der חכמים Mandel, Origins, 171–175; 210–215. In Anschluss daran sollen die »Gelehrten« in mMak 1,6 primär als Rechtsgelehrte, mit denen sich die Autoren der Mischna identifizierten, und weniger als Vertreter einer bestimmten antik-jüdischen Strömung gelten, die sie als ihre Vorgänger sahen.

Zeugnisses, nach dem Urteilsspruch des Gerichts oder nach der Vollstreckung des Urteils.

Die als sadduzäisch vorgestellte Position[231] votiert für letzteres Vorgehen und ist der Ansicht, Verschwörungszeugen dürften nicht hingerichtet werden, »bis er [d.h. die beschuldigte Person] getötet wurde«. Anders als bei den beiden anderen Optionen wird damit das Ergehen der überführten Verschwörungszeugen mit dem Schicksal der fälschlich angeklagten Person gekoppelt, weshalb es angemessen scheint, die Konjunktion -עד ש konditional zu verstehen: Die Verschwörungszeugen sind nicht hinzurichten, bis ihr fabriziertes Zeugnis *tatsächlich* zu einer Hinrichtung geführt hat. Die Rabbinen der Mischna (mMak 1,6a) sowie die »Gelehrten« des Streitgesprächs (mMak 1,6d) hingegen koppeln die gerichtliche Tötung der Verschwörungszeugen stattdessen an den Abschluss des Gerichtprozesses und fordern, sie seien nicht hinzurichten, »bis der Prozess beendet wurde«.[232] Weitere Mischnajot bezeugen die große Bedeutung, die in der Mischna dem Moment des formalen Endes eines Prozesses und der Urteilsverkündung zugeschrieben werden: Ein verbindendes Element dieser Episoden ist, dass dieselben Handlungen, die zu einer Veränderung des (rechtlichen) Status der Angeklagten führen, vor dem Ende des Prozesses anerkannt werden, anschließend aber nicht mehr.[233] Mit Blick auf den in mMak 1,6 skizzierten Prozess kann also gefolgert werden, dass die Rabbinen den Komplott der Verschwörungszeugen nicht erst in der *tatsächlichen* Hinrichtung des Angeklagten vollbracht sehen, sondern bereits mit

---

231 Ob dies tatsächlich der sadduzäischen Lehre entsprach oder dieser Gruppe nur aus rhetorischen Gründen zugeschrieben wird, muss aufgrund des Fehlens weiterer Quellen, die nicht aus rabbinischer Feder stammen (vgl. noch SifDev 190), offenbleiben. Da diese Position umgehend widerlegt wird, ist eine tendenziöse Darstellung zu rhetorischen Zwecken nicht auszuschließen. Regev, Sadducees, 105–106, scheint die Beschreibung als authentische Position der Sadduzäer zu werten. Vgl. Anm. 237.

232 Die abschließende Interpretation von mMak 1,6d bei Davis, Lex, 77, »the final position of the Mishnah, however, seems to come back to the position of the Sadducees« scheint auf dessen Verständnis von גמר הדין zu beruhen. Er versteht dies zwar zunächst als Todes*urteil*, identifiziert den Ausdruck danach allerdings mit der Hinrichtung selbst (»in context this seems to be the actual execution«). Dagegen rechnen aber im näheren Kontext ausdrücklich mSan 6,1; mMak 1,10, mBQ 8,4 u.a. mit einer rechtlich bedeutsamen Zwischenphase.

233 Vgl. besonders die Verurteilung des widerspenstigen Sohnes in mSan 8,4: Flieht dieser vor seiner Urteilsverkündigung und kehrt erst mit voller Schambehaarung zurück, gilt er als frei von der Anklage, da er die Bedingungen nach mSan 8,1 nicht mehr erfüllt (vgl. Berkowitz, Sanhedrin, 536). Tut er dies jedoch nach der Urteilsverkündigung mit denselben körperlichen Veränderungen, bleibt das Urteil bestehen. Vgl. analog die Weihe eines Rindes, das nach Ex 21,28 gesteinigt werden soll (mBQ 4,8), sowie die Flucht eines zum Tode verurteilten Mörders (mMak 1,10).

dem rechtskräftigen Urteilsbeschluss.[234] Diese Hypothese wird zudem durch die den »Gelehrten« zugeschriebene Schriftauslegung sekundiert.

Die Sadduzäer verweisen als Grundlage ihrer Position nach mMak 1,6 auf das *nepheš*-Glied der *talio*, was vor dem Hintergrund weiterer Dispute mit den Sadduzäern in der Mischna[235] als empirisches Argument verstanden werden kann:[236] Erst wenn die Verschwörung zur Hinrichtung einer unschuldigen Person geführt hat, droht den Verschwörern ebenfalls die Todessanktion – נפש תחת נפש.[237] Dies könnte auch der Grund sein, weshalb statt der deuteronomischen Fassung נפש בנפש die mit dem Körperverletzungsrecht verbundene Version aus Ex 21,23 bzw. Lev 24,18 mit der Präposition תחת zitiert wird,[238] welche eine solche absolute Entsprechung eher ausdrückt als Dtn 19,21.[239] Die »Gelehrten« kontern unter Verweis auf die Formulierung

234 Vgl. auch Regev, Sadducees, 106, der hervorhebt, dass »die Gelehrten in einem Zeugnis eine tatsächliche Tat sahen [מעשה של ממש] und deshalb eine schwere Strafe für ein Lügenzeugnis für angemessen hielten [...]«[ÜS JR].

235 Vgl. konkret zu diesem Kernmotiv der Streitgespräche in der Mischna Schwartz, Pharisees, und aktuell Katzoff, Debate, 369–376. Den Einstieg in die Debatte zwischen Schwartz und Rubenstein protokolliert Hayes, Realism, übersichtlich und stärkt dabei die Position Schwartzs.

236 Einen anderen Aspekt stellt Shemesh, Punishments, 45–50, unter Rückgriff auf Finkelstein, Verschwörungszeugen, 281–283, in den Mittelpunkt der Debatte: Zentral sei die Frage, bis wann ein Todesurteil durch die Zahlung eines Lösegeldes abgewendet werden kann. Während die Sadduzäer dies bis zur Hinrichtung der Angeklagten zuließen, sei das nach der Auffassung der Gelehrten nur bis zum formalen Ende des Prozesses möglich. Die Bedeutung des *nepheš*-Glieds in der Argumentation beider Parteien wird dadurch allerdings nicht verändert.

237 Regev, Sadducees, 105–107, korreliert dies mit der »sadduzäischen« Interpretation der Talionsformel im Körperverletzungsrecht (vgl. ebd., 98–104) und geht davon aus, dass die Sadduzäer Dtn 19,19a im Lichte ihrer Auslegung von Dtn 19,21 verstehen. Die Talionsformel sei für sie, anders als für die späteren Rabbinen (und möglicherweise die Pharisäer) keine Metapher für die quantitative oder qualitative Entsprechung von Tat und Strafe, sondern Ausdruck der absoluten Übereinstimmung der beiden Größen. Folglich verstünden sie Dtn 19,19–21 als Forderung einer genuinen Talion, die erst und nur dann ausgeführt wird, wenn der eigentliche Schaden zwar indirekt, aber tatsächlich zugefügt wurde. Dies korreliert Regev mit der sadduzäischen Interpretation der *talio* und ihrer halachischen Position im Körperverletzungsrecht, die zuvor (ebd., 98–99) mithilfe des Scholion$_O$ zur Megillat Taʿanit – das deutlich später anzusetzen ist und eine boethusianische Position überliefert – deduziert hat. Vgl. zum Zeugnis der Scholia zu Megillat Taʿanit oben 5.1.5.3.2.

238 Vgl. lediglich MS München 95, 358b, die zweimal נפש בנפש überliefert. Aufgrund von weiteren erheblichen Abweichungen von den übrigen Textzeugen, die Flüchtigkeitsfehler darstellen dürften, handelt es sich dabei nicht um die ursprüngliche Lesart, sondern um eine unbewusste oder bewusste Angleichung an die Textversion aus Dtn 19,21.

239 Vgl. aber die kürzere Version dieses Disputs in SifDev 190 zu Dtn 19,19, bei der die Sadduzäer נפש בנפש aus Dtn 19,21 zitieren. Vgl. dazu unten 7.3.4.3.

der eigentlichen Apodosis in Dtn 19,19a: Statt jedoch auf das dort verwendete Verbum .ז.מ.ם und das Ziel der Verschwörung einzugehen, an dem sich die biblische Rechtsfolge orientiert, unterstreichen sie im Anschluss an das direkte Zitat explizit die Bezeichnung des Prozessgegners als »Bruder«: Dies sollte als Hinweis der Schrift gewertet werden, dass dieser noch am Leben sei [והרי אחיו קיים], weshalb folglich auch die Hinrichtung der entlarvten Verschwörungszeugen vor der Vollstreckung des Urteils durchgeführt werden kann.[240]

Doch auch die »Gelehrten« der mischnischen Kontroverse verweisen auf das *nepheš*-Glied, um der dritten und anonymen Position entgegenzutreten. Möglicherweise handelt es sich um eine für rhetorische Zwecke konstruierte Lehrmeinung, die den Rabbinen ermöglicht, ihre Auslegung der *talio* in Dtn 19,21 zu erläutern. Auch in der Argumentation der »Gelehrten« fungiert das Zitat des *nepheš*-Glieds als Abgrenzung nach vorne, gegenüber jener dritten Position, nach der die Verschwörungszeugen bereits nach der Annahme ihres Zeugnisses hingerichtet werden könnten.[241] Damit hat das erste Glied der Talionsformel dieselbe Funktion wie in der sadduzäischen Argumentation in mMak 1,6 und dient als *terminus a quo*, nur, dass es die Urteilsverkündung und nicht die Hinrichtung selbst als entscheidenden prozessualen Moment identifiziert.[242] In der Tosefta fehlt eine entsprechende Überlieferung dieses Disputs,

240 Die G^e^mara in bMak 5b spitzt dies mit besonderem Fokus auf .ז.מ.ם sogar noch weiter zu: Nur wenn die (unrechtmäßige) Todesstrafe noch nicht vollstreckt ist, werden die Falschzeugen hingerichtet. Sobald die fälschlich angeklagte Person hingerichtet wurde und die Verschwörung erfolgreich war, können sie auch nicht mehr für ihre Intention bestraft werden, schließlich ist diese ja Realität geworden [לא הרגו, נהרגין. הרגו, אין נהרגין].

241 Das wäre werkintern abwegig: mMak 1,4 legt schon den Grundsatz fest, dass die *Zeugen* und nicht ihr *Zeugnis* infrage zu stellen sind. Dieser Prozess, die הזמה, der im Talmud weiter ausdifferenziert wird (vgl. u.a. bMak 5ab), legt fest, dass zwei Zeugen darlegen müssen, dass das erste Zeugenpaar gar nicht in der Lage war, die Geschehnisse zu beobachten, da sie sich nicht vor Ort befunden haben. Dies wäre direkt nach dem Zeugnis unmöglich.

242 Nicht explizit erwähnt wird in mMak 1,6, inwiefern der Zeitraum zwischen der Überführung der Verschwörungszeugen und der Urteilsverkündung – der bei Kapitaldelikten nach mSan 4,1 mindestens eine ganze Nacht dauerte – eine besondere Relevanz für die Gelehrten bzw. die Rabbinen besaß: Sollte womöglich auch Verschwörungszeugen die Möglichkeit eingeräumt werden, ihr Schicksal vor dem Prozessende abzuwenden (vgl. Anm. 233)? Vereinzelt gibt es in tannaitischer Literatur Hinweise darauf, dass eine finanzielle Auslösung [פדיון] durch die Zahlung eines Lösegeldes [כופר] auch bei bestimmten Kapitaldelikten möglich war bzw. vor dem formalen Beschluss des Gerichtsverfahrens (vgl. Anm. 236).

allerdings liegt mit tMak 1,8 eine vergleichbare Regelung für vermögensrechtliche Fälle vor, bei der die *talio* jedoch keine Erwähnung findet.[243]

Mit mSan 11,6 sowie mMak 1,6 bestätigt die Mischna die biblische Rechtsfolge (Dtn 19,19),[244] wobei ausdrücklich nur Todessanktionen verhandelt werden. Die *talio* dient in diesem Zusammenhang als Begründung, an welchem Punkt innerhalb des Prozesses der Tatbestand als erfüllt gilt und entsprechend eine Hinrichtung der Verschwörungszeugen vorgenommen werden kann. Auch bei vermögensrechtlichen Delikten scheint die Mischna Dtn 19,19a zu bestätigen, verweist dabei allerdings – wie auch die Tosefta – nicht auf die *talio*.

7.1.2.2 Der Umgang mit Verschwörungszeugen in vermögensrechtlichen Prozessen (mMak 1,1–3/tMak 1,6–7)

In mMak 1,1–3 schließt die Mischna direkt an den Abschluss von mSan 11,6 an. Trotz der Einleitungsfrage, auf welche Weise Zeugen zu Verschwörungszeugen würden [כיצד העדים נעשים זוממים], beantwortet die Mischna diese Frage erst ab mMak 1,4 und befasst sich zunächst weiter mit dem Thema von mSan 11,6, wobei diesmal vermögensrechtliche Prozesse im Zentrum stehen: Inwiefern sollte Verschwörungszeugen tatsächlich dieselbe Strafe treffen, die sie den Geschädigten zugedacht hatten?

mMak 1,1–3[245]

1a Wie werden die Zeugen zu Falschzeugen?	כיצד העדים נעשים זוממים
1b [Sprechen sie:] »Wir bezeugen über N.N.,	מעידין אנו על[246] איש פלוני
dass er der Sohn einer Geschiedenen oder	שהוא בן גרושה או בן חלוצה אין
der Sohn einer Haluza ist.«, sagt man nicht:	אומרים יעשה זה בן גרושה

243 Die Tosefta bezieht sich zwar auf vermögensrechtliche Fälle und formuliert anders, zielt aber auf denselben Moment des Prozesses: So würden die Verschwörungszeugen ab dem Moment zur finanziellen Kompensation verpflichtet, ab dem ihr Zeugnis vor Gericht dargelegt wurde und zu einer Verurteilung geführt habe [משהתפרש עדותן לבית דין נמצא חייב לו מן הדי'] und nicht das formale Ende des Prozesses.

244 Andere prozessuale Details weichen dabei deutlich von Dtn 19,15–21 ab, besonders der Prozess der הזמה: Gegenüber dem biblischen Zeugnis, bei dem nur die beiden Streitparteien involviert sind und das Aufdecken des Komplotts als Werk der Priester und Richter gilt, ist nach mMak 1,4 ein zusätzliches Zeugenpaar notwendig, das *ad hominem* die Verschwörungszeugen als solche überführt.

245 Text: Krupp, mMak, 3; 5. MS Parma 3173 (De Rossi 138), 102b; MS Kaufmann (A 50), 135a; MS München 95, 358a–b; MS Cambridge 470, 129a–b; Albeck, Nezikin, 219–220.

246 MS Parma 3173 (De Rossi 138), 102b; MS Cambridge 470, 129a; Albeck, Nezikin, 208: באיש.

»Dieser soll zum Sohn einer Geschiedenen und zum Sohn einer Haluza werden an seiner statt«, sondern er bekommt vierzig Geißelhiebe.

ובן[247] חלוצה תחתיו אלא לוקה ארבעים[248]

1c [Sprechen sie:] »Wir bezeugen gegen N.N., dass er verbannt werden muss.«, sagt man nicht: »Dieser muss verbannt werden an seiner statt«, sondern er bekommt vierzig Geißelhiebe.

מדעידין אנו את[249] איש פלוני שהוא חייב ליגלות[250] אין אומרים יגלה זה תחתיו אלא לוקה ארבעים[251]

1d [Sprechen sie:] »Wir bezeugen gegen N.N., dass er seine Frau entlassen hat und ihr nicht ihre *Ketubba* bezahlt hat – und selbst wenn er heute oder bis morgen schließlich [bezahlt] – sagt man: »Wie viel wäre ein Mensch bereit zu bezahlen für die *Ketubba* von dieser, wenn sie verwitwet oder geschieden wird, wenn sie aber stirbt, erbt ihr Ehemann.

מעידין אנו את[252] איש פלוני שגרש[253] את אשתו ולא נתן לה כתבתה והלא בין היום ובין למחר[254] סופו ליתן לה כתובתה אומרין[255] כמה אדם רוצה ליתן בכתובתה[256] שלזו שאם ניתאלמנה או ניתגרשה ואם מתה יירשנה בעלה

1e [Sprechen sie:] »Wir bezeugen gegen N.N., dass er seinem Nächsten 1000 Sus schuldet mit der Bedingung, [ihm den Betrag] von jetzt bis in dreißig Tagen zu geben«, aber er sagt: »Von jetzt bis in zehn Jahren.« Dann

מעידין אנו את[257] איש פלוני שהוא[258] חייב לחבירו אלף זוז[259] על מנת ליתנן[260] מיכן ועד שלשים יום והוא אומר מיכן ועד

---

247 MS Parma 3173 (De Rossi 138), 102b; MS Cambridge 470, 129a; Albeck, Nezikin, 208: או בן; MS München 95, 358a: בן.

248 MS München 95, 358a: את ארבעים.

249 MS Parma 3173 (De Rossi 138), 102b; MS Cambridge 470, 129a; Albeck, Nezikin, 208: באיש; MS München 95, 358a: על.

250 MS München 95, 358a: גלו׳.

251 Ebd.: את ארבעים.

252 MS Parma 3173 (De Rossi 138), 102b; MS Cambridge 470, 129a; Albeck, Nezikin, 208: באיש; MS München 95, 358a: בפלו׳.

253 MS Cambridge 470, 129a: שגרש פלוני את.

254 MS München 95, 358a: מחר.

255 MS Parma 3173 (De Rossi 138), 102b: אלא אומ׳, MS München 95, 358a; Albeck, Nezikin, 208: אומדין.

256 MS Kaufmann (A 50), 135a: כתובתה.

257 MS Parma 3173 (De Rossi 138), 102b; MS Cambridge 470, 129a; Albeck, Nezikin, 209: באיש; MS München 95, 358a: את האיש.

258 MS München 95, 358a: שחייב.

259 Fehlt in ebd.

260 Ebd. Kehrt die Reihenfolge um und fügt נמצאו זוממים hinzu: לתת לו מכאן ועד עש׳ שנ׳ והו׳ או׳ בתו שלשי׳ יום ונמצא׳ זוממ׳ אומדין; Albeck, Nezikin, 209: לתנם לו.

עשר שנים אומרין[261] כמה אדם רוצה[262] ויהיו אלף זוז בידו[263] בין נותנן[264] מיכן[265] ועד שלשים יום ובין נותנן[266] מיכן ועד עשר שנים

sagt man, wieviel ein Mensch bereit wäre [zu geben], dass er 1000 Sus in Händen hält, [und den Betrag zurückzahlen muss] entweder von jetzt bis in dreißig Tagen oder von jetzt bis in zehn Jahren.

מעידין אנו את[267] איש פלוני שהוא[268] חייב לחיברו מאתים זוז ונמצאו זוממין לוקין[269] ומשלמין שלא השם מביאן[270] לידי מכות מביאן[271] לידי תשלומין דברי רבי מאיר

2a [Sprechen sie:] »Wir bezeugen gegen N.N., dass er seinem Nächsten zweihundert Sus schuldet« und sie erweisen sich als Verschwörungszeugen, erhalten sie Geißelhiebe und bezahlen, denn der Name, für den sie Geißelhiebe bekommen ist [nicht derselbe], für den sie bezahlen. Worte Rabbi Meirs.

וחכמים אומרים כל המשלם אינו[272] לוקה

2b Die Gelehrten aber sagen: »Wer bezahlt erhält keine Geißelhiebe.«

מעידין אנו את[273] פלוני שהוא חייב מלקות ארבעים ונמצאו זוממין לוקין שמנים משם לא תענה ברעך עד שקר ומשם ועשיתם לו כאשר זמם[274] לעשות[275] לאחיו דברי רבי מאיר

3a [Sprechen sie:] »Wir bezeugen gegen N.N., dass er vierzig Geißelhiebe verdient« und sie erweisen sich als Verschwörungszeugen, erhalten sie achtzig Geißelhiebe, wegen »Und du sollst nicht als Lügenzeuge gegen deinen Nächsten aussagen« [Ex 20,16] und wegen »Und ihr sollt ihm tun, wie er plante, seinem Bruder zu tun« [Dtn 19,19a]. Worte Rabbi Meirs.

---

261 Albeck, Nezikin, 209: אומדין.

262 MS Parma 3173 (De Rossi 138), 102b; MS München 95, 358a; Albeck, Nezikin, 209: רוצה ליתן.

263 MS München 95, 358a und Albeck, Nezikin, 209 kehren die Reihenfolge um: ויה׳ בידו אלף זוז.

264 MS Parma 3173 (De Rossi 138), 102b: ליתנם; MS München 95, 358a: ליתנ׳ לו.

265 MS Kaufmann (A 50), 135a: מיכן מיכן.

266 MS Parma 3173 (De Rossi 138), 102b: ליתנם; Fehlt in MS München 95, 358a.

267 MS Parma 3173 (De Rossi 138), 102b; Albeck, Nezikin, 209: באיש.

268 MS München 95, 358a: שחייב.

269 Ebd.: הרי אלו [לוקי׳].

270 MS Cambridge 470, 129b: שמביאן; Albeck, Nezikin, 209: המביאו.

271 Albeck, Nezikin, 209: מביאו.

272 MS Cambridge 470, 129b: אינן.

273 MS Parma 3173 (De Rossi 138), 102b; MS Cambridge 470, 129b; Albeck, Nezikin, 209: באיש; MS München 95, 358a: את איש פלו׳.

274 Albeck, Nezikin, 209 zitiert nur bis hier.

275 MS München 95, 358a zitiert nur bis hier.

3_b Die Gelehrten aber sagen: »Er erhält nur vierzig Geißelhiebe.«	וחכמים אומרים אינן[276] לוקין אלא ארבעים
3_c Man teilt bei Geld auf, aber man teilt nicht bei Geißelhieben auf.	משלשין בממון ואין משלשין במכות
3_d Wie? Bezeugen sie gegen ihn, dass er seinem Nächsten zweihundert Sus schuldet, sie erweisen sich aber als Verschwörungszeugen, teilt man [den Betrag] zwischen ihnen auf.	כיצד העידוהו שהוא[277] חייב לחבירו מאתים זוז ונימצאו זוממין משלשין ביניהן
3_e Bezeugen sie gegen ihn, dass er vierzig Geißelhiebe verdient, und sie erweisen sich aber als Verschwörungszeugen, erhält jeder einzelne vierzig Geißelhiebe.	העידוהו[278] שהוא חייב מלקות ארבעים ונמצאו זוממין כל אחד ואחד לוקה ארבעים[279]

In drei Abschnitten mit jeweils zwei parallel aufgebauten Beispielen diskutiert mMak 1,1–3 dabei spezielle Fallkonstellationen, bei denen eine Übertragung der Rechtsfolge von der angeklagten Person auf die Verschwörungszeugen aus praktischen Gründen *nicht* ohne weiteres erfolgen kann. Ist die Rechtsfolge mit der Identität des (fälschlich) Angeklagten verwoben, ersetzt die Mischna diese durch eine Geißelstrafe (mMak 1,1b–c).[280] Anders in mMak 1,1d–e, wenn aufgrund des geplatzten ursprünglichen Verfahrens kein eindeutiger Sachwert vorliegt, der von den Verschwörungszeugen gefordert werden kann. Deshalb wirbt die Mischna für ein Schätzverfahren, um die Höhe der Zahlung zu ermitteln. Da die Verschwörungszeugen immer auch ein Toraverbot (Ex 20,16/Dtn 5,20) absichtlich übertreten, überlegt mMak 1,2a–3a anhand der Position R. Meïrs, inwiefern die Falschzeugen nur die vierzig Geißelhiebe treffen, die die falsch angeklagte Person getroffen hätten, oder ob sie zusätzlich für ihre absichtliche Übertretung des Falschzeugnisverbots weitere vierzig Hiebe erhalten sollten.[281] Daran anschließend diskutiert mMak 1,3b–e, inwiefern die Rechtsfolgen unter

276 Ebd.: אין; MS Cambridge 470, 129b; Albeck, Nezikin, 209: אינן.

277 MS München 95, 358a: שחייי מלק׳ ארב׳ ונמצ׳ זומ׳, danach weiter wie im Obertext (לחבי׳ מאתי׳ וגו׳).

278 MS Cambridge 470, 129b; Albeck, Nezikin, 209: אבל אם העידוהו.

279 MS München 95, 358b: את הארב׳.

280 Hintergrund der Regelungen in beiden Fällen dürfte sein, dass sich die Rechtsfolge für die Verschwörungszeugen nicht an dem bemisst, was sie der angeklagten Person durch ihr Zeugnis antun wollten, sondern am Übertreten eines negativen Toraverbotes, in diesem Falle Ex 20,16 bzw. Dtn 5,20, wie es bei R. Meïr in mMak 1,3a auch begegnet.

281 Vgl. Shemesh, Flagellation, 231–232; Hezser, Peitschenhiebe, 207–208.

der Gruppe der Verschwörungszeugen, die nach Dtn 19,15 immer mindestens zwei Personen umfassen muss, aufgeteilt werden können oder nicht.

Offensichtlich verhandelt mMak 1,1–3 Grenzfälle, in denen ein Handeln nach Dtn 19,19a nicht ohne weiteres möglich ist. Dennoch scheint die Grundtendenz dieselbe wie bei den Kapitaldelikten zu sein: Auch ohne explizite positive Bekundung, dass für vermögensrechtliche Fälle grundsätzlich Dtn 19,19a gilt, dürfte das Ringen um die Anwendung dieser Spiegelstrafe auch in den skizzierten Spezialfällen einer prinzipiellen Annahme der Rechtsfolge gleichkommen. Wie auch bei den Kapitaldelikten steht Dtn 19,15–21 im Hintergrund, wobei ebenfalls weniger die *talio* aus Dtn 19,21 als die Apodosis in Dtn 19,19a ausschlaggebend scheint, die zudem im Rahmen der Apodosis R. Meïrs in mMak 1,3a zitiert wird. Auch indirekte Bezugnahmen auf die *talio* scheinen nicht vorzuliegen. Lediglich das zweimalige תחתיו – »an seiner statt« (mMak 1,1b.c) – könnte einen lexikalischen Verweis auf die Talionsformel darstellen. In diesem Falle jedoch erneut, wie in mMak 1,6, auf die Fassung in D und H. In der Tosefta, die hinsichtlich der Beispielfälle in tMak 1,6–7.9–11 teils mit der Mischna übereinstimmt und teils davon abweicht, ist keine Rezeption der *talio* zu beobachten.

7.1.3 Die Rezeption der Talionsformel im Rahmen des Schwurrechts (tSchevu 3,4; 3,8)

Im dritten Kapitel der Masechet Schevuot liegen zwei Rezeptionen der *talio* vor, bei der verschiedene Glieder der Talionsformel in Form von Belegzitaten angeführt werden.[282] Trotz unterschiedlicher Sachzusammenhänge geht es dabei um dieselbe Frage: Hinsichtlich welcher Aspekte unterscheiden sich vermögensrechtliche Prozesse [דיני ממונות] von Kapitalprozessen [דיני נפשות] und hinsichtlich welcher Gesichtspunkte entsprechen sie einander. Von den prozessrechtlichen Details, die in den Baraitot angesprochen werden, liegt hier wie anderswo in rabbinischer Literatur eine binäre Unterscheidung der Prozesstypen vor, die sich weniger an der Natur der Straftat, als an der zugehörigen Rechtsfolge orientiert.[283]

---

282 Davis, Lex, 82, erwähnt zwar knapp die Überlieferung dieser Tradition in Sifra Emor 20, geht aber nicht auf die parallele Überlieferung in der Tosefta ein, die noch viel ausführlicher mit der *talio* argumentiert.

283 Vgl. Passamaneck, Mayhem, 304; Berkowitz, Sanhedrin, 491. Vgl. dazu beispielsweise die Regelungen hinsichtlich des Prozesses eines Verleumders [מוציא שם רע] in tSan 1,2, bei der sich die Zahl der Richter an der zu erwartenden Rechtsfolge orientiert. Vgl. parallel mSan 1,1 und ebd., 493.

7.1.3.1 »Ein Recht sei euch« (tSchevu 3,8)

In tSchevu 3,8 begegnet die *talio* dabei in einem umfassenderen Zusammenhang, bei dem zwei verschiedene Aspekte des Prozessrechts zusammengestellt sind: Befasst sich der erste Teil der Baraita damit, wessen Zeugnis bei Gerichtsverhandlungen anerkannt wird (Augenzeugen; Zweizahl; Personen ohne auditive, visuelle oder geistige Behinderung), geht der zweite Teil der Frage nach, hinsichtlich welcher Aspekte vermögensrechtliche und Kapitalprozesse einander entsprechen bzw. voneinander zu unterscheiden sind.

tSchevu 3,8[284]

$_{8a}$ Und er ist ein Zeuge – nicht ein Zeuge nach dem Mund eines Zeugen und nicht nach dem Mund der Bat Kol und nicht nach einem Hören eines Gerüchts.

והוא עד לא עד מפי עד ולא מפי
בת קול ולא מקול הברא

$_{8b}$ Und er ist ein Zeuge – von zwei Zeugen spricht die Schrift. Du sagst von zwei Zeugen spricht die Schrift oder doch nur von einem Zeugen? Die Tora sagt: »Ein Zeuge soll nicht aufstehen« [Dtn 19,15], denn die Schrift sagt nicht »einer«, sondern überall dort, wo die Schrift allgemein »Zeuge« verwendet, handelt es sich im Allgemeinen um zwei [Zeugen], bis dir die Schrift spezifiziert, [dass sie] einen [meint].

והוא עד בשני עדים הכתוב
מדבר אתה אומ׳ בשני עדים
הכתוב מדבר[285] או אינו אלא
בעד אחד תל׳ לומ׳ לא[286] יקום
עד אחד שאין תל׳ לומ׳ אחד
אלא כל מקום שתפס הכתוב עד
סתם הרי הוא בכלל שנים עד
שיפרוט לך הכתוב אחד

$_{8c}$ Und dieser ist ein Zeuge, der berechtigt ist, Zeugnis zu geben: »Und er hörte« [Lev 5,1], um den Tauben herauszunehmen, »oder er sah« [Lev 5,1], um den Blinden herauszunehmen, »oder er hat es gewusst« [Lev 5,1], um einen geistig Behinderten herauszunehmen, »wenn er es nicht sagt, dann soll er seine Schuld tragen« [Lev 5,1], um den Stummen herauszunehmen. Dies ist das Wort der Rischonim.

[ו]הוא עד הכשר לעדות ושמעה
להוציא את החרש או ראה
להוציא את הסומא[287] או ידע
להוציא את השוטה אם לא יגיד
ונשא עונו להוציא את האילם
אילו דבר הראשונים

---

284 Textgrundlage: Zuckermandel, Tosefta, 450; MS Erfurt 12, [413–414] 409–410; MS Wien hebr. 20, 201b.

285 Die Wiederholung von הכתוב מדבר fehlt in MS Wien hebr. 20, 201b.

286 Ebd. כי יקום עד אחד באיש.

287 Fehlt in ebd.

8_{d} R. Aqiva sagt: »Und du sollst nachforschen und untersuchen und gut (nach)fragen« [Dtn 13,15] und kann man bei Tauben nachforschen bei Menschen mit geistiger Behinderung untersuchen?

ר׳ עקיבא אומ׳ ודרשת וחקרת[288] ושאלת היטיב וכי יש דורשין לחרשין ויש חוקרין לשוטים

8_{e} Die Tora sagt: »Ein Recht sei euch« [Lev 24,22aα]. Wie Kapitalprozesse so sind auch vermögensrechtliche Prozesse. Wie [werden bei] Kapitalprozesse [die Zeugen geprüft], durch Ausforschung und Untersuchung, [also werden] auch bei vermögensrechtlichen Prozessen [die Zeugen] durch Ausforschung und Untersuchung [geprüft].

תל׳ לומ׳ משפט אחד יהיה לכם כדיני נפשות כך דיני ממונות[289] מה דיני נפשות בדרישה ובח־קירה אף דיני ממונות בדרישה ובחקירה

8_{f} Wie [werden] Kapitalprozesse [verhandelt], vor der Versammlung [der Richter?] und vor Zeugen, so auch vermögensrechtliche Prozesse. Die Tora sagt: »Ein Auge« soll er bezahlen.

מה[290] דיני נפשות לעדה ולעדים אף דיני ממונות כן תל׳ לומ׳ עין ישלם

8_{g} Oder gilt: Wie verhält es sich bei Kapitalprozessen? Wer unbeabsichtigt handelt, ist befreit, gilt das auch so bei vermögensrechtlichen Prozessen. Die Tora sagt aber: »Ein Auge« soll er bezahlen.

[או] מה דיני נפשות פטר את השוגג [יכול][291] אף דיני ממונות כן.[292] תל׳ לומ׳ עין ישלם

8_{h} Oder gilt: Wie verhält es sich bei Kapitalprozessen? Wer einen Stein in der Öffentlichkeit wirft und tötet, ist ausgesondert – gilt das so auch in vermögensrechtlichen Prozessen? Die Tora sagt aber: »Eine Hand« soll er bezahlen.

או מה דיני נפשות פרט לשזרק אבן ברשות הרבים והרג יכול אף דיני ממונות כן תל׳ לומ׳ יד ישלם

---

288 In ebd. endet das Zitat hier mit וג׳.

289 MS Erfurt 12, [413] 409 steigt mit dem aus mSan 4,1 bzw. Sifra Emor 20 bekannten Vergleich ein: מה דיני נפשות בדרישה וחריקה אף דיני ממונות בדרישה וחקירה. Der folgende Satzanschluss lautet entsprechend או מה. Auch MS Wien hebr. 20, 201b, wenngleich mit einem Schreibfehler zu Beginn und unterschiedlicher Reihenfolge: כדיני ממונות מה בדיני ממונות בדרישה ובחקירה אף דיני נפשות בדרישה ובחקירה.

290 MS Wien hebr. 20, 201b weicht erneut ab: [...] אי מה דיני נפשות לעידין יכול.

291 Ebd.

292 Das Zitat sowie der Einstieg des nächsten Beispiels fehlen in ebd.

8i Oder gilt: Wie verhält es sich bei Kapitalprozessen? Wer von sich aus gesteht, ist ausgesondert, gilt das so auch in vermögensrechtlichen Prozessen? Die Tora sagt aber: »Einen Fuß« soll er bezahlen.

או מה דיני נפשות פרט לשהודה מפי עצמו אף דיני ממונות כן תל׳ לומ׳ רגל ישלם

8j Oder gilt: Wie verhält es sich bei Kapitalprozessen? Sie werden vor dreiundzwanzig [Richtern verhandelt], gilt das so auch in vermögensrechtlichen Prozessen? Die Tora sagt aber: »und der Besitzer des Hauses soll vor Gott treten« [Ex 22,7], so schließt die Schrift einen Richter ein. »Zu Gott soll die Sache der beiden kommen« [Ex 22,8], so schließt ihn die Schrift ein – zwei Richter. »Den Gott schuldig erklärt« [Ex 22,8], so schließt ihn die Schrift ein – drei Richter. Von hier [dieser Schriftstelle] sagten sie, vermögensrechtliche Prozesse werden vor drei [Richtern verhandelt].

או מה דיני נפשות בעשרים ושלשה אף דיני ממונות כן תל׳ לומ׳ ונקרב בעל הבית אל האלהים ריבה הכת׳ דיין אחד עד האלהים יבא דבר שניהם ריבה לו הכתוב שני דיינין אשר ירשיעון אלהים ריבה לו הכתוב שלשה דיינין מיכן אמרו דיני ממונות בשלשה

8k Rabbi sagt: »Vor fünf, damit das Urteil von dreien gefällt wird.« Ich könnte meinen, vor fünf, außer wenn es sich um leichte vermögensrechtliche Fälle handelt. Weshalb werden schwere und äußerst schwere [vermögensrechtliche Fälle] eingeschlossen? [Weil] die Tora sagt: »Auge um Auge, Zahn um Zahn, Hand um Hand, Fuß um Fuß, Brandwunde um Brandwunde, Wunde um Wunde, Strieme um Strieme« [Ex 21,24–25].

ור׳ אומ׳ בחמשה כדי שיגמר הדין בשלשה יכול אין לי בחמשה אלא דיני ממונות הקלין מנין לרבות החמורין החומרי חומרין תלמ׳ לומ׳ עין תחת עין שן תחת שן יד תחת יד רגל תחת רגל כוויה תחת כוויה פצה תחת פצה חבורה תחת חבורה

Den Einstieg bildet dabei ein Zitat von Lev 24,22aα »Ein Recht sei euch«: Anders als in seinem ursprünglichen Kontext in H, wo sich der Ausdruck in Lev 24,22aβ auf die Zugehörigkeit von Metöken zur Rechtsgemeinschaft bezieht, verhandelt die Tosefta dabei Unterschiede und Gemeinsamkeiten verschiedener Prozessformen.[293] So stellt tSchevu 3,8 zunächst fest, dass vermögensrechtliche

293 Vgl. mSan 4,1 und Sifra Emor 20 (7.3.3.5). Anderswo wird der Vers an seinen ursprünglichen Kontext anschließend auf die Gerichtsbarkeit von Nicht-Israeliten innerhalb des

Prozesse mit Kapitalprozessen vergleichbar seien und führt dabei eine Reihe von sechs (möglichen) Gemeinsamkeiten an: Die Prüfung der Zeugen vor ihrer Zulassung zum Verfahren [בדרישה וחקירה],[294] die Verhandlung vor einer Versammlung (von Richtern) und Zeugen [לעדה ולעדים],[295] der Umgang mit unbeabsichtigten Gesetzesübertretungen [שוגג][296] sowie indirekt verschuldetem Schaden [לזרוק אבן ברשות הרבים], Selbstanzeige [להודות מפי עצמו] sowie – ausführlicher als die vorherigen Aspekte [tSchevu 3,8j–k] – die erforderliche Größe des Richterkollegiums. Vier Mal verweist die Tosefta dabei in Anschluss an die zitierte Hypothese indirekt auf einzelne Elemente der Talionsformel: Die vorliegende Form »ישלם – Körperteil X« ist zwar biblisch nicht belegt, doch bereits die Auswahl der konkreten Gliedmaßen [עין, עין, יד, רגל][297] erinnert an

---

Landes bezogen, vgl. z.B. SifBem 109 zu Num 15,16; 160 zu Num 35,24 und ausführlicher Safrai, mSan/mMak A, 262.

294 Vgl. tJev 14,10; mSan 4,1; mSan 4,5. In MS Erfurt und MS Wien bildet diese Gemeinsamkeit den Einstieg, während der Satz in der Druckfassung nach Zuckermandel, Tosefta, 450, fehlt und umgehend die Besprechung der Unterschiede erfolgt. Dabei handelt es sich entweder um eine Anpassung der Handschriften an die in Anm. 293 genannten parallelen Überlieferungen dieser Tradition oder um eine Auslassung im Druck. Für die Rezeption der *talio* ist dies jedoch unerheblich, da die Tosefta nach MS Erfurt und MS Wien diese Gemeinsamkeit bestätigt und kein Element der *talio* als Widerlegung anführt. Vgl. zur mischnischen Überlieferung von Fragen der חקירות mSan 5,1 sowie ausführlich zur Kontroverse, inwiefern dort sekundäre Fragen [בדיקות] enthalten seien, Blankovsky, Arguments, 96–102; 143–144.

295 So versteht Neusner, Tosefta, 283, die Formulierungen לעדה ולעדים: »Just as is the law in capital crimes as to the size of the court and the scrutiny of the witnesses, so is the case for trials for property claims«. Von Num 35,24 ausgehend kennt auch tSan 3,7 eine Tradition zur Berechnung der Anzahl von Richtern, die sich auf den Begriff עדה stützt (vgl. mSan 1,6; SifBem 160 ad.loc. u.a.). Die vorliegende Formulierung hingegen könnte auch einen Querverweis auf tSan 12,3 darstellen, wo eine Kontroverse zwischen Schimeʿon ha-Teimani und R. Aqiva überliefert ist. Der Erste argumentiert dafür, dass, so wie auch eine Faust als Verursacher des Todes (אגרוף, vermutlich eine Anspielung auf Ex 21,18) der Gemeinde und den Zeugen bekannt sei [הידוע לעדה ולעדים], auch der Stein (אבן, vgl. ebd.), also das verwendete Mordwerkzeug, als Beweismittel zugelassen sein sollte. Dagegen wettert Aqiva polemisch: Es könnten doch nicht in jedem Fall die verwendeten Gegenstände vor Gericht examiniert werden und, schwerwiegender, könne die genaue Verwendung derselben nur mithilfe von Zeugenaussagen eruiert werden [אלא על מה עדים נאמנים על עד אף בדיני נפשות תלוי בעדים]. Vgl. auch zu den abweichenden Überlieferungen derselben Tradition in MechSch Nez zu Ex 21,18; MechJ Nez 6 zu Ex 21,18 sowie bBQ 90b, Halberstam, Law, 91–96.

296 Vgl. z.B. tMak 2,12 und mMak 2,1.

297 MS Wien hebr. 20, 201b weicht dabei leicht ab: Der Vergleich hinsichtlich des Steinwurfs im öffentlichen Bereich, der textlich zudem fehlerhaft scheint [פרט לשודין אבן בישראל חרב והרג], endet mit שנים ישלם, was entsprechend auf שן תחת שן anspielt. Ebenso

die Talionsformel. Ein Bezug der konkreten Einzelelemente der Formel auf die zugehörigen prozessrechtlichen Aspekte kann nicht festgestellt werden, es dürfte sich wohl schlicht um ein literarisches Abschreiten der Talionsformel handeln. Die zugehörigen Belegzitate dienen, wie spätestens beim letzten und umfangreichsten Zitat der kompletten Talionsformel deutlich wird, der Entkräftung der einzelnen Hypothesen, die beiden Prozessformen würden sich im jeweiligen Aspekt entsprechen. Hintergrund bildet dabei die rabbinische Auslegung der Talionsformel als finanzielle Ersatzleistung, wodurch die Beispiele auf die abweichende Regelung vermögensrechtlicher Prozesse verweisen. Konkret heißt das, die o.g. Begleitumstände haben in vermögensrechtlichen Prozessen, anders als bei Kapitaldelikten,[298] keine Relevanz für die Beurteilung des Rechtsfalls.

Auf die abschließende Frage, ob gemäß Lev 24,22aα etwa auch vermögensrechtliche Prozesse vor dreiundzwanzig Richtern[299] verhandelt werden, überliefert die Tosefta zunächst eine Interpretation von Ex 22,7–8, die belegen soll, dass diese vor drei Richtern verhandelt werden.[300] Nachdem Rabbis abweichende Meinung angeführt wird, für vermögensrechtliche Prozesse seien insgesamt fünf Richter notwendig,[301] führt die Tosefta eine letzte Hypothese an: Möglicherweise ist eine solche geringe Anzahl an Richtern nur bei leichten Fällen ausreichend [דיני ממונות הקלים], schwere bzw. äußerst schwere [החמורין וחומרי חומרין] Fälle hingegen bedürften sicher eines größeren Richterkollegiums. Um diese Hypothese zu entkräften, zitiert tSchevu 3,8k schließlich

fehlt die Einleitung dieses Beispiels [או מה (דיני) נפשות] sowie die vorangehende zweite Erwähnung von עין ישלם hinsichtlich einer unbeabsichtigten Tat [שוגג]. Aufgrund zahlreicher weiterer Fehler, die wohl zum Großteil auf die Flüchtigkeit des Schreibers zurückgehen, handelt es sich dabei wahrscheinlich nicht um eine abweichende Tradition, sondern eher um eine assoziative Verwendung des an עין תחת עין anschließenden Glieds der Talionsformel.

298 Vgl. etwa zur Selbstanzeige bei Kapitaldelikten Kirschenbaum, Confession, 128–137.

299 Die Tosefta erklärt die Zahl durch eine komplexe Interpretation von Num 35,24–25 in Verbindung mit Ex 23,2 (vgl. tSan 3,7 sowie mSan 1,6). Vgl. tHag 2,9 sowie zur historisierenden Darstellung eines hierarchischen Systems der einzelnen Gerichtshöfe in mSan 7,1 Flatto, Crown, 161–163.

300 Vgl. auch unten zu Sifra Emor 20 (7.3.3.5), wo eine kürze Version dieses Arguments vorliegt.

301 Vgl. auch tSan 1,1; die Dreizahl ist in den tannaitischen Schriften natürlich auch anderswo keine feste Größe, vgl. z.B. mSan 1,3; mit weiteren Beispielen von einzelnen Richtern und anderen Größen von Richterkollegien; vgl. Flatto, Crown, 139–140.

die gesamte[302] Talionsformel aus Ex 21,24–25: Da nach der rabbinischen Auslegungstradition der *talio* und den oben dargestellten Kommentaren der Tosefta in tBQ 9 selbst diese schweren Körperverletzungen finanziell abgegolten werden, ist nach der anonymen Meinung der Tosefta das kleine Richterkollegium ausreichend. Entsprechend dürften auch die vier Anspielungen oben verstanden werden: Durch den Bezug auf die Einzelelemente wird einerseits auf schwere Körperverletzungsdelikte verwiesen, was als *pars pro toto* für alle vermögensrechtlichen Delikte gelten kann. Der rabbinischen Interpretation der Formel entspricht andererseits auch das in Ex 21,23–25 nicht verwendete Verb ש.ל.ם., das hier aber zusätzlich emphatisch verstanden werden muss: »Er soll zahlen« – selbst wenn die jeweiligen Begleitumstände vorliegen sollten.[303]

7.1.3.2 »Gilt dies auch« (tSchevu 3,4)

Auch in tSchevu 3,4 begegnet mit dem *nepheš*-Glied ein Element der Talionsformel. Zu Beginn des Kapitels verhandelt die Tosefta die Frage, wie mit Zeugen umzugehen ist, die einen falschen Eid leisten [tSchevu 3,1]. Dabei ergibt sich nach knapper Diskussion der Konsens, dass jene, die unter Schwur fälschlicherweise behauptet hatten, kein Zeugnis über die verhandelte Sache zu haben, keine Kompensationszahlungen leisten müssen, sondern lediglich ein Sühneopfer darbringen müssen. Dieser erste Abschnitt wird mit einer Baraita R. Jehoschuas abgeschlossen, in der er feststellt, dass sie zwar dem Gesetz nach keine Kompensationsleistung zahlen müssten, ihnen himmlische Vergebung aber nur zuteilwürde, wenn sie es trotzdem tun. Im Folgenden listet die Tosefta mehrere Beispielfälle auf, in denen dieser Grundsatz zutrifft. Da diese alle vermögensrechtlicher Natur waren, stellt die Tosefta die Anschlussfrage, ob dies auch bei Kapitaldelikten gelte. Als positive Antwort[304] darauf zitiert die Tosefta das *nepheš*-Glied der Talionsformel, das aufgrund der Präposition -ב einen Bezug zu Dtn 19,21 herzustellen scheint.

302 MS Erfurt kürzt an dieser Stelle ab, bezieht sich aber durch die Zitate der ersten Elemente von Ex 21,24.25 [עין תחת עין כויה תחת כויה וגו'] ebenfalls auf die gesamte Talionsformel.

303 Eine entsprechende Rezeption der *talio* in mSan 4,1 fehlt. Zu Körperverletzungsdelikten im Rahmen vermögensrechtlicher Prozesse vgl. 7.1.1.3.2 zu mBQ 8,7.

304 Das legt die Satzstruktur אין לי אלא [א'], [ב'] מנין? תלמוד לומר... nahe.

tSchevu 3,3–4[305]

3 Wer ein Zeugnis über seinen Nächsten weiß und kein Zeugnis über ihn ablegt, muss rechtlich nicht(s) bezahlen, aber der Himmel wird ihm nicht vergeben, bis er bezahlt hat. […]	היודע עדות לחברו ואינו מעיד לו[306] אין[307] חייב לשלם מן הדין ואין מן[308] השמים מוחלין לו עד שישלם […]
4a Ich [weiß] nur von den Zeugnissen in Geldprozessen. Bei Kapital[-prozessen] und [Prozessen über] Mord, Unzucht und Fremdgötterverehrung, woher [weiß ich, dass dieselben Regeln gelten]? Die Tora sagt: »Leben um Leben« [Dtn 19,21].	אין לי אלא עדות ממון עדות נפשות[309] והרציחות והנואפות והעובד עבודה זרה מנין תל׳ לומ׳ נפש בנפש
4b Könnte es sein, dass sie zum Opfer verpflichtet sind, aber frei von der Verpflichtung zu finanzieller Ersatzleistung? Die Tora sagt: »[wegen einer] von diesen [Sünden]« [Lev 5,13] […]	יכול יהו חייבין קרבן ופטורין מן הממון תל׳ לומ׳ מאלה[310] […]

Das zugrundeliegende Rechtsbeispiel Dtn 19,16–21 verbindet das zitierte *nepheš*-Glied einerseits mit dem verhandelten Thema des Zeugenrechts und steht zudem in enger Verbindung zu den vorher genannten Beispielen.[311] Die Logik des Arguments scheint implizit auf dem Kontext der zitierten Formel zu beruhen: Indem in Dtn 19,21 im Anschluss an das *nepheš*-Glied vier weitere Elemente der *talio* folgen, die nach der rabbinischen Auslegung vermögensrechtlichen Prozessen zuzuordnen sind, scheint die Tosefta zu folgern, das für den verhandelten Aspekt der Zeugnisverweigerung beide Prozessformen gleich behandelt werden müssten. Entsprechend korrespondiert die Funktion des *nepheš*-Glied in tSchevu 3,4 mit den weiteren Elementen der *talio* in tSchevu 3,8: Dort fungieren die anderen Elemente der Talionsformel als Chiffre für vermögensrechtliche Delikte, hier steht das erste Element exemplarisch für Kapitalprozesse.

305 Textgrundlage: Zuckermandel, Tosefta, 449; MS Erfurt 12, [412] – 408; MS Wien hebr. 20, 201a.
306 Fehlt in MS Wien hebr. 20, 201a.
307 Ebd.: אינו.
308 Fehlt in ebd.
309 Ebd.: ממון.
310 Ebd.: יש מאלה.
311 Vgl. dazu die Auslegung von סרה (2.1.2.2), was mit dem direkt voranstehenden עבודה זרה korrespondiert.

7.1.4 Fazit

7.1.4.1 Die Rezeption der biblischen Talionsformeln in der Tosefta

In der Tosefta beschränkt sich die direkte und indirekte Rezeption der biblischen Talion auf die Ordnung Neziqin, wobei sich gegenüber der Mischna einerseits direkte Zitate häufen und andererseits die indirekte Rezeption im Rahmen des Körperverletzungsrechts weniger eindeutig ist.

Eine direkte Bezugnahme auf die Talionsformel begegnet in der Tosefta in Hinblick auf Dtn 19,15–21, bezieht sich aber nicht auf die Frage der Hinrichtung von Verschwörungszeugen (mMak 1,6), sondern die juridische Unterscheidung von vermögensrechtlichen und Kapitalprozessen. Dabei (tSchevu 3,8) fungieren das Zitat von Ex 21,24 und die vorherige Reformulierung seiner Elemente als Chiffre für vermögensrechtliche Delikte. Sowohl durch die Wendungen »Er bezahlt Körperteil X« [עין ישלם, רגל ישלם וגו'] als auch durch das anschließende direkte Zitat von Ex 21,24–25 geht die Zuordnung von Körperverletzungsdelikten zum vermögensrechtlichen Prozessrecht hervor. Darüber hinaus kann aus dem Kontext des abschließenden Zitats abgeleitet werden, dass die Tosefta besonders Ex 21,24 auf schwere Körperverletzungsdelikte bezogen versteht. Unmittelbar zuvor begegnet in tShevu 3,4 das zugehörige *nepheš*-Glied aus Ex 21,23 und hat denselben Zweck wie die übrigen Elemente der Formel in tSchevu 3,8: Es dient als Chiffre für Kapitaldelikte im Rahmen der Diskussion, inwiefern nicht nur bei vermögensrechtlichen, sondern auch in Kapitalprozessen das Verschweigen eines Zeugnisses unter Schwur durch Kompensationsleistungen gesühnt wird oder nicht. Eine entsprechende Rezeption der *talio* ist weder in mSchevu festzustellen noch in der thematischen Parallele mSan 4,1–2. Die deutlich erkennbare redaktionelle Hand in letztgenannter Mischna – sowohl gegenüber tSchevu aber auch gegenüber derselben Tradition in Sifra Emor 20 zu Lev 24,22 – geben Anlass zur Vermutung, dass die Tosefta auch hier ursprünglicher ist als die Mischna.

Im Rahmen des Verschwörungszeugendiskurses ist keine Rezeption der *talio* selbst festzustellen, wenngleich Bezüge zu Dtn 19,15–21 ausgemacht werden können. Auch im Körperverletzungsrecht ist die Beziehung zur *talio* in Ex 21 deutlich geringer als in mBQ 8: Die mit der Schadenskategorie [נזק] verknüpften Formeln in tBQ 9,2a [וקטע ידו [...] וקטע רגלו] und tBQ 9,2b [דמי ידו ודמי רגלו] können aufgrund des weiteren Kontextes auf Ex 21,24 bezogen werden, sind aber von geringerer Referenzialität als die vergleichbaren Formulierungen in mBQ 8. Demgegenüber spielt besonders der Rechtsfall Ex 21,22–23 und indirekt damit die Talionsformel eine bedeutende Rolle für den Diskurs der Gleichzeitigkeit von vermögensrechtlichen und kapitalrechtlichen

Sanktionen (tBQ 9,17) bzw. der Zuordnung der וולדות-Zahlungen zu ersterem Rechtsbereich. Ähnlich wie in der Mischna kann schließlich tBQ 9,32 als Reformulierung der *talio* verstanden werden, was möglicherweise auf eine traditionelle Verbindung der Talionsformel und der Schadenskategorie verweist, die in mBQ 8,1b.7b noch verstärkt wurde.

7.1.4.2 Die Rezeption der biblischen Talionsformeln in der Mischna

Auch in der Mischna beschränkt sich die nachvollziehbare Rezeption der biblischen Talionsformel(n) auf jene Traktate, die thematisch eng mit den Themen von Ex 21,22–25/Lev 24,10–23 bzw. Dtn 19,25–21 korrespondieren: Das Körperverletzungsrecht in mBQ 8 sowie die Abschnitte zum Umgang mit Verschwörungszeugen in mSan–mMak.

Es liegt dabei nur ein direktes Zitat der Talionsformel vor, wenn in mMak 1,6 im Rahmen eines halachischen Diskurses zwischen den Gelehrten [חכמים] und Sadduzäern [צדוקים] das *nepheš*-Glied zitiert wird, das allerdings formal aus Ex 21,23b bzw. – aufgrund des dortigen Kontextes weniger plausibel – aus Lev 24,18 stammt. Es fungiert als Belegzitat für verschiedene halachische Positionen, an welchem Zeitpunkt innerhalb des Prozesses Verschwörungszeugen bei Kapitaldelikten hingerichtet werden und erfährt von beiden Seiten eine unterschiedliche Interpretation: Die den Sadduzäern zugeschriebene Position versteht die Hinrichtung der (fälschlich) Angeklagten als Moment, an dem tatsächlich ein Leben gegen ein anderes steht. Für die »Gelehrten« hingegen gilt der Tatbestand bereits ab dem finalen Abschluss des Rechtsprozesses bzw. der Verurteilung als erfüllt. Inhaltlich verstehen beide Gruppen das *nepheš*-Glied der Talionsformel entsprechend der tannaitischen Mehrheitsmeinung als Todessanktion. In der Tosefta wird dieselbe Frage anhand von vermögensrechtlichen Delikten und ohne Bezug auf die Talionsformel verhandelt, wobei eine redaktionelle Änderung dieses Passus durch die Tradition von mMak 1,6 wahrscheinlicher scheint als eine umgekehrte redaktionelle Veränderung durch tMak 1,8.

Ein weiteres Detail hinsichtlich der Hinrichtung von Verschwörungszeugen geht aus dem Sonderfall von Delikten die Tochter eines *cohen* betreffend (mSan 11,6) hervor: Demnach droht überführten Verschwörungszeugen generell dieselbe Hinrichtungs*art*, die für die angeklagte Person rechtlich vorgesehen ist – abgesehen von Fällen, in denen aufgrund des unterschiedlichen Geschlechts oder der sozialen Stellung anders verfahren werden muss. Auch die Diskussion des Umgangs mit Verschwörungszeugen in vermögensrechtlichen Prozessen dürfte vor dem Hintergrund von Dtn 19,15–21 erfolgen, was allein die Fachbezeichnung Verschwörungszeugen [עדין זוממים] mit Bezug auf diese Perikope unterstreicht, auch wenn nur R. Meïrs Position (mMak 1,2–3a) konkret mit Dtn 19,19a belegt wird. Zwar fehlt ein allgemeiner Satz, der die Geltung dieser Rechtsfolge bestätigt, jedoch ergibt sich dennoch aus den Sonderfällen mMak 1,1–3, dass nach der rabbinischen Interpretation Verschwörungszeugen grundsätzlich dieselbe Rechtsfolge droht, die sie den Geschädigten durch ihren Prozess zufügen wollten.

Im Rahmen des Körperverletzungsrecht fehlt ein direktes Zitat der Talionsformel(n). Die mehrfach verwendeten Formulierungen des Blendens von Augen, Verstümmelns von Händen und Brechens von Füßen [ס.מ.י עין, ק.ט.ע יד, ש.ב.ר רגל] stellt aufgrund des engen Bezugs zur Schadenskategorie [נזק] eine verbale Reformulierung der *talio* dar. Mit der oben skizzierten These zum Verhältnis zwischen tBQ 9/mBQ 8 dürfte diese Verbindung bereits in dem verarbeiteten Material angelegt gewesen sein, aber die Beziehung zwischen der Schadenskategorie und Ex 21,24–25 ist durch die redaktionelle Hand der Mischna noch verstärkt worden – möglicherweise vor dem Eindruck hermeneutischer Traditionen, wie sie später in den halachischen Midraschim zu den entsprechenden Versen begegnen. Weniger eindeutig rezipiert auch die Kategorie des Schmerzes [צער] die Talionsformel aus Ex 21,25, was die Verwendung des Lexems כ.ו.י. in mBQ 8,1c sowie das Beispiel der starken Hitzeeinwirkung nahelegen, was in den halachischen Midraschim teilweise durch ähnliche Bildsprache unter Bezug auf diesen Vers bestätigt wird. Entsprechend ordnet mBQ 8,1 die Talionsformel aus Ex 21,24–25 den Kategorien »Schaden« und »Schmerz« zu und gibt durch die beiden unterschiedlichen Vorschläge zur Berechnung des Entschädigungsgeldes zu erkennen, dass körperliche Wiedervergeltung als Rechtsfolge abgelehnt wird.

Der zugehörige Rechtssatz Ex 21,22–23 erfährt in diesem Rahmen keine weitere Auslegung, wird aber an andere Stelle mit der Schadenskategorie in Verbindung gebracht. In mBQ 5,4; 8,2 verhandelt die Mischna Haftungsfragen hinsichtlich des von Rindern oder Tieren verursachten Schadens und unterstreicht, dass Nutztiere nicht für die Zerstörung von ungeborenem Leben haftet würden, Menschen jedoch schon. In mBQ 5,4 werden über das generelle Statement von mBQ 8,2 hinaus zwei Berechnungsverfahren zur Höhe des Betrags ausgeführt und bestimmte Personen als Geschädigte explizit von diesem Verfahren ausgeschlossen. Möglicherweise handelt es sich bei mBQ 5,4; 8,2 um eine Doppelrezeption von tBQ 9,20b, die sich kritisch von der Position der Tosefta abgrenzt.

Neben dieser weiteren Ausdifferenzierung der Schadenskategorie vor dem Hintergrund von Ex 21,22 liegt in mBQ 2,6 eine weitere Mischna mit ähnlichem Thema vor: Laut dieser Mischna sind die rechtlichen Kategorien des unbescholtenen [תם] und verwarnten/bekannten [מועד] Rindes nach Ex 21,28–32 nicht auf Menschen anzuwenden. Entsprechend hat der Mensch immer den Status des מועד und muss, anders als im Falle eines unbescholtenen

Tieres, immer für den gesamten verursachten Schaden aufkommen. Aufgrund der oben herausgestellten Verbindung zwischen Ex 21,22–25 und der Schadenskategorie, die in mBQ 8,2 durch den Themenkomplex des מועד sowie die verbale Reformulierung der *talio* besteht, könnte auch hier eine Rezeption vorliegen, bei der die Besonderheit des *aberratio ictus* der biblischen Perikope wie in den beiden Mechiltot zur Stelle von Relevanz ist.

7.2 Exkurs: »Maß gegen Maß« – Eine Rezeption der *talio*?

Ein weiterer Aphorismus steht im Verdacht, eine Rezeption der Talionsformel darzustellen. So begegnet im Kontext der tannaitischen Prüfung einer Ehebruchsverdächtigen ein gerichtlich sanktioniertes Ritual, das unweigerlich zu körperlichem Leid führt. Die dabei auftretenden körperlichen Veränderungen werden zudem eng mit der zugehörigen Rechtsübertretung korreliert. Diese wechselseitige Beziehung zwischen Tun und Ergehen wird schließlich in einem Aphorismus reflektiert, der aufgrund seines juridischen Kontextes an eine Talionsstrafe erinnert: »Mit dem Maß, mit dem ein Mensch misst, damit misst man ihn.«[312] Deutlicher als in der Mischna offenbart der literarisch-formale Aufbau von tSota 3,2–5 die Korrelation des rabbinischen Rituals mit den Handlungen der Ehebruchsverdächtigen: Anhand von elf Einzelelementen stellt die Tosefta dabei Verbindungen zwischen den ehebrecherischen Handlungen der Verdächtigen und den Einzelelementen ihrer verhängnisvollen Prüfung her.[313] Diese Darstellung orientiert sich an der Reihenfolge des Rituals und dient nicht nur der Herausstellung von thematischen bzw. linguistischen Übereinstimmungen zwischen der Tat der Ehebruchsverdächtigen und ihrem Ergehen, sondern präsentiert das rabbinische Verständnis des Rituals als genaue Imitation der Taten der Ehebruchsverdächtigen, die sie in beschämender Weise öffentlich selbst treffen.

So fehlt zwar ein direkter Bezug auf die Talionsformel(n) und die entsprechenden biblischen Perikopen, aber die (a) Entsprechung von Vergehen und Ergehen, (b) das gerichtliche Setting, die (c) körperlichen Schäden, die das Ritual verursacht, sowie (d) die Abstraktion des Vorgehens als Aphorismus erinnern an die biblische Talion. Deshalb gilt es zu ergründen, inwiefern zwischen diesem Aphorismus, der neben diesem Sachzusammenhang noch in anderen Kontexten hebräischer und griechischer Literatur der Spätantike

312 Vgl. mSot 1,7a und tSot 3,1: במידה שאדם מודד [בה] מודדין לו. Alternativ könnte man »Das Maß, mit dem ein Mensch misst, das misst man ihm zu« übersetzen.

313 Vgl. die Darstellung bei Rosen-Zvi/Scharf, Sotah, 134–135.

begegnet, und der Talionsformel ein genealogischer oder topologischer Zusammenhang besteht.

7.2.1 Die hebräische Version: במדה שאדם מודד בה מודדין לו

Während die Kurzform, »Maß gegen Maß« [מדה כנגד מדה], die als eingliedriges nominales Polyptoton formal eng mit biblischen Talionsformel verbunden ist, erst in amoräischen Schriften begegnet,[314] ist die Langform [במידה שאדם מודד [בה]] מודדין לו] auch in anderen tannaitischen Quellen belegt.[315] Terminologisch unterscheidet sich die Formel, ähnlich wie κακὸν ἀντὶ κακοῦ [ἀποδίδωμι],[316] von der Talionsformel dahingehend, dass der Fokus auf Körperteile und damit auf Körperverletzungsdelikte bzw. Körperstrafen fehlt. Das Verbum מ.ד.ד., das durch seine Reduplikation die Reflexivität des Geschehens zum Ausdruck bringt, bezeichnet stattdessen einen Messvorgang. Als Ursprung des Aphorismus kann entsprechend die Sphäre des menschlichen Handels vermutet werden, wie auch das zugehörige Nomen מדה nahelegt, das in rabbinischen Texten ein Hohlmaß zum Abmessen von flüssigen Handelswaren oder Schüttgut bezeichnet.[317] Im direkten Vergleich mit der Talionsformel wirkt die Midda-Formel isoliert weniger absolut, da nicht auf das Bild einer absoluten Entsprechung von zwei Elementen – Körperteilen – angespielt wird, sondern eher eine qualitative Symmetrie zweier Größen evoziert wird.[318] Zwar kann מדה auch in tannaitischer Literatur vor dem Hintergrund des Idioms eine absolute Entsprechung im Sinne eines quantitativen Maßes ausdrücken,[319] es deutet sich jedoch bereits die Entwicklung einer weiteren Konnotation an, die in amoräischer Literatur noch deutlicher greifbar ist: So beschreibt das Nomen interpersonales Verhalten – zwischen Menschen sowie zwischen Mensch und Gott.

---

314 Vgl. BerR 9,11; SchemR 9,10; BemR 10; DevR 11,9; SchirR 3,4,2, bNed 32a u.a.

315 MechJ Beschalach 1 zu Ex 13,19; Ex 13,21; Beschalach 6 zu Ex 14,25; Shirata 4 zu Ex 15,4; 5 zu Ex 15,5 6 zu Ex 15,8; Amalek 2 zu Ex 17,14; Bachodesch 6 zu Ex 20,5; 10 zu Ex 20,20; MechSch Beschalach 25,3 zu Ex 14,25; 26,1 zu Ex 14,26; Shirata 30,1 zu Ex 15,4; Schirata 32,3 zu Ex 15,8; Amalek 45,1 zu Ex 17,14; Bachodesh 48,1 zu Ex 19,1; SifBem Beha'aloteka 106 zu Num 12,15.

316 Vgl. zu dieser Formel oben 6.1.

317 Vgl. mBB 5,8.10.11; mEd 1,2; mZev 9,7; mMen 5,1; mPea 8,6; SifDev 294 u.a. Vgl. Rosen-Zvi, Measure, 278, und hinsichtlich der griechischen Fassung Kloppenborg, Continuity, 249.

318 So auch Jacob, Auge, 102–103.

319 Rosen-Zvi, Rite, 145, Anm. 45, beschreibt dies in einer in der hebräischen Originalausgabe ausführlicheren Fußnote als einen von zwei Entwicklungssträngen von מדה in tannaitischer Literatur und korreliert dies mit der Verwendung des Substantivs zur Bezeichnung der hermeneutischer Auslegungsregeln.

Konkret begegnet die Midda-Formel in tannaitischer Literatur überwiegend in den halachischen Midrashim, besonders häufig in den beiden Mechiltot.[320] Von mSot 1,7/tSot 3,1 abgesehen, wird die Formel nie auf halachische Vorschriften bezogen[321] und ist auch nicht Teil von paränetisch-ethischen Ermahnungen. Vielmehr begegnet das Idiom überwiegend als Ausdruck eines bestimmten exegetischen Zugangs zur Schrift, bei dem die Rabbinen das Schicksal biblischer Einzelpersonen oder Menschengruppen mit ihrem Tun und Handeln korrelieren. Neben wenigen Individuen, deren Verhalten positiv bewertet wird,[322] überwiegen Beispiele widriger Schicksale.[323] Die Rabbinen beschreiben ihr Ergehen dabei nicht nur als direkte Folge ihres Handelns, sondern sie stellen den Gott Israels als denjenigen heraus, der Weltgeschichte lenkt und Gerechte ebenso wie übermächtige Widersacher ihrem letztgültigen Urteil zuführt.[324] Dieses Grundmotiv wird hinsichtlich mehrerer Dimensionen profiliert. Als theologische Aussage wird JHWH als geschichtlich wirkmächtiger Gott ausgewiesen, der den Hochmütigen und Mächten widerstehen kann und ihren Frevel auf sie zurückfallen lässt. Durch

320 Vgl. Anm. 315.

321 Kister, Parables, 23, verweist im Zusammenhang der Verwendung der Midda-Formel in irdischer Rechtsprechung lediglich auf bJeb 107a.

322 Vgl. Abraham (MechJ Beschalach 1 zu Ex 13,21), sowie Joseph, Mose und Miriam (mSot 1,9; MechJ Beschalach 1 zu Ex 13,19; SifBem Beha'alotecha 106 zu Num 12,15). Die Vergeltung von Abrahams Verhalten stellt in MechJ Beschalach 1 und tSot 4,1–6 insofern einen Sonderfall dar, da nicht er selbst die Frucht seines Handelns erfährt, sondern seine Nachkommen, nämlich ganz Israel im Rahmen des Auszugs aus Ägypten.

323 Von wenigen Einzelpersonen abgesehen (Simson und Absalom [mSot 1,8]; dem Pharao, allerdings immer in Verbindung mit seinem Volk [tSot 4,12; Beschalach 6 zu Ex 14,25; Schirata 4 zu Ex 15,4; 5 zu Ex 15,5]) betrifft dies vor allem Gruppen. Allen voran das ägyptische Volk der Exoduserzählung (MechJ Beschalach 6 zu Ex 14,25; Schirata 4 zu Ex 15,4; 5 zu Ex 15,5; 6 zu Ex 15,8; MechSch Beschalach 25,3 zu Ex 14,25; 26,1 zu Ex 14,26; Schirata 30,1 zu Ex 15,4; 32,3 zu Ex 15,8) sowie die Amalekiter (MechJ Amalek 2//MechSch Amalek 45,1 zu Ex 17,14). Vgl. ferner auch die Bewertung der Sintflutgeneration und der Bewohner Sodoms (tSot 4,11–15; MechJ Bachodesch 10 zu Ex 20,20). Eine besondere Stellung nehmen die beiden Belege in SifDev 308 zu Dtn 32,5 und 30,18 zu Dtn 32,15 ein, bei denen die Kritik das Volk Israel selbst trifft.

324 Kann schon die passive und impersonale Formulierung der Midda-Formel als *passivum divinum* gedeutet werden, wird dieser Aspekt der göttlichen Providenz in zahlreichen Beispielen aus MechJ zusätzlich durch eine Anpassung der Formel herausgestellt, indem Gott selbst in direkter Rede als Garant eines Tun-Ergehens-Zusammenhangs angesprochen wird. So verweist z.B. R. Jehuda in MechJ Besch 6 zu Ex 14,25 das Volk der Ägypter in die Rolle der Widersacher [במדה שמדדו] und preist Gott in direkter Rede, sie ihrem gerechten Schicksal zugeführt zu haben [בה מדדת להם]. Noch deutlicher wird dieser Aspekt in SifDev 308 zu Dtn 32,5 und 318 zu Dtn 32,15, wenn die Formel als direkte Rede Gottes zitiert wird [במדה שמדדתם בה/בי מדדתי לכם]. Vgl. ähnlich auch MechJ Shirata 4 zu Ex 15,4; 5 zu Ex 15,5; 6 zu Ex 15,8; MechSch Beschalach 25,3 zu Ex 14,25; 26,1 zu Ex 14,26; Shirata 30,1 zu Ex 15,4; 32,3 zu Ex 15,8.

die Einbettung in das Zeugnis der biblischen Geschichte Israels kann dies als Botschaft der Hoffnung verstanden werden, wenn die gegenwärtige Erfahrung und Bedrängnis Zweifel an seiner aktiven Rolle aufkommen lassen.[325] Dass die Rabbinen diesen Aspekt gegenüber dem strafenden Handeln Gottes und einer paränetischen Botschaft hervorheben, zeigen die weiteren Diskurse über das Verhalten Gottes gegenüber den Menschen und dessen negative [מדת הפורענות/הדין] wie positive [מדת הטוב/הרחמים] Auswirkungen:[326] Letzteres wird als bedeutendere und länger anhaltende Eigenschaft Gottes herausgestellt[327] und gleichzeitig werden – zur Abwehr eines vermuteten Automatismus zwischen widrigem Schicksal und sündiger Natur der betreffenden Person – Schicksalsschläge als Segen verstanden.[328] Die kontextuelle Verwendung der Formel in den tannaitischen Schriften bezeugt eine enge Verbindung der Midda-Formel mit den exegetischen Bemühungen der Rabbinen, die Welt als Ort einer gerechten Ordnung herauszustellen, die vom Gott Israels aufrecht erhalten wird. Es liegen dabei kaum Indizien für eine Verbindung zur biblischen *talio* vor.

Nur zwei Stellen könnten in eine andere Richtung weisen. (1) In mSot 1,7 begegnet die Formel im Rahmen eines Rituals, das zunächst wie der Vollzug eines Gottesordals im Rahmen eines irdischen Rechtsprozesses wirkt, was als Bestätigung einer (talionischen) Spiegelstrafe und intertextueller Bezug auf die Talionsformel(n) verstanden werden könnte. Genau genommen handelt es sich aber nicht um eine juristische Untersuchung mit numinosen Charakter, sondern um ein Strafritual, insofern keine reelle Chance auf Entlastung der Ehebruchsverdächtigen besteht.[329] Zudem tritt dabei – auch wenn nach

---

325 Als deutlichstes Beispiel dafür kann die Verwendung der Formel zur Auslegung der Amalekepisode in MechSch Amalek 45,1 zu Ex 17,14 gelten, die in einer Warnung an alle Völker mündet: וכן כל אומה ומלכות [שתבוא] להזיק את ישראל בו בדבר הק׳ נפרע ממנה. Vgl. MechJ Amalek 2 zu Ex 17,4 und Amir, Measure, 33–36.

326 Vgl. ausführlicher dazu Zanella, Vergeltungsvorstellungen, 176–179.

327 Vgl. besonders tSot 3–4, wenn in die Schilderung des strafenden Handelns Gottes (tSot 3,6–19; 4,10–19) mit tSot 4,1.2–9 nicht nur eine lange Aufzählung über die rettende Zuwendung Gottes eingefügt wird, sondern letztere als fünfhundert Mal größer unterstrichen wird. Vgl. auch MechJ Bachodesch 6 zu Ex 34,7, wo das »gute Maß« Gottes ins Unzählbare erweitert wird [דורים לאין חקר ואין מספר]; vgl. auch SifBem Naso 8 zu Num 15,15; Sifra DeChova 12,1 zu Lev 5,17; ferner MechJ Shirata 3 zu Ex 15,2; MechJ Vejessa 4 zu Ex 16,14 und ebd., 176–178.

328 MechJ Bachodesch 10 zu Ex 20,20; SifBem Naso 8 zu Num 5,15.

329 Das Sota-Ritual wirkt in m/tSot zwar zunächst wie eine Untersuchung in Form eines Gottesordals, jedoch besteht für die Angeklagte keine nennenswerte Chance, für unschuldig erklärt zu werden. Vgl. auch die Schlussfolgerung bei Rosen-Zvi/Scharf, Sotah, 3, dass »the ritual constructed in the mishnah is not at all an inquisitive ordeal, as all exegetes – old and new – have assumed. Rather, it is a punitive ritual, meticulously shaped

der Darstellung der Rabbinen die Priester für die Durchführung des Rituals zuständig waren – Gott als derjenige auf, der für die Aufrechterhaltung der Ordnung zuständig ist.[330] Unterstrichen wird dieser Aspekt zusätzlich dadurch, dass im weiteren Kontext sowohl in der Mischna als auch in der Tosefta eine Reihe von Beispielen aus der Schrift angeführt werden, die diese Funktion Gottes in Übereinstimmung mit der sonstigen exegetischen Verwendung der Midda-Formel hervorheben. Infolgedessen liegt nahe, dass die Rabbinen, indem sie Gott als Richter der Ehebruchsverdächtigen auftreten lassen, die für juridische Texte rabbinischer Provenienz unübliche öffentliche Gewaltausübung auf diese Weise bändigen wollen.[331] Wie die langen Aufzählungen des göttlichen Vergeltungshandeln in mSot 1,8.9/tSot 3,6–19; 4,1–8.9–19 nahelegen, ist nicht eine der Talionsformeln,[332] sondern die Rolle Gottes als Weltenrichter ausschlaggebend für die Rabbinen, das Sota-Ritual mit der Midda-Formel zu verbinden.

(2) Ein letzter Beleg eines eingliedrigen Polyptotons mit dem Substantiv מדה in tannaitischer Literatur, MechSch Bachodesch 48,1 zu Ex 19,1, kann als Rezeption der *talio* verstanden werden. Ausgehend von der Datierung der Ankunft Israels in der Wüste Sinai »im dritten Monat nach dem Auszug der Israeliten aus Ägypten« stellt die Mechilta verschiedene Datierungssysteme der Schrift zusammen und skizziert auf diese Weise knapp die (Volks-)Geschichte Israels: Orientierten sich die Israeliten zunächst am Auszug aus Ägypten (Num 1,1; 33,38; 1Kön 6,1), dienten später der Bau des Tempels

in the mould of prophetic descriptions of punishment against adulterous women« (vgl. ebd., 119–120). Zu den unterschiedlichen tannaitischen Standpunkten, inwiefern das Überleben der Ehebruchsverdächtigen als Freispruch zu gelten hat oder nur als verzögerte Strafe, vgl. die Diskussion und Einordnung der entsprechenden Quellen in ebd., 114–129.

330 Vgl. dazu besonders die direkt an die Midda-Formel anschließenden Sätze in mSot 1,7, bei der Gott als Subjekt für das Richten der Ehebruchsverdächtigen zuständig ist: »המקום גלה עליה [...] המקום נולה [...]«. In der Tosefta spielen die Priester eine aktivere Rolle (tSot 3,1–4), wobei auch hier schließlich Gott selbst als Handelnder begegnet (tSot 3,5), was direkt in die exegetische Argumentation führt (tSot 3,6–19).

331 Vgl. dazu mit weiterer Literatur Rosen-Zvi/Scharf, Sotah, 112–114. Rosen-Zvi, Measure, 286, versteht diese radikale Lesart der Rabbinen als Versuch, das biblische Ritual durch das Prinzip »Maß gegen Maß« zu beschreiben und auf diese Weise die inhärente Gewalt und öffentliche Zurschaustellung der Frau – was beides eigentlich entgegen der sonstigen Tendenz rabbinischer Bestimmungen steht – zu neutralisieren: Die Darstellung der Einzelelemente der Strafe in Korrespondenz zu Teilelementen des Vergehen der Ehebruchsverdächtigen sind Folge dieser Strategie.

332 Auch Bietenhard verweist in seinen Kommentaren zur Stelle nicht auf die *talio*, zieht aber eine Verbindungslinie zu jüdisch-hellenistischem Vergeltungsdenken, vgl. Bietenhard, Soṭa, 51, Anm. 1–4.

(1Kön 9,10) und die eigene Königssukzession (Jes 36,1) als Orientierungspunkt. Als dies nicht mehr möglich war, musste die Schrift auf das Datum der Tempelzerstörung (Ez 40,1) und die Regierungsdaten fremder Herrscher zurückgreifen (Dan 2,1; Hag 1,1). Schon aus dieser Zusammenstellung geht hervor, dass nicht nur die Datierungssysteme von Interesse sind, sondern dabei gleichzeitig der Aufstieg und Niedergang des Volks skizziert werden soll. Auch das letzte Zitat dieser Reihe (»Weißt du es nicht, du Schönste unter den Frauen« [Hld 1,8]) dürfte in diesem Sinne zu verstehen sein und ist Ausdruck der Irrwege, auf die sich Israel begeben hat.[333] Die anschließenden Belegzitate unterstreichen den Grundtenor dieses Abschnitts und sollen die Untreue Israels als Grund für seinen Untergang herausstellen.

MechSch Bach 48,1 zu Ex 19,1[334]

Und [die Tora] sagt: »weil, weil« [Ez 36,3]	<ואי׳> יען ביען
Und »weil, weil« [Ez 36,3] bedeutet nichts anderes als »Auge um Auge« (Dtn 19,21), »Maß um Maß«.	ואין יען [ו] ביען אלא עין בעין מידה במידה
Denn es heißt: ›weil du JHWH, deinem Gott, nicht gedient hast, [...] wirst du deinen Feinden dienen [...]‹ [Dtn 28,48–49]	שנ׳ תחת אשר לא עבדת את ה׳ אלק<י>ך ועבדת את אויבך

Die Kernaussage ist eindeutig, klingt auch in den anschließenden Kommentaren von R. Josi sowie R. Jehuda ben Laqisch an und entspricht der übrigen Verwendung der Midda-Formel: Anhand der unterschiedlichen Datierungssysteme wird – unterstrichen durch zwei kausale Konjunktionen [יען וביען, תחת אשר] – das Schicksal Israels mit seinem früheren Verhalten korreliert.

333 Die Parallele in MechJ Bachodesch 1 zu Ex 19,1 beendet die Reihe der Datierungssysteme ebenfalls mit diesem Zitat, schließt aber – nach dem Zitat von Dtn 28,48–49 – eine Legende über die Auslegung dieses Verses durch R. Jochanan ben Zakkai an. Auch wenn die Legende selbst ursprünglich vermutlich als rabbinische Selbstkritik gedacht war (vgl. Schremer, Beautiful, 537–541,über SifDev 305 zu Dtn 29,9), dürfte die anschließende theologische Deutung im weiteren Kontext, dem Zweck des Zitats in MechSch entsprechen: Die Version der Legende in MechSch hebt gegenüber den anderen Versionen (tKet 5,9–10; jKet 5,13/30b; bKet 66b–67a (2x), ARN A 17,5 u.a.) besonders die Erniedrigung der jüdischen Frau unter das Tier einer anderen Nation hervor und wird dabei mit der »Schönsten aller Frauen« in Hld 1,8 identifiziert (vgl. Meir, Story, 252–255). Mit der dreifachen Aufzählung der Sünden Israels und ihrer Vergeltung fügt sich die Legende gut in die Darstellung der Datierungsfragen ausgehend von Ex 19,1 ein. In diesem Sinne dürfte das Zitat von Hld 1,8 auch in MechSch zu verstehen sein.

334 Textgrundlage: Nelson, MechSch, 213, Epstein/Melamed, MechSch, 136.

Die damit aufgerufenen Unheilsprophetien aus Dtn 28,48–49 und Lev 26,43[335] werden mithilfe eines Wortspiels interpretiert: Die Konjunktion »weil« [יען] besteht aus denselben Radikalen wie das erste Glied der Talionsformel [עין]. Unter Beibehaltung der Präposition ב- wird daraus die Reihe יען וביען – עין בעין und soll auf diese Weise vermutlich die Reziprozität göttlicher Vergeltung ausdrücken. Aufgrund der oben skizzierten Funktion von מדה in der Langform der Midda-Formel ist die Erweiterung und Vervollständigung dieser Reihe durch das Substantiv מדה mit derselben Konstruktion naheliegend.

Sofern der Ausdruck עין בעין nicht *ad hoc* gebildet und rein rhetorisch zu erklären ist, kann nur schwer entschieden werden, woher die Formulierung stammt bzw. welcher Referenzpunkt für MechSch Bachodesch 48,1 zu Ex 19,1 anzunehmen ist, da zeitgenössische Quellen mit ähnlicher Verwendung des Idioms fehlen. Möglich wäre (a) ein Bezug zu Dtn 19,21: In diesem Sinne würde MechSch das עין-Glied der *talio* aus dem rechtlichen Kontext herauslösen und als Ausdruck einer göttlichen Vergeltung mit מדה במדה und יען ביען zusammenstellen. Es gibt keine weiteren Belege für diese Weise der Rezeption in rabbinischer Literatur. Nimmt man einen biblischen Ursprung an, wäre (b) auch eine Rezeption des biblischen Ausdrucks עין בעין in Num 14,14 und Jes 52,8 denkbar, wo er im Sinne des deutschen »Aug' in Aug'« gebraucht wird. Im biblischen Kontext ist eine inhaltliche Relevanz nicht erkennbar und auch in tannaitischen Texten kann keine sachlich analoge Interpretation ausgemacht werden. Allerdings finden sich in späteren Texten vereinzelt Traditionen, die beide Stellen als Belegzitate in thematisch vergleichbaren Zusammenhängen rezipieren, wenn das Verhalten des Volkes Israel mit ihrem Ergehen sowie der Barmherzigkeit Gottes korreliert wird.[336] Schließlich (c) belegen als einzige

335 Die Wendung יען וביען ist mit Nelson, MechSch, 213, am ehesten als Verweis auf die Unheilsprophetie in Lev 26,43 zu verstehen. Mit Sifra Bechokotai 8 liegt eine weitere tannaitische Interpretation vor, die thematisch verwandt scheint: Dort wird die Doppelung von יען als Hinweis darauf genommen, dass die Gottesrede einerseits auf das Brechen der Gesetze [במשפטי מאסו אלו הדינין] und andererseits auf die Exegese der Schrift zu beziehen sei [ואת חקתי געלה נפשם אלו המדרשות]; vgl. ferner auch bBB 88b. Möglich wäre noch ein Bezug auf Ez 36,3 [יען ביען], wo neben dem Aspekt der Verwüstung auch die Herrschaft von Fremdvölkern belegt ist, und ferner Ez 13,10 [יען וביען].

336 Zu Num 14,14 vgl. die R. Schim'on ben Laqisch zugeschriebene Rezeption des Verses in BemR Sch^e^lach L^e^cha 16,25 zu Num 14,15 und DevR Schoftim 5,13 zu Dtn 20,10, wonach der Ausdruck עין בעין den Grund offenlegt, weshalb die Fürbitte Moses Gottes Zorn besänftigen konnte. Nach BemR bedeutet er austarierte Waagschalen [הרי מאזנים מעין], auf denen Gottes Wille zur Vernichtung seines Volkes (Num 14,12 »Ich will sie mit einer Seuche schlagen« [אכנו בדבר ואורשנו]) gegen die Fürbitte Moses (Num 14,19: »Vergib doch« [סלח נא]) abgewogen werden. Expliziter wird in DevR, der statt der Vernichtung durch eine »Seuche« das hinsichtlich der Konsonanten identische »Wort« [דבר] als

tannaitische Quellen mBB 5,11//Sifra Qedoschim 8,7 zu Lev 19,36 עין בעין als Ausdruck des genauen Abmessens von flüssiger Handelsware bzw. Schüttgut, was ebenfalls einen Hintergrund von MechSch darstellen könnte. Herkunft des Ausdrucks dürfte das Verb ע.י.ן. im Piel (meist als Part.Pass.) sein, dass das genaue Abmessen bzw. Austarieren einer Waage bezeichnet,[337] wobei auch dafür tannaitische Belege fehlen.[338] Interessanterweise begegnet das Verbum in amoräischen und noch jüngeren Quellen häufig metaphorisch in Zusammenhang mit der Vorstellung eines individuellen göttlichen Gerichts, bei dem mit dem Bild einer Waagschale die Sünden und die Verdienste einer Person gegeneinander aufgewogen werden.[339] Verbindend mit der Midda-Formel wäre dabei der gemeinsame Ursprungs in der Handelssprache. Im weiteren Kontext

---

Vernichtungsinstrument interpretiert, wodurch tatsächlich Wort gegen Wort steht. Ausführlicher als in BemR interpretierte Mose nach R. Aha im Namen Simon ben Laqisch עין בעין folgendermaßen: »Siehe, das Gerechtigkeitsprinzip liegt auf der Waagschale einer austarierten Waage« [הרי מדת הדין בכף מאזנים מעין]. Indem diese auf die Seite Moses ausschlägt, neigt sie sich dem [nicht explizit so genannten] Prinzip der Barmherzigkeit [מדת הרחים] zu.

Vgl. daneben das Zitat von Jes 52,8 in PesK 16,11 im Rahmen einer Zusammenstellung von Schriftstellen, die ähnlich den Kontexten der langen Midda-Formeln in tannaitischen Texten das Schicksal Israels mit seinem Handeln korrelieren. Neben zahlreichen weiteren Körperteilen spricht PesK dabei auch das Auge an und differenziert zwischen Sünde, Strafe und Tröstung des Volkes. [חטאו בעין ולקו בעין ומתנחמים בעין]. Als Sünde wird auf Jes 3,16 verwiesen [ומסקרות עינים], die Strafe wird mit Klgl 1,16 belegt [עיני עיני יורדה מים] und die Rettung schließlich mit Jes 52,8 [כי עין בעין יראו בשוב י״י ציון]. Da dabei aber nicht die Formel עין בעין im Zentrum steht, dürfte diese Tradition in MechSch nicht vorliegen.

337 Davis, Lex, 74, scheint hingegen mit Blick auf mBB 5,11 zu vermuten, dass die Formulierung עין בעין ihren Ursprung in Dtn 19,21 genommen hat und metaphorisch in der Sphäre des menschlichen Handels verwendet wurde (»a talionic type of formula is used in relation to exact measures of dry or liquid products«). Der dortige Verweis auf Jastrow, Dictionary, 1071, erweist sich als wenig ergiebig für die weitere Verwendung des Ausdrucks, schließlich wird dort unter dem Sublemma »שקל ע׳ בע׳« nur auf die besprochene Mischna verwiesen. Anders Levy, Wörterbuch, עַיִן, der unter der Wortbedeutung »etwas, was einem anderen Ggst. gleicht, wie ein Auge dem anderen« nicht nur auf mBB 5,11 verweist, sondern dabei sogar in umgekehrter Weise auf die *talio* in bBQ83b verweisen kann und kommentiert, »die Geldentschädigung [...], d.h. das, was dem Auge gleich, ähnlich ist«.

338 Vgl. lediglich MechSch Nez 58,1 zu Ex 21,1, wo in einem anderen Zusammenhang ein ähnliches Bild aufgerufen wird, wobei – da die Waage dort in eine Richtung ausschlägt – allerdings nur das Antonym [מכריע] verwendet wird.

339 In jSan 10,1 bezeichnet das absolut verwendete מעויין den Zustand einer Person im Equilibrium, d.h. ihre Sünden und die Verdienste halten sich die Waage (vgl. jPea 1,1/16b; jKid 1,9/61d). Vgl. auch die Position R. Eleasars in mTeh 30,4, wonach die Vergehen und die Verdienste einer Person auf einer austarierten Waage lägen [ר׳ אלעזר אמר כף מעויין הוא כף עונות וכף זכיות], die jedoch von Gott in die Richtung der Gnade geneigt wird [ומה הקב"ה עושה מטה כלפי חסד]; vgl. mTeh 86,2. Vgl. zum Ausdruck in anderem Kontext

von Sifra Qedoschim 8,7 zu Lev 19,36 besteht eine Verbindung zu entfernt verwandten Themen: Dem Exodus, dem Verunreinigen des Landes, der Exilierung und dem göttlichen Richteramt.[340]

Aufgrund dieses Befundes scheint es kaum möglich, einen eindeutigen literarischen Referenzpunkt für die Formulierung עין בעין in MechSch Bachodesch 48,1 herauszuarbeiten. Sofern Dtn 19,21 im Hintergrund stehen sollte, wäre das eine einzigartige Rezeption der *talio* innerhalb eines Kontextes, in dem in tannaitischer Literatur üblicherweise (nur) die Midda-Formel begegnet.

7.2.2 Die griechische Version: ἐν ᾧ μέτρῳ μετρεῖτε μετρηθήσεται ὑμῖν

Im Griechischen liegt mit ἐν ᾧ μέτρῳ μετρεῖτε μετρηθήσεται ὑμῖν ein Aphorismus aus den ersten beiden Jh. u.Z. vor, der eng mit der Midda-Formel verwandt ist.[341] Formal fungiert hier ebenfalls die Verdopplung eines Verbums als Ausdruck eines reflexiven Geschehens und auch im Griechischen bedient sich die Formel dem Bild eines Messvorgangs, weshalb auch hier ein Ursprung im Handelswesen erwogen wird.[342] Genauer ergeben sich dabei enge lexikalische und sachanaloge Verbindungen zu ägyptischen Verträgen aus ptolemäischer und römischer Epoche, die die Rückzahlung von geliehenen Getreidesamen regeln.[343] Ähnlich wie מדה bezeichnet auch μέτρον in seiner Grundbedeutung einen Gegenstand, mit dem Längenmaße, aber auch das Volumen von flüssigen Waren oder Schüttgut ermittelt werden kann.[344] Die Formel selbst unterscheidet sich folglich, wie auch die Midda-Formel, von der *talio* dadurch, dass der Fokus auf dem Volumen bzw. der Größe der Objekte liegt und nicht den Objekten selbst, womit keine absolute Entsprechung ausgedrückt wird.

Die literarischen Kontexte des *metron*-Aphorismus unterscheiden sich hingegen sowohl von denen des Midda-Aphorismus und als auch der Talionsformel(n). Weder in den synoptischen Evangelien noch bei den Kirchenvätern

---

auch PesR 5,2–3 sowie DevR und BemR (vgl. Anm. 336). Vgl. mit weiteren Beispielen Levy, Wörterbuch, עַיִן.

340 Vgl. auch die Hinweise auf antike Übersetzungen, bei denen das göttliche Richteramt im Fokus steht, vgl. Rüger, Maß.

341 Zitiert nach Mk 4,24; Lk 6,38; leicht abweichend in Mt 7,2; 1Clem 13,2; Polyk.Phil. 2,3.

342 Vgl. Anm. 317; Filannino, Sintesi, 211.

343 Vgl. dazu die Besprechung zahlreicher Quellen bei Kloppenborg, Continuity, 249–250 (bes. Anm. 20–22) und Couroyer, Mesure.

344 Vgl. Montanari, Dictionary, s.v. und Kloppenborg, Discourse, 111–113, der diese Bedeutung für den Aphorismus (in Q) unterstreicht. Die ntl. Verwendung von μετρέω beschreibt – vom metaphorischen Gebrauch in 2Kor 10,12 abgesehen –einen Messvorgang (Offb 11,1–2; 21,15–17).

dient das Idiom der exegetischen Schriftauslegung und auch die Themenfelder Mord, Körperverletzung oder Falsch-/Verschwörungszeugnis sind nicht vertreten. Das stets als Jesuswort überlieferte Idiom begegnet stattdessen immer im Rahmen ethischer Mahnworte, die durch Imperative bzw. Prohibitive geprägt sind. In einem der beiden Traditionsstränge (Q 6,37–38 // Lk 6,37–38; Mt 7,1–5; 1Clem 13,2; Polyk.Phil. 2,3) ist der *metron*-Aphorismus dabei eng mit einer Sentenz verbunden, die in Form eines Polyptotons durch die Verdoppelung des Verbums κρίνω eine ähnliche Reziprozität ausdrückt. Im ältesten Beleg dieser Tradition, der in Q vorgelegen haben dürfte, folgte das Doppelwort in der Logienquelle wohl ursprünglich auf die rhetorischen Fragen zur Überwindung einer *quid-pro-quo* Mentalität in zwischenmenschlichen Beziehungen, die mit der barmherzigen [οἰκτίρμων] Zuwendung Gottes begründet wurde.[345] Analog zum Fokus des *metron*-Aphorismus, der die verleihende Person im Blick hat, sind auch Q 6,32.34.36 an Personen gerichtet, die aufgrund ihrer sozialen Position zu großzügigem Handeln imstande waren.[346]

In den von der Logienquelle abhängigen Überlieferungen wurde dieser Doppelspruch in unterschiedliche Zusammenhänge versetzt und erfuhr unterschiedliche Erweiterungen, wobei im näheren Kontext immer eine Imitation der literarischen Form des *metron*-Aphorismus zu beobachten ist. Das LkEv übernimmt die Position des Satzgefüges aus Q, erweitert aber Q 6,37 um zwei weitere Sätze mit derselben syntaktischen Struktur, die aufgrund der thematisch verwandten Vorgänge des Verurteilens [καταδικάζω][347] und Freilassens [ἀπολύω][348] vermutlich epexegetisch zu verstehen sind. Zwar können die Verben auch im Rahmen von Rechtsprozessen begegnen, sie zielen hier aber vermutlich primär auf zwischenmenschliches Verhalten.[349] Lk 6,38a orientiert sich formal ebenfalls am Q-Logion zum Richten, nimmt mit δίδωμι aber das Thema des moralisch guten Verhaltens im Rahmen von Handelsbeziehungen erneut auf[350] und antizipiert so den *metron*-Aphorismus. Auch das »gute Maß« in Lk 6,38b bezieht sich darauf und sollte nicht als Gegensatz,

345 So übereinstimmend das Q-Projekt (Hoffmann/Heil, Spruchquelle, 42–43) und Fleddermann, Reconstruction, 878–879, auch wenn ersteres Q 6,34 für ursprünglich hält, und Fleddermann Q 6,33. Der Topos des Verleihens als Hintergrund des *metron*-Aphorismus spricht möglicherweise dafür, Q 6,34 für ursprünglich zu halten.

346 Vgl. Kloppenborg, Memory, 310–311.

347 Καταδικάζω ist ein Hapax Legomenen in Lk-Apg, vgl. allerdings Jak 5,2.

348 Vgl. in diesem Sinn Lk 23,16.20.22.25; Apg 3,13; 4,21 etc.

349 Vgl. ausführlich Betz/Collins, Sermon, 615–616.

350 Vgl. Lk 6,30a.34.35a und die Kommentare zu ἀπολύω bei ebd., 616.

sondern als Ausdruck eines gerechten Handelsethos verstanden werden:[351] Auf der Bildebene evoziert der Aphorismus das Bild eines aufrechten Händlers, der das gesamte Hohlmaß zu füllen sucht. Im Mittelpunkt steht nicht das Maß, sondern die Weise des Befüllens. Vor diesem Hintergrund und mit Blick auf Lk 6,27–34 kann der *metron*-Aphorismus im Rahmen des antiken Diskurses über den Umgang mit Freund und Feind und somit als rein irdische Mahnung verstanden werden. Im Rahmen der Feldrede kann aber – besonders mit Blick auf Lk 6,36 – auch ein eschatologischer Unterton vernommen werden: Nicht nur im zwischenmenschlichen Miteinander kann der aufrechte Umgang miteinander Früchte tragen und zu wohlwollender Zuwendung führen, sondern auch von Seiten Gottes ist eine entsprechend günstige Beurteilung zu erwarten.

Im MtEv erscheint die Reihe des Richten-Spruchs und *metron*-Aphorismus im selben Sinnabschnitt wie in Lk und Q, steht aber aufgrund der Komposition der Bergpredigt im Kontext von zwei anderen Abschnitten (7,2–5: Splitter und Balken; 7,12: Goldene Regel) und ist so weiter von seinem ursprünglichen Kontext entfernt. Das MtEv erweitert in Mt 7,2a ebenfalls den κρίνω-Spruch, orientiert sich aber formal am *metron-Aphorismus* und formuliert durch die Substantivierung von κρίνω entsprechend: »Denn, mit dem Urteil, mit dem ihr urteilt, werdet ihr verurteilt werden.« Aufgrund der Zusammenstellung mit dem Bildwort vom Splitter/Balken wird deutlich, dass auch das MtEv nicht auf Gerichtsprozesse abzielt, sondern die Verurteilung von moralisch oder theologisch unwürdigem Verhalten innerhalb der Gemeinde anspricht.[352] Deutlicher als das LkEv, das in Lk 6,36 den Aspekt des Gebens und Empfangens unterstreicht, hebt das MtEv den negativen Aspekt des *metron*-Aphorismus hervor, schließt aber die Zurechtweisung der Glaubensgeschwister nicht aus.[353] Wie im LkEv dürfte auch in Mt 7,1–5 nicht das Anlegen eines Maßes selbst Objekt der Kritik sein, sondern die Weise seiner Anwendung: Die Kritik richtet sich nicht grundsätzlich gegen die Be- oder Verurteilung anderer, sondern gegen die Verurteilung des Verhaltens anderer ohne vorherige Selbstreflexion. Im weiteren Verlauf kommt durch die Integration von Mt 7,7–11 (vgl. Q/Lk 11,9–13) schließlich auch die positive Kehrseite des Metron-Aphorismus

351 Auch Kloppenborg, Memory, 314, scheint sich an ὑπερεκχύννομαι zu stoßen und beschreibt, wie das LkEv »completely violates the principle of equivalence of exchange enunciated in 6:38c«. Gleichwohl ist das Bild des »überfließendes Maßes« als Ausdruck gerechten Abmessens in tannaitischen Texten belegt (vgl. mBB 5,11 und ferner mMen 9,5); vgl. Kister, Parables, 23.

352 Vgl. Betz/Collins, Sermon, 489–491, der aber dennoch Mt 7,2 als »law of equal retribution (*ius talionis*)« (490) identifiziert. Konradt, Matthäus, 118, sieht stattdessen eine Verbindung zur *Midda*-Formel.

353 Vgl. Mt 18,10–14 und ebd.

zur Sprache und durch Parallelisierung menschlichen und göttlichen Handelns wird nicht nur die Forderung einer ethischen Mimesis betont, sondern der gesamte Abschnitt unter eine eschatologische Perspektive gestellt.

Im ersten Clemensbrief an die Korinther aus dem späten 1. bzw. frühen 2. Jh.[354] begegnet der Metron-Aphorismus (1Clem 13,2) im Rahmen von Beispielen, die Jesus als Lehrer von Güte [ἐπιείκεια] und Geduld [μακροθυμία] herausstellen und die der Gemeinde in Korinth als Vorbild dienen sollen. Er schließt eine Reihe von Polyptota über das Barmherzig-Sein [ἐλεάω], Vergeben [ἀφίημι], Handeln [ποιέω], Geben [δίδωμι], Richten [κρίνω] und Gütig-Sein [χρηστεύομαι] ab, die jeweils im Vordersatz imperativisch zu einem Handeln auffordern und im Nachsatz begründend die zu erwartende Reaktion beschreiben. Die Funktion des Abschnitts hängt eng mit der Briefsituation des 1Clem zusammen: Als Mahnschreiben (vgl. u.a. 1Clem 7,1; 56,2) will der Brief die Gemeinde, die sich gegen ihre Ältesten aufgelehnt hat,[355] auf die gemeinsame Lehre aus der Schrift besinnen (vgl. besonders 1Clem 7,1) und zu einem Gesinnungswandel bewegen, der anhand von zahlreichen Zitaten aus der Septuaginta und von Jesusworten belegt wird. Auf diese Weise ist 1Clem 13,2 nicht nur ein früher Beleg, dass κρίνω in diesem Rahmen nicht als juridischer Fachterminus zu verstehen ist, sondern auch für die ethische Pointe des *metron*-Aphorismus: Das »Messen mit einem Maß« bezeichnet den zwischenmenschlichen Umgang, der im demütigen Umgang innerhalb einer Gemeinde offenbar wird. Die passiven Formulierungen der Nachsätze könnten als *passiva divina* verstanden werden, aufgrund des näheren Kontextes spielt diese eschatologische Note jedoch eine weniger bedeutende Rolle: Wichtiger scheint dem Autor die Orientierung an den ethischen Maximen der eigenen Tradition und an der Lehre Jesu.[356]

Auch im Brief des Polykarp an die Philipper aus dem 1. Jh.[357] begegnet diese Doppelüberlieferung als Beispiel der ethischen Lehre Jesu, wobei diese hier eng mit Gottes eschatologischem Richteramt verbunden ist. Polyk.Phil. 1 unterstreicht zwar die Erlösung aus Gnade,[358] führt aber anschließend in Polyk.Phil. 2,2a–b das Tun des Willen Gottes, das Wandeln in seinen Geboten und die Liebe zu dem, was er liebte, als Bedingung [ἐὰν ποιῶμεν (…)] für die Auferweckung an. Die anschließende Reihe von Verhaltensmaßstäben, die *cum grano salis* in einem Laster- (2c–d) und Tugendkatalog (3b–e) aufgeteilt als Explikation von Polyk.Phil. 2,2ab verstanden werden kann, enthält

354 Vgl. Peters, 1Clem., 193–194.

355 Vgl. 1Clem 44,3; 47,2; vgl. zur Situation in Korinth Schneider, 1Clem, 7–9.

356 Vgl. die Überleitung zu den Schriftzitaten (Jer 9,22^{LXX}; 1Kor 11,31; Jer 9,23^{LXX}) in 1Clem 13,2: »Und wir wollen tun, was geschrieben steht« [καὶ ποιήσωμεν τὸ γεγραμμένον].

357 Vgl. Hartog, Epistle, 229–230.

358 Vgl. Polyk.Phil. 1,3: »[…] ὅτι χάριτί ἐστε σεσωσμένοι, οὐκ ἐξ ἔργων […]«, möglicherweise ein Teilzitat von Eph 2,5.

mit der erweiterten *kakos*- und *metron*–Formel gleich zwei Aphorismen, die im Verdacht stehen, mit der Talionsformel verwandt zu sein. Letztere steht 1Clem 13,2 nahe und enthält in gewohnter Form die Elemente des Richtens (als Prohibitiv), des Vergebens [ἀφίημι], und barmherzig Handelns [ἐλεάω], bevor die *metron*–Formel und ein doppelter Makarismus den Abschnitt beschließen. Deren Vordersatz entspricht ohne ἐν 1Clem 13,2h (vgl. Lk 6,38) und verwendet wie Lk 6,38 auch ἀντιμετρέω. Versteht man Polyk.Phil. 2,3e nicht nur als Abschluss von Polyk.Phil. 2,3, sondern auch des vorherigen Satzes, korrespondiert dieses Kompositum mit der großzügig erweiterten κακός-Formel: Diese entspricht in ihren ersten beiden Glieder 1Petr 3,9a [κακός; λοιδορία], wird aber dann im selben Stil um Faustschlag [γρόνθος] und Fluch [κατάρα] erweitert. Besonders das dritte Substantiv ist dabei bedeutsam: Das seltene γρόνθος begegnet unter anderem in Papyrus Michigan 229,27 als Aquilas Übersetzung von Ex 21,18. Durch die Erweiterung der κακός-Formel ist somit der Horizont von Körperverletzungsdelikten aufgerufen und zumindest über die (spätere) Übersetzung von Ex 21,18 des Aquila auch entfernt mit Ex 21,22 verbunden.[359] Auch die Erwähnung von Falschzeugnis [ψευδομαρτυρία] im Rahmen des Lasterkatalogs erinnert an Dtn 19,15–21. Besonders aus der Retrospektive kann eine Rezeption der Talionsformel in Polyk.Phil. 2 nicht ausgeschlossen werden. Gleichwohl ist, aufgrund der übrigen Verwendung des *metron*–Aphorismus sowie der formalen Struktur des Abschnitts in Parallelismen, schwer nachzuweisen, dass hier ein bewusster Bezug auf die Talionsformel vorliegt.

Mit Mk 4,24–25 liegt ein letzter Beleg des *metron*–Aphorismus vor, der ebenfalls in einer längeren Lehrrede Jesu begegnet. Im Gegensatz zu allen anderen fehlt dabei allerdings der κρίνω-Spruch sowie eine Imitation der Form des *metron*–Aphorismus. Dieser entspricht Mt 7,2b und möglicherweise Q 6,38, ist allerdings um einen Nachsatz[360] erweitert: Der hebt einerseits den positiven Aspekt des *metron*–Aphorismus hervor, gibt aber gleichzeitig, durch das ausdrückliche Hinzufügen [προστίθημι] einer externen Größe, die Vorstellung einer reziproken Äquivalenz auf und bereitet Mk 4,25 vor. Unterstrichen wird dies dadurch, dass der *metron*–Aphorismus im folgenden Vers zwar wie in Lk 6,38 eine Verbindung mit dem Aspekt des Gebens [δίδωμι] eingeht, das Verbum allerdings ausschließlich unbestimmt in den Nachsätzen begegnet und nicht mit derselben Handlung in den Vordersätzen korreliert

359 Zur Verbindung der beiden Rechtsätze im Bundesbuch und in der späteren Rezeption vgl. 2.1.1.1.

360 Auf welche Weise ist τίς in Mk 4,24 zu verstehen? Als direktes Objekt im Akkusativ (»Seht zu, *was* ihr hört«) oder als adverbialer Akkusativ (»Seht zu, *wie* ihr hört«); da in Mk 4,3–34 besonders die Form der Gleichnisrede zur Debatte steht, ist letzterer Vorschlag zu bevorzugen. Vgl. Friedrichsen, One, 172, Anm. 51.

wird, sondern mit dem Haben bzw. Nicht-Haben [(οὐκ) ἔχει]. Mit dem einleitenden Imperativ βλέπετε τί ἀκούετε liegt zwar ebenfalls eine Anweisung vor, die in diesem Fall allerdings zunächst nicht auf zwischenmenschliches Verhalten zielt, sondern auf auditiv-epistememische Vorgänge. Einige dieser Elemente haben Entsprechungen im näheren Kontext des MkEv, etwa der unerklärliche Überschuss[361] und die Passivität des Erfolgs.[362] Zusammen mit dem vorherigen Bildwort des Leuchters, scheint Mk 4,24–25 die Gleichnisse zu deuten, wobei ersteres die Ebene der Wortverkündigung und letzterer die Rezeptionsebene anspricht.[363]

Der Kontext des *metron*–Aphorismus in Mk 4,24 ist also von einem gewissen Determinismus geprägt und unterscheidet sich von den übrigen Belegen besonders dadurch, dass er nicht zwischenmenschliches Verhalten im Blick hat, sondern den Offenbarungscharakter des Wortes.[364] Indem auch im weiteren Kontext weder menschliches Unrecht noch richterliches Urteilen eine Rolle spielt,[365] ist auch hier kein Indiz für eine Verbindung des Aphorismus mit der Talionsformel gegeben.

7.2.3 Fazit

Sowohl die tannaitische *midda*-Formel als auch der frühchristliche *metron*–Aphorismus weisen stilistisch gewisse Ähnlichkeiten mit der biblischen Talionsformel auf, die sich in der Weiterentwicklung der amoräischen Formel מדה כנגד מדה noch deutlich steigern. Inhaltlich ist jedoch naheliegender, den Hintergrund beider Formeln in der Sphäre des zwischenmenschlichen Handels mit flüssigen Waren bzw. Schüttgut zu vermuten. Dieser Ursprung ist teilweise in den vorliegenden Belegen der griechischen Variante noch deutlich spürbar (Lk 6,38; ferner: Mk 5,24) und in rabbinischer Literatur zumindest terminlogisch greifbar (mBB 5,11/Sifra Qedoschim 8,7 zu Lev 19,36). Die literarische Funktion der beiden Formeln unterscheidet sich jedoch deutlich. Im Hebräischen dient die Formel der Schriftexegese und macht dabei überwiegend auf das Schicksal von Einzelpersonen und Gruppen der israelitischen Geschichte aufmerksam. In theologischer Hinsicht profiliert die *midda*-Formel Gott als Richter und

361 Vgl. den Samen, der auf fruchtbares Land fällt (Mk 4,8.20), Samen allgemein (Mk 4,28) sowie das Senfkorn (Mk 4,32).

362 Vgl. etwa das Gegebensein des Geheimnisses (Mk 4,10) und den selbstwachsenden Samen (Mk 4,27).

363 Vgl. Panier, Sens.

364 Vgl. Kloppenborg, Memory, 317–318.

365 Abgesehen von der Erntemetaphorik in Mk 4,29, die jedoch explizit nur auf das Frucht-Bringen [ὅταν δὲ παραδοῖ ὁ καρπός] bezogen ist und die Kehrseite nicht erwähnt.

Erhalter der Welt und in homiletischer Perspektive handelt es sich eher um eine Hoffnungsbotschaft als um eine Mahnung.

In der neutestamentlichen und frühchristlichen Verwendung des *metron*-Aphorismus liegt der Fokus demgegenüber deutlicher auf einer ethischen Pointe, die ein bestimmtes zwischenmenschliches Verhalten begründen soll, und, durch die Figur der *imitatio dei*, mitunter eine eschatologische Note enthält, die auf eine künftige Vergeltung des Verhaltens hoffen lässt bzw. davor warnt. Die wenigen Abweichungen von diesen Schemata (m/tSota; MechSch Bachodesch 48,1 zu Ex 19,1; [Mk 4,24]; ferner Polyk.Phil. 2,2–3) könnten zwar punktuell als Rezeption der *talio* gedeutet werden, färben das deutliche Bild, das von der Mehrzahl der Belege ausgeht, jedoch nicht nachhaltig ein. Sowohl bei der tannaitischen *midda*-Formel als auch beim frühchristlichen *metron*-Aphorismus dürfte es sich folglich *nicht* um eine Rezeption der biblischen Talionsformel gehandelt haben.[366]

7.3 Die Talionsformel in den halachischen Midraschim

Mit den halachischen Midraschim[367] liegen mehrere tannaitische Werke einer Gattung vor,[368] die sich – gegenüber Mischna und Tosefta – stärker

366 Anders Davis, Lex, 72–73.77, der mSot 1,7 als Ausdruck des »talionic mindset of the Mishnah, which at a minimum reflects post-AD 70 rabbinic leadership« versteht. Während die weitere Verwendung der hebräischen Formel in tannaitischen Texten keine Erwähnung findet, führt er als einziges Beispiel für die griechische Fassung gerade Lk 6,38 an, in der noch deutlicher als etwa in Mt 7,2; 1Clem 13,2 – die ebenfalls unerwähnt bleiben – ein Bezug zur Proportionalität der *talio* unterminiert wird und ein Bezug zur Sphäre des menschlichen Handels (vgl. mBB 5,11, in ebd., 71 skizziert) deutlich erkennbar ist. Heinemann, Methods, 64, besteht zurecht mit Nachdruck darauf, »dass ›Auge um Auge‹ nur in Bezug auf Gesetze des unteren Gerichts erwähnt werden, während ›Maß gegen Maß‹ nur bei Urteilen des oberen Gerichts erwähnt werden« (ÜS JR).

367 Eine klare Einteilung der rabbinischen Midraschim (i.S. des Gattungsbegriffs) nach inhaltlichen Gesichtspunkten (halachisch vs aggadisch), Entstehungszeit (tannaitisch, amoräisch, gaonäisch) bzw. Sitz im Leben (exgetisch vs. homiletisch) kann nicht in jedem Fall trennscharf vorgenommen werden (vgl. Stemberger, Einleitung, 264–265). Die hier behandelten Mechiltot zu Exodus, Sifra und SifDev wurden zunächst hinsichtlich ihrer vermuteten Endredaktion ausgewählt und spätere Werke ebenso wie die beiden Talmudim für diese Untersuchung nicht bearbeitet. Die Bezeichnung »halachische Midraschim« entspricht der üblichen Bezeichnung dieser Werke und hebt das vorwiegende Interesse an rechtlichen Passagen hervor, das auch in den untersuchten Passagen ausschlaggebend ist, wenngleich kürzere aggadische Passagen bzw. Ma'ase Berichte am Rande von Belang sind (vgl. Bar-Levav, MechSch, 1, Anm. 1, die für die Bezeichnung tannaitische Midraschim votiert).

368 Die Bezeichnung Midrasch nimmt in der Forschungsliteratur eine Doppelrolle ein: Einerseits bezeichnet sie den Vorgang einer auslegenden Aktualisierung des biblischen

an der biblischen Überlieferung orientiert: Zwar ist auch hier ein Interesse an halachischer Systematisierung festzustellen,[369] der Aufbau gemäß dem kommentierten biblischen Buch gibt jedoch zu erkennen, dass die primäre Motivation dieser Schriften auf die Interpretation der Schrift und die Rückbindung verschiedener Halachot an den Wortlaut der biblischen Überlieferung gerichtet ist.[370]

Eine Rezeption der Talionsformel bzw. ihrer Perikopen konnte in MechJ, MechSch, Sifra und SifDev ausgemacht werden.[371] In diesen halachischen Midraschim werden die entsprechenden Perikopen hinsichtlich mehrerer Aspekte aktualisiert: Die Autoren konkretisieren Leerstellen und mehrdeutige Formulierungen der biblischen Rechtsvorschriften (Tatbestand, Geltungsbereich der Vorschrift, Differenzierung der Rechtsfolgen bei Beteiligung unterschiedlicher Personengruppen etc.), stellen einen Bezug zu Elementen rabbinischer Rechtstheorie her (Differenzierung nach den [fünf] Schadenskategorien, binäre Unterscheidung der unterschiedlichen Prozessformen) und weisen rabbinische Rechtsideale am biblischen Text nach (die *talio*

Textes, andererseits dient sie als Gattungsbezeichnung verschiedener Werke aus rabbinischer Hand. Definiert man »Midrasch« als aktualisierende Bezugnahme auf einen »klassischen« Grundtext, können Midraschim bzw. midraschartige Textproduktion neben rabbinischer Literatur (Mischna, Tosefta, Talmudim, Midraschim etc.) auch in anderer antik jüdischer Literatur (Targumim, Rewritten Scripture), aber auch im Neuen Testament sowie in hellenistischen, ägyptischen sowie den biblischen Büchern selbst festgestellt werden. Eine solch weite Definition von Midrasch blieb nicht unumstritten und führte zu Plädoyers, den Begriff nur auf antik-jüdische bzw. rabbinische Quellen anzuwenden (Teugels). Vgl. zu den unterschiedlichen Positionen, inwiefern »Midrasch« als hermeneutischer Zugang auf rabbinische Textproduktion zu beschränken ist bzw. umfassender angewendet werden muss Langer, Midrasch, 95–127. Zur Abgrenzung der rabbinischen Midraschim von früheren Formen, die als Midrasch beschrieben werden können (Pescher etc.) vgl. Stemberger, Einleitung, 262–264, und die Literaturhinweise dort.

369 Vgl. im Rahmen des Körperverletzungsrechts z.B. 7.3.1.5.

370 Vgl. dazu auch den Vorschlag einer parallelen Entwicklung der antik jüdischen Literatur und der Funktionen der zuständigen Personen [חכמים, סופרים] und Institutionen [בתי מדרש] von einem Schwerpunkt der Gesetzesauslegung für das Volk hin zu einem akademischen Lehrhaus für Gelehrte und ihre Schüler bei Mandel, Origins, 210–211; 289–305. Zu neueren Forschungsanfragen, die über eine historische Frage nach dem Ursprung rabbinischen Denkens in der Form der Mischna bzw. des Midrasch hinausgehen, vgl. Hayes, Intertextuality, 103–124.

371 In SifBem zu Numeri ebenso wie in den vorliegenden Rekonstruktionen von SifZBem, MechDtn und MegTaʿan konnten keine Abschnitte ausgemacht werden, die für das Verfassen einer Rezeptionsgeschichte der Talionsformel von Relevanz sind, wobei das Fehlen einheitlicher Editionen die Suche erschweren.

als finanzielle Ersatzleistung, Umgang mit doppelter Bestrafung, etc.). Die folgende Darstellung der Untersuchungsergebnisse orientiert sich an der Abfolge der biblischen Bücher.

7.3.1 Die Rezeption der Talionsformel in der Mechilta de Rabbi Jischma'el

Die Mechilta de-Rabbi Jischma'el (MechJ) ist ein halachischer Midrasch, der Teile des Buches Exodus kommentiert[372] und etwa am Ende des dritten Jahrhunderts anzusetzen ist.[373] Im Gegensatz zu MechSch liegt für MechJ eine gute handschriftliche Bezeugung aus dem Mittelalter vor: Zwei der Handschriften, MS Oxford 151 und MS München 117, umfassen den gesamten bekannten Text, während für die hier bearbeiteten Abschnitte zusätzlich MS Vat ebr. 299 sowie der Erstdruck (Konstantinopel 1515) von Bedeutung sind.[374] Traditionell werden die halachischen Abschnitte von MechJ den Schriften der Gruppe A (Jischma'el) zugeordnet.[375] Der Aufbau dieses Kapitels sowie der folgenden Unterkapitel zu MechSch, Sifra sowie SifDev orientieren sich an der Referentialität der untersuchten Abschnitte: Am Beginn steht hier mit Neziqin 8 die Kommentierung von Ex 21,22–25 (7.3.1.1–4) bevor potenzielle weitere Rezeptionen der Talionsformel in MechJ Nez 5, 6 und 9 und darüber hinaus in den Blick kommen (7.3.1.5–7).

7.3.1.1 Auslegungen von Ex 21,22–23

Einstieg und Hauptquelle für die Rezeption der *talio* in MechJ bildet die Interpretation von Ex 21,22–25 im achten Kapitel des Abschnitts Neziqin. Durch die für MechJ typischen Eingangsfragen grenzt die Mechilta diese Perikope formal von den sklavenrechtlichen Sätzen in Ex 21,20–21 (Nez 7) und Ex 21,26–27 (Nez 9) ab und kommentiert das Proprium der Rechtssätze in Abgrenzung zu anderen biblischen Verfügungen (Nez 8,1–22.23–32.33–34)[376]

---

372 Ex 12,1–23,19; 31,12–17; 35,1–3, vgl. Stemberger, Einleitung, 279, mit dem Hinweis, dass die darin enthaltenen erzählenden Abschnitte dabei nicht übergangen werden.

373 Vgl. ebd., 281–282. Yadin-Israel, Mekhilta, 482, und Kahana, Mekhiltot, 386, der davon ausgeht, dass MechJ etwa ein bis zwei Generationen nach der Mischna verfasst wurde.

374 Die Verszählung folgt der besseren Übersichtlichkeit halber der Ausgabe von Lauterbach.

375 Vgl. Stemberger, Einleitung, 280.

376 Vgl. den parallelen Aufbau der Abschnitte, die zunächst jeweils einen Vergleich mit einer anderen Perikope vornehmen, um die Frage nach dem Zweck des Rechtssatzes [למה נאמרה פרשה זו] zu beantworten (MechJ Nez 7,1–4 [Ex 21,12]; 8,1––18 [Ex 21,14;

sowie die Anwendung der beiden Unterfälle und ihre Rechtsfolgen (Nez 8,35–56.57–96). Wie auch überwiegend in den anderen tannaitischen und hellenistisch-jüdischen Rezeptionen von Ex 21,22–25 beobachtet, wird die Perikope überwiegend nicht als Sinneinheit rezipiert, sondern aufgeteilt in den zugrundeliegenden Rechtsfall mit *nepheš*-Glied (Ex 21,22–23) und den Rest der Talionsformel (Ex 21,24–25) rezipiert. Der Inhalt des Rechtsfalls des indirekt verursachten Aborts (Ex 21,22–23a) und die konkrete Auslegung durch MechJ spielt dabei aber keine Rolle für die Auslegung der Einzelglieder der Talionsformel (Ex 21,23b–25).[377] Was den Rechtsfall angeht, spezifiziert MechJ durch verschiedene Analogieschlüsse das spezielle Anliegen des Rechtsfalls[378] sowie die Parameter seiner Anwendung[379] und interpretiert die beiden Rechtsfälle entsprechend der oben favorisierten Interpretation von Ex 21,22–25^{MT}.[380]

Dtn 19,11; Lev 24,17]; 9,1–7 [Lev 25,45]), und anschließend besonders das Geschlecht der Geschädigten etc. [אין לי אלא איש/אנשים וגו׳] in den Mittelpunkt stellen (MechJ Nez 7,5–8; 8,19–22; 9,8–12).

377 Anders in der Edition Lauterbach (MechJ Nez 8,38), wenn bei der Frage nach dem Bezugspunkt von אסון die abgelehnte Position, ולא יהיה אסון bezöge sich auf das Ungeborene und die Entschädigungsleistung auf Verletzungen der Frau, mit einem Verweis auf Ex 21,23 widerlegt wird. Diese Ergänzung des *nepheš*-Glieds (vgl. Lauterbach, MechJ, 400), wird jedoch von den Handschriften (MS Vat.ebr. 299, 49a und BSB Cod.hebr. 117, 89a) nicht belegt; in MS Marshall Or. 24, 138a und daran anschließend bei Stemberger, MechJ, 339, fehlt der gesamte Satz.

378 MechJ überliefert dabei drei unterschiedliche Positionen. Ein anonymer Kommentar versteht Ex 21,22–25 im Diskurs mit Ex 21,[13–]14, als Rechtssatz über eine *aberratio ictus*. Nach Rabbi lehrt die Perikope stattdessen, dass (a) die Ersatzleistung für die Kategorien der Körperverletzung an die Frau zu zahlen sind, während die Entschädigung für die Tötung des Ungeborenen dem Ehemann gehören, und (b), dass eine doppelte Rechtsfolge aus Todessanktion und finanzieller Entschädigung ausgeschlossen werden soll. R. Jizchak schließlich sieht Ex 21,22–25 hauptsächlich als Präzisierung von Lev 24,17, nämlich, dass erst die Tötung eines lebensfähigen Kindes [בן קיימא] ein Tötungsdelikt konstituiert.

379 Aufgrund von Ex 21,22–25 können (a) Männer wie Frauen gleichermaßen belangt werden, sofern (b) der Schlag den Bauch der Schwangeren getroffen hat, auch wenn diese (c) nur *ein* Kind austrägt (hinsichtlich des Plurals ילדיה). Die Entschädigung für das Ungeborene (d) erhält der Ehemann bzw. der biologische Vater des Ungeborenen (vgl. 7.1.1.2.1 zu tBQ 9,20b–c).

380 Das Substantiv אסון ist (a) ausschließlich auf die werdende Mutter zu beziehen und (b) bezeichnet ihren Tod. Die Rechtsfolge des Unterfalls$_{a}$ [ענוש יענש] bezeichnet (c) eine finanzielle Entschädigungsleistung, die (d) für das Ungeborene gezahlt wird und (e) an den biologischen Vater zu zahlen ist, wobei (f) die Richter (בפלילים wird mit דיינין gleichgesetzt) die Höhe des Betrags festsetzen. Vgl. dazu oben 2.1.1.3.

7.3.1.2 Auslegungen des *nepheš*-Glieds

MechJ Nez 8,60–66 zu Ex 21,23 überliefert drei[381] Auslegungen des *nepheš*-Glieds:

MechJ 8,60–66 zu Ex 21,23[382]

»Und du sollst geben Leben um Leben« [Ex 21,23b]	ונתתה נפש תחת[383] נפש
Ein Leben anstelle eines Lebens bezahlt er und nicht bezahlt er Geld anstelle eines Lebens.	נפש תחת[384] נפש הוא משלם[385] ואינו משלם ממון תחת נפש
Eine andere Auslegung: »Und du sollst geben Leben um Leben« [Ex 21,23b] – Ein Leben bezahlt er und er bezahlt nicht ein Leben und Geld für ein Leben.	דבר[386] אחר ונתתה נפש תחת נפש[387] נפש הוא משלם ואינו משלם נפש[388] וממון תחת נפש

381 Davon abweichend werden in MS München Cod.hebr. 117, 89b nur zwei davon wiedergegeben, allerdings scheint dies durch einen Schreibfehler bedingt zu sein: Es ist anzunehmen, dass der Schreiber nach [...] נפש תחת נפש הוא משלם zum Partizip משלם am Ende der zweiten Interpretation gesprungen ist: [ואינו משלם] נפשו ממון תחת נפש. Die Wendung נפשו ממון – anstelle von נפש וממון – könnte ebenfalls als Schreibfehler gewertet werden, begegnet jedoch auch in der zweiten Interpretation von MS Vat.ebr. 299, 49a: ואינו משלם **נפשו ממון** תחת נפש. Insofern die Vatikanische jedoch als Vorlage der Münchner Handschrift gewertet werden kann (vgl. Stemberger, MechJ, 447), ließe sich dies durch die Verwandtschaft beider Handschriften erklären. Vgl. auch Anm. 392.

382 Textgrundlage: Lauterbach, MechJ, 401; Erstdruck (Konstantinopel, 1515); MS. Marshall Or. 24 (Neubauer 151), 138a; MS München Cod.hebr. 117, 89b; MS Vat.ebr. 299, 49a.

383 MS München Cod.hebr. 117, 89b: תתתנה?

384 Knapper in Erstdruck (Konstantinopel, 1515): נפש הוא משלם.

385 In MS München Cod.hebr. 117, 89b scheint der Abschreiber von diesem in die nächste Interpretation gerutscht zu sein. Der Satz lautet in der Handschrift: נפש תחת נפש הוא משלם נפשו ממון תחת נפש. Vermutlich bricht der erste Satz nach משלם ab und נפשו ממון entspricht [תחת נפש] נפש וממון des Folgesatzes, woran der dritte Satz nahtlos anschließt.

386 Der zweite Argumentationsgang [דבר bis נפש] fehlt in Erstdruck (Konstantinopel, 1515).

387 Lauterbach, MechJ, 401 kürzt das Zitat ohne entsprechende Vorlage in den Hss oder dem Erstdruck an: ונתת נפש וגו'.

388 MS Vat.ebr. 299, 49a liest נפשו [ממון תחת נפש]. Interessanterweise überliefert auch MS München Cod.hebr. 117, 89b משלם נפשו ממון תחת נפש, allerdings in anderem Zusammenhang.

Rabbi sagt: »›Und du sollst geben Leben um Leben‹ [Ex 21,23b] bedeutet Geld. Du sagst Geld oder nicht doch Tod[esstrafe]? Siehe, du musst folgern: Hier wird ›Auferlegen‹ gesagt und dort wird ›Auferlegen‹ [Ex 21,30] gesagt. Was bedeutet das ›Auferlegen‹, das dort gesagt wird? Geld! Dann bedeutet es auch hier Geld.«

רבי[389] אומר ונתתה[390] נפש
תחת נפש ממון אתה אומר ממון
או אינו אלא מיתה הרי אתה דן
נאמר כאן השתה ונאמר להלן
השתה מה[391] השתה האומר
להלן ממון אף כאן ממון

Die ersten beiden anonym überlieferten Interpretationen verstehen die Apodosis »Und du sollst geben Leben um Leben« in Ex 21,23b als Ausdruck einer Todessanktion, wobei die Argumentation unterschiedlichen Zwecken dient. Die erste Interpretation profiliert das *nepheš*-Glied in Abgrenzung zum Ersatzleistungsrecht des unmittelbaren Kontextes im Bundesbuch: »[…] und er bezahlt nicht Geld für ein Leben« [ואינו משלם ממון תחת נפש] bedeutet, dass der zweite Unterfall von Ex 21,22–23 nicht dem Ersatzleistungsrecht zugeordnet wird. Die zweite anonyme Interpretation sieht den Grund für die Formulierung der Todessanktion darin, eine monetäre Haftung *neben* einer Todessanktion auszuschließen [ואינו משלם נפש וממון תחת נפש].[392] Dies entspricht dem rabbinischen Grundsatz, dass zum Tode Verurteilte von der Zahlung finanzieller Entschädigungen befreit sind.[393] Im konkreten Fall von Ex 21,21–23 bedeutet das: Überleben weder die werdende Mutter noch das Ungeborene die Körperverletzung, wird die angreifende Person für die Tötung

389 MS München Cod.hebr. 117, 89b und MS Vat.ebr. 299, 49a lesen ד״א und schreiben die letzte Interpretation nicht Rabbi zu.

390 Fehlt in Erstdruck (Konstantinopel, 1515).

391 Knapper in Erstdruck (Konstantinopel, 1515): מה להלן ממון אף כאן ממון.

392 So geht es aus dem Zeugnis von MS Marshall Or. 24 (Neubauer 151), 138a, hervor. Eine leicht abweichende Formulierung findet sich in MS Vat.ebr. 299, 49a, bei der das Vav vor ממון ans Ende des vorherigen נפש rückt: ואינו משלם נפשו ממון תחת נפש. Da auch in MS München Cod.hebr. 117, 89b die Formulierung נפשו ממון begegnet, könnte spekuliert werden, dass es sich dabei nicht nur um einen Schreibfehler handelt. »Und er bezahlt für sein Leben nicht Geld statt Leben« könnte auf einen abweichenden Kontext verweisen, die Auslösung von Todessanktionen durch eine *kofer*-Zahlung. Aufgrund der Abhängigkeit der beiden Handschriften ist aber auch ein Folgefehler nicht abwegig, vgl. Anm. 381.

393 So etwa auch in MechJ Nez 8,48 [וכל מתחייב מיתה פטור מן תשלומים].

der Schwangeren hingerichtet, die Entschädigung für die Zerstörung des ungeborenen Lebens [וולדות][394] hingegen entfällt.[395]

Die dritte Interpretation widerspricht grundsätzlich und postuliert: »›Und du sollst geben Leben um Leben‹ [Ex 21,23b] bedeutet Geld [נפש תחת נפש ממון]«. Die Textzeugen schreiben diese letzte Interpretation teilweise Rabbi (Jehuda ha-Nasi) zu,[396] was intratextuell bedingt sein könnte: Dieser beteuert bereits zu Beginn des Abschnitts entgegen der anonymen Position des Midrasch, dass Tötungsdelikte, die eine andere als die intendierte Person treffen, keine Todessanktion nach sich ziehen würden.[397] Rabbi belegt seine Lesart des *nepheš*-Glieds von Ex 21,23b mit einer Gᵉzera Schawa der Wurzel ש.י.ת., die vermutlich auf einen Vergleich mit Ex 21,30[398] und die dort gestattete finanzielle Auslösung [כופר] der Todessanktion zielt. Ob damit grundsätzlich Tötungsdelikte, die so nicht intendiert (Ex 21,22–23) bzw. nicht direkt verursacht (Ex 21,30) waren, dem Ersatzleistungsrecht zuordnet werden – was

---

394 Die Zerstörung von ungeborenem Leben stellt für MechJ kein Kapitaldelikt dar; vgl. dazu die Ausführungen in MechJ Nez 8,15–18 zu Ex 21,22 unter Rückgriff auf Lev 24,17. Im Heiligkeitsgesetz könnte die offene Formulierung כל נפש אדם noch als Tötung von ungeborenem bzw. nicht lebensfähigen Föten [בן שמונה] verstanden werden. Diese Interpretation sei allerdings durch Ex 21,22 ausgeschlossen, weshalb erst die Tötung lebensfähiger Kinder [בן קיימה] ein Kapitaldelikt darstellt. Vgl. auch MechJ Nez 4 zu Ex 21,12. Zur ולדות-Zahlung vgl. oben 7.1.1.2.1 zu tBQ 9,20; mBQ 5,4, vgl. MechJ Nez 8 zu Ex 21,22 [(...) שחבל אשה לבעל ודמי וולדות לבעל (...)] und MechJ Nez 10 zu Ex 21,28 in der Interpretation von R. Aqiva [(...) אדם שהיה מתכוין לחבירו והכה את האשה ויצאו ילדיה משלם דמי וולדות (...)].

395 Damit entsprechen die ersten beiden anonymen Auslegungen des *nepheš*-Glieds im Grunde den ersten beiden Begründungen der Relevanz dieses Rechtssatzes nach MechJ: Kern der Perikope ist die Verfügung einer Todessanktion für unbeabsichtigte Tötungsdelikte (MechJ Nez 8,1–8) gegenüber Ex 21,12–14 bzw. der Ausschluss einer Gleichzeitigkeit von Todessanktionen und finanzieller Ersatzleistung, eingangs von Rabbi vertreten (MechJ Nez 8,8–13). Da נפש וממון in diesem Zusammenhang zudem nur die ולדות-Zahlung meinen kann, besteht eine weitere Verbindung zur eingangs erwähnten Position Rabbis, der ebenfalls auf diesen Aspekt eingeht.

396 So in MS Marshall Or. 24 (Neubauer 151), 138a und im Erstdruck (Konstantinopel, 1515), in MS München Cod.hebr. 117, 89b, und MS Vat.ebr. 299, 49a, wird die letzte Interpretation schlicht als »andere Auslegung« [דבר אחר] vorgestellt.

397 Vgl. MechJ Nez 8 zu Ex 21,22, wo diese Position in allen Textzeugen Rabbi zugeschrieben wird: »Rabbi sagt: Wenn der, der plant diesen zu erschlagen, den er hasst, erschlägt aber jenen anderen, den er hasst, so ist er frei. Wer plant einen zu erschlagen, den er hasst, erschlägt aber einen, den er liebt, ist er folglich [auch] frei.« Vgl. Shemesh, 4Q251, 30; Davis, Lex, 84.

398 Vgl. Ex 21,30 [ונתן פדין נפשו ככל אשר יושת עליו] und Ex 21,22 [ענוש יענש כאשר ישית עליו].

aufgrund der Formulierung naheliegender scheint –,[399] oder nur eine Auslösung der Todessanktion durch eine *kofer*-Zahlung erlaubt wird – was aufgrund der intertextuellen Verweisstruktur naheliegender scheint –,[400] kann anhand des Textes nicht eindeutig entschieden werden. Einen Vorteil hat seine Auslegung gegenüber der Mehrheitsmeinung der Rabbinen allerdings in jedem Fall: Mit der Rabbi zugeschriebenen Interpretation kann die gesamte Talionsformel Ex 21,23b–25 als Einheit verstanden werden, die stets als Forderung einer monetären Beilegung des Rechtsstreits zu verstehen ist.[401]

7.3.1.3 Auslegungen des עין-Glieds in MechJ Nez 8,67–88

Die Struktur des Abschnitts ähnelt dem vorangegangenen:

MechJ Nez 8,66–88 zu Ex 21,24[402]

a »Auge um Auge« [Ex 21,24] – Geld. Du sagst Geld, oder doch wirklich?	עין תחת עין[403] ממון[404] אתה אומר ממון או אינו אלא ממש[405]
b Rabbi Jischma'el pflegte zu sagen: »Siehe es heißt ›Wer Vieh schlägt, muss es zahlen. Und wer einen Menschen schlägt wird getötet werden‹ [Lev 24,21]. [Der Vers] vergleicht	היה רבי ישמעאל[406] אומר הרי הוא אומר מכה בהמה ישלמנה ומכה אדם יומת הקיש[407] נזקי בהמה[408] לנזקי אדם [ו]נזקי

399 Vgl. Jacob, Auge, 15, Anm. 1.

400 Bei der Interpretation von Ex 21,30 in MechJ Nez 10 wird die Todessanktion des Besitzers des Rindes nicht als eine Hinrichtung verstanden, die durch ein irdisches Gericht [בידי אדם] durchzuführen sei, sondern als Tötung durch die Hände des Himmels [וגם בעליו יומת – בידי שמים], da eine Auslösung von einer Todessanktion nur in diesem Fall gestattet sei. Davon abweichend scheint R. Aqiva der Meinung gewesen zu sein, dass das Todesurteil tatsächlich durch das Gericht zu veranlassen sei, wie aus seinen Kommentaren zu Ex 21,29.30 in MechJ Nez gefolgert werden kann. Vgl. dazu die Darstellung bei Shemesh, Punishments, 171–177.

401 Vgl. ders., 4Q251, 30, Anm. 29.

402 Textgrundlage: Lauterbach, MechJ, 401–402; Erstdruck (Konstantinopel, 1515); MS. Marshall Or. 24 (Neubauer 151), 138a–b; MS München Cod.hebr. 117, 89b; MS Vat.ebr. 299, 49a.

403 MS München Cod.hebr. 117, 89b; MS Vat.ebr. 299, 49a fügen וגו' hinzu.

404 Fehlt in MS München Cod.hebr. 117, 89v; MS Vat.ebr. 299, 49a.

405 So mit dem Zeugnis der Handschriften. In Erstdruck (Konstantinopel, 1515) (עין ממש) und in MS München Cod.hebr. 117, 89b wurde עין als Superskript mit abweichendem Schriftbild nachgetragen.

406 Erstdruck (Konstantinopel, 1515): אלעזר.

407 In Lauterbach, MechJ, 401; Erstdruck (Konstantinopel, 1515): הקיש הכתוב.

408 Umgekehrte Reihenfolge (אדם – בהמה; בהמה – אדם) in Lauterbach, MechJ, 401; Erstdruck (Konstantinopel, 1515).

Schäden an Menschen mit Schäden von Vieh und Schäden an Vieh mit Schäden am Menschen. Wenn Schäden an Vieh durch Zahlungen [geregelt werden, dann] auch Schäden an Menschen durch Zahlungen.«

אדם לנזקי בהמה ומה נזקי בהמה בתשלומין אף נזקי אדם בתשלומין

c R. Jitzchaq sagt: »Siehe, es heißt: ›Wenn ihm ein Lösegeld auferlegt wird usw.‹ [Ex 21,30]. Und siehe, es handelt sich um einen Schluss vom Leichteren auf das Schwerere. Wenn dort, wo mit dem Tod bestraft wird, nicht anders als mit Geld gestraft wird, dann dürfte auch hier, wo nicht mit dem Tod bestraft wird, feststehen, dass man nicht anders als mit Geld straft.«

רבי יצחק אומר הרי הוא אומר אם כופר יושת עליו[409] והרי דברים קל וחומר מה אם במקום שענש מיתה לא ענש אלא ממון וכאן שלא ענש[410] מיתה דין הוא שלא נענש[411] אלא ממון

d1 Rabbi Eliezer sagt: »›Auge um Auge usw.‹ – ich könnte meinen, ›*ob beabsichtigt oder ob nicht beabsichtigt, zahlt er nichts außer Geld.*‹ Aber siehe, die Schrift nimmt den heraus, der beabsichtigt, ihm eine Versehrung zuzufügen. Der zahlt nichts außer wirklich [mit einer Verletzung].«

רבי אליעזר[412] אומר עין תחת עין[413] שומע אני בין מתכוין בין שאינו מתכוין אינו משלם אלא ממון והרי הכתוב מוציא את המתכוין לעשות בו מום שאינו משלם אלא ממש[414]

d2 Es heißt: »Und wer [seinem Nächsten] einen Schaden zufügt u.s.w. « [Lev 24,19] – Allgemeinaussage. »Auge um Auge u.s.w. « [Lev 24,20a] – Detailaussage.

שנאמר ואיש כי יתן מום בעמיתו וגו׳[415] כלל עין תחת עין שן תחת שן וגו׳[416] פרט פרט וכלל[417] אין בכלל אלא מה שבפרט וכשהוא

409 MS. Marshall Or. 24 (Neubauer 151), 138b: וגו׳.

410 MS Vat.ebr. 299, 49r.; MS München Cod.hebr. 117, 89b: נענש.

411 Lauterbach, MechJ, 402; Erstdruck (Konstantinopel, 1515): יענש.

412 Erstdruck (Konstantinopel, 1515): יצחק.

413 MS München Cod.hebr. 117, 89b; MS Vat.ebr. 299, 49a fügen וגו׳ hinzu.

414 Erstdruck (Konstantinopel, 1515): ממון.

415 MS. Marshall Or. 24 (Neubauer 151), 138b ohne בעמיתו; Lauterbach, MechJ, 402 zitiert Lev 24,19 komplett.

416 In Erstdruck (Konstantinopel, 1515), und Lauterbach, MechJ, 402 beschränkt sich das Zitat auf das עין-Glied.

417 Diese Reihe bezeugen alle Handschriften (MS. Marshall Or. 24 (Neubauer 151), 138b: פרט וכלל וכלל). Korrigiert zu כלל ופרט in Erstdruck (Konstantinopel, 1515) und Lauterbach, MechJ, 402.

אומר כאשר יתן מום [באדם][418]
חזר וכלל אי כלל ככלל הראשון
אמרת לאו אלא כלל ופרט וכלל
אין אתה דן אלא[419] כעין הפרט
מה[420] הפרט מפורש מומין
קבועין[421] וראשי איברים בגלוי
ובמתכין שאינו משלם אלא ממון
אף[422] אין לי אלא מומין קבועין
וראשי איברים ובגלוי ומתכין
שאינו משלם אלא ממון

Auf eine Allgemeinaussage folgt eine Detailaussage, [also gilt,]: Es ist nichts in der Allgemeinaussage, außer was in der Detailaussage ist. Aber wenn sie [= die Schrift] sagt »Wenn er einen Schaden zufügt [an einem Menschen]«, macht sie erneut eine Allgemeinaussage. Die[se] Allgemeinaussage ist nicht wie die erste Allgemeinaussage. Sage nein, sondern [es gilt die Regel] »Allgemeinaussage und Detailaussage und Allgemeinaussage«. Du urteilst nicht außer in Hinblick auf die Detailaussage. Was beinhaltet die Detailaussage? Bei bleibenden Verletzungen und [Schäden an] wichtigen Körperteilen, sichtbar und absichtlich [zugefügt], bezahlt man nichts, außer Geld. [Also] weiß ich auch nichts anderes, als dass man bei bleibenden Verletzungen und [Schäden an] wichtigen Körperteilen, sichtbar und absichtlich [zugefügt], nicht bezahlt, außer mit Geld.

תלמוד לומר כאשר יתן מום[423]
עד שיתכוין לעשות בו מום

d3 Die Tora sagt: »Wenn er einem Menschen Schaden zufügt« – bis er beabsichtigt, ihm eine Versehrung zuzufügen.

Der knappe anonyme Kommentar – ממון – postuliert, das עין-Glied als *pars pro toto* der gesamten Talionsformel Ex 21,24–25 sei als Forderung finanzieller Ersatzleistung bei Körperverletzungsdelikten zu interpretieren. Es folgen zwei Auslegungen, die diese Sichtweise belegen, bevor ein längerer Kommentar des R. Eliezer davon abweicht. Auffällig ist, dass sich der erste und der letzte Kommentar genau genommen nicht auf Ex 21,21–24 beziehen, sondern

418 MS München Cod.hebr. 117, 89v; MS Vat.ebr. 299, 49a: וגו'.

419 Fehlt in MS. Marshall Or. 24 (Neubauer 151), 138b.

420 MS München Cod.hebr. 117, 89v; MS Vat.ebr. 299, 49a: לומר מה

421 Erstdruck (Konstantinopel, 1515): הקבועין בו.

422 In MS Vat.ebr. 299, 49a fehlt der gesamte Satz אף bis ממון. Erstdruck (Konstantinopel, 1515), liest אף כל statt אין לי אלא.

423 Lauterbach, MechJ, 402 und Erstdruck (Konstantinopel, 1515), fügen באדם hinzu.

eigentlich Lev 24 auslegen.[424] So beantwortet R. Jischmaʿel die Frage nach der Natur der Rechtsfolge mit einem Rückgriff auf Lev 24,21 und meint, dort würden absichtlich Schadensfälle Menschen und Nutztiere betreffend nebeneinander gestellt, um beide Rechtsbereiche miteinander zu vergleichen [הקיש]: Wenn für die Verletzung von Tieren eine finanzielle Entschädigung gefordert ist, so ist das auch für Versehrungen an Mitmenschen anzunehmen.[425] Eine abweichende Interpretation mit demselben Ergebnis wird R. Jizchaq zugeschrieben. Er verweist mit Ex 21,30 auf den Vers, der bereits für Rabbis Interpretation des *nepheš*-Glieds ausschlaggebend war. Mit einem *qal wa-chomer*-Argument schließt er aus der Tatsache, dass sogar bei Tötungsdelikten[426] ein Lösegeld zur Sühnung bezahlt werden konnte, dies erst recht bei Körperverletzungsdelikten gelten müsse.

Die letzte der drei Auslegungen weicht hinsichtlich ihres Umfangs deutlich ab, wobei der Abschnitt in drei Teile eingeteilt werden kann. Zunächst (d_1) widerspricht R. Eliezer[427] einer anonym angeführten Position, wonach aufgrund des biblischen Zeugnisses nicht zwischen intendierten [מתכוין] und nicht intendierten [שאינו מתכוין] Körperverletzungen unterschieden werden müsse und beide durch eine finanzielle Entschädigung geahndet würden.[428] Vielmehr drohe seiner Ansicht nach jenen, die absichtlich einer anderen Person eine Versehrung zufügen wollen [המתכוין לעשות בו מום], eine talionische Retribution [אינו משלם אלא ממש], da die Schrift sie (aus der allgemeinen Regelung) herausnehmen würde [... והרי הכתוב מוציא]. Bisher fehlt ein expliziter Schriftbeleg, wobei der Ausdruck der intendierten

424 Gvaryahu, Battery, 541–542, vermutet zudem aufgrund des Bezugs zu Lev 24 und der in MechJ ungewöhnlichen Nomenklatur [היה רבי ישמעאל אומר, הרי הוא אומר], dass die Argumente aus einer anderen Quelle stammen.

425 In der G^{e}mara wird diese Argumentation kritisiert: bBQ 83b,27f.: ההוא בקטלא כתיב – »Jener (Vers) steht für das Töten geschrieben«, vgl. bBQ 83b,27–28). Am ehesten ist dabei ein Verweis auf bSan 84b zu sehen, wo die Todesstrafe für das Schlagen des Vaters diskutiert wird. Die seltene Verbindung von נפש und בהמה wird mit der Regel אם אינו ענין לזה תנהו ענין לזה (vgl. Stemberger, Einleitung, 38) aufgelöst: Da das Wort im Kontext keinen Sinn ergibt, soll es in anderem Kontext ausgelegt werden. Da das Wort נפש keinen Bezug zu Vieh habe, sollte es für einen anderen Kontext (hier die *nepheš* des Vaters) gelten. Dies könnte der Hintergrund des Einwurfs der G^{e}mara sein.

426 Der Vorschlag bei Gvaryahu, Battery, 541, auch die Interpretation R. Jitzchaqs würde sich aufgrund der Wurzel מ.ו.ת. auf Lev 24 beziehen, überzeugt nicht, schließlich handelt es sich nicht um ein exegetisches *G^{e}zera Schawa*-Argument, sondern einen logischen *qal wa-chomer* – Schluss.

427 Alle Handschriften (MS Marshall Or. 24 (Neubauer 151), 138v; MS München Cod.hebr. 117, 89v; MS Vat.ebr. 299, 49r) überliefern diese Zuschreibung, lediglich im Erstdruck (Konstantinopel, 1515) wird die Aussge R. Jitzchaq zugeschrieben.

428 Zum Ausdruck שומע אני vgl. Steinsaltz, Madrich, 123, und 6.2.3.1.

Körperverletzung durch die Verwendung von מום an Lev 24.19a.20b erinnert, was durch die intertextuelle Verbindung beider Perikopen durch das Zitat der Talionsformel bestätigt wird. Die anschließende Argumentation (d_2) bezieht sich auf genau diese Verse und weist darauf hin, dass in Lev 24,19–20b eine Abfolge von Allgemein- [כלל] und Detailaussagen [פרט] identifiziert werden könnten. Entsprechend dem üblichen Aufbau dieser Argumentationen wird die Anwendung der hermeneutischen Formel »k^{e}lal u-f^{e}rat« mit dem Prinzip, die Allgemeinaussage beinhalte nichts über die Detailaussage hinaus [אין בכלל אלא מה שבפרט], verworfen und die Anwendung der hermeneutischen Regel »k^{e}lal u-f^{e}rat u-k^{e}lal« gefordert.[429] Das Ergebnis der Anwendung des zugehörigen hermeneutischen Prinzips, »du urteilst nicht, außer mit Blick auf die Detailaussage« [אין אתה דן אלא כעין הפרט], d.h. hinsichtlich der Gemeinsamkeiten der Elemente, wird anschließend expliziert: Neben anderen Aspekten beinhalte Ex 21,24(–25) bzw. Lev 24,20a auch den Aspekt der Intentionalität [במתכוין], weshalb – gegen R. Eliezer und im Sinne der von ihm abgelehnten Gegenposition – alle absichtlichen Körperverletzungen dieser Art rechtlich durch finanzielle Entschädigungen geregelt würden [ומתכוין שאינו משלם אלא ממון]. Abschließend erfolgt in d_3 ein erneuter Schriftbeleg [תלמוד לומר], diesmal konkret auf Lev 24,20b bezogen. Gegenüber d_2 scheint der Vers jedoch als Beleg dafür zu dienen, dass die Intentionalität der Tat mitnichten juristisch irrelevant ist: Die neutrale Formulierung des Heiligkeitsgesetzes, »wenn er eine Versehrung zufügt« [כאשר יתן מום] wird als Ausdruck der Absicht verstanden: »bis er beabsichtigt, ihm eine Versehrung zuzufügen« [עד שיתכוין לעשות בו מום]. Aufgrund von formalen und inhaltlichen Inkongruenzen ist davon auszugehen, dass hier eine größere redaktionelle Überarbeitung stattgefunden hat: Der Rahmenteil ($d_{1.3}$) ist durch die Formulierung לעשות בו מום sowie die Position verbunden, die Intentionalität eines Angriffs habe juristische Relevanz. Der Mittelteil (d_2) argumentiert mit der hermeneutischen Regel

429 Vgl. die in MechJ feste Form der Etablierung von k^{e}lal u-f^{e}rat u-k^{e}lal«-Argumenten, bei dem zunächst eine »k^{e}lal u-f^{e}rat«-Auslegung mit der hermeneutischen Regel »es ist nichts in der Allgemeinaussage [enthalten], als das, was in der Detailaussage [enthalten] ist« [אין בכלל אלא מה שבפט] bemüht wird, was jedoch durch die Identifikation einer weiteren Allgemeinaussage relativiert wird [כשהוא אמור (...) חזר וכלל]. Die anschließende Infragestellung der Übereinstimmung [אי כלל ככלל הארשון] der beiden Detailaussagen und die Abwehr des Einwurfs [(...) אמרת לאו אלא] sind als rhetorische Stilmittel zu werten (vgl. Kahana, Principle, 186–188). Anschließend werden die Grundprinzipien der Detailaussage analysiert [מה הפרט מפורש] und als Grundprinzip für die Allgemeinaussage festgelegt [אף אין לי אלא]. Vgl. nach diesem Schema MechJ Pisha 16 zu Ex 13,13, Nez 15 zu Ex 22,8 und Bach 8 zu Ex 20,17 u.a.

k^{e}lal u-f^{e}rat u-k^{e}lal und ist der Überzeugung, dass die Absicht im Rahmen des Körperverletzungsrecht irrelevant ist.

Grundsätzlich möglich wäre es, den gesamten Abschnitt als Argumentation R. Eliezers zu werten: R. Eliezer skizziert eine Gegenposition (d_1), führt diese aus (d_2) und widerlegt sie abschließend durch seine Interpretation der Funktion von Lev 24,20b.[430] Dagegen spricht allerdings der Aufbau des gesamten Abschnitts: Aus welchem Grund sollte R. Eliezer die Darstellung der Gegenposition in d_1 [שומע אני – אלא ממון] und die Ausführung der zugehörigen Argumentation (d_2) unterbrechen, indem er seine eigene Position in d_1 [והרי הכתוב – אלא ממש] dazwischen skizziert? Rhetorisch überzeugender und breiter bezeugt wäre die Darstellung der eigenen Position samt Schriftbeleg am Ende des Abschnitts. Folgt man dieser Spur, kommt $d_{1.3}$ ohne d_2 der ursprünglichen Fassung des Arguments R. Eliezers am nächsten.[431]

Demnach beruhte R. Eliezers Nachweis, dass aufgrund des biblischen Zeugnisses beabsichtigte Körperverletzungen mit einer talionischen Strafe zu belegen seien, auf einem Vergleich zwischen Ex 21 und Lev 24. Sein hermeneutisches Argument, wonach ein biblischer Rechtssatz einen Spezialfall eines verwandten Rechtssatzes darstellen kann, ist in MechJ breit bezeugt: Nach MechJ Bach 7 nimmt das Dekaloggebot Ex 20,7 diejenigen aus der allgemeinen Regel Lev 5,4 heraus [והרי הכתוב מוציא מכללה], die bei ihrem Schwur den Namen JHWHs verwenden. Nach MechJ Nez 5 dient Ex 20,15 dem Zweck, Angriffe auf die eigenen Eltern aus dem allgemeinen Körperverletzungsrecht (auf Ex 21,24 bezogen) herauszunehmen und die verschärfte Rechtsfolge der Todessanktion einzuführen [והרי הכתוב מוציא מכללו להחמיר עליו שיהא במיתה]. Ex 21,37 stellt nach Nez 12 eine Verschärfung von Ex 22,6 dar [והרי הכתוב מוציאו מכללו להחמיר עליו...], wonach der Diebstahl von Rindern und Schafen mit einem Quint- bzw. Quadduplum statt dem allgemeinen Duplum bei Diebstahl geahndet wird.[432] Im Grunde folgt die Argumentation R. Eliezers diesem Schema. Er verweist darauf, dass die Talionsformel im biblischen Körperverletzungsdiskurs

430 Diese Lesart scheint bei Stemberger, Einleitung, 341; 552–553, vorzuliegen. Er scheint d_2 als Ausführung der Gegenposition durch R. Eliezer zu verstehen, wobei d_3 als »abschließender Schriftvers zeigt, daß diese nicht haltbar ist« (ebd. 553). Dagegen spricht aber, dass allem Anschein nach והרי bis אלא ממש (d_1) bereits dessen Fazit einleitet, vgl. Gvaryahu, Battery, 571–573.

431 Davis, Lex, 85, Anm. 80, versteht wohl ebenfalls d_1 als ursprüngliches Argument Eliezers. d_3 stellt für ihn kein Problem dar, da er der Übersetzung von Lauterbach folgend diesen Abschnitt mit d_2 harmonisiert. Vgl. Anm. 435.

432 Vgl. daneben MechJ Nez 4 zu Ex 21,14 [Feuer am Schabbat]; Nez 7 zu Ex 21,20 [Verletzung mit Todesfolge bei versklavten Personen]; Nez 10 zu Ex 21,26 [Körperverletzung bei kanaanäischen Sklaven]; Nez 10 zu Ex 21,28 [Steinigung des Rindes]; Nez 11 zu Ex 21,32 [Tötung einer versklavten Person durch ein stößiges Rind].

zweifach begegnet und stellt als Differenz die unterschiedlichen Tatbestände heraus.[433] Da R. Eliezer der finanziellen Kompensation von Körperverletzungsdelikten nur bei absichtlich zugefügten Versehrungen ausdrücklich widerspricht, kann gefolgert werden, dass er – möglicherweise aufgrund des Motivs der *aberratio ictus* des zugehörigen Rechtsfalls – bei nicht intendierten Versehrungen der Mehrheitsmeinung der Rabbinen hinsichtlich der Auslegung der Talionsformel folgen kann. Aufgrund seiner Interpretation von Lev 24,20b bespricht das Heiligkeitsgesetz mit intendierten Körperverletzungen einen abweichenden Tatbestand,[434] weshalb er in solchen Fällen annimmt, die Talionsformel fordere talionische Rechtsfolgen. Die Intentionalität ist dabei das Kriterium [עד ש-],[435] wann die Talionsformel eine finanzielle Entschädigung und wann eine physische Retribution bedeutet.

Das Ziel der Argumentation des Mittelteils (d_2) hingegen ist der Nachweis, dass auch beabsichtigte Körperverletzungen durch eine finanzielle Entschädigung geahndet werden [ומתכוין שאינו משלם אלא ממון ...], was inhaltlich mit der von R. Eliezer in d_1 abgelehnten Position übereinstimmt. Weshalb aufgrund des biblischen Textes nicht zwischen intendierten [מתכיון] und nicht-intendierten [אינו מיתכין] Delikten unterschieden werden müsse, läge demnach in der Talionsformel selbst begründet. Zu diesem Zweck wird das formale Schema Allgemeinaussage (Lev 24,19) – Detailaussage (Lev

433 Vgl. Gvaryahu, Battery, 572.

434 Die freie Übersetzung von d_3 bei Stemberger, MechJ, 341, lässt Lev 24,20b eine Doppelrolle in R. Eliezers Argumentation zukommen: Das (erweiterte) Belegzitat dient gleichzeitig der Näherbestimmung des Tatbestands und der Rechtsfolge (»Der Schaden, den er einem Menschen hinzugefügt hat, [soll ihm zugefügt werden]«). Die Interpretation Eliezers [עד שיתכוין לעשות בו מום] dient so als Einschränkung des zugehörigen Tatbestands (»nur wenn er ihm absichtlich einen Schaden zugefügt hat«). Demgegenüber scheint aufgrund der vergleichbaren Argumentationen (vgl. Anm. 432) wahrscheinlicher, dass R. Eliezer eine unterschiedliche Funktion der Talionsformel als Rechtsfolge voraussetzt (in Ex 21 und Lev 24) und Lev 24,20b sowie Ex 21,22 als Variationen des Tatbestands versteht. So markiert der Ausdruck עד ש- die Begrenzung der Gültigkeit von Ex 21 (und der *talio* als finanzielle Ersatzleistung) und kann entsprechend seiner sonstigen Bedeutung übersetzt werden (»bis dass er beabsichtigt …«). Vgl. dazu auch Anm. 435.

435 Die epexegetische Übersetzung des Ausdrucks עד ש- bei Lauterbach, MechJ, 402 (»that is, if he has intentionally inflicted an injury«), die von Davis, Lex, 84–85, übernommen wurde, entspricht nicht der üblichen Verwendung des Ausdrucks als Begrenzung der Geltung einer spezifischen Regelung. Sonst folgt Lauterbach dieser Übersetzungskonvention, vgl. u.a. im näheren Kontext Lauterbach, MechJ, 395 [he is not guilty unless he struck […] – […] שאינו חייב עד שיכנו]; 399 [not guilty of death unless he kills a viable child – שאינו חייב עד שיהרוג בן קיימא], ebd. [he is not guilty until he hit her upon that part of the body in which the child is carried – שאינו חייב עד שיכנה במקום עוברה] etc. Vgl. auch die ähnliche Übersetzung von Neusner, MechJ, 156 (»That is the case if one has deliberately maimed the other«).

24,20a) – Allgemeinaussage (Lev 24,20b) im Heiligkeitsgesetz hervorgehoben.[436] Die beigefügte hermeneutische Regel »du urteilst nicht, außer mit Blick auf die Detailaussage« [אין אתה דן אלא כעין הפרט] fordert in solchen Fällen, die den Einzelelementen der Detailaussage gemeinsamen Aspekte herauszuarbeiten und diese zur Grundlage der Beurteilung des gesamten Abschnitts zu erheben:[437] Auf die Nomina Auge und Zahn angewendet leuchtet ein, als verbindende Elemente die Bedeutung der verletzten Körperteile [ראשי איברים] sowie die Sichtbarkeit der Verletzungen [בגלוי] zu schließen. Mit Blick auf den Bruch [שבר] als drittes Element von Lev 24,20a ist jedoch die Permanenz der Schäden [מומין קבועין] als gemeinsamer Aspekt zumindest fraglich. Drängender jedoch stellt sich die Frage, inwiefern aus dem Wortlaut der Detailaussage (Lev 24,20a) der Aspekt der Intentionalität [במתכין] hervorgehen soll. Der Ursprung dieser gesamten Formel [מומין קבועין וראשי איברים בגלוי ובמתכין] scheint vielmehr in seiner zweiten Verwendung in MechJ einleuchtender: Bei der Rezeption von Ex 21,26–27. Tannaitische Quellen diskutieren dabei, wann genau der Tatbestand des biblischen Rechtssatzes zur Freilassung von versklavten Personen erfüllt sei, wobei die Anwendung überwiegend zugunsten der Besitzer eingeschränkt wird (vgl. MechJ Nez 9,21–24, tBQ 9,24–27).[438] Dabei entwickelt MechJ 9,40–52 eine Reihe von Gemeinsamkeiten [הצד השווה שבהן] der in Ex 21,26–27 genannten Sinnesorgane Auge und Zahn und präsentiert als Ergebnis die Formel aus d_2.[439] Da dort kein Knochenbruch erwähnt wird, ist die fehlende Möglichkeit zur Wiederherstellung der verletzten Organe einleuchtender als in Lev 24,20a.[440] Auch die Qualifikation der Intentionalität der Taten scheint hier ihren ursprünglichen Ort zu haben: Zuvor hatte R. Chanina ben Gamaliel mit einem Verweis auf die Protasen in Ex 21,26.27 begründet, dass ein Schlag ins Gesicht (d.h. ohne direkt auf das Auge/den Zahn zu zielen) nicht zur Entlassung der versklavten Person führe, da der Tatbestand nicht erfüllt sei: »Denn es heißt ›Wenn ein Mann schlägt‹ [Ex 21,26.27], bis er [d.h. der Besitzer] eine Tat tut [עד שיעשה מעשה]«. Ausführlicher, aber anonym, begegnet diese

436 Vgl. dazu die ausführliche Darstellung der Entwicklung dieser hermeneutischen Regel(n) in den halachischen Midraschim bei Kahana, Principle, 173–201.

437 Vgl. Steinsaltz, Madrich, 132

438 Vgl. Hezser, Slavery, 209–210.

439 Vgl. daneben – ohne den Aspekt der Intentionalität – die Formel im Rahmen der Diskussion der Relevanz dieser Verse (MechJ Nez 9,5–7: שיהא יוצא בראשי איברים) sowie gegen Ende im Wortbeitrag des Rabbi Jitzchaq (MechJ Nez 9,63–64: והפיל את שינו וסמא את עינו או אחד מכל ראשי איברים גלוים בו).

440 Vgl. dazu explizit die Diskussionen hinsichtlich des Ausschlagens eines Milchzahns (MechJ Nez 9,40–42) sowie des Herausschneidens von Fleisch (9,46–47) mit dem mehrfachen Hinweis, es müsse sich um unwiederbringliche Schäden handeln [שאינן יכולין לחזור].

Begründung auch in tBQ 9,26, wo eine Entlassung bei demselben Tatbestand ebenfalls ausgeschlossen wird: »Denn es heißt: ›Er schlägt ihn‹[441] bis er eine Tat gegen sein Auge tut [עד שיעשה (בו) מעשה על עינו] und er nicht sieht usw.« In beiden Überlieferungszusammenhängen kann also die Tatsache, dass der Tatbestand als nicht erfüllt gilt, unter anderem auf die fehlende Intentionalität zurückgeführt werden,[442] weshalb die Absicht als grundlegender Aspekt der Gemeinsamkeit von Schlägen auf »Auge« und »Zahn« hier ursprünglicher scheint.

Möglicherweise liegt in d_2 eine Übertragung dieser Formel in den Kontext des allgemeinen Körperverletzungsrechts vor, die in die hermeneutische Diskussion von Lev 24,19–20 eingepasst wurde, wo ebenfalls beide Sinnesorgane begegnen. Das »k^e^lal u-f^e^rat u-k^e^lal«-Argument in d_2 widerspricht folglich der Position R. Eliezers in d_1: »Intentionalität« ist nicht das Proprium von Lev 24,19–20 (gegenüber Ex 21,22–25). »Intentionalität« ist bereits der Talionsformel inhärent und folglich bezieht sich Ex 21,24–25 auch explizit auf beabsichtigte Körperverletzung, die durch finanzielle Ersatzleistung zu ahnden ist.

Da R. Eliezers Argumentation allerdings nicht auf dieses Argument eingeht, sondern unbeachtet dessen die Intentionalität aus dem zweiten und nicht dem ersten Versteil von Lev 24,20 folgert, scheint der Mittelteil nicht Teil seiner ursprünglichen Argumentation gewesen zu sein. Möglicherweise wollten die Redaktoren den Eindruck erwecken, als bestünde R. Eliezers Argument in einem Schriftbeleg durch ein k^e^lal u-f^e^rat Argument von Lev 24,19.20a,[443] was sich leicht widerlegen ließe.[444] Einleuchtender erscheint die ursprünglich

441 Mit der Formulierung היכהו handelt es sich entsprechend nicht um ein direktes Zitat von Ex 21,26.27 [(...)כי יכה איש את], auch wenn diese Verse den Referenzpunkt darstellen dürften.

442 Vgl. den expliziten Hinweis auf die Bedeutung der Intentionalität in tBQ 9,24. Während nach der anonymen Mehrheitsposition der Tosefta die Intentionalität keine Rolle spielt, besteht R. Schimeon ben Gamliel darauf, dass nur die beabsichtigte Zerstörung der Körperteile zu einer Freilassung führen (vgl. auch dessen Position in tBQ 9,25). Parallel zu MechJ Nez 9 bestätigt auch tBQ 9,26, dass nur ein direkter Schlag auf das zerstörte Körperteil den Tatbestand von Ex 21,26–27 erfülle, was ebenfalls in gewisser Weise eine Intentionalität auf Seiten der Handelnden bedeutet.

443 Auch Gvaryahu, Battery, 572, erkennt, dass mit dem מוציא- und dem »k^e^lal uf^e^rat uk^e^lal«-Argument zwei unterschiedliche Begründungen vorliegen [ebd., 442, Anm. 35]. In gewisser Weise argumentiert zwar auch R. Eliezer mit Allgemein- und Spezialaussagen, aber in Bezug auf Ex 21,24–25 und Lev 24,20, nicht Lev 24,19–20. Vgl. dazu besonders auch MechJ 5 zu Ex 21,15, wo ebenfalls die Talionsformel [Ex 21,24] als Allgemeinaussage zum Umgang mit Körperverletzungsdelikten verstanden wird und Ex 21,15 als Verschärfung, desselben hinsichtlich des Verletzens der eigenen Eltern.

444 Dieses Argument lässt sich aber nur schwer mit R. Eliezers Position harmonisieren. Identifiziert man Lev 24,19 als Allgemeinaussage [כלל] und Lev 24,20a als Detailaussage

kürzere Fassung d1 + 3, wodurch der gesamte Abschnitt zu Ex 21,24 zudem formal der vorherigen Diskussion des *nepheš*-Glieds entspräche.[445] Die redaktionelle Einfügung verfolgt dabei die doppelte Absicht, R. Eliezers Argument zwar zu tradieren, jedoch so zu verfälschen, das seine Position angreifbarer wird.[446]

In MechJ scheint also eine Tradition überliefert zu sein, die zumindest bei absichtlich zugefügten Körperverletzungen eine talionische Wiedervergeltung für schriftgemäß erklärt.[447] Auch bBQ 84a kennt eine solche Tradition des עין תחת עין ממש, die nicht nur die Diskussion der G^emara prägt,[448] sondern auch dort mit einem Gelehrten mit dem Namen Eliezer in Verbindung gebracht wird. Gegenüber der Tradition in MechJ spielt dort allerdings Intentionalität keine Rolle. Auf die Frage, warum R. Eliezer nicht wie die anderen Tannaiten urteilt, harmonisiert – nach einem misslungenen Interpretationsversuch durch Rabba – schließlich Rav Aschi dessen Position mit der *opinio communis* der Rabbinen, indem er die eigentliche Intention hinter Rabbi Eliezers Aussage erläutert: Dieser habe der monetären Deutung gar nicht widersprechen wollen, sondern wollte lediglich die Ermittlung der Höhe der Strafzahlung

[פרט] und wendet die vorgeschlagene Regel an, wonach die Allgemeinaussage nichts über die Detailaussage hinaus beinhalte [אין בכלל אלא מה שבפרט], ergeben sich zwei Schlussfolgerungen. Entweder (a) ist der Tatbestand von Lev 24,19–20 – gegenüber dem anschließenden »k^elal uf^erat uk^elal«-Argument – nur dann erfüllt, wenn die explizit genannten Vorgänge (Brüche, Augen- und Zahnverletzungen) vorliegen. Dazu äußert sich R. Eliezer nicht. Alternativ (b) gilt als Rechtsfolge von Lev 24,19–20 immer die Talionsformel, d.h. entweder (b_1) eine physische Retribution des verursachten Schadens oder (b_2) im Sinne der rabbinischen Interpretation eine finanzielle Entschädigung der Körperverletzung. Genau das vertritt allerdings R. Eliezer nicht, der die Rechtsfolgen je nach Vorliegen einer intentionalen Handlung variiert.

445 D.h. zwei Positionen der Mehrheitsmeinung (*nepheš*-Glied als Todessanktion, Ex 21,24 als finanzielle Ersatzleistung) gefolgt von einer abweichenden Meinung (*nepheš*-Glied als finanzielle Kompensation, Ex 21,24 nur bei unbeabsichtigter Körperverletzung als finanzielle Ersatzleistung).

446 Die Lesart שאינו משלם אלא ממון im Erstdruck (Konstantinopel, 1515) als Abschluss der Aussage R. Eliezers (dort: Jizchaqs) in d1 (statt שאינו משלם אלא ממש) könnte ebenfalls als interpretative Veränderung verstanden werden, die R. Eliezers Auslegung tilgen soll. Winter/Wünsche, MechJ, 267, übersetzt den Erstdruck (Konstantinopel, 1515) und resümiert (ebd. Anm. 4): »Nach vorliegendem Texte ist der Ausspruch des R. Jizchak [~ Eliezer, Anm. JR] hinsichtlich des Sachgehalts nicht allenthalben verständlich«.

447 Vgl. auch die anonyme Anführung dieser Position in jBQ 8,1/6b

448 So steigt die G^emara von mBQ 8,1 in bBQ 83b,15–17 provokant mit der Frage ein: »Warum? ›Auge um Auge‹ hat der Barmherzige gesagt. Sage: ›Wirklich ein Auge [עין ממש] (soll er verlieren)‹«. Mehrfach klingt die anonyme Position »עין/מיתה ממש« im weiteren Verlauf des Diskurses an, bevor sie am Ende des Abschnitts (bBQ 84a,39) – bevor sich die G^emara der Berechnung der einzelnen Entschädigungsleistungen zuwendet – R. Eliezer zugeschrieben wird.

nicht am Geschädigten, sondern am Schädiger durchgeführt wissen [אין שמין אותו בניזק אלא במזיק], wodurch der Schadensersatz zu einem Lösegeld wird, das sich am Täter bemisst. Aus beiden Quellen geht jedoch nicht hervor, welcher der Gelehrten mit diesem Namen diese abweichende Position vertreten hat.[449]

7.3.1.4 Ex 21,25 und die Kategorie des Schmerzes

MechJ Nez 8,89–96 zu Ex 21,25[450]

»Brandwunde um Brandwunde« [Ex 21,25]. Wenn du sagst, [der Satz bedeute,] er habe ihn verwundet und sein Blut vergossen, [frage ich], wurde nicht schon »Wunde um Wunde« [Ex 21,25] gesagt? Wenn du aber sagst, [der Satz bedeute,] er habe ihm eine Strieme zugefügt, [frage ich,] wurde nicht schon gesagt »Strieme um Strieme« [Ex 21,25]? Wozu also sagt die Tora »Brandwunde um Brandwunde«?	כויה תחת כויה אם[451] תאמר שפצעו[452] והוציא[453] דמו והלא כבר נאמר פצע תחת פצע ואם[454] תאמר שעשה בו חבורה והלא כבר נאמר חבורה תחת חבורה ומה ת״ל כויה תחת כויה
[Nichts], außer, verbrennt er ihn auf seiner Fußsohle und hinterlässt keine Spur, lädt er ihm Steine auf und verursacht so Schmerzen, lässt er kalten Schnee auf seinen Kopf fallen und lässt ihn frösteln, dann gibt dieser ihm Schmerzensgeld.	אלא כוואו על[455] כף רגלו ולא רשם בו טענו אבנים וציערו הטיל שלג וצינן[456] על ראשו וצננו הרי זה נותן לו[457] דמי צערו

449 Vgl. die ausführliche Diskussion bei Davis, Lex, 93–97, der R. Eliezer b. Hyrkanus hinter dieser Tradition vermutet. Neusner, Eliezer, 213, gibt zu bBQ 84a lakonisch zu bedenken »[t]his is not necessarily our Eliezer«. In beiden Bänden seiner Untersuchung R. Eliezers findet MechJ Nez 8 keine Erwähnung.

450 Textgrundlage: Lauterbach, MechJ, 402–403; Erstdruck (Konstantinopel, 1515); MS. Marshall Or. 24 (Neubauer 151), 138b; MS München Cod.hebr. 117, 89b–90a; MS Vat.ebr. 299, 49a.

451 MS. Marshall Or. 24 (Neubauer 151), 138b: ואם.

452 Ebd.: שיפצעו.

453 Ebd., 138v.: ויוציא. Mit Akkusativpartikel (sowie מוחו statt דמו) in Erstdruck (Konstantinopel, 1515) und Lauterbach, MechJ, 402.

454 Erstdruck (Konstantinopel, 1515): אם.

455 Erstdruck (Konstantinopel, 1515) fügt ein: ציפרנו [ועל רגלו].

456 So mit MS Vat.ebr. 299, 49a, auch wenn die Überlieferung an dieser Stelle verderbt ist: Erstdruck (Konstantinopel, 1515); Lauterbach, MechJ, 403: הטיל שלג על ראשו וצננו; MS. Marshall Or. 24 (Neubauer 151), 138b: הטיל שלג וצונין על שלג ראשו וציננו; MS München Cod.hebr. 117, 89b–90a: הטיל ויצננו שלג על ראשו ויצננן.

457 Zusatz in MS. Marshall Or. 24 (Neubauer 151), 138v: דמי לו דמי צערו.

Aber ist er empfindlich und feinfühlig und verwöhnt umso mehr, [denn] sein Schmerz ist doppelt [so groß]. Das ist (die Entschädigung für) Schmerz, von der in der Tora gesprochen wird: »Brandwunde um Brandwunde« [Ex 21,25].	אבל[458] היה[459] מרובך ומעודן[460] ומפונק[461] כל שכן צערו[462] מכופל זהו הצער האמור בתורה כויה תחת כויה

MechJ Nez 8,89–96 präsentiert sich als Auslegung von כויה תחת כויה, bietet aber gleichzeitig einen tieferen Einblick in ein tannaitisches Verständnis des gesamten Verses Ex 21,25, da die drei Kernelemente des Verses – die Brandwunde [כויה], die Wunde [פצע] und die Strieme [חבורה] – systematisiert und durch ein Ausschlussverfahren voneinander abgegrenzt werden.[463] Eine Wunde [פצע] ist nach MechJ eine offene Verletzung, durch die die angreifende Person Blut vergießt [להוציא דמו]. Das Zufügen einer Brandwunde [כויה] hinterlässt keine Spur [ולא רשם בו], wodurch die Strieme [חבורה] – in Abgrenzung – sichtbar, aber unblutig ist.

Kern des Kommentars bildet das eingangs zitierte Element der *talio*, כויה תחת כויה, das der Midrasch als Zufügung von Schmerz [צער] ohne sichtbares Zeichen [ולא רשם בו] definiert. MechJ bedient sich dabei drei verschiedener Bilder: Einer Verbrennung auf der Fußsohle, des schweren Beladens einer anderen Person mit Steinen und einer zugefügten Unterkühlung durch Schnee. Ähnliche Sprachbilder begegnen auch in der Mischna,[464] wo ebenfalls der Fachterminus צער verwendet wird und das individuelle Schmerzempfinden eine bedeutende Rolle spielt.[465]

7.3.1.5 Weitere systematische Ausdifferenzierung in MechJ Nez 5 und 6

Wie aus MechJ Nez 6, der Interpretation von Ex 21,18–19, hervorgeht, kennt der Midrasch noch zwei weitere der fünf Kategorien aus mBbfQ 8,1 und tBQ 9,1:

---

458 Erstdruck (Konstantinopel, 1515); Lauterbach, MechJ, 403: אם [אבל].
459 Erstdruck (Konstantinopel, 1515): הה.
460 Erstdruck (Konstantinopel, 1515): מעודן.
461 Erstdruck (Konstantinopel, 1515): מפונק.
462 Erstdruck (Konstantinopel, 1515) formuliert anders: [כל שכן] שכפול בו צערו [זהו הצער].
463 Vgl. auch Winter/Wünsche, MechJ, 267, Anm. 5.
464 Vgl. mBQ 8,1c und oben 7.1.1.1.3. Vgl. auch die ähnlichen Bilder in Sifra Emor 20 zu Lev 24,19, wo allerdings die Schmerzkategorie keine Erwähnung findet und vermutlich unbekannt ist. Vgl. dazu unten 7.3.3.2.
465 Vgl. auch jBQ 8,3/6b in der Argumentation R. Jizchaqs.

MechJ Nez 6,1–5 zu Ex 21,18[466]

»Und wenn Männer raufen usw.« [Ex 21,18] Warum wird dieser Abschnitt gesagt? Weil sie [= die Schrift] sagt »Auge um Auge« [Ex 21,24], aber von Arbeitsausfall und Heilung haben wir nicht gehört.	וכי יריבון אנשים וגו׳[467] למה נאמרה פרשה זו[468] לפי שהוא אומר עין תחת עין[469] אבל שבת וריפוי לא שמענו
[Deshalb] sagt die Tora »Und wenn Männer raufen« [Ex 21,18] [und] »wenn er aufsteht [und draußen umhergeht]« [Ex 21,19]. Das Geschriebene kommt, um darin Dinge zu lehren, die [bisher] fehlen.	ת״ל וכי ירובון אנשים[470] אם יקום [והתהלך בחוץ][471] בא הכתוב ללמד בו דברים מחוסרים בו

Hier leitet MechJ mit der stereotypen Wendung למה נאמר פרשה זו einen Vergleich zwischen Ex 21,24 und Ex 21,18–19 ein und fragt nach dem Zweck von letzterem Rechtssatz im Rahmen der biblischen Überlieferung. Diesen identifiziert er darin, Dinge zu lehren, die in Ex 21,24 fehlen würden [בא הכתוב ללמד בו דברים מחוסרים בו]. Aufgrund der Rechtsfolge von Ex 21,19 identifiziert MechJ Nez 6,1–5 den Zweck des Rechtssatzes darin, die Erstattung des Arbeitsausfalls [שבת] und der Heilungskosten [רפוי] einzuführen. Zusammen mit MechJ 8,89–96 sind folglich drei [צער, שבת, רפוי] der fünf Kategorien namentlich bekannt. Unklar ist jedoch, inwiefern der Fachterminus für den Schaden [נזק] für MechJ eine ähnliche Bedeutung wie in mBQ 8,1 besitzt. Er begegnet bei der Besprechung von Ex 21,22–25 bzw. Ex 21,18–19 nur in der Argumentation R. Jischmaʿels (MechJ 8,66–70 zu Ex 21,24) bei der Interpretation von Lev 24 im Constructus נזקי אדם, jedoch – im Vergleich zu צער, שבת, רפוי – nicht als eigenständige Kategorie.

466 Textgrundlage: Lauterbach, MechJ, 390; Erstdruck (Konstantinopel, 1515); MS. Marshall Or. 24 (Neubauer 151), 136b; MS München Cod.hebr. 117, 87a; MS Vat.ebr. 299, 47a.; MS Fr. Oxford 2269 (n. 26).

467 MS. Marshall Or. 24 (Neubauer 151), 136b: וגו׳. Das Genizafragment MS Fr. Oxford 2269 (n. 26) zitiert hier und im Folgenden ausführlicher, bietet aber grundsätzlich denselben Inhalt.

468 Ebd. ohne פשרה זו.

469 MS München Cod.hebr. 117, 87a fügt hier zusätzlich ושבת ein, was, ebenso wie in der vorherigen Zeile das überzählige ש, als Schreibfehler markiert ist. MS Fr. Oxford 2269 (n. 26) zitiert zusätzlich שן תחת שן יד תחת יד רגל תחת רגל.

470 MS Fr. Oxford 2269 (n. 26) zitiert darüber hinaus: והכה איש וגו׳.

471 Erstdruck (Konstantinopel, 1515) und MS. Marshall Or. 24 (Neubauer 151), 136b mit verkürztem Zitat, letztere Handschrift mit וגו׳ am Ende. Ebenso MS Fr. Oxford 2269 (n. 26), wo zudem die Apodosis ורפוא ירפא angeführt wird (vgl. Lauterbach, MechJ, 390).

Ähnliches gilt auch für die Kommentierung von Ex 21,15 in MechJ Nez 5 und die dort verwendete Bezeichnung מידת נזיקין:

MechJ Nez 5,1–5.19–24 zu Ex 21,15[472]

»Und wer seinen Vater und seine Mutter schlägt, soll getötet werden.« [Ex 21,15]	ומכה אביו ואמו מות יומת
Warum wird [dieser Rechtssatz] gesagt? Weil sie sagt »Auge um Auge usw.« [Ex 21,24] und siehe, die Schrift nimmt [ihn] aus der Allgemeinaussage heraus, um ihm schwereres aufzuerlegen, nämlich, dass er mit dem Tod [bestraft wird]. Deshalb wird dieser Abschnitt gesagt. [...]	למה נאמר לפי שהוא אומר עין תחת עין וגו׳[473] והרי הכתוב מוציאו מכללו להחמיר עליו שיהא במיתה לכך נאמר פרשה זה [...]
[...]	[...]
»Und wer seinen Vater und seine Mutter schlägt« [Ex 21,15] – [gemeint ist] ein Schlag, der zu einer Strieme führt.	[474]ומכה אביו ואמו מכה שיש בה[475] חבורה
Du sagst, ein Schlag, der zu einer Strieme führt, oder doch bereits ein Schlag, der nicht zu einer Strieme führt?	אתה אומר מכה שיש בה חבורה[476] או אינו אלא[477] מכה שאין בה[478] חבורה
Du musst sagen: Was? Wenn er [nach] der Regel des Schaden[ersatzes], die umfassender ist, nicht schuldig ist bis er ihnen eine Strieme zugefügt hat, sollte er auch [nach] der Regel der Strafen, die enger gefasst ist, nicht schuldig sein, bis er ihnen eine Strieme zugefügt hat.	אמרת מה[479] אם מידת נזיקין מרובה אינו חייב עד שיעשה בהן[480] חבורה מידת עונשין[481] מעוטה לא יהיה חייב עד שיעשה בהן חבורה

472 Textgrundlage: Lauterbach, MechJ, 383–384; Erstdruck (Konstantinopel, 1515); MS. Marshall Or. 24 (Neubauer 151), 135b; MS München Cod.hebr. 117, 86b; MS Vat.ebr. 299, 46a–b.

473 Ein Genizafragment zitiert Ex 21,24 vollständig: עין תחת עין שן תחת שן יד תחת יד רגל תחת רגל.

474 MS München Cod.hebr. 117, 86b; MS Vat.ebr. 299, 46b: ד״א.

475 MS. Marshall Or. 24 (Neubauer 151), 135b: בו.

476 In ebd. fehlt אתה bis חבורה.

477 In Genizafragment fehlt שאן בה :אינו אלא מכה.

478 MS. Marshall Or. 24 (Neubauer 151), 135b: בו.; Erstdruck (Konstantinopel, 1515): עליה.

479 Fehlt in MS München Cod.hebr. 117, 86b; Erstdruck (Konstantinopel, 1515); Lauterbach, MechJ, 384: ומה.

480 Erstdruck (Konstantinopel, 1515): בה.

481 MS. Marshall Or. 24 (Neubauer 151), 135b: עונשין.

Siehe, wenn die Tora sagt »Wer seinen Vater und seine Mutter schlägt« [Ex 21,15] [meint sie] einen Schlag, der zu einer Strieme führt.	הא[482] מה ת"ל מכה אביו ואמו מכה שיש בה חבורה

Der Midrasch stellt dabei eine intertextuelle Beziehung zwischen dem kommentierten Vers und der Talionsformel her, um die Relevanz des Rechtsatzes zum Angriff auf die eigenen Eltern herauszuarbeiten. MechJ 5,1–4 versteht Ex 21,15 als Detailaussage gegenüber der Allgemeinaussage [והרי הכתוב מוציאו מכללו], d.h. als Verschärfung [להחמיר עליו] der Rechtsfolge für Körperverletzungen in diesem speziellen Fall. Durch den Verweis auf die *talio* [לפי שהוא אומר עין תחת עין וגו'] und mit dem oben herausgearbeiteten Verständnis der Talionsformel bedeutet dies, dass nach MechJ bei einem körperlichen Angriff auf die eigenen Eltern eine finanzielle Entschädigung nicht die angemessene Rechtsreaktion ist.[483] Stattdessen ist aufgrund der besonderen Personenkonstellation eine Hinrichtung, nach MechJ Nez 5,25–31 genauer die Erdrosselung [בחנק], so handelnder (rechtsfähiger) Kinder die angemessene Rechtsreaktion. In diesem Zusammenhang geht MechJ genauer darauf ein, worin der biblisch als נ.כ.ה. אביו ואמו beschriebene Tatbestand besteht, und versteht, ähnlich wie die Mischna und Tosefta, den Tatbestand erst dann erfüllt, wenn der Schlag zu einer Strieme geführt hat [מכה שיש בה חבורה].[484] Implizit bedeutet dies, dass, wenn der Tatbestand nicht erfüllt ist, eine finanzielle Entschädigung (nach MechJ Nez 8,89–96 des Schmerzes) erfolgt.[485] Zur Zurückweisung des anonymen Einwands, der Tatbestand sei bereits ohne eine Wunde erfüllt [או אינו אלא מכה שאין בה חבורה], vergleicht MechJ die »Regel[-ung] des Schadens[-ersatzes]« [מידת נזיקין] mit der »Regel[-ung] der Bestrafung« [מידת עונשין], wobei letztere auf Ex 21,15 zu beziehen ist und der erste Ausdruck aufgrund des Kontextes auf Ex 21,24–25 zu verweisen scheint. Argumentativ

482 Genizafragment: [תל' לו'] ומה.

483 Davis, Lex, 83, scheint die Aussonderung [והרי הכתוב מוציאו מכללו] fälschlicherweise auf Ex 21,24 und nicht Ex 21,15 zu beziehen, weshalb er das Zitat der *talio* (!) als Begründung dafür versteht, weshalb nach Ex 21,15 denjenigen, die ihre Eltern schlagen, eine Wiedervergeltung (d.h. Tötung?) droht (»[…] 'eye for eye' is singled out […] as a general statement of justification for retribution to the person who strikes his father or mother.«). Die umgekehrte Lesart scheint angemessener, wonach Ex 21,15 grundsätzlich den Tatbestand der Körperverletzung erfüllt und entsprechend finanziell zu entschädigen wäre (nach Ex 21,24!), aufgrund der Personenkonstellation in diesem speziellen Fall jedoch aus der allgemeinen Regel herausgenommen und dem Kapitalrecht zugeordnet wird.

484 Vgl. mBQ 8,3aα.5aα [המכה אביו באמו ולא עשה/ועשה בהן חבורה] und tBQ 9,18a [החובל באביו ואמו ועשה בהן חבורה].

485 In tBQ wird dieser Gegenfall ebenfalls nicht ausgeführt; mBQ 8,3a erwähnt ihn explizit und resümiert »er haftet für alle [Schadenskategorien]« [חייב בכולן].

liegt ein Analogieschluss vor, wonach die Regelungen des umfassenderen [מרובה] Körperverletzungsrechts auch für diesen spezifischeren [מעוטה] Fall gelten müssten, konkret: Keine Haftung ohne [עד ש-] zugefügte Strieme. Sofern נזיקין als Oberbegriff des Körperverletzungs- bzw. Schadensrechts verstanden wird, läge eine inhaltliche Spannung gegenüber der Interpretation von כויה in MechJ Nez 8,89–96 vor, wonach der Ausdruck einen Angriff ohne Strieme [הלא כבר נאמר חבורה תחת חבורה] und ohne sichtbare Spur [ולא רשם בו] bezeichnet, aber dennoch ein Schmerzensgeld gefordert wird [זה נותן לו דמי צערו].[486] Sofern man von einer inhaltlich kohärenten Darstellung innerhalb von MechJ ausgehen kann, muss מידת נזיקן analog zur Kategorie des Schadens [נזק] in mBQ 8,1b verstanden werden, also als Verweis auf die spezielle Kategorie des durch Körperverletzung entstandenen Schadens,[487] auch wenn dies in gewisser Weise eine Tautologie darstellt.[488] Kann das Fehlen der Kategorie der בושת im Rahmen eines Midrasch zum Buch Exodus aufgrund der sonstigen Verbindung dieser Kategorie mit Dtn 25,11–12 entschuldigt werden, ist dennoch auffällig, dass MechJ die Kategorie des נזק nicht eigenständig im Rahmen des Körperverletzungsrecht ausführt.[489]

7.3.1.6 Eine Rezeption der Talion im Rahmen der sklavenrechtlichen Bestimmungen Ex 21,26–27

Ein weiteres Mal scheint die Talionsformel bei der Besprechung der sklavenrechtlichen Bestimmungen aus Ex 21,26–27 zu begegnen: Nachdem die Mechilta Fragen der Relevanz und des Geltungsrahmens besprochen hat, diskutiert MechJ Nez 9,18–28 konkreter, welche Handlungen und Verletzungen den Tatbestand des Rechtssatzes erfüllen würden. Dabei etabliert der Midrasch, dass leichtere Verletzungen sowie wie Angriffe, die zwar zur Blindheit und Zahnverlust führen, aber nicht direkt gegen die Augen bzw. Zähne gerichtet waren,[490] den Tatbestand nicht erfüllen. Daran anschließend folgt

486 Möglich wäre allenfalls, dass es sich dabei um älteres Traditionsgut handelt, dass eine Kompensation des Schmerzes ohne Wunde nicht kennt. Die inhaltliche Spannung in MechJ wäre somit redaktionell bedingt.

487 Die modernen Übersetzer (»Wenn jemand beim Schadensersatz, wo die Regel umfassend ist« bei Stemberger, MechJ, 326; »the rule in regard to damages« bei Lauterbach, MechJ, 384; »the rule governing damages« bei Neusner, MechJ, 137) bleiben vage und kommentieren die Übersetzung nicht.

488 D.h. ein Schadensersatz ist erst fällig, wenn ein sichtbarer Schaden i.S. der חבורה vorliegt.

489 Vgl. ferner nur MechJ Nez 10 zu Ex 21,28.29 und Nez 14 zu Ex 22,5, wo der Fachbegriff im Rahmen des Themenfeldes des stößigen Rindes zur Bezeichnung des halben bzw. ganzen Schadens [חצי נזק/נזק שלם] begegnet.

490 Vgl. tBQ 9,26–27 sowie die Diskussion der Intentionalität in 7.3.1.3.

ein Grenzfall: Sollte die versklavte Person bei der Auseinandersetzung gleich zwei Augen bzw. Zähne verloren haben, steht ihr ein Schadensersatz für das zweite Auge bzw. den zweiten Zahn zu?

MechJ Nez 9,24–28 zu Ex 21,26[491]

[...] schlägt er ihm zwei seiner Zähne gleichzeitig aus oder blendet seine zwei Augen gleichzeitig, dann zieht dieser als freier Mensch hinaus, bekommt aber nichts. Die Tora sagt: »Auge [...] Auge« [Ex 21,26]; »Zahn [...] Zahn« [Ex 21,27].	[...] והפיל[492] שתי שיניו כאחת וסימא שתי עיניו כאחת הרי זה יוצא בן חורין ואינו נוטל כלום ת״ל עין עין שן שן
[Schlägt/blendet er ihm] einen/s und danach den/das andere[n], zieht er aufgrund des ersten [als freier Mensch] hinaus und erhält [Entschädigung für den] Schaden [für] den/das zweite. Die Tora sagt: »Für sein Auge« [Ex 21,26], »Für seinen Zahn« [Ex 21,27]	זו אחר זו[493] יוצא על הראשונה ונוטל נזקי שנייה[494] ת״ל תחת[495] עינו תחת שינו.

Die Mechilta unterscheidet zwei Fälle: Hat *eine* [כאחד] Handlung zum Verlust bzw. zur Zerstörung beider Körperteile geführt, erhält der Sklave bzw. die Sklavin nur ihre Freiheit und keine finanzielle Entschädigung. Folgten allerdings beide Verletzungen aufeinander [זו אחר זו], steht versklavten Personen beides zu – Freiheit für die Zerstörung des ersten Auges und Schadensersatz für die des zweiten. In beiden Fällen belegt der Midrasch die Positionen mit einem Zitat aus dem Bundesbuch.

Für den ersten Fall überliefern dabei der Erstdruck (Konstantinopel 1515) ebenso wie die modernen Textausgaben und Übersetzungen überwiegend einen Verweis auf die ersten beiden Glieder der Talionsformel in Ex 21,24 [עין תחת עין שן תחת שן].[496] Worin die Logik der Argumentation bei dieser Lesart

491 Textgrundlage: Lauterbach, MechJ, 404; Erstdruck (Konstantinopel, 1515); MS. Marshall Or. 24 (Neubauer 151), 138b–139a; MS München Cod.hebr. 117, 90a; MS Vat.ebr. 299, 49b.

492 Erstdruck (Konstantinopel, 1515); Lauterbach, MechJ, 404: הפיל.

493 Fehlt in Erstdruck (Konstantinopel, 1515).

494 Erstdruck (Konstantinopel, 1515): על השנייה.

495 Fehlt in MS München Cod.hebr. 117, 90a.

496 Lauterbach, MechJ, 404, führt die abweichende Lesart zwar im Apparat an, entscheidet sich aber für die *talio* aus Ex 21,24 und übersetzt entsprechend »Eye for Eye, tooth for tooth«. Ebenso auch Neusner, MechJ, 159 (»an eye for an eye, a tooth for a tooth«), Stemberger, MechJ, 343 (»Auge für Auge, Zahn für Zahn«) und Winter/Wünsche, MechJ,

besteht, wird dabei nicht deutlich.[497] Auch vor dem Hintergrund einer ähnlichen Diskussion in tBQ 9,17 [כאחד/אחר כך][498] würde der Verweis auf die *talio* eher als Beleg für den *zweiten* Fall Sinn ergeben: Die versklavte Person gilt aufgrund der Zerstörung des ersten Auges als frei und ist beim zweiten Schlag folglich berechtigt, die von der *talio* abzuleitenden Entschädigungsleistungen einzufordern. Einleuchtender ist, für den ersten Fall jene Formulierung als ursprünglich zu erachten, die in den drei ältesten handschriftlichen Zeugnissen überliefert wird und auch bei Horovitz/Rabin als maßgebliche Fassung im Obertext erscheint: עין עין שן שן.[499] Entsprechend dürfte es sich nicht um eine Referenz auf Ex 21,24 handeln, sondern um ein hermeneutisches Argument in Bezug auf die kommentierten Verse Ex 21,26a.27a: Dort werden die entsprechenden Nomina in den Protasen – auf Versklavte männlichen und weiblichen Geschlechts bezogen – je zweifach erwähnt: [את] עין/שן עבדו או את עין/שן אמתו. Davon ausgehend folgert MechJ aus der doppelten und redundanten Verwendung von עין/שן, dass die *gleichzeitige* Zerstörung von zwei Augen/Zähnen denselben Effekt wie die Zerstörung eines einzigen Auges/Zahnes hat.[500] Sekundiert wird diese Vermutung durch die Logik der Verweisstruktur des zweiten Falls: Handelt es sich um zwei Schläge, hat der erste Schlag – wenngleich noch nicht schriftlich verbrieft[501] – zur Freiheit geführt und der zweite Schlag trifft folglich eine freie Person, die entsprechende Entschädigungsleistungen einfordern kann. Letzteres belegt MechJ durch die beiden Begründungen der Rechtsfolgen in Ex 21,26b.27b [תחת עינו/שינו], jedoch ohne weitere Erklärung. Zunächst kann dies als isolierte Interpretation

---

268, der ohne Vorliegen einer entsprechenden textlichen Variante nur den ersten Teil (»Auge anstelle des Auges«) ins Deutsche überträgt.

497 Lauterbach, MechJ, 404, lässt dies unkommentiert und auch Stemberger, MechJ, 553, Anm. 343,10, geht auf die Logik des Arguments nicht ein. Winter/Wünsche, MechJ, 268, Anm. 4, meint, die Rechtsfolgen Ex 21,24.25 und Ex 21,26.27 sollen als äquivalent herausgestellt werden.

498 Vgl. 7.1.1.2.2.

499 Vgl. MS Marshall Or. 24 (Neubauer 151), 138b–139a; MS München Cod.hebr. 117, 90a; MS Vat.ebr. 299, 49b, Horovitz/Rabin, MechJ, 279.

500 So schon Horovitz/Rabin, MechJ, 279, Anm. zu Z. 6. Vgl. ähnlich MechJ 15,73–88 zu Ex 22,7, wo die Dreizahl der Richter in Zivilprozessen zunächst aus der dreifachen Erwähnung von אלהים in Ex 22,7–8 gefolgert wird. Zwar wird im weiteren Verlauf darauf verwiesen, dass erst die zweite Erwähnung eine Redundanz hervorruft und deshalb der erste Beleg nicht interpretiert werden könne [אין דורשין תחילות] (vgl. Yadin-Israel, Scripture, 57–59), jedoch fehlt in MechJ 9 die entsprechende Kritik. Zur Unterscheidung von Doppelungen und Redundanzen vgl. ebd., 48–69, und Samely, Interpretation, 328–358.

501 Vgl. MechJ Nez 9,29–30 zu Ex 21,26: Nach der anonymen Position des Midrasch ist kein Entlassungsdokument nötig, sondern bereits das zerstörte Auge führt zur Statusveränderung der versklavten Person, was allerdings von R. Eliezer angezweifelt wird.

der beiden Verse und der jeweiligen Erwähnung von שן/עין im Singular in den Apodosen verstanden werden: Für *ein Auge*, d.h. das erste, erhält die versklavte Person ihre Freiheit und für *ein Auge*, d.h. das zweite, erhält die nun freie Person Entschädigungsleistungen. Darüber hinaus kann aber angenommen werden, dass der Midrasch Ex 21,26b.27b. [תחת עינו/שינו] mit Ex 21,24ab [עין תחת עין שן תחת שן] korreliert: Für *ein*[*en*] *Auge*/*Zahn* findet nunmehr die Talionsformel Anwendung. Damit liegt tatsächlich, allerdings anders als meist angenommen, ein Verweis auf die Talionsformel im Rahmen der Interpretation des sklavenrechtlichen Sätze Ex 21,26–27 vor, der in der rabbinischen Diskussion dieser Verse einzigartig ist. Ziel ist allerdings nicht, die Forderung einer finanziellen Ersatzleistung der Talionsformel herauszustellen,[502] sondern die Grenzen der Anwendung der Formel im Rahmen des sklavenrechtlichen Diskurses um Ex 21,26.27 auszuloten.

7.3.1.7 Weitere Rezeptionsvorgänge der Talionsformel(n) in MechJ?

Zwar kommentiert MechJ explizit nur Teile des Buches Exodus, jedoch hat Neziqin 8 bereits gezeigt, dass dabei häufig Rückgriffe auf andere Teile der Tora vorliegen und dies teilweise auch in Clustern geschieht. Mehrfach bezieht sich MechJ dabei auf die Perikopen Dtn 19,15–21 und Lev 24,10–23, zitiert jedoch die Talionsformel der Perikope dabei nicht direkt.

Eine solche Verzahnung geschieht etwa bei der Auslegung von Ex 23,1–2 in MechJ Kaspa 2, wenn die Verse überwiegend bezüglich ihres prozessrechtlichen Gehalts ausgelegt und als Warnung vor rechtswidrigem Verhalten verstanden werden. So verwundert auch nicht, dass in diesem Kontext gleich mehrfach auf Dtn 19,15–17 rekurriert wird, um die Argumentationen durch Schriftbelege zu untermauern. In einer Argumentation von Rabbi Nathan erklingt in Bezug auf Ex 23,2 auch die Rechtsfolge Dtn 19,19 und somit die Spiegelstrafe der Perikope.[503] Ein weiteres solches Cluster bietet die Interpretation von Ex 23,7 [ונקי וצדיק אל תהרוג] in MechJ Kaspa 2, die mehrere Elemente des (Falsch-)Zeugenrechts bearbeitet: Die Notwendigkeit der *Augen*zeugenschaft[504]

---

502 Bei Davis, Lex, 86, ist nicht nachzuvollziehen, inwiefern das Zitat der Talionsformel eine Begründung der finanziellen Kompensation darstellt, ist doch das vermeintliche Zitat der *talio* auf den ersten Fall bezogen, in dem gerade keine Entschädigung gezahlt werden muss.

503 Vgl. auch das Zitat von Dtn 19,17 in MechJ Kaspa 2 zu Ex 23,1 als Warnung an die Streitparteien.

504 In der ersten Erzählung treten zwei potenzielle Zeugen auf, die eine weitere Person mit gezogenem Schwert und mit Verweis auf Gen 9,6 warnen, die von ihm verfolgte Person

sowie die Zweizahl der Zeugen, sowohl zur Etablierung des Tatbestands des Verschwörungszeugnisses[505] als auch zur legitimen Anklage von Rechtsbrüchen.[506] Ein weiteres Mal begegnet Dtn 19,19 in MechJ Bachodesch 8 zu Ex 20,16: Das Dekaloggebot wird komplementär zur Dtn 19 als Warnung [אזהרה] verstanden, Dtn 19,19 als Strafe [עונש]. In all diesen Fällen spielt die *talio* des deuteronomischen Gesetzes jedoch keine Rolle.

Auch außerhalb von Nez 8 nimmt MechJ Bezug auf Lev 24,10–23, wobei auch in diesem Fall die *talio* selbst weder lexikalisch noch strukturell anklingt. Ein Cluster an Bezügen besteht etwa im Rahmen der Todessanktion für Totschläger in Ex 21,12,[507] aber auch zum Thema der Gotteslästerung, das besonders in Verbindung mit den Vorschriften zum Umgang mit den eigenen Eltern interpretiert wird.[508]

---

nicht zu töten. Der Angesprochene bestätigt, diese Warnung zu kennen und wird später von den beiden unbeteiligten Personen mit gezogenem Schwert und einer Leiche entdeckt. Da sie jedoch die Tat selbst nicht mit eigenen Augen beobachtet haben, zählen sie nicht als Zeugen.

505 Aus dem Bericht über die Hinrichtung *eines* Falschzeugen durch R. Schim'on ben Schetach deduziert R. Jehuda ben Tabbai aus Dtn 17,6, dass eine Hinrichtung nur aufgrund von zwei Zeugen stattfinden kann, also auch zwei Verschwörungsszeugen für einen Justizmord nötig gewesen wären. Folglich, da das (Falsch-)Zeugnis eines einzelnen nicht ausreichend ist, war auch die Anwendung der Spiegelstrafe gemäß Dtn 19,19 durch R. Schim'on ben Schetach rechtswidrig, da sein Zeugnis gar nicht hätte zugelassen werden dürfen.

506 Der abschließende Ma'ase Bericht des Jehuda ben Tabbai schildert, dass er einst einen Mörder *inflagranti* bei seiner Tat beobachtet und seine rechtlichen Möglichkeiten abgewogen habe. Da er als einzelner Zeuge nach Dtn 19,15 jedoch den offensichtlichen Täter nicht vor Gericht anklagen konnte, waren seine Hände gebunden. Doch seine Hoffnung, dass Gott die Bestrafung des Täters übernehmen würde, wurde nicht enttäuscht: Der Mörder wird kurz darauf von einer Schlange tödlich verletzt.

507 Vgl. MechJ Nez 4,1–8 zu Ex 21,12, wo mit Lev 24,17 die Bedeutung von מכה untersucht und herausgestellt wird, dass Ex 21,12 auch bei Tötungsdelikten gegen Frauen und Minderjährige anzuwenden sei. Umgekehrt schließe derselbe Vers aus H jedoch die Hinrichtung Minderjähriger in diesem Fall aus (vgl. MechJ Nez 4,12–14). In MechJ Nez. 4,27–29 wird Ex 21,12 mit der Steinigung des Gotteslästerers in Lev 24,17 verglichen und gefolgert, Ex 21,12 fordere die *Steinigung* von Mördern.

508 So liegt nach MechJ 5,98–105 zu Ex 21,17 ein Elternfluch nur dann vor, wenn das Tetragramm dabei Verwendung findet. Rabbi versteht nach MechJ Bach 8,14–28 zu Ex 20,12 die Gebote zum Ehren und die Verbote des Fluchens der Eltern und Gott parallelisiert, was er durch einen Vergleich von Ex 21,17 und Lev 24,15 herausarbeitet. Ferner wird Ex 22,27 als Warnung [אזהרה] komplementär zur Strafe [עונש] in Lev 24,16 identifiziert (MechJ Kaspa 1,60–62).

7.3.1.8 Fazit: Die Rezeption der Talionsformel in MechJ

Für die Rezeptionsgeschichte der *talio* kann MechJ als gehaltvolles und polyphones Zeugnis gelten, das einerseits Einblick in die hermeneutischen Traditionen zum Umgang mit den biblischen Talionsformeln bietet, aber andererseits auch abweichende Standpunkte überliefert. Indem die Formel des Bundesbuchs innerhalb ihres literarischen Kontextes ausgelegt wird, ist deutlich, wie wenig der zugrundeliegende Rechtsfall die Auslegung der *talio* beeinflusst und umgekehrt. Viele Stimmen verstehen – entsprechend der weiteren rabbinischen Überlieferung – das *nepheš*-Glied als Ausdruck einer Todessanktion und Ex 21,24–25 als Forderung einer finanziellen Ersatzleistung. Letzteres wird hermeneutisch besonders im Dialog mit Lev 24,19–20 belegt und nur in einem einzigen Fall aus dem Bundesbuch selbst nachgewiesen. Gleichzeitig überliefert MechJ auch, wenngleich mitunter redaktionell überformt, anderslautende Positionen. Rabbis Interpretation des *nepheš*-Glieds als finanzielle Ersatzleistung kann vor dem Hintergrund des tannaitischen Diskurses um die Anwendung von *kofer*-Zahlungen bei Todessanktionen nachvollzogen werden und R. Eliezers Position schränkt das übliche Verständnis der *talio* bei Körperverletzungsdelikten auf unabsichtliche Taten ein.

Die Terminologie der Mischna (und Tosefta) ist in Teilen belegt, jedoch fällt besonders das Fehlen der Schadenskategorie [נזק] auf. Wie auch in den anderen Midraschim festzustellen ist, spielt die konkrete Berechnung der Höhe der zu leistenden Entschädigungsleistungen gegenüber der Mischna keine Rolle. MechJ bestätigt jedoch die Rezeption von Ex 21,25 für die Kategorie des Schmerzes (vgl. mBQ 8,1c) und bietet eine wichtige Ausdifferenzierung und Definition der biblischen Nomenklatur in diesem Vers. In MechJ 9 werden die sklavenrechtlichen Rechtsätze in Ex 21,26–27 in einem speziellen Fall auf Ex 21,24 bezogen: Dies geschieht jedoch anders als häufig angenommen nicht zur Begründung der Entlassung von versklavten Personen aus ihrem gesellschaftlichen Status, sondern nur zur Bestätigung ihrer Rechte, sofern sie aufgrund eines Körperverletzungsdelikts ihre Freiheit erlangt haben sollten.

7.3.2 Die Rezeption der Talionsformel in der Mechilta de Rabbi Schimon bar Jochai

Mit der Mechilta des R. Schimon bar Jochai liegt ein zweiter halachischer Midrasch zum Buch Exodus vor, der eine weitere Perspektive auf die Rezeption der *talio* ermöglicht. Anders als für MechJ fehlt eine vollständige Handschrift dieses Werkes: Es gibt mittelalterliche Hinweise auf einen R. Schimon bar Jochai zugeschriebenen Midrasch zum Buch Exodus, dessen Existenz im ausgehenden 19. Jahrhundert bei Meir Friedmann und Israel Levy das Interesse an einer Rekonstruktion weckte, bis David Zwi Hoffmann 1905 eine erste Rekonstruktion des Textes aus Stellen des Midrasch ha-Gadol vorlegte.[509] Eine neue Edition erarbeiteten Mitte des 20. Jh. Jacob N. Epstein und sein Schüler Ezra Z. Melamed, welche die bis dahin entdeckten mittelalterlichen Handschriften und sowie zusätzliche Genizafragmente aus Kairo einbeziehen konnten. So sind nunmehr etwa fünfundsiebzig Prozent des Textes neben dem Midrasch ha-Gadol durch weitere Handschriften gedeckt.[510] Hinsichtlich der Datierung seiner Redaktion ist MechSch später anzusetzen als MechJ und wurde womöglich erst in amoräischer Zeit abgeschlossen.[511] Nichtsdestotrotz wird vermutet, dass große Teile bereits aus tannaitischer Zeit stammen, weshalb MechSch überwiegend zu den tannaitischen Midraschim gezählt wird und sich ein Vergleich mit MechJ – mit der angemessenen Zurückhaltung – anbietet.[512] Für die bearbeiteten Perikopen wurden die o.g. Texteditionen sowie die aktuellere Ausgabe von W. David Nelson (2006) zum gesamten Midrasch sowie zum Abschnitt Nezikin von Liora Elias Bar–Levav (2013) verwendet.

7.3.2.1 Die Auslegung von Ex 21,22–25 in MechSch 65

Mit MechSch Nez 65 liegt ein zweiter tannaitischer Kommentar zu Ex 21,22–25 vor, der ähnlich wie MechJ dem Aufbau des biblischen Rechtsfalles folgt. Er bespricht dessen Funktion im Rahmen des biblischen Körperverletzungsrechts, arbeitet die genaue Bedeutung der Tatbestände heraus und kommentiert die zugehörigen Rechtsfolgen. Dennoch liegen nur wenig exakte Entsprechungen vor[513] und abweichende Einschätzungen und Erkenntnisinteressen überwiegen.[514] Im direkten Vergleich ist MechJ Nez 8 deutlich dialogischer

509 Vgl. Nelson, MechSch, XIII–XVI; Stemberger, Einleitung, 285–286.

510 Vgl. Nelson, MechSch, XVI–XVII.

511 Vgl. Stemberger, Einleitung, 286–287; Kahana, Midrashim, 75–76.

512 Diese Zurückhaltung ist insbesondere für die bearbeiteten Perikopen zu wahren, da eine handschriftliche Bezeugung der Kommentare zu Ex 21,22–25 fehlt, weshalb Bar-Levav, MechSch, ihre Textrekonstruktion des Kapitels Neziqin erst mit Ex 21,28 einsetzen lässt.

513 Beide Mechiltot deduzieren (a) explizit Frauen als Täterinnen (MechJ 8,19–22//MechSch 65,4; 9), (b) folgern, dass auch ein ungeborenes Kind (trotz des Plurals ילדיה) den Tatbestand erfüllt (MechJ Nez 8,33–34//MechSch Nez 65,5), (c) beziehen אסון auf die Schwangere (MechJ 8,35–42//MechSch Nez 65,7) und meinen, (d) die Richter würden den Betrag in Unterfall$_a$ festlegen (MechJ Nez 8,51–56).

514 Beispielsweise hält MechSch 65,4 als Unterscheidung zwischen den Rechtssätzen Ex 21,22–25 und Ex 21,28–32 fest, dass in letzterem Fall keine Haftung für das Ungeborene [דמי וולדות] vorliegt (diese R. Aqiva zugeschrieben Tradition begegnet noch in MechJ Nez 10 zu Ex 21,28, vgl. Anm. 394 sowie MechSch Nez 63,3). Auch

aufgebaut und überliefert hinsichtlich der intertextuellen Funktion des Rechtssatzes im biblischen Recht sowie der Auslegung der Elemente der Talionsformel nicht nur unterschiedliche hermeneutische Zugänge, sondern auch widerstreitende Positionen, was in MechSch fehlt.

7.3.2.2 Die Schadenskategorien in MechSch 65

MechSch Neziqin 65 zu Ex 21,23[515]

Hier [Ex 21,21] gibt er [Entschädigungen für] Schaden und Schmerz und dort [Ex 21,19] gibt er [Entschädigungen für] Arbeitsausfall und Heilung.	כאן הוא נותן נזק וצער ולהלן הוא נותן שבת ורפוי
Woher [wissen wir], dass das hier genannte [auch] dort [gilt] und dass das dort genannte [auch] hier [gilt]? [Weil] die Tora sagt, »Und wenn Männer raufen« [Ex 21,22] [und] »Und wenn Männer streiten« [Ex 21,18].	מנין ליתן את האמור שלזה בזה ואת האמור שלזה בזה ת״ל כי ינצו אנשים וכי יריבון אנשים

Während MechJ Nez 8,1–18 drei Positionen zur Bestimmung des Zwecks von Ex 21,22–25 vorstellt und die anonyme Meinung, das Proprium des Rechtssatzes bestünde im Moment der *aberratio ictus*, sowohl durch Kommentare Rabbi und R. Jizchaqs widerlegt,[516] besteht nach MechSch Nez 65,1–2 genau darin der Zweck des Rechtssatzes. Anders als in MechJ steht der Rechtssatz nach dem Zeugnis von MechSch allerdings nicht im Dialog mit Ex 21,[13–]14, sondern mit Ex 21,18–19, wobei der Midrasch die beiden Perikopen aufgrund der ähnlichen

erweitert MechSch 65,5–6 die Kategorien der Geschädigten und erwähnt explizit unverheiratete Frauen [אין לה בעל], eine Konvertitin [גיורת], Magd [שפחה] und Freigelassene [משוחררת], was vermutlich als Rezeption von tBQ 9,20 zu werten ist. Neben anderslautenden Positionen, besonders der Interpretation des *nepheš*-Glieds als finanzielle Ersatzleistung (vgl. Rabbi in MechJ Nez 8,63–66) bzw. R. Eliezers Interpretation von Ex 21,24 (vgl. MechJ Nez 8,75–79.87–88) fehlen in MechSch das Tatbestandsmerkmal, dass der Schlag dem Bauch gelten muss (MechJ Nez 8,23–28), dass (trotz der eben erwähnten Rezeption von tBQ 9,20) nur der *biologische* Vater Begünstigter sein kann (MechJ Nez 8,28–32; 8,49–51) sowie die explizite Auslegung, אסון bedeute Tod (und nicht, Verletzung, vgl. MechJ Nez 8,57–59). Im direkten Vergleich fällt zudem auf, dass keine Interpretation von כויה תחת כויה als Hinweis auf das Schmerzensgeld vorliegt (vgl. MechJ Nez 8,89–95).

515 Textgrundlage: Hoffmann, MechSch, 129; Nelson, MechSch, 292; Epstein/Melamed, MechSch, 176.

516 Vgl. Anm. 378.

Einleitung der Protasis כי ירִיבוּן/ינצו[ו] אנשים verbunden sieht.[517] Nicht nur seien in beiden Fällen absichtliche und unabsichtliche Körperverletzungsdelikte gleich zu behandeln [לעשות את שאין מתכין כמתכין], sondern auch die aus beiden Rechtssätzen zu deduzierenden Kategorien der finanziellen Ersatzleistung (Ex 21,18–19: שבת, רפוי; Ex 21,22–25: נזק, צער) müssten nach MechSch Nez 65,3 komplementär im jeweils anderen Fall ergänzt werden.[518] Anders als MechJ erwähnt MechSch so gleich zu Beginn seiner Auslegung von Ex 21,22–25 *en passant* vier der fünf Kategorien, für die nach mBQ 8,1//tBQ 9,1 finanzielle Ersatzleistung zu leisten ist und verwendet dabei auch den Fachterminus נזק ausdrücklich. Obwohl MechSch die Berechnung des Arbeitsausfalls und die Bedingungen des Heilungsgeldes ausführlich bespricht,[519] fehlen auch in MechSch Nez 65 Traditionen zur Berechnung der Entschädigungsleistungen für den Schaden und den Schmerz sowie ein Hinweis auf die fünfte Kategorie, בושת.[520]

7.3.2.3 Die Auslegung der Talionsformel in MechSch 65

Die Interpretation von Ex 21,23b–25 in MechSch 65 ist deutlich knapper als der Kommentar in MechJ und unterscheidet weniger deutlich zwischen den Einzelgliedern der *talio*. Es liegen drei Kommentare vor, deren Einzelelemente auch in tBQ, MechJ und Sifra begegnen.

517 Auch MechJ kennt diese Tradition, erwähnt sie allerdings nur umgekehrt im Rahmen der Interpretation von Ex 21,18–19. Vgl. oben 7.3.1.5.

518 Vgl. ebd.: אלא ליתן את האמור כאן להלן ואת האמור להלן כאן. Bei der Auslegung von Ex 21,18–19 fehlt ein entsprechender Querverweis. Gvaryahu, Battery, 553, scheint das zu übersehen, wenn er meint, Ex 21,18–19 würde in MechSch nicht im Rahmen des Körperverletzungsrechts ausgelegt, sondern als Teil der Rechtssätze zu Mord und Totschlag gerechnet.

519 Vgl. MechSch Nez 63,1,8–2,8 zu Ex 21,18–19.

520 MechSch Nez 74,3,4 kennt eine finanzielle Ersatzleistung für Injurien, dort allerdings in Kombination mit einem anderen Fachterminus [פגם]; vgl. zur abweichenden Nomenklatur Hauptman, Rereading, 75–78. Hoffmann, MechSch, 130, rechnet u.a. eine weitere Tradition aus dem Midrasch ha-Gadol zu MechSch und bietet eine entsprechende Auslegung von כויה תחת כויה, die nicht nur Injuriendelikte mit Dtn 25,11–12 verbindet, sondern auch die Fünferreihe נזק, צער, שבת, רפוי ובושת kennt, Berechnungssysteme vorschlägt und analog zu tBQ 9,2 unterschiedliche Kombinationen ausführt (vgl. MechSch zu Ex 21,19 in ebd., 128, die jedoch von Epstein/Melamed, MechSch, 174, und Nelson, MechSch, 287–288, nicht übernommen wurden). Lediglich MechSch Nez 68,1,1 argumentiert im Rahmen des Kommentars zu Ex 21,31 mit Zahlungen für Injurien [ולא אם אמרת אדם באדם שמשלם את הבושת]. Sofern dieser Abschnitt MechSch zuzurechnen (so Epstein/Melamed, MechSch, 182; Nelson, MechSch, 303) ist, kennt der Midrasch also auch die Entschädigung für Injurien (vgl. Bar-Levav, MechSch, 152).

MechSch Nez 65 zu Ex 21,23[521]

»Und wenn ein Unglück geschieht, dann sollst du geben Leben […]« [Ex 21,23]	ואם אסון יהיה ונתתה נפש
Ich könnte meinen, wer gleichzeitig einen Menschen und ein Vieh tötet und wer einer Person den Kopf abschlägt und gleichzeitig den Finger einer anderen Person, dass er der Todesstrafe und einer Geldstrafe schuldig ist.	יכול הרג אדם ובהמה כאחד וקטע ראשו שלזה ואצבעו שלזה כאחד יכול יהא חייב מיתה ותשלומים
Die Schrift sagt (aber): »Leben um Leben« [Ex 21,23] und nicht »Leben um Leben und ein Vieh« und nicht »Leben um Leben und ein Auge«.	ת״ל נפש תחת נפש ולא נפש תחת נפש ובהמה ולא נפש תחת נפש ועין
Aber, wer einen Menschen tötet und danach ein Vieh [und] wer den Kopf einer Person abschlägt und danach den Finger einer anderen, ist [beides] schuldig, denn es steht geschrieben »Leben um Leben« und Vieh [Lev 24,17–18], »Leben um Leben« und »Auge« [Ex 21,23–24].	אבל הרג אדם ואחר כך הרג בהמה קטע ראש[522] שלזה ואחר כך קטע אצבעו שלזה חייב שנ׳ נפש תחת נפש ובהמה נפש תחת נפש ועין
Das ist die Regel: Jeder, der gleichzeitig eines todeswürdigen Vergehens und einer Geldbuße (schuldig befunden wird), der wird mit dem Tode bestraft, ist aber von der Geldbuße befreit.	זה הכלל כל שיש בו עון מיתה ותשלומין כאחד נידון במיתה ופטור מין התשלומין

Den Einstieg bildet eine anonyme Auslegung des *nepheš*-Glieds, die der Frage nach doppelter Rechtsfolge für Vergehen nachgeht, bei denen sowohl eine Todessanktion als auch eine finanzielle Entschädigung angemessen wären. Es besteht eine enge Verwandtschaft zu tBQ 9,17, hinsichtlich der Unterscheidung von gleichzeitigen und zeitlich versetzten Taten sowie durch den abschließenden Grundsatz, und zur zweiten (anonymen) Interpretation des *nepheš*-Glieds in MechJ 8,60–66. Wie in tBQ 9,17 wird eingangs eine abgelehnte Position zitiert,[523] wonach die *gleichzeitige* [כאחד] Tötung eines Menschen und eines Nutztieres bzw. die *gleichzeitige* Tötung einer Person und

---

521 Textgrundlage: Nelson, MechSch, 292, Epstein/Melamed, MechSch, 176.

522 Nach Epstein/Melamed, MechSch, 176: ראשו.

523 Vgl. zu יכול […] תלמוד לומר Steinsaltz, Madrich, 106.

Verletzung einer anderen dazu führe, dass die beschuldigte Person sowohl die Todesstrafe erleiden als auch die Entschädigungen zahlen muss [יכול יהא חייב מיתה ותשלומים]. Abgelehnt wird diese Position unter Verweis auf den Wortlaut des *nepheš*-Glieds und den Hinweis, für die o.g. Position müsste die Formel selbst נפש תחת נפש ובהמה/ועין lauten (vgl. MechJ Nez 8,60–66). Eine Variation des Tatbestands, bei der beide Handlungen nicht gleichzeitig, sondern nacheinander [אחר כך] geschehen, wird angenommen. Geschickt führt MechSch die wortgleiche Begründung wie im zuvor abgelehnten Fall an [נפש תחת נפש ובהמה נפש תחת נפש ועין], legt den Akzent diesmal aber auf die Kopula und argumentiert mit der Abfolge der Verse Lev 24,17.18 bzw. Ex 21,23.24: »›Leben um Leben‹ *und* Auge« bedeutet oben, dass zwei gleichzeitige Handlungen nicht doppelt geahndet werden (»ו« entspricht nicht »כאחד«), und hier, dass zwei aufeinanderfolgende Handlungen (»ו« entspricht »ואחר כך«) auch je einzeln rechtlich verfolgt werden. Dieses Phänomen wird abschließend als Grundsatz [כלל] verallgemeinert.[524] Für die erste Interpretation der *talio* in MechSch bedeutet das: (1) Das *nepheš*-Glied wird als Ausdruck einer Todessanktion [חייב מיתה] verstanden. (2) Das עין-Glied und entsprechend Ex 21,24–25 werden als Forderung einer finanziellen Entschädigung [חייב תשלומים] gelesen.

MechSch Nez 65 zu Ex 21,25[525]

Ben Azzai sagt: Sie sagt [die Schrift] »Strieme um Strieme« [Ex 21,25] und dort sagt sie »und wenn ein Mann seinen Nächsten schlägt mit einem Stein oder einer Faust« [Ex 21,18]. Siehe, eine Strieme [kann verglichen werden mit einer] Strieme. Was bedeutet die Strieme, die dort genannt wird: [Eine Entschädigung für den] Arbeitsausfall muss er geben und für die vollständige Heilung sorgen. Auch hier [muss er also eine Entschädigung für den] Arbeitsausfall geben und für die vollständige Heilung sorgen.

בן עזאי אומר הרי הוא אומר חבורה תחת חבורה ולהלן הוא אומר והכה איש את רעהו באבן או באגרוף
הא חבורה חבורה מה חבורה האמורה להלן שבתו יתן ורפא ירפא אף כאן שבתו יתן ורפא ירפא

524 Vergleiche den ausführlicheren Grundsatz in tBQ 9,17.

525 Textgrundlage: Nelson, MechSch, 293, Epstein/Melamed, MechSch, 176–177.

Oder könnte es tatsächlich »Leben um Leben« bedeuten? Die Tora sagt: »und ihr sollt kein Sühnegeld nehmen für das Leben eines Mörders« [Num 25,31]. Für das Leben eines Mörders nimmst du kein Sühnegeld, aber du nimmst ein Sühnegeld für [die Beschädigung von] Gliedmaßen.

או יכול אף נפש תחת נפש ת״ל ולא תקחו כפר לנפש רוצח לנפש רוצח אי אתה לוקח כפר אבל אתה לוקח כפר לאיברין.

Der zweite Argumentationsgang wird Ben Azzai zugeschrieben und bezieht sich auf das חבורה-Glied aus Ex 21,25. Ähnlich wie MechSch Nez 65,1,1–2, wenn der Midrasch eine intertextuelle Verbindung zwischen Ex 21,22–25 und Ex 21,18–19 aufgrund der ähnlichen Protasen herstellt, geschieht dies hier aufgrund der expliziten bzw. impliziten Folgen des körperlichen Angriffs: Ben Azzai schlägt vor, beide Perikopen hinsichtlich der entstandenen Striemen [הא חבורה חבורה] zu vergleichen, die in Ex 21,18–21 natürlich nicht explizit benannt werden.[526] Seine Schlussfolgerung entspricht dem Fazit des o.g. Vergleichs: Da in Ex 21,18–19 explizit Entschädigungsleistungen für den Arbeitsausfall und die Heilungskosten genannt werden, können diese beide Kategorien auch hier eingefordert werden.

Der letzte Kommentar wird formal erneut auf das *nepheš*-Glied in Ex 21,23 bezogen und argumentiert mit Num 35,31.[527] Der anonyme Kommentar bringt die Talionsformel in Verbindung mit dem entsprechenden Vers, nach dem das Sühnegeld [כופר] eines Mörders nicht angenommen werden darf [ולא תקחו כפר לנפש רצח]. MechSch folgert daraus, dass zwar eine כופר-Zahlung im Falle eines Tötungsdelikts nicht gestattet ist, im Umkehrschluss jedoch für schwere Körperverletzungen, d.h. für den Verlust (?) von Gliedmaßen [כופר לאיברין], ein solches Verfahren erlaubt sei.[528] Die Wahl des zitierten Glieds der *talio*

526 Der Stil erinnert an eine G^{e}zera Schawa bzw. einen Heqesch (מה [מילה] האמורה להלן [משמעות] אף כאן [משמעות]), bei der die Erwähnung desselben Lexems oder Wortes verglichen und die Bedeutung in einem Bibelvers auf einen anderen übertragen wird. Da חבורה oder Derivate in Ex 21,18–19 nicht verwendet werden, verweist Ben Azzai auf die Protasis des Verses [והכה איש את רעהו באבן או באגרף] und die vermuteten Folgen des Angriffs.

527 Vgl. Sifra Emor 20 zu Ex 24,20, MechJ Nez 8 zu Ex 21,24.

528 Später, bei der Kommentierung der כופר-Zahlung nach einer tödlichen Begegnung mit einem Rind in Ex 21,30, stellt MechSch Nez 67,5 ebenfalls eine Verbindung zu Ex 21,22 her, die aufgrund der analogen Formulierung ש.י.ת. עליו in beiden Versen besteht. Wer Ex 21,30 isoliert betrachtet, könnte annehmen, es obliegt dem Geschädigten bzw. hier dessen Familie, festzulegen, welchen Betrag der Besitzer des Rindes zu zahlen habe. Aufgrund von Ex 21,22 sei jedoch deutlich, dass die Festlegung der Summe dem Gericht

des Bundesbuch überrascht: Mit נפש תחת נפש kehrt der Text, nachdem zuvor bereits die חבורה zitiert wurde, zwei Verse zurück zu Tötungsdelikten.[529] Dies könnte als Hinweis zu werten sein, dass der gesamte Abschnitt Ex 21,23b–25, im Blick ist und so bewusst der Aufbau der Formel und der Kontrast zwischen Tötungs- und Körperverletzungsdelikten unterstrichen werden soll.[530]

7.3.2.4 Indirekte Rezeption der Talion zur Auslegung von Ex 21,36–37

Die Talionsformel von Ex 21,22–25 spielt auch bei der Auslegung von Ex 21,36 [שור תחת השור] und Ex 21,37 [חמשה בקר ישלם תחת השור וארבע צאן תחת השה] eine besondere Rolle.

MechSch Nez 69 zu Ex 21,36[531]

»Ein Rind für das Rind« [Ex 21,36], lehrt, dass er den gesamten Schaden bezahlt.	שור תחת השור מלמד שמשלם נזק שלם
»und das tote [Rind] gehört ihm«, [d.h.] dem Schädiger.	והמת יהיה] [לו לניזק
Ich könnte meinen, dieser [d.h. der Schädiger] sagt ihm: »Gib mir 100 Minen für mein Rind«, aber jener sagt: »Nimm ein Rind, das 500 Sela wert ist, für dein Rind«.	יכול יהא <זה> אומר לו תן לי מאה <מנה> תחת שורי] [והלז אומר טול שור יפה חמש סלעים תחת שורך
Es wird hier »für« gesagt und es wird dort »für« gesagt. Das »für«, das dort gesagt wird bedeutet, dass er nur mit Geld bezahlt, also bedeutet auch das »für«, das hier gesagt wird, dass er nur mit Geld bezahlt.	נאמר כן] [תחת ונאמר להלן תחת מה תחת האמור להלן אין משלם אלא דמים] [אף <תחת האמור> כן אין משלם אלא דמים

[בית דין] anheimgestellt ist. Dort, beim Kommentar von MechSch zu Ex 21,22, wird die Spannung zwischen כאשר ישית עליו בעל האשה und ונתן בפללים unter Verwendung derselben Formulierungen entsprechend ausgelegt: Der Hinweis auf den Ehemann besage nur, dass diesem die Entschädigungszahlungen gebühren, während der Verweis auf die פלילים bestimme, das Gericht sei für die Festlegung zuständig. Mit Blick auf die Frage, ob sich die Höhe solcher Entschädigungszahlungen an den Geschädigten oder den Schädigern orientiert, verweist MechSch Nez ebenfalls auf Ex 21,22 (vgl. MechSch Nez 67,6 zu Ex 21,30).

529 In MechJ 8 wird diese Argumentation, dort allerdings explizit als *qal wa-chomer*-Argument gekennzeichnet, auf Ex 21,24 bezogen.

530 Zur Frage von Lösegeldzahlungen bei Tötungsdelikten vgl. Shemesh, Punishments, 49–50.

531 Textgrundlage: Nelson, MechSch, 316, Epstein/Melamed, MechSch, 189.

Es steht zur Debatte, ob getötete Nutztiere auch ersetzt werden dürfen, d.h. die Gabe von gleichwertigem Vieh gestattet ist. MechSch Nez 69,2.3 lehnen dieses Vorgehen jedoch ab. Zwar heißt es beispielsweise in Ex 21,36 ausdrücklich, der Täter habe »ein Rind für [תחת] das [getötete] Rind zu bezahlen«, jedoch sei damit keine materielle Gabe eines Tieres gemeint. Vielmehr handle es sich um einen Hinweis darauf, dass er für den gesamten Schaden [נזק שלם], nicht nur für den halben Schaden, aufzukommen habe.[532] Dass dieser Schaden monetär abzuleisten sei, begründet MechSch durch eine G^{e}zera Schawa mit der Präposition תחת und verweist jeweils auf ihre Bedeutung in einem anderen Vers. Da weitere Angaben fehlen, kann nicht mit letzter Sicherheit entschieden werden, ob sich der Verweis auf Ex 21,24–25 bezieht,[533] was aber aufgrund des Verständnisses der *talio* als finanzielle Entschädigung schlüssig wäre.[534] Folglich liegt durch diesen intertextuellen Verweis ein weiterer Hinweis vor, dass תחת – zumindest in Ex 21,24–25 – als Ausdruck einer finanziellen Ersatzleistung gedeutet wird.

7.3.2.5 Die Rezeption von Dtn 19 und Lev 24 in MechSch

Auch die Perikope Dtn 19,15–21 wird mitunter für die Kommentierung des Buches Exodus in MechSch herangezogen,[535] wobei besonders die Kommentierung von Ex 20,16 (MechSch Nez 55,2) von Relevanz ist.[536] Bevor MechSch dort das dekalogische Falschzeugnisverbot als Warnung [אזהרה] zur Strafe [עונש] in Dtn 19,19 identifiziert,[537] legt sie letzteren Vers aus: Die Apodosis, »und ihr sollt ihm tun, wie er gedachte seinem Bruder zu tun« kommentiert sie mit derselben Kategorisierung, die auch in SifDev 190 zu Dtn 19,19[538] begegnet

532 Vgl. MechSch kennt die Differenzierung, dass der Besitzer eines unbescholtenen Rinds [תם] nur für die Hälfte des Schadens aufkommen muss; war das Rind jedoch als stößig bekannt [מועד], wird der gesamte Schaden fällig (vgl. MechSch Nez 68,1 zu Ex 21,31; mBQ 1,4).

533 So Nelson, MechSch, 316; 319.

534 Allerdings gestattet MechSch Nez 65,10 genau in diesem Kontext, allerdings auf den Unterfall$_{a}$ bezogen, dass der Verpflichtung nicht nur mit Geld, sondern auch mit »gleichwertigen [Gütern]« [בשווה כסף] nachgekommen werden könnte.

535 Vgl. MechSch Nez 1,4 zu Ex 3,1–2 wo Mose unter Rückgriff auf die Mehrzeugenregel von Dtn 19,15 [bzw. Dtn 17,6] nahelegt, dass ein solcher Auftrag besser von zwei Personen ausgeführt werden sollte. Vgl. auch MechSch Nez 72,3 zu Ex 22,8, wo mit der G^{e}zera Schawa »דבר« aufgrund von Dtn 19,15 gefolgert wird, welche Zeugen(schaft) nicht anerkannt wird.

536 Zu MechSch Bachodesch 48,1 zu Ex 19,1 vgl. 7.2.1.

537 Vgl. oben 7.3.1.7.

538 Gegenüber MechSch fehlt dort jedoch die zugehörige Warnung, vgl. 7.3.4.2.

und an Philo, spec. 3,182 erinnert: Je nachdem ob die falsche Anklage zu einer Geldbuße [ממון], einer Geißelstrafe [מכות] oder einer anderen Strafe [עונשין] geführt hätte, trifft die Verschwörungszeugen ebendiese. Die Talionsformel selbst ist dabei nicht im Blick.

Die Rezeption von Lev 24 spielt für die Frage nach der Bedeutung der Talionsformel(n) in MechSch nur eine geringe Rolle. Wie in MechJ ist die Perikope besonders bei Vergehen gegen die eigenen Eltern von Bedeutung, sei es ein Fluch oder eine Tätlichkeit. Im Falle des Elternfluchs wird dabei gefolgert, dass die Vorschrift Ex 21,17 nur dann greift, wenn ähnlich wie in Lev 24,10–23, der Name der Eltern dabei auch ausgesprochen wird.[539] Bei tätlichen Angriffen auf die eigenen Eltern folgert MechSch 62,1 aus Lev 24,21 für Ex 21,15: Auch Fälle, (a) bei denen nur ein Elternteil geschlagen wird,[540] sowie körperliche Angriffe auf (b) lebende Personen (c) bei Zufügung einer Strieme [חבורה],[541] egal ob (d) absichtlich oder nicht, erfüllen den Tatbestand.[542] Indirekt offenbart diese Darstellung, dass die Verfasser von MechSch keine physische Retribution bei Körperverletzungen annehmen. Die Verwendung der in den Rechtssätzen so einzigartigen Form נפש אדם in Lev 24,17 spielt auch eine Rolle bei der Auslegung der apodiktischen Todessanktion in Ex 21,12: Bei der Interpretation dieses Verses in MechSch Nez 61,1 ad loc. wird durch einen Verweis auf jenen Vers aus Lev 24, dargelegt, dass auch die Tötung von Frauen und Minderjährigen mit dem Tod bestraft werden.[543]

---

539 In MechSch 62,3 zu Ex 21,17 wird mithilfe einer G^ezera Schawa durch die ähnlichen Formulierungen von Lev 24,15 und Ex 21,17 mit dem Verbum ק.ל.ל. eine Verbindung zwischen den beiden Perikopen hergestellt. Unausgesprochen, aber vermutlich aufgrund von Lev 24,16 [ונקב שם יהוה], was in der rabbinischen Tradition als Aussprechen des Tetragrammatons gedeutet wird, wird diese Praxis auf den Elternfluch übertragen [מה להלן בשם אף כאן בשם]. Vgl. auch knapper MechSch 55,1 zu Ex 20,12, wo Lev 20,9 und 24,16 verglichen werden und diese Verbindung nachträglich aufgrund des Zusammenwirkens der Eltern und Gott bei der Zeugung erklärt wird [וכן בדין מפני ששלושתם שותפים בו].

540 Vgl. MechSch Nez 62,1 zu Ex 21,15, wo die Verwendung des Lexems אדם in Lev 24,21 in Zusammenhang mit dem Verbum נ.כ.ה. unterstreicht, dass auch der Angriff auf eines der beiden Elternteile von Ex 21,15 erfasst wird (ואפילו אחד מהם).

541 Vgl. in der Reihenfolge (a) – (c) – (b) auch Sifra Emor 20 zu Lev 24,21.

542 Vgl. ebd., wobei bei für (b)–(d) die gemeinsame Verhandlung eines Angriffs auf Vieh und auf Menschen in Lev 24,21 ausschlaggebend sind. Für Angriffe auf die Eltern gilt, was qua Lev 24 für tätliche Übergriffe auf Tiere gilt, nämlich dass nur Angriffe auf lebende Tiere geahndet werden [מה מכה בהמה אינו חייב לאחר מיתה אף מכה אביו ואמו לא יהא חייב לאחר מיתה], eine Verwundung vorliegen muss [אינו חייב עד שיעשה בה חבורה] und Intention keine Rolle spielt [לא חלק בה בין שוגג למזיד לחייבו בתשלומים].

543 Vgl. MechSch Nez 62,1 zu Ex 21,12: אין לי אלא מכה את איש ת״ל כי יכה כל נפש אדם בין איש ובין אשה ובין קטן. Vgl. Sifra Emor 20 zu Lev 24,17.

7.3.2.6 Fazit: Die Rezeption der Talionsformel in MechSch

Auch in MechSch konzentriert sich die Rezeption der biblischen *talio* und ihrer Perikopen überwiegend auf den Abschnitt Neziqin und die Auslegung des Bundesbuches. Substanziell entspricht die Interpretation der Talionsformel dabei der Grundtendenz in rabbinischer Literatur, das *nepheš*-Glied als Todessanktion zu verstehen und Ex 21,24–25 als Hinweis auf finanzielle Entschädigungsleistungen, wobei auch hier der eigentliche Rechtsfall und die Rechtsfolgen des Unterfalls$_b$ isoliert voneinander behandelt werden. Insgesamt fällt die Kommentierung der *talio* im Vergleich zu den übrigen Versen aus Ex 21,22–25 relativ knapp aus. Gegenüber MechJ findet eine deutlich stärkere Verschränkung der Einzelelemente der *talio* statt: Tötungs- und Körperverletzungsdelikte werden in der ersten und letzten Interpretation eng miteinander verschränkt und in der mittleren Auslegung steht besonders die Verzahnung von Ex 21,18–19 und Ex 21,22–25 im Mittelpunkt. Lev 24 spielt eine geringere Rolle als in MechJ, begegnet jedoch auch in der ersten Auslegung der Talionsformel des Bundesbuchs. Gleichzeitig überliefert der Midrasch die einzige Auslegung der Talionsformel, die das חבורה-Glied aus Ex 21,25 interpretiert. MechSch verwendet fünf Fachtermini zur Beschreibung der einzelnen Kategorien finanzieller Entschädigungsleistungen aus mBQ 8,1 und verbindet diese deutlicher als MechJ mit Ex 21,22–25 und Ex 21,18–19.

7.3.3 Die Rezeption der Talionsformel in Sifra

Mit Sifra liegt ein tannaitischer Midrasch zum Buch Levitikus vor, dessen Fokus ebenfalls auf den darin enthaltenen Rechtsvorschriften liegt und dessen Bedeutung durch die zahlreichen mittelalterlichen Handschriften und Kommentare unterstrichen wird.[544] Nach der traditionellen Einteilung der halachischen Midraschim in zwei Gruppen wird Sifra der »Schule Aqivas« (Gruppe B) zugerechnet, wobei mehrere Abschnitte aus anderen Traditionen (der Gruppe A) zu stammen und eine besonders große Nähe zu Mischna und Tosefta vorzuliegen scheinen.[545] Von Bedeutung ist auch die Annahme, dass der Kern von Sifra möglicherweise vor die Mischna zu datieren ist, wobei eine spätere Auseinandersetzung mit der Mischna in redaktionellen Schichten von Sifra vermutet wird.[546] Die Verschriftlichung und redaktionelle Überarbeitung von Sifra wird deshalb im 3. Jh. u.Z. angenommen, wobei der

544 Vgl. dazu Kahana, Midrashim, 80–83.

545 Vgl. ebd., 84–87; Stemberger, Einleitung, 289–290.

546 Vgl. ders., Einleitung, 291–292.

Jerusalemer Talmud Sifra teilweise voraussetzt, weshalb ein großer Teil des Textes bereits vor dem 4. Jh. fixiert gewesen sein dürfte.[547] Für die Rezeption der Talionsformel und die Bearbeitung des Körperverletzungsrechts sind diese Überlegungen von Bedeutung, da Sifra sowohl hinsichtlich der verwendeten Terminologie als auch bezüglich des grundlegenden System der Kategorisierung von verschiedenen Folgen körperlicher Angriffe deutlich von der Tosefta und der Mischna sowie den Mechiltot abweicht. Auf diese Fragen wird am Ende der Untersuchungen erneut einzugehen sein. Grundlage der folgenden Untersuchungen sind neben den üblichen Textausgaben auch die zahlreichen mittelalterlichen Handschriften.[548]

7.3.3.1 Die Auslegung von Lev 24,10–23 in Sifra

Die Untersuchung nimmt ihren Ausgang beim Kommentar zu Lev 24,10–23 in Sifra Emor 20. Der Midrasch folgt dem Aufbau des biblischen Textes, bespricht sukzessive die narrative Rahmung der Rechtssätze und legt die Verfügungen zum Umgang mit Gotteslästerung sowie zum Kapital- und Körperverletzungsrecht aus. Hinsichtlich der Rahmenerzählung kommentiert Sifra einerseits biographische Details der beteiligten Personen und den Grund der Auseinandersetzung.[549] Andererseits entfaltet Sifra prozessrechtliche Bestimmungen vom Tathergang bis zur Steinigung, die aus dem Geschehen deduziert werden.[550] In den Kommentaren von Sifra zu Lev 24,10–12.13–16.23

547 Vgl. ebd., 292.

548 MS Vat.ebr. 66; MS Vat.ebr. 31, MS London Margoliouth 341, MS Marshall Or. 24, MS Parma 3259, JTS Rab. 2171, der Erstdruck Venedig (1545) sowie die Textausgabe von Weiss. Als verlässlichste Quelle gilt gemeinhin MS Vat ebr. 66 (vgl. Kahana, Midrashim, 80).

549 Der »Sohn einer israelitischen Frau und eines ägyptischen Mannes« wird als einem Bastard ähnlich [הוא היה כממזר] und als Proselyt [נתגייר] eingestuft. Der Midrasch erläutert, dass der Schuldige sein Zelt im Lager Dans aufschlagen wollte, was ihm allerdings der Gerichtshof des Mose [בית דינו של משה] untersagte, da sich die Israeliten gemäß Num 2,2 entsprechend ihrer väterlichen Zugehörigkeit niederlassen sollten [על דגלו באותות לבית אבותם], er aber nur nach der mütterlichen Linie mit dem Hause Dans verbunden war. Nach der Einschätzung von Sifra spielt die Szene direkt nach dem Verlassen des Gerichtshofes (vgl. Lev 24,10: ויצא). Vgl. auch die ähnlichen Erweiterungen in Lev 24,10^TPsJ, wo dasselbe Problem [בעא למפרום משכניה בגו שבטא דבני דן] unter Verweis auf Num 2,2 erläutert wird [גבר על טיכסיה באתוון ליחום אבהתהון שריין], ein Rechtsprozess stattfindet [ואזלו לבי דינא], und der Mann, nachdem er für schuldig erklärt wurde, beim Verlassen des Gerichtshofs den Gottesfluch ausstößt [וכד נפק מבי דינא כד מחייב פירש וחריף].

550 Als Grund für diese Episode verweist Sifra auf Num 15,32–36 (und Ex 31,14; vgl. TPsJ) und die Unkenntnis der Wüstengeneration in Lev 24,10–24, wie mit dem Mann zu verfahren sei. Sifra stellt als Tatbestand heraus, dass der Delinquent das Tetragramm und

sind weder implizite noch explizite Hinweise auf eine Beeinflussung durch oder Auslegung der Talionsformel festzustellen. Auch die Interpretationen der Rechtssätze zum Totschlag (Lev 24,17.21) sind wenig aussagekräftig hinsichtlich des Verständnisses der *talio*. Erst nachdem der Tatbestand von Lev 24,17 ähnlich wie in den Mechiltot geklärt wurde,[551] beziehen sich die folgenden Interpretationen von Lev 24,19–20.22 entweder explizit (zu Lev 24,20.22) oder implizit (zu Lev 24,19) auf die Talionsformel.

7.3.3.2 »Eigenhändige Taten« und der Tatbestand von Lev 24,19–20

Sifra Emor 20 zu Lev 24,19[552]

$_a$ »Und wenn jemand seinem Genossen einen Makel zufügt« [Lev 24,19a]. Ich weiß nur, dass dies gilt, wenn er ihm einen Makel zufügt.	ואיש[553] כי יתן מום בעמיתו[554] אין לי אלא בזמן שנתן בו מום[555]

nicht nur einen der Beinamen Gottes ausgesprochen habe, was nicht zu einer Todessanktion geführt hätte. Prozessrechtlich ist der Midrasch daran interessiert, wie in einem Gerichtverfahren der genaue Fluch thematisiert werden kann, ohne dass dieser ständig wiederholt würde (vgl. mSan 7,5), und bespricht den Ort der Steinigung, die Anwesenheit von Zeugen und Richtern sowie die Steinigung selbst.

551 Die Rechtssätze schließen auch (1) Täterinnen ein und (2) Frauen sowie Minderjährige werden als Geschädigte erfasst, (3) nicht lebensfähige Föten bzw. Früh-/Stillgeburten [נפלים] allerdings nicht. Vgl. zur Terminologie Schiff, Abortion, 27–29; Grohmann, Miscarriage, 225–229; Barilan, Bioethics, 189. Beim letzten Punkt könnte inhaltlich ein Rückgriff auf Ex 21,22–25 vermutet werden, was sich jedoch terminologisch nicht erhärten lässt: Zur Abwehr der (hypothetischen) Fehldeutung, Lev 24,17 würde auch die Tötung eines Fötus umfassen, bringt Sifra das knappe Belegzitat »Mann« an [תלמוד לומר איש]. Da sich איש in Lev 24,17–22 ausschließlich auf die handelnden Subjekte bezieht und sowohl bei Tötungs- als auch bei Körperverletzungsdelikten ausschließlich (נפש) אדם/עמית als Bezeichnung der Geschädigten verwendet wird, dürfte sich der Verweis auf Ex 21,12 beziehen, wo mit מכה איש das Nomen als Akkusativobjekt verwendet wird. Vgl. auch die Zuordnung bei Winter, Sifra, 612.

552 Textgrundlage: MS Vat.ebr. 66, 233b; MS Vat.ebr.31, 99a–b; MS London Margoliouth 341 (Add. 16406), 246a; MS Marshall Or. 24 (Neubauer 151), 291b; MS Parma Palatina 3259 (De Rossi 139), Fol. 244–245; JTS Rab. 2171 (MS 9026), 134b; Druck Venedig (1545), Weiss, Sifra, 104b.

553 Fehlt in MS Vat.ebr.31, 99a; MS London Margoliouth 341 (Add. 16406), 246a; MS Marshall Or. 24 (Neubauer 151), 291b.

554 MS London Margoliouth 341 (Add. 16406), 246a: באדם. Fehlt in MS Vat.ebr.31, 99a; MS Marshall Or. 24 (Neubauer 151), 291b.

555 Die folgenden zwei Argumentationsgänge fehlen in MS Vat.ebr.31, 99a; der Text geht direkt zu מנין אחוז über.

b Woher [weiß ich, dass dieser Rechtssatz auch gilt, wenn] er seinem Ohr einen Riss zufügt, er sein Haar ausreißt, er spuckt und die Spucke auf ihn kommt, und er ihm seinen Mantel genommen hat und er das Haupt einer Frau auf dem Markt entblößt hat? Die Tora sagt: Und er hat getan – »Wie er getan hat, so tue man auch ihm.« [Lev 24,19b]

מנ׳ צרם באזנו תלש[556] בשערו רקק[557] והגיע בו הרוק[558] והעביר[559] טליתו ממנו ופרע[560] ראשה של אשה[561] תל׳ לו׳ ועשה[562] כאשר עשה כן יעשה לו

c Woher [weiß ich, dass dieser Rechtssatz auch gilt, wenn] er ihn mit [etwas in] seiner Hand schlägt, mit einer Tafel oder einer Schreibtafel oder einer Schriftrolle, die in seiner Hand ist? Die Tora sagt: Und er hat getan – »Wie er getan hat, so tue man auch ihm.«[Lev 24,19b]

ומנין[563] הכהו[564] באחת[565] ידו בלוח[566] ובפנקס וביטמ־סניירות[567] שבידו[568] תל׳ לו׳ ועשה[569] כאשר עשה כן יעשה לו

---

556 MS London Margoliouth 341 (Add. 16406), 246a; MS Marshall Or. 24 (Neubauer 151), 291b: ותלש.

557 MS London Margoliouth 341 (Add. 16406), 246a; MS Marshall Or. 24 (Neubauer 151), 291b: ורקק.

558 MS Marshall Or. 24 (Neubauer 151), 291b fügt hier zusätzlich ועשה כאשר עשה כן יעשה לו und leitet danach erneut mit מנין ein.

559 In MS London Margoliouth 341 (Add. 16406), 246a fehlt והביר – אשה בשוק.

560 MS Vat.ebr. 66, 233b: פרע.

561 Druck Venedig (1545): בשוק.

562 Fehlt in MS London Margoliouth 341 (Add. 16406), 246a; JTS Rab. 2171 (MS 9026), 134b: עשה.

563 MS Parma Palatina 3259 (De Rossi 139), Fol. 245; JTS Rab. 2171 (MS 9026), 134b: מניין.

564 MS London Margoliouth 341 (Add. 16406), 246a fügt hinzu: שאם [הכהו].

565 MS Vat.ebr. 66, 233b; MS London Margoliouth 341 (Add. 16406), 246a; MS Parma Palatina 3259 (De Rossi 139), Fol. 245: באחת. Der gesamte Ausdruck באחר ידו fehlt in MS Marshall Or. 24 (Neubauer 151), 291b komplett.

566 MS London Margoliouth 341 (Add. 16406), 246a: בנייר; MS Marshall Or. 24 (Neubauer 151), 291b: בנר.

567 Weiss, Sifra, 104b: ובטימסמירות; MS London Margoliouth 341 (Add. 16406), 246a: בטו־מוס של שטרות; MS Marshall Or. 24 (Neubauer 151), 291b: ובטומוס שטרות; MS Parma Palatina 3259 (De Rossi 139), Fol. 245: בטומוס ניירות; Druck Venedig (1545): בטימסמירו׳.

568 MS Vat.ebr. 66, 233b: שייש בידו.

569 Bei Druck Venedig (1545) und Weiss, Sifra, 104b beschränkt sich das Belegzitat auf ועשה, bei JTS Rab. 2171 (MS 9026), 134b auf עשה. MS London Margoliouth 341 (Add. 16406), 246a: יעשה.

ומני'[570] אחזו והעמידו[571] בחמה ונשתרב[572] בצינה[573] ונצטנן השיך[574] בו את הכלב[575] השיך[576] בו את הנחש תל' לו' ועשה[577] כאשר עשה כן יעשה לו

d Woher [weiß ich, dass dieser Rechtssatz auch gilt, wenn] er ihn ergreift und in die Hitze stellt und er von der Hitze überwältigt wird, [oder] in die Kälte und er friert, [oder] ihn einem Hundebiss ausgesetzt hat oder ihn einem Schlangenbiss ausgesetzt hat? Die Tora sagt: Und er hat getan – »Wie er getan hat, so tue man auch ihm.« [Lev 24,19b].

יכול אפילו[578] אמר[579] לו המתן לי כאן בחמה ונשתרב בצינה[580] ונצטנן שיסה בו את הכלב שיסה בו את הנחש תל' לו' לו[581]

e Ich könnte meinen, auch wenn er zu ihm sagt »Warte auf mich hier in der Hitze« und er wird von der Hitze überwältigt, »in der Kälte« und er friert [oder] er setzt einen Hund auf ihn an [oder] er setzt eine Schlage auf ihn an. Die Tora sagt »ihm.« [Lev 24,19a]

---

570 Weiss, Sifra, 104b; MS Vat.ebr.31, 99a; MS Parma Palatina 3259 (De Rossi 139), Fol. 245; JTS Rab. 2171 (MS 9026), 134b; Druck Venedig (1545) מנין; MS London Margoliouth 341 (Add. 16406), 246a: מניין שאם.

571 MS London Margoliouth 341 (Add. 16406), 246a überliefert die umgekehrte Reihenfolge: אחזו בצינה ונצטנן אחזו והעמידו בחמה ונשתרב אחזו והשיך.

572 MS Parma Palatina 3259 (De Rossi 139), Fol. 245: ומשתרב.

573 MS Vat.ebr.31, 99b: ובצינה וניצנן. MS Marshall Or. 24 (Neubauer 151), 291b bringt erneut אחזו והעמידו.

574 MS Marshall Or. 24 (Neubauer 151), 291b: אחזו והשיך.

575 Auch hier kehrt MS London Margoliouth 341 (Add. 16406), 246a die Abfolge um, überliefert hier (indeterminiert) נחש und danach את הכלב.

576 MS Marshall Or. 24 (Neubauer 151), 291b: אחזו והשיך.

577 Bei Druck Venedig (1545) und Weiss, Sifra, 104b beschränkt sich das Belegzitat auf ועשה; bei JTS Rab. 2171 (MS 9026), 134b fehlt es ganz. MS London Margoliouth 341 (Add. 16406), 246a: יעשה.

578 Fehlt in MS Parma Palatina 3259 (De Rossi 139), Fol. 245.

579 MS London Margoliouth 341 (Add. 16406), 246a lässt אמר לו המתן aus ([אפילו] ליכן [בחמה]).

580 MS Vat.ebr.31, 99b: ובצינה וניצנן; MS London Margoliouth 341 (Add. 16406), 246a trägt das vorher ausgefallene המתן לי hier nach ([בצינה] המתן לי). Auch MS Marshall Or. 24 (Neubauer 151), 291b leitet erneut mit המתן לי כאן ein.

581 MS Vat.ebr. 66, 233b; MS Vat.ebr.31, 99b; MS Parma Palatina 3259 (De Rossi 139), Fol. 245 überliefern als Belegzitat לו, Druck Venedig (1545); Weiss, Sifra, 104b; MS London Margoliouth 341 (Add. 16406), 246a; MS Marshall Or. 24 (Neubauer 151), 291b מום. JTS Rab. 2171 (MS 9026), 134b: [כאשר] עשה.

f Was siehst du, diese einzuschließen und diese herauszunehmen? Nachdem die Schrift eingeschlossen hat, nimmt sie heraus. Ich nehme diese [Fälle] hinein, die mit der Hand vollzogen wurden und, ich nehme diese (Fälle] heraus, die nicht mit der Hand vollzogen wurden.

מה ראית לרבות את[582] אלו
ולהוציא את[583] אלו אחר שריבה
הכתוב מיעט מרבה אני את אלו
שהן[584] מעשה ביד ומוציא אני[585]
את אלו שאין[586] מעשה ביד

Mit Blick auf Lev 24,19a fragt Sifra, weshalb trotz dieses Verses auch Körperverletzungen, die keine körperliche Versehrung hinterlassen, vom (biblischen) Körperverletzungsrecht erfasst würden [אין לי אלא בזמן שנתן בו מום]. Was genau Sifra unter מום versteht, wird weder hier noch anderswo genauer definiert,[587] der Bedeutungsgehalt kann lediglich gegenüber den direkt anschließenden Beispielen abgegrenzt und aus den Verletzungen des folgenden Kommentars zu Lev 24,20a [ס.מ.י. את עין, ק.ט.ע. את יד, ש.ב.ר. את רגל] gefolgert werden.[588]

Der Aufbau des Abschnitts ist leicht überschaubar: In drei parallelen Argumentationsgängen werden verschiedene Szenarien entfaltet, die nach Ansicht des Midrasch aufgrund des biblischen Zeugnisses den Tatbestand von Lev 24,19a erfüllen, selbst wenn kein מום zugefügt wurde, und – durch leichte Variation des letzten Beispiels – ein Geschehen, dass von dieser Protasis nicht erfasst wird. Die angeführten Beispiele sind auch aus anderen Quellen bekannt: Das Ziehen am Ohr, Ausreißen von Haaren, Anspucken, Entwenden eines Mantels und Entblößen des Hauptes einer Frau in der Öffentlichkeit entsprechen beinahe *verbatim* der Aufzählung von Fällen in mBQ 8,6, die nach der Systematik der Mischna den Injuriendelikten [בושת] zugeordnet werden. Der

582 Fehlt in MS Marshall Or. 24 (Neubauer 151), 291b.

583 Ebd. liest יום?

584 MS London Margoliouth 341 (Add. 16406), 246a beschließt den Abschnitt mit שאין המעשה ביד.

585 Fehlt in MS Vat.ebr. 66, 233b; MS Vat.ebr.31, 99b; u.a.

586 MS Vat.ebr. 66, 233b; MS Vat.ebr.31, 99b; MS Parma Palatina 3259 (De Rossi 139), Fol. 245; JTS Rab. 2171 (MS 9026), 134b שאינן.

587 Querverweise auf weitere Verwendungen des Begriffs im Buch Levitikus, beispielsweise in Lev 21,17–21, fehlen. Auch dort wird im Rahmen der Kommentierung jener Passage in Sifra Emor 3 keine Verbindung zu Lev 24 hergestellt. Der Midrasch diskutiert dort die Beispiele für מומים in der biblischen Überlieferung und unterscheidet darüber hinaus explizit zwischen dauerhaften [מום קבוע] und vorübergehenden [מום עובר] körperlichen Devianzen, wobei beide Priester vom Dienst am Tempel ausschließen.

588 Zu diesen Ausdrücken als Reformulierung der Talionsformel vgl. 7.1.1.1.3.

zweite Argumentationsgang bespricht mit händisch[589] geführten Angriffen mit Schreibmaterialien[590] besondere Formen körperlicher Übergriffe, wobei diese Gruppe trotz lexikalischer Abweichungen aus tBQ 9,31 bekannt ist.[591] In den entsprechenden Baraitot der Mischna und Tosefta werden auch diese Übergriffe den Injuriendelikten zugewiesen.[592] Der letzte Argumentationsgang bearbeitet ein abweichendes Phänomen: Die geschädigte Person wird extremen Wetterphänomenen (Hitze oder Kälte) ausgesetzt bzw. Tieren (Hunden oder Schlangen) ausgeliefert. Körperverletzungen durch extreme Hitze in Form einer zugefügten Verbrennung auf der Fußsohle (MechJ 8 zu Ex 21,25) bzw. durch ein Metallstück auf dem Fingernagel (mBQ 8,1) sind ebenso bekannt wie die Misshandlung einer Person durch große Kälte (MechJ 8 zu Ex 21,25) und dienen dort als Beispiel der Kategorie des Schmerzes [צער]. Hinsichtlich der letzten Gruppe von Vorgängen, die nach Sifra den Tatbestand von Lev 24,19a nicht erfüllen, besteht teils eine wörtliche Übereinstimmung mit mSan 9,1, dort allerdings im Rahmen von Tötungsdelikten: Die Mischna unterscheidet zwischen dem Hetzen [ש.ס.י.] eines Hundes bzw. einer Schlange auf die geschädigte Person und dem Beißen-Lassen [נ.ש.ך. Hiph.], was zumindest

589 In den Handschriften überwiegt die Schreibweise באחד/ת ידו; die bei Weiss, Sifra, 104b, angeführte Lesart »mit seinem Handrücken« [באחר ידו] begegnet nur in JTS Rab. 2171 und im Erstdruck Venedig 1545. Da Sifra Injuriendelikte gegenüber der Mischna nicht als eigenständige Kategorie des Körperverletzungsrecht zu kennen scheint (s. im Folgenden), dürfte die häufiger bezeugte Lesart ursprünglicher sein. Mit Gvaryahu, Laws, 40, Anm. 97, kann angenommen werden, dass die Formulierung באחת ידו nicht einen Schlag mit *einer* Hand bezeichnet, sondern einen Angriff mit einem Gegenstand, der sich in einer Hand befindet. Damit sind die folgenden Angriffe mit Schreibmaterialien Beispiele für diesen Ausdruck, dem vermutlich nicht das Zahlwort »Eins« zugrunde liegt, sondern das Lexem א.ח.ז., also באחז ידו. Vgl. ausführlicher zur aramäischen und syrischen Etymologie mit Beispielen und Sekundärliteratur ebd.

590 Hinsichtlich der Schreibmaterialien besteht eine große Nähe zu tBQ 9,31, wobei die einzelnen Begriffe im Vergleich, aber auch in den Handschriften von Sifra variieren. Beide Listen beinhalten eine Schreibtafel [פנקס] sowie eine Schriftrolle [τόμος] mit Blättern (tBQ 9,31: טומוס של שטרות; Sifra: טמ[ו]ס ניירות [vat.ebr. 66; JTS Rab. 2171; Parma 3259]/טומוס [של] שטרות [London Margoliouth 341; Marshall Or. 24]). Die Tosefta kennt darüber hinaus Papier [נייר] und unbearbeitete Tierhäute [עֲורות שאי(נ)ן נעבדין], während Sifra noch eine weitere Schreibtafel [לוח] anführt (in London Margoliouth 341 stattdessen: נייר). Möglicherweise bearbeiten tBQ 9,31 und Sifra Emor 20 dasselbe Material auf unterschiedliche Weise: tBQ 9,31 unterstreicht die Gemeinsamkeit des Schlages durch Zitate mit dem Lexem נ.כ.ה. und entwickelt eine eigene Definition von Injuriendelikten, während Sifra auf Taten abzielt, die mit der Hand vollzogen werden (vgl. im Folgenden und Anm. 589).

591 In der Tosefta sind diese Fälle insofern verbunden, als bei Angriffen mit jenen Gegenständen eine pauschale Entschädigung von 400 Zuz erhoben wird. Vgl. auch mBQ 8,6, wo ein Schlag mit der Rückhand erwähnt wird.

592 Vgl. Anm. 175.

von R. Jehuda, unterschiedlich beurteilt wird. Ähnlich wie in Sifra Emor 20 scheint auch aufgrund der weiteren Beispiele in mSan 9,1 die Frage der direkten Kausalität ausschlaggebend für die Unterscheidung zu sein.[593]

Im Gegensatz zu den erwähnten Parallelen gibt es in Sifra keinen expliziten Hinweis darauf, dass die Kategorien נזק, צער sowie בושת bekannt und relevant für den Umgang mit Körperverletzungsdelikten sind.[594] Stattdessen stellt der Midrasch abschließend das zugrundeliegende Prinzip vor, nach dem – neben zugefügten körperlichen Schädigungen [מום] – weitere Fälle den Tatbestand von Lev 24,19 erfüllen: Dieses orientiert sich nicht – wie etwa mBQ 8,1 und die Mechiltot – an den Tatfolgen, sondern an den Tatvorgängen selbst und unterscheidet zwischen Fällen, die mit der Hand vollzogen werden [מעשה ביד], und jenen, die nicht eigenhändig ausgeführt werden [שאי(נ)ן מעשה ביד], was besonders anhand der letzten beiden Gruppen von Beispielen ausgeführt wird. Im Rahmen dieser Erklärung (f) erläutert Sifra, dass diese Interpretation auf den hermeneutischen Prinzipien des *Ribbui* und *Mi'ut* beruhe und genauer, »die Schrift, nachdem sie eingeschlossen hat, ausschließt« [אחר שריבה הכתוב מיעט]. Untersucht man vor dem Hintergrund dieses explizit benannten Auslegungsprinzips[595] die vier Belegzitate genauer, ist eine Zuordnung, aufgrund welcher literarischen Besonderheit die Einschließung [רבוי] der ersten drei Beispielgruppen (b) – (d) bzw. die Ausschließung [מעות] der letzten Gruppe (e) erfolgt, nicht eindeutig. Hinsichtlich der Hinzunahme von (b) – (d) könnte einerseits die Redundanz des gesamten Teilverses Lev 24,19b ausschlaggebend sein, andererseits auch die mehrfache Verwendung des Verbums ע.ש.ה. die Interpretation begründen. Letztere Option ist zu favorisieren, da dieses Phänomen zudem durch die zugehörigen Belegzitate der Gruppen (b) – (d) unterstrichen wird: Mit »›ועשה ›כאשר עשה כן יעשה לו‹«[596] zitiert der

593 Vgl. Berkowitz, Sanhedrin, 539. In mSan 9,1 werden keine Wetterphänomene erwähnt, aber große Hitze in Form eines Feuers. Mit dem Untertauchen in Wasser kommt dort ein weiteres Element zur Sprache.

594 So auch Gvaryahu, Battery, 549.

595 Zur Beurteilung dieses hermeneutischen Prinzips in Sifra als redaktionell vgl. Yadin-Israel, Tradition, 40–52. Auch hier gilt, was er auch für die weiteren Belege herausarbeitet: Die logische Argumentation im direkten Stil (מה ראית לרבות [...] אני מרבה את [...]) ist bereits in sich schlüssig, wodurch der Grundsatz אחר שריבה הכתוב מיעט wie ein Fremdkörper wirkt.

596 So mit der überwiegenden Zahl der Handschriften (MS Vat.ebr. 66, 233b; MS Marshall Or. 24, 291b; Parma 3259, Fol. 244–245). In MS Vat.ebr.31, 99a–b fehlen die Argumentationsgänge (b) – (c), in (d) liest aber auch diese Hs ועשה כאשר עשה כן יעשה לו. Der Druck Venedig (1545) und Weiss, Sifra, 104b, bieten in (b) die komplette Form und beschränken die Belegzitate (c) – (d) auf ועשה.; JTS Rab. 2171 (MS 9026), 134b liest stattdessen in (b) »עשה כאשר עשה כן יעשה לו«, in (b) schlicht עשה und in (d) fehlt das Belegzitat komplett.

Midrasch Lev 24,19b, erweitert den Halbvers allerdings zusätzlich mit ועשה um eine Konsekutivform des Verbums .ע.ש.ה. Es gibt keinen wissenschaftlichen Konsens, woher diese Erweiterung[597] stammt, sie ist aber am ehesten als Mischzitat zu verstehen.[598] Vor dem Hintergrund des Kriteriums der »Handlung« deutet Sifra also die mehrfache Verwendung des Verbums .ע.ש.ה in Lev 24,19b inklusiv und rechnet, neben den in Lev 24,20a aufgeführten Versehrungen [מום], auch die Körperverletzungen der Beispiele in (b) – (d) zu den Tatbeständen, da sie »Handlungen« [מעשה ביד] darstellen.

Um die hermeneutische Argumentation zum Ausschluss von Körperverletzungen ohne direkte Verursachung »durch eine Hand« (e) nachvollziehen zu können, muss die divergierende Überlieferung des zugehörigen Belegzitats in den Handschriften geklärt werden: Neben der nur in JTS Rab. 2771 überlieferten Version,[599] bezieht sich eine Gruppe von Manuskripten begründend auf das Dativobjekt »ihm« [לו] (Lev 24,20b),[600] während andere Handschriften »[körperliche] Versehrung« [מום] als Schriftverweis anführen.[601] Beide Optionen sind inhaltlich nicht eindeutig nachzuvollziehen: Die Begründung mit מום würde an dieser Stelle gerade der Kategorisierung von körperlichen Angriffen dienen, die eben nicht zu einer Versehrung führen. Syntaktisch bezieht sich לו in Lev 24,19b auf כן יעשה, ist also gegenüber כאשר עשה Teil der auf die Schädiger bezogene Apodosis und nicht der Protasis.[602] Zum Beleg

In MS London Margoliouth 341 (Add. 16406), 246a wiederum lautet das Belegzitat in (a) »כאשר עשה כן יעשה לו« und in (b)–(c) »יעשה כאשר עשה כן יעשה לו«. Die Übersetzung bei Winter, Sifra, 612–613, variiert wie im Druck Venedig (1545) und bei Weiss, Sifra, 104b, [(b): »Wie er getan hat, so soll ihm getan werden«; (c)–(d): »Er hat getan«]. Wie Neusner, Sifra, 288–289, der sich an der hier favorisierten Lesart zu orientieren scheint [(b)–(d): »as he has done so shall it be done to him«)], unterschlägt er aber auch das einleitende »ועשה«.

597 Aufgrund des relativen Konsenses der Handschriften ist eine fehlerhafte Wiedergabe unwahrscheinlich und die vorliegenden Variationen sind als spätere Harmonisierung anzusehen. Eine abweichende Texttradition von Lev 24,19b kann nicht ausgeschlossen werden, ist allerdings in anderen Kontexten nicht belegt.

598 Vgl. Gvaryahu, Battery, 546, Anm. 52. Im Kanon der HB könnte besonders Lev 4,20 [ועשה לפר כאשר עשה], 16,15 [ועשה את דמו כאשר עשה לדם] und ferner Dtn 31,4 [ועשה יהוה להם כאשר עשה ...] Quelle dieser Erweiterung sein. Das Kriterium [שאינן] מעשה ביד begegnet in Sifra in dieser Form nur hier.

599 JTS Rab. 2171 (MS 9026), 134b überliefert als Belegzitat [כאשר] עשה.

600 Vgl. MS Vat.ebr. 66, 233b; MS Vat.ebr.31, 99b; MS Parma Palatina 3259 (De Rossi 139), Fol. 245.

601 Vgl. MS London Margoliouth 341 (Add. 16406), 246a; MS Marshall Or. 24 (Neubauer 151), 291b und Druck Venedig (1545); Weiss, Sifra, 104b. Winter, Sifra, 613 (»Einen Fehler«) und Neusner, Sifra, 289 (»disfigurement«) folgen dieser Tradition.

602 Das gibt auch Gvaryahu, Laws, 41, zu bedenken, der diese Lesart bevorzugt und meint, es handle sich um eine technische Miʿut, die keinen Bezug zum Inhalt hat, sondern schlicht auf dem Vorkommen des einschränkenden Dativobjekts לו beruht.

dieser Auslegung wird das Dativobjekt לו herangezogen, das inhaltlich – ihm, nicht ihr oder ihnen – als Einschränkung der Aussage verstanden werden kann.[603] Vor dem Eindruck der letzten beiden Beispielfälle sowie der Logik des verwandten mSan 9,1 kann angenommen werden, dass לו, entgegen Lev 24,19b auf die Protasis bezogen, als Ausdruck von Kausalität verstanden wurde: Wurde die Schädigung nicht direkt durch eine Handlung, sondern eine Aufforderung veranlasst, ist eine direkte Kausalität nicht gegeben, weshalb Sifra den Beispielen entsprechende Vorgänge nicht dem Tatbestand von Lev 24,19–20 zurechnet. Nachdem ausgehend von Lev 24,19 die erfassten Tatbestände geklärt wurden, wendet sich Sifra der Frage zu, worin die Rechtsfolge besteht.

7.3.3.3 Die Talionsformel als Rechtsfolge (Sifra Emor 20 zu Lev 24,19–20)

Die folgenden beiden Argumentationsgänge schließen ohne erneutes Zitat der besprochenen Bibelverse an, was aufgrund der vorangegangenen Interpretation, die Lev 24,19–20 als Sinneinheit und Lev 24,19b als Verweis auf weitere Folgen des körperlichen Angriffs neben den מומים in Lev 24,20a versteht, Sinn ergibt.

Sifra Emor 20 zu Lev 24,20[604]

a Ich könnte sogar meinen, hat er sein Auge geblendet, blendet man sein Auge, hat er seine Hand verstümmelt, verstümmelt man seine Hand, hat er seinen Fuß gebrochen,

יכול אפילו[605] סימא את עינו[606]
יסמא את עינו קטע את ידו יקטע
את ידו[1281] שבר את[607] רגלו
ישבר את רגלו תל׳[608] לו׳ מכה

603 Zu Pronomen im Rahmen von Miʿut-Argumentationen vgl. Yadin-Israel, Tradition, 37–38; Chernick, Studies, 112.

604 Textgrundlage: MS Vat.ebr. 66, 234a; MS Vat.ebr.31, 99b; MS London Margoliouth 341 (Add. 16406), 246a; MS Marshall Or. 24 (Neubauer 151), 291b–292a; MS Parma Palatina 3259 (De Rossi 139), 245; JTS Rab. 2171 (MS 9026), 134b; Druck Venedig (1545), S. 53; Weiss, Sifra, 104b–105a.

605 Fehlt in MS London Margoliouth 341 (Add. 16406), 246a; MS Marshall Or. 24 (Neubauer 151), 291b; MS Parma Palatina 3259 (De Rossi 139), 245; Druck Venedig (1545), S. 53; Weiss, Sifra, 104b.

606 In MS London Margoliouth 341 (Add. 16406), 246a fehlen die beiden Apodosen (יסמא את עינו, יקטע את ידו) sowie der gesamte dritte Satz (שבר את רגלו ישבר את רגלו). Auch in MS Marshall Or. 24 (Neubauer 151), 292a fehlt dieses letzte Beispiel und die Apodosen haben die Form יהו + Partizip (יהו סומין, יהו קוטעים).

607 Akkusativpartikel fehlt in MS Parma Palatina 3259 (De Rossi 139), 245.

608 Lakuna in MS Vat.ebr. 66, 234a bis מכה אדם.

bricht man seinen Fuß? Die Tora sagt [aber]: »Wer ein Stück Vieh schlägt [...] wer einen Menschen schlägt« [Lev 24,21]. Wie [geht man mit einem um,] der ein Stück Vieh schlägt? [Man verpflichtet ihn] zu Geldzahlungen. Auch wer einen Menschen schlägt ist zu Geldzahlungen [verpflichtet].

בהמה מכה אדם מה מכה בהמה בתשלומין אף[609] מכה אדם בתשלומין

$_{b}$ Wenn es dir in den Sinn kommen sollte, zu sagen: »ihr sollt kein Sühnegeld für das Leben eines Mörders nehmen« [Num 35,31]. Für einen Mörder nimmst du kein Sühnegeld, aber für Gliedmaßen nimmst du ein Sühnegeld.

אם[610] נפשך לומר לא[611] תקחו כופר לנפש רוצח[612] לרוצח אין[613] אתה נוטל[614] כופר[615] נוטל אתה לאיברים כופר

Von der übrigen Verwendung der Ausdrücke im Rahmen der tannaitischen Auslegung der Talionsformel(n) ausgehend, können die Ausdrücke סימא את עינו וכו' auch hier als Neufassung der Talionsformel in Form eines Verbalsatzes gelten,[616] dürften sich auf Lev 24,20a beziehen und als inhaltliche Explikation der מומים zu verstehen sein. Gegenüber mBQ 8,1 kann die Verwendung des Verbums ש.ב.ר. direkt an die Verwendung des Nomens שבר in der Formel des Heiligkeitsgesetzes verstanden werden. Da statt des erwähnten Zahnes auch die hier im biblischen Text nicht angeführte Verletzung der Hand [ק.ט.ע. יד] angesprochen wird, bezieht sich der Kommentar nicht nur auf Lev 24,20a,

---

609 Lakuna in ebd. bis נפשך.

610 MS London Margoliouth 341 (Add. 16406), 246a: ואם.

611 MS Marshall Or. 24 (Neubauer 151), 292a zitiert Num 35,31 entsprechend der HB syndetisch: ולא.

612 Lakuna in MS Vat.ebr. 66, 234a bis נוטל אתה.

613 MS London Margoliouth 341 (Add. 16406), 246a; MS Marshall Or. 24 (Neubauer 151), 292a: אי'.

614 MS Marshall Or. 24 (Neubauer 151), 292a: נופל.

615 Schluss bei MS Vat.ebr.31, 99b: אבל את נוטל כופר לראשי איברים und ähnlich MS Parma Palatina 3259 (De Rossi 139), 245: אבל אתה נוטל כופר לאיברים. In MS London Margoliouth 341 (Add. 16406), 246a scheint – wie bereits zuvor – ein größerer Fehler vorzuliegen. Das Ende des Satzes liest: אבל אתה נוטל כופר. Die beiden folgenden Worte למכה אדם [יומת מה תלמוד לומר לפי] שנאמר מכה אביו וכו'] würden als Satzabschluss Sinn ergeben, ohne sie wäre der anschließende Fall aber nur schwer zu verstehen. Eine dritte vermutlich fehlerhafte Lesart des letzten Satzes bietet MS Marshall Or. 24 (Neubauer 151), 292a: לאתה לאיברין כופר.

616 Vgl. 7.1.1.2.2.

sondern kann als Interpretation der biblischen Talionsformeln insgesamt gelten.[617]

Beide Argumente für eine finanzielle Ersatzleistung bei Körperverletzungen sind anderweitig bekannt: Auch MechJ Nez 8,66–72 argumentiert mit der kontextuellen Zusammenstellung von Angriffen auf Vieh und Menschen und versteht dies als Hinweis der Schrift, die Rechtsfolgen beider Rechtsbereiche seien miteinander zu vergleichen [היקש] und monetäre Kompensation für Körperverletzungen zu folgern.[618] Der Umkehrschluss aus Num 35,31, wonach eine finanzielle Sühnung von Körperverletzungsdelikten möglich ist, ist auch in MechSch Nez zu Ex 21,25 überliefert.[619] Im zweiten Fall entsprechen sich, trotz einiger Abweichungen zwischen den Handschriften von Sifra hinsichtlich der abschließenden Schlussfolgerung, die beiden Versionen inhaltlich vollkommen. Im Gegensatz dazu wird die erste Argumentation in MechJ Nez 8 deutlich ausführlicher dargestellt und verwendet, im Gegensatz zu Sifra Emor 20, den Fachbegriff נזק bei der Auslegung von Lev 24,19–20.[620] In Sifra fehlen also nicht nur die Bezeichnungen ביזיון/בושת und צער, wie aus der Auslegung von Lev 24,19b hervorgeht, sondern auch die Bezeichnung נזק für den zugefügten Schaden bei Körperverletzungsdelikten.

7.3.3.4 Lev 24,21 in Sifra – Andere Auslegungssystematik oder Verweis auf Ex 21,15?

Aufgrund dieser Beobachtungen und wegen signifikanter Unterschiede in der textlichen Überlieferung des folgenden Sinnabschnitts zu Lev 24,21, stellt sich die Frage, inwiefern bei der Auslegung dieses Verses ein anderes halachisches System zur Beurteilung von Körperverletzungen vorliegt.

617 Dies unterstreicht die Tatsache, dass MS Marshall Or. 24 (Neubauer 151), 292a und MS London Margoliouth 341 (Add. 16406), 246a nur die ersten beiden Sätze [עין, יד] und nicht die für Lev 24 eigentümliche Erwähnung eines Bruchs [שבר] überliefern.

618 Vgl. mit weiteren Querverweisen die Kommentare in 7.3.1.3.

619 Vgl. die Kommentare in 7.3.2.3. Auch in MechJ Nez 8 zu Ex 21,24 folgt auf das Kontextargument ebenfalls eine Beweisgang, der eine כופר-Zahlung erwägt, wobei dort nicht Num 35,31, sondern Ex 21,20 zum Vergleich herangezogen wird. Vgl. 7.3.1.3.

620 In Sifra fehlt der explizite Hinweis, dass in Lev 24 ein היקש zwischen der Verletzung von Tieren und Menschen vorzunehmen ist. Demgegenüber ist MechJ Nez 8 deutlich ausführlicher und formuliert – beinahe redundant – alle Schritte der Argumentation aus.

Sifra Emor 20 zu Lev 24,21[621]

a »Und wer Vieh schlägt […] und wer einen Menschen schlägt« [Lev 24,21]. Weshalb sagt die Tora [diesen Vers]?

מכה[622] בהמה[623] מכה אדם מה תלמוד לומר

b Weil sie sagt »Wer seinen Vater oder seine Mutter schlägt« [Ex 21,15a] [und] ich könnte meinen, er ist nicht schuldig, bis er beide gleichzeitig geschlagen hat. Die Tora sagt [aber] »und wer einen Menschen schlägt, soll getötet werden« [Lev 24,21b], auch wenn er nur einen von ihnen schlägt [ist er schuldig].

לפי[624] שנאמר מכה אביו ואמו מות יומת[625] יכול לא יהא חייב עד שיכה שניהם[626] כאחת[627] תלמוד לומר מכה[628] אדם יומת אפילו[629] אחד מהם

c Ich könnte meinen, sogar wenn er ihn schlägt und ihm keine Strieme zufügt, ist er

יכול אפילו[630] הכהו[631] ולא עשה בו[632] חבורה יהא חייב תלמוד

---

621 Textgrundlage: MS Vat.ebr. 66, 234a; MS Vat.ebr.31, 99b; MS London Margoliouth 341 (Add. 16406), 246a–b; MS Marshall Or. 24 (Neubauer 151), 292a; MS Parma Palatina 3259 (De Rossi 139), 245; JTS Rab. 2171 (MS 9026), 134b–135a; Druck Venedig (1545), S. 53; Weiss, Sifra, 105a.

622 In MS London Margoliouth 341 (Add. 16406), 246a liegt offensichtlich ein Fehler vor (vgl. Anm. 1830). Der Einstieg (?) lautet: [לפי שנאמר...] למכה אדם יומת תלמוד לומר. MS Marshall Or. 24 (Neubauer 151), 292a steigt mit [לפי שנא׳] מכה אדם יומת מה ת״ל.

623 Lakuna in MS Vat.ebr. 66, 234a bis מכה אביו.

624 MS Vat.ebr.31, 99b springt zu שניהם כאחת und überspringt den Verweis auf Ex 21,15, trägt ihn aber später nach (vgl. Anm. 1840).

625 In JTS Rab. 2171 (MS 9026), 134b fehlt die Todessanktion, stattdessen: וגו׳. In Druck Venedig (1545), S. 53 fehlt מות יומת ebenfalls.

626 Text in MS Vat.ebr. 66, 234a verderbt. Fehlt in MS London Margoliouth 341 (Add. 16406), 246a.

627 MS Marshall Or. 24 (Neubauer 151), 292a: כאחד.

628 MS Vat.ebr. 66, 234a; Druck Venedig (1545), S. 53; Weiss, Sifra, 105a: ומכה. Fehlt in MS London Margoliouth 341 (Add. 16406), 246a.

629 MS London Margoliouth 341 (Add. 16406), 246a; MS Marshall Or. 24 (Neubauer 151), 292a: ואפילו.

630 MS Vat.ebr.31, 99b trägt hier ungeschickt den oben ausgefallenen Verweis auf Ex 21,15 nach, stellt erneut die Frage, ob ein Angriff auf ein Elternteil ausreichend sei und leitet über zur Frage nach der Verletzung (לפי שנ׳ מכה אביו ואמו מות יומת יכול לא יהא חייב אלא על שניהם תל׳ לו׳ מכה בהמה ומכה אדם [מה מכה בהמה עד שיעשה בה חבורה...] [יכול אפילו]. MS Marshall Or. 24 (Neubauer 151), 292a: אלא.

631 MS London Margoliouth 341 (Add. 16406), 246a: היכם; MS Marshall Or. 24 (Neubauer 151), 292a: היכנם.

632 Fehlt in MS London Margoliouth 341 (Add. 16406), 246a; MS Marshall Or. 24 (Neubauer 151), 292a: בהם.

schuldig. Die Tora sagt [aber] »und wer Vieh schlägt [...] und wer einen Menschen schlägt« [Lev 24,21]. Was [bedeutet], »wenn er Vieh schlägt«? Bis er ihm eine Strieme zufügt [, ist er nicht schuldig]. [Also gilt] auch, »wer einen Menschen schlägt«, bis er ihm eine Strieme zufügt [, ist er nicht schuldig].	לומר מכה בהמה ומכה[633] אדם מה מכה בהמה עד שיעשה בה חבורה אף[634] מכה אדם[635] עד שיעשה בו[636] חבורה
d Ich könnte meinen, sogar wenn er ihn nach seinem Tod schlägt, ist er schuldig. Die Tora sagt [aber] »und wer Vieh schlägt [...] und wer einen Menschen schlägt« [Lev 24,21]. Was [bedeutet], »wenn er Vieh [tot-]schlägt«, es ist am Leben. [Also gilt] auch: »Wenn er einen Menschen [tot-]schlägt«, er ist am Leben.	יכול אפילו[637] הכהו[638] לאחר מיתה[639] יהא חייב תלמוד לומר מכה בהמה מכה[640] אדם מה מכה בהמה[641] בחייה אף מכה אדם בחיין[642]

Nach einem Neueinsatz durch das Zitat der beiden Protasen von Lev 24,21,[643] den Sifra ebenfalls im Rahmen des Körperverletzungsrecht auslegt,[644] stellt der

633 MS London Margoliouth 341 (Add. 16406), 246a; MS Marshall Or. 24 (Neubauer 151), 292a; JTS Rab. 2171 (MS 9026), 135a: מכה.

634 MS Marshall Or. 24 (Neubauer 151), 292a: אם.

635 MS London Margoliouth 341 (Add. 16406), 246a; MS Marshall Or. 24 (Neubauer 151), 292a: אביו ואמו.

636 MS London Margoliouth 341 (Add. 16406), 246a; MS Marshall Or. 24 (Neubauer 151), 292a: בהם. Der Schreiber von MS Parma Palatina 3259 (De Rossi 139), 245 korrigiert ~~אדם~~ zu בו.

637 Fehlt in MS London Margoliouth 341 (Add. 16406), 246a; MS Marshall Or. 24 (Neubauer 151), 292a.

638 MS London Margoliouth 341 (Add. 16406), 246a: הכה אדם; MS Marshall Or. 24 (Neubauer 151), 292a: היכן.

639 MS Marshall Or. 24 (Neubauer 151), 292a determiniert: המיתה.

640 MS London Margoliouth 341 (Add. 16406), 246a; Druck Venedig (1545), S. 53; Weiss, Sifra, 105a: ומכה.

641 Fehlt in MS Vat.ebr.31, 99b und wurde später im Superskript nachgetragen (בה׳). In JTS Rab. 2171 (MS 9026), 135a doppelt [בהמה בהמה].

642 In MS London Margoliouth 341 (Add. 16406), 246a und MS Marshall Or. 24 (Neubauer 151), 292a erneut: [מכה] אביו ואמו בחייהם. MS Parma Palatina 3259 (De Rossi 139), 245: בחיים.

643 Fehlt in London Margoliouth 341, Marshall Or. 24; Parma 3259.

644 Offensichtlich wird der doppelt verwendete Ausdruck נ.כ.ה. [כל נפש] אדם (Lev 24,17a.21b) nicht begriffskonkordant verstanden. In Lev 24,17a drückt er nach der Interpretation von Sifra ein Tötungsdelikt aus, was auch das Belegzitat, das zur Abwehr der (hypothetischen) Fehldeutung, der Tatbestand von Lev 24,17 würde auch die Tötung eines Fötus umfassen, eingesetzt wird, unterstreicht. Zwar ist dies äußerst knapp, dürfte

Midrasch ähnlich wie MechJ Nez 5 und MechSch Nez 62,1,2–5 eine Verbindung zu Ex 21,15 her. Auch Sifra versteht Lev 24,21 als Ergänzung zur Regelung des Bundesbuchs und arbeitet heraus, warum dieser Vers in der biblischen Überlieferung notwendig ist. Erst aufgrund von Lev 24,21 wird deutlich, dass (1) auch der Angriff auf *ein* Elternteil den Tatbestand von Ex 21,15 erfüllt [אפלו אחד מהם], wobei allerdings (2) eine Strieme zugefügt werden muss [עד שיעשה בו חבורה] und (3) die Mutter bzw. der Vater am Leben sein müssen [בחייו].[645] Entsprechend weist auch Sifra Ex 21,15 unter Rückgriff auf Lev 24,21 als Sonderfall des Körperverletzungsrecht aus.

Hinsichtlich des Systems des Körperverletzungsrechts und der Interpretation der Talionsformel ist besonders (2) von Interesse: Dort folgert der Midrasch, aus der *iuxtaposition* von מכה בהמה und מכה אדם, dass in beiden Fällen das Zufügen einer Strieme [ע.ש.ה. חבורה] von grundlegender Bedeutung ist. In mBQ 8,1c und MechJ Nez 8 begegnet diese Formulierung im Rahmen der Definition der Kategorie »Schmerz« [צער] und hält fest, dass keine Strieme sichtbar sein muss, damit eine entsprechende Entschädigung zu zahlen ist.[646] Folglich ist die allgemeine Formulierung in (2) auffällig, wenn Sifra hinsichtlich des היקש in Lev 24,21 resümiert: »[Also gilt] auch, ›wer einen Menschen schlägt‹, bis er ihm eine Strieme zufügt [עד שיעשה בו חבורה] [, ist er nicht schuldig]«. Zwar ist das Suffix 3.m.sg. der hypothetischen Fehldeutung zu Beginn des Abschnitts [יכול אפילו הכהו ולא עשה בו חבורה יהא חייב] aufgrund der Interpretation in (1), wonach auch der Angriff auf *ein* Elternteil den Tatbestand bereits erfüllt, eher auf Ex 21,15 bezogen zu verstehen.[647] Dennoch haben offensichtlich mehrere Handschriften die Notwendigkeit gesehen, den Bezug zu diesem Vers noch deutlicher herauszustellen: Sie lesen nicht nur durchweg Suffixe der 3.m.pl.,[648] sondern resümieren abschließend »[Also gilt] auch, »wer *seinen Vater oder seine Mutter* [מכה אביו ואמו] schlägt«, bis er *ihnen* [בהם/ן] eine

---

sich aber, da sich איש in Lev 24,17–22 ausschließlich auf die handelnden Subjekte bezieht und sowohl bei Tötungs- als auch bei Körperverletzungsdelikten ausschließlich (נפש) אדם/עמית als Bezeichnung der Geschädigten verwendet wird, auf Ex 21,12 beziehen, wo mit מכה איש das Nomen als Akkusativobjekt verwendet wird. Vgl. auch die Zuordnung bei Winter, Sifra, 612, und die Übersetzung bei Neusner, Sifra, 288.

645 Vgl. zu (1) und (2) auch MechJ 5 zu Ex 21,15 (mit Verweis auf Ex 21,24[.25]) und zu allen drei Aspekten MechSch Nez 62,1,2–5 zu Ex 21,15, wo mit einem Schriftverweis auf Lev 24,21 auch zusätzlich der Aspekt der (Irrelevanz der) Intentionalität abgeleitet wird.

646 Vgl. auch MechJ Nez 5,1–5 zu Ex 21,15 und die Kommentare in 7.3.1.5.

647 Trotz der großen Abweichungen in den Handschriften und des mitunter holprigen Übergangs von den Kommentaren zu Lev 24,19–20.21, ist in allen Handschriften ein Bezug zu Ex 21,15 gegeben.

648 Vgl. MS Marshall Or. 24 (Neubauer 151), 292a [היכנם (...) בהן] und MS London Margoliouth 341 (Add. 16406), 246a [היכם].

Wunde zufügt [, ist er nicht schuldig]«.[649] Aus der allgemeinen Formulierung könnte gefolgert werden, dass hier eine Tradition verarbeitet worden ist, nach der Körperverletzungen erst dann rechtlich belangt werden, wenn dabei eine »Strieme« zugefügt wurde.[650] Sofern mit »Strieme« [חבורה] mit Blick auf Ex 21,25 eine geringere Verletzung[651] als »Versehrungen« [מומים] bezeichnet werden soll, könnte eine dreifache Abstufung des Körperverletzungsrecht in Sifra angenommen werden: Darunter fallen (a) schwere Körperverletzungen [מומים], (b) leichtere Verletzungen [חבורה] sowie (c) körperliche Angriffe, die direkt zugefügt wurden [מעשה ביד]. Eine solch harmonisierende Lesart macht aber deutlich, dass die Kategorie (b) vermutlich nur sehr wenige Tatbestände einschließt, die nicht bereits durch (c) abgedeckt sind. Aufgrund des Kontextes und der parallelen Interpretationstraditionen, die Lev 24,21 und Ex 21,15 verbinden, dürfte auch der Argumentationsgang (2) auf die Regelungen zur Verletzung der Eltern bezogen sein und trotz der allgemeinen Formulierung – zumindest im jetzigen Kontext – keine Bedeutung für die Interpretation des Körperverletzungsrechts in Lev 24 tragen.

7.3.3.5 Die Talionsformel und prozessrechtliche Fragen

In Sifra folgen im Anschluss an die Auslegung der *talio* zwei prozessrechtliche Interpretationen von Lev 24,22aα, bei deren Abschluss das עין-Glied der Formel als Belegzitat begegnet.

Sifra Emor 20 zu Lev 24,22[652]

»Ein Recht sei euch« [Lev 24,22], wie das Recht von Kapitalprozessen [verhält sich	משפט אחד יהיה לכם כמשפט[653] דיני נפשות כן[654]

649 Vgl. MS Marshall Or. 24 (Neubauer 151), 292a; MS London Margoliouth 341 (Add. 16406), 246a, die auch in (3) ebenso verfahren. Das Zitat von Ex 21,15 in (2) bei MS Vat.ebr.31, 99b ist nicht in diesem Sinne zu verstehen, sondern erklärt sich durch das Fehlen des entsprechenden Verweises in (1), der hier etwas ungeschickt nachgetragen wurde.

650 Das folgert Gvaryahu, Battery, 548–549.

651 Auch anderswo erfährt חבורה in Sifra keine Definition.

652 Textgrundlage: MS Vat.ebr. 66, 234a; MS Vat.ebr.31, 99b; MS London Margoliouth 341 (Add. 16406), 246b; MS Marshall Or. 24 (Neubauer 151), 292a; MS Parma Palatina 3259 (De Rossi 139), 245; JTS Rab. 2171 (MS 9026), 135a; Druck Venedig (1545), S. 53; Weiss, Sifra, 105a

653 Fehlt in MS London Margoliouth 341 (Add. 16406), 246b, MS Marshall Or. 24 (Neubauer 151), 292a: כדיני.

654 In MS Vat.ebr.31, 99b; MS Parma Palatina 3259 (De Rossi 139), 245; JTS Rab. 2171 (MS 9026), 135a; Druck Venedig (1545), S. 53; Weiss, Sifra, 105a fehlt כן; MS London Margoliouth 341 (Add. 16406), 246a–b: כך.

דיני[655] ממונות מה דיני נפשות[656] בדרישה ובחקירה אף דיני ממונות[657] בדרישה ובחקירה

auch das Recht] von Geldprozessen. Wie [werden] Kapitalprozesse [verhandelt]? Durch Befragung und Untersuchung. Also [werden] auch Geldprozesse durch Befragung und Untersuchung [verhandelt].

או[658] מה דיני נפשות בעשרים ושלשה יכול[659] אף דיני ממונות כן[660] תלמוד לומר עין תחת עין ריבה[661]

Wenn also Kapitalprozesse vor dreiundzwanzig [Richtern verhandelt werden], [werden] auch vermögensrechtliche Prozesse vor dreiundzwanzig [Richtern verhandelt]? Die Tora sagt »Auge um Auge« [Lev 24,20], um sie [Geldprozesse] einzuschließen.

Parallele Traditionen – teils mit Rückverweis auf die *talio*[662] und teils ohne[663] – legen den Vers ähnlich wie Sifra vom zweiten Teil des Kolons [כגר כאזרח יהיה] losgelöst aus und beziehen ihn nicht auf die Gerichtsbarkeit unterschiedlicher gesellschaftlicher Gruppen.[664] Stattdessen wird der Vers in Sifra ebenso wie in mSan 4,1 und tSchevu 3,8 auf Gemeinsamkeiten und Unterschiede zwischen Kapitalprozessen [דיני נפשות] und vermögensrechtlichen Prozessen

655 MS Vat.ebr. 66, 234a: [דיני ממונות] משפט.

656 Schreibfehler (ממונות) in MS Marshall Or. 24 (Neubauer 151), 292a, der umgehend korrigiert wurde: ממונות נפשות.

657 In ebd. erneut Schreibfehler [נפשות], diesmal nicht korrigiert.

658 MS London Margoliouth 341 (Add. 16406), 246b; Druck Venedig (1545), S. 53; Weiss, Sifra, 105a: אי. Bei MS Marshall Or. 24 (Neubauer 151), 292a fehlt die Frage nach der Anzahl der Richter komplett. Stattdessen überliefert er zwei Variationen der Frage nach der geforderten Mehrheit für Freisprüche und Verurteilungen (vgl. MS London Margoliouth 341 (Add. 16406), 246b), die allerdings mehrere offensichtliche Fehler beinhalten: או מה דיני נפשות מטין על פי אחד לזכות ועל פי שנים לחובה יכול אף דיני ממונות כן או מה דייני ממונות כן או׳ מה דיני ממ׳ כן או מה דיני נפשות מטין על פי אחד לזכות ועל פי שנים לחובה יכול אף דיני ממונות כן. Auch diese Handschrift schließt mit einem Verweis auf das עין-Glied.

659 Fehlt in MS London Margoliouth 341 (Add. 16406), 246b; MS Parma Palatina 3259 (De Rossi 139), 245.

660 MS London Margoliouth 341 (Add. 16406), 246b; Druck Venedig (1545), S. 53 und Weiss, Sifra, 105a lesen statt כן/כך ausführlicher בעשרים ושלושה.

661 MS London Margoliouth 341 (Add. 16406), 246b überliefert einen weiteren möglichen Vergleichspunkt: או מה דיני נפשות על פי עד אחד לזכות על פי שנים לחובה יכול אף דיני ממונות כן.

662 Vgl. tSchevu 3,8 mit mehrfachen Verweisen auf verschiedene Glieder der Talionsformel, vgl. 7.1.3.1.

663 Vgl. mSan 4,1. Nach Safrai, mSan/mMak A, 262, ist Sifra von mSan 4,1 abhängig.

664 Vgl. Anm. 293.

[דיני ממונות] bezogen. Die einzelnen Aspekte, die dabei verglichen werden, variieren nicht nur zwischen den genannten Werken, sondern auch innerhalb der Manuskripte. Entgegen der Einleitung des Abschnitts [כמשפט דיני נפשות דיני ממונות] überwiegen in Sifra ebenso wie in tSchevu 3,8 und mSan 4,1 die Unterschiede zwischen beiden Prozessformen. Im Grunde besteht die einzige Gemeinsamkeit in der Untersuchung der Zeugen durch Nachforschung [דרישה] und Untersuchung [חקירה].

In Bezug auf zwei Aspekte vergleicht Sifra beide Gerichtsverfahren, hinsichtlich der Prüfung der Zeugen und hinsichtlich der Zusammensetzung des Richterkollegiums, wodurch sich auch die Zuordnung des עין-Glieds der *talio* unterscheidet. In der mehrheitlichen Überlieferung[665] stellt Sifra Emor 20 eine knappere Fassung von tSchevu 3,8 dar. Der erste Vergleichspunkt, die Ausforschung [דרישה] und Untersuchung [חקירה] betreffend, bleibt unkommentiert und kann so als korrekte Schlussfolgerung gelten.[666] Der zweite Vergleichspunkt, als alternative Interpretation eingeführt [או] und bereits durch die Darstellungsform infrage gestellt [יכול], vergleicht die beiden Prozessformen hinsichtlich der notwendigen Anzahl von Richtern. Das Belegzitat des עין-Glieds wird als Einschluss [רבוי] gewertet. Da schon aufgrund der Einführung der Frage deutlich wird, dass der Midrasch diese Position, die auch für vermögensrechtliche Prozesse eine Richterzahl von dreiundzwanzig folgert, ablehnt, entspricht die von Sifra vertretene Position mSan 4,1 und tSchevu 3,8, auch wenn eine Dreizahl von Richtern hier weder erwähnt noch aus der Schrift abgeleitet wird. Die Einschließung [רבוי] durch die *talio* beruht vermutlich auf der oben dargestellten Position, nach der auch (schwere) Körperverletzungsdelikte monetär abgegolten werden und somit in die vermögensrechtlichen Prozessstrukturen integriert sind.[667] Ob dahinter noch weitere textliche Beobachtungen stehen, die die Verfasser zu einem

---

665 MS Marshall Or. 24 (Neubauer 151), 292a und MS London Margoliouth 341 (Add. 16406), 246 erwähnen mit der Frage danach, welche richterliche Mehrheit für einen Freispurch [לזכות] bzw. eine Verurteilung [לחובה] notwendig sind, einen zusätzlichen Gesichtpunkt. Beide Handschriften explizieren dabei, wie auch in den übrigen Handschriften zur Frage der Anzahl der Richter zu beobachten, nur die für Kapitalprozesse gültige Regelung, die in beiden Manuskripten abschließend mit dem Zitat des עין-Glieds abgelehnt wird. Diese Tradition ist auch aus mSan 4,1[–2] bekannt, dort allerdings in anderer Form, mit deutlich mehr Beispielen und ohne Verweis auf die *talio* (vgl. dagegen zu tSchevu 3,8 in 7.1.3.1). MS Marshall Or. 24 steht der Mischna aufgrund der Verwendung des Verbums נ.ט.ה. näher, wobei die textliche Überlieferung offensichtlich mit Fehlern behaftet ist.

666 Vgl. dazu auch 7.1.3.

667 Auch wenn dabei ein Rückgriff auf andere rabbinische Traditionen notwendig ist, die nicht explizit in Sifra erwähnt werden, scheint diese Auslegung angemessener als die Vermutung bei Davis, Lex, 82, der *talio* inhärente Moment der Proportionalität habe zur

Ribbui veranlassten, kann anhand des Textes nicht (mehr) nachvollzogen werden.[668] Der (indirekte) Verweis auf die *talio* bezieht sich nicht auf textliche Phänomene, sondern verweist auf die halachische Ausdifferenzierung des Körperverletzungsrechts und die Interpretation der Talionsformel, aus der ein Unterschied zwischen Kapitel- und vermögensrechtlichen Prozessen hervorgeht. Dies gilt auch für tSchevu 3,8, wenngleich dort der Inhalt der *talio* eine größere Rolle als in Sifra Emor 20 spielt.

7.3.3.6 Fazit: Die Rezeption der Talionsformel in Sifra

Im Gegensatz zu den beiden Mechiltot ist die Auslegung des Körperverletzungsrechts deutlich weiter vom System der Mischna entfernt. Es fehlen nicht nur Hinweise auf die fünf Schadenskategorien aus mBQ 8,1 und tBQ 9,1, sondern das grundsätzliche System der Kategorisierung unterschiedlicher Formen von Körperverletzungen folgt einer abweichenden Logik. Gegenüber den Mechiltot leitet Sifra dieses ausschließlich aus Lev 24 ab, ohne auf die weitere Verwendung der Talionsformel bzw. auf das Körperverletzungsrecht im Bundesbuch einzugehen. Stattdessen folgert Sifra zwei verschiedene Arten von Körperverletzungen aus Lev 24,19–20 ab. Der Midrasch scheint dabei die Talionsformel als Explikation des Nomens מום zu verstehen und schwere

---

Anführung der Formel geführt. Dies geht weder aus dem Text hervor noch führt er andere (rabbinische) Traditionen an, die diese Interpretation stützen.

668 In Analogie zu anderen Fällen, in denen Sifra die doppelte Verwendung eines Wortes in einem biblischen Vers zur Anwendung eines *Ribbui* veranlasst (vgl. z.B. Sifra Zav 2,5 (יאכל יאכלו?); Schemini 5,5 zu Lev 11,16; 5,7 zu Lev 11,22 [למינהו למינהו]; 4,8 zu Lev 11,25; 10,8 zu Lev 11,40; [בגד בגדין]; 8,1 [בגד ועור בגד ועור]; Negaim 6,5 zu Lev 13,18 [שחין שחין]; 7,1 zu Lev 13,24 [מכוה מכוה]; 9,14 zu Lev 13,37 [שער שער]; 10,2 zu Lev 13,40 [קרחת קרחת]; 13,5 zu Lev 13,48 [בעור בעור]; Mezora 1,9 zu Lev 14,4 [ציפור ציפור]; 2,7 zu Lev 14,10 [כבש כבש]; Zavim 2,1 zu Lev 15,4 [יטמא יטמא]; 2,1 zu Lev 15,5 [בגד בגדיו]; Achare Mot 2,1 zu Lev 16,5 [שעיר שעיר]; 7,1 zu Lev 16,29 [מלאכה וכל מלאכה]; 12,1 zu Lev 17,15 [בגד בגדי]; Emor 3,12 zu Lev 21,20 [מום מום, איש איש];[איש איש]), könnte hier die zweifache Verwendung des Substantivs עין ausschlaggebend sein. Was allerdings eingeschlossen wird (Körperverletzungen in vermögensrechtlichen Fällen in Analogie zu tSchevu 4,8k?) und inwiefern dies dazu führt, dass vermögensrechtliche Fälle nicht vor dreiundzwanzig Richtern verhandelt werden, bleibt im Dunklen. In Anschluss an die Einschätzung von Yadin-Israel, Tradition, 31–37, dürften weniger feste Regelungen zur Interpretation von textlichen Phänomenen zu den gewünschten Ergebnissen geführt haben, sondern umgekehrt die halachische Position unter Berufung auf mehr oder weniger strikt definierte hermeneutische Prinzipien an den Bibeltext gebunden worden sein. Vgl. besonders dessen Diskussion verschiedener Interpretationen von איש איש in Sifra, die je nach Kontext andere Gruppen (Nichtjuden, Frauen und Minderjährige) einschließen und selbst Fälle vorliegen, in denen ein *Ribbui* die biblische Überlieferung nicht öffnet, sondern das Gemeinte auf bestimmte Fälle beschränkt.

Körperverletzungen, d.h. solche, die einen (unwiederbringlichen) körperlichen Schaden verursachen, als einen Aspekt der beiden Verse zu verstehen. Durch die Interpretation von ע.שׂ.ה. in Lev 24,19 treten weitere Körperverletzungsdelikte hinzu, bei denen keine körperliche Versehrung vorliegen muss. Statt jedoch auf andere Folgen der Angriffe einzugehen (d.h. Schmerz, Beschämung etc.), sieht Sifra diese zweite Kategorie durch den Tatbestand gegeben: Nur »Handlungen«, d.h. mit der Hand verursachte Taten zählen darunter. Anhand des letzten Beispielfalles dürfte dies als Ausdruck direkter Kausalität zu werten sein, wonach jene Aufforderungen bzw. Taten, bei denen keine direkte Kausalität nachzuweisen ist, den Tatbestand von Lev 24,19–20 nicht erfüllen.

Hinsichtlich der Rechtsfolge für die so definierten Körperverletzungsdelikte bestätigt auch Sifra, dass biblisch eine finanzielle Ersatzleistung gefordert wird. Das gehe aus der kontextuellen Zusammenstellung von Angriffen auf Vieh und Menschen in Lev 24,18–21 ebenso hervor wie aus der *kofer*-Zahlung in Num 35,31, die auf Tötungsdelikte beschränkt eine finanzielle Sühnung von Körperverletzungen gestatte. Nach dem Zeugnis des Midrasch werden diese Kompensationen jedoch nicht wie in mBQ oder tBQ in einzelne Beträge (Schaden, Schmerz, etc.) aufgeteilt.

Ähnlich wie in den Mechiltot sowie in der Mischna und Tosefta wird die Talionsformel mit dem Verbot, die eigenen Eltern zu verletzen, korreliert: Überlegungen, dass dabei möglicherweise ein weiteres eigenständiges System des Umgangs mit Körperverletzungen tradiert wurde, bei dem nur Taten, die körperliche Schäden zur Folge haben, den Tatbestand von Lev 24,19–20 erfüllen, ist aufgrund der handschriftlichen Überlieferung abzulehnen.

Daneben ist auch in Sifra die Rezeption der Talionsformel im Rahmen des Prozessrechts belegt: Ähnlich wie, aber knapper als in tSchevu 3 werden dabei Unterschiede zwischen Kapital- und vermögensrechtlichen Prozessen herausgearbeitet. Hier dient die Talionsformel als Beispiel für letztere Prozessform, wobei gegenüber der Tosefta weder das *nepheš*-Glied als Chiffre für Kapitaldelikte verwendet noch explizit die Schwere der zugehörigen Verletzungen der übrigen Elemente der Formel unterstrichen wird.

7.3.4 Die Rezeption der Talionsformel in Sifre Devarim

Bei der unter dem Namen Sifre Devarim (SifDev) bekannten Schrift handelt es sich um einen halachischen Midrasch zu Teilen des Buchs Deuteronomium,[669] der traditionell der »Schule Aqivas« (Gruppe B) zugeordnet wird, wobei jedoch besonders außerhalb des halachischen Kerns (Dtn 12,1–26,15)

669 Dtn 1,1–30; 3,23–29; 6,4–9; 11,10–26,15; 31,14; 32,1–34,12, vgl. Kahana, Midrashim, 95.

mit Zusätzen aus Traditionen der Gruppe A gerechnet wird.[670] Für den Kommentar des deuteronomischen Gesetzes dürfte mit einer Redaktion im späten 3. Jh. gerechnet werden.[671] Für die anschließenden Untersuchungen wurden die Textausgaben sowie die maßgeblichen Handschriften zugrunde gelegt.[672] Zentrum der Untersuchung bildet entsprechend die Interpretation von Dtn 19,15–21 und das Thema des Zeugenrechts in SifDev 188–190, wobei daneben auch SifDev 293 zu Dtn 25,11–12 von Bedeutung ist, wird der Vers doch auch in mBQ 8,1 als Grundlage des Umgangs mit Injuriendelikten herangezogen.

7.3.4.1 SifDev 190 zu Dtn 19,15–21

Ab SifDev 188–190 widmet sich der halachische Midrasch der Auslegung von Dtn 19,15–21 und kommentiert, wie üblich der Reihenfolge des biblischen Textes folgend, einzelne Aspekte der Perikope. Zunächst liegt der Fokus in SifDev 188–190 auf prozessrechtlichen Fragen: Gelten die Vorschriften von Dtn 19 für verschiedene Arten von Prozessen,[673] wessen Zeugnisse und welche Art von Zeugnissen sind zugelassen, auf welche Weise werden Zeugen zu Verschwörungszeugen, wie erfolgt die Untersuchung der Zeugen, welches Vergehen liegt Dtn 19,16–21 zugrunde? Da nach dem biblischen Zeugnis erst mit Dtn 19,19 die Rechtsfolge des Falschzeugnisses angesprochen wird, spielt die Talionsformel bis zu diesem Punkt noch keine Rolle und es können auch sonst keine Rückschlüsse auf das Verständnis der *talio* gezogen werden.

7.3.4.2 Der Umgang mit Verschwörungszeugen in SifDev 190 zu Dtn 19,19

Dies ändert sich, wenn in SifDev 190 schließlich in mehreren Argumentationsgängen die Apodosis der biblischen Perikope im Zentrum steht. Den Einstieg bildet ein systematisierender Abschnitt zu unterschiedlichen Fällen, in denen Dtn 19,16–21 angewendet werden könnte. Zwar ist der Wortlaut in den vorliegen Handschriften nicht einheitlich, der Grundgedanke kann jedoch in allen Versionen nachvollzogen werden.

---

670 Vgl. ausführlich ebd., 96–97; Stemberger, Einleitung, 301–304.

671 Vgl. ebd., 302.

672 MS Vat. Ebr. 32, British Museum MS Add. 16404, MS Oxford, Neubauer 151 sowie die Textausgaben von Friedmann und Finkelstein.

673 Entgegen den untersuchten Traditionen in tSchevu 3,8 und Sifra Emor 20 spielt dabei die Talionsformel keine Rolle, sondern die in Dtn 19,15a genannten Nomina חטא, עון und חטאת.

SifDev 190_1 zu Dtn 19,19[674]

»Und ihr sollt ihm tun, wie er ersann, seinem Bruder zu tun« [Dtn 19,19]. Wenn [es zu] eine[r] Geldbuße [geführt hätte], [muss er] eine Geldbuße [leisten], wenn [es zu] eine[r] Geißelstrafe [geführt hätte], [muss er] eine Geiselstrafe [erleiden], wenn [es zu] eine[r] Strafe [geführt hätte], [muss er] eine Strafe [erleiden].	ועשיתם לו כאשר זמם לעשות לאחיו אם[675] ממון ממון אם מכות מכות אם[676] עונשים עונשים.
Die Strafe haben wir gehört, woher [kennen wir] die Warnung? Die Tora sagt: [Und ihr sollt ihm tun.]	עונש[677] שמענו אזהרה מנין ת״ל[678] ועשיתם לו

Der anonyme Kommentar unterscheidet zwei bzw. drei Rechtsfolgen, welche die Verschwörungszeugen – korrespondierend mit dem intendierten Schaden bei erfolgreichem Prozess durch falsche Anklage – treffen kann: Finanzielle Ersatzleistung [ממון], Geißelstrafe [מכות] und Strafen [עונש] bzw. Rechtsfolgen.[679] Das Substantiv עונשים als Todessanktion zu verstehen[680] kann rhetorisch[681] oder über Dtn 19,16–21 und die Interpretation des zugrundeliegenden

674 Textgrundlage: Friedmann, SifDev, 109b; Finkelstein, SifDev, 231; MS Vat.ebr.32, 104b, London, Add MS 16406 (Margoliouth 341), 349v, MS. Marshall Or. 24, 405b.

675 MS Vat.ebr.32 (104v.) weicht, von den zahlreichen Abkürzungen abgesehen, deutlich ab. Die Hs. liest: **אם ממון אם מכות מכות אין עונשין**.

676 HS London 16406 (Margoliouth 341), 349v ab: מכות **עם** אם עונשין עונשין [...].

677 Umgekehrt in London 16406, 349v. (שמענו עונשים אזהרה מנין) und MS Vat.ebr.32 (שעמנו עינושין).

678 So mit MS Vat.ebr.32 und Friedmann, SifDev, 109b. In MS London 16404, 349v. fehlt das Zitat eines Verses und der Text endet am Ende der Zeile mit ת״ל.

679 Die Handschriften weichen hier deutlich voneinander ab: Ein dreimaliges »wenn X, [dann] X« liegt nur in MS Oxford vor. MS London und Vatikan und lesen nur **אם ממון** ohne erneutes ממון. עונשין fehlt MS London komplett, MS London schließt die Reihe mit **אין עונשין** ab. Möglich wäre, dass es sich zunächst nur um eine Zweierreihe handelte [ממון, מכות] und עונשין schon zur anschließenden Frage nach der zugehörigen Warnung [אזהרה] gehörte.

680 Vgl. den mittelalterlichen Kommentar des Hillel ben Eljakim, dem sich Finkelstein, SifDev, 231, Anm. אם עינשים (»דהיינו מיתה, מפירוש ר״ה«), Hammer, SifDev, 211 (»[...] if to have him executed, he is to be executed [...]«), und Neusner, SifDev II, 76 (»[...] if execution, execution [...]«) anschließen; vgl. Davis, Lex, 82.

681 Im Sinne einer Steigerung ממון – מכות – מיתה.

Rechtsfalls in SifDev begründet werden.[682] Gleichzeitig handelt es sich bei ע.נ.ש. um eine ungewöhnliche Formulierung einer Todessanktion.[683]

Der Nominalstil sowie die Verdoppelung der Nomina (z.B. אם מכות - מכות) erinnert vordergründig an die *talio*, was einen indirekten Bezug zu Dtn 19,21 darstellen, allerdings auch dem knappen rabbinischen Stil geschuldet sein könnte. Entsprechend der tannaitischen Ablehnung talionischer Körperstrafen wird eine solche auch hier nicht als mögliche Rechtsfolge erwähnt. Insgesamt erinnert die systematische Aufgliederung in gewisser Weise an den Metakommentar zur *talio* bei Philo spec. 3,182: In anderem Kontext plädiert er dafür, dass sich die Rechtsfolge auf den entstandenen Schaden bezieht, wobei er zwischen finanziellen [ἐκ τῶν οὐσιῶν] und körperlichen Schäden [ἐκ τῶν σωμάτων] sowie Tötungsdelikten [τῆς ψυχῆς] unterscheidet.[684] Abgeschlossen wird dieser systematisierende Abschnitt mit der Frage nach der notwendigen Warnung,[685] die mit Dtn 19,19 korrespondiert: Naheliegend ist Ex 20,16/Dtn 5,20, aus den vorliegenden Handschriften kann keine eindeutige Antwort entnommen werden.[686]

---

682 Die anschließende Frage nach dem Zeitpunkt, an dem Falschzeugen hingerichtet werden, lässt dies annehmen. Daneben spricht sowohl das *nepheš*-Glied der Talionsformel in Dtn 19,21 für diese Vermutung wie auch die Deutung des zugrundeliegenden Falls Dtn 19,16–21, den SifDev 189 mit Dtn 13,2–6, als Abfall zur Idolatrie, in Verbindung bringt.

683 Auch in SifDev begegnet עונש sonst nicht in dieser Funktion, sondern überwiegend in der festen Wendung עונש שמענו אזהרה מנין (SifDev 171 zu Dtn 18,10 und 173 zu Dtn 18,12) bzw. als allgemeiner Begriff für (göttliche) Strafen oder Rechtsfolgen (z.B. SifDev 41 zu Dtn 11,13 [*bis*], 243 zu Dtn 22,26; 347 zu Dtn 33,6). Möglicherweise sollen durch die offenere Formulierung auch nicht vom irdischen Gericht zu vollziehende Rechtsfolgen eingeschlossen werden, wie etwa die Karetstrafe. Vgl. dazu SifDev 189 mit dem Zitat von Jes 28,16 (»In diesem Jahr stirbst du, weil du Abfall von JHWH gepredigt hast«): Implizit wird die Todesstrafe für die Predigt von Idolatrie möglicherweise als Karet-Strafe gedeutet und deshalb in dieser Auslegung von Dtn 19,19 ausgelassen? Allerdings bestätigt SifDev 86–90 zu Dtn 13 eindeutig die irdisch zu vollziehende Todessanktion. Zur Geißelstrafe als Sühnung von Vergehen, auf die eine Karet-Strafe steht, vgl. Shemesh, Flagellation, 233–238, und ausführlicher ders., Punishments, 82–98.

684 Vgl. dazu 4.2.3.2.

685 Dieser rabbinische Grundsatz, dass eine biblische Strafe immer mit einer Warnung korrespondieren muss, ist auch SifDev belegt. Eindrücklich kommentiert z.B. R. Schimʿon in SifDev 173 zu Dtn 18,12 die Vertreibung der Völker im zweiten Versteil und schließt daraus, dass sogar die Kanaanäer vor ihren Fehltritten gewarnt worden sein mussten, denn: »Man bestraft keinen Menschen, bis er gewarnt wurde« [שאין עונשין את האדם עד שמזירים אותו].

686 In den wichtigsten Hss fehlt der Verweis auf einen entsprechenden biblischen Vers. Friedmann, SifDev, 109b versteht das nochmalige ועשיתם לו als solches und ergänzt in

7.3.4.3 Die Hinrichtung der Verschwörungszeugen nach SifDev 190 zu Dtn 19,19

Anschließend wendet sich SifDev zwei Aspekten der Todessanktion für Verschwörungszeugen zu: Dem Zeitpunkt ihrer Hinrichtung und der Hinrichtungsart.

SifDev 190$_2$ zu Dtn 19,19[687]

[»Und ihr sollt ihm tun, wie er ersann, seinem Bruder zu tun«] [Dtn 19,19]. Von hier sagten sie, man tötet die Falschzeugen nicht, bis der Prozess beendet ist,	[ועשיתם לו כאשר זמם לעשות לאחיו] מכאן אמרו[688] אין עדים[689] זוממים נהרגים עד שיגמר הדין[690]
denn die Sadduzäer sagen: »Bis er getötet wurde, denn es heißt ›Leben um Leben‹«.	שהרי צדוקים אומרים עד שיהרג הנידון[691] שנאמר[692] נפש בנפש
Rabbi Jose ha-Gelili sagt: »Weshalb sagt die Tora ›Und ihr sollt ihm tun, wie er ersann, seinem Bruder zu tun‹?	רבי יוסי הגלילי אומר מה ת״ל ועשיתם לו כאשר זמם לעשות לאחיו
Weil wir bei allen Strafen in der Tora finden, dass die Hinrichtung eines Mannes und die Hinrichtung einer Frau gleich ist und [die Hinrichtungsform der] Verschwörungszeugen ihnen entsprechen.	לפי שמצינו בכל עונשים שבתורה שוה[693] מיתת איש למיתת אשה וזוממיהם כיוצא בהם

Klammern v.20b [וגו׳ ולא יוסיפו לעשות וגו׳]. Finkelstein, SifDev, 231 ergänzt mit dem mittelalterlichen Kommentar des Hillel ben Eljakim Ex 20,16 [לא תענה ברעך עד שקר], vgl. Bietenhard/Ljungman, SifDev, 465.

687 Textgrundlage: ebd.; Finkelstein, SifDev, 231; MS Vat.ebr.32, 104b, British Museum, Add MS 16406 (Margoliouth 341), 349b, MS. Marshall Or. 24 (Neubauer 151), 405b.

688 British Museum, Add MS 16406 (Margoliouth 341), 349b fügt ein: מניין.

689 Vat.ebr.32, 104b; MS. Marshall Or. 24 (Neubauer 151), 405b: העדים.

690 British Museum, Add MS 16406 (Margoliouth 341), 349b: שיגמור את הדין.

691 So mit Finkelstein, SifDev, 231; Vat.ebr.32, 104b; British Museum, Add MS 16406 (Margoliouth 341), 349b; MS. Marshall Or. 24 (Neubauer 151), 405b. Friedmann, SifDev, 109b fügt הנידון hinzu.

692 Fehlt in British Museum, Add MS 16406 (Margoliouth 341), 349b.

693 Finkelstein, SifDev, 231; MS. Marshall Or. 24 (Neubauer 151), 405b: שהשוה. Fehlt in Vat.ebr.32, 104b; British Museum, Add MS 16406 (Margoliouth 341), 349b.

Aber im Falle der Tochter eines Cohen und ihres Verführers ist die Hinrichtung des Mannes und die Hinrichtung der Frau nicht gleich, sondern die Hinrichtung des Mannes erfolgt durch Erdrosselung und die Hinrichtung der Frau durch Verbrennung.

אבל בת כוהן ובועלה לא השוה
מיתת[694] איש למיתת אשה
אלא[695] מיתת[696] האיש בחנק
ומיתת האשה בשריפה[697]

Aber hinsichtlich [des Umgangs mit] Verschwörungszeugen gegen sie haben wir nicht gehört, was man ihnen tut. [Deshalb] sagt die Tora: ›Und ihr sollt ihm tun, wie er ersann, seinem Bruder zu tun.‹ Seine Hinrichtung ist wie die Hinrichtung seines Bruders und nicht wie die Hinrichtung seiner Schwester ist seine Hinrichtung.«

אבל זוממים[698] לא שמענו מה
יעשה להם ת״ל ועשיתם לו[699]
כאשר זמם לעשות לאחיו כמיתת
אחיו מיתתו ולא כמיתת אחותו
מיתתו[700]

In Kurzform rekurriert SifDev 190 dabei zunächst auf den in mMak 1,6 ausführlicher dargestellten Disput mit den Sadduzäern, bei dem nicht nur der Verweis auf die Gelehrten fehlt, sondern auch ihre Auslegung des *nepheš*-Glieds bzw. die von SifDev selbst. Lediglich die Einleitung [מכאן אמרו], die auf den mitunter erneut angeführten Vers Dtn 19,19a rekurriert, könnte als Verweis auf die Argumentation der Gelehrten in mMak 1,6 verstanden werden.[701] Gegenüber der Darstellung in der Mischna berufen sich die Sadduzäer in SifDev nach allen Textzeugen mit נפש בנפש auf Dtn 19,21 und zitieren nicht נפש תחת נפש.[702] Folglich beschränkt sich SifDev darauf, nur die Gegenposition der Sadduzäer

694 Vat.ebr.32, 104b; British Museum, Add MS 16406 (Margoliouth 341), 349b: מיתות.

695 British Museum, Add MS 16406 (Margoliouth 341), 349b: אבל.

696 Finkelstein, SifDev, 231; British Museum, Add MS 16406 (Margoliouth 341), 349b; MS. Marshall Or. 24 (Neubauer 151), 405b: מיתת; Vat.ebr.32, 104b: מיתות; Friedmann, SifDev, 109b: שמיתת.

697 British Museum, Add MS 16406 (Margoliouth 341), 349b: בחנק korrigiert zu בשפריה.

698 So mit Finkelstein, SifDev, 231; Vat.ebr.32, 104b; British Museum, Add MS 16406 (Margoliouth 341), 349b; MS. Marshall Or. 24 (Neubauer 151), 405b. Friedmann, SifDev, 109b: זוממיה.

699 Vat.ebr.32, 104b zitiert nur bis hier (וגו׳).

700 Fehlt in ebd. British Museum, Add MS 16406 (Margoliouth 341), 349b: מיתת.

701 Vgl. zum Ausdruck מכאן אמרו Rosen-Zvi, Birth, 375–383. Vgl. 7.1.2.1 zu mMak 1,6.

702 Nach der Grundregel *lectio difficilior probabilior* scheint das Zitat aus Ex 21,23 im Kontext von Dtn 19,19 in mMak 1,6 glaubwürdiger; wahrscheinlich verweist SifDev hier konkret auf diese Mischna (vgl. schon zuvor den Bezug auf mMak 1,4 und das verkürzte Zitat

vorzustellen, und kontrastiert diese ohne Beleg oder Erläuterung mit der Position der Rabbinen.

Auch die folgenden Überlegungen zur Hinrichtungsform der Falschzeugen sind ebenfalls im näheren Kontext von mMak 1,6 überliefert, sind aber in diesem Fall in SifDev ausführlicher und werden R. Jose ha-Gelili zugeschrieben. Inhaltlich entsprechen dessen Ausführungen der Position in mSan 11,6, dass die Verschwörungszeugen gegen eine Priestertochter nicht wie diese verbrannt, sondern erdrosselt werden.[703] Der Tannait begründet dies ausführlicher als die Mischna mit Dtn 19,19. Dort sei die Nennung des Objekts לאחיו notwendig, da alle Todessanktionen der Tora grundsätzlich Männer wie Frauen gleichermaßen trifft – mit der Ausnahme einer *bat cohen* und ihrem Liebhaber. Während diese (nach Lev 21,9) verbrannt wird, droht in unterschiedlicher Weise mit ihr verstrickten Männern die Erdrosselungsstrafe. Da folglich unklar wäre, welche Hinrichtungsform (männliche) Verschwörungszeugen gegen eine *bat cohen* bzw. ihre unverheirateten Sexualpartner träfe, spricht Dtn 19,19 nach R. Jose ha-Gelili konkret von der Strafe, die jene »ihrem Bruder« ersannen. Daraus folgert der Interpret, dass »seine Hinrichtung wie die Hinrichtung seines Bruders ist und nicht wie die Hinrichtung seiner Schwester«. Aus welchem Grund die *bat cohen* und ihren Liebhaber jedoch unterschiedliche Hinrichtungsformen treffen müssen, wird auch hier nicht erläutert.[704]

7.3.4.4 Talion und Injuriendelikte – SifDev 190$_3$ zu Dtn 19,19 und SifDev 292–293 zu Dtn 25,11–12

Schließlich folgen zwei bisher noch nicht besprochene rabbinische Argumentationen zum Erweis von finanziellen Ersatzleistungen bei Injuriendelikten.[705]

---

der Mischna in SifDev 189) und passt das Zitat des *nepheš*-Glieds aufgrund des direkten Bezugs an den Bibeltext des Deuteronomiums an.

703 Vgl. dazu oben 7.1.2.1.

704 Vgl. oben Anm. 215.

705 Alle Textzeugen überliefern המבייש als Subjekt. Entsprechend übersetzen auch Hammer, SifDev, 211 (»who inflicts an indignity upon another«) und Neusner, SifDev II, 76 (»one who humiliates another«). Die Übersetzung »welcher einen Schaden zugefügt hat« bei Bietenhard/Ljungman, SifDev, 466 ist textlich nicht belegt [?החובל? המזיק] und verkennt die intertextuelle Verbindung zu Dtn 25,11.

SifDev 190_3 zu Dtn 19,19[706]

Und woher [wissen wir], dass, wer [eine andere Person] beschämt, Geld bezahlen soll? Es wird hier gesagt »dein Auge habe kein Mitleid« [Dtn 19,21] und es wird dort gesagt »dein Auge habe kein Mitleid« [Dtn 25,12]. Wenn das »dein Auge habe kein Mitleid«, das dort gesagt wird, Geld [bedeutet], [bedeutet] auch das »dein Auge habe kein Mitleid«, das hier gesagt wird, Geld.

ומנין[707] שהמבייש משלם ממון נאמר[708] כאן לא תחוס עינך ונאמר להלן לא תחוס עינך מה לא תחוס עינך האמור להלן[709] ממון אף לא תחוס עינך האמור כאן ממון

R. Jehuda sagt: »Hier wird ›Hand‹ und ›Fuß‹ gesagt und dort wird ›Hand‹ und ›Fuß‹ gesagt. Was [bedeuten] ›Hand‹ und ›Fuß‹, die hier genannt werden? Finanzielle Ersatzleistung. Auch ›Hand‹ und ›Fuß‹, die dort genannt werden, bedeuten finanzielle Ersatzleistung.«

רבי יהודה אומר נאמר כאן יד ורגל ונאמר להלן יד ורגל מה יד ורגל האמור כאן[710] ממון אף יד ורגל האמור להלן ממון

Die Gᵉzera Schawa des ersten Arguments hilft zu verstehen, weshalb hier dieser Spezialfall und nicht etwa Körperverletzungsdelikte im Allgemeinen verhandelt werden. Mit dieser hermeneutischen Regel stellt SifDev einen Vergleich zwischen zwei Belegen der dtn Formel »לא תחוס עינך« (Dtn 13,9; 19,13.21; 25,12) her, wobei aufgrund des partizipialen Subjekts davon auszugehen ist, dass es sich bei der zweiten Stelle um Dtn 25,12 handelt:[711] Der Griff in den Schambereich einer anderen Person konstituiert nach rabbinischer Ansicht ein Injuriendelikt, wie auch der Verweis auf diesen Rechtssatz in mBQ 8,1f nahelegt. Mit Blick auf diese Mischna ist dabei interessant, dass dies nicht als Kommentar zu Dtn 19,21, sondern zu Dtn 19,19 angeführt wird.[712] Nimmt man

706 Textgrundlage: Friedmann, SifDev, 109b–110a; Finkelstein, SifDev, 231; MS Vat.ebr.32, 104b, British Museum, Add MS 16406 (Margoliouth 341), 349b, MS. Marshall Or. 24 (Neubauer 151), 405b.

707 Bei MS. Marshall Or. 24 (Neubauer 151), 405v asyndetisch angeschlossen.

708 In MS British Museum, Add MS 16406 (Margoliouth 341), 349b geht dem נאמר ein תלמוד לומר voran, das als Fehler gekennzeichnet ist.

709 In MS. Marshall Or. 24 (Neubauer 151), 405v liegt ein Schreibfehler vor: Der Text überliefert hier כאן und bricht nach ממון ab. Eine im Schriftbild abweichende Marginalie korrigiert den Fehler: וגם?/ולא? תלוס להלן ממון.

710 Ebd.: להלן hier statt כאן und anschließend umgekehrt.

711 So auch ders., SifDev, 466; Hammer, SifDev, 211; Neusner, SifDev II, 76.

712 Vgl. auch Neusner, SifDev II, 77, der feststellt: »This issue has no bearing upon our base-verse, but asks a question deriving from an autonomous program«.

diese Positionierung ernst, scheint SifDev eine Analogie der Rechtsfolgen von Dtn 19,19a und Dtn 25,12a, der im hebräischen Bibeltext durch das Abhacken der Handinnnenfläche[713] konstituierten Spiegelstrafe, zu implizieren. Aufgrund der Verweisstruktur folgert SifDev 190 aus der Interpretation von Dtn 25,12, dass auch die Talionsformel in Dtn 19,21b als finanzielle Ersatzleistung zu verstehen ist. Entsprechend überliefert SifDev 293 zu Dtn 25,12 im Namen R. Jehudas dieselbe G^{e}zera Schawa in umgekehrter Richtung.

SifDev 292–293 zu Dtn 25,11–12[714]

292a […] »um ihren Mann zu retten« [Dtn 25,11]. Rabbi sagt: »Weil wir in der Tora [Belege für] Schäden finden, die, obwohl sie unbeabsichtigt zugefügt wurden, behandelt werden, als wären sie beabsichtigt, könnte man meinen, dies sei auch hier so. Die Tora sagt aber: ›und sie ergriff ihn an seiner Scham‹ [Dtn 25,11], [um zu lehren, dass man erst haftbar für Injurien ist, wenn man sie beabsichtigt]«

[…] להציל את אשה רבי אומר לפי שמצינו שיש[715] מזיקים בתורה שנעשה[716] בהם שאין מתכוין כמתכוין יכול[717] אף כאן[718] תלמוד לומר והחזיקה[719] במבושיו [מגיד שאינו[720] חייב על הבשת עד שיתכוין[721]][722]

292b »An seiner Scham« [Dtn 25,11] Ich weiß nur von seiner Scham. Weshalb schließt man Fälle ein, in denen eine Gefahr besteht? Die Tora sagt »und sie ergriff«, an jedem Ort [Körperteil?].

במבושיו[723] אין לי אלא מבושיו מנין לרבות דבר שיש בו סכנה[724] תלמוד לומר והחזיקה מכל מקום

---

713 Vgl. 2.1.2.5 zu Hypothesen, dass es sich dabei um die Finger bzw. die Labien der Frau oder andere Körperteile handelt.

714 Textgrundlage: Friedmann, SifDev, 109b–110a; Finkelstein, SifDev, 311–312; MS Vat.ebr.32, 112b, British Museum, Add MS 16406 (Margoliouth 341), 362a, MS. Marshall Or. 24 (Neubauer 151), 420b.

715 Vat.ebr.32, 112b: איש korrigiert zu שיש.

716 Ebd.: שעשת; British Museum, Add MS 16406 (Margoliouth 341), 362a; MS. Marshall Or. 24 (Neubauer 151), 420b: שעשה.

717 British Museum, Add MS 16406 (Margoliouth 341), 362a: כביכול.

718 Ebd. fügt hinzu: כן; MS. Marshall Or. 24 (Neubauer 151), 420b: אף זה כן.

719 Fehlt in Vat.ebr.32, 112b; British Museum, Add MS 16406 (Margoliouth 341), 362a. Ausführlicher in MS. Marshall Or. 24 (Neubauer 151), 420b: ושלחה ידה והחזיקה במבושיו.

720 Vat.ebr.32, 112b: שאין.

721 Ebd.: עד שהוא מתכין.

722 In British Museum, Add MS 16406 (Margoliouth 341), 362a und MS. Marshall Or. 24 (Neubauer 151), 420b fehlt »מגיד - שיתכוין«.

723 Vat.ebr.32, 112b: מבושיו.

724 Ebd.: סכנת נפשות.

292c [Wenn dem so ist, warum wurde »seine Scham« gesagt? Was ist besonders an »seiner Scham«? Dass dabei Gefahr für Leben besteht – und siehe, es wird mit dem Abhauen der Handfläche bestraft.

[אם כן למה נאמר מבושיו מה מבושיו מיוחד שיש[725] בו סכנת נפשות והרי הוא בקוצותה את כפה

292d Auch jede andere Sache, bei der Gefahr für Leben besteht, wird mit dem Abhauen der Handfläche bestraft.]

אף[726] כל דבר שיש בו[727] סכנת נפשות הרי הוא בקצותה את כפה][728]

293a »Und du sollst ihre Handfläche abhauen« [Dtn 25,12] lehrt, dass du sie retten sollst durch ihre Handfläche.

וקצתה את כפה מלמד שאתה[729] חייב להצילה בכפה[730]

293b Woher [wissen wir], dass, wenn du sie nicht retten kannst durch ihre Handfläche, [du] sie retten [sollst] durch ihr Leben? Die Tora sagt: »dein Auge habe kein Mitleid«.

מנין אם[731] אין אתה יכול להציל[732] אותה בכפה[733] הצילה בנפשה תלמוד לומר לא תחס עינך

293c Rabbi Jehuda sagt: »Hier wird ›dein Auge habe kein Mitleid‹ [Dtn 25,12] gesagt und dort wird ›dein Auge habe kein Mitleid‹ [Dtn 19,21] gesagt. Was bedeutet ›dein Auge habe kein Mitleid‹, das dort gesagt wird? Geld. Also bedeutet ›dein Auge habe kein Mitleid‹, das hier gesagt wird, Geld.«

רבי יהודה אומר נאמר כאן לא תחס עינך[734] ונאמר להלן לא תחס עינך[1191] מה לא תחס עינך[735] האומר להלן ממון אף לא תחוס עינך האומר כאן ממון

Hier wird Dtn 25,11–12 genauer exegesiert: Einerseits betrifft dies den Aspekt der Intentionalität, der auch in mBQ 8,1f für Injuriendelikte ausschlaggebend ist. Da man nach dem (biblischen) Körperverletzungsrecht auch für

725 Ebd.: דבר שיש.
726 Ebd.: כך.
727 Ebd.: שהו בסכנת.
728 In British Museum, Add MS 16406 (Margoliouth 341), 362a und MS. Marshall Or. 24 (Neubauer 151), 420b fehlen die beiden vorherigen Sätze (אם כן – את כפה).
729 Vat.ebr.32, 112b: שחייב אתה.
730 Fehlt in British Museum, Add MS 16406 (Margoliouth 341), 362a.
731 Ebd.; MS. Marshall Or. 24 (Neubauer 151), 420b: שאם.
732 British Museum, Add MS 16406 (Margoliouth 341), 362a; MS. Marshall Or. 24 (Neubauer 151), 420b: להצילה statt להציל אותה.
733 In Vat.ebr.32, 112b fehlt »מנין - בכפה«.
734 Fehlt in British Museum, Add MS 16406 (Margoliouth 341), 362a und MS. Marshall Or. 24 (Neubauer 151), 420b.
735 Das erneute Zitat fehlt in British Museum, Add MS 16406 (Margoliouth 341), 362a und MS. Marshall Or. 24 (Neubauer 151), 420b: מה להלן ממון אף כאן מנמי ממון.

nicht-intendierte Verletzungen haftbar ist, erklärt Rabbi, sei das (intentionale) Ausstrecken der Hand in Dtn 25,11 von grundlegender Bedeutung, um zu lehren, dass bei Injuriendelikten die Intentionalität eine *conditio sine qua non* ist [מגיד שאינו חייב על הבשת עד שיתכיוון].[736] Andererseits wird der Rechtsfall generalisiert und, indem dem Griff ans männliche Genital als Gefahr für das Leben [סכנת נפשות] deklariert wird, auf weitere solche »lebensbedrohliche« Angriffe ausgeweitet. Was sich hier bereits andeutet wird bei späteren Auslegern weiter ausgearbeitet: Dtn 25,11–12 wird zu einem *locus classicus* für den ethischen Diskurs über die Rechtmäßigkeit körperlicher Gewalt im Dienst der Notwehr und spielt auch – verbunden mit Ex 21,22–25 – im Themenfeld des Schwangerschaftskonflikts eine bedeutende Rolle.[737]

Der zweite Argumentationsgang – in SifDev 190 – schließt direkt an den vorherigen Kommentar zu Injuriendelikten an, scheint aber nicht darauf beschränkt zu sein. R. Jehuda bedient sich ebenfalls einer G^e^zera Schawa, in diesem Fall jedoch bezogen auf einzelne Glieder der Talionsformel: Die beiden – von den unterschiedlichen Präpositionen abgesehen – identischen Versionen der Talionsformeln in Ex 21,24 und Dtn 19,21 sind dabei der Vergleichspunkt, der durch die Formulierung »Hand und Fuß« [יד ורגל] herausgestellt wird. In beiden Fällen, so postuliert er, sei die *talio* Ausdruck einer finanziellen Ersatzleistung [ממון], was natürlich nur einsichtig ist, wenn diese Interpretation von Ex 21,24 vorausgesetzt wird, die in SifDev sonst nicht begegnet. Möglicherweise, aufgrund der Verweisstruktur von Dtn 19,21 zu Ex 21,24, steht hinter R. Jehudas Argument bereits eine Tradition, die in bBQ 84a der Schule R. Chijjas zugeschrieben wird: »Hand um Hand [יד ביד] – eine Sache, die von [einer] Hand in eine [andere] Hand [יד מיד] gegeben wird. Was ist das? Geld«.[738] Textlich gibt es dafür allerdings in SifDev 190 keine

---

736 Die zitierte Erklärung ist nur in Hs Vatikan überliefert, die grundsätzliche Aussage von Rabbi ist aber auch so verständlich.

737 In beiden Fällen berufen sich spätere Disputanten dabei häufig auf Maimonides Kommentare in der Mischne Tora (Hilchot Rozeach, 1): Mit Blick auf Dtn 25,11–12 erklärt er dabei den Einsatz körperlicher Gewalt bis hin zur Tötung eines Verfolgers [רודף] für gerechtfertigt, wenn die Person einer Warnung keine Beachtung schenkt. Ähnlich wie SifDev 293 weitet er dabei den Tatbestand von Dtn 25,11–12 aus, wobei er wortgleich von »Lebensgefahr« [סכנת נפשות] spricht: »… es macht keinen Unterschied, ob sie seine Scham oder irgendein anderes Körperteil [דבר] greift, bei dem es eine Lebensgefahr [סכנת נשפות] gibt, ob es ein Mann oder eine Frau tut […]«. Vgl. die ausführlichen Kommentare bei Börner-Klein, Self-Defence. Zu Dtn 25,11–12 und der Rezeptionsgeschichte von Maimonides' Klassifizierung des Fötus als »einem Verfolger ähnlich« [כרודף] vgl. Schiff, Abortion, besonders 95–116; Mordhorst-Mayer, Entscheidungsfindung, 152–156.

738 Vgl. bBQ 84a,17–21. Eine anonyme G^e^mara kritisiert diese als tannaitische Lehre gekennzeichnete Interpretation jedoch, verweist auf die Fortführung רגל ברגל und fragt

Anhaltspunkte. In diesem Kontext bestätigt SifDev 190 also für Verschwörungszeugen, Körperverletzungen und Injuriendelikte, was auch sonst Konsens der tannaitischen Literatur ist: Die Talionsformel fordert für die mit ihr verbundenen nicht-kapitalrechtlichen Delikte eine finanzielle Entschädigung.

7.3.4.5 Die Talionsformel und der Kriegsdienst: SifDev 190 zu Dtn 19,21

Eine letzte Interpretation schließt die Rezeption der Talionsformel in SifDev 190 ab und leitet gleichzeitig zu Dtn 20 über.

SifDev 190 zu Dtn 19,21[739]

Rabbi Jose haGelili sagt: Woher [wissen wir], dass einer nicht in den Krieg zieht, außer er hat Hände und Füße, Augen und Zähne? Die Tora sagt: »dein Auge habe kein Mitleid […] Leben um Leben […] wenn du in einen Krieg ziehst.« [Dtn 19,21–20,1] […].

רבי יוסי הגלילי אומר מנין שלא
יצא[740] למלחמה עד שיהיו לו[741]
ידיים ורגליים עיניים[742] ושניים
ת״ל לא תחוס עינך נפש בנפש
וגו׳ כי תצא למלחמה […]

R. Jose ha-Gelili fragt dabei, weshalb nur diejenigen in den Krieg ziehen müssten, die »Hände und Füße, Augen und Zähne haben« [שיהיו לו ידיים ורגליים עיניים ושניים]. Begründend [ת״ל] führt er ein Mischzitat aus Dtn 19,21a.b; 20,1 an: »dein Auge habe kein Mitleid – Leben um Leben – wenn du in einen Krieg ziehst«.[743] Diese Auslegung korrespondiert mit der Position des Tannaiten in SifDev 197 zu Dtn 20,8, wo drei verschiedene Auslegungen des Verses diskutiert werden. Die erste, anonyme Auslegung meint, die dtr Befreiung des »Mann[es vom Kriegsdienst], der sich fürchtet und weichen Herzens ist« [האיש הירא ורך הלבב] betreffe im übertragenen Sinne jene, die »im Verborgenen eine

---

spöttisch, ob bei einer Fußverletzung etwa entsprechend eine Sache von einem Fuß zum anderen gegeben werden müsse.

739 Textgrundlage: Friedmann, SifDev, 110a; Finkelstein, SifDev, 231–232; MS Vat.ebr.32, 104b, British Museum, Add MS 16406 (Margoliouth 341), 349b–350a, MS. Marshall Or. 24 (Neubauer 151), 405b.

740 MS Vat.ebr.32: יוציא.

741 Friedmann, SifDev, 110a; British Museum, Add MS 16406 (Margoliouth 341), 350a; MS. Marshall Or. 24 (Neubauer 151), 405b: בו.

742 So mit MS Vat.ebr.32; British Museum, Add MS 16406 (Margoliouth 341), 350a; MS. Marshall Or. 24 (Neubauer 151), 405b.

743 Die anschließende Einschränkung in manchen Handschriften, dies gelte nicht in einem »Pflichtkrieg« [מלחמת חובה], sondern ausschließlich in einem »freiwilligen Angriffskrieg« [מלחמת מצוה], gilt als Einschub aus mSot 8,7; vgl. mit Hinweisen zur unterschiedlichen Nomenklatur Stemberger, Krieg, 658–659.

Übertretung begangen haben« [שיש עבירה בידו בסתר]. R. Aqiva hingegen versteht den Vers offenbar als Ausschluss von ängstlichen Männern von der Aushebung, indem er auf die grundsätzliche Bedeutung des Verses unter Absehung weiterer Verse verweist [כשמועו].[744] Wenn nun abschließend R. Jose ha-Gelili das Wort erhebt und postuliert, Dtn 20,8 beziehe sich auf Männer mit körperlicher Versehrung [שהוא בעל מום], kann dies als Kontextualisierung des Verses und als Ablehnung des כשמעו-Arguments[745] verstanden werden: Seine Auslegung von Dtn 19,21 sowie die intertextuelle Beziehung zu Lev 24,19–20, die durch die Talionsformel sowie die Formulierung בעל מום aufgerufen wird, widerspricht der isolierten Auslegung von Dtn 20,8 durch Aqiva. Auch wenn anderslautende Zuschreibungen der diskutierten Positionen zu Dtn 19,21; 20,8 in anderen tannaitischen Texten die Historizität dieser Positionen in Zweifel ziehen,[746] begegnet werksintern in SifDev ein neuer Rezeptionskontext der Talionsformel: Die hier kohärente Position Jose-ha-Gelilis interpretiert die *talio* im Rahmen des anschließenden Kriegsrechts und macht sie so für ein neues Themenfeld fruchtbar.

7.3.4.6 Fazit: Die Rezeption der Talionsformel in SifDev

Entsprechend seiner Orientierung am Buch Deuteronomium liegt der hauptsächliche Fokus der Auslegung der *talio* in Sifre Devarim auf Fragen des Umgangs mit Verschwörungszeugen. Bei der Besprechung von Dtn 19,15–21 spielt die Talionsformel nur eine nachgeordnete Rolle und wird argumentativ kaum rezipiert. In SifDev führt der Midrasch eine kategoriale Unterscheidung von drei Rechtsfolgen ein, die Verschwörungszeugen anstelle der fälschlich angeklagten Personen treffen kann: Finanzielle Kompensation, Geißelstrafen oder weitere Strafen, womit vermutlich Todessanktionen gemeint sind.

744 Diese Position Aqivas wird mSota 8,5 und MidTan zu Dtn 20,8 bestätigt [כשמעו שאינו יכול לעמוד בקשרי המלחמה לראות חרב שלופה דרבי ר׳ עקיבה] (Hoffman, MidTan, 120).

745 Vgl. zu כשמעו als lexikalisch-isolierte Lesart eines Verses gegenüber einer syntaktisch-kontextorientierten (im weitesten Sinne) Hermeneutik die überzeugende Darstellung bei Yadin-Israel, Scripture, 61–68.

746 Gegenüber der Position Aqivas in mSota 8,5; SifDev 197 zu Dtn 20,8 und MidTan zu Dtn 20,8, wird diesem in MidTan zu Dtn 19,21 (Hoffman, MidTan, 118, vgl. Stemberger, Krieg, 658) eine Auslegung von Dtn 19,21–20,1 zugeschrieben, die dasselbe Mischzitat wie R. Jose ha-Gelili in SifDev 197 zugrunde legt und deren Schlussfolgerung lexikalisch eng mit der Position von R. Jose ha-Gelili in SifDev 197 korrespondiert: »Menschen mit körperlichen Versehrungen ziehen nicht in den Krieg« [אין בעלי מומין יוצאין למלחמה]. Gleichzeitig vertritt R. Jose ha-Gelili nach mSota 8,5 und MidTan zu Dtn 20,8 [שהוא מתיירא מן העבירות שבידו לפיכך...] eine Position, die dem anonymen Eingangsstatement [שיש עבירה בידו בסתר] in SifDev 197 sehr ähnlich ist.

Neben weiteren Bezugnahmen auf die Mischnatraktate Sanhedrin-Makkot überliefert SifDev eine kürzere Version zur Frage nach dem Zeitpunkt der Hinrichtung von Verschwörungszeugen (vgl. mMak 1,6) und eine längere Fassung zur Frage des Umgangs mit Männern, die in Verbindung mit einer *bat cohen* rechtlich belangt werden (vgl. mSan 11,6). Neben einer ausführlicheren hermeneutischen Argumentation in letzterem Fall bestätigt SifDev, dass – außer im besprochenen Sonderfall – auch die Hinrichtungsweise der Verschwörungszeugen derjenigen entspricht, die der zu Unrecht angeklagten Person gedroht hätte.

Daneben bietet der Midrasch zwei sonst in tannaitischen Texten nicht belegte hermeneutische Argumente zur Sühnung von Injuriendelikten, die zwei intertextuelle biblische Bezüge unterstreicht. Die G^{e}zera Schawa mit Dtn 19,21a verbindet Dtn 19,15–21 mit Dtn 25,11–12 und lässt erkennen, dass die jeweiligen Spiegelstrafen finanziell zu entschädigen seien. Dort begegnet ein entsprechender Rückverweis auf Dtn 19, wobei analog zu mBQ 8,1 besonders die Intentionalität bei Injuriendelikten herausgestellt wird. In einer zweiten Interpretation der Rechtsfolge von Dtn 19 scheint die Talionsformel von größerer Bedeutung zu sein und ein Verweis auf Ex 21,24–25 unterstreicht, dass Injuriendelikte ebenso wie Körperverletzungen monetär zu sühnen seien. Abschließend begegnet in SifDev eine einzigartige Interpretation der Auslegung von Dtn 19,21: Indem R. Jose ha-Gelili die Perikope mit dem anschließenden dtr Kriegsrecht verbindet, wird die Talionsformel nicht nur in einem neuen Kontext bedeutsam, es ergibt sich dabei gleichzeitig ein intertextueller Verweis auf Lev 24 durch den Begriff מום, der die durch die Formel beschriebenen Verletzungen näher bestimmt.

7.4 Die Talionsformel in tannaitischer Literatur

Trotz ihrer Rezeption in unterschiedlichen literarischen Gattungen, die möglicherweise aus unterschiedlichen Schulen stammen, der eigenständigen Werkszusammenhänge der untersuchten Abschnitte und der umfangreichen Sammlung von Traditionen, die hinter der tannaitischen Literatur vermutet werden, kann ein recht eindeutiges Urteil über das Verständnis der Talionsformel als Rechtsfolge gefällt werden: Die tannaitische Literatur versteht die biblischen Talionsformel(n), teils durch Auslegung in ihren Kontexten und teils durch systematische Ausarbeitung des Körperverletzungsrechts mit indirektem Bezug auf Ex 21,24–25, als Ausdruck einer finanziellen Ersatzleistung. Zusätzlich gilt den Rabbinen die Talionsformel, in Ex 21,22–24 und Lev 24,19–20, unabhängig von ihren Kontexten als Rechtssatz zum allgemeinen

Körperverletzungsrecht, nicht als partikulare Rechtsprechung, etwa im Fall eines gewaltinduzierten Aborts. Als einzige Ausnahme in tannaitischen Texten kann die Position R. Eliezers in MechJ Nez zu Ex 21,24 gelten, die – vernachlässigt man die redaktionelle Interpolation – eine finanzielle Ersatzleistung nur bei unabsichtlich begangener Körperverletzung zulässt und sonst eine talionische Wiedervergeltung fordert. Aufgrund der späteren Rezeption dieser Formulierung [עין ממש] sowie der Umdeutung seiner Position in bBQ 84a kann vermutet werden, dass abweichende Positionen in den ersten Jahrhunderten u.Z. und vielleicht darüber hinaus vertreten worden waren. Dennoch sind die Spuren dieser Rezeption der *talio* in rabbinischen Texten sehr gering und es scheint sich, zumindest unter den Trägergruppen der uns überlieferten Schriften, ein anderer Konsens durchgesetzt zu haben. Dies gilt ebenso für die Bedeutung des *nepheš*-Glieds: Von Rabbis Kommentaren in MechJ Nez abgesehen gilt diese den Tannaiten als Ausdruck einer Todessanktion.

In der Systematisierung des Körperverletzungsrechts in der Mischna und Tosefta ist dabei ein starkes Interesse an Fragen der Berechnung der konkreten Höhe der Entschädigungsleistungen zu beobachten. Wie oben dargelegt, scheint die Mischna bei der Rezeption der fünf Kategorien, die neben anderen auch in tBQ 9,1 begegnen, die entsprechenden Bemessungsgrundlagen und Abgrenzungen von Schaden [נזק], Schmerz [צער], Arbeitsausfall [שבת], Heilungskosten [רפוי] und Beschämung [בושת] ausgearbeitet zu haben. Vermutlich wurden dabei, möglicherweise beeinflusst von Midraschtraditionen, neben der Definition von Injuriendelikten auch die ersten beiden Kategorien näher mit Ex 21,24.25 korreliert. Hinsichtlich der Berechnung der mit der Talion verbundenen Kategorien des Schadens und des Schmerzes legt die Mischna dabei Wert auf eine individuelle Angemessenheit der Kompensation, die durch eine Schätzung bzw. einen Vergleich festgestellt wird. Letzteres wird zumindest in Ansätzen auch in MechJ Nez 8 bestätigt.

Mischna, Tosefta und die beiden Mechiltot bestätigen, dass im Kontext des Körperverletzungsrecht auch die Berechnung der Entschädigung für zerstörtes, ungeborenes Leben von Bedeutung war. Innerhalb der systematischen tannaitischen Darstellungen dürfte tBQ 9,20 die ursprünglich umfangreichere Auslegung der ולדות-Zahlung in diesem Sachzusammenhang überliefern, die in der Mischna nach mBQ 5,4 mit einem knappen Querverweis in mBQ 8,2 verschoben wurde. Ähnlich wie in den Mechiltot und der Mischna spielt die Talionsformel dabei allerdings keine explizite Rolle für die Rezeption, sie ist aber indirekt durch Verweise auf die weiteren Kategorien – zumindest bei einer synoptischen Lektüre mit mBQ 8,1 – nachvollziehbar. Dies bestätigt auch der erweiterte Blick auf Rezeptionen der drei biblischen Perikopen mit der Talionsformel, die Rezeption des Verschwörungszeugenrechts außerhalb von mMak und SifDev sowie die halachischen und aggadischen Überlegungen zur Blasphemie: Eine Rezeption der Talionsformel ist nicht nachzuweisen.

In den halachischen Midraschim spielt die praktische Umsetzung der Talionsformel, also die Berechnung der einzelnen Kategorien, keine Rolle. Ihr Fokus liegt auf dem grundsätzlichen Nachweis, dass die Formel tatsächlich finanzielle Kompensation von Körperverletzungsdelikten fordere. Die zu diesem Zweck herangezogenen Auslegungsregeln zielen jedoch überwiegend auf Lev 24,18–21. Beachtenswert ist dabei, dass für die Auslegung auch dort die Einbettung der Formeln in die zugehörigen Perikopen nicht von Bedeutung ist: Mitunter wird zwar das Fehlen von Intentionalität in Ex 21,22–23 bzw. umgekehrt einmal die Rechtskategorie der Absicht in Lev 24 argumentativ eingebracht, jedoch dient die Talionsformel ohne ihre beiden narrativen bzw. rechtlichen Kontexte als Weisung für Körperverletzungsrecht im Allgemeinen. Während in den Mechiltot die Kategorien der Mischna – ohne בושת – zwar weniger prominent sind, aber dennoch als bekannt vorausgesetzt werden können, und SifDev ebenfalls eine große Nähe zu mSan–Mak aufweist, scheint in Sifra ein abweichendes System zur Kategorisierung von Körperverletzungsdelikten vorzuliegen. Zwar bestätigt auch der halachische Midrasch zum Buch Levitikus, dass Körperverletzungsdelikte mit einer finanziellen Kompensation zu ahnden sind, jedoch kennt er offenbar weder die Aufteilung derselben in Einzelleistungen noch die konkreten Kategorien aus mBQ 8,1//tBQ 9,1. Stattdessen wird, ausgehend von Lev 24,19–20 zwischen Körperverletzungen unterschieden, die zu einem körperlichen Schaden im Sinne der Talionsformel bzw. des Begriffs מום geführt haben, und Angriffen, bei denen eine direkte Kausalität durch einen körperlichen Angriff »mit der Hand« nachzuweisen ist, auch wenn keine äußerlich wahrnehmbare Verletzung vorliegt.

Ein weiterer Rezeptionskontext der Talionsformel in tannaitischen Werken sind prozessrechtliche Fragen. Einerseits betrifft dies die Frage der doppelten Rechtsfolge von Todessanktion und finanziellen Kompensationsforderungen. Sowohl tBQ 9,17 als auch MechSchNez 65 diskutieren dies unter Rückgriff auf Ex 21,22–25, wobei die hermeneutischen Argumentationen voneinander abweichen: Während MechSch dabei explizit die ersten beiden Elemente der Talionsformel bearbeitet, klingen sie in tBQ 9,17 nur indirekt an. In beiden Fällen ist eine doppelte Rechtsfolge jedoch nur gestattet, wenn einzelne, voneinander unterscheidbare Vorgänge vorliegen. Zum anderen wird die Talionsformel in tSchevu 3 sowie in Sifra Emor 20 rezipiert, um Einzelfragen zum Umgang mit vermögensrechtlichen Prozessen und Kapitalprozessen miteinander zu vergleichen. In beiden Fällen dient Ex 21,24 als Beispiel für die erste Prozessform und in der Tosefta zusätzlich das *nepheš*-Glied als Beispiel für zweite Prozessform.

Prozessrechtliche Fragen stehen auch bei der Rezeption von Dtn 19,15–21 im Rahmen der Gesetzgebung für Verschwörungszeugen im Hintergrund. Direkte Zitate des *nepheš*-Glieds in mMak 1,6 und SifDev 190 dienen in unterschiedlichen Argumentationen dem Nachweis, ab welchem Zeitpunkt Verschwörungszeugen im Verlauf des Prozesses frühestens hingerichtet werden können. Gegenüber anonymen bzw. den Sadduzäern zugeschriebenen Positionen stimmen die Mischna und SifDev dabei der Position der »Gelehrten« zu, wonach der formale Abschluss des Prozesses – nicht das angenommene Zeugnis und nicht die Hinrichtung der fälschlich Beschuldigten – diesen Zeitpunkt bestimmt, an dem »Leben gegen Leben« steht. Darüber hinaus bietet SifDev 190 eine Systematisierung der grundsätzlichen Korrelation von Tat und Strafe, die aufgrund ihres Bezugs auf die Talionsformel an Philos Metakommentar in spec. 3,182 erinnert. Daneben bestätigen beide Quellen anhand des Beispielfalls der *bat cohen* eine Art *talio instrumentalis*, wonach grundsätzlich alle Verschwörungszeugen derselben Hinrichtungsart zugeführt werden, die für den Gegenstand der falschen Anklage vorgegeben ist. Bezüglich nicht-kapitalrechtlicher Delikte bestätigen Mischna, Tosefta und Sifra zwar die Rechtsfolge in Dtn 19,19, nehmen dabei aber keinen Bezug auf die Talionsformel in Dtn 19,19. Gegenüber der Tosefta, die die Kategorie der Injuria [בושת] nicht zu kennen scheint, begegnen in SifDev 190 zu Dtn 19 und 292–293 zu Dtn 25,11–12 explizite Verweise darauf. Ähnlich wie in der Mischna wird dabei besonders das Element der Intentionalität als *conditio sine qua non* hervorgehoben und darüber hinaus hermeneutisch abgeleitet, was in mBQ 8,1f postuliert wird. Schließlich wird die *talio* in SifDev 190 zu Dtn 19,21 in einem weiteren Themenfeld, dem in Dtn 20 anschließenden Kriegsrecht, in Verbindung gebracht.

KAPITEL 8

Fazit

Die Rezeptionsgeschichte der Talionsformel beginnt genau genommen bereits im Bundesbuch. Dort erlangt die traditionelle Formel, deren Ursprung wohl in der mündlichen Überlieferung der vorstaatlichen Zeit zu suchen ist, ihre erste nachweisliche literarische Aufnahme im Körperverletzungsrecht des Bundesbuchs. Ihr Rezeptionsweg durch die Hebräische Bibel und die Septuaginta wurde im zweiten Kapitel skizziert und anschließend ihre Aufnahme in unterschiedliche literarische Zeugnisse von den Schriftrollen des Toten Meers bis zu den tannaitischen Schriften verfolgt. Die Ergebnisse dieser Untersuchungen werden hier nicht mehr wiederholt und können in den entsprechenden Zusammenfassungen am Ende der Kapitel bzw. Einzeluntersuchungen eingesehen werden. Das Schlusskapitel dient stattdessen dem Vergleich der Einzelergebnisse und dem Zweck, anhand der vorliegenden Belege, den Diskursraum der antik-jüdischen Rezeption der Talionsformel zu dazustellen.

8.1 Formale Aspekte der Rezeption

8.1.1 Gattungskongruenz/-divergenz

Aufgrund der Diversität der untersuchten Werke, in denen eine Rezeption der Talionsformel plausibel erscheint, ist eine Gattungsaffinität im strengen Sinn nicht auszumachen. Abgesehen von den Gattungstypen der Gesamtkompositionen kann allerdings festgehalten werden, dass die konkreten Zusammenhänge, in denen die Talionsformel rezipiert wird, in ihrer je eigenen Weise primär dem Rechts- bzw. Halachadiskurs verpflichtet sind.[1] Dabei sind zwei Grenzfälle und eine Ausnahme zu notieren: In Philo, congr. 137, begegnet ein Zitat der Talionsformel im Rahmen eines allegorischen Kommentars, der weder als ganzer noch im näheren Kontext der Explikation von Rechtssätzen bzw. -normen dient. Gleichwohl wird das Zitat des Rechtsfalls samt *psychē*-Glied dort explizit als Gesetz [νόμος] und so als externes Element zur

1 Vgl. so in Gänze 11QT[a], 4Q251; 4Q158; Philo, spec. sowie die Traktate Schevuot und Baba Qama und zumindest die zugehörigen Unterabschnitte in Josephus, Ant. 4,196–301 und Mt 5,21–48.

 | HTTPS://DOI.ORG/10.1163/9789004747630-009

Analogiebildung eingeführt. Ähnlich wird auch die Rezeption der Talionsformel im narrativen Kontext des Jubiläenbuchs auf den »himmlischen Tafeln« (Jub 4,32) bzw. im Rahmen der »Rechtsunterweisung« durch Abraham (Jub 21,20) kontextualisiert, was dem programmatischen Zweck des Jubiläenbuchs dient, die (An-)Erkenntnis der später im Narrativ Gen–Dtn offenbarten Rechtsvorschriften bereits für die Urgeschichte zu belegen. Gleichwohl kommt die *talio* besonders in Jub 4 eng mit dem weisheitlichen Tun-Ergehen-Zusammenhang in Form der theologischen Geschichtsdeutung in Berührung. Uneingeschränkt, da ein Hinweis auf den Ursprung der Formel im juridischen Diskurs wie in congr. 137 oder Jub 4,32 fehlt, gilt dieser Befund für MechSch Bach 48,1 zu Ex 19,1, sofern עין בעין als Zitat der *talio* aus Dtn 19,21 zu werten ist. Anders als sonst beobachtet, dient der Ausdruck hier der Deutung des Geschicks des Volkes Israel, dessen früheres Verhalten mit seinen historischen Leidensphasen korreliert wird. Dies ist jedoch als Ausnahme zu klassifizieren: In anderen antik-jüdischen Schriften, die Einzel- oder Gruppenschicksale mit ihrem sündigen Handeln korrelieren und begründen, etwa in prophetischen, weisheitlichen oder weiteren Gattungen der theologischen Geschichtsdeutung, begegnen Zitate oder nachvollziehbare Anspielungen auf die Talionsformel nicht. In den rabbinischen Schriften übernehmen die *midda*-Formeln diese Funktion, wobei, wie oben skizziert, eine Weiterentwicklung der Talionsformel weniger wahrscheinlich ist als ein Ursprung dieser Formeln in der Handelssprache.

Der mit den *midda*-Formeln semantisch verwandte *metron*-Aphorismus, für den ein ähnlicher Ursprung vermutet wurde, verweist hinsichtlich der Frage der Gattungskongruenz auf eine weitere Leerstelle, in der die Talionsformel üblicherweise nicht belegt ist: Die Paränese. Hier begegnen die *metron*- und die *kakon*-Formel, die sich in ihrer Funktion im Rahmen der ethischen Unterweisung berühren.[2] Da für beide Formeln keine literarische Verwandtschaft zur Talionsformel belegt werden kann, bedeutet dies, dass weder die Talionsformel noch eine Paraphrase derselben in paränetischen Kontexten eingesetzt wurde.

Bei der Frage der Gattungskongruenz nimmt die Rezeption der Talionsformel in Mt 5,21–48 eine besondere Rolle ein. Versteht man die Tora-Lehrworte aufgrund ihrer Perspektive als Toraparänese, liegt die Besonderheit dieser

2 Wenngleich eine genauere Untersuchung in diesem Rahmen nicht zu leisten ist, scheint der *metron*-Aphorismus tendenziell eher rechtes Verhalten innerhalb von spezifischen Gruppen anzumahnen, während die *kakon*-Formel die gesamte Umwelt in den Blick nimmt.

Rezeption der Talionsformel nicht in der individualethischen Auslegung biblischer Gebote und Gesetze, sondern im kontingenten Fehlen einer solchen Interpretation der Formel in vergleichbaren Kontexten.[3]

8.1.2 Selektivität

Die schon bei der Rezeption der Talionsformel in der Hebräischen Bibel zu beobachtende Tendenz von Teilrezeptionen der Formel setzt sich im Antiken Judentum fort. Die längste Version der Formel in Ex 21,23b–25 wird weder biblisch noch außerbiblisch komplett rezipiert. Gegenüber den umfassendsten Rezeptionen[4] neigen die antik-jüdischen Rezeptionsvorgänge der Talionsformel zu Teilrezeptionen einzelner Elemente. Dabei ist zunächst festzustellen, dass besonders die Verletzungen in Ex 21,25 bei paraphrasierenden und wörtlichen Aufnahmen der Talionsformel kaum rezipiert wurden.[5] In den tannaitischen Belegen ist eine Tradition auszumachen, bei der die Brandwunde [כויה] als Erklärung für die Kategorie des Schmerzes [צער] rezipiert wird, wobei mitunter zur Abgrenzung der Verletzung ohne sichtbare Wunde auch die Strieme [חבורה] angeführt wird.[6] Schließlich dient das Strieme-Glied [חבורה] in einem Fall der Korrelation von Ex 21,18–19 und Ex 21,24–25.[7] Eine kreative Erweiterung bzw. Zusammenfassung der Formelelemente, entsprechend dem Bruch-Glied [שבר] in Lev 24,20, ist nur mit dem Blut-Glied in Jub 21,20 auszumachen: *damma ba-dam*.[8]

Neben dem *nepheš/psychē*-Glied zitieren bzw. rezipieren antik-jüdische Texte besonders die Zusammenstellung von Gliedmaßen, was sich bereits in der innerbiblischen Rezeption der Formel in Dtn 19,21 und Lev 24,18a.20a andeutet. Dabei ist eine umfassende Rezeptionstendenz, die etwa bestimmte Formelelemente mit einem spezifischen Thema verbinden, nicht auszumachen. Die

3 Die untersuchten tannaitischen Belege bestätigen diese Tendenz auch in späteren jüdischen Texten.

4 In tSchevu 3,8 liegt die ausführlichste Rezeption der Formel aus dem Bundesbuch vor, dort fehlt nur das *nepheš*-Glied. 11QT[a] 61,12 entspricht vollständig Dtn 19,21b und Philos Paraphrase in spec. 3,182 hat, wie oben dargelegt, vermutlich die gesamte Formel Ex 21,23b–25 im Blick. Vgl. ferner SifDev 190[4] zu Dtn 19,21, wo ebenfalls – in unterschiedlicher Form – alle Elemente der Formel in Dtn 19,21b rezipiert werden.

5 Vgl. nur oben zu Philo, spec. 3,182.

6 Vgl. mBQ 8,1c; MechJ Nez 8,89–96. Ferner ist womöglich auch die ähnliche Hitzemetaphorik in Sifra Emor 20 zu Lev 24,19 (d–e) auf das Brandwunden-Glied zu beziehen.

7 Vgl. MechSch Nez 65 zu Ex 21,25.

8 Eine ähnlich stabile Form ist für die *metron-*, *midda-* und *kakon*-Formeln auszumachen. Letztere wurde nur in 1Petr 3,9 um λοιδορία erweitert.

aus Mt 5,38a bekannte Zweizahl »Auge« und »Zahn« ist daneben nur noch in der (rekonstruierten) Formel in 4Q251 frg 8 und dem (späten) Zeugnis des Scholion$_O$ belegt.[9] Überhaupt ist Mt 5,38b insofern ein Ausnahmefall, da die griechischsprachige Rezeption der Talionsformel die Gliedmaßen der Talionsformel nicht wörtlich zitiert, sondern zu Paraphrasen neigt. Umgekehrt ist besonders in den rabbinischen Quellen festzustellen, dass der »Zahn« kaum rezipiert wird: Hier arbeiten Querverweise auf Ex 21,24 bzw. indirekt auf die damit verbundene Schadenskategorie [נזק] mit der Kurzform »Auge«[10] bzw. mit Anspielungen auf die Einzelglieder »Auge«, »Hand«, und »Fuß«.[11] Der oben vermutete Kern der Talionsformel in Ex 21,24, der im Rahmen der redaktionellen Verbindung mit Ex 21,23a um Ex 21,23b.25 erweitert wurde, scheint das größte Rezeptionspotential gehabt zu haben.

8.1.3 Verbindung zum ursprünglichen Kontext in den Rechtssammlungen

Diese enge Verschränkung des Rechtsfalls mit dem *nepheš/psychē*-Glied bei gleichzeitigem Fehlen eines inhaltlichen Bezugs der vier genannten Gliedmaßen zu Ex 21,22–23a, aber auch zu Dtn 19,16–19a, spiegelt sich auch in der Rezeptionsgeschichte. So ist festzustellen, dass das *nepheš/psychē*-Glied überwiegend gemeinsam mit den Talionsperikopen, aber ohne die Elemente aus Ex 21,24 rezipiert wurde,[12] während eine Rezeption dieses Formelelements ohne den Rechtsfall seltener begegnet.[13] Dahingehend konnte bei Philo und Josephus beobachtet werden, dass das *psychē*-Glied über den Rechtsfall in Ex 21,22–23 Einfluss auf die Darstellung von Todessanktionen hatte und bei der Besprechung von weiteren todeswürdigen Delikten eine »talionische« Logik der zugehörigen Rechtsfolgen nachzuvollziehen ist.[14]

---

9 Damit wird das »Zahn«-Glied am seltensten im antiken Judentum rezipiert. Vgl. noch 7.3.1.6 zur Besprechung von MechJ Nez 9,24–28 zu Ex 21,26.

10 Vgl. mBQ 2,6; MechJ Nez 5,1–5; 6,1–5; 8,66–68; Sifra Emor 20 zu Lev 24,22.

11 tBQ 9,17; 9,32; mBQ 8,1.7; Sifra Emor 20 zu Lev 24,20.

12 Vgl. 4Q251 frg. 13; congr. 138; spec. 3,108–109; Ant 4,278; MechJ Nez 8,60–66 und mMak 1,6; SifDev zu Dtn 19,19.

13 Vgl. dazu besonders das Jubiläenbuch, das eine Todessanktion im Stil des *nepheš/psychē*-Glieds sowohl ohne (Jub 21,20) als auch mit Körperverletzungsdelikten (Jub 3,31–32) erwähnt, jedoch keinen der zugehörigen Rechtsfälle.

14 So etwa der kapitalrechtliche Schluss der theoretischen Darstellungen der Talionsformel in Philo, spec. 3,182 sowie die Überlegungen in spec. 3,84–85. Vgl. ebenso Jos.Ant 4,277–280.

In den rabbinischen Schriften erfolgt die Rezeption des *nepheš*-Glieds unabhängig von den zugehörigen Rechtsfällen überwiegend bei prozessrechtlichen Fragen: Hier scheint die Abfolge von Ex 21,23b.24 ausschlaggebend gewesen zu sein, dass anhand der Verse Gemeinsamkeiten und Unterschiede von kapitalrechtlichen [דיני נפשות] und vermögensrechtlichen [דיני ממונות] Prozessen besprochen werden konnten.[15] Dieser Aspekt bestimmt auch die seltene gemeinsame Besprechung des *nepheš*-Glieds zusammen mit den Gliedmaßen aus Ex 21,24. Eine solche begegnet hinsichtlich des Umgangs mit Angriffen, deren doppelte Tatfolge sowohl eine finanzielle Ersatzleistung als auch eine Todessanktion fordern würden.[16]

Umgekehrt ist die gemeinsame Besprechung von Ex 21,24 (i.S. der damit korrelierten »Schadenskategorien« [אבות נזיקן]) mit dem Rechtsfall Ex 21,22–23 nur selten belegt: Sie begegnet nur, um die zusätzliche Unterkategorie der Ersatzleistung für die Zerstörung von ungeborenem Leben [וולדות] einzuführen und damit einhergehend die grundsätzliche Haftung des Menschen für den verursachten Schaden – unabhängig von der Absicht oder Intentionalität – festzustellen.[17] Davon abgesehen überwiegt die Rezeption von Ex 21,24 isoliert oder zumindest abgegrenzt vom Beispielfall des extern induzierten Aborts einerseits[18] sowie dem *nepheš/psychē*-Glieds andererseits.[19] Der weitere Kontext von Lev 24,10–23, d.h. die Rahmenerzählung sowie die

15 Vgl. tSchevu 3,2.8. Vgl. ferner und singulär SifDev 190_4 zu Dtn 19,21, was aber vermutlich der sukzessiven Besprechung von Dtn 19–20 geschuldet ist.

16 Vgl. MechJ Nez 8,60–66 zu Ex 21,23; MechSch Nez 65 zu Ex 21,23. Vgl. auch tBQ 9,17a, wo zwar das *nepheš*-Glied nicht ausdrücklich erwähnt wird, aber die Logik des Arguments auf einer Nicht-Rezeption beruht, vgl. oben 7.1.1.2.2.

17 Vgl. tBQ 9,20 und ferner mBQ 5,4; 8,2.(7b).

18 Soweit ersichtlich liegt keine Rezeption von Dtn 19,16–21a gemeinsam mit den Gliedmaßen »Auge« – »Fuß« vor – von SifDev 190_4 zu Dtn 19,21 abgesehen.

19 Vgl. 4Q251 frg.13 mit und frg. 8 ohne Bezug auf Ex 21,22–23; congr. 138 und spec. 3,108–109 gegenüber spec. 3,181–183; Ant 4,278 gegenüber Ant 4,280, tBQ 9,2.32; mBQ 8,1.(7b); MechJ Nez 5,1–5.19–24 zu Ex 21,15; MechJ Nez 6,1–5 zu Ex 21,18. Trotz der am Bibeltext orientierten Reihenfolge der Kommentierung besteht keine Verbindung zwischen der Interpretation in MechJ Nez 8,66–88.89–96 zu Ex 21,24–25 und dem zugrundeliegenden Rechtsfall samt *nepheš*-Glied. Als Ausnahmen sind Sifra Emor 20 zu Lev 24,20 und MechSch Nez 65 zu Ex 21,23 zu nennen, die den weiteren Kontext der besprochenen Verse in die Argumentation einbeziehen. Vgl. auch SifDev 190_3 zu Dtn 19,19: Dort wird die finanzielle Ersatzleistung für die falsche Anklage vorausgesetzt, um auf eine finanzielle Ersatzleistung in Dtn 25,12 zu schließen.

Rechtssätze zum Umgang mit Gotteslästerung, wurde im Antiken Judentum nicht gemeinsam mit der Talionsformel rezipiert.[20]

Gleichzeitig ist zu beobachten, dass die Talionsformel(n) und ihre Kontexte gewissermaßen »kanonisch« verstanden wurden, d.h. die jeweiligen Kontexte der biblischen Formeln häufig mit anderen Belegstellen kombiniert wurden. Teilweise dienen diese Hinweise auf Querbezüge zwischen den Talionsperikopen – meist zwischen Lev 24 und Ex 21 – der Interpretation der Talionsformel.[21] In rabbinischen Texten kann eine solche »Mischrezeption« der Talionsperikopen auch der Erarbeitung eines Subdiskurses dienen. So verbindet tSchevu 3,8 den Hinweis auf die umfassende Geltung der dortigen Rechtssätze (Lev 24,16.22) mit der längeren Formel aus Ex 21,24, um den Nachweis zu erbringen, dass *auch* schwere Körperverletzungsdelikte als vermögensrechtliche Rechtssache gelten und vor dem kleinen Richtergremium verhandelt werden. Ein eindrückliches und frühes Zeugnis für diesen »kanonischen« Zugang ist 4Q251 frg. 13–frg. 8, wenn alle drei Perikopen zur Auslegung der Talionsformel eingesetzt werden.

8.1.4 Quantität und Kontextualität

In der Literatur des Antiken Judentums werden die Talionsformel bzw. Elemente derselben sowohl wörtlich zitiert als auch paraphrasierend angeführt bzw. rezipiert.[22] Neben der Tendenz der griechischsprachigen Literatur, das *psychē*-Glied zu zitieren und die anderen Formelelemente zu paraphrasieren, ist hinsichtlich der zeitlichen Einordnung der Belege, der Gattungsspezifität sowie des konkreten Verständnisses der *talio* der Autoren keine besondere Verteilung paraphrasierender oder zitierenden Bezugnahmen zu erkennen. Für

20 Vgl. besonders Sifra Emor 20 zu Lev 24,22, wo zwar die Sätze zur Gleichheit vor dem Recht (Lev 24,16.22) hinsichtlich der prozessrechtlichen Bestimmungen zusammen mit der *talio* ausgelegt werden, sonst aber keine Bezüge zu den übrigen Bestimmungen und dem Narrativ der Perikope festzustellen sind.

21 Vgl. die drei Argumentationsgänge in MechJ Nez 8,66–88 zu Ex 21,24 mit Belegstellen aus Lev 24,18–20 sowie MechSch Nez 65 zu Ex 21,23 mit ähnlichem Muster. Womöglich ist auch die Rezeption der Talionsformel aus Ex 21,23b im Kontext der Besprechung des Umgangs mit Verschwörungszeugen in mMak 1,6 ähnlich einzuschätzen.

22 Vgl. die wörtlichen Zitate in 11Q19 61, 4Q251 frg 13.8, Philo, congr. 137; Jos.Ant. 4,278; Mt 5,38; mMak 1,6; tSchevu 3,4.8; MechJ Nez 6,1–5; 5,1–5.19–24; 8; MechSch 65 zu Ex 21,23; zu Ex 21,25; 69 zu Ex 21,36; Bach 48,1 zu Ex 19,1; Sifra Emor 20 zu Lev 24,22; SifDev 190 zu Dtn 19,19 und zu Dtn 19,21 sowie die Paraphrasen in Jub 3,31–32; 21,20; Philo, spec. 2,26–28; 3,108–109; 181–183; Jos.Ant. 4,219.277.279–280, mBQ 8,1(.2.7; 2,6 5,4), tBQ 9,2(.32); MechSch Nez 65 zu Ex 21,23; Sifra Emor 20 zu Lev 24,19.20.21.

eine aussagekräftige Interpretation fehlt einerseits eine ausreichende Anzahl an Belegstellen und andererseits erschwert die Gattungsdivergenz eine eindeutige Bewertung des Befunds.

Aufgrund der konkreten Fragestellung dieser Arbeit ist die Referentialität der Paraphrasen und Anspielungen auf die biblischen Talionsformeln generell hoch einzuschätzen und eine intertextuelle Verbindung zu den Talionsperikopen bzw. späteren Rezeptionen kann auf Produktionsebene überwiegend aus dem Kontext plausibiliert werden. Eine geringere Referentialität besteht für die Ableitung der einzelnen Kategorien des tannaitischen Körperverletzungsrechts [נזק, צער] von der Talionsformel. Aufgrund der oben dargelegten Beobachtungen in der Tosefta, den Mechiltot und Sifra gegenüber der Mischna kann davon ausgegangen werden, dass die klare Ausdifferenzierung der fünf Kategorien sowie ihre Rückbindung an Schriftworte in tannaitischer Zeit noch nicht endgültig abgeschlossen war, was besonders das eigene System zur Differenzierung des Körperverletzungsrechts in Sifra Emor 20 unterstreicht. Daneben sind die vermuteten Rezeptionen der *talio* im (erweiterten) Rahmen des Falschzeugenrechts ebenfalls weniger eindeutig.[23] Dies kann zum einen auf die Tatsache zurückgeführt werden, dass die Talionsformel in Dtn 19,21 nicht die eigentliche Rechtsfolge darstellt: Entsprechend ist bei späteren Rezeptionsvorgängen mit retributiven Straffolgen in diesem Zusammenhang oft unsicher, ob die *talio* selbst oder, wie hier meist aufgrund fehlender textlicher Indizien angenommen, Dtn 19,19a im Blick ist. Bei Philo kommt hinzu, dass er keine expliziten Rechtsfolgen für Falschzeugnis anführt, sodass die Belegstelle in spec. 2,26–28 ebenfalls nur indirekt auf Dtn 19,19a.21b verweist. Die geringste Referentialität zur Talionsformel ist für MechSch Bach 48,1 zu Ex 19,1 zu veranschlagen, da die Funktion der Formel im Rahmen theologischer Geschichtsdeutung, die sonst von einer der dort ebenfalls genannten *midda*-Formeln wahrgenommen wird, nicht dem üblichen Einsatz der Talionsformel im Antiken Judentum entspricht.

Eine herausgehobene Stellung, im Sinne einer übergreifenden Sinnstiftung bzw. als Motivgeberin für einen größeren Werkzusammenhang, ist der Talionsformel im Rahmen ihrer antik-jüdischen Rezeption nicht zu attestieren. Mitunter kann ihr Einfluss im weiteren Kontext beobachtet werden, etwa in der talionischen Einfärbung der Rechtssatzreihe Jos.Ant. 4,277–280 oder darin, dass ihre Einzelelemente als Begründungszusammenhang hinter abstrakteren Konzepten des Körperverletzungs- und Prozessrechts vermutet werden

23 Vgl. Philo, spec. 2,26–28; Jos.Ant. 4,219.

können.[24] Eine herausgehobene Stellung nimmt die *talio* im Zusammenhang von Mt 5,17–20.21–48 insofern ein, als sie als eines von sechs Beispielen angeführt wird, um das (ge-)rechte Verständnis des Gesetzes herauszuarbeiten: Den weiteren in Mt 5,21–48 erwähnten *topoi* (Unzucht, Nächstenliebe, Tötungsdelikte, Schwurformeln und Scheidungsrecht) ist eine deutlich höhere Frequenz und Bedeutung im antik-jüdischen Diskurs beizumessen als der Talionsformel.

8.2 Inhaltliche Aspekte der Rezeption

8.2.1 Motive und Themen

Daran anschließend ist auch festzustellen, dass die Talionsformel insgesamt nur selten als Belegzitat oder Querverweis in anderen Kontexten als den biblischen angeführt wird. Blickt man, zunächst unter Absehung der tannaitischen Literatur, auf die Rezeptionsvorgänge der Talionsformel in der jüdischen Antike, begegnet die Talionsformel als Zitat oder Paraphrase überwiegend auf die biblischen Talionsperikopen selbst bezogen.[25] Während mit der Rezeption der Talionsformel in Dtn 19,15–21 eine größere thematische Veränderung vom Körperverletzungs- zum Falschzeugenrecht einhergegangen ist, sind im Antiken Judentum zunächst nur leichte Abwandlungen der ursprünglichen Themenfelder festzustellen: So wird die Talionsformel etwa vom Tatbestand des Falschzeugnisses auf den des Meineids übertragen rezipiert (Philo, spec. 2,26–28) oder die Implikationen der Talionsformel bei der Ahndung von Tötungsdelikten ohne expliziten Bezug auf den zugrundeliegenden Rechtsfall (Jos.Ant. 4,277.279) bzw. den Kontext von Lev 24,19–20 (Jub 3,31–32; 21,20) verhandelt. Ein größerer thematischer Bruch ist dabei in congr. 137 festzustellen, wenn Philo Ex 21,22–23^{LXX} in einem Kontext anführt, der keine Bezüge zur Talionsformel oder ihren antik-jüdischen Rezeptionskontexten aufweist. Wie oben herausgearbeitet, steht dabei aber weniger die *talio* als Rechtsfolge, sondern vielmehr die Unterscheidung der Unterfälle des Rechtsfalls in der LXX im Zentrum von Philos Interesses, unterschiedliche Stufen menschlicher Bildung und Weisheitssuche zu differenzieren.

---

24 Vgl. etwa die oben vermutete Doppelrezeption von tBQ 9,20b in mBQ 5,4; 8,2, die über mBQ 8,1 die *talio* indirekt aufnimmt, vgl. oben 7.1.1.2.1.

25 Vgl. 11Q19 61, 4Q251 frg. 13; 8; Philo, spec. 3,108–109; 181–183; Jos.Ant. 4,219; 4,278.280, Mt 5,38.

Innerhalb der tannaitischen Literatur begegnet die Talionsformel ebenfalls größtenteils in Kontexten, die nachvollziehbar an die biblischen Kontexte anschließen. Zentral und am häufigsten belegt ist dabei der Rekurs auf die Talionsformel in Sachzusammenhängen, in denen der halachische Umgang – i.S. der Ausdifferenzierung der Rechtsfolgen – mit dem biblischen Zeugnis korreliert wird: Im Körperverletzungs-[26] und Verschwörungszeugenrecht.[27] Kann dabei beobachtet werden, dass der Verweis auf Verletzungen von Augen, Händen und Füßen als Chiffre für die Schadenskategorie [נזק] und die finanzielle Kompensation körperlicher Versehrungen dient, wird diese Funktion der Rezeption der Talionsformel in Bezug auf prozessrechtliche Fragen noch ausgebaut. So begegnet die Talionsformel mehrfach zur Begründung der Gleich- oder Ungleichbehandlung von Kapital- und vermögensrechtlichen Prozessen, wobei das *nepheš*-Glied erstere Prozessform und die übrigen Formelelemente letztere apostrophieren.[28] In engem Zusammenhang mit diesem Aspekt sowie indirekt mit der *talio* über die Schadenskategorie [נזק] verbunden – aber ohne Zitat der oder Anspielung auf die Talionsformel – wird auch der Rechtsfall Ex 21,22–23 in tBQ 9,17 begründend herangezogen: Er dient einerseits dem Beleg, dass *eine* Tat, die gleichzeitig kapitalrechtliche und vermögensrechtliche Rechtsfolgen nach sich zieht,[29] nur kapitalrechtlich geahndet wird, und, dass der Mensch eine unbedingte Verantwortung für (körperliche) »Schadensfälle« trägt.[30] Ohne direkten inhaltlichen Bezug zu ihrer biblischen Perikope begegnet eine Rezeption der Talion als Belegzitat nur selten. Einmal wird durch das Zitat der Präposition תחת auf die Talionsformel

26 Vgl. tBQ 9,2; 9,32; mBQ 8,1 [mit mBQ 2,6; 8,2.7]; MechJ Nez 5 zu Ex 21,15; 6,1–5 zu Ex 21,18; 8 zu Ex 21,24–25; MechSch 65 zu Ex 21,23–25; Sifra Emor 20 zu Lev 24,19–21; SifDev 190_3 zu Dtn 19,19.

27 Vgl. mMak 1,6; SifDev 190_2 zu Dtn 19,19; 293 zu Dtn 25,12.

28 Vgl. tSchevu 3,8 und Sifra Emor 20 zu Lev 24,22, die mit Verweis auf Glieder der Talionsformel die Hypothese verneinen, kapitalrechtliche Prozesse und solche, die dem Ersatzleistungsrecht zugeordnet werden, würden mit derselben Anzahl an Richtern verhandelt. Vgl. auch, thematisch leicht abweichend, die Frage nach der (nicht-juristischen) Sühnung des Zurückhaltens eines Zeugnisses in tSchevu 3,(3–)4, wobei der Rekurs auf das *nepheš*-Glied hier dem Nachweis der Gleichbehandlung beider Prozessformen dient.

29 Vgl. tBQ 9,17.

30 Diese unbedingte Verantwortung für die Schadenskategorie [נזק] bei Körperverletzungsdelikten gilt grundsätzlich (mBQ 2,6), auch bei der Beauftragung zur Schädigung der beauftragenden Person (mBQ 8,7) und wird von Sachbeschädigung abgegrenzt. Gegenüber Nutztieren wird die unbedingte Haftung für die Zerstörung von ungeborenem Leben betont (mBQ 5,4; 8,2), was eine Sonderkategorie des Körperverletzungsrechts darstellt [ולדות]; vgl. tBQ 9,20.

zur Abwehr einer materiellen Substitution von Vieh vor dem Hintergrund der Rechtssätze des stößigen Rinds verwiesen.[31] Ein weiteres Mal könnte das »Augen«-Glied aus Dtn 19,21 im Rahmen einer theologischen Geschichtsdeutung rezipiert worden sein und die Funktion einnehmen, für die sonst das *midda*-Glied angeführt wird – was dort ebenfalls zitiert wird.[32] Schließlich wird die Talionsformel aufgrund ihrer Position am Ende von Dtn 19 mit dem Kriegsrecht von Dtn 20 verbunden und als Hinweis gewertet, dass körperlich Versehrte keinen Kriegsdienst leisten müssten.[33]

Als Subdiskurs tritt neben die Talionsformel in rabbinischen Texten besonders das Themenfeld des Umgangs mit den eigenen Eltern in Form des apodiktischen Verbots des Schlagens der Eltern.[34] Zentral ist daneben die bereits mehrfach erwähnte Verbindung der Talionsformel mit dem Vergeltungsverbot in Mt 5,38–42. Keine direkte Rezeption erfuhr die gruppenspezifische Ausdifferenzierung verschiedener Bevölkerungsgruppen in Lev 24,10–23, die als zentraler Aspekt der Perikope herausgearbeitet wurde, ebenso wie die Begründung talionischer Strafen durch das Theologumenon der Gottesebenbildlichkeit. Dies überrascht besonders bei jenen Rezeptionsvorgängen, die die Talionsformel auch als Forderung einer talionischen Straffolge interpretieren.

8.2.2 Funktion und Bedeutung der Talionsformel

Eine einheitliche Funktion der Talionsformel ist im antik-jüdischen Diskursrahmen nicht zu erheben. Dennoch fällt auf, dass die Rezeption Talionsformel besonders im Rahmen der Ausdifferenzierung des Rechtssystems erfolgt. Viele Aspekte wurden bereits benannt: Das Nebeneinander von ersatzleistungsrechtlichen und kapitalrechtlichen Rechtsbrüchen, die Begründung verschiedenartiger und gleichartiger Elemente in kapital- und vermögensrechtlichen Prozessen sowie der Umgang mit Verschwörungszeugen. Bereits vor diesen Entwicklungen in der tannaitischen Literatur wird die *talio* in Kontexten rezipiert, die der Abgrenzung und Korrelation von Tatbeständen

31 Vgl. MechSch Nez 69 zu Ex 21,36.

32 Vgl. MechSch Bach 48,1 zu Ex 19,1.

33 Vgl. SifDev 1903 zu Dtn 19,21.

34 Vgl. MechJ Nez 5,1–5.19–24 zu Ex 21,15; Sifra Emor 20 zu Lev 24,21 und ferner mBQ 8,1.3.5. Vgl. auch die Korrelation von Lev 24 und dem Elternfluch (MechJ Nez 5 zu Ex 21,17; MechSch Nez 62,3 zu Ex 21,17; MechSch Bach 55,1 zu Ex. 20,12), bei dem allerdings die Talionsformel nicht erwähnt wird.

und Rechtsfolgen des Körperverletzungsrechts dienen:[35] Außerbiblisch ist für dieses Phänomen erneut 4Q251 nach den aktuellen Rekonstruktionen ein frühes Zeugnis dieser Funktion der Talionsformel. Bei Philo kann neben spec. 3,181–183 auch die Erweiterung des Rechtsfalls um den Tatbestand des aktiven und passiven Infantizids beobachtet werden und explizit differenziert Josephus in Ant. 4,277.280 nach der Schwere der Körperverletzungsdelikte.[36] Stärker als im Bundesbuch werden – ähnlich wie in Lev 24,10–23 – in allen drei Werkzusammenhängen auch (andere) Tötungsdelikte mit der Talionsformel korreliert.[37]

Hinsichtlich des inhaltlichen Verständnisses, inwiefern die biblischen Talionsformeln eine körperliche Retribution und die Wiedervergeltung des zugefügten Schadens implizieren, ist zwischen dem *nepheš/psychē*-Glied und den weiteren Formelelementen zu differenzieren. Dies ist schon deshalb angebracht, da in Ex 21,22–25 und Dtn 19,15–21 ein Verständnis der Formel als Retributionsforderung nur für das erste Formelglied angenommen werden kann.

Im Rahmen der Rezeption von Ex 21,22–23 votiert eine Vielzahl an Stimmen dafür, das *nepheš/psychē*-Glied als Todessanktion zu verstehen,[38] wobei die Annahme, dass die Todessanktion durch eine Lösegeldzahlung abgewendet werden kann, ebenfalls bestätigt wird.[39] Nur eine Stimme, Rabbi, folgert nach dem Zeugnis von MechJ Nez 8 zu Ex 21,23 explizit: »›Und du sollst geben Leben um Leben‹ [Ex 21,23b] bedeutet Geld«.[40] Im Rahmen des Falsch- bzw.

---

35 Dies hängt vermutlich mit der in 2.1.1.4 dargelegten Transzendierung des zugehörigen Rechtsfalls zusammen und dürfte von den Redaktoren des Bundesbuches auch so intendiert worden sein. Ein biblisches Vorbild dieses Prozesses ist dabei schon in Lev 24,10–23 wahrzunehmen.

36 Vgl. in diesem Zusammenhang auch die – gegenüber tBQ 9,2 – genaue Ausdifferenzierung von unterschiedlichen Schadenskategorien in mBQ 8,1, von denen zwei mit der Talionsformel in Ex 21,24–25 selbst sowie zwei weitere mit den verwandten Perikopen Ex 21,18–19 und Dtn 25,11–12 korreliert werden.

37 Vgl. 4Q251 frg. 3; 18 (Asylstädte und Intentionalität von Tötungsdelikten) abgegrenzt von frg. 13 (Ex 21,22–23); Philo, spec. 3,108–109 (Ex 21,22–23) erweitert um Kindstötung (spec. 3,110–119); Jos.Ant. 4,278 (Ex 21,22–23) erweitert um weitere Tötungsdelikte (Jos.Ant 4,277.279).

38 Vgl. Jub 4,32; Philo congr. 138; 3,108–109.182; Jos.Ant. 4,277–279, die beiden anonymen Auslegungen in MechJ Nez 8,60–66 zu Ex 21,23; MechSch Nez 65 zu Ex 21,23; indirekt Sifra Emor 20 zu Lev 24,20 durch den Querverweis auf Num 35,31.

39 Vermutet wurde eine finanzielle Ablösung der Todessanktion besonders in 4Q251 frg. 13.

40 Vor dem Hintergrund der Funktion der Talionsformel, der Ausdifferenzierung verschiedener Aspekte des Körperverletzungs- und Prozessrechts zu dienen, ist bemerkenswert, dass diese Forderung Rabbis auch dadurch bedingt sein könnte, Ex 21,23b–25 einheitlich als Forderung einer finanziellen Ersatzleistung zu interpretieren.

Verschwörungszeugenrechts scheint Einigkeit zu herrschen, dass eine unrechtmäßige Bezichtigung eines Kapitaldelikts auch eine Kapitalstrafe nach sich zieht.[41] Wie oben bemerkt, findet eine der Funktionen der Formel in Dtn 19,21, den Rechtsbruch und die zugehörige Strafe zu plausibilisieren, explizite Anwendung im Diskurs zwischen den Sadduzäern und den Gelehrten, wobei beide Parteien das *nepheš*-Glied als Begründung für ihre Position anführen können.

Zur Talionsformel im Körperverletzungsrecht ist festzuhalten, dass neben Lev 24,19–20 nur in Jub 4,32 eine absolute Forderung talionischer Strafen vorliegt. Gleichzeitig scheint das Zitat der verbalen Paraphrase der Talionsformel hier besonders dazu zu dienen, das Gebot auf den »himmlischen Tafeln« zu verorten, da im narrativen Kontext ein Tötungsdelikt, aber keine Körperverletzung vorliegt. Daneben sind drei Stimmen im antik-jüdischen Diskurs zu vernehmen, die eine talionische Strafe nicht prinzipiell abzulehnen scheinen: Philo von Alexandrien (spec. 3,181–183), Flavius Josephus (Ant. 4,280) und R. Eliezer (MechJ Nez 8 zu Ex 21,24). In allen drei Fällen wird eine körperliche Talion nicht ohne Einschränkung verhängt: R. Eliezer scheint nach dem Zeugnis der Mechilta eine Anwendung der Talionsstrafe bei *absichtlich* zugefügten Verletzungen erwogen zu haben. Ant. 4,280 legt nah, dass Josephus eine Talionsstrafe grundsätzlich bei *schweren* Körperverletzungsdelikten billigt, wobei er die Option einer finanziellen Entschädigung als favorisierte Option herausstellt. Philos theoretischer Kommentar zu Ex 21,23b–25 ist schließlich kryptisch: Ein Votum für eine talionische Rechtsfolge bei Körperverletzungsdelikten kann nicht ausgeschlossen werden, gleichwohl ist zu überlegen, ob seine Ausführungen nicht eher auf Rechtsfolgen zielen, die den Bereich bedrohen, in dem die Rechtsverletzung stattgefunden hat.

Die übrigen Zeugnisse des antik-jüdischen Diskurses, d.h. neben 4Q251 besonders die rabbinischen Belege, sind recht eindeutig in ihrem Votum für eine finanzielle Entschädigung jeglicher Körperverletzung. Entsprechend ist hier zwischen hellenistisch-jüdischen Belegen der Talionsformel (samt Jub 4,32) und den rabbinischen Quellen zu differenzieren, bei denen einzig R. Eliezer eine Talionsstrafe grundsätzlich gestattet. Inwiefern dies den rabbinischen Diskurs des ersten Jh. u.Z. adäquat abbildet, muss aufgrund des Fehlens zeitgenössischer Quellen offenbleiben.

Mt 5,38–42 eignet sich nur bedingt zur Beantwortung der Frage nach dem antik-jüdischen Verständnis der Talionsformel. Es scheint, als habe die

41 Vgl. 11QT^{a} 61; Jos.Ant. 4,219; mMak 1,6; SifDev 190_{2} zu Dtn 19; vgl. ferner Philo, spec. 2,26–28, tSchevu 3,4.

Absicht, den vergeltungskritischen Diskurs in die Tora-Lehrworte des mt Jesus einzuarbeiten, den Autor des MtEv zu seiner Exegese von Dtn 19,19a–21 veranlasst. Die Ableitung des *topos* des Vergeltungsverzichts, der ohne Bezug auf die *talio* in der Tradition der Hebräischen Bibel und des antiken Judentums fest verankert ist, kann als (neue) Interpretation des mt Jesus verstanden werden. Die damit eingetragene Unschärfe hatte jedoch weitreichende Folgen. Die christliche Rezeptionsgeschichte der Talionsformel nach Mt 5,38–42 steht jedenfalls unter anderen Vorzeichen als die Verarbeitung dieser Formel im antik-jüdischen Diskurs.

Anhang

Übersicht tBQ 9

tBQ 9,1a[1]	שלשה עשר הן אבות נזיקין
tBQ 9,1b	שלשה עשר הן אבות נזיקין השור והבור והמבעה וההבער
tBQ 9,1c	שומר חנם והשואל נושא שכר והשוכר
tBQ 9,1d	נזק וצער רפוי ושבת ובושת
tBQ 9,1e	חבל בו חמשה נותן לו חמשה אינן אלא ארבעה נותן לו ארבעה אינן אלא שלושה נותן לו שלושה אינן אלא שנים נותן לו שנים אינן אלא אחד נותן לו אחד
tBQ 9,2a	בנזק כיוצד
tBQ 9,2bα	היכהו וקטע ידו היכהו וקטע רגלו אין רואין אתו כאילו עושה סלע ביום וכאילו עושה מנה ביום אלא רואין אותן כאילו חיגר שומר קישואין
tBQ 9,2bβ	ואם תאמר לקתה מידת הדין לא לקתה שכבר נותן לו דמי ידו ודמי רגלו
tBQ 9,3aα	אבל הכהו וצמתה ידו הכהו וצמתה רגלו רואין אותו כאלו עושה סלע ביום נותן לו סלע ביום מנה נותנין לו מנה ביום ונותנין לו כל נזקו ובכולן
tBQ 9,3aβ	שמין ונותנין לו מיד לפיכך אם מתנינה והולך אפי׳ חמשה שני׳ אין לו אלא מה שאמדוהו
tBQ 9,3b	הבריא נותנין לו מה שאמדוהו עד כמה נותן לו עד כדי שיבריא
tBQ 9,3c	בן עזאי או׳ נותן לו זכי מזון
tBQ 9,4a	עלו בו צמחי׳ מחמת המכה ונסתרה המכה חייב לרפותו וחייב ליתן לו דמי שבתו
tBQ 9,4b	שלא מחמת המכה או שעבר על דברי הרופא פטור
tBQ 9,4c	ר׳ יהודה אומ׳ אפי׳ עלו בו צמחין מחמת המכה ונסתר׳ המכה חייב לרפותו ופטור מליתן לו שבתו
tBQ 9,4d	וחכמים אומרי׳ כל שחייב לרפותו חייב ליתן לו וכל שפטור מלרפותו פטור מליתן לו שבתו
tBQ 9,5a	המכה את חברו ואמדוהו למיתה אומדין אותו לחיים
tBQ 9,5b	לחיים אין אומדין אותו למיתה
tBQ 9,5c	אמדוהו למית׳ חייב מיתה ופטור מן הממון
tBQ 9,5d	אמדוהו לממון חייב ממון ופטור מן המית׳
tBQ 9,5e	אמדוהו למיתה והוקל ממה שהיה אומדי׳ אותו לממון שנייה מאימתי נותן לו משעה שהכהו

1 Text: MS Wien hebr. 20.

 | HTTPS://DOI.ORG/10.1163/9789004747630-010

tBQ 9,6a	אמדוהו לחיים ומת משלם נזק צער ריפוי ושבת ובושת ליורשין
tBQ 9,6b	אמדוהו למיתה והיקל ממה שהיה הכביד ואחר כך מת אומדין אותו
tBQ 9,6bα	אם מחמת מכה ראשונה מת הרי זה חייב
tBQ 9,6bβ	ואם לאו הרי זה פטור
tBQ 9,6bγ	ר׳ נחמיה או׳ אפי׳ מת מחמת מכה ראשונה פטור
tBQ 9,7	ועוד זו דרש ר׳ נחמיה אם יקום והתהלך בחוץ על משענתו ונקה המכה וכי עלתה על לב שיהא זה מהלך בשוק וזה נהרג על ידיו אלא אפילו מת מחמת מכה ראשונה פטור
tBQ 9,8a	החובל בבנו ובתו גדולים חייב בכל
tBQ 9,8b	בעבדו ושפחתו העבדים של אחרים מוציאין מידו
tBQ 9,8c	ושל בתו נותנין לו מיד
tBQ 9,8d	ושל בנו עושה לו בהן סגולה מיד
tBQ 9,8e	בבניו ובנותיו קטני׳ של עצמו פטור מן הכל
tBQ 9,8f	החובל בבתו קטנה נזקה שלה והשאר הרי זה פטור
tBQ 9,9	חבל בה אחרי׳ נזקה שלה והשאר עוש׳ לה בהן סגולה ואם מתה אביה יורשה
tBQ 9,10a	החובל בבנו גדול חיי׳ בכל
tBQ 9,10bα	בעבדו ושפחתו הכנעני׳ חייב בכל ופטור מן השבת מפני ששבתו שלו
tBQ 9,10bβ	חבל יתר מן הראוי להן הרי זה חייב
tBQ 9,11aα	האב המכה את בנו והרב הרודה את תלמידו וכולן שהכו ושהזיקו הרי אלו פטורין
tBQ 9,11 F–G	חבלו יתר מן הראוי להן הרי אלו חייבי׳
tBQ 9,11 H–I	שליח ב״ד שהכה ברשו׳ ב״ד והזיק פטור חבל יתר מן הראוי לו הרי זה חיי׳ רופא אומן שרפא ברשות ב״ד והזיק פטור חבל יתר מן הראוי לו הרי זה חיי׳
tBQ 9,12a	דמבייש את חבירו ערום הרי זה חיי׳ ואינו דומה מביישו ערום למביישו לבוש
tBQ 9,12b	ביישו במרחץ הרי זה חייב ואינו דומה מביישו במרחץ למביישו בשוק
tBQ 9,12c	ואינו דמה המתבייש מן היקיר למתבייש מן הפגום ואינו דומה גדול המתבייש לקטן המתבייש
tBQ 9,13aα	החובל בחרש שוטה וקטן חייב בארבעה דברים ופטור מן הבושת מפני שאין להן בושת
tBQ 9,13aβ	רבי אומר חרש יש לו בושת קטן אין לו בושת החובל שוטה פעמים יש לו בושת ופעמים אין לו בושת
tBQ 9,13bα	סומא רבי יהודה אומ׳ אין לו בושת
tBQ 9,13bβ	וחכמי׳ אומר יש לו בושת

החובל באשתו בין שחבל בה הוא בין שחבלו בה אחרים מוציאין מידו וילקח בהן קרקעות והוא אוכל פירות	tBQ 9,14a
ר׳ יהודה בן בתירה אומ׳ בושת שבסתר לה שני חלקים ולו אחד בושת שבגלוי לו שני חלקים ולה אחד שלו נותנין לו מיד ושלה ילקח בהן קרקע והוא אוכל פירות	tBQ 9,14b
החובל בחייבי גליות בית דין חייב בכל בחייבי מתות בית דין עד שלא נגמר דינו חייב	tBQ 9,15a
משנגמר דינו פטור	tBQ 9,15b
היוצא ליהרג וחבל באחרי׳ חייב	tBQ 9,15c
חבלו בו אחרי׳ פטורין	tBQ 9,15d
רבי שמעון בן אלעזר אומר אף הוא שחבל באחרים פטור שאין מחזירין אתו לאמרת ב״ד מעתה	tBQ 9,15e
הרודף אחר חברו להרגו ונהפך הנרדף וחבל בו או שחבלו בו אחרים פטורין שנ׳ ולא תקחו כופר לנפש רוצח	tBQ 9,16a
הרגו והרג את בהמתו כאחד הרגו וקטע את ידו כאחד הרגו וסימא את עינו כאחד פטור שנ׳ ולא יהיה אסון ענוש יענש אם יש שם אסון אין נענש	tBQ 9,17a–d
אבל הרג את בהמתו ואחר כך הרגו וקיטע את ידו ואחר כך הרגו סימא את עינו ואחר כך הרגו חייב שנאמר דמים לו שלם ישלם	tBQ 9,17e–g
זה הכלל כל שחלה עליו מיתה ותשלומין כאחד פטור מיתה ואחר כך תשלומין תשלומין ואחר כך מיתה הרי זה חייב	tBQ 9,17 h–i
החובל באביו ואמו ועשה בהן חבורה אפי׳ שוגג פטור מפני שנדון בנפשו	tBQ 9,18a
הרובע והנרבע אפילו שוגג פטור מפני שנדון בגופו	tBQ 9,18b
הדליק גדיש של חברו ביום הכפורים אפילו שוגג פטור מפני שנדון בפשו	tBQ 9,18c
הגונב כיסו של חברו והוציאו בשבת הרי זה חייב שכבר נתחייב בגנבת הכיס עד שלא תבא שבת אם היה מגרר בו ויוצא פטור	tBQ 9,19
העושה מום במוקדשין אינו משלם אלא חצי נזק	tBQ 9,20a
היכה את האשת ויצאו לידיה משלם נזק וצער ריפוי שבת ובושת לאשה וולדות לבעל שנ׳ ונגפו אשה הרה	tBQ 9,20b
מה תלמוד לומר הרה וולדות של בעל הריון נתגרשה מזה ונישאת לזה וולדות של בעל הריון היתה מעוברת מגר ועבד משוחרר וולדות של גר ועבד משוחרר לפיכך אם מת הרי זכה	tBQ 9,20c
החובל בעבדו ושפחתו העברי׳ בינו לבינן הרי אלו נשבעין ונוטלין	tBQ 9,20d
החובל בעבדו ושפחתו הכנענים בינו לבינן פטור מפני שהוא קנס	tBQ 9,21
מכה את עבדו מכרו לאחר ומת פטור שנ׳ והכהו ומת תחת ידו עד שתהא מכתו ומיתתו ברשותו	tBQ 9,22a
עבד שחבל בעצמו יוצא לחירות ונותן לרבו	tBQ 9,22b

האשה שחבלה בבעלה אי׳ מפסדת כתובתה כלום וכשם שאי אפשר לה למכור כתובתה והיא תחתיו כך אין מפסדת כתובתה והיא תחתיו	tBQ 9,22c
עבד שאמ׳ לרבו הפלתה את שיני וסמתו את עיני תן לי דמי שני הרב או׳ סמיתי את עיניך והפלתי את שינך טול דמי שנך עבד נשבע ונוטל	tBQ 9,23
המוכר את עבדו בין מתכוין לו ובין שאין מתכוין לו יצא בן חורין	tBQ 9,24a
היה רשב״ג אומר במתכוין יוצא בן חורין וכשאין מתכוין לא יצא בן חורין	tBQ 9,24b
רבו רופא ואמ׳ לו רפא את עיני זו וסימאה שיני זו ועקר׳ שוחק בו ויצ׳ בן חורי׳	tBQ 9,25a
רבן שמעון בן גמליאל אומר לא יצא בן חורין וכולן אם אמר לאחר לעשות לו כן לא יצא בן חורין	tBQ 9,25b
הכהו נגד עינו ואינו רואה נגד אזנו ואינו שומע לא יצא בן חורי׳ שנ׳ הכהו עד שיעשה בו מעש׳ על עינו ואינו רואה על אזנו ואינו שומע יצא בן חורי׳	tBQ 9,26
הכהו על מוחו וירדו מים וחפו את עיניו ויצאו בנות מלך וסימא את עיניו יצא בן חורין	tBQ 9,27a
הכהו על עינו וכהתה על שנו ונדדה אם היה משתמש בהן לא יצא בן חורין ואם לאו יצא בן חורי׳	tBQ 9,27bαβ
הית׳ עינו כהה סימאה שנו נדודה ועוקרה אם היה יכול לישתמש בהן לשעבר יצא בן חורין אם לאו לא יצא בן חורין	tBQ 9,27c
החובל בחברו ומת יתנו היורשין	tBQ 9,28a
מת הנחבל יתן ליורשו	tBQ 9,28b
הנחבל בין שיש שם טענה ובין שאין שם טענה הרי זה נשבע ונוטל	tBQ 9,28c
ר׳ יהוד׳ היה קורא אותה הכא כאיכל זמן שהן חוככין זה את זה הרי אלו נשבעין ונוטלין היה נשוך מקום שאין יכול לישוך את עצמו נוטל שלא בשבועה לאחר זמן זה אומר חבלת וזה אומר לא חבלתי הרי זו כאחת מכל הטענות	tBQ 9,28d
החובל בחבריו אף על פי שלא ביקש החובל מן הנחבל בנחבל צריך לבקש עליו רחמים שנ׳ ויתפלל אברהם אל האלהים וירפא אלהים	tBQ 9,29a
וכן אתה מוצא בריעי איוב שנ׳ ועתה קחו לכם שבעה פרים ושבעה אילים ולכו אל עבדי איוב והעליתם עולה בעדכם ואיוב עבדי יתפלל אליכם וגו׳	tBQ 9,29b
ומה הוא אומר אומר וי״י שב את שבות איוב בהתפללו בעד רעהו ויוסף ד׳ את כל אשר לאיוב למשנה	tBQ 9,30a
ר׳ יהודה אומ׳ משום רבן גמליאל הרי הוא אומ׳ ונתן לך רחמים ורחמך והרבך זה סימן יהא בידך כל זמן שאתה רחמן ורחמן ירחם עליך	tBQ 9,30b

tBQ 9,31aα	הכהו באחר ידו בנייר בפנקס בעורות שאין עבודין בפמוס של שטרות שבידו נותן ארבע מעות זוז
tBQ 9,31aβ	ולא מפני שמכה של צער אלא מפני שמכה של בזיון שנ׳ קומה ה׳ הושיענו אלהים כי הכית את כל אויבי וגומר בשבט על הלחי וגו׳ גיוי נתתי למכים וגו׳
tBQ 9,31bα	וכשם שחייב על נזקי חברו כן הוא חייב על נזקי עצמו
tBQ 9,31bβ	שרק וטש בפניו כנגד חברו מתלש בשערו מקרע את כסותו משבר את כליו מפזר את מעותיו בחמתו פטור מדיני אדם ודינו מסור לשמים שנ׳ ואך את דמכם לנפשותיכם מיד נפשותיכם אדרוש
tBQ 9,31bγ	רבי שמעון בן אליעזר אמר משם רבי חלפאי בן אגרא שאמר משם ר׳ יוחנן בן נורי מתלש בשערו מקרע את כסותו משבר את כליו מפזר את מעותיו בחמתו יהא בעיניך כעובד ע״ז שאלו אומר לו יצרו לך ועבוד ע״ז עובד היה שכך הוא עבודתו של יצר הרע
tBQ 9,32	האומר סמא את עיני שמזקתני קטע את ידי שמזקתני פטור
tBQ 9,33	אנסוהו גוים ונטלו ממונו בפניו פטור נטל ונתן להן הרי זה חייב

Übersicht mBQ 8

mBQ 8,1a[2]	החובל בחבירו חייב עליו משם חמשה דברים בנזק בצער בריפוי בשיבת ובבושת
mBQ 8,1b	בניזק כיצד סמה את עינו קטע את ידו שבר את רגלו רואין אותו כאילו הוא עבד נימכר כמה היה יפה וכמה הוא יפה
mBQ 8,1c	בצער כויו בשפוד או במסמר אפילו על צפרנו מקום שאינו עושה חבורה אומרין כמה אדם כיוצא בזה רוצה ליטול להיות מיצטער כך
mBQ 8,1d	ריפוי היכהו חייב לרפותו עלו בו צמחים אם מחמת המכה חייב ושלא מחמת המכה פטור חייתה וניסתרה חיתה וניסתרה חייב לרפותו חיתה כל צרכה אינו חייב לרפותו
mBQ 8,1e	שיבת רואין אותו כאילו הוא שומר קישאוין שכבר נתנו לו דמי ידו ודמי רגלו
mBQ 8,1f	בושת הכל לפי המבייש והמתבייש המבייש את הערום המבייש את הסומה המבייש את היישן חייב וישן שביש פטור נפל מן הגג והזיק ובייש חייב על הנזק ופטור על הבושת שנאמר ושלחה ידה והחזיקה במבושיו אינו חייב על הבושת עד שיהא מתכוון
mBQ 8,2a	זה חומר באדם מבשור
mBQ 8,2b	וחומר שוב באדם מבשור שהאדם משלם את הנזק ומשלם דמי וולדות ושור אינו משלם אלא נזק ופטור מדמי ולדות
mBQ 8,3aα	המכה אביו ואמו ולא עשה בהם חבורה

2 Text: MS Kaufmann (A 50).

mBQ 8,3aβ	וחובל בחברו ביום הכפורים חייב בכולם
mBQ 8,3bα	החובל בעבד עברי חייב בכולן חוץ מן השבת בזמן שהוא שלו
mBQ 8,3bβ	החובל בעבד עברי שלאחרים חייב בכלן
mBQ 8,3bγ	רבי יהודה אומר אין לעבדים בשת
mBQ 8,4aα	חרש שוטה וקטן פגיעתן רעה
mBQ 8,4aβ	החובל בהן חייב
mBQ 8,4aγ	והם שחבלו באחרים פטורין
mBQ 8,4bα	העבד והאשה פגיעתן רעה
mBQ 8,4bβ	החובל בהן חייב
mBQ 8,4bγ1	והם שחבלו באחרים פטורין
mBQ 8,4bγ2	אבל משלמים לאחר זמן נתגרשה האשה ונשתחרר העבד חייבין לשלם
mBQ 8,5aα	המכה אביו ואמו ועשה בהן חבורה
mBQ 8,5aβ	והחובל בחיברו בשבת פטור מכולם מפני שהוא נידון בנפשו
mBQ 8,5b	והחובל בעבד כנעני שלו פטור מוכלם
mBQ 8,6aα	התוקיע לחבירו נותן לו סלע
mBQ 8,6aβ	רבי יהודה אומר משום רבי יוסה הגלילי מנה
mBQ 8,6b	סטרו נותן לו מאתים זוז
mBQ 8,6c	לאחר ידו נותן לו ארבע מאות זוז
mBQ 8,6d	צרם באזנו תלש בסערו רקק היגיע בו הרוק העביר טליתו ממנו פרע ראשה של אשה נותן ארבע מאות זוז
mBQ 8,6e	והכל לפי כבודו
mBQ 8,6fα	אמר רבי עקיבה אפילו עניים שבישראל רואין אותן כילו הן בני חורין שירדו מנכסיהם שהם בני אברהם יצחק ויעקב
mBQ 8,6fβ^{1}	ומעשה באחד שפרע ראשה שלאשה ובאת לפני רבי עקיבה וחייבו ליתן לה ארבע מאות זוז
mBQ 8,6fβ_2	אמר לו רבי תן לי זמן ונתן לו
mBQ 8,6fβ_3	שימרה עומדת על פתח חצירה ושבר את הפך בפניה ובו באסר שמן וגילת את ראשה והיתה מטפחת ומנחת על ראשה והעמיד עליה עדים ובא לפני רבי עקיבא ואמר לו רבי לזו אני נותן ארבע מאות זוז
mBQ 8,6fβ_4	אמר לו רבי עקיבה לא אמרתה כלום שהחובל בעצמו אף על פי שאינו רשיי פטור ואחרים שחבלו בו חייבים
mBQ 8,6f_5	הקוצץ נטיעותיו אף על פי שאינו רשיי פטור ואחרים שקצצו את נטיעותיו חייבים
mBQ 8,7aα	אף על פי שהוא נותן לו אינו נימחל לו עד שיבקש ממנו שנאמר ועתה השב אשת וגו׳
mBQ 8,7aβ	ומניין שלא יהא המוחל אכזרי שנאמר ויתפלל אברהם אל האלהים וגו׳
mBQ 8,7bα	האומר סמא את עיני קטע את ידי שבר את רגלי חייב על מנת פטור חייב
mBQ 8,7bβ	קרע את כסותי שבר את כדי חייב על מנת פטור פטור
mBQ 8,7bγ	עשה כן לאיש פלוני על מנת פטור חייב בין בגופו בין בממונו

Literaturverzeichnis

Primärquellen, Übersetzungen, Hilfsmittel

1Clem – Ehrman, Bart D. (Hg.), The Apostolic Fathers I. I Clement. II Clement. Ingatius. Polycarp. Didache, LCL 24, Cambridge, MA/London, UK 17–151.

1Clem – Schneider, Gerhard (Hg.), Clemens von Rom. Epistola ad Corinthios. Briefe an die Korinther, Freiburg im Breisgau u.a. 1994.

1QS – Wise, Michael O./Abegg Jr., Martin G./Cook, Edward M. (Hg.), The Dead Sea Scrolls. A New Translation, San Francisco, CA ²2005, 112–136.

4Q158 – Allegro, John M. (Hg.), Qumran Cave 4 (I 4Q158–4Q186), DJD 5, Oxford 1968, 1–6.

4Q251 – Martínez, Florentino G./Tigchelaar, Eibert (Hg.), The Dead Sea Scrolls Study Edition, Volume One: 1Q1–4Q273, Leiden/New York, NY/Köln 1997, 496–501.

4Q251 – Qimron, Elisha (Hg.), The Hebrew Compositions from Qumran. An Integrated Edition. Vol. 2 [Hebr.], Tel Aviv 2021, 192–196.

4Q251 – Larson, Erik/Lehmann, Manfred R./Schiffman, Lawrence H. (Hg.), 4QHalakha A (Plates III–IV), in: Baumgarten, Joseph/Elgvin, Torleif/Eshel, Esther u.a., Qumran Cave 4 XXV. Halakhic Texts, Oxford, UK 1999, 25–51.

11QT – Qimron, Elisha (Hg.), The Temple Scroll. A Critical Edition with Extensive Reconstructions, Beer Sheva 1996.

11QT – Yadin, Yigael (Hg.), The Temple Scroll (Hebrew Edition). Volume Two: Text and Commentary, Jerusalem 1977.

Accordance Bible Software – Oak Tree Software Inc. (Version 13.3.5).

Alex.Aphr., Met. – Golitsis, Pantelis (Hg.), Alexander of Aphrodisias. Commentary on Aristotle, Metaphysics (Books I–III). Critical edition with Introduction and Notes, Berlin/Boston 2022.

ApkSedr – James, Montague R. (Hg.), Apocrypha Anecdota, Cambridge 1893, 127–137.

Arist. EN – Frede, Dorothea (Hg.), Aristoteles. Nikomachische Ethik. Übersetzt, eingeleitet und kommentiert von Dorothea Frede, Aristoteles. Werke in Deutscher Übersetzung Bd. 6.1, Berlin/Boston 2020, 1–198.

Arist. Sensu – Hett, Walter S. (Hg.), Aristotle. On the Soul. Parva Naturalia. On Breath, Cambridge, MA 1957 (reprint).

ARN B – Becker, Hans-Jürgen (Hg.), Avot de-Rabbi Natan B, Tübingen 2016.

Aug.c.Faust. – Dulaey, M. (Hg.), Contre Fauste le Manichéen, Paris 2020.

Aug.civ. – Perl, Carl J. (Hg.), Der Gottesstaat. De Civitate Dei. Zweiter Band: Buch XV–XXII, Paderborn/München/Wien/Zürich 1979.

Aug.civ. – Dombart, Bernardus/Kalb, Alphonsu (Hg.), Sancti Aurelii Augustini. De civitate dei. Libri XI–XXII, Corpus Christianorum Series Latina 48, Turnhout 1955.

 | HTTPS://DOI.ORG/10.1163/9789004747630-011

Barthélemy, Dominique/Rickenbacher, Otto, *Konkordanz* zum Hebräischen Sirach, Göttingen 1973.

Blass, Friedrich/Debrunner, Albert/Rehkopf, Friedrich (Bearbeiter), *Grammatik* des neutestamentlichen Griechisch, Göttingen ^{14}1975.

CD – Charlesworth, James H./Rietz, Henry M. W. (Hg.), The Dead Sea Scrolls. Hebrew, Aramaic, and Greekt Texts with English Translations. Bd. 3: Damaskus Document II, Some Works of the Torah, and Related Documents, Tübingen/Louisville, KY 2006.

Cic.Clue. – Grose-Hodge, Humfrey (Hg.), Cicero. The Speeches. Bd. 9.: Pro Lege Manilia; pro Caecina; pro Cluentio; pro Rabirio perduellionis, LCL 198, London ^{Reprint}1966, 207–441.

Cic.orat. – Sutton, Edward W./Rackham, Harris (Hg.), Cicero. On the Orator, LCL 348, Cambridge, MA 1942.

Dtn^{LXX} – Wevers, John W. (Hg.), *Deuteronomium*, Vetus Testamentum Graecum. Auctoritate Academiae Scientiarum Gottingensis editum, Bd. II, 2, Göttingen 1977.

Dtn^{LXX} – Wevers, John W. (Hg.), Notes on the Greek Text of Deuteronomy, Scholars Press, Atlanta, GA 1995, xxiii, 665 p.

Dtn^{LXX} – Peters, Melvin K. H. (Hg.), Deuteronomium, in: Pietersma, Albert/Wright, Benjamin (Hg.), A New English Translation of the Septuagint and the Other Greek Translations Traditionally Included under That Title, New York, NY/Oxford, UK 2007, 141–173.

Elliger, Karl/Rudolph, Wilhelm, Biblia Hebraica Stuttgartensia, Stuttgart ^{5}1997.

Ex^{LXX} – Le Boulluec, Alain/Sandevoir, Pierre (Hg.), L'Exode. Traduction du texte grec de la Septante., Paris 1989.

Ex^{LXX} – Perkins, Larry J. (Hg.), Exodus, in: Pietersma, Albert/Wright, Benjamin (Hg.), A New English Translation of the Septuagint and the Other Greek Translations Traditionally Included under That Title, New York, NY/Oxford, UK 2007, 43–81.

Ex^{LXX} – Wevers, John W. (Hg.), *Exodus*, Vetus Testamentum Graecum. Auctoritate Academiae Scientiarum Gottingensis editum, Bd. II, 1, Göttingen 1991.

Fleddermann, Harry T., Q., A *Reconstruction* and Commentary, Biblical Tools and Studies 1, Leuven/Dudley, MA 2005.

Fest.Verb. – Lindsay, Wallace M. (Hg.), Sexti Pompei Festi. De verborum significatu quae supersunt cum Pauli Epitome, Stuttgart/Leipzig 1997 (Nachdruck der Ausgabe 1913).

Gell.Noct. – Rolfe, John C. (Hg.), Aulus Gellius. Attic Nights Books XIV–XX, LCL Bd. 212, Cambridge, MA/London 1952.

Gell.Noct. – Weiss, Fritz (Hg.), Die Attischen Nächte. Zum ersten Male vollständig übersetzt und mit Anmerkungen versehen. Zweiter Band. IX.–XX. Buch, Darmstadt 1992.

Georges, Karl Ernst, Der neue Georges. Ausführliches Lateinisch-Deutsches *Handwörterbuch*, Darmstadt 2013.

Gesenius, Wilhelm, Hebräisches und aramäisches *Handwörterbuch* über das Alte Testament. Bearbeitet und herausgegeben von Herbert Donner, Berlin/Heidelberg ^{18}2013.

Hoffmann, Paul/Heil, Christoph (Hg.), Die *Spruchquelle* Q. Studienausgabe Griechisch und Deutsch, Darmstadt 2002.

HTS – Bons, Eberhard (Hg.), Historical and Theological Lexicon of the Septuagint. Vol. I. Alpha – Gamma, Tübingen 2020.

Isid.orig. – Möller, Lenelotte (Hg.), Die Enzyklopädie des Isidor von Sevilla, Wiesbaden 2008.

Isid.orig. – Barney, Stephen A./Lewis, W. J./Beach, J. A., et al. (Hg.), The *Etymologies* of Isidore of Seville, Cambridge, UK 2006.

Iust. 1/2 apol. – Ulrich, Jörg (Hg.), Justin Apologiae – Apologien. Eingeleitet, übersetzt und kommentiert von Jörg Ulrich, FC Bd. 91, Freiburg im Breisgau 2021.

Jastrow, Marcus, A *Dictionary* of the Targumim, the Talmud Babli and Yerushalmi, and the Midrashic literature. With an Index of Scriptural Quotations, New York 1926.

jBQ – Guggenheimer, Heinrich W., Fourth Order: Neziqin. Tractates Bava Qamma, Bava Meṣiʿa and Bava Batra, The Jerusalem Talmud = [Talmud Yerushalmi], Berlin/New York 2008.

jBQ – Wewers, Gerd A. (Hg.), Bavot. Pforten. Bava Qamma – Erste Pforte; Bava Mesia – Mittlere Pforte; Bava Batra – Letzte Pforte, Übersetzung des Talmud Yerushalmi 4/1–3, Tübingen 1982.

Jos.Ant. – Begg, Christopher T./Spilsbury, Paul (Hg.), Judean Antiquities Books 8–10. Flavius Josephus. Translation and Commentary Bd. 5, Leiden/Boston 2005.

Jos.Ant. – Feldman, Louis H. (Hg.), Judean Antiquities. Books 1–4. Flavius Josephus. Translation and Commentary, Bd. 3, Leiden/Boston/Köln 1999.

Jos.Ant. – Whiston, William (Hg.), The Whole Genuine Works of Flavius Josephus. Bd. 1, London, UK 1822.

Jos.Ant. – Nodet, Étienne (Hg.), Flavius Josèphe. Les Antiquités Juives, Volume II: Livres IV et V, Editions du Cerf, Paris 1995.

Jos.Ant. 1–4 – Thackeray, Henry St. J. (Hg.), Josephus in nine Volumes, Bd. IV: Jewish Antiquities, Books I–IV (LCL 242), London, UK 1967 (Nachdruck).

Jos.Ant. 1–5 – Niese, Benedict (Hg.), Flavii Iosephi Opera. Bd. 1: Antiquitatum Iudaicarum Libri I–V, Berlin 1887.

Jos.Ap. – Barclay, John M. G., Against Apion. Translation and Commentary, Leiden/Boston 2006.

JosAs – Reinmuth, Eckart (Hg.), Joseph und Aseneth, SAPERE Bd. 15, Tübingen 2009, 56–137.

JosAs – Fink, Uta B. (Hg.), Joseph und Aseneth. Revision des griechischen Textes und Edition der zweiten lateinischen Übersetzung, FoSub Bd. 5, Berlin 2008, 169–197; 256–325.

Joüon, Paul/Muraoka, T., A *grammar* of biblical Hebrew, Rom 2006.

Leumann, Manu, Lateinische Laut- und *Formenlehre*, München ^{5}1977.

Leviticus^{LXX} – Wevers, John W. (Hg.), Leviticus, Vetus Testamentum Graecum. Auctoritate Academiae Scientiarum Gottingensis editum, Bd. 2, 2, Göttingen 1986.

Leviticus^{LXX} – Wevers, John W., Notes on the Greek Text of Leviticus, SBL.SCSS 30, Atlanta, GA 1997.

Levy, Jacob, *Wörterbuch* über die Talmudim und Midraschim. (Vier Bände), Darmstadt 1963.

LXX.D – Kraus, Wolfgang/Karrer, Martin (Hg.), Septuaginta Deutsch. Das griechische Alte Testament in deutscher Übersetzung, Stuttgart ²2009.

mBQ – Krupp, Michael (Hg.), Baba Kama. Erste Pforte, Die Mischna. Textkritische Ausgabe mit Übersetzung und Kommentar (Jerusalemer Mischna), Jerusalem 2006.

mBQ – Hoffmann, David, Ordnung Nesikin übersetzt und erklärt, Mischnajot. Die sechs Ordnungen der Mischna. Hebräischer Text mit Punktation, deutscher Übersetzung und Erklärung. Teil IV, Basel ³1986.

mBQ – Lapin, Hayim, Tractate Bava Qamma, in: Cohen, Shaye J. D./Goldenberg, Robert/Lapin, Hayin (Hg.): The Oxford Annotated Mishnah. A New Translation of the Mishnah with Introductions and Notes. Volume II, Oxford, UK 2022, 335–381.

MechJ – Erstdruck (Konstantinopel, 1515), https://www2.biu.ac.il/JS/tannaim/, (Letzter Zugriff: 10.09.2022; 09:44 Uhr).

MechJ – Horovitz, Haim S./Rabin, Israel A. (Hg.), Mechilta D'Rabbi Ismael cum variis lectionisbus et adnotationibuse, Frankfurt a.M. 1931.

MechJ – Winter, Jakob/Wünsche, August (Hg.), Mechilta. Ein tannaitischer Midrasch zu Exodus, Leipzig 1909.

MechJ – Neusner, Jacob (Hg.), Mekhilta according to Rabbi Ishmael. An analytical Transaltion. Volume Two: Amalek, Bahodesh, Neziqin, Kaspa and Shabbata, Atlanta GA 1988.

MechJ – Lauterbach, Jacob Z. (Hg.), Mekhilta de-Rabbi Ishmael. A Critical Edition, based on the Manuscripts and Early Editions, Philadelphia ²2004.

MechJ – MS Vat.ebr. 299, https://digi.vatlib.it/view/MSS_Vat.ebr.299, (Letzter Zugriff: 29.11.2025, 09:43 Uhr).

MechJ – MS München Cod.hebr. 117, https://www.digitale-sammlungen.de/de/view /bsb00084914?page=182,183, (Letzter Zugriff: 28.11.2025, 08:35 Uhr).

MechJ – MS. Marshall Or. 24 (Neubauer 151), https://digital.bodleian.ox.ac.uk/objects /ddff16f5-85a6-45be-abf0-3385c2a2cadc/surfaces/648b1247-bf71-4f2a-b9aa-951a35b 6bbf8/#, (Letzter Zugriff: 28.11.2025, 08:36 Uhr).

MechJ – Stemberger, Günter (Hg.), Mekhilta de-Rabbi Jishmaʿel. Ein früher Midrasch zum Buch Exodus, Berlin 2010.

MechSch – Nelson, W. David (Hg.), Mekhilta de-Rabbi Shimon bar Yoḥai, Philadelphia 2006.

MechSch – Hoffmann, David Z. (Hg.), Mechilta de-Rabbi Simon b. Jochai. Ein halachischer und haggadischer Midrasch zu Exodus nach handschriftlichen und gedruckten Quellen reconstruirt und mit erklärenden Anmerkungen und einer Einleitung versehen, Frankfurt a. M. 1905.

MechSch – Epstein, Jacob. N./Melamed, Ezra Z. (Hg.), Mekhilta d'Rabbi Šimʿon b. Jochai. Fragmenta in Geniza Cairensi reperta digessit apparatu critico, notis praefatione instruxit J. N. Epstein defuncti editoris opus absolvit et edendum curavit E. Z. Melamed, Jerusalem 1955.

MidTan – Hoffman, David (Hg.), Der Midrasch Tannaïim zum Deuteronomium, Hoffmann, David, Berlin 1908.

Mischna – MS Kaufmann (A 50), https://www.nli.org.il/en/discover/manuscripts/hebrew-manuscripts/itempage?docId=PNX_MANUSCRIPTS990001910470205171&vid=MANUSCRIPTS, (Letzter Zugriff: 29.11.2025, 09:45 Uhr).

Mischna – MS München 95, https://www.nli.org.il/en/discover/manuscripts/hebrew-manuscripts/viewerpage?vid=MANUSCRIPTS#d=[[PNX_MANUSCRIPTS990001265430205171-1,FL14703672]], (Letzter Zugriff: 24.11.2025, 10:09 Uhr).

Mischna – MS Cambridge 470, https://cudl.lib.cam.ac.uk/view/MS-ADD-00470-00001/222, (Letzter Zugriff: 29.11.2025; 09:47).

Mischna – MS Parma 3173 (De Rossi 138), https://www.nli.org.il/en/discover/manuscripts/hebrew-manuscripts/itempage?vid=MANUSCRIPTS&docId=PNX_MANUSCRIPTS990000706800205171, (Letzter Zugriff: 29.11.2025, 09:50 Uhr).

Mischna – Albeck, Hanoch (Hg.), סדר נזיקין. מפורש פירוש חדש, עם מבואות, הוספות והשלמות, ששה סדרי משנה Bd. 4, Jerusalem 1988.

Mischna – Correns, Dietrich (Hg.), Die Mischna ins Deutsche Übertragen, mit einer Einleitung und Anmerkungen von Dietrich Correns. Das grundlegende enzyklopädische Regelwerk rabbinischer Tradition, Wiesbaden 2005.

MM – Dirlmeier, Franz (Hg.), Aristoteles. Magna Moralia, Berlin ^{5}1983.

MM – Simpson, Peter L. P. (Hg.), The Great Ethics of Aristotle, London, UK/New York, NY ^{2}2017.

mMak – Krupp, Michael (Hg.), Makkot. Schläge, Die Mischna. Textkritische Ausgabe mit Übersetzung und Kommentar (Jerusalemer Mischna), Jerusalem 2006.

mMak – Flatto, David C., Tractate Makkot, in: Cohen, Shaye J. D./Goldenberg, Robert/Lapin, Hayin (Hg.): The Oxford Annotated Mishnah. A New Translation of the Mishnah with Introductions and Notes. Volume II, Oxford, UK 2022, 557–583.

Montanari, Franco, The Brill *Dictionary* of Ancient Greek, Boston, MA 2015.

mSan – Krupp, Michael (Hg.), Sanhedrin. Oberstes Gericht, Die Mischna. Textkritische Ausgabe mit Übersetzung und Kommentar (Jerusalemer Mischna), Jerusalem 2006.

Nestle, Eberhard/Aland, Barbara und Kurt/et al., Novum Testamentum Graece, Münster ^{28}2012.

p.Hal. 1 (Trismegistos 5876) – https://papyri.info/ddbdp/p.hal;;1, (Letzter Zugriff: 29.11.2025, 09:51 Uhr).

Philo, congr. – Cohn, Leopold/Heinemann, Yiẓḥak/Adler, Maximiian, et al. (Hg.), Philo von Alexandria. Die Werke in deutscher Übersetzung. Band VI., Berlin 1962, 1–49.

Philo, congr. – Colson, Francis H./Whitaker, George H. (Hg.), IV. On the Confusion of Tongues. On the Migration of Abraham. Who Is the Heir of Divine Things? On Mating with the Preliminary Studies; LCL 261, Cambridge, MA/London, UK 1939, 451–551.

Philo, spec. – Cohn, Leopold/Heinemann, Yiẓḥak/Adler, Maximiian, et al. (Hg.), Philo von Alexandria. Die Werke in Deutscher Übersetzung. Band. II.; 2. Auflage, Berlin 1962.

Plato, Krit. – Bernard, Wolfgang (Hg.), Platon. Kriton. Übersetzung und Kommentar von Wolfgang Bernard, Platon Werke. Übersetzung und Kommentar Bd. I 3, Göttingen 2016, 11–26.

Polyk.Phil. – Ehrman, Bart D. (Hg.), The Apostolic Fathers I. I Clement. II Clement. Ingatius. Polycarp. Didache, LCL 24, Cambridge, MA/London, UK 2003, 323–353.

SamPent – Gall, August von (Hg.), Der hebräische Pentateuch der Samaritaner, Giessen 1918.

Schulz, Siegfried, Q. Die *Spruchquelle* der Evangelisten, Zürich 1972.

SifDev – MS London Margoliouth 341 (Add. 16406), https://www.bl.uk/manuscripts/Viewer.aspx?ref=add_ms_16406_fs001r, (Letzter Zugriff: 28.09.2022, 09:17 Uhr).

SifDev – Neusner, Jacob (Hg.), Sifre to Deuteronomy. Volume Two: Pisqaot One Hundred Forty-Four through Three Hundred Fifty-Seven, Atlanta GA 1987.

SifDev – Bietenhard, Hans/Ljungman, Henrik, Der tannaitische Midrasch Sifre Deuteronomium, JudChr Bd. 8, Bern/Frankfurt am Main 1984.

SifDev – Finkelstein, Louis (Hg.), Siphre ad Deuteronomium. H. S. Horovitzii schedis usus cum variis lectionibus et adnotationibus edidit Dr. Louis Finkelstein, New York NY (JTS Reprint) 1969.

SifDev – MS. Marshall Or. 24 (Neubauer 151), https://digital.bodleian.ox.ac.uk/objects/ddff16f5-85a6-45be-abf0-3385c2a2cadc/, (Letzter Zugriff: 29.11.2025, 09:56 Uhr).

SifDev – British Museum, Add MS 16406 (Margoliouth 341), http://www.bl.uk/manuscripts/FullDisplay.aspx?ref=Add_MS_16406, (Letzter Zugriff: 25.05.2022; 17:20 Uhr).

SifDev – Vat.ebr.32, https://digi.vatlib.it/view/MSS_Vat.ebr.32, (Letzter Zugriff: 29.11.2025, 09:58 Uhr).

SifDev – Hammer, Reuven (Hg.), Sifre. A Tannaitic Commentary on the Book of Deuteronomy, New Haven/London 1986.

SifDev – Friedmann, Meir (Hg.), ספרי דבי רב עם תוספות מאיר עין, Wien 1864.

Sifra – Winter, Jakob (Hg.), Sifra. Halachischer Midrasch zu Leviticus, Breslau 1938.

Sifra – Weiss, Isaac Hirsch (Hg.), ספרא דבי רב הוא בפר תורת הכהנים, Wien 1862.

Sifra – MS London Margoliouth 341 (Add. 16406), https://www.bl.uk/manuscripts/Viewer.aspx?ref=add_ms_16406_fs001r, (Letzter Zugriff: 28.09.2022; 09:18 Uhr).

Sifra – JTS Rab. 2171 (MS 9026), https://www2.biu.ac.il/JS/tannaim/sifra/Sifra%20Breslau.pdf, (Letzter Zugriff: 07.10.2022, 15:20 Uhr).

Sifra – Neusner, Jacob (Hg.), *Sifra.* An Analytical Translation, Bd. 3, Atlanta, GA 1988.

Sifra – MS Vat.ebr. 66, https://digi.vatlib.it/view/MSS_Vat.ebr.66, (Letzter Zugriff: 29.11.2025, 10:00 Uhr).
Sifra – Druck Venedig (1545), https://www2.biu.ac.il/JS/tannaim/sifra/Sifra%20Venice.pdf, (Letzter Zugriff: 07.10.2022, 15:43 Uhr).
Sifra – MS Marshall Or. 24 (Neubauer 151), https://digital.bodleian.ox.ac.uk/objects/ddff16f5-85a6-45be-abf0-3385c2a2cadc/surfaces/652137da-7ea0-4c55-9e53-67e3aae7fa68/, (Letzter Zugriff: 29.11.2025, 10:01).
Sifra – MS Vat.ebr.31, https://digi.vatlib.it/view/MSS_Vat.ebr.31, (Letzter Zugriff: 29.11.2025, 10:01 Uhr).
Sifra – MS Parma Palatina 3259 (De Rossi 139), https://www.nli.org.il/en/discover/manuscripts/hebrew-manuscripts/viewerpage?vid=MANUSCRIPTS&docid=PNX_MANUSCRIPTS990000770380205171-1#$FL26008020, (Letzter Zugriff: 29.11.2025, 10:02 Uhr).
spec. – Daniel-Nataf, Suzanne (Hg.), Philo of Alexandria. Writings. Vol. III: Exposition of the Law, Part Two [Hebrew], Jerusalem 2000.
spec. – Colson, Francis H. (Hg.), VII. On the Decalogue. On the Special Laws, Books 1–3, Cambridge, MA/London, UK 1937.
Sus – Ziegler, Joseph (Hg.), Susanna. Daniel. Bel et Draco, Vetus Testamentum Graecum. Auctoritate Academiae Scientiarum Gottingensis editum, Bd. XVI,2, Göttingen 1954.
t – Zuckermandel, Moses S. (Hg.), תוספתא. על פי כתבי יד ערפורט ווינה. עם מראי מקומות וחלופי גרסאות ומפתחות, Jerusalem [3]1963.
Tab.XII – Flach, Dieter, Das *Zwölftafelgesetz*. Leges XII Tabularum, Darmstadt 2004.
Tert.Marc. – Lukas, Volker (Hg.), Tertullian. Adversus Marcionem. Gegen Markion, FChr Bd. 64,1–4, Freiburg im Breisgau 2015–2017.
Test.Abr. – Allison, Dale C. (Hg.), Testament of Abraham, CEJL Berlin/New York 2003.
Tosefta – MS Wien hebr. 20, https://web.nli.org.il/sites/nli/hebrew/collections/jewish-collection/talmud/pages/default.aspx?IsByManuscript=False&Im_Ms=7658&Fr_Co=3&Fr_Tr=36&Pe_code=003&Mi_code=04&Li_code=-1, (Letzter Zugriff: 08.08.22, 14:40 Uhr).
Tosefta – MS Erfurt 12, https://digital.staatsbibliothek-berlin.de/werkansicht/?PPN=PPN666097402&PHYSID=PHYS_0006, (Letzter Zugriff: 29.11.2025, 10:03 Uhr).
Tosefta – Neusner, Jacob (Hg.), The *Tosefta* translated from the Hebrew. Fourth Division Neziqin (The Order of Damages), New York, NY 1981.
tSot – Bietenhard, Hans, Der Tosefta-Traktat Soṭa. Hebräischer Text mit kritischem Apparat, Übersetzung, Kommentar, 9, Bern 1986.
TPsJ – Ginsburger, Moses (Hg.), Pseudo-Jonathan (Thargum Jonathan ben Usiel zum Pentateuch) nach der Londoner Handschrift, Hildesheim/New York, NY 1971.
von Soden, Wolfram, Akkadisches *Handwörterbuch*, Wiesbaden 1965–1981.
Yadin, Yigael, The Temple Scroll. Bd. 2: Text and Commentary, Jerusalem 1983.

Sekundärliteratur

Abush, Tzvi, „He should continue to bear the *Penalty* of that Case“: Some Observations on Codex Ḫammurabi §§ 3–4 and § 13, in: Fox, Marvin/Frerichs, Ernest S./Neusner, Jacob, et al. (Hg.): From ancient Israel to modern Judaism. Intellect in quest of understanding. Essays in honor of Marvin Fox, Atlanta, Ga 1989, 77–96.

Achenbach, Reinhard, Complementary *Reading* of the Tora in the Priestly Texts of Numbers 15, in: Frevel, Christian/Pola, Thomas/Schart, Aaron (Hg.): Torah and the Book of Numbers, FAT.2 62, Tübingen 2013, 202–232.

Achenbach, Reinhard, Das Heiligkeitsgesetz und die sakralen Ordnungen des Numeribuches im Horizont der *Pentateuchredaktion*, in: Achenbach, Reinhard (Hg.): Tora in der Perserzeit. Gesammelte Studien zu Theologe und Rechtsgeschichte Judas, Tübingen 2023, 145–175.

Achenbach, Reinhard, Die *Prophezeiungen* des Mose in Deuteronomium 28–32, in: ZAR 20 (2014), 147–179.

Achenbach, Reinhard, Die *Vollendung* der Tora. Studien zur Redaktionsgeschichte des Numeribuches im Kontext von Hexateuch und Pentateuch, BZAR 3, Wiesbaden 2003.

Achenbach, Reinhard, *gêr* – nåkhrî – tôshav – zâr. Legal and Sacral Distinctions regarding Foreigners in the Pentateuch, in: Achenbach, Reinhard/Albertz, Rainer/Wöhrle, Jakob (Hg.): The Foreigner and the Law. Perspectives from the Hebrew Bible and the Ancient Near East, BZAR 16, Wiesbaden 2011, 29–51.

Achenbach, Reinhard, *Grundlinien* redaktioneller Arbeit in der Sinai-Perikope, in: Otto, Eckart/Achenbach, Reinhard (Hg.): Das Deuteronomium zwischen Pentateuch und Deuteronomistischem Geschichtswerk, FRLANT 206, Göttingen 2004, 56–80.

Achenbach, Reinhard, Überlegungen zur Rekonstruktion des Urdeuteronomiums 2: Die Reform der *Rechtsordnung* in Deuteronomium 16–19, in: ZAR 24.24 (2018), 213–245.

Achenbach, Reinhard, *Ursprung* und Gestalt des Todesrechts im Bundesbuch, in: Vos, Jacobus Cornelis de/Löhr, Hermut/Van, Juliane Ta (Hg.): “You shall not kill”. The prohibition of killing in ancient religions and cultures, JAJSup 27, Göttingen 2018, 50–82.

Aland, Barbara, *Rez.* zu Klinghardt, Matthias, Das älteste Evangelium und die Entstehung der kanonischen Evangelien. 2 Bde. Bd. I: Untersuchung. Bd. II: Rekonstruktion, Übersetzung, Varianten., in: Theologische Literaturzeitung 141.11 (2016), 1226–1230.

Albeck, Hanoch, Das Buch der *Jubiläen* und die Halacha, Berlin 1930.

Albrecht, Kristin Y., *Fiktionen* im Recht, Baden Baden 2020.

Albright, William F./Mann, Christopher S., *Matthew*, The Anchor Bible 26, Garden City, N.Y. 1971.

Alkier, Stefan/Paulsen, Thomas, Die Evangelien nach *Markus* und *Matthäus*. Neu übersetzt und mit Überlegungen zur Sprache des Neuen Testaments, zur Gattung der Evangelien und zur intertextuellen Schreibweise sowie mit einem Glossar, Frankfurter Neues Testament Bd. 2, Leiden 2021.

Allison, Dale C. Jr., *Studies* in Matthew. Interpretation Past and Present, Grand Rapids, Michigan 2005.

Altshuler, David A., *Descriptions* in Josephus' Antiquities of the Mosaic Constituion, Ph.D., Cincinnati 1976.

Altshuler, David A., The *Treatise* περὶ ἐθῶν καὶ αἰτιῶν "On Custums and Causes" by Flavius Josephus, in: JQR 69.4 (1979), 226–232.

Amir, Yehoshua, Measure for *Measure* in Talmudic Literature and in the Wisdom of Solomon, in: Reventlow, Henning/Hoffman, Yair (Hg.): Justice and Righteousness. Biblical Themes and their Influence, Sheffield, UK 1992, 29–46.

Amir, Yehoshua, Θεοκρατία as a *Concept* of Political Philosophy: Josephus' Presentation of Moses' Politeia, in: SCI 8–9 (1985/1988), 83–105.

Amram, David Werner, *Retaliation* and Compensation, in: JQR 2.2 (1911), 191–211.

Aptowitzer, Victor, Josef Kohlers *Darstellung* des talmudischen Rechtes. (Schluß), in: Monatsschrift für die Geschichte und Wissenschaft des Judentums 52.3/4 (1908), 185–205.

Attridge, Harold W., The Epistle to the *Hebrews*. A Commentary on the Epistle to the Hebrews, Philadelphia 1989.

Avioz, Michael, "An *Eye* for an Eye" according to Josephus [hebr.], in: Beit Mikra. Journal for the Study of the Bible and Its World (2009), 97–108.

Avioz, Michael, Legal *Exgesis* of Scripture in the Works of Josephus, London/New York 2020.

Awabdy, Mark A., *Leviticus*. A Commentary on Leueitikon in Codex Vaticanus, Septuagint Commentary Series Bd. 3, Leiden/Boston 2019.

Baasland, Ernst, Matthew and His *Speeches*, in Particular his "Inaugural Speech". Was Matthew a Compiler or a Creative Author?, in: Verheyden, Joseph/Schröter, Jens/Sim, David C. (Hg.): The Composition, Theology, and Early Reception of Matthew's Gospel, 447, Tübingen 2022, 81–125.

Baasland, Ernst, *Parables* and Rhetoric in the Sermon on the Mount. New approaches to a classical text, WUNT 351, Tübingen 2015.

Bacher, Wilhelm, Die exegetische *Terminologie* der jüdischen Traditionsliteratur, Darmstadt 1965.

Backhaus, Knut, Der *Hebräerbrief*, Regensburg 2009.

Balberg, Mira, *Pricing* Persons: Consecration, Compensation, and Individuality in the Mishnah, in: JQR 103.2 (2013), 169–195.

Banks, Robert, Jesus and the *Law* in the Synoptic Tradition, Cambridge, UK 1975.

Barclay, John M. G., *Conflict* in Thessalonica, in: CBQ 55.3 (1993), 512–530.
Bar-Levav, Liora E., The *Mekhilta* de-Rabbi Shimeon Ben Yohai on the Nezikin Portion [Hebr.], Jerusalem 2013.
Barilan, Yechiel Michael, Jewish *Bioethics*. Rabbinic Law and Theology in their Social and Historical Contexts, New York, NY 2014.
Baris, Michael, "For I Say": A Keeper at the Rabbinic Gates of *Doubt*, in: RRJ 24 (2021), 56–72.
Barmash, Pamela, *Homicide* in the Biblical World, Cambridge, UK/New York 2005.
Barmash, Pamela, The Laws of *Hammurabi*. At the Confluence of Royal and Scribal Traditions, New York, NY 2020.
Barraclough, Ray, Philo's *Politics*. Roman Rule and Hellenistic Judaism, in: Temporini, Hildegard/Haase, Wolfgang (Hg.): Aufstieg und Niedergang der römischen Welt. 2. Principat., ANRW 2,21,1, Berlin/New York 1984, 417–553.
Bartor, Assnat, Reading Law as Narrative. A Study in the Casuistic Laws of the Pentateuch, Ancient Israel and its Literature Vol. 5, Atlanta, GA 2010.
Basser, Herbert W./Cohen, Marsha B., The Gospel of *Matthew* and Judaic traditions, Leiden/Boston 2015.
Baum, Matthias, Die *Hermeneutik* Hans-Georg Gadamers als philosophia christiana. Eine Interpretation von „Wahrheit und Methode" in christlich-theologischer Perspektive, HUTh 80, Tübingen 2020.
Bauschatz, John, *Law* and Enforcement in Ptolemaic Egypt, New York, New York 2013.
Bausi, Alessandro, Ethiopian Christianity, *Bible* in, in: Allison, Dale C./Helmer, Christine/Leppin, Volker, et al. (Hg.): EBR, Bd. 8: Essenes – Fideism, Berlin/Boston 2014, 149–150.
Baynes, Leslie, The Heavenly *Book* Motif in Judeo-Christian Apocalypses 200 B.C.E.–200 C.E., JSJ.S 152, Leiden/Boston 2012.
Beale, Gregory. K., The Book of *Revelation*. A Commentary on the Greek Text, Grand Rapids, Mich. 1999.
Belkin, Samuel, *Philo* and the Oral Law. The Philonic interpretation of Biblical Law in relation to the Palestinian Halakah, Cambridge, MA 1940.
Berger, Klaus, Das Buch der *Jubiläen*, in: Kümmel, Werner G./Lichtenberger, Hermann (Hg.): Jüdische Schriften aus hellenistisch-römischer Zeit. Band 2: Unterweisung in erzählender Form, JSHRZ 2/3, Gütersloh 1973–1999, 273–575.
Berkowitz, Beth, Tractate *Sanhedrin*, in: Cohen, Shaye J. D./Goldenberg, Robert/Lapin, Hayim (Hg.): The Oxford Annotated Mishnah. A New Translation of the Mishnah with Introductions and Notes. Volume II, Oxford, UK 2022, 490–556.
Berkowitz, Beth A., *Execution* and Invention. Death Penalty Discourse in Early Rabbinic and Christian Cultures, New York, NY 2006.
Berner, Christoph, The *Redaction* History of the Sinai Pericope (Ex 19–24) and its Contiuation in 4Q158, in: DSD 20 (2013), 378–409.

Betz, Hans Dieter/Collins, Adela Y. (Hg.), The *Sermon* on the Mount. A Commentary on the Sermon on the Mount, including the Sermon on the Plain (Matthew 5:3–7:27 and Luke 6:20–49), Minneapolis 1995.

Birkan, Amy, *Inducing* Acts in Rabbinic Law, in: Touro Law Review 36.4 (2021), 873–899.

Black, Steve D., One Really Striking Minor *Agreement*. ΤΙΣ ΕΣΤΙΝ Ο ΠΑΙΣΑΣ ΣΕ in Matthew 26:68 and Luke 22:64., in: Novum Testamentum 52 (2010), 313–333.

Blankovsky, Yuval, Reading Talmudic Sources as *Arguments*. A New Interpretive Approach, Leiden 2020.

Blischke, Folker, Die *Begründung* und Durchsetzung der Ethik bei Paulus, Leipzig 2007.

Blumenthal, Christian, *Basileia* im Matthäusevangelium, WUNT II 416, Tübingen 2019.

Bock, Darrell L., *Blasphemy* and Exaltation in Judaism and the Final Examination of Jesus. A Philological-Historical Study of the Key Jewish Themes Impacting Mark 14:61–64, 106, Tübingen 1998.

Bøe, Sverre, *Cross*-Bearing in Luke, WUNT II 278, Tübingen 2010.

Böhm, Martina, *Rezeption* und Funktion der Vätererzählungen bei Philo von Alexandria. Zum Zusammenhang von Kontext, Hermeneutik und Exegese im frühen Judentum, BZNW 128, Berlin/New York 2005.

Bons, Eberhard, *Marriage* and Family in Flavius Josephus's Contra Apionem (II, § 199–206) against its Hellenistic background, in: Passaro, Angelo (Hg.): Family and Kinship in the Deuterocanonical and Cognate Literature. Yearbook 2012/2013, Berlin/Boston 2013, 455–466.

Börner-Klein, Dagmar, Killing in *Self-Defence* in Rabbinical Law, in: JSQ 4.2 (1997), 169–182.

Bossina, Luciano, Jewish *Law* and Greek Science. Translation- and mobility-studies in light of the ancient Greek translation of the Old Testament, in: Biasiori, Lucio/Mazzini, Frederico/Rabbiosi, Chiara (Hg.): Reimagining Mobilities across the Humanities. Volume 2: Objects, People and Texts, Abingdon, Oxon, UK/New York, NY 2023, 177–191.

Boyarin, Daniel, *Beyond* Judaisms: Meṭaṭron and the Divine Polymorphy of Ancient Judaism, in: JSJ 41 (2010), 323–365.

Boyd-Taylor, Cameron, Toward the *Analysis* of Translational Norms: A Sighting Shot, in: BIOSCS 39 (2006), 27–46.

Brody, Robert, *Mishnah* and Tosefta Studies, Jerusalem 2014.

Broer, Ingo, Die *Antithesen* und der Evangelist Matthäus. Versuch, eine alte These zu revidieren, in: BZ.NF 19 (1975), 50–63.

Broer, Ingo, *Freiheit* vom Gesetz und Radikalisierung des Gesetzes. Ein Beitrag zur Theologie des Evangelisten Matthäus, Stuttgarter Bibelstudien 98, Stuttgart 1980.

Broer, Ingo, Das *ius* talionis im Neuen Testament, in: NTS 40 (1994), 1–21.

Budde, Karl F. R., *Bemerkungen* zum Bundesbuch, in: ZAW 11 (1891), 99–114.

Bultmann, Christoph, Art. *Auslegungsgeschichte*, I. Alttestamentlich, in: Wischmeyer, Oda (Hg.): Lexikon der Bibelhermeneutik. Begriffe – Methoden – Theorien – Konzepte, Berlin 2009, 55.

Bultmann, Rudolf, Die *Geschichte* der synoptischen Tradition, Göttingen ^{9}1979.

Burchard, Christoph, Versuch, das *Thema* der Bergpredigt zu finden, in: Strecker, Georg (Hg.): Jesus Christus in Historie und Theologie (FS Hans Conzelmann), Tübingen 1975, 409–432.

Burckhard, Armin, Spätere *Schriften* zur Semiotik und Sprachphilosophie, in: Schelling, Erik (Hg.): Umerto Eco Handbuch. Leben – Werk – Wirkung, Berlin 2021, 82–106.

Burnet, Régis, *Exegesis* and History of Reception, WUNT 455, Tübingen 2021.

Byron, John, *Cain* and Abel in Text and Tradition, TBN 14, Leiden/Boston 2011.

Cadbury, Henry J., The Style and Literary Method of Luke, HThS 6, Cambridge, MA 1920.

Castelli, Silvia, Antiquities 3–4 and Against Apion 2:145ff. Different *Approaches* to the Law, in: Kalms, Jürgen U. (Hg.): Internationales Josephus-Kolloquium Amsterdam 2000, Münster 2001.

Castelli, Silvia, *Murder* and Murder Prohibition in Josephus, in: de Vos, J. Cornelis/Löhr, Hermut/Ta Van, Juliane (Hg.): "You shall not kill". The prohibition of killing in ancient religions and cultures, JAJSup 27, Göttingen 2018, 159–172.

Chapman, David W., Ancient Jewish and Christian Perceptions of *Crucifixion*, WUNT II 244, Tübingen, Germany 2008.

Chapman, David W./Schnabel, Eckhard J., The *Trial* and Crucifixion of Jesus. Texts and Commentary, WUNT II 344, Tübingen 2015.

Chavel, Simeon, Oracular *Law* and Priestly Historiography in the Torah, FAT.2 71, Tübingen 2014.

Chernick, Michael, Hermeneutical *Studies* in Talmud and Midrashic Literature [Hebr.], Tel Aviv 1984.

Cholewinski, Alfred, *Heiligkeitsgesetz* und Deuteronomium. Eine vergleichende Studie, Analecta Biblica 66, Rom 1976.

Christiansen, Birgit, „Früher war er ein von *Bienen* Zerstochener. Jetzt aber gibt er 6 Schekel Silber": Sanktionen und Sanktionsprinzipien in der Hethitischen Rechtssammlung, in: ZAR 21 (2015), 31–101.

Cilliers, Louise/Retief, Francois, *Poisons*, Poisoners, and Poisoning in Ancient Rome, in: Wexler, Philip (Hg.): Toxicology in Antiquity, London, UK ^{2}2019, 231–242.

Cohen, Boaz, The *Relationship* of Jewish to Roman Law (Continued), in: JQR 34.4 (1944), 409–424.

Cohen, Chaim, More "False *Friends*" in the Semantic Domains of Parents and Children and Giving Birth – Regular Meanings of Words in modern hebrew Which Originated Erroneously, in: Avioz, Michael/Minka, Omer/Shemesh, Yael (Hg.): Ben Porat Yosef:

Studies in the Bible and Its World. Essays in Honor of Joseph Fleishman, AOAT 458, Münster 2019, 54–67.
Cohen, Shaye J. D., From the *Maccabees* to the Mishnah, Louisville, KY ^{3}2014.
Cohen, Shaye J. D., The Forgotten *Pharisees*, in: Sievers, Joseph/Levine, Amy-Jill (Hg.): The Pharisees, Grand Rapids, MI 2021, 283–291.
Cohen, Shaye J. D., The Judean Legal *Tradition* and the *Halakhah* of the Mishnah, in: Fonrobert, Charlotte E./Jaffee, Martin S. (Hg.): The Cambridge Companion to the Talmud and Rabbinic Literature, New York, NY 2007, 121–143.
Cohen, Shaye J. D., The *Significance* of Yavneh: Pharisees, Rabbis, and the End of Jewish Sectarianism, in: Cohen, Shaye J. D. (Hg.): The Significance of Yavneh and other Essays in Jewish Hellenism, Tübingen 2010, 44–70.
Collins, Adela Y., *Mark*. A Commentary, 2007.
Collins, Raymond F., Matthew's *ENTOΛAI*. Towards and Understanding of the Commandments in the First Gospel, in: van Segbroeck, Frans/Tucket, Christopher M./van Belle, Gilbert, et al. (Hg.): The Four Gospels (FS Frans Neirynck), 1992, 1325–1348.
Connell, Sophia, "*Nous* alone enters from outside". Aristotelian embryology and early Christian Philosophy, in: Journal of Ancient Philosophy 15.2 (2021), 109–138.
Cook, John G., Matthew 5.39 and 26.67: *Slapping* Another's Cheek in Ancient Mediterranean Culture, in: JGRChJ 10 (2014), 68–89.
Cortez, Marc, The *Law* on Violent Intervention: Deuteronomy 25.11–12 Revisited, in: Journal for the Study of the Old Testament 30.4 (2006), 431–447.
Couroyer, Bernard, «De la *mesure* dont vous mesurez il vous sera mesuré», in: RB 77.3 (1970), 366–370.
Crossley, James G., Matthew and the Torah: Jesus as Legal *Interpreter*, in: Runesson, Anders/Gurtner, Daniel M. (Hg.): Mathew within Judaism. Israel and the Nations in the First Gospel, ECL 27, Atlanta, GA 2020, 29–52.
Cruise, Charles, A Methodology for Detecting and Mitigating *Hyperbole* in Matthew 5:38–42, in: Journal of the Evangelical Theological Society 61.1 (2018), 83–103.
Crüsemann, Frank, „*Auge* um Auge …" (Ex 21,24f.). Zum sozialgeschichtlichen Sinn des Talionsgesetzes im Bundesbuch, in: EvTh 47.5 (1987), 411–426.
Crüsemann, Frank, Die *Tora*. Theologie und Sozialgeschichte des alttestamentlichen Gesetzes, München 1992.
Currie, Stuart D., Matthew 5:39a: *Resistance* or Protest?, in: The Harvard Theological Review 57.2 (1964), 140–145.
Dahms, Christiane, *Thema*, Stoff, Motiv, in: Zymner, Rüdiger/Hölter, Achim (Hg.): Handbuch Komparatistik. Theorien, Arbeitsfelder, Wissenspraxis, 2003, 124–129.

Dannenmann, Tanja, *Emotion*, Narration und Ethik. Zur ethischen Relevanz antizipatorischer Emotionen in Parabeln des Matthäus-Evangeliums, WUNT II 498, Tübingen 2019.

Daube, David, The New *Testament* and Rabbinic Judaism, London 1956.

Davies, William D./Allison, Dale C., A Critical and Exegetical Commentary on the Gospel according to Saint *Matthew*. Volume I: Introduction and Commentary on Matthew I–VII, London New York 1988.

Davis, James F., *Lex* talionis in early Judaism and the exhortation of Jesus in Matthew 5.38–42, JSNTSup 281, London/New York 2005.

de Pourcq, Maarten, Classical *Reception* Studies: Reconceptualizing the Study of Classical Tradition, in: The International Journal of the Humanities 9.4 (2012), 219–225.

de Vaan, Michiel, Etymological *Dictionary* of Latin and the other Italic Languages, Leiden 2008.

de Vos, Cornelis J., *Murder* as Sacrilege. Philo of Alexandria on the Prohibition of Killing, in: de Vos, J. Cornelis/Löhr, Hermut/Ta Van, Juliane (Hg.): "You shall not kill". The prohibition of killing in ancient religions and cultures, JAJSup 27, Göttingen 2018, 142–158.

de Vos, Cornelis J., *Rezeption* und Wirkung des Dekalogs in jüdischen und christlichen Schriften bis 200 n.Chr., AJEC 95, Leiden 2016.

Deines, Roland, Die *Gerechtigkeit* der Tora im Reich des Messias. Mt 5,13–20 als Schlüsseltext der matthäischen Theologie, WUNT II 177, Tübingen 2004.

Démare-Lafont, Sophie, *Femmes*. Droit et Justice dans l'Antiquité orientale. Contributions à l'étude du droit pénal au Proche-Orient ancient, OBO 165, Fribourg/Göttingen 1999.

den Hertog, Cornelis/Labahn, Michael/Pola, Thomas, *Deuteronomion*/Deuteronomium/Das fünfte Buch Mose, in: Karrer, Martin/Kraus, Wolfgang (Hg.): Septuaginta Deutsch. Erläuterungen und Kommentare zum griechischen Alten Testament, Stuttgart 2011, 523–601.

den Hollander, William, *Josephus*, the Emperors, and the City of Rome. From Hostage to Historian, AJEC 86, Leiden 2014.

den Hollander, William, *Reading* with Ancient Eyes: Children, Households, and Baptism in the First Century World, in: den Hollander, William/Visscher, Gerhard H. (Hg.): Children and the Church. "Do Not Hinder Them", Hamilton, Canada 2019, 11–29.

Diamond, Arthur S., An *Eye* for and Eye, in: Iraq 19.2 (1957), 151–155.

Dietrich, Eckart, Das ist der *Jude*! Laienpredigt über Juden- und Christentum, in: Auf gut Deutsch. Wochenschrift für Ordnung u. Recht 2.30/34 (1920), 337–398.

Dietrich, Jan, Kollektive *Schuld* und Haftung. Religions- und rechtsgeschichtliche Studien zum Sündenkuhritus des Deuteronomiums und zu verwandten Texten, ORA 4, Tübingen.

Dines, Jennifer, Stylistic *Features* of the Septuagint, in: Bons, Eberhard/Joosten, JAN (Hg.): Die Sprache der Septuaginta, LXX.H 3, Gütersloh 2023.

Dion, Paul E., Deuteronomy 13: The *Suppression* of Alien Religious Propaganda in Israel During the Late Monarchical Era, in: Halpern, Baruch/Hobson, Deborah W. (Hg.): Law and Ideology in Monarchic Israel, JSOT.S 124, Sheffield, UK 1991.

Doering, Lutz, Ancient Jewish *Letters* at the Beginning of Christian Epistolography, WUNT 298, Tübingen 2012.

Doering, Lutz, Die *Rezeption* jüdischer Schriften im Neuen Testament, in: Fischer, Irmtraud/Frey, Jörg/Fuchs, Ottmar, et al. (Hg.): Der Streit um die Schrift, JBTh 31, 2016, 105–133.

Doering, Lutz, Halakic/Legal *Scrolls*, in: Wassén, Cecilia, The Dead Sea Scrolls, Vol. 3 of Ancient Literature for New Testament Studies, Grand Rapids 2025 (im Druck).

Doering, Lutz, "Ihr habt gehört, dass zu den Alten gesagt ist …": Zu Form und Funktion der Tora-*Lehrworte* ("Antithesen") der Bergpredigt, in: NTS 71.1 (2026) (im Druck).

Doering, Lutz, Jewish *Law* in the Dead Sea Scrolls: Some Issues for Consideration, in: Dávid, Nóra/Lange, Armin/de Troyer, Kristin, et al. (Hg.): The Hebrew Bible in Light of the Dead Sea Scrolls, Göttingen 2012, 449–462.

Doering, Lutz, *Parallels* without "Parallelomania". Methodological Reflections on comparative Analysis of Halakha in the Dead Sea Scrolls, in: Fraade, Steven D./ Shemesh, Aharon/Clements, Ruth A. (Hg.): Rabbinic Perspectives: Rabbinic Literature and the Dead Sea Scrolls. Proceedings of the Eighth International Symposium of the Orion Center for the Study of the Dead Sea Scrolls and Associated Literature, 7–9 January, 2003, Leiden/Boston 2006, 13–42.

Doering, Lutz, Rabbinische *Belege* und Neues Testament, in: Kraus, Wolfgang/Rösel, Martin (Hg.): Update Exegese 2.2, Leipzig 2019, 301–310.

Doering, Lutz, *Schabbat*. Sabbathalacha und -praxis im antiken Judentum und Urchristentum, TSAJ 78, Tübingen 1999.

Doering, Lutz, Textual History of *Jubilees*, in: Henze, Matthias/Feder, Frank/Lange, Armin (Hg.): Textual History of the Bible, Bd. 2C: Deuterocanonical Scriptures, Leiden 2019, 3–14.

Doering, Lutz/Schumann, Daniel, *Introduction*, in: Doering, Lutz/Schumann, Daniel (Hg.): Tosefta Studies. Manuscripts, Traditions, and Topics, Wien 2021, 1–9.

Dooley, William E., On Aristotle's *Metaphysics* 1, Ithaca 1989.

Drux, Rudolf, Art. *Motiv*, in: Fricke, Harald (Hg.): Reallexikon der deutschen Literaturwissenschaft, Bd. II., Berlin ³2007, 638–641.

Dyma, Oliver, Das *Sacharjabuch* und seine Rezeptionen, SBR 16, Berlin/Boston 2021.

Ebach, Ruth, Das *Fremde* und das Eigene. Die Fremdendarstellung des Deuteronomiums im Kontext israelitischer Identitätskonstruktionen, Berlin/Boston 2014.

Ebner, Martin, *Feindesliebe* – ein Ratschlag zum Überleben? Sozial- und Religionsgeschichtliche Überlegungen zu Mt 5,38–47 par Lk 6,27–35, in: Asgeirsson, Jón M./de

Troyer, Kristin/Meyer, Marvin W. (Hg.): From Quest to Q (FS James M. Robinson, Leuven 2000, 119–142.

Edmondson, Jonathan/Mason, Steve/Rives, James (Hg.), Flavius Josephus and Flavian *Rome*, Oxford, UK 2005.

Egan, Patrick, Did Peter *Change* Scripture? The Manuscript Tradition of Greek Psalm 33–34 and 1 Peter 3:10–12, in: Kreuzer, Siegfried/Meiser, Martin/Sigismund, Marcus (Hg.): Die Septuaginta – Entstehung, Sprache, Geschichte. 3. Internationale Fachtagung, veranstaltet von Septuaginta Deutsch (LXX.D), Wuppertal 22.–25. Juli 2010, WUNT 286, Tübingen 2012, 505–528.

Egner, Inge, Sens général ou sens spécifique? La traduction de certains termes grecs pour les *vêtements*, in: Le Sycomore 6.1 (2012), 20–25.

Epstein, Jacob N./Melamed, Ezra Z. (Hg.), *Prolegomena* ad litteras tannaiticas: Mishna, Tosephta et Interpretationes Halachicas [Hebr.], Jerusalem 1957.

Ettinger, Shimshon, *Agency*, in: Ben-Menahem, Hanina/Edrei, Arye/Hecht, Neil S. (Hg.): Windows onto Jewish Legal Culture. Fourteen Exploratory Essays, Bd. 2, London u.a. 2011, 151–195.

Evans, Craig, Listening for *Echoes* of Interpreted Scripture, in: Evans, Craig/Sanders, James A. (Hg.): Paul and the Scriptures of Israel, Sheffield 1993, 47–51.

Falk, Zeev, *Introduction* to Jewish Law in the Second Temple Period [Hebr.], Tel Aviv 1969.

Fantham, Elaine, With *Malice* Aforethought. The Ethics of *Malitia* on Stage and at Law, in: Sluiter, Ineke/Rosen, Ralph M. (Hg.): KAKOS. Badness and Anti-Value in Classical Antiquity, Mnemosyne Supplements 307, Leiden/Boston 2008, 319–334.

Fazzo, Silvia, The „*Metaphysics*“ from Aristotle to Alexander of Aphrodisias, in: Bullentin of the Institute of Classical Studies 52 (2012), 51–68.

Feldman, Louis H., The Case of the *Blasphemer* (Lev. 24:10–16) according to Philo and Josephus, in: LiDonnici, Lynn/Lieber, Andrea (Hg.): Heavenly Tablets. Interpretation, Identity and Tradition in Ancient Judaism, JSJ.S 119, Leiden/Boston 2007, 213–226.

Feldman, Louis H., *Torah* and Greek Culture in Josephus, in: The Torah U-Madda Journal 7 (1997), 41–87.

Feldman, Louis H., *Use*, Authority and Exegesis of Mikra in the Writings of Josephus, in: Mulder, Martin J. (Hg.): The Literature of the Jewish People in the Period of the Second Temple and the Talmud. Volume 1 Mikra. Text Translation, Reading and Interpretation of the Hebrew Bible in Ancient Judaism and Early Christianity, Assen/Maastricht 1988, 455–518.

Fiedler, Peter, Das *Matthäusevangelium*, ThKNT Bd. 1, Stuttgart 2006.

Figueira, Thomas J., The Spartan *hippeis*, in: Hodkinson, Stephen/Powell, Anton (Hg.): Sparta & War, Swansea 2006, 57–84.

Filannino, Francesco, *Sintesi* e transizione: la funzione di Mc 4,21–25 nel discorso parabolico, in: Estudios Bíblicos 79 (2021), 199–215.

Filler, Elad, *Description* of the Creation by Philo in the Light of The Neopythagorean Theory of Numbers (Part One) [Hebrew], in: Daat. A Journal of Jewish Philosophy & Kabbalah 62 (2008), 5–25.

Finkelstein, Eliezer A., Antike Systeme des Umgangs mit *Verschwörungszeugen* (Hebr.), in: Liebermann, Saul/Hyman, Arthur (Hg.): Salo Wittmayer Baron, Jubilee Volume on the Occasion of His Eightieth Birthday (Bd. 3), Jerusalem 1975, 281–295.

Finkelstein, Jacob J., Ammiṣaduqa's *Edict* and the Babylonian "Law Codes", in: Journal of Cuneiform Studies 15.3 (1961), 91–104.

Finkelstein, Jacob J., The Ox That Gored, in: The American Philosophical Society 71.2 (1981), 1–89.

Finkelstein, Louis, The Book of *Jubilees* and the Rabbinic Halaka, in: The Harvard Theological Review 16.1 (1923), 39–61.

Finkelstein, Louis, An *Eye* for an Eye, in: The Menora Journal 24.3 (1936), 207–218.

Finkelstein, Louis, The *Pharisees*. The sociological Background of their Faith, Bd. 2, Philadelphia ³1962.

Fishbane, Michael, Biblical *Interpretation* in Ancient Israel, Oxford, UK 1985.

Fisher, Nick, The Bad *Boyfriend*, the Flatterer and the Sykophant: Related Forms of the *Kakos* in Democratic Athens, in: Sluiter, Ineke/Rosen, Ralph M. (Hg.): KAKOS. Badness and Anti-Value in Classical Antiquity, Mnemosyne Supplements 307, Leiden/Boston 2008, 185–231.

Flatto, David C., The *Crown* and the Courts. Separation of Powers in the Early Jewish Imagination, Cambridge, MA 2020.

Flemming, Rebecca, Losing *Touch*. Impaired sensation in Greek medical writings, in: Purves, Alex (Hg.): Touch and the Ancient Senses, Abingdon, UK/New York NY 2018, 180–191.

Fohrer, Georg/Hoffmann, Hans Werner/Huber, Friedrich, et al., *Exegese* des Alten Testament. Einführung in die Methodik, Heidelberg ³1979.

Forschner, Maximilian, Epiktets Theorie der *Freiheit* im Verhältnis zur klassischen stoischen Lehre (*Diss* IV.1), in: Vollenweider, Samuel/Baumbach, Manuel/Ebel, Eva, et al. (Hg.): Epiktet. Was ist wahre Freiheit (Diatribe IV 1), SAPERE 22, Tübingen 2013, 97–118.

Förster, Hans, The *Possibility* of an Explanatory δέ in New Testament Greek: First Postclassical Greek Conference in Cologne, Trends in Greek and Latin Linguistics [unveröffentlicht].

Foster, Paul, *Prophets* and Prophetism in Matthew, in: Verheyden, Joseph/Zamfir, Korinna/Nicklas, Tobias (Hg.): Prophets and Prophecy in Jewish and Early Christian Literature, WUNT II 286, Tübingen 2010, 117–138.

Fraade, Steven D., The Damascus *Document*, Oxford, UK 2021.

Fraade, Steven D., Legal *fictions*. Studies of law and narrative in the discursive worlds of ancient Jewish sectarians and sages, JSJ.S 147, Leiden/Boston 2011.

Fraade, Steven D., The *Temple* Scroll as Rewritten Bible: When Genres Bend, in: Goldstein, Binyamin Y./Segal, Michael/Brooke, George J. (Hg.): Hā-ʾîsh Mōshe. Studies in Scriptural Interpretation in the Dead Sea Scrolls and Related Literature in Honor of Moshe J. Bernstein, 122, Leiden/Boston 2017, 136–154.

Frame, James E., A Critical and Exegetical Commentary on the Epistles of St. Paul to the *Thessalonians*, Edinburgh, UK [5]1960.

Frankemölle, Hubert, Evangelium und *Wirkungsgeschichte*. Das Problem der Vermittlung von Methodik und Hermeneutik in neueren Auslegungen zum Matthäusevangelium, in: Oberlinner, Lorenz/Fiedler, Peter (Hg.): Salz der Erde – Licht der Welt. Exegetische Studien zum Matthäusevangelium (FS Anton Vögtle), Stuttgart 1991, 31–89.

Frankemölle, Hubert, *Matthäus* Kommentar 1, Düsseldorf [2]1999.

Fredriksen, Paula, What "*Parting* of the Ways"? Jews, Gentiles, and the Ancient Mediterranean City, in: Becker, Adam H./Reed, Annette Y. (Hg.): The Ways that Never Parted. Jews and Christians in Late Antiquity and the Early Middle Ages, TSAJ 95, Tübingen 2003, 36–63.

Friedman, Shamma Y., The *Primacy* of Tosefta to Mishnah in Synoptic Parallels, in: Fox, Harry/Meacham, Tirzah (Hg.): Introducing Tosefta. Textual, Intratextual and Intertextual Studies, Hoboken, NJ 1999, 99–121.

Friedmann, Shamma, The "*Plotting* Witness" and Beyond: A Continuum in Ancient Near Eastern, Biblical, and Talmudic Law, in: Cohen, Chaim/Hurowitz, Victor A./Hurvitz, Avi, et al. (Hg.): Birkat Shalom. Studies in the Bible, Ancient Near Eastern Literature, and Postbiblical Judaism Vol. 2 (FS Shalom M. Paul), Winona Lake, Indiana 2008, 801–829.

Friedrichsen, Timothy A., „To *One* Who Has …": Mk 4,25 (Mt 25,29; Lk 19,26). A Note on the Independence of Mk 4,25 from Q 19,26 and on the Sayings Cluster of Mk 4,21–25, in: EThL 82.1 (2006), 165–173.

Fuad, Chelcent, The Curious Case of the Blasphemer: *Ambiguity* as Literary Device in Leviticus 24:10–23, in: Horizons in Biblical Theology 41 (2019), 51–70.

Furstenberg, Yair, The Shared *Image* of Pharisaic Law in the Gospels and Rabbinic Tradition, in: Sievers, Joseph/Levine, Amy-Jill (Hg.): The Pharisees, Grand Rapids, MI 2021, 199–219.

Futter, Dylan B., Spiritual *Pregnancy* in Plato's Theaetetus, in: aperion 51.4 (2018), 383–514.

Gadamer, Hans-Georg, *Wahrheit* und Methode. Grundzüge einer philosophischen Hermeneutik, Tübingen 1960.

Galimberti, Alessandro, *Josephus* and Strabo: The reasons for a choice, in: Rodgers, Zuleika (Hg.): Making History. Josephus and Historical Method, SJSJ 110, Leiden/Boston 2007, 147–167.

Gallant, Robert P., Josephus' *expositions* of biblical law: An internal analysis, Ann Arbor 1988.

Ganzel, Tova, The *Reworking* of Ezekiel's Temple Vision in the Temple Scroll., in: Jokiranta, Jutta/Zahn, Molly (Hg.): Law, Literature, and Society in Legal Texts from Qumran. Papers from the Ninth Meeting of the International Organization for Qumran Studies, Leuven 2006, STDJ 128, Leiden/Boston 2019, 230–252.

García-Hernández, Benjamín, *Lexicalización* en los indefinidos latinos. Tālis como base léxica, in: Pallas, No. 103. Études de linguistique latine II (2017), 211–218.

Garrow, Alan, An Extant *Instance* of 'Q', in: NTS 62 (2016), 398–417.

Gaughan, Judy E., *Murder* Was Not A Crime. Homicide and Power in the Roman Republic, Austin, TX 2010.

Geljon, Albert C./Runia, David T., Philo of Alexandria. On *planting*. Introduction, translation, and commentary, Philo of Alexandria Commentary Series 5, Leiden/Boston 2019.

Gerber, Christine, Ein *Bild* des Judentums für Nichtjuden von Flavius Josephus. Untersuchungen zu seiner Schrift Contra Apionem, AGJU 40, Leiden 1997.

Gertz, Jan Christian, Die *Gerichtsorganisation* Israels im deuteronomischen Gesetz, Göttingen 1994.

Gilmer, Harry W., The if-*you* form in Israelite law, Missoula, Mont. 1975.

Glucker, Johanan, Arieh Kasher's *Translation* and Commentary on Josephus' "Against Apion" [hebr.], in: Zion 63 (1998), 89–123.

Gnilka, Joachim, Das *Matthäusevangelium*. I. Teil: Kommentar zu Kapitel 1,1–13,58, HThKNT 1/1, Freiburg im Breisgau 1986.

Goldberg, Abraham, The *Tosefta* – Companion to the Mishna, in: Safrai, Shemuel (Hg.): The Literature of the Sages. First Part: Oral Tora, Halakha, Mishna, Tosefta, Talmud, External Tractates, Philadelphia PA 1987, 283–301.

Goldberg, Abraham, *Tosefta* Bava Kamma: A Structural and Analytic Commentary with a Mishna-Tosefta Synopsis, Jerusalem 2001.

Goldenberg, David, *Halakhah* in Josephus and in Tannaitic Literature: A Comparative Study, Philadelphia 1978.

Goldenberg, David M., Mosaic *Constitution*, in: Feldman, Louis H./Kugel, James L./ Schiffman, Lawrence H. (Hg.): Outside the Bible: Ancient Jewish Writings Related to Scripture, Philadelphia/Loncoln, NE 2013, 1202–1225.

Goldenberg, Robert, *Art. Mishnah*, in: Furey, Constance M./LeMon, Joel Marcus/Matz, Brian, et al. (Hg.): Encyclopedia of the Bible and Its Reception, Bd. 19: Midrash and Aggada – Mourning, Berlin 2021, 380–392.

Goldner, Rebecca S., Aristotle and the *Priority* of Touch, in: Purves, Alex (Hg.): Touch and the Ancient Senses, Abingdon, UK/New York NY 2018, 50–63.

Goldstone, Matthew, Rebuke, *Lending*, and Love: An Early Exegetical Tradition on Leviticus 19:17–18, in: JBL 136.2 (2017), 307–321.

Goldstone, Matthew S., The Dangerous Duty of *Rebuke*. Leviticus 19:17 in Early Jewish and Christian Interpretation, JSJ.S 185, Leiden/Boston 2018.

Goodenough, Erwin R., The *Jurisprudence* of the Jewish courts in Egypt. Legal administration by the Jews under the early Roman empire as described by Philo Judaeus, Amsterdam 1968 [Reprint of the Edition New Haven 1929].

Goren, Eli, »*Auge* um Auge« in der Rezeption der Weisen [hebr.], in: Morashtenu 9 (1995), 231–136.

Goulder, Michael, Two Significant Minor *Agreements* (Mat. 4:13 Par.; Mat. 26:67–68 Par.), in: Novum Testamentum 2003.4 (2003), 365–373.

Goy, Ina, Was *Aristotle* the 'father' of the epigenesis doctrine?, in: History and Philosophy of the Life Sciences 40.2 (2018), 1–16.

Graupner, Axel, *Vergeltung* oder Schadensersatz? Erwägungen zur regulativen Idee alttestamentlichen Rechts am Beispiel des ius talionis und der mehrfachen Ersatzleistung im Bundesbuch, in: EvTh 65 (2005), 459–477.

Greenstein, Eliezer, *Auge* um Auge, Zahn um Zahn? Textsinn, Auslegung und die Frage des Kontextes [hebr.], in: Resling 5 (1998), 31–34.

Griffith-Williams, Brenda, *Violence* in Court: Law and Rethoric in Athenian and English Assault Cases, in: Greece & Rome 60.1 (2013), 89–100.

Grohmann, Marianne, Metaphors of *Miscarriage* in the Psalms, in: VT 69.2 (2019), 219–231.

Grünwaldt, Klaus, Das *Heiligkeitsgesetz* in Leviticus 17–26. Ursprüngliche Gestalt, Tradition und Theologie, BZAW 271, Berlin/New York 1999.

Guelich, Robert A., The *Antitheses* of Matthew V. 21–48: Traditional and/or Redactional?, in: NTS 22 (1976), 444–457.

Guelich, Robert A., The *Sermon* on the Mount. A Foundation for Understanding Waco, TX 1982.

Gurtner, Daniel M., *Exodus*. A Commentary on the Greek Text of Codex Vaticanus, Septuagint Commentary Series Bd. 2, Leiden; Boston 2013.

Gvaryahu, Amit, "And both are *equal*". Exegesis as creating values in ancient Jewish texts [hebr.], in: In particular and in general. On Judaism, sovereignty and human rights (2017), 54–80.

Gvaryahu, Amit, The Tannaitic Laws of *Battery* [Hebr.], in: Tarbiz 86.4 (2018), 533–573.

Gvaryahu, Amit, The Tannaitic *Laws* of Battery [MA Thesis, Hebr.], Jerusalem 2012.

Haacker, Klaus, *Feindesliebe* kontra Nächstenliebe. Bemerkungen zu einer verbreiteten Gegenüberstellung von Christentum und Judentum, in: Matheus, Frank (Hg.): »Dieses Volk schuf ich mir, dass es meinen Ruhm verkünde« (FS Vetter), Duisburg 1992.

Haase, Richard, *Talion* und spiegelnde Strafe in den keilschriftlichen Rechtscorpora, in: ZAR 3 (1997), 195–201.

Hagedorn, Anselm C., *Lex* Talionis. I. Ancient Near East and Hebrew Bible/Old Testament, in: Furey, Constance M./LeMon, Joel M./Römer, Thomas Chr., et al. (Hg.): Encyclopedia of the Bible and Its Reception, Bd. 16. Lectionary – Lots, Berlin/Boston 2018, 418–420.

Hagemann, Matthias, *Iniuria*. Von den XII-Tafeln bis zur Justinianischen Kodifikation, Köln/Weimar u.a. 1998.

Hagner, Donald A., *Matthew* 1–13, Bd. 33A, Dallas TX 1993.

Halberstam, Chaya, False *Witness*, False Accusation. III. Judaism. A. Rabbinic Judaism, in: Furey, Constance M./LeMon, Joel Marcus/Matz, Brian, et al. (Hg.): Encyclopedia of the Bible and Its Reception, Bd. 8, Berlin/Boston 2014, 802–805.

Halberstam, Chaya T., *Law* & Truth in Biblical and Rabbinic Literature, Bloomington, IN 2010.

Halbertal, Moshe, Interpretative *Revolutions* in the Making. Values as Interpretative Considerations in Midrashei Halakha (Hebr.), Jerusalem 1997.

Halivni, David W., "*Mishnas*" which were changed from their Original Forms [Hebr.], in: Sidra 5 (1989), 63–88.

Hanson, Ann Ellis, The Hippocratic *Aphorisms* in Ptolemaic and Roman Times, in: Dean-Jones, Lesley/Rosen, Ralph M. (Hg.): Ancient Concepts of the Hippocratic. Papers Presented at the XIIIth International Hippocrates Colloquium Austin, Texas, August 2008, Studies in Ancient Medicine 46, Leiden/Boston 2016, 48–60.

Hardwick, Lorna, *Reception* Studies, Greece & Rome. New Surveys in the Classics 33, Oxford/New York 2003.

Hardy, Humphrey H. H., Diachronic Development in Biblical Hebrew *Prepositions*: A Case Study in Grammaticalization (Dissertation), Chicago 2014.

Harris, Edward, The *Family*, the Community and Murder: The Role of Pollution in Athenian Homicide Law, in: Ando, Clifford/Rüpke, Jörg (Hg.): Public and Private in Ancient Mediterranean Law and Religion, RGVV 65, Berlin/Munich/Boston 2015, 11–35.

Hartog, Paul A., Polycarp's *Epistle to the Philippians* and the *Martyrdom of Polycarp*, in: Bird, Michael F./Harrower, Scott D. (Hg.): The Cambridge Companion to the Apostolic Fathers, Cambridge, UK/New York NY 2021, 226–247.

Hatzimichali, Myrto, The Early *Reception* of Aristotle's Biology, in: Connel, Sophia M. (Hg.): The Cambridge Companion to Aristotle's Biology, Cambridge, UK 2021, 228–245.

Hauptman, Judith, *Rereading* the Mishnah. A New Approach to Ancient Jewish Texts, TSAJ 109, Tübingen 2005.

Hay, David M., Philo's *Anthropology*, the Spiritual Regimen of the Therapeutae, and a Possible Connection with Corinth, in: Deines, Roland/Niebuhr, Karl Wilhelm (Hg.): Philo und das Neuen Testament. Wechselseitige Wahrnehmungen. I. Internationales

Symposium zum Corpus Idaeo-Hellenisticum. 1–4. Mai 2003, Eisenach/Jena, Tübingen 2004, 127–142.

Hayes, Christine E., Authority and Anxiety in the Talmuds Legal *Fictions*, in: Wertheimer, Jack (Hg.): Jewish Religious Leadership: Images and Reality I., New York, NY 2004, 127–154.

Hayes, Christine E., *Intertextuality* and Tannaitic Literature: A History, in: Hayes, Christine E. (Hg.): The Literature of the Sages: A Re-visioning, Leiden/Boston 2022, 95–216.

Hayes, Christine E., Legal *Realism* and the Fashioning of Sectarians in Jewish Antiquity, in: Stern, Sacha (Hg.): Sects and Sectarianism in Jewish History, Leiden/Boston 2001, 119–146.

Hays, Richard B., The *Conversion* of the Imagination: Scripture and Eschatology in 1 Corinthians, in: NTS 45 (1999), 391–412.

Hays, Richard B., *Echoes* of Scripture in the Letters of Paul, New Haven/London 1989.

Heinemann, Yiẓḥak, The *Methods* of the Aggadah [Hebr.], Jerusalem 1949.

Heinemann, Yiẓḥak, Philons griechische und jüdische *Bildung*. Kulturvergleichende Untersuchungen zu Philons Darstellung der jüdischen Gesetze, Breslau Nachdruck Hildesheim 1962 1932.

Hempel, Charlotte, The Community *Rules* from Qumran. A Commentary, TSAJ 183, Tübingen 2020.

Henry, Devin, Aristotle on *Epigenesis*. Two Senses of Epigenesis, in: Falcon, Andrea/Lefebvre, David (Hg.): Aristotle's Generation of Animals. A Critical Guide, Cambridge, UK 2018, 89–107.

Herr, Moshe D., Who were the *Baethusians* [Hebr.], in: Gutmann, Israel (Hg.): Proceedings of the Seventh World Congress of Jewish Studies, Bd. 3: Studies in the Talmud, Halacha and Midrasch, Jerusalem 1980,1–20.

Hetzelein, Lukas, *Zeichen* im Matthäusevangelium. Eine exegetische Studie zu den σημεῖον-Texten des ersten Evangeliums, München 2020.

Hezser, Catherine, Did Palestinian rabbis know Roman *law*? Methodological considerations and case studies, in: Berthelot, Katell/Dohrmann, Natalie B./Nemo-Pekelman, Capucine (Hg.): Legal Engagement. The reception of Roman law and tribunals by Jews and other inhabitants of the empire, Rom 2021, 303–322.

Hezser, Catherine, Geldbuße, *Peitschenhiebe* und göttliche Vernichtung. Rabbinische Strafdrohungen in der Mischna, in: ZAR 20 (2014), 201–214.

Hezser, Catherine, Jewish Slavery in Antiquity, Oxford/New York 2005.

Hieke, Thomas, *Levitikus* 16–27, HThKAT 4b, Freiburg/Basel/Wien 2014.

Hill, Robert C., *Didymus* the Blind. Commentary on Genesis, Fathers of the Church 132, Washington, D.C. 2016.

Hillner, Julia, *Prison*, punishment and penance in late antiquity, Cambridge, United Kingdom 2015.

Himmelfarb, Martha, Sexual *Relations* and Purity in the Temple Scroll and the Book of Jubilees, in: DSD 6.1 (1999), 11–36.

Hirata, Alessandro, Die *Generalklausel* zur Hybris in den alexandrinischen Dikaiomata, in: ZGR rom. Abt. 125.1 (2008), 675–681.

Hirsch-Luipold, Rainer, *Unterwegs* zur Weisheit und Heil. Philons Interpretation von Abrahams Auszug als Zeugnis der religiösen Philosophie der frühen Kaiserzeit, in: Niehoff, Maren/Feldmeier, Reinhard (Hg.): Abrahams Aufbruch. Philo von Alexandria, *De migratione Abrahami*, SAPERE 30, Tübingen 2017.

Höbenreich, Evelyn/Rizelli, Giunio, *Poisoning* in Ancient Rome: Images and Rules, in: Wexler, Philip (Hg.): Toxicology in Antiquity, London, UK ^{2}2019, 289–300.

Hoegen-Rohls, Christina, *Rezeptionskritik* und Rezeptionsgeschichte des Neuen Testaments: Eine methodologische Skizze, Vortrag auf dem 76. Meeting der Studiorum Novi Testamenti Societas (SNTS), NTS 69,3 (2023), 258–270.

Hoffman, Paul, *Tradition* und Situation. Studien zur Jesusüberlieferung in der Logienquelle und den Synoptischen Evangelien, Münster 1995.

Hoffmann, Christhard, Das Judentum als *Antithese*. Zur Tradition eines kulturellen Wertungsmusters, in: Benz, Wolfgang (Hg.): Antisemitismus in Deutschland. Zur Aktualität eines Vorurteils, München $^{\text{Originalausg.}}$1995, 25–46.

Hogeterp, Albert L. A., *Scrolls* and Early Christianity, in: Brooke, George J./Hempel, Charlotte (Hg.): T&T Clark Companion to the Dead Sea Scrolls, London, UK/New York, NY 2019, 129–138.

Holford-Strevens, Leofranc, Aulus *Gellius*. An Antonine Scholar and his Achievement, Oxford, UK 2003.

Hollander, John, The Figure of *Echo*. A mode of Allusion in Milton and after, Berkeley 1981.

Holloway, Paul A., Coping with *Prejudice*. 1 Peter in Social-Psychological Perspective, WUNT 244, Tübingen 2009.

Honigman, Sylvie, The *Septuagint* and Homeric Scholarship in Alexandria. A Study in the Narrative of the 'Letter of Aristeas', London, UK 2003.

Horsley, Richard A., The *Law* of Nature in Philo and Cicero, in: The Harvard Theological Review 71 (1978), 35–59.

Horsley, Richard A., *Response* to Walter Wink, "Neither Passivity nor Violence: Jesus' Third Way", in: Swartley, Willard M. (Hg.): The Love of Enemy and Nonretaliation in the New Testament, Louisville, KY 1992, 126–132.

Houtman, Alberdina, *Mischnah* and Tosefta. A Synoptic Comparison of the Tractates Berakhot and Shebiit, TSAJ 59, Tübingen 1997.

Houtman, Cornelis, Das *Bundesbuch*. Ein Kommentar, DMOA 24, Leiden; New York 1997.

Houtman, Cornelis, Eine schwangere Frau als Opfer eines Handgemenges (Exodus 21,22–25). Ein Fall von stellvertretender *Talion* im Bundesbuch?, in: Vervenne,

Marc (Hg.): Studies in the Book of Exodus. Redaction – Reception – Interpretation, BEThL CXXVI, Leuven 1996.

Howes, Llewellyn, The Formative *Stratum* of the Sayings Gospel Q. Reconsidering its Extent, Message and Unity, WUNT 545, Tübingen 2021.

Hübner, Hans, Das *Gesetz* in der synoptischen Tradition. Studien zur These einer progressiven Qumranisierung und Judaisierung innerhalb der synoptischen Tradition, Witten 1973.

Huizenga, Leroy Andrew, The New *Isaac*. Tradition and Intertextuality in the Gospel of Matthew, NT.S 131, Leiden/Boston 2009.

Hutton, Rodney R., The *Case* of the Blasphemer Revisited (Lev. XXIV 10–23), in: VT 49.4 (1999), 532–541.

Hutton, Rodney R., *Narrative* in Leviticus: The Case of the Blaspheming Son (Lev 24,10–23), in: ZAR 3 (1997), 145–163.

Ilan, Tal, Flavius *Josephus* and Biblical Women, in: Schuller, Eileen/Wacker, Marie-Theres (Hg.): The Bible and Women. An Encyclopaedia of Exegesis and Cultural History, Bd. 3,1: Early Jewish Writings, Atlanta, GA 2017, 167–185.

Jackson, Bernard S., The *Problem* of Exod. XXI 22–5 (IUS TALIONIS), in: VT 23 (1973), 273–304.

Jackson, Bernard S., *Review* of Lex Talionis in Early Judaism and the Exhortation of Jesus in Matthew 5.38–42 (JSNTS 281) by James F. Davis, in: The Journal of Theological Studies 58.1 (2007).

Jackson, Bernard S., *Wisdom-Laws*. A study of the Mishpatim of Exodus 21:1–22:16, Oxford/New York 2006.

Jackson, Samuel, A *Comparison* of Ancient Near Eastern Law Collections Prior to the First Millenium BC, Piscataway, NJ 2013.

Jacob, Benno, *Auge* um Auge. Eine Untersuchung zum Alten und Neuen Testament, Berlin 1929.

Jacob, Benno, Das Buch *Exodus*, Mayer, Shlomo (Hg.), Stuttgart 1997.

Jacobi, Christine, *Jesusüberlieferung* bei Paulus? Analogien zwischen den echten Paulusbriefen und den synoptischen Evangelien, BZNW 213, Berlin/Boston 2015.

Jacobs, Sandra, The *body* as property. Physical disfigurement in biblical law, London 2014.

Jacobs, Sandra, Instrumental *Talion* in Deuteronomic Law, in: ZAR 16 (2010), 263–78.

Jaffee, Martin S., Torah in the *Mouth*. Writing and Oral Tradition in Palestinian Judaism, 200 BCE–400 CE, New York, NY 2001.

Jansen, Nils, Die Struktur des *Haftungsrechts*. Geschichte, Theorie und Dogmatik außervertraglicher Ansprüche auf Schadensersatz, Tübingen 2003.

Jassen, Alex P., *Scripture* and Law in the Dead Sea Scrolls, New York, NY 2014.

Jenni, Ernst, Die hebräischen Präpositionen. Band 1: Die Präposition *Beth*, Stuttgart/Berlin/Köln 1992.

Jenni, Ernst, Dtn 19,6: sarā „*Falschheit*“, in: Cazelles, Henri/Caquot, André/Delcor, M. (Hg.): Mélanges bibliques et orientaux en l'honneur de M. Henri Cazelles, AOAT 212, Kevelaer/Neukirchen-Vluyn 1981, 201–211.

Jeremias, Joachim, *Jerusalem* in the Time of Jesus. An Investigation into Economic and Social Conditions during the New Testament Period, Philadelphia, PA 1969.

Jeremias, Jörg, Jhwh – ein Gott der „*Rache*“, in: Karrer-Gruber, Christiane/Krispenz, Jutta/Krüger, Thomas, et al. (Hg.): Sprachen – Bilder – Klänge. Dimensionen der Theologie im Alten Testment und in seinem Umfeld (FS Bartelmus), AOAT 359, Münster 2009, 89–102.

Jeremias, Jörg, *Theologie* des Alten Testaments. Studienausgabe, Göttingen 2017.

Jewett, Robert, *Romans*. A Commentary, Minneapolis 2007.

Jordan, Clarence, The *Substance* of Faith, and other Cotton Patch Sermons, New York, N.Y. 1972.

Jüngling, Hans-Winfried, *Auge* für Auge, Zahn für Zahn. Bemerkungen zu Sinn und Geltung der alttestamentlichen Talionsformeln, in: TP 59.1 (1984), 1–38.

Kahana, Menachem, The Halakhic *Midrashim*, in: Safrai, Shemuel/Safrai, Zeev/Schwartz, Joshua, et al. (Hg.): The Literature of the Sages. Second Part: Midrash and Targum. Liturgy, Poetry, Mysticism. Contracts, Inscriptions, Ancient Science and the Languaiges of the Rabbinic Literature, Assen 2006, 3–105.

Kahana, Menachem, Notes on the evolutionary Development of the *Principle* »klal uferat« in the Tannaitic Era [Hebr.], in: Bar-Asher, Mosheh/Edrei, Arye/Levinson, Jehoshua, et al. (Hg.): Studies in Talmudic and Midrashic Literature. In Memory of Tirzah Lifshitz [Hebr.], Jerusalem 2005, 173–216.

Kahana, Menachem, The Two *Mekhiltot* on the Amalek Portion. The Originality of the Version of the Mekhilta d'Rabbi Ishma'el with Respect to the Mekhilta of Rabbi Shim'on ben Yohai [Hebräisch], Jerusalem 1999.

Kaiser, Otto, Die *Politeia* der Juden nach Josephus Antiquitates IV.196–301, in: Kaiser, Otto (Hg.): Gott, Mensch und Geschichte. Studien zum Verständnis des Menschen und seiner Geschichte in der klassischen, biblischen und nachbiblischen Literatur, BZAW 413, Berlin/New York 2010.

Kalman, Jason, *Abimelech* (King of Gerar), II. Judaism, in: Furey, Constance M./LeMon, Joel M./Matz, Brian, et al. (Hg.): EBR 1, Berlin/Boston 2010, 96.

Kampen, John, *Matthew* within Sectarian Judaism, New Haven 2019.

Kampen, John, The Sectarian Form of the *Antitheses* within the Social World of the Matthean Community, in: DSD 1.3 (1994), 338–363.

Kampling, Rainer, Eine auslegungsgeschichtliche *Skizze* zu 1 Thess 2,14–16, in: Koch, Dietrich-Alex/Lichtenberger, Hermann (Hg.): Begegnungen zwischen Christentum und Judentum in Antike und Mittelalter (FS Heinz Schreckenberg), SIJD (NR) 1, Göttingen 1993, 183–213.

Kapparis, Konstantinos A., *Abortion* in the Ancient World, London, UK 2002.

Käppel, Eva, Ein *Asebieverfahren* vor den Chrematisten? Eine Neuedition von P.Coll.Youtie I 12, in: ZPE.203 (2017), 213–222.

Katzoff, Binyamin, Ishmael b. Phiabi Burned Two. A New Text from the Geniza on a Pharisee-Sadducee *Debate*, in: JQR 112.3 (2022), 357–377.

Keesling, Catherine M., Greek *Statue* Terms Revisited: What does ἀνδριάς mean?, in: GRBS 57 (2017), 837–861.

Kennedy, George A., The New Testament *Interpretation* through Rhetorical Criticism, Chapel Hill, NC 1984.

Kessler, Rainer, "When You See the Naked, Cover Them!" (Isa. 58:7). The *Clothing* of the Poor as an Act of Righteousness, in: Berner, Christoph/Schäfer, Manuel/Schott, Martin, et al. (Hg.): Clothing and Nudity in the Hebrew Bible, London, UK 2019, 331–341.

Kim, Hayeon, Multiple *Authorship* of the Septuagtin Pentateuch. The Original Translators of the Pentateuch, THB.S 4, Leiden/Boston 2020.

Kirk, Alan, Q in *Matthew*. Ancient Media, Memory, and Early Scribal Transmission of the Jesus Tradition, LNTS 564, London/New York 2016.

Kirschenbaum, Aaron, The Criminal *Confession* in Jewish Law [Hebr.], Jerusalem 2004.

Kister, Menahem, *Parables* and Proverbs in the Jesus-Tradition and Rabbinic Literature, in: JSNT 41.1 (2018), 5–28.

Kleber, Kristin, Staatliche sanktionierte *Gewalt*: Peinliche Befragung, Körper- und Todesstrafen in Babylonien (6.–2. Jh. v. Chr.), in: Rollinger, Robert/Lang, Martin/Barta, Heinz (Hg.): Strafe und Strafrecht in den antiken Welten. Unter Berücksichtigung von Todesstrafe, Hinrichtung und peinlicher Befragung, Wiesbaden 2012, 215–231.

Kleiman, Ephraim, *Opportunity* cost, human capital, and some related economic concepts in Talmudic literature, in: History of Political Economy 19.2 (1987), 261–287.

Klengel, Horst, König Hammurapi und der *Alltag* Babylons, Zürich [4]1991.

Klijn, Albertus F. J., *Seth* in Jewish, Christian and Gnostic Literature, Leiden 1977.

Klinghardt, Matthias, Das älteste *Evangelium* und die Entstehung der kanonischen Evangelien, 60/1–2, Tübingen [2]2020.

Kloppenborg, John S., Agrarian *Discourse* and the Sayings of Jesus: „Measure for Measure" in Gospel Traditions and Agricultural Practices, in: Longenecker, Bruce/Liebengood, Kelly D. (Hg.): Engaging Economics. New Testament Studies and early Christian reception, Grand Rapids, Mich 2009, 104–128.

Kloppenborg, John S., The *Formation* of Q. Trajectories in Ancient Wisdom Collections, Philadelphia 1987.

Kloppenborg, John S., *Memory*, Performance, and the Sayings of Jesus, in: Galinsky, Karl (Hg.): Memory in Ancient Rome and Early Christianity, Oxford, UK 2016, 286–323.

Kloppenborg, John S., Verbal *Continuity* and Conceptual Discontinuity in Jesus' Discourse: The Case of the Measure-for-Measure Aphorism, in: Tom, Holmén (Hg.): Jesus in Continuum, Tübingen 2012, 243–264.

Knierim, Rolf, Die Hauptbegriffe für *Sünde* im Alten Testament, Gütersloh ²1967.

Koch, Christoph, *Vertrag*, Treueid und Bund. Studien zur Rezeption des altorientalischen Vertragsrechts im Deuteronomium und zur Ausbildung der Bundestheologie im Alten Testament, BZAW 383, Berlin 2008.

Koch, Klaus, *Art.* חטא, in: Botterweck, G. Johannes/Ringgren, Helmer (Hg.): Theologisches Wörterbuch zum Alten Testament, Bd. 2, Stuttgart/Berlin u.a. 1977, 857–870.

Koch, Klaus, *Art.* עון, in: ThWAT (1984), 1160–77.

Köckert, Matthias, *Leben* in Gottes Gegenwart. Studien zum Verständnis des Gesetzes im Alten Testament, FAT 43, Tübingen 2004.

Kohler, Kaufmann, The Halakik *Portions* in Josephus' Antiquities, (IV, 8, 5–43), in: Kohler, Kaufmann (Hg.): Studies, Addresses, and Personal Papers, New York, NY 1931.

Konradt, Matthias, „... damit ihr Söhne eures Vaters im Himmel werdet". Erwägungen zur ‚Logik' von *Gewaltverzicht* und Feindesliebe in Mt 5,38–48, in: Konradt, Matthias/Euler, Alida (Hg.): Studien zum Matthäusevangelium, WUNT II 358, Tübingen 2016, 348–380.

Konradt, Matthias, Das Evangelium nach *Matthäus*, NTD 1, Göttingen 2015.

Konradt, Matthias, Die vollkommene *Erfüllung* der Tora und der Konflikt mit den Pharisäern im Matthäusevangelium, in: Konradt, Matthias (Hg.): Studien zum Matthäusevangelium, WUNT 358, Tübingen 2016, 288–315.

Konradt, Matthias, Matthäus im *Kontext*. Eine Bestandsaufnahme zur Frage des Verhältnisses der matthäischen Gemeinde(n) zum Judentum, in: Konradt, Matthias/Euler, Alida (Hg.): Studien zum Matthäusevangelium, Tübingen 2016, 3–42.

Konradt, Matthias, *Studien* zum Matthäusevangelium, WUNT 358, Tübingen 2016.

Koskenniemi, Erkki, Greek *Writers* and Philosophers in Philo and Josephus. A Study of Their Secular Education and Educational Ideals Volume 9, Leiden 2019.

Koskenniemi, Erkki, *Moses* – A Well-Educated Man: A Look at the Educational Idea in Early Judaism, in: Journal for the Study of Pseudepigrapha 17.4 (2008), 281–296.

Koskenniemi, Erkki, Philo and the *Sophists*, in: Lanzillotta, Lautaro R./Gallarte, Israel M. (Hg.): Greeks, Jews, and Christians. Historical, Religous and Philological Studies in Honor of Jesús Peláez del Rosal, Córdoba 2013, 253–279.

Koskenniemi, Erkki, *Right* to Life and Jewish-Christian Ethics in the Roman World: A Case Study of the Fighting Men and the Unhappy Birth, in: Laato, Antti/Thomas, David/Adang, Camilla (Hg.): Encounters of the Children of Abraham from Ancient to Modern Times. Vol. 1, Leiden/Boston 2010, 47–73.

Kottek, Samuel S., Josephus on *Poisoning* and Magic Cures or, on the Meaning of *Pharmakon*, in: Mor, Menahem/Stern, Pnina/Pastor, Jack (Hg.): Flavius Josephus. Interpretation and History, SJSJ 146, 2011, 247–257.

Kottek, Samuel S./Paavilainen, Helena, *Embryology* in the Works of Philo, in: Korot 23 (2015–2016), 99–107.

Kotwick, Mirjam E., *Alexander* of Aphrodisias and the text of Aristotle's *Metaphysics*, California Classical Studies 4, Berkley, California 2016.

Kreuzer, Siegfried, *Entstehung* und Überlieferung der Septuaginta: Handbuch zur Septuaginta, Bd. 1: Einleitung in die Septuaginta, Gütersloh 2023, 29–88.

Krieger, Klaus-Stefan, Fordert Mt 5,39b das passive *Erdulden* von Gewalt? Ein kleiner Beitrag zur Redaktionskritik der 5. Antithese, in: Biblische Notizen 54 (1990), 28–32.

Kucewicz, Cezary, *Mutilation* of the Dead and the Homeric Gods, in: The Classical Quarterly New Series 66.2 (2016), 425–436.

Kucharski, Jan, *Penalties* in action in classical Athens. A preliminary survey, in: Classica Cracoviensia 17 (2014), 117–144.

Kugel, James L., On the *Interpolations* in the *Book of Jubilees*, in: RdQ 24.2 (2009), 215–272.

Kugel, James L., *Traditions* of the Bible. A guide to the Bible as it was at the Start of the Common Era, Cambridge, MA/London, UK 1998.

Lafont, Sophie, Middle Assyrian *Period*, in: Westbrook, Raymond (Hg.): A History of Ancient Near Eastern Law. Volume One, Leiden/Boston 2003, 521–563.

Lange, Armin/Weigold, Matthias, Biblical *Quotations* and Allusions in Second Temple Jewish Literature, JAJSup 5, Göttingen 2011.

Langer, Gerhard, *Midrasch*, Jüdische Studien 1, Tübingen 2016.

Lapide, Pinchas, Die Bergpredigt – *Utopie* oder Programm?, Mainz 1982.

Lau, Markus, Der gekreuzigte *Triumphator*. Eine motivkritische Studie zum Markusevangelium, NTOA 114, Göttingen 2019.

Leipziger, Jonas, *Lesepraktiken* im antiken Judentum. Rezeptionsakte, Materialität und Schriftgebrauch, 34, Berlin/Boston 2021.

Levinson, Bernard M./Zahn, Molly, *Revelation* Regained: The Hermeneutics of כי and אם in the Temple Scroll, in: DSD 9.3 (2002), 295–346.

Lewis, Naphtali, *NOHMATA* ΛΕΓΟΝΤΟΣ, in: BASP 9.1/2 (1972), 23–36.

Liebermann, Saul, Tosefta *Ki-Fshuṭah*. A Comprehensive Commentary on the Tosefta. Part IX Order Nezikin [Hebr.], Newark 1988.

Liebs, Detlef, Römisches *Recht*. Ein Studienbuch, Göttingen ^{6}2004.

Lincicum, David, Paul and the Early Jewish Encounter with *Deuteronomy*, WUNT II 284, Tübingen 2010.

Link, Hannelore, *Rezeptionsforschung*. Eine Einführung in Methoden und Probleme, Stuttgart ^{2}1980.

Lippert, Sandra Luisa, *Einführung* in die altägyptische Rechtsgeschichte, Einführungen und Quellentexte zur Ägyptologie 5, Berlin 2008.

Loader, William R. G., Jesus' *Attitude* towards the Law. A Study of the Gospels, WUNT II 97, Tübingen 1997.

Loewenstamm, Samuel. E., Art. *Maß* gegen Maß (מידה כנגד מידה), in: Neeman, Pinhas (Hg.): Encyclopedia Mikrait (אנציקלופדיה מקראית. אוצר הידיעות על מקרא ותקופתו), Jerusalem 1962, Sp. 840–846.

Lohmeyer, Ernst, Das Evangelium nach *Matthäus*. Nachgelassene Ausarbeitungen und Entwürfe zur Übersetzung und Erklärung von Ernst Lohmeyer. Für den Druck erarbeitet und herausgegeben von Werner Schmauch, KEK Sonderband, ^{3}1962.

Lohse, Eduard, „*Ich* aber sage euch“, in: Eduard, Lohse/Burchard, Christoph/Schaller, Bernd (Hg.): Der Ruf Jesu und die Antwort der Gemeinde. Exegetische Untersuchungen Jochaim Jeremias zum 70. Geburtstag gewidmet von seinen Schülern, Göttigen 1970, 189–203.

Luther, Susanne, *Sprachethik* im Neuen Testament. Eine Analyse des frühchristlichen Diskurses im Matthäusevangelium, im Jakobusbrief und im 1. Petrusbrief, WUNT II 394, Tübingen 2015.

Luz, Ulrich, Das Evangelium nach *Matthäus*. 1. Teilband: Mt 1–7, EKK I/1, Neukirchen-Vluyn u.a. ^{5}2002.

Luz, Ulrich, Theologische *Hermeneutik* des Neuen Testaments, Neukirchen-Vluyn 2014.

Luz, Ulrich, Wirkungsgeschichtliche *Exegese*. Ein programmatischer Arbeitsbericht mit Beispielen aus der Bergpredigtexegese, in: BThZ 2.1 (1985), 18–32.

Luz, Ulrich, The *Origins* of Midrash. From Teaching to Text, Leiden/Boston 2017.

Lynch, Matthew, Scheming *Violence* in the Psalms, in: van Ruiten, Jacques/van Bekkum, Koert (Hg.): Violence in the Hebrew Bible. Between Text and Reception, Leiden/Boston 2020, 361–372.

Mack, Burton L., *Rhetoric* and the New Testament, Philadelphia, PA 1990.

Makujina, John, The *Semantics* of יצא in Exodus 21:22. Reassesing the Variables That Determine Meaning, in: BBR 23.3 (2013), 305–321.

Malka, Orit, Disqualifies *Witnesses* between Tannaitic Halakha and Roman Law. The Archeology of a Legal Institution, in: Law and History Review 37.4 (2019), 903–936.

Malul, Meir, Studies in Mesopotamian Legal *Symbolism*, AOAT, Neukirchen-Vluyn 1988.

Mandel, Paul D., On the *Formation* of Collected Traditions in the Tosefta, in: Doering, Lutz/Schumann, Daniel (Hg.): Tosefta Studies. Manuscripts, Traditions, and Topics, Wien 2021, 115–140.

Manetti, Daniela, Late *Antiquity*, in: Pormann, Peter E. (Hg.): The Cambridge Companion to Hippocrates, Cambridge, UK 2018, 315–339.

Martindale, Charles/Thomas, Richard F. (Hg.), Classics and the Uses of *Reception*, Malden, MA/Oxford 2006.

Martínez, Florentino G., The Heavenly *Tablets* in the Book of Jubilees, in: Albani, Matthias/Frey, Jörg/Lange, Armin (Hg.): Studies in the Book of Jubilees, Tübingen 1997, 244–260.

Maschmeier, Jens-Christian, Reziproke *Barmherzigkeit*. Theologie und Ethik im Matthäusevangelium, BWANT 227, Stuttgart 2021.

Mason, Steve, Flavius Josephus in Flavian *Rome*: Reading on and Between the Lines, in: Boyle, Anthony J./Dominik, William J. (Hg.): Flavian Rome. Culture, Image, Text, Leiden 2003, 559–589.

Mason, Steve, *Jews*, Judeans, Judaizing, Judaism: Problems of Categorization in Ancient History, in: JSJ 38 (2007), 457–512.

Mason, Steve, Josephus as Roman *Historian*, in: Chapman, Honora H./Rodgers, Zuleika (Hg.): A Companion to Josephus, Chichester, UK/Malden, MA 2016, 89–107.

Mason, Steve, Josepus's *Pharisees*, in: Sievers, Joseph/Levine, Amy-Jill (Hg.): The Pharisees, Grand Rapids, MI 2021, 80–111.

Mason, Steve, *Life* of Joseph. Translation and Commentary, Flavius Josephus. Translation and Commentary 9, Leiden/Boston/Köln 2001.

Mason, Steve, The *Priest* Josephus away from the Temple: A changed Man?, in: RdQ 26.3 (2014).

Mason, Steve/Esler, Philip F., Judean and Christ-Follower *Identities*. Grounds for a Distinction, in: NTS 63 (2017), 493–515.

Mayordomo, Moisés, Was heisst und zu welchem Ende studiert man *Wirkungsgeschichte*? Hermeneutische Überlegungen mit einem Seitenblick auf Borges und die Seligpreisungen (Mt 5,3–12), in: ThZ 72.1 (2016), 42–67.

Meier, John P., *Law* and history in Matthew's Gospel. A Redactional Study of Mt. 5:17–48, Analecta Biblica 71, Rome 1976.

Meir, Ofra, The *Story* as a Hermeneutical Device, in: AJS Review 7/8 (1982/1983), 231–262.

Mendelson, Alan, Secular *Education* in Philo of Alexandria, New York, NY 1982.

Mermelstein, Ari, *Love* and Hate at Qumran: The Social Construction of Sectarian Emotion, in: DSD 20 (2013), 237–263.

Mersch, Dieter, Das offene *Kunstwerk*, in: Schelling, Erik (Hg.): Umberto Eco Handbuch. Leben – Werk – Wirkung, Berlin 2021, 49–58.

Metso, Sarianna, Creating Community *Halakhah*, in: VanderKam, James C./Flint, Peter W./Tov, Emanuel (Hg.): Studies in the Hebrew Bible, Qumran, and the Septuagint. Presented to Eugene Ulrich, VT.S 101, Leiden 2006.

Mikliszanski, Jacques K., The Law of *Retaliation* and the Pentateuch, in: JBL 66.3 (1947), 295–303.

Milgrom, Jacob, *Leviticus* 17–22. A new Translation with Introduction and Commentary Jacob Milgrom, New York [u.a.] 2000.

Miller, William I., *Eye* for an Eye, Cambridge 2005.

Mineshige, Kiyoshi, *Besitzverzicht* und Almosen bei Lukas. Wesen und Forderung des lukanischen Vermögensethos, WUNT II 163, Tübingen 2003.

Mitchell, Stephen, Requisitioned *Transport* in the Roman Empire: A New Inscription from Pisidia, in: JRS 66 (1976), 106–131.

Moberly, R. Walter L., Scriptural Echoes and Gospel Interpretation: Some *Questions*, in: Journal of Theological Interpretation 11.1 (2017), 5–20.

Moffitt, David M./Butera, C. Jacob, P.Duk. inv. 727r: New Evidence for the Meaning and Provenance of the Word *Προσήλυτος*, in: JBL 132.1 (2013), 159–178.

Mohrmann, Douglas C., *Deuteronomion*. A Commentary Based on the Text of Codex Alexandrinus, Leiden/Boston 2023.

Moog-Grünewald, Maria, III. Einfluss- und *Rezeptionsforschung*, in: Schmeling, Manfred (Hg.): Vergleichende Literaturwissenschaft. Theorie und Praxis, Wiesbaden 1981, 49–72.

Mordhorst-Mayer, Melanie, Medizinethische *Entscheidungsfindung* im orthodoxen Judentum. Übersetzung und Analyse von Responsen zum Schwangerschaftskonflikt, Leipzig 2013.

Morgenroth, Claas, *Literaturtheorie*. Eine Einführung, Paderborn 2016.

Moscovitz, Leib, Legal *Fictions* in Rabbinic Law and Roman Law. Some Comparative Observations, in: Hezser, Catherine (Hg.): Rabbinic Law in its Roman and Near Eastern Context, TSAJ 97, Tübingen 2003, 105–132.

Moscovitz, Leib, Talmudic *Reasoning*. From Casuistics to Conceptualization, TSAJ 89, Tübingen 2002.

Mulhern, John J., *KAKIA* in Aristotle, in: Sluiter, Ineke/Rosen, Ralph M. (Hg.): *KAKOS*. Badness and Anti-Value in Classical Antiquity, Mnemosyne Supplements 307, Leiden 2008, 233–254.

Mülke, Markus, *Pistis* als Wirkung überzeugender Rede in der *Apostelgeschichte*, in: Pietsch, Michael/Mülke, Markus (Hg.): Pithanologie. Exemplarische Studien zum Überzeugenden, Rhetorik-Forschungen 23, Berlin/Boston 2020, 161–196.

Müller, Christoph G., Der Erste *Petrusbrief*, EKK 21, Göttingen 2022.

Muller, Yannick, *Infirmité* et mutilation corporelle en Grèce ancienne. Le cas de la famille étymologique de πηρός, in: Pallas 106 (2018), 289–308.

Muraoka, T., A Greek-English *Lexicon* of the Septuagint, Leuven 2009, Leuven 2009.

Naeh, Shlomo/Shemesh, Aharon, *Deuteronomy* 19:15–19 in the Damascus Document and Early Midrash [Hebr.], in: Meghillot 11/12 (2014–2015), 293–316.

Naiden, Fred, Contagious *AΣEBEIA*, in: The Classical Quarterly New Series 66.1 (2016), 59–74.

Nakman, David, The Halakhah in the Writings of *Josephus* [hebr.] PhD Diss. Ramat Gan 2004.

Nakman, David, Josephus and *Halacha*, in: Chapman, Honora H./Rodgers, Zuleika (Hg.): A Companion to Josephus, 2016, 282–292.

Naumann, Thomas, *Ismael*. Israels Selbstwahrnehmung im Kreis der Völker aus der Nachkommenschaft Abrahams, WMANT 151, Göttingen 2018.

Neumann, Hans, Todes- und *Körperstrafe* versus Versklavung und Geldbuße. Überlegungen zur mesopotamischen Strafrechtspraxis im 3. und frühen 2. Jahrtausend v. Chr., in: Rollinger, Robert/Lang, Martin/Barta, Heinz (Hg.): Strafe und Strafrecht in den antiken Welten. Unter Berücksichtigung von Todesstrafe, Hinrichtung und peinlicher Befragung, Wiesbaden 2012, 163–179.

Neumann-Gorsolke, Ute, *Herrschen* in den Grenzen der Schöpfung. Ein Beitrag zur alttestamentlichen Anthropologie am Beispiel von Ps 8, Genesis 1 und verwandten Texten, Neukirchen-Vluyn 2004.

Neusner, Jacob, *Eliezer* ben Hyrcanus. The Tradition and the Man, Leiden 1973.

Neusner, Jacob, A History of the Mishnaic Law of Damages. The Mishnaic System of *Damages*, Bd. 5, Leiden 1985.

Neusner, Jacob, Third Division: Nashim (The Order of Women), The Tosefta. Translated from Hebrew Bd. 3, New York, NY 1979.

Newman, Louis E., *Ethics* as Law, Law as Religion: Reflection on the Problem of Law and Ethics in Judaism, in: Shofar 9.1 (1990), 13–31.

Niebuhr, Karl W., Die *Antithesen* des Matthäus. Jesus als Toralehrer und die frühjüdische weisheitlich geprägte Torarezeption, in: Niebuhr, Karl Wilhelm (Hg.): Tora und Weisheit. Studien zur Frühjüdischen Literatur, WUNT I 466, Tübingen 2021, 299–323.

Niebuhr, Karl W., *Gesetz* und Paränese. Katechismusartige Weisungreihen in der frühjüdischen Literatur, WUNT II 28, Tübingen 1987.

Niebuhr, Karl W., Hellenistisch-jüdisches *Ethos* im Spannungsfeld von Weisheit und Tora, in: Niebuhr, Karl Wilhelm (Hg.): Tora und Weisheit. Studien zur frühjüdischen Literatur, WUNT 466, Tübingen 2021.

Niebuhr, Karl-Wilhelm, *Ethik* und Tora. Zum Toraverständnis in *Joseph und Aseneth*, in: Reinmuth, Eckart (Hg.): Joseph und Aseneth, SAPERE 15, Tübingen 2009, 187–202.

Niehoff, Maren, *Mother* and Maiden, Sister and Spouse: Sarah in Philonic Midrash, in: HTR 97.4 (2004), 413–444.

Niehoff, Maren, *Philon* von Alexandria. Eine intellektuelle Biografie, Thornton, Claus-Jürgen/Tyrell, Eva (Übers.), Tübingen 2019.

Nihan, Christophe, From priestly *Torah* to Pentateuch. A study in the composition of the book of Leviticus, FAT.2 25, Tübingen 2007.

Nihan, Christophe, *Murder*, Blasphemy and Sacral Law. Another Look at Lev 24,10–23, in: ZAR 17 (2011), 211–240.

Nihan, Christophe, *Narrative* and Exegesis in Leviticus. On Leviticus 10 and 24,10–23, in: Bührer, Walter (Hg.): Schriftgelehrte Fortschreibungs- und Auslegungsprozesse. Textarbeit im Pentateuch, in Qumran, Ägypten und Mesopotamien, FAT.2 108, Tübingen 2019, 207–242.

Nihan, Christophe, *Resident Aliens* and Natives in the Holiness Legislation, in: Achenbach, Reinhard/Albertz, Rainer/Wöhrle, Jakob (Hg.): The Foreigner and the Law. Perspectives from the Hebrew Bible and the Ancient Near East, BZAR 16, Wiesbaden 2011, 111–134.

Nir, Rivka, "It Is Not Right For A Man Who Worships God To Repay His Neighbor Evil For Evil". Christian *Ethics* In Joseph And Aseneth (Chapters 22–29), in: Nihan,

Christophe/Ben Zvi, Ehud (Hg.): Perspectives on Hebrew Scriptures X. Comprising the Contents of Journal of Hebrew Scriptures, vol. 13, Piscataway, NJ 2017, 163–194.

Noam, Vered, From *Philology* to History. The Sectarian Dispute, as portrayed in the Scholium to Megillat Taʿanit, in: Teugels, Lieve M./Ulmer, Rivka (Hg.): Recent Developments in Midrash Research. Proceedings of the 2002 and 2003 SBL Consultation on Midrash, 2, Piscataway, N.J. 2005, 53–95.

Noam, Vered, *Josephus* and Early Halakha: The Exclusions of impure Persons from Holy Precincts, in: Maeir, Aren M./Magness, Jodi/Schiffman, Lawrence H. (Hg.): 'Go out and Study the Land' (Judges 18:2). Archaeological, Historical and Textual Studies in Honor of Hanan Eshel, Leiden 2012, 133–146.

Noam, Vered, *Megilat* Taʿanit. Versions, Interpretations, History with a critical edition [Hebrew], Yerushalayim 2003.

Noam, Vered, Megillat Taanit – The *Scroll* of Fasting, in: Safrai, Shemuel/Safrai, Zeev/Schwartz, Joshua, et al. (Hg.): The literature of the sages. Part 2, Midrash and Targum, liturgy, poetry, mysticism, contracts, inscriptions, ancient science and the languages of rabbinic literature, Assen 2006, 339–362.

Novakovic, Lidija, Turning the Other *Cheek* to a Perpetrator: Renunciation or Upholding of Justice?: Anatomies of the Gospels and Beyond. Essays in Honor of R. Alan Culpepper, Biblical Interpretations Series 164, Leiden/Boston 2018, 39–55.

Novick, Tzvi, The 'For I Say' *Presumption*: A Study in Early Rabbinic Legal Rhetoric, in: JJS 66.1 (2010), 48–61.

Oeming, Manfred, *Quinque* iura talionis. Texte, Kontexte und Rezeptionen zentraler alttestamentlicher Rechtsprinzipien, in: Wagner, Thomas/Robker, Jonathan M./Ueberschaer, Frank (Hg.): Text – Textgeschichte – Textwirkung (FS S. Kreuzer), AOAT 419, Münster 2014, 39–62.

Oeming, Manfred, *Wisdom* as a Central Category in the Book of the Chronicler: The Significance of the *Talio* Principle in a Sapiental Construction of History, in: Bar-Asher, Mosheh/Rom-Shiloni, Dalit/Tov, Emanuel, et al. (Hg.): Shai le-Sara Jafet: Studies in the Bible, Its Exegesis and Its Language, Jerusalem 2007, 125–141.

Oertelt, Friederike, *Herrscherideal* und Herrschaftskritik bei Philo von Alexandria. Eine Untersuchung am Beispiel seiner Josephsdarstellung in De Josepho und De somniis II, Leiden/Boston 2015.

Omerzu, Heike, Der *Prozeß* des Paulus. Eine exegetische und rechtshistorische Untersuchung der Apostelgeschichte, BZNW 115, Berlin/New York 2002.

Otto, Eckart, Das Bundesbuch und der „Kodex“ *Hammurapi*. Das biblische Recht zwischen positiver und subversiver Rezeption von Keilschriftrecht, in: ZAR 16 (2010), 1–26.

Otto, Eckart, *Deuteronomium* 12–34. Erster Teilband: *12,1–23,15*, HThKAT, Freiburg im Breisgau 2016.

Otto, Eckart, *Deuteronomium* 12–34. Zweiter Teilband: *23,16–34,12*, HThKAT, Freiburg im Breisgau 2017.

Otto, Eckart, Die Geschichte der *Talion* im Alten Orient und Israel, in: Dwight, Daniel R./Gleßmer, Uwe/Rösel, Martin (Hg.): Ernten, was man sät (FS für Klaus Koch zu seinem 65. Geburtstag), Neukirchen-Vluyn 1991, 101–130.

Otto, Eckart, Die Rechtshermeneutik der *Tempelrolle* (11QT[a]), in: ZAR 13 (2007), 159–175.

Otto, Eckart, Innerbiblische *Exegese* im Heiligkeitsgesetz, in: Otto, Eckart (Hg.): Die Tora. Studien zum Pentateuch. Gesammelte Aufsätze, BZAR 9, Wiesbaden 2009, 46–106.

Otto, Eckart, Körperverletzung im hethitischen und israelitischen Recht. Rechts- und religionshistorische *Aspekte*, in: Otto, Eckart (Hg.): Kontinuum und Proprium. Studien zur Sozial- und Rechtsgeschichte des Alten Orients und des Alten Testaments, Wiesbaden 1996, 193–223.

Otto, Eckart, *Körperverletzungen* in den Keilschriftrechten und im Alten Testament. Studien zum Rechtstransfer im Alten Testament, AOAT 226, Neukirchen-Vluyn 1991.

Otto, Eckart, Prozessrecht und *Beweiseid* im Keilschriftrecht und im biblischen Recht. Ein rechtstypologischer Vergleich, in: Barta, Heinz/Lang, Martin/Rollinger, Robert (Hg.): Prozessrecht und Eid. Recht und Rechtsfindung in antiken Kulturen. Teil 1, 86,1, Wiesbaden 2015, 79–99.

Otto, Eckart, *Rechtsgeschichte* der Mittelassyrischen Gesetze: Altorientalische und biblische Rechtsgeschichte. Gesammelte Studien, BZAR 8, Wiesbaden 2008, 192–310.

Otto, Eckart, Rechtsgeschichte der Redaktionen im Kodex *Ešnunna* und im «Bundesbuch». Eine redaktionsgeschichtliche und rechtsvergleichende Studie zu altbabylonischen und altisraelitischen Rechtsüberlieferungen, OBO 85, Göttingen 1989.

Otto, Eckart, *Wandel* der Rechtsbegründungen in der Gesellschaftsgeschichte des Antiken Israel. Eine Rechtsgeschichte des „Bundesbuches" Ex XX 22 – XXIII 13, Studia Biblica 3, Leiden/New York/København/Köln 1988.

Otto, Eckart, "You Shall Not Wear Clothes Made of Wool and Linen Woven Together" (Deut 22:11). *Clothing* in Biblical Law, in: Berner, Christoph/Schäfer, Manuel/Schott, Martin, et al. (Hg.): Clothing and Nudity in the Hebrew Bible, London, UK 2019, 323–330.

Paganini, Simone, *Gerichtsorganisation* und Prozessverfahren im Alten Israel. Beobachtungen zu Zentralgericht, Richter- und Zeugengesetz im Deuteronomium, in: Barta, Heinz/Lang, Martin/Rollinger, Robert (Hg.): Prozessrecht und Eid. Recht und Rechtsfindung in antiken Kulturen. Teil 1, 86,1, Wiesbaden 2015, volumes.

Paganini, Simone, "Nicht darfst Du zu diesen Wörtern etwas hinzufügen". Die Rezeption des Deuteronomiums in der *Tempelrolle*: Sprache, Autoren und Hermeneutik, BZAR 11, Wiesbaden 2009.

Panier, Louis, *Sens*, excès de sens, négation du sens, in: Nouveaux Actes Sémiotiques 114 (2011).

Pappas, Alexandra, *Form* Follows Function? Toward an Aesthetics of Early Greek Inscriptions at Methone, in: Clay, Jenny Strauss/Malkin, Irad/Tzifopoulos, Yannis (Hg.): Panhellenes at Methone. Graphê in late geometric and protoarchaic Methone, Macedonia (ca. 700 BCE), Berlin/Boston 2017, 285–308.

Passamaneck, Stephen, *Mayhem*, Homicide, Pardon, and Forgiveness, in: Hebrew Union College Annual 70/71 (1999), 303–327.

Paul, Shalom M., Biblical *Analogues* to Middle Assyrian Law, in: Paul, Shalom M. (Hg.): Divrei Shalom. Collected Studies of Shalom M. Paul on the Bible and the Ancient Near East 1967–2005, 23, Leiden/Boston 2005, 159–176.

Pearce, Sarah, The *Words* of Moses. Studies in the Reception of Deuteronomy in the Second Temple Period, Tübingen 2013.

Pepe, Laura, *Abortion* in Ancient Greece, in: Gagarin, Michael (Hg.): Symposion 2013. Papers on Greek and Hellenistic Legal History (Cambridge MA, August 26–29, 2013), Wien 2014, 39–63.

Pérez, Laura, El *aborto* en los textos de Filón de Alejandría, in: Anuario ΕΠΙΜΕΛΕΙΑ. Estudios des filosofía e historia de las religiones 5.6 (2015), 17–27.

Perrin, Norman, A Modern *Pilgrimage* in New Testament Christology, Philadelphia, PA 1974.

Peters, Janelle, *1 and 2 Clement*, in: Bird, Michael F./Harrower, Scott D. (Hg.): The Cambridge Companion to the Apostolic Fathers, Cambridge, UK/New York NY 2021.

Petersen, Hans, Real and Alleged *Literary Projects* of Josephus, in: AJPh 79.3 (1958), 259–274.

Petschow, Herbert P. H., Ein *Fall* von «Talion» bei falscher Anschuldigung in Ur III (eine Anmerkung zu AfO 31 [1984] 9–14), in: AfO 35 (1988).

Pfeifer, Guido, „Wenn ein Mann jemanden tötet, dann ist es so, dass dieser Mann getötet wird". Zur *Tötung* als Element von Tatbeständen und Rechtsfolgen in altorientalischen Rechtsfolgen, in: de Vos, J. Cornelis/Löhr, Hermut/Ta Van, Juliane (Hg.): "You shall not kill". The prohibition of killing in ancient religions and cultures, JAJSup 27, Göttingen 2018, 36–49.

Pfeiffer, Stefan, Ägyptische *Elemente* im Griechischen der LXX, in: Bons, Eberhard/Joosten, Jan (Hg.): Die Sprache der Septuaginta, LXX.H 3, Gütersloh 2023, 231–245.

Pfister, Manfred, *Konzepte* der Intertextualität, in: Broich, Ulrich/Pfister, Manfred (Hg.): Intertextualität. Formen, Funktionen, anglistische Fallstudien, Konzepte der Sprach- und Literaturwissenschaft 35, Tübingen 1985, 1–30.

Philip, Tarja S., *Menstruation* and childbirth in the Bible. Fertility and Impurity, Studies in Biblical Literature 88, New York 2006.

Phillips, David D., The *Law* of Ancient Athens, Ann Arbor 2013.

Piper, John, '*Love* your enemies'. Jesus' love commandment in the synoptic gospels and the early Christian paraenesis. A history of the tradition and interpretation of its uses, Cambridge/New York 1979.

Pomeranz, Jonathan A., The Rabbinic and Roman Laws of Personal *Injury*, in: AJS Review 39.2 (2015), 303–331.

Porat, Benjamin, *Evaluating* Bodily Injury. Human Nature and Social Structure [שומת נזקי גוף. טבע האדם ומקומו בחברה], in: Dinej Israel (2021), 11–72.

Punt, Jeremy/Stander, Hennie F., *Dress*. III. New Testament: EBR Bd. 7, Boston/Berlin 2013, 8–11.

Räisänen, Heikki, Die *Wirkungsgeschichte* der Bibel. Eine Herausforderung für die exegetische Forschung, in: EvTh 52.4 (1992), 337–347.

Rajak, Tessa, Josephus in the *Diaspora*, in: Edmondson, Jonathan/Mason, Steve/Rives, James (Hg.): Josephus Flavius and Flavian Rome, Oxford, UK 2005, 79–98.

Rajak, Tessa, *Josephus*, Titus Flavius. I. Judaism, in: Helmer, Christine/McKenzie, Steven/Römer, Thomas Chr., et al. (Hg.): EBR 14 Jesus – Kairos, Berlin/Boston 2017, 733–748.

Rajak, Tessa, Josephus. The *Historian* and his society, London, UK ^{2}2002.

Ramírez Kidd, José E., *Alterity* and Identity in Israel. The גר in the Old Testament, BZAW 283, Berlin 1999.

Rathey, Markus, *Talion* im NT? Zu Mt 5,38–42, in: ZNW 82 (1991), 265–266.

Ravid, Liora, The Special *Terminology* of the Heavenly Tablets in the Book of Jubilees [Hebr.], in: Tarbiz 68.4 (1999), 463–471.

Regev, Eyal, From *Qumran* to Alexandria and Rome: Qumranic Halakha in Josephus and Philo, in: Baumgarten, Albert I./Eshel, Hanan/Katzoff, Ranon, et al. (Hg.): Halakhah in light of epigraphy, JAJS 3, Göttingen/Oakville, CT 2011.

Regev, Eyal, The *Sadducees* and Their Halakhah. Religion and Society in the Second Temple Period [Hebr.], Jerusalem 2005.

Regev, Eyal/Nakman, David, *Josephus* and the Halakhah of the Pharisees, the Sadducees and Qumran, in: Zion 67 (2002), 401–435.

Renz, Johannes, Handbuch der Althebräischen Epigraphik. Die Althebräischen *Inschriften*. Teil 1: Text und Kommentar, Darmstadt 1995.

Repschinski, Boris, Nicht aufzulösen, sondern zu *erfüllen*. Das jüdische Gesetz in den synoptischen Jesuserzählungen, FzB 120, Würzburg 2009.

Revel, Bernard, Some *Anti-Traditional* Laws of Josephus, in: JQR 14.3 (1924), 293–301.

Ritter, Bernhard, *Philo* und die Halacha. Eine vergleichende Studie unter steter Berücksichtigung des Josephus, Leipzig 1879.

Rives, James, *Magic*, Religion, and Law: The Case of the *Lex Cornelia de sicariis et veneficis*, in: Ando, Clifford/Rüpke, Jörg (Hg.): Religion and Law in Classical and Christian Rome, PAwB 15, Stuttgart 2006.

Rodriguez, Daniel L., Achar, me/lifnei, and Tachat. An Embodied Congnitive Approach to the Biblical Hebrew *Prepositions* (Dissertation), Stellenbosch University 2017.

Rollens, Sarah E., Conceptualizing *Justice* in Q: Narrative and Context, in: Roth, Dieter T./Zimmermann, Ruben/Labahn, Michael (Hg.): Metaphor, Narrative, and Parables in Q, WUNT 315, Tübingen 2014, 93–113.

Rösel, Martin, Die Geburt der *Seele* in der Übersetzung. Von der hebräischen *näfäsch* über die *psyche* der LXX zur deutschen Seele, in: Wagener, Andreas (Hg.): Anthropologische Aufbrüche. Alttestamentliche und interdisziplinäre Zugänge zur hitorischen Anthropologie, FRLANT 232, Göttingen 2009, 151–170.

Rosen-Zvi, Ishay, Between Mishna and Midrash: The *Birth* of Rabbinic Literature [Hebr.], Raanana 2020.

Rosen-Zvi, Ishay, Demonic *Desires*. *Yetzer Hara* and the Problem of Evil in Late Antiquity, Philadelphia, PA 2011.

Rosen-Zvi, Ishay, *Measure* for Measure as a Hermeneutical Tool in Early Rabbinic Literature: The Case of Tosefta Sotah, in: JJS 57.2 (2006), 269–286.

Rosen-Zvi, Ishay, The *Rite* that Was Not. Temple, Midrash and Gender in Tractate Sotah [Hebr.], Jerusalem 2008.

Rosen-Zvi, Ishay/Scharf, Orr [ÜS], The Mishnaic *Sotah* Ritual. Temple, Gender and Midrash, Leiden 2012.

Rosenfeld, Ben Zion/Perlmutter, Haim, Social *Stratification* of the Jewish Population of Roman Palestine in the Period of the Mishnah, 70–250 CE, Leiden/Boston 2020.

Roth, Dieter T., The Text of Marcion's *Gospel*, 49, Leiden/Boston 2015.

Roth, Jonathan P., The *Logistics* of the Roman Army at War (264 B.C.–A.D. 235), CSCT 23, Leiden/Boston 1999.

Roth, Martha T., *Law* collections from Mesopotamia and Asia Minor, Atlanta, Ga 1995.

Rothenbusch, Ralf, Die kasuistische Rechtssammlung im '*Bundesbuch*' (Ex 21,2–11.18–22,16) und ihr literarischer Kontext im Licht altorientalischer Parallelen, Münster 2000.

Rothkamm, Jan, *Talio* esto. Recherches sur les origines de la formule "œil pour œil, dent pour dent" dans les droits du Proche-Orient ancien, et sur son devenir dans le monde gréco-romain, BZAW Bd. 426, Berlin 2011.

Rüger, Hans P., »Mit welchem *Maß* ihr meßt, wird euch gemessen werden«, in: ZNW 60.3–4 (1969), 174–181.

Runesson, Anders/Gurtner, Daniel M., Introduction: The Location of the Matthew-within-Judaism Perspective in Past and Present *Research*, in: Runesson, Anders/Gurtner, Daniel M. (Hg.): Matthew within Judaism. Israel and the Nations in the First Gospel, ECL 27, Atlanta, GA 2020, 1–25.

Runia, David T., On the *Creation* of the Cosmos according to Moses. Introduction, Translation and Commentary, Philo of Alexandria Commentary Series 1, Leiden/Boston 2001.

Ruwe, Andreas, “*Heiligkeitsgesetz*” und “Priesterschrift”. Literaturgeschichtliche und rechtssystematische Untersuchungen zu Leviticus 17,1–26,2, Tübingen 1999.

Ruzer, Serge, *Antitheses* in Matthew 5: Midrashic Aspects of Exegetical Techniques, in: Becker, Hans-Jürgen/Ruzer, Serge (Hg.): The Sermon on the Mount and its Jewish Setting, CRB 60, Paris 2005, 89–116.

Safrai, Zeev, 1 סדר נזיקין. מסכת בבא קמא. כרך ב, פרקים ג-י, נזיקין, Tel Aviv 2020.

Safrai, Zeev, Mischnat Eretz Israel. Tractates *Sanhedrin-Makkot Vol. I.* (Digital Edition) [Hebr.], Kvuzat Yavne 2021.

Safrai, Zeev, מסכת סנהדרין ומכות חלק א - סנהדרין א פרקים א-ו [Traktat Sanhedrin-Makkot. Teil 1 – Sanhedrin Kapitel 1–6], סנהדרין מכות - חלק א, Tel Aviv 2020.

Samely, Alexander, Rabbinic *Interpretation* of Scripture in the Mishnah, Oxford 2002.

Sanders, Ed P., The Synoptic *Jesus* and the Law, in: Sanders, Ed P. (Hg.): Jewish Law from Jesus to the Mishnah. Five Studies, London, UK/Philadelphia, Pa 1990, 1–96.

Sänger, Dieter, *Schriftauslegung* im Horizont der Gottesherrschaft. Die Antithesen der Bergpredigt (Mt 5,21–48), in: Sänger, Dieter (Hg.): Von der Bestimmtheit des Anfangs. Studien zu Jesus, Paulus und zum frühchristlichen Schriftverständnis, Neukirchen-Vluyn 2007 [Erstveröffentlichung: H. Deuser/G. Schmalenberg (Hg.), Christlicher Glaube und religiöse Bildung (FS F. Kriechbaum) (GSTR 11), Gießen 1999, 75–109], 1–32.

Sauer, Jürgen, Traditionsgeschichtliche *Erwägungen* zu den synoptischen und paulinischen Aussagen über Feindesliebe und Wiedervergeltungsverzicht, in: ZNW 76.1 (1985), 1–28.

Schäfer, Peter, *Research* into Rabbinic Literature: An Attempt to Define the Status Questionis, in: JJS 37.2 (1986), 139–152.

Schaller, Bernd, The Character and Function of the *Antitheses* in Matt 5:21–48 in the Light of Rabbinical Exegetic Disputes, in: Becker, Hans-Jürgen/Ruzer, Serge (Hg.): The Sermon on the Mount and its Jewish Setting, CRB 60, Paris 2005, 70–88.

Schechter, Solomon, The Rabbinical Concept of *Holiness*, in: JQR 10.1 (1897), 1–12.

Scheidel, Walter, Real Slave *Prices* and the relative Cost of Slave Labor in the Greco-Roman World, in: Ancient Society 35 (2005), 1–17.

Schenker, Adrian, Die Analyse der *Intentionalität* im Bundesbuch (Ex 21–23), in: ZAR 4 (1998), 209–217.

Schenker, Adrian, *Versöhnung* und Widerstand. Bibeltheologische Untersuchung zum Strafen Gottes und der Menschen, besonders im Lichte von Exodus 21–22, SBS 139, Stuttgart 1990.

Schick, Shana S., *Intention* in Talmudic Law. Between Thought and Deed, Leiden 2021.

Schiff, Daniel, *Abortion* in Judaism, Cambridge, UK 2002.

Schiffman, Lawrence H., *Architecture* and Law: The Temple and its Courtyards in the *Temple Scroll*, in: Martínez, Florentino G. (Hg.): The Courtyards of the House of the Lord. Studies on the Temple Scroll, STDJ 75, Leiden/Boston 2008.

Schiffman, Lawrence H., The Deuteronomic *Paraphrase* of the „Temple Scroll“, in: RdQ 15.4 (1992), 543–567.
Schiffman, Lawrence H., Die *Pharisäer*, in: Kraus, Wolfgang/Tilly, Michael/Töllner, Axel (Hg.): Das Neue Testament. Jüdisch erklärt, Stuttgart 2021, 667–670.
Schmidtkunz, Petra, Das *Moselied* des Deuteronomiums. Untersuchungen zu Text und Theologie von Dtn 32,1–43, FAT II 124, Tübingen 2020.
Schneider, Sebastian, *Widersteht* nicht …? Überlegungen zur Bedeutung von Mt 5,39a im Kontext von Mt 5,38–42, in: BZ.NF 53 (2009), 161–178.
Schnelle, Udo, Einführung in die neutestamentliche *Exegese*, Göttingen ^{7}2008.
Schreiber, Stefan, Der erste Brief an die *Thessalonicher*, ÖTK 13.1, Gütersloh 2014.
Schremer, Adiel, Between "*Transmission*" and "Performance". The Complexity and Open Texture of the Textual Tradition of the Tosefta, in: Doering, Lutz/Schumann, Daniel (Hg.): Tosefta Studies. Manuscripts, Traditions, and Topics, Wien 2021, 49–69.
Schremer, Adiel, "Most *Beautiful* of Women": Story and History in Sifre Deuteronomy, in: Bar-Asher Siegal, Michal/Novick, Tzvi/Hayes, Christine E. (Hg.): The Faces of Torah. Studies in the Texts and Contexts of Ancient Judaism in Honor of Steven Fraade, JAJSup 22, Göttingen 2017, 529–543.
Schremer, Adiel, The *Name* of the Boethusians: A Reconsideration of Suggested Explanations and Another One, in: JJS 48 (1997), 290–299.
Schröter, Jens, *Kanon* – Eine neutestamentliche Perspektive, in: Gräb-Schmidt, Elisabeth/Leppin, Volker (Hg.): Kanon, Marburger Jahrbuch Theologie 31, Leipzig 2019, 37–65.
Schumann, Daniel, *Gelübde* im antiken Judentum und frühesten Christentum, AJEC 111, Leiden 2021.
Schumann, Daniel, *Observations* on the Textual History of the Mischnah and the Tosefta. In Dialogue with Robert Brody, in: Doering, Lutz/Schumann, Daniel (Hg.): Tosefta Studies. Manuscripts, Traditions, and Topics, Wien 2021, 35–47.
Schwartz, Daniel R., On *Pharisees* and Sadducees in the Mishnah. From Composition Criticism to History, in: Doering, Lutz/Waubke, Hans-Günther/Wilk, Florian (Hg.): Judaistik und neutestamentliche Wissenschaft. Standorte – Grenzen – Beziehungen, Göttingen 2008, 133–145.
Schwarz, Günther, »Und Jesus sprach«. Untersuchungen zur aramäischen *Urgestalt* der Worte Jesu, Stuttgart 1985.
Schwarz-Friesel, Monika/Reinharz, Jehuda, Die *Sprache* der Judenfeindschaft im 21. Jahrhundert, Berlin/Boston 2013.
Schwienhorst-Schönberger, Ludger, „Auge um Auge, Zahn um Zahn“. Zu einem antijüdischen *Klischee*, in: Schwienhorst-Schönberger, Ludger (Hg.): Studien zum Alten Testament und seiner Hermeneutik Stuttgart 2005, 13–31.
Schwienhorst-Schönberger, Ludger, Das *Bundesbuch* (Ex 20,22–23,33). Studien zu seiner Entstehung und Theologie, BZAW 188, Berlin 1990.

Segal, Michael, Biblical *Exegesis* in 4Q158: Techniques and Genre, in: Textus 19 (1998), 45–62.

Segal, Michael, The Book of *Jubilees*. Rewritten Bible, Redaction, Ideology and Theology, JSJ.S, Leiden/Boston 2007.

Seybold, Klaus, Zwei *Bemerkungen* zu einem hebräischen Wort. גמל/גמול 'entwöhnen; antun, erweisen' / 'Tun, Vergeltung', in: Seybold, Klaus (Hg.): Unterwegs zum Alten Testament. Exkursionen in die biblische Welt, Beiträge zum Verstehen der Bibel 19, Wien 2010, 11–17.

Shahar, Yuval, Josephus *Geographicus*. The Classical Context of Geography in Josephus, TSAJ 98, Tübingen 2004.

Shemesh, Aharon, 4Q251: *Midrash* Mishpatim, in: DSD 12.3 (2005), 280–302.

Shemesh, Aharon, *4Q251*: Midrash Mishpatim [Hebr.], in: Tarbiz 73.1 (2003), 25–29.

Shemesh, Aharon, An Offer God Can't Refuse. The Punishment of *Flagellation* in Rabbinic Theology, in: Kratz, Reinhard G./Spieckermann, Hermann (Hg.): Divine Wrath and Divine Mercy in the World of Antiquity, Tübingen 2008, 231–238.

Shemesh, Aharon, *Punishments* and Sins. From Scripture to the Rabbis [Hebr.], Jerusalem 2003.

Shemesh, Aharon/Werman, Cana, *Halakhah* at Qumran: Genre and Authority, in: DSD 10.1 (2003), 104–129.

Shemesh, Yael, "*Measure* for Measure" in Biblical Law, compared to the Laws of the Ancient Near East and Bedouin Law [Hebr.], in: Beit Mikra. Journal for the Study of the Bible and Its World 45.2 (2000).

Shemesh, Yael, *Punishment* of the Offending Organ in Biblical Literature, in: VT 55.3 (2005), 343–365.

Siebenthal, Heinrich von, Griechische Grammatik zum Neuen Testament: Neubearbeitung und Erweiterung der Grammatik Hoffmann – von Siebenthal, Gießen; Basel 2011.

Siegert, Volker, Zwischen Hebräischer *Bibel* und Altem Testament. Eine Einführung in die Septuaginta, Münsteraner Judaistische Studien 9, Münster/Hamburg/Berlin/London 2001.

Sírks, Boudewijn, *Delicts*, in: Johnston, David (Hg.): The Cambridge Companion to Roman Law, New York 2015, 246–271.

Sluiter, Ineke, General *Introduction*, in: Sluiter, Ineke/Rosen, Ralph M. (Hg.): *KAKOS*. Badness and Anti-Value in Classical Antiquity, Mnemosyne Supplements 307, Leiden/Boston 2008, 1–27.

Söding, Thomas, Wege der *Schriftauslegung*. Methodenbuch zum Neuen Testament, Freiburg/Basel/Wien 1998.

Sommer, Benajmin D., *Concepts* of Scriptural Language in Midrash, in: Sommer, Benjamin D. (Hg.): Jewish Concepts of Scripture. A Comparative Introduction, New York, NY 2012, 64–79.

Speiser, Ephraim A., The Stem *PLL* in Hebrew, in: JBL 82.3 (1963), 301–306.
Sperber, Dan, *Angaria* in Rabbinic Literature, in: L'antiquité classique 38.1 (1969), 164–168.
Spilsbury, Paul, Josephus and the *Bible*, in: Chapman, Honora H./Rodgers, Zuleika (Hg.): A Companion to Josephus, Chichester/Malden, MA 2016, 123–134.
Spittler, Janet E., *Blasphemy*, III Greco-Roman Antiquity, in: Furey, Constance M./LeMon, Joel M./Matz, Brian, et al. (Hg.): EBR 4, Berlin/Boston 2012, 100–105.
Sprinkle, Joe M., The *Interpretation* of Exodus 21:22–25 (Lex Talionis) and Abortion, in: WThJ 55 (1993), 233–253.
Stanton, Graham N., A *Gospel* for a New People. Studies in Matthew, Louisville, KY 1993.
Steinsaltz, Adin, *Madrich* leTalmud, Musagei jesod veHagdarot [Hebr.], Jerusalem ^{19}2002.
Stemberger, Günter, *Antigonos* of Sokho, in: Furey, Constance M./LeMon, Joel M./Matz, Brian, et al. (Hg.): EBR 2, Berlin/New York 2009, 195–196.
Stemberger, Günter, Der *Krieg* in der Mischna und in den halakhischen Midraschim, in: Stemberger, Günter (Hg.): Judaica Minora II. Geschichte und Literatur des rabbinischen Judentums, TSAJ 138, Tübingen 2010, 654–662.
Stemberger, Günter, *Einleitung* in Talmud und Midrasch, München ^{9}2011.
Stemberger, Günter, *Judaica* Minora I, TSAJ 133, Tübingen 2010.
Stemberger, Günter, The *Pharisees* and the Rabbis, in: Sievers, Joseph/Levine, Amy-Jill (Hg.): The Pharisees, Grand Rapids, MI 2021, 240–254.
Stökl Ben Ezra, Daniel, *Qumran*. Die Texte vom Toten Meer und das antike Judentum, 3, 2016.
Strugnell, John, *Notes* en marge du volume V des « Discoveries in the Judean Desert of Jordan », in: RdQ 26.7 (1970), 163–276.
Suggs, Jack M., The *Antitheses* as Redactional Products, in: Strecker, Georg (Hg.): Jesus Christus in Historie und Theologie (FS Hans Conzelmann), Tübingen 1975, 433–444.
Teeter, David Andrew, Scribal *Laws*. Exegetical Variation in the Textual Transmission of Biblical Law in the Late Second Temple Period, FAT 92, Tübingen 2014.
Thiessen, Matthew, Revisiting the *προσήλυτος* in „the LXX", in: JBL 132.2 (2013), 333–350.
Thom, Johan C., *Justice* in the Sermon on the Mount. An Aristotelian Reading, in: Novum Testamentum 51 (2009), 314–338.
Thomas, Johannes, *Aktuelles* im Zeugnis der zwölf Väter, in: Burchard, Christoph/Jervell, Jakob/Thomas, Johannes (Hg.): Studien zu den Testamenten der Zwölf Patriarchen, Berlin 1969, 62–150.
Tilly, Michael, Die *Tosefta*. Beschreibung, Deutung und Verwendung eines Dokuments aus dem antiken jüdischen Schulbetrieb, in: Doering, Lutz/Schumann, Daniel (Hg.): Tosefta Studies. Manuscripts, Traditions, and Topics, Wien 2021, 11–33.

Tilly, Michael, *Textsicherung* und Prophetie in der Johannesapokalypse. Beobachtungen zur Septuagintarezeption in Apk 22,18f., in: Tilly, Michael (Hg.): Geschichte und Tradition. Aufsätze zum antiken Judentum und zum jüdischen Erbe des frühen Christentums, ANTZ 12, Berlin 2012, 107–123.

Timmers, Fulco J., Philo of Alexandria on Divine *Forgiveness* (Diss.), Universiteit Leiden 2022.

Todd, Stephen C., The *Shape* of Athenian Law, Oxford 1993.

Touwaide, Alain, *Murder*, Execution, and Suicide in Ancient Greece and Rome, in: Wexler, Philip (Hg.): Toxicology in Antiquity, London, UK ²2019, 131–139.

Tropper, Daniel, *Bet Din* shel Kohanim, in: JQR 63.3 (1973), 204–221.

Tuor-Kurth, Christina, *Kindesaussetzung* und Moral in der Antike. Jüdische und christliche Kritik am Nichtaufziehen und Töten neugeborener Kinder, FKDG 101, Göttingen 2010.

Tuval, Michael, From Jerusalem *Priest* to Roman Jew. On Josephus and the Paradigms of Ancient Judaism, Tübingen 2013.

Vahrenhorst, Martin, Der erste Brief des Petrus, ThKNT 19, Stuttgart 2016.

Vahrenhorst, Martin, Der Text der *Septuaginta* in den Zitaten des 1. Petrusbriefs, in: de Vries, Johannes/Karrer, Martin (Hg.): Textual History and the Reception of Scripture in Early Christianity. Textgeschichte und Schriftrezeption im Frühen Christentum, SBL.SCS 60, Atlanta 2013, 259–275.

Vahrenhorst, Martin, »Ihr sollt überhaupt nicht schwören«. Matthäus im halachischen *Diskurs*, WMANT 95, Neukirchen-Vluyn 2002.

Vahrenhorst, Martin, Levitikon. Leviticus / Das Dritte Buch Mose, in: Karrer, Martin/ Kraus, Wolfgang (Hg.): Septuaginta Deutsch. Erläuterungen und Kommentare zum griechischen Alten Testament, Stuttgart 2011, 325–430.

van der Eijk, Philip, On '*Hippocratic*' and 'Non-Hippocratic' Medical Writings, in: Dean-Jones, Lesley/Rosen, Ralph M. (Hg.): Ancient Concepts of the Hippocratic. Papers Presented at the XIIIth International Hippocrates Colloquium, Leiden/Boston 2016, 17–47.

van der Toorn, Karel/Denning-Bolle, Sara J. (Übers.), From her *Cradle* to her Grave. The role of Religion in the Life of the Israelite and the Babylonian Woman, Sheffield 1994.

van Ruiten, Jacques T. A. G. M., Primaeval *History* Interpreted. The Rewriting of Gen 1–11 in the book of Jubilees, JSJ.S 66, Leiden/Boston/Köln 2000.

van Vliet, Hendrik, No Single *Testimony*. A Stufy on the Adoption of the Law of Deut. 19:15 Par. into the New Testament, Utrecht 1958.

Vandenberghe, Marijn J., *Villains* Called Sicarii: A Commonplace for Rhetorical Vituperation in the Texts of Flavius Josephus, in: JSJ 47.4/5 (2016), 475–507.

VanderKam, James C., *Jubilees* 1. A Commentary on the Book of Jubilees Chapters 1–21, Minneapolis, MN 2018.

Vejola, Timo, *Wahrheit* und Intoleranz nach Dtn 13, in: ZThK 92.3 (1995), 287–314.

Villwock, Jörg, *Art. Antithese*, in: Ueding, Gert (Hg.): Historisches Wörterbuch der Antike. Bd. 1: A – Bib, Tübingen 1992, Sp. 722–750.

Vogel, Manuel, *Einführung*, in: Reinmuth, Eckart (Hg.): Joseph und Aseneth, XV, Tübingen 2009, 3–31.

Völkl, Artur, Die Verfolgung der *Körperverletzung* im frühen römischen Recht. Studien zum Verhältnis von Tötungsverbrechen und Injuriendelikt, Wien/Köln/Graz 1984.

von der Osten-Sacken, Peter, Das *Vaterunser* als Zugang zum Matthäusevangelium. Das Beispiel der Vergebungsbitte, in: Wilk, Florian (Hg.): Das Vaterunser in seinen antiken Kontexten. Zum Gedenken an Eduard Lohse, FRLANT 266, Göttingen 2016, 103–124.

Vorpahl, Daniel, Aus dem *Leben* des Buches Daniel. Rezeptionswissenschaftliche Methodik und innerjüdischer Rezeptionsdiskurs, SBR 17, Berlin/Boston 2021.

Wagner, Gerald/Vouga, François, Der erste Brief des *Petrus*, Handbuch zum Neuen Testament 15.II, Tübingen 2020.

Wagner, Volker, *Rechtssätze* in gebundener Sprache und Rechtssatzreihen im israelitischen Recht. Ein Beitrag zur Gattungsforschung, BZAW 127, Berlin 1972.

Wainwright, Elaine M., Women *Healing*/Healing Women. The Genderization of Healing in Early Christianity, London, UK 2006.

Waldow, Stephanie, *Intertextualität*. Literaturwissenschaftlich, in: Wischmeyer, Oda (Hg.): Lexikon der Bibelhermeneutik. Begriffe – Methode – Theorien – Konzepte, Berlin 2009, 305.

Ward, J. S., *Roman* Greek: Latinisms in the Greek of Flavius Josephus, in: The Classical Quarterly New Series 57.2 (2007), 632–649.

Waters, Guy P., The End of Deuteronomy in the Epistles of Paul, WUNT II 221, Tübingen 2006.

Weaver, Dorothy J., 'Thus you will know them by their Fruits': The Roman *Characters* of the Gospel of Matthew, in: Riches, John K./Sim, David C. (Hg.): The Gospel of Matthew in Its Roman Imperial Context, JSNT.S 276, London/New York, NY 2005, 107–127.

Weinfeld, Moshe, Sarah and *Abimelech* (Genesis 20) against the Background of an Assyrian Law and the Genesis Apocryphon, in: Caquot, André/Légasse, S./Tardieu, M. (Hg.): Mélanges bibliques et orientaux en l'honneur de M. Mathias Delcor, Neukirchen-Vluyn 1985, 431–436.

Weingreen, Jacob, The *Concepts* of Retaliation and Compensation in Biblical Law, in: Proceedings of the Royal Irish Academy: Archaeology, Culture, History, Literatur 76 (1976), 1–11.

Weissenrieder, Annette/Dolle, Katrin, *Körper* und Verkörperung. Biblische Anthropologie im Kontext antiker Medizin und Philosophie. Ein Quellenbuch für die Septuaginta und das Neue Testament, FoSub 8, Berlin/Boston 2019.

Welborn, Larry L., Paul's Place in a First-Century Revival of the Discourse of „*Equality*", in: HTR 110.4 (2017), 541–562.

Welborn, Larry L., 'That There May Be Equality': The *Contexts* and Consequences of a Pauline Ideal, in: NTS 59 (2013), 73–90.

Wells, Bruce, The Covenant *Code* and Near Eastern Legal Traditions: A Response to David P. Wright, in: Maarav 13.1 (2006), 85–118.

Wells, Bruce, The Law of *Testimony* in the Pentateuchal Codes, BZAR 4, Wiesbaden 2004.

Wengst, Klaus, Das *Regierungsprogramm* des Himmelreichs. Eine Auslegung der Bergpredigt in ihrem jüdischen Kontext, Stuttgart [2]2019.

Wengst, Klaus, Vom kreativen *Rechtsverzicht*. Die Auslegung des Rechts auf Schadensersatz in Mt 5,38–42, in: Matheus, Frank (Hg.): »Dieses Volk schuf ich mir, dass es meinen Ruhm verkünde«. (FS Dieter Vetter), Duisburg 1992, 35–46.

Wengst, Klaus, Vom *Nutzen* des Lesens rabbinischer Texte für die Auslegung des Neuen Testaments (Franz-Delitzsch-Vorlesung 2021), Münster 2022.

Werman, Cana, The Book of *Jubilees*. Introduction, Translation, and Interpretation [Hebr.], Jerusalem 2015.

Werman, Cana, The Two *Covenants*: An Interpretation of the 4Q158 Fragments, in: Journal for the Study of Pseudepigrapha 28.3 (2019), 183–219.

Westbrook, Raymond, *Lex* Talionis and Exodus 21,22–25, in: RB 93.1 (1986), 52–69.

Weyl, Heinrich, Die jüdischen *Strafgesetze* bei Flavius Josephus in ihrem Verhältnis zu Schrift und Halacha (Mit einer Einleitung: Flavius Josephus über die jüdischen Gerichtshöfe und Richter), Berlin 1900.

Wick, Peter, Die *Antithesen* der Bergpredigt als paränetische Rhetorik. Durch scheinbaren Widerspruch zu einem neuen Verständnis, in: Wick, Peter/Maschmeier, Jens-Christian (Hg.): Schriftgelehrsamkeit und Toraethik. Die Bergpredigt im Kontext des Matthäusevangeliums, Stuttgart 2021.

Wilk, Florian, „So sollt ihr beten …" Das *Vaterunser* als Element der frühen Jesusüberlieferung, in: Wilk, Florian (Hg.): Das Vaterunser in seinen antiken Kontexten. Zum Gedenken an Eduard Lohse, FRLANT 266, Göttingen 2016, 83–102.

Willis, Timothy M., *Blasphemy*, Talion, and Chiasmus: The Marriage of Form and Content in Lev 24,13–23, in: Biblica 90 (2009), 68–74.

Wilmer, Heiner, *Mose*. Wüstenlektionen zum Aufbrechen, Freiburg im Breisgau [2]2022.

Wilson, Walter T., *Love* without Pretense. Romans 12.9–21 and Hellenistic-Jewish Wisdom Literature, WUNT II. 46, Tübingen 1991.

Wink, Walter, Neither *Passivity* nor Violence: Jesus' Third Way (Matt. 5:38–42 par.), in: Swartley, Willard M. (Hg.): The Love of Enemy and Nonretaliation in the New Testament, Louisville, KY 1992, 102–125.

Witte, Markus, *Texte* und Kontexte des Sirachbuchs. Gesammelte Studien zu Ben Sira und zur frühjüdischen Weisheit, FAT 98, Tübingen 2015.

Wojtkowiak, Heiko, *Tradition* und Redaktion im Matthäusevangelium. Formale und inhaltliche Charakteristika matthäischer Redaktionspraxis, BZNW 245, Berlin/Boston 2021.

Wolbert, Werner, *Auge* um Auge, Zahn um Zahn. Wider ein gängiges Klischee, in: Langer, Gerhard/Hoff, Gregor Maria (Hg.): Der Ort des Jüdischen in der katholischen Theologie, Göttingen 2009, 108–121.

Wolter, Michael, Das *Lukasevangelium*, HNT 5, Tübingen 2008.

Wolter, Michael, Der Brief an die *Römer* (Teilband 2: Röm 9–16), VI/2, Göttingen 2019.

Woodard, Roger D., *Alphabet* and Phonology at Methone: Beginning a Typology of Methone Alphabetic Symbols and an Alternative Hypothesis for Reading Ηακεσάνδρō, in: Clay, Jenny Strauss/Malkin, Irad/Tzifopoulos, Yannis (Hg.): Panhellenes at Methone. Graphê in late geometric and protoarchaic Methone, Macedonia (ca. 700 BCE), Berlin/Boston 2017, 182–218.

Worthington, Jonathan D, *Creation* in Paul and Philo. The Beginning and Before, WUNT II 317, Tübingen 2011.

Wright, David P., *Inventing* God's law. How the Covenant Code of the Bible Used and Revised the Laws of Hammurabi, New York 2009.

Wyss, Beatrice, *Philon* aus Alexandreia. Was ist des Menschen Geist, dass du seiner gedenkst?, in: Frey, Jörg/Nägele, Manuel (Hg.): Der *Nous* bei Paulus und in seiner Umwelt. Griechisch-römische, frühjüdische und frühchristliche Perspektiven, WUNT II 464, Tübingen 2021, 121–150.

Yadin-Israel, Azzan, Art. *Mekhilta* of Rabbi Ishmael, in: Furey, Constance M./LeMon, Joel Marcus/Matz, Brian, et al. (Hg.): Encyclopedia of the Bible and Its Reception, Bd. 18: Mass – Midnight, Berlin 2020, 482–384.

Yadin-Israel, Azzan, Scripture and *Tradition*. Rabbi Akiva and the Triumph of Midrash, Philadelphia 2015.

Yadin-Israel, Azzan, *Scripture* as Logos. Rabbi Ishmael and the Origins of Midrash, Philadelphia, PA 2004.

Yiftach-Firanko, Uri, *Dikai* in the Chôra: Another Perspective of Mélèze-Modrzejewski's Politikoi Nomoi, in: Thür, Gerhard/Yiftach-Firanko, Uri/Zelnick-Abramovitz, Rachel (Hg.): Symposion 2017. Vorträge zur griechischen und hellenistischen Rechtsgeschichte (Tel Aviv, 20.–23. August 2017), 27, 2018, 17–30.

Yiftach-Firanko, Uri, *Law* in Graeco-Roman Egypt: Hellenization, Fusion, Romanization, in: Bagnall, Roger S. (Hg.): The Oxford Handbook of Papyrology, Oxford, N.Y. 2009, 541–560.

Youni, Maria S., *Atimia* in Classical Athens: What the sources say, in: Gagliardi, Lorenzo/Pepe, Laura (Hg.): Dike. Essays on Greek Law in Honor of Alberto Maffi, Milano 2019.

Zahn, Molly, The *Levites*, the Royal Council, and the Relationship between Chronicles and the Temple Scroll, in: Jokiranta, Jutta/Zahn, Molly (Hg.): Law, Literature, and Society in Legal Texts from Qumran. Papers from the Ninth Meeting of the International Organization for Qumran Studies, Leuven 2006, STDJ 128, Leiden/Boston 2019, 253–269.

Zanella, Francesco, *Vergeltungsvorstellungen* in der tannaitischen Literatur, TSAJ 177, Tübingen 2019.

Zehnder, Markus, *Cause* or Value? Problems in the Understanding of Gen 9,6a, in: ZAW 122 (2010), 81–89.

Zeilinger, Franz, Zwischen *Himmel* und Erde. Ein Kommentar zur „Bergpredigt“ Matthäus 5–7, Stuttgart 2002.

Zerbe, Gordon M., *Non-Retaliation* in Early Jewish and New Testament Texts. Ethical Themes in Social Contexts, JSPE.S 13, Sheffield 1993.

Zimmermann, Christiane, *Anathema* und Übergabe an den Satan als Aktualisierungen des göttlichen Gerichts in den paulinischen Gemeinden, in: Novum Testamentum 63 (2021), 360–389.

Ziegert, Carsten, *Diaspora* als Wüstenzeit. Übersetzungswissenschaftliche und theologische Aspekte des griechischen Numeribuches, BZAW 480, Berlin 2015.

Zugmann, Michael, "*Hellenisten*" in der Apostelgeschichte. Historische und exegetische Untersuchungen zu Apg 6,1; 9:29; 11,20, Tübingen 2009.

Autor:innenregister

 | HTTPS://DOI.ORG/10.1163/9789004747630-012

Begriffsregister

HTTPS://DOI.ORG/10.1163/9789004747630-013

Stellenregister

Rabbinische Literatur

Antike Schriften

www.ingramcontent.com/pod-product-compliance
Ingram Content Group UK Ltd.
Pitfield, Milton Keynes, MK11 3LW, UK
UKHW020846290926
15470UKWH00004B/1581

9 789004 747616